北京市社会科学理论著作出版基金资助

税法学研究文库

财税法总论

General Theory of Fiscal and Tax Law

总主编 刘剑文

刘剑文
侯 卓
耿 颖 著
陈立诚

北京大学出版社
PEKING UNIVERSITY PRESS

图书在版编目(CIP)数据

财税法总论/刘剑文等著. —北京:北京大学出版社,2016.4
(税法学研究文库)
ISBN 978-7-301-15898-2

Ⅰ. ①财… Ⅱ. ①刘… Ⅲ. ①税法—研究—中国 Ⅳ. ①D922.220.4

中国版本图书馆 CIP 数据核字(2016)第 055587 号

书　　　名	财税法总论 Caishuifa Zonglun
著作责任者	刘剑文　侯　卓　耿　颖　陈立诚　著
责 任 编 辑	王　晶
标 准 书 号	ISBN 978-7-301-15898-2
出 版 发 行	北京大学出版社
地　　　址	北京市海淀区成府路 205 号　100871
网　　　址	http://www.pup.cn
电 子 信 箱	law@pup.pku.edu.cn
新 浪 微 博	@北京大学出版社　@北大出版社法律图书
电　　　话	邮购部 62752015　发行部 62750672　编辑部 62752027
印 刷 者	三河市北燕印装有限公司
经 销 者	新华书店
	965 毫米×1300 毫米　16 开本　29 印张　510 千字 2016 年 4 月第 1 版　2016 年 4 月第 1 次印刷
定　　　价	59.00 元

未经许可,不得以任何方式复制或抄袭本书之部分或全部内容。
版权所有,侵权必究
举报电话:010-62752024　电子信箱:fd@pup.pku.edu.cn
图书如有印装质量问题,请与出版部联系,电话:010-62756370

总　　序

"税法学研究文库"是继"财税法系列教材""财税法论丛"和"当代中国依法治税丛书"之后由我主持推出的另一个大型税法研究项目。该项目的目的不仅在于展示当代中国税法学研究的最新成果，更在于激励具有创新精神的年轻学者脱颖而出，在传播、推广税法知识的同时，加快税法研究职业团队的建设和形成。

税法学是一门年轻、开放、尚处于成长期的新学科。谓其年轻，是因为它不像民法学和刑法学一样拥有悠久的历史渊源；谓其开放，是因为它与经济学、管理学以及其他法学学科等存在多方面的交叉与融合；谓其成长，是因为它的应用和发展空间无限广阔。在我国加入世界贸易组织之后，随着民主宪政、税收法治等先进理念的普及和深入，纳税人的权利意识越发强烈，其对税收的课征比任何时期都更为敏感和关心。税法学的存在价值，正在于科学地发现和把握征纳双方的利益平衡，在公平、正义理念的指导下，实现国家税收秩序的稳定与和谐。

长期以来，我一直致力于税法学的教学和研究，发表和出版了一系列论文和专著，主持了多项国家级科研课题，对中国税法学的发展以及税收法制建设做了一些力所能及的工作。然而，不容否认，中国税法学的研究力量仍然十分薄弱，有分量的研究成果也不多见，税法和税法学的应有地位与现实形成强烈的反差。我深深地感到，要想改变这种状态，绝非某个人或某一单位力所能及。当务之急，必须聚集和整合全国范围内的研究资源，挖掘和培养一批敢创新、有积累的年轻税法学者，在建设相对稳定的职业研究团体的同时，形成结构合理的学术梯队，通过集体的力量组织专题攻关。唯其如此，中国税法学才有可能展开平等的国际对话，而税法学研究的薪火也才能代代相传，生生不息。

近年来，我先后主编"财税法系列教材""财税法论丛""当代中国依法治税丛书"，这三项计划的开展，不仅使税法学研究的问题、方法和进程逐渐为法学界所熟悉和认同，同时也推动了税法学界的交流与合作。在此过程中，我既看到了新一代税法学者的耕耘和梦想，更感受到了他们在研究途中跋涉的艰辛。这群年轻的学者大多已取得博士学位，或已取得副教授职称，且至少熟练掌握一门外语。最为重要的是，他们对专业充满热忱，愿意为中国税法学贡献毕生精力。正是在他们的期待和鼓励下,为了展示中国税法学的成长和进步,激励更多的优秀人才加入研究队伍,我与北京大学出版社积极接触、多次磋商,终于在 2002 年达成了本文库的出版协议。

衷心感谢北京大学出版社对中国税法学的积极扶持。如果没有对学术事业的关心和远见,他们不会愿意承担该文库出版的全部市场风险,更不会按正常标准支付稿费。此举的意义,远远溢出了一种商业架构,事实上为中国年轻的税法学提供了一个新的发展机遇。正是他们的支持,才使得主编可以严格按照学术标准组织稿件,也使得作者可以心无旁骛,潜心研究和创作。若干年之后,当人们梳理中国税法学进步的脉络时,除了列举税法学人的成果和贡献,也应该为所有提供过支持的出版机构写上重重的一笔。这里,我还要代表全体作者特别感谢北京大学出版社副总编杨立范先生,他的智识和筹划,是本文库得以与读者见面不可或缺的重要因素。

本文库计划每年出版 3—5 本,内容涉及税法哲学、税法史学、税法制度学;税收体制法、税收实体法、税收程序法;税收收入法、税收支出法;国内税法、外国税法、国际税法、比较税法等多重角度和层面。只要观点鲜明,体系严密,资料翔实,论证有力,不管何种风格的税法专著都可成为文库的收录对象。我们希望,本文库能够成为展示税法理论成果的窗口,成为促进税法学术交流的平台。如果能够由此发现和锻炼更多的税法学人,推动税法理论与实践的沟通和互动,我们编辑文库的目的就已经实现。

刘剑文

2004 年于北京大学财经法研究中心

中国财税法网(www.cftl.cn)

中国税法网(www.cntl.cn)

CONTENTS 目 录

导论
——财税法学研究的大格局与新视野　　1

第一章	财税法的规范定位	12
第一节	财税法的渊源	12
第二节	财税法的体系	42
第三节	财税法与相关法律部门的关系	57

第二章	财税法的历史发展	70
第一节	财税法的产生与早期形态	70
第二节	财税法历史演进中的两条主线	79
第三节	治理语境下的现代财税法	96

第三章	财税法的范畴提炼	114
第一节	财税法范畴提炼的基本理论	114
第二节	财税法范畴的架构	124

第四章	财税法的基本属性	141
第一节	公共财产法	141
第二节	收入分配法	149
第三节	纳税人权利保护法	159

第五章	财税法的功能拓补	169
第一节	财税法功能的误区澄清	169

CONTENTS 目 录

    第二节　财税法功能的视域延展　　　　177
    第三节　财税法功能的立体检视　　　　183

第六章　财税法的基本原则　　　　190
    第一节　财税法定原则　　　　190
    第二节　财税民主原则　　　　202
    第三节　财税公平原则　　　　213
    第四节　财税健全原则　　　　220

第七章　财税主体与行为　　　　230
    第一节　财税主体　　　　230
    第二节　财税行为　　　　243
    第三节　行为范式　　　　256

第八章　财税权力与权利　　　　262
    第一节　财税权力　　　　262
    第二节　财税权利　　　　274

第九章　财税责任　　　　284
    第一节　财税责任的理论提炼　　　　284
    第二节　财税责任的具体形式　　　　291
    第三节　财税责任的现实问题　　　　296

第十章　财税法的体系结构　　　　302
    第一节　财政基本法　　　　302

CONTENTS 目 录

　　第二节　财政收入法　　318
　　第三节　财政支出法　　328
　　第四节　财政监管法　　339

第十一章　财税法的实践理性　　352
　　第一节　"理财治国"观　　352
　　第二节　"法治财税"论　　376
　　第三节　现代财政制度的法学解析　　392

第十二章　财税法的研究方法　　406
　　第一节　传统法学方法的运用　　406
　　第二节　财税法学独特的研究路径　　417
　　第三节　财税法学研究方法的整合　　424

附录　财税法的学科建设　　431
　　第一节　财税法学科认识的基本命题　　431
　　第二节　财税法学科演进的境内外梳理　　435
　　第三节　财税法学科的创新发展思路　　443

后记　　451

导 论
——财税法学研究的大格局与新视野

一、财税法总论的研究意义

财税法总论，是一种财税法基础理论系统化、体系化的高级形式。总论与分论的划分，普遍存在于各个法律学科之中，这自古有之，如今尤甚。但是，对于"为什么要存在法的总论"，似乎却很少有人论及。财税法总论也面临着类似的诘问——到底她只是学者们的理论"游戏"，还是确切地具有现实功能？我们认为，财税法总论绝非虚幻的空中楼阁，而是具有高度实用性的。建构起一个"接地气"的总论，不仅是财税法学成熟的标志，而且契合了我国法学学科整体发展的需要，对于推动法治实践进步具有重要意义。[①]

回顾历史，我国的财税法学虽然"先天不足"，仅起步于20世纪80年代后期，比我国法学的整体发展晚了十余年，但发展的步伐一直稳定而矫健。从诞生至今，我国的财税法学研究经历了三次理论飞跃：第一次飞跃是在1994年至1998年期间，起始于分税制改革。其主要标志是从原先的单纯税法研究转向"财税一体"研究，将纳税人、征税人和用税人三位一体的概念打通，"财政税收法"或"财税法"的概念得以确立，财税法的学科框架就此奠定。第二次飞跃是在2000年到2005年期间，特别是在2004年"修宪"写入"尊重和保障人权、保护合法的私有财产"条款之后。其主要标志是现代财税法学理论体系的建立，纳税人权利保护、税收债权债务理论等理论得到确立和宣传。这让财税法学科很快摆脱陈旧的计划经济思维，以崭新的面貌跻身于中国法治变革的浪潮中，并逐渐走向世界。第三次飞跃是从2008年至今，尤其是以党的十八届三中全会为里程碑事件。其标志是财税法作为"领域法学"学科定位的提出，以及"理财治国观"和"公共财产法"两大核心理论的形成。

经过全体财税法学人的多年努力，一套适合中国国情，上系国计、下连民生的开放性、包容性极强的财税法理论体系和财税法制度体系已经基本形成。财

[①] 刘剑文、陈立诚：《财税法总论论纲》，载《当代法学》2015年第3期，第116页以下。

税法学从传统法学的格局中脱颖而出,不仅建立了完整的学科体系,引入了先进的价值理念,而且与国家法治实践紧密联系,在财税立法、执法和司法中发挥独特作用,其中的代表性成果主要包括:

——构建财税法学科体系,提出全国财税法学科发展战略。构建了财政法和税法一体研究的理论体系,初步建立起完整、自洽、严谨的财税法律体系结构;倡导加强基础理论研究,并积极带领全国财税法学界为国家大规模、分步骤、有次序的财税立法活动提供理论支持。聚焦综合学科、交叉学科、新型学科,提出"领域法学"概念,强调"领域法学"区别于传统法学,为知识产权法、环境法、财税法等交叉学科提供了有益借鉴,有利于中国法学学科的整体优化与升级。强调财税法作为"领域法学"的定位,倡导对财税法进行多学科、多视角、多维度的全方位、立体化研究。

——提出财税法的"理财治国"理论。理财治国观,是一种在法治视野下通过"理财"更好地实现"治国"目标的理念或者思维,即民主理财、科学理财、法治理财的集大成者,其理论内核是对国家治理语境下财税法本质的高度概括和提炼。将财税法定位为中国的"理财之法"和"强国之道",认为财税法是国家治理现代化的基石,财税改革是全面深化改革的突破口和优选路径,财税法制创新是法治国家建设的助推器和主要抓手。主张秉持"利益协调"的理念,财税法要关注立法与行政、中央与地方、政府与市场三对基本关系,其核心是平衡国家与纳税人之间的关系。

——大力宣传税收法定理论,深化财政法定理论。深刻阐明税收法定原则的历史演进、理论内涵与基本要求,积极探索我国落实税收法定原则的现实路径。在《立法法》修订前后,通过各种途径和渠道向社会宣讲,力促在立法机关、政府和社会公众之间形成广泛共识,共同推进财税法治,落实税收法定原则。建构完整的、具有中国社会主义特色的财税法律体系,提出其由宪法中的财税条款、基础性财税法律和主干性财税法律(含财税收入法、财税支出法和财税监管法)三个层级三十余部法律构成。

——探讨和深化财税法的功能理论。主张应当从国家治理现代化的高度来完整地认识、把握和发掘财税法的功能,强调从"财税管理"转向"财税法治",充分发挥财税法规范理财行为、促进社会公平、保障经济发展等三大功能。强调财税法的目标在于实现财政权合法、规范、高效运行,从而保护纳税人权利,实现政府财税改革及其具体行为的法治化,保障国家长治久安。

——引介和挖掘财税法的性质理论。推动了中国财税法学界对税收债权债务关系说的启蒙和接受。在将财税法定性为"财产法"的基础上,强调并论证国家与纳税人之间是一种平等的契约法律关系,并探索论证"公共财产法"理论。提出财税法的主要功能不是宏观调控,而是规范政府财政关系或公共财产关系,财税法在本质上是一个财产法问题,其与私法一道构筑私人财产权的双重保障体系。尝试从公共财产角度构筑财税法学科的核心范畴,促进财税法理念和制度的变革。

——倡导和推进纳税人权利保护理论。主张现代财税法应以纳税人权利保护为中心。提出纳税人权利包括宪法意义上的权利(如依法纳税的权利、参与权和监督权)和税法意义上的权利(如知情权、诚实推定权、陈述与申辩权等)。力促纳税人权利保护原则从"纸面"走向"现实",并在税收立法、执法和司法的具体实践中得以体现。

经过二十余年的演进,财税法学成长为一门新型的、交叉性的法学二级学科,一门以问题为中心的"领域法学"。特别是借着党的十八届三中、四中全会之"大势"和兄弟学科之"助力",财税法已经越来越成为一门切合社会实际需要的"显学",一大批具有相当分量的学术成果不断涌现,呈现出一片欣欣向荣之势。国际的经验和中国的现实都告诉我们,财税法治在国家治理中是极其重要的,财税法学科具有"上接天缘,下接地气"的特质和广阔的发展前景。我们有理由相信,中国财税法学的春天已经到来!

不过,在大好的发展形势面前,如果我们静下心来审思,不难发现繁荣景象的背后也潜藏着学科研究的可能"瓶颈"。具言之:一则曰"冷热不均"。学者们对于具体制度的热情明显高于基础理论,而对不同制度的关注度也有较大差异,例如税法、预算法等就得到众多学者的青睐,而公债法、政府采购法等领域则相对冷门。二则曰"联系不畅"。设想甲学者关注预算权配置,乙学者专攻"营改增"扩围,虽名义上同属财税法研究,但二者研究的旨趣、对象、路径可能都大相径庭,缺乏研究方法与理念上的沟通互动。三则曰"特性不彰"。在财税问题上,经济学、社会学等其他学科都有着较为成熟的研究进路,而一些财税法论著之视角似乎与其并无太大差异,鲜见法律思维与法律方式的独特贡献。

这些症结无疑是学科发展的掣肘,而其要害就在于财税法基础理论研究上的"短板"。具言之,目前学者大多将精力投入于某一具体财税制度的研究上,特别是关注当下的热点问题,这固然是财税法回应现实需求的体现,但也在客观上造成了各自为战的局面,使得财税法基础理论研究缺乏关注、深感乏力。虽然分论研究遍地开花,但财税法却尚未能产生一个像民法、刑法等其他法律学科那样的"财税法总论",来对基础性、一般性、共通性问题加以集中讨论。①这就导致了财税法研究面临着相对薄弱的理论基础和相对闭锁的研究范式的诘问,进而影响到学科体系的自洽性和学科发展的持续性。

宏观上看,我国财税法学科在进化过程中时常表现出对政策的较强依附性,财税法理论往往随财税政策而演进,甚至异化为对现行财税政策的合法性注脚。这种趋势是我们必须警惕的,财税法作为"应用法学",固然需要对财税政策进行诠释与判断,但如果缺乏基础理论的支撑,财税法学就只能停留在分散、被动、肤浅的注释与回应的层面上,至多只是与法治实践"亦步亦趋",而无法发挥指引、规范和保障的功能。如欲谋长远,财税法就需要从内部建构起自洽的理论架构,进而在"学科自主"和"知识自足"的基础上形成理论与实践的良性互动,最终推动财税法治的实现。

秉持着这种大胸怀、大视野,我们看到,财税法总论研究并非是仅仅为了财税法学科本身,而是为了推动财税法更好地服务于改革发展、服务于法治建设、服务于国家治理体系和治理能力的现代化转型。党的十八届三中全会通过的《中共中央关于全面深化改革若干重大问题的决定》将财政定位为"国家治理的基础和重要支柱",全文有近一半的篇幅论及财税改革和财税法治,将其作为全面深化改革的重要抓手和突破口。四中全会通过的《中共中央关于全面推进依法治国若干重大问题的决定》则描绘了全面推进依法治国的宏伟蓝图,与三中全会《决定》形成"姊妹篇"。全面深化改革需要法治保障,全面推进依法治国也需要深化改革,"改革"与"法治"已成为时代的两大主题。我国 2015 年修订的《立法法》和正在修订的《税收征收管理法》在法律层面确立了税收法定原则,体现了十八届三中全会和四中全会大力推进财税法治的精神。财税改革与财税法治既是全面深化改革的突破口和重点领域之一,又是国家治理现代化的基础和制度保障,更是国运所系、民心所向、大势所趋。财税法作为理财治国之重器,注定要在国家治理现代化的进程中承担极其重要的历史使命。

当前,改革进入攻坚期和深水区、社会稳定进入风险期的新形势,决定了财税法治对于财税改革、乃至经济社会发展的重要性更加突出。具体表现为,首先,财税法治有助于协调各利益主体之间纷繁复杂的关系,使财税改革凝聚起

---

① 当然,学界已经产生了一些涉及财税法基础理论的研究,但其数量有限,也比较零散、不成体系,一般只是对原则、理念等某个基本范畴进行探讨,而且不同学者提出的"基础理论"所包含的范畴也颇为混乱。因此,财税法总论研究的重要任务之一就是要对现有的基础理论进行反思完善和去伪存真,厘清应当纳入研究视野的基本范畴,再按照一定的逻辑进路对这些范畴进行体系化和重构。

最大共识,保证了决策内容的科学性和决策执行的顺畅性;其次,财税法治有助于增强财税决策的稳定性和可预期性,让市场主体在统一规则下公平竞争、自主创新,也让公权力机关在既定规则的限度内行使权力、有所为而有所不为;再次,财税法治有助于廓清、指明和坚定建立现代财政制度的目标,通过财税立法来引领财税改革,使财税改革做到蹄疾步稳、有条不紊。由此足见,推进财税法治是推动财税改革的压舱石,更是建设法治国家的突破口。要言之,财税改革需要财税法治予以保驾护航,优化财税法治体系是深化财税改革的压舱石和最优路径,正如同大鹏之两翼应齐飞、战车之两轮应并进。

随着财税改革与财税法治的重要性日益凸显,财税法学研究所承担的使命就愈发重大。我们应当清醒地认识到,唯有夯实基础理论,才能提升学术研究的深度与厚度;唯有不断创新基础理论,才能为法治实践提供科学的指引。如果没有扎实系统的基础理论、准确自洽的学科体系、科学合理的范畴构造,只是满足于"单兵作战"的具体规则研究,财税法就很难真正成为一门成熟的社会科学,也无法有效担当起历史赋予的重任。借助于基础理论的突破,我们丰富和完善了财税法学的体系,为后续研究指明了方向;借助于基础理论的突破,我们解决了财税法与相关学科的关系,为理顺法学学科体系作出了贡献;同样,也只有致力于在基础理论上取得新的、更大的发展,我们才能让财税法获得新的生命力。尽管目前学科发展千头万绪,有太多的问题需要关注,有太多的制度需要建构,有太多的规则需要完善,但是,我们必须有智慧地选择重点突破,将财税法基础理论研究作为当前最为重要的工作。

作为学科的立身之本,财税法基础理论虽然离不开制度研究,但更需要在很大程度上跳出制度研究,从宏观、整体、前瞻的视角对财税法进行观察。它既需要探索学科本身发展的规律,厘清财税法与相关学科的关系,也需要提炼财税法的独特范畴和基本原则,确立现代财税法的核心理念,还需要钻研财税法研究的方法创新,用科学的方法论推动学科研究。财税法是综合性的领域法学,我们有必要从哲学、政治学、史学、经济学、公共管理学等不同角度,挖掘财税法的新鲜信息,以我为主、为我所用。财税法也是新兴法学,我们应该抛弃陈规陋习,锐意进取,以崭新的姿态迎接时代挑战,在学科建设和法治实践方面作出独特贡献。

极而言之,构建财税法总论,就是在进行财税法学科的"顶层设计"。这并非是学者们的自娱自乐,而是夯实基础理论的现实需要,也是学科长远发展的必然选择,更是国家法治建设的重要指引。其至少能够发挥三大功能。具体来说:一是统摄分论。如果没有形成体系的总论的指引,财税法各分论之间将缺乏有机的联系,而无法形成完整的、体系化的财税法学科。二是指导实践。即使现实中缺乏具体制度规范,总论提炼的价值理念、基本原则也可以对行政机关进行宏观指引,使其至少不出现大的偏差。三是学科自省。总论检视财税问题中法学研究的独特视角与作用,警醒我们思考财税法本身的定位、方法与贡献。因此,在目前财税法研究已经形成一定规模的基础上,势必要改变以往"重具体制度、轻基础理论"的研究模式,集中力量提炼、总结出一个科学、系统且"接地气"的总论作为统领,以此来破解学术研究中"群龙无首"的尴尬局面,引领财税法学科发展再上新台阶。

二、"问题导向"的研究范式

"平地起高楼"首先得确定建筑材料,而总论构建也同样需要先确定组成元素。容易想到的是,和其他法学学科的总论一样,财税法总论也应当由若干基本范畴来组成。这是因为范畴的提炼是人类认识的高级形式,是对事物的抽象概括。正如张文显先生所言:"要称得上科学研究,就必须重视总结认识成果,使之概念化和范畴化,丰富范畴体系,而不能停留在感觉、知觉和经验的水平上。"① 在某种意义上,基本范畴的提炼过程,确实也就是学科总论的建构过程。但关键在于,总论应当研究哪些范畴? 这些范畴又应当如何统合为体系? 因此,我们首先需要确立科学的研究范式和逻辑主线。

最为直接的想法是效法先例。统观其他部门法学科的总论构建模式,以民法、刑法为代表的传统法学具有深厚的历史积淀,形成了极具特色的总论体系。例如民法总论以"民事法律关系"为线索,刑法总论以"刑法论""犯罪论""刑罚论"为框架,都是基于其学科的专门属性,强行套用其体系难免东施效颦;行政法的现有研究基本上都属于总论研究,其总论体系庞杂而分论几未产生②,这与财税法分论发达的情况截然相反,效法的难度较大;而经济法、环境法等学科,现有研究大多纯粹依据法理学上的范畴分类(如本体论范畴、价值论范畴、运行论范畴等)来展开总论体系。这种路径虽然便于逻辑上的归纳与梳理,但可能难免与具体实践存在距离。极而言之,这些研究思路都可以借鉴但不可照搬,财税法总论需要有自己的研究范式。③

---

① 张文显:《法学基本范畴研究》,中国政法大学出版社1993年版,第1—3页。
② 参见宋华琳:《部门行政法与行政法总论的改革》,载《当代法学》2010年第2期,第55页以下。
③ 需要强调的是,这绝不是说借鉴外部经验没有意义,而是恰恰相反。例如,法的价值、渊源等是诸法律学科总论都包含的范畴,这就为确定财税法总论的内容提供了重要指引。

(一) 以中心问题为导引

要形成一个脚踏实地而不空洞的总论,采取"问题中心主义"不失为一个优选进路。申言之,我们要确定总论应当涵盖的内容,不妨先退而思考建构总论所要解决的问题,再以问题为线索来确定、串联起各个范畴。如此得出的总论体系不仅条理分明、易于接受,而且具有相当的实用性,能够紧密切合现实的需求。按照这一思路,我们要思考的就转化为"总论需要解决哪些问题?"关于此,各部门法学科总论的研究者都颇有论述。① 我们的概括是,财税法总论需要在具体制度之上、之间、之外来研究财税法的共性特征与一般规律,具体来说包括三大中心问题:

第一类是具体制度之上的基础问题。这主要是讨论财税法的性质、功能、范畴、渊源、形式、效力、定位、原则等内容。形象地说,就是要回答"财税法是什么?"和"财税法应当做什么?"这些问题都超越于财税法的具体制度,同时也是研究分论所必须先解决的,因为它涉及看待财税法的立场、观点与方法。此类知识往往由具体制度抽象而来,虽并非对"制度"本身进行考察,但能够对财税法律的现实运行起到重要的指引作用。

第二类是具体制度之间的共通问题。这就是要对财税法研究进行理论整合,理顺财税法律体系,并对财税主体、行为、权力、权利、责任等一般性问题进行讨论,以期在纷繁复杂的财税现象中找到内在一致的研究进路。这一部分通常是各个法律学科总论的核心内容,并且是该学科特性的集中体现。它能够为不同具体问题的研究提供一般性的基础范式,真正搭建起学科内外交流的对话平台。

第三类是具体制度之外的学科问题。这就是要对财税法的研究方法、学科发展等进行探讨,即关于财税法本身的研究。随着我国财税法的勃兴,学者们已经逐步认识到总结、反思学科建设规律与得失的重要性。虽然严格来说,学科问题并不属于作为"法律体系"或"法的体系"的财税法所包含的内容,但它却是作为一门成熟学科的财税法(学)所不能忽视的重要课题,故而应置于财税法总论之中。

(二) 以基石范畴为主线

范畴的提炼是人类认识的高级形式,是对事物的抽象概括。要称得上科学研究,就必须重视总结认识成果,使之概念化和范畴化,丰富范畴体系,而不能

---

① 典型代表如袁曙宏、宋功德:《统一公法学原论——公法学总论的一种模式》,中国人民大学出版社2005年版。

停留在感觉、知觉和经验的水平上。①和其他法学学科的总论一样,财税法总论也应当由若干范畴来组成。而根据地位层级,财税法涉及的范畴又可以分为基石范畴、中心范畴、基本范畴和普通范畴四类。其中,基石范畴是整个财税法范畴体系的逻辑起点,也是财税法最主要的规范对象,一切范畴都是以它为核心来派生、演绎出的。因此,它不仅贯穿三大中心问题的始终,而且也是整个总论乃至整个财税法的核心。

要确定基石范畴,就必须回到对"财税法"本身的理解。财税法,即财政法与税法之合称。境外学者一般将二者分开研究,财政法多属于宪法行政法学者的研究领域,而税法则发展为成熟的独立法学学科。大陆学者的突破之处就在于将财政法与税法打通,纳入同一体系之中研究,由此形成了"财税法"学科。不难看出,无论是税法关注的税收,还是财政法研究的政府性基金、国有企业及其利润等,它们都是财产,只不过它们不像私人财产那样具有排他性、独占性,而是一种"公共财产"。无论是财政法还是税法,所规范的也都正是"公共财产",它们共同构成了覆盖公共财产收入、支出和监管的完整链条。正是在"公共财产"这一范畴上,财政法和税法才真正统合起来,"财税一体"才真正得以打通。也正是"公共财产"这一范畴,才能够让整个法学界都耳目一新,让其他学者直观、清晰、准确地理解财税法在整个法学谱系中的定位。

"公共财产"不仅是统一财税法的基础,而且能够成为贯穿和涵摄财税法总论诸问题的逻辑主线。例如,财税法的规范对象是公共财产,就可自然推演出其"公共财产法"的基本属性;而这又进一步映射到"理财治国"的理念,以及财税法定、财税公平等基本原则;公共财产的体制、收入、支出、监管对应着财税法中不同的领域,可以成为构建财税法体系的逻辑基础;在公共财产理念指导下的财政权力与权利分析,也可以成为剖析财税法律关系的有效路径;等等。需要特别强调的是,"公共财产"理论并不是为了完全打乱现有的财税法体系,而是为了建构起一个核心范畴。它不光与原先的财税法定、税收之债、纳税人权利保护、财税利益平衡、财政控权等理论一脉相承,更是它们的上位概念,能够统摄整个财税法理论体系。形象地说,公共财产理论就像一个"果篮",而现有的其他理论就像一个个"水果",能够很好地被放入这个"果篮"中。如此一来,它们不但不会产生矛盾,而且还能形成融洽、有序的格局。将公共财产作为基石范畴,能够有效搭建起整个财税法理论框架,并且以此明确财税法的基本理念和价值取向。②

---

① 张文显:《法学基本范畴研究》,中国政法大学出版社1993年版,第1—3页。

② 关于这一点,本书第三章"财税法的范畴提炼"将具体展开论述。

三、全书的篇章结构概要

本书将在"以中心问题为导引,以基石范畴为主线"的范式指引下,尝试构建起逻辑自洽、体系完整的财税法总论。除导论和附录外,全书共分为十二章,在章节先后上因循从内在到外在、从理论到制度的一般认知规律,大致按照"具体制度之上的基础问题""具体制度之间的共通问题""具体制度之外的学科问题"的顺序排列。其中,开篇的规范定位、历史发展、范畴提炼三章是对财税法本体认识的阐释,随后的基本属性、功能拓补、基本原则三章围绕财税法价值问题展开,主体与行为、权力与权利、责任和法的体系结构四章着眼于财税法的规范分析,而实践理性、研究方法、学科建设三章则是"跳出财税法来看财税法"的宏观考察。具体来说:

第一章为"财税法的规范定位"。本章讨论的是财税法的基础性部门法哲学问题,包括财税法的渊源与形式,财税法的体系,等等。这些主题虽然看似"常规",但其中实际上却隐含着许多以往尚未引起关注的理论问题,颇值得研究。同时,本章还将讨论财税法与经济法、行政法、民法、国际法等相关法律部门的关系,展现其作为"领域法学"的独特思维和包容胸怀。

第二章为"财税法的历史发展"。本章将对我国财税法制度发展作历时性考察,以此佐证和映射财税法的功能价值与时代使命。具体来说,将扼要展现传统社会财税法的历史映像和民国时期财税法律体系的形成过程,回顾新中国成立初期的财税法制建设,以及改革开放以来财税法治建设破局与立势的主要脉络。值得一提的是,本章并非进行史料的堆砌,而是重在梳理与评述,意图"以古鉴今"。

第三章为"财税法的范畴提炼"。研究财税法范畴,能增强学科的体系性、可识别性与发展性,而且能促进财税法制度体系的自洽与自我更新。本章将因循主客观结合、一般与特殊结合、历时考察与现时考察等方法,提炼出财税法范畴的"普通范畴—基本范畴—中心范畴—基石范畴"四层次体系,以公共财产权和纳税人权利为中心范畴,并最终将纳税人权利界定为财税法的基石范畴。

第四章为"财税法的基本属性"。在传统观念中,财税法被划归为宏观调控法。但时至今日,这种观点,已经不能很好地符合现代国家的实际情况和法治的客观要求,也不能反映财税法的真实面貌。本章旨在开宗明义,阐明"财税法是什么",提出"公共财产法"理论,以此作为对财税法本质属性的首要和根本性概括。在公共财产法的理念下,还将展现财税法作为"收入分配法"和"纳税人权利保护法"的属性。

第五章为"财税法的功能拓补"。形象地说,本章就是在回答"中国需要什么样的财税法"。我们主张,在国家治理现代化的历史语境下,"财税法功能"在范围上包括经济、社会、政治各方面,在立场上则由权力本位转向权利本位。在"跳出财税法看财税法"的立体化检视下,财税法具有规范理财行为、促进社会公平、保障经济发展三大功能,它们三位一体、协同发力,统一于实现国家长治久安的宏伟目标中。

第六章为"财税法的基本原则"。对于这一问题,财税法学界的研究相当发达,关于税法和财政法的基本原则都有诸多论著。本章将分别论述财税法定原则、财税民主原则、财税公平原则、财税健全原则等四个基本原则。当然,我们试图"老调新谈",对这些老问题进行新观察,强调深化学理基础、结合现实案例,使财税法律原则能够真正"有深度"且"接地气"。

第七章为"财税主体与行为"。从纷繁复杂的财税法律活动中抽象出统一的分析框架,方能为分论研究提供共通性的分析工具和对话平台。从民事、行政法律关系等经验来看,这是总论研究的难点与重点。本章主要讨论财税主体与财税行为两大核心问题,目标是构建分析财税法问题的统一研究范式,以此贯穿总论与分论,连接法律与现实,打通财税法学科发展的经络,并为财税法治实践提供理论指引。

第八章为"财税权力与权利"。本章基于"权力—权利"的分析范式,在对现实生活中的运行样态进行类型化梳理的基础上,因袭第七章的二分法框架,围绕财税权力与财税权利这一对范畴展开分析。如前所述,公共财产权和纳税人权利作为财税法的两大中心范畴,本章实际即是对此两大中心范畴所做的展开分析。此处所讨论的财税权力可用公共财产权进行指代,而财税权利即可概称为纳税人权利。

第九章为"财税责任"。法律责任是绝大多数财税法律都会用专章规定的内容,其重要性不言而喻。对于从整个财税法层面上提炼的财税法责任,虽然一些教材或专著中已经涉及相关内容,但总体上看现有研究还是很不充分,缺乏系统、全面的解析。本章拟对财税责任的概念、性质、类型、构成要件、追责机制等基础理论问题作一探析,并结合我国现行法规定梳理其主要表现形式,进而讨论现有财税责任体系的问题与改进方向。

第十章为"财税法的体系结构"。本章将考虑不同财税法律规范在整体谱系中的定位与关系,展现"财政基本法"统领下的"财政收入法—财政支出法—财政监管法"体系。其中,财政基本法主要包括预算法和财政收支划分法,财政收入法包括税法、非税收入法和公债法,财政支出法包括财政采购法、财政投融资法、财政拨贷款法等,财政监管法则主要包括财政监督法、国库管理法和财政审计法。

第十一章为"财税法的实践理性"。现代国家中,公共财产规模极其庞大,是否能做到取之有道、管之有序、用之有方,直接影响到国家治理与社会福利,因此"理财"也就是在"治国"。本章提出"理财治国"观,以此作为对财税法时代使命的宏观描述,并进一步阐述了"法治财税"的基本立场与制度实践,解析了法治视野下的"现代财政制度",展现了财税法在国家治理现代化中的历史担当。

第十二章为"财税法的研究方法"。一门成熟的学科不能没有自己的研究方法。特别是面对着经济学、社会学学者在财政领域取得的丰硕成果,我们很有必要思考:"什么是我们的贡献"?换言之,法学研究的独有价值究竟体现在哪里呢?财税法学者与财税经济学、财税社会学学者的研究视角、路径、方法、重心的差异又体现在哪里呢?本章将围绕这些问题展开探索。

附录为"财税法的学科建设"。"打铁还需自身硬。"学科建设是财税法研究持续兴旺发达的根本保障。本章将回顾我国财税法学科建设和教育状况的发展历程,比较美国、欧洲及其他相关国家的发展情况,进行梳理、对比与探讨。经此,我们希望能够站在冷静、中立的立场上总结发展经验、反思学科定位,进而审思中国财税法学科建设的既有得失与未来使命。

一个学科的进步,需要学者们孜孜不倦的探求与勇往直前的开拓。作为身负"理财治国之重器"使命的朝阳学科,财税法的发展不应自我设限、画地为牢,而应当永远是"现在进行时"。在这个意义上,我们希望这本《财税法总论》能够作为一个"先行者"、一块"引玉砖",以此叩响我国财税法学研究发展繁荣新阶段的大门,迎来财税法治乃至整个法治中国的美好明天。

第一章 财税法的规范定位

　　法律渊源、法律形式和法律体系等均为法学理论视阈中的重要命题,对于任何一个法律部门的规范性探讨都需要在这些方面加以审思,财税法也不例外。已有的财税法研究成果虽然已经提及上述问题,但往往关照范围不够广泛、理论挖掘不够深入,而且与具体财税实践的结合也不够紧密。因此,实有必要在借鉴法理学的一般理论的基础上,立足财税法的特殊价值、使命和理念,从而明确财税法的法律渊源、法律形式和法律体系。通过将财税法渊源展现为一个内容丰富的开放性系统,具体包括宪法中的财税条款、财税法律、财税行政法规、地方性财税法规、财税方面的立法解释和司法解释、立法资料、法院裁决、法理学说、财政政策、习惯、国际条约等,有助于为财税立法提供资料来源,并为财税司法提供裁判依据。通过将财税法体系进行几个层次的划分,剖析宪法中的财税条款、财政基本法、财政基本体制法及其之下的财政收入法、财政支出法和财政监管法,能够使我们更加准确、清晰地把握财税法的运作过程和逻辑范式。除了厘清财税法的法律渊源、法律形式和法律体系等内部问题以外,还有必要关注财税法与其他法律部门间关系这一外部问题,其中,尤应重视财税法与经济法的区别和联系,并合理对待财税法与民商法、行政法、刑法、诉讼法、国际法等其他法律部门的关系。作为一门新兴的"领域法",财税法以社会公众利益的最大化为信念和追求,其开放性、综合性和特色性由此凸显。

第一节　财税法的渊源

　　通常认为,法律规范的调整规律是通过制定和实施法律制度来规范某方面的行为和社会关系,进而达成特定的法律目的。循此逻辑,财税法即指调整规范财税行为、财税关系的法律规范,通过财政收入法(以税收法律为主)和财政支出法的配合,并以财政监管法为保障,实现财政资源的筹集、管理、分配和使用的合理化、科学化、规范化,最终达致理财治国的现代化目标。

　　而在梳理财税法的历史变迁、挖掘财税法的完整功能、剖析财税法的基本内涵、展现财税法的动态脉络之前,首先需要解决的是财税法的渊源和体系等基本法理问题,这有助于廓清我们探讨的对象。法律渊源(sources of law)是法

第一章　财税法的规范定位

学理论中一个由来已久的基本命题,特别是对于法律渊源的涵义、内容及其与法律形式(forms of law)的关系,外国理论法学界长期呈现出波澜壮阔的争辩盛况,我国理论法学界近些年也众所纷纭、莫衷一是。但较为吊诡的是,法律渊源问题似乎成了只有理论法学者才情有独钟的"绝缘体",包括宪法、民法、刑法等在内的其他部门法学者对它一直"不来电"。这种研究情况在财税法领域亦不例外,财税法著作中有关财税法的法律渊源的论述篇幅都很短,而且往往将法律渊源与法律形式作为等同的概念使用,财税法学者也鲜少专门提及这个问题,一眼望去似乎风平浪静。那么,财税法的法律渊源相关问题是否真的如现有著作中那样一目了然、只需浅尝?如何把握财税法的法律渊源与法律形式之间的关系?财税法律渊源的完整谱系又如何展开?我们认为,在将法理学和法律实践中关于法律渊源的探索引入财税法学领域之后,我们可以发现,财税法律渊源其实同样具有复杂性,其与财税法律形式并非含义相同,对此实有研究的理论意义和实践意义。下面,我们将从理论法学界对法律渊源与法律形式的争鸣切入,然后对我国财税法者当前对财税法渊源的研究现状做一简要述评,进而尝试勾勒出财税法的法律渊源①(尤其是在我国语境下)的框架和内容,以回应上述诸种疑问。

一、法律渊源与法律形式之辩

准确界定法律渊源与法律形式的性质、范围,是把握二者间关系的逻辑起点,也是充分发挥它们各自作用的前提条件。其中,定性决定了我们分别认识法律渊源与法律形式的视角和立足点,主要包括立法角度或司法角度两种观点;范围决定了法律渊源与法律形式的宽窄面和内容,不同学者有不同的范围框定和类型划分方法;而在确定性质和范围的基础上,自然能够(也才能够)厘清法律渊源与法律性质之间的关系,对此又有完全等同、部分重合或完全不同等主要观点。这三方面的考察既是基于法理学一般理论的演进和梳理,又同样适用于后文对财税法律渊源的探析。

(一)定性:立法角度还是司法角度?

在法学领域中,法律渊源无疑是一个非常重要的、基本的概念,但法理学学者对法律渊源概念的理解不仅不统一,还存在对立的现象。从过去很长一段时

---

① 考虑到"法律渊源"与"法律形式"相比,是一个在法理学研究中起源更早、讨论更多的命题,而且在包括财税法在内的各个部门法的著作中,基本上使用和介绍的也都是"法律渊源",故此,本章的主要研究对象是法律渊源、以至于财税法律渊源。不过,如能准确地廓清法律渊源这个问题,我们其实也就在相当程度上同时理解了法律形式。

间以来到现今,法律渊源这个术语的运用始终比较混乱,被赋予了多重意义。鉴于此,凯尔森曾将"法律渊源"称作"一个比喻性并且极端模糊不明的说法","'法律渊源'这一用语的模糊不明似乎使这一用语近乎无甚用处"。① 这种激烈的言辞在一定程度上显现,解决法律渊源的概念及性质确定这一先要问题就面临困境。历史中存在过的以及当前存在着的诸家观点可以进行如下概括:

观点一,站在纯粹的立法立场看待法律渊源和法律形式,将法律渊源直接理解为法律形式。持这种观点的多是当代中国的法学学者,法律渊源就是法律形式的观点在法理学教材、尤其是早期教材中比比皆是,而且又被移植进了大多数部门法学者的教材,成为所谓的"通说"。1980年编著的《法学原理》一书中介绍"法的渊源"时说,"一个国家的法律规范,总是要表现在各种各样的专有形式上,这种形式就是法律规范的表现形式或者通常说是法律的渊源"。② 随后不久成书的《法学基础理论讲义》③等都在法律形式的意义上界定"法律渊源"的词义。而写作时间较近的教材中也有类似论述者,即法律渊源也称"法源","是指那些具有法的效力作用和意义的法的外在表现形式,因此,法的渊源也叫法的形式,它侧重于从法的外在形式意义上来把握法的各种表现形式","最贴近法的渊源概念的是法的形式渊源,即那些具有法的效力作用和意义的法的各种外在表现形式"。④ 这种观点看似简洁明了,但越来越被指摘为有简单粗暴之嫌,比如,既然认为法律渊源就是法律形式,那么为何要同时创造两个名词?而且,这些著作中大多又将法律渊源分为法律的实质渊源和形式渊源,如何解释其中的实质渊源与法律形式的背离?如此疑问,都是这种观点难以回答的。

观点二,站在纯粹的立法立场看待法律渊源和法律形式,但认为法律渊源是法律的内容、而非形式。这种观点虽然也是从立法角度理解法律渊源和法律形式的,但充分考虑到了两者间的区别,认为法律渊源是立法的资源和过程,法律形式则是立法的成果和最终形式。该说较早的支持者在1980年主编的北京大学试用教材《法学基础理论》中提出:"体现统治者意志的,表现法律规范的特殊形式,就被称为法律形式。……按'渊源'的本意,通常是来源、根据。法的渊源,应该指社会的物质生活条件。"⑤这种观点在沉寂许久之后,晚近的拥趸

---

① 〔奥〕凯尔森:《法与国家的一般理论》,沈宗灵译,中国大百科全书出版社1996年版,第149页。
② 李放、张哲编:《法学原理》,辽宁人民出版社1981年版,第138—139页。
③ 参见方立等写:《法学基础理论讲义》,法律出版社1983年版,第179页。
④ 张文显主编:《法理学》(第三版),法律出版社2007年版,第127、129页。
⑤ 陈守一、张宏生主编:《法学基础理论》,北京大学出版社1981年版,第340页。

是周旺生教授,他在多篇论文中强调,"法的渊源与法的形式在定性上截然不同。……法的渊源更主要是个可能性的概念或未然的概念,它是法的预备库或半成品,是法的孕育地,是法的原动力。……法的形式是实实在在地具有法的效力的法,在它的内部包含着实在的具有法的效力的法律规范、法律原则和法律制度"①,"法的渊源是法得以形成的资源、进路和动因,法的形式则是已然的法和正式的法的不同表现形式,它们分别代表了法的形成过程中两个性质不同的阶段和表现形态"②。这种定性仍是从纯粹立法的角度出发的,故受到了一些质疑,有学者通过探究"法律渊源"的词义,称"罗马法中有关法律渊源(fons juris)的历史表明,法律渊源是为司法适用而产生的,而不是一个立法立场的问题"。③

观点三,站在司法立场看待法律渊源,站在立法立场看待法律形式。从司法角度界定法律渊源的观点在外国学者中早已有之,现实主义法学派尤其极力推崇此种观点。美国法理学家格雷指出以司法过程作为分析法律渊源的场所,即法律渊源"应当从法官在制定那些构成法律的规则时通常所诉诸的某些法律资料和非法律资料中去寻找"。④ 德国学者魏德士近似地认为,"法律渊源是指客观法的(能够为法律适用者所识别的)形式和表现方式","法律渊源学说属于宪法问题,即法官必须知道到哪里且如何发现现行的法"。⑤ 可能部分是由于上述法律渊源理论的影响,我国学者最近几年也更多地发掘出法律渊源的司法之维,并且还在吸纳外国学说的同时,创造性地提出应从立法角度界定法律形式。比较典型的观点例如,陈金钊直接点出,"法律渊源实际上就是法官法源","法源之法特指法官用于裁判案件的法律,所谓法源指的就是作为法官之法的裁判规范(个别规范)来自何处"。⑥ 彭中礼则对"司法之法"与"立法之法"进行比较,认为"法律渊源是裁判规范的集合体,法官从中发现裁决案件所需要的裁判依据和裁判理由;法律形式是法律文本的表现方式","法律渊源之法是在司法适用过程发现和寻找的,法律形式之法是在立法中形成的"。⑦ 在徐显明、孙笑侠等国内学者主编的法理学教材最新修订版中,也似有接纳法的

---

① 周旺生:《重新研究法的渊源》,载《比较法研究》2005 年第 4 期,第 9 页。
② 周旺生:《法的渊源与法的形式界分》,载《法制与社会发展》2005 年第 4 期,第 128 页。
③ 彭中礼:《法律渊源词义考》,载《法学研究》2012 年第 6 期,第 62 页。
④ See John C. Gray, *The Nature and Sources of the Law*, 2nd ed, New York: The Macmillan Company, 1921, p. 125.
⑤ [德]伯恩·魏德士:《法理学》,丁晓春、吴越译,法律出版社 2013 年版,第 98 页。
⑥ 陈金钊:《法律渊源:司法视角的定位》,载《甘肃政法学院学报》2005 年第 6 期,第 1 页。
⑦ 彭中礼:《论法律形式与法律渊源的界分》,载《北方法学》2013 年第 1 期,第 102 页。

适用视角之势，提出"法的渊源就是指法律决定的大前提或裁判规范的来源"，"法的渊源是证成特定法律决定的权威性理由"①，"对于司法官来说，法律渊源其实也就是他（或她）发现用以构建当前案件结论之大前提的各种质料、因素的场所，此种意义上的法律渊源又可简称为'法官法源'"。② 这种将法官可以适用的、司法过程中的法律视为真正的"法"的观点，对发挥法律渊源的实际作用无疑具有重要价值，但在我们看来，法律体系中的司法与立法两方均不可偏废，因此，仅仅着眼司法维度而不谈立法维度是否有失全面，是这一观点尚待反思之处。

  观点四，站在立法与司法相结合的立场看待法律渊源和法律形式。这种观点认为法律渊源构成了立法以及司法的依据、资料、内容，法律形式则是从法律渊源中产生的规则的权威性表征。较早关注法律渊源和法律形式问题的英国学者克拉克首先提出三个问题：(1) 法律规则从哪里获得拘束力？(2) 有争议的特定规则的内容是由什么决定的？是什么使得法律的制定者或者宣告者可以如此表述这些规则？如果说国家赋予法律规则以权威，那么是什么东西赋予法律规则以内容？(3) 如果一个人希望了解法律，他应当去哪里才能找到它？法律是用什么形式表现出来的？克拉克认为，对第三个问题的回答属于"法律形式"的范畴，第二个问题的回答才是法律"渊源"的范畴。③ 可见，克拉克将法律渊源定性为"法律的制定者或者宣告者"表述"特定规则的内容"，将法律形式定性为这些规则表现的形式。之后，庞德详细论证了该问题，他在《法理学》一书中提出，法律渊源是指"形成法律规则内容的因素"，"发展和制定这些规则的力量"包括了"立法机关和法庭"，并且，法律渊源问题应当"与法律规则的效力及权威区分开"。法律形式即"文本形式"，"以这种形式，法律规则和原则得到了最权威的表述"。④ 博登海默在给法律渊源这一术语赋予含义时，虽然有所借鉴、却并没有陷入前述观点三中格雷的套路，如他所言"在许多重要方面与之不同"，其中的一个不同就是"尽管我们同意格雷把法律渊源看成是那些可以成为法律判决合法性基础的资料等因素的观点，但是我们认为，这些渊源同

---

① 徐显明主编：《法理学原理》，中国政法大学出版社 2009 年版，第 247、254 页。
② 孙笑侠主编：《法理学》，浙江大学出版社 2011 年版，第 99 页。
③ E. C. Clark, *Practical Jurisprudence: a Comment on Austin*, Cambridge: Cambridge University Press, 1883, pp.196-201.
④ Roscoe Pound, *Jurisprudence*(Ⅲ), St Paul, Minnesota: West Publishing Co., 1959, pp. 383-384.

制定**任何种类**的法律决定都有关,而不只是同法院作出的判决有关"。① 这表明,博登海默支持从立法和司法两个角度来把握法律渊源的含义。我们认为,确如前述法理学家所印证的,法律渊源其实不仅是法院据以支撑其判决的"法官法源",还是立法机关赖以提炼和制定法律的"立法者法源",只有兼具两种视角,才能彰显法律渊源在实际法律体系中的完整样貌和功效,故观点四相比之下更加可取,应当适用于我们对财税法律渊源的界定。

(二)范围:宽窄度与类型化方法?

正是基于对法律渊源的不同定性,持前述四种观点的学者们对法律渊源的范围划分、内容罗列和分类标准也就随之大相径庭。这里相对应地加以简要呈现,其中,因为第四种定性方法更加可取,故做重点阐释。

观点一,根据表现形式来框定法律渊源的范围并进行分类。典型的例证,便是将法的渊源划分为五种主要表现形式,包括制定法、判例法、习惯法、法理、国际协定和条约。同时,"当代中国法的渊源采用的是以各种制定法为主的正式的法的渊源……主要有:宪法、法律、行政法规和国务院部门规章、军事法规和军事规章、地方性法规和地方政府规章、民族自治地方的自治条例和单行条例、特别行政区基本法和法律、经济特区法规和规章、国际条约及国际惯例等"。② 可以发现,这一观点深刻地影响了各部门法的学者,因而宪法、行政法、民法、刑法等教科书的法律渊源章节中,大多延续了这种思路,只是在此范围之内又有所选择、排除或侧重而已。如前所述,该观点依托的法律渊源定性采取了纯粹的立法视角,而且存在与法律形式混淆的倾向,所以,这种法律渊源范围比较狭窄,并偏于形式化的状况,也就可想而知了。

观点二,只要是为法律形成提供了原料、途径、动力等诸种促进力量的,都属于法律渊源的范畴。有学者在代表性文章中提出,法的渊源是由资源、进路和动因三项基本要素构成的综合事物。其中,资源性要素是法律的"质料性渊源","至少包括:习惯、判例、个别衡平、道德规范、正义观念、宗教规则、礼仪、乡规民约、社团规章、契约;先前法、外地法、外国法、国际法、法的解释;国家和有关社会组织的政策、决策、决定、行政命令;司法判决或报告书;法理、法学家著作、理性和事物的性质、哲学观念、科学探讨"。进路性要素是法得以形成的"途径性要素","最主要的途径便是立法途径、司法途径、行政途径、国际交往途径"。动因性要素则是法律形成的"动力和原因","诸如国家权力、社会力量、

---

① 参见[美]E.博登海默:《法理学:法律哲学与法律方法》(修订版),邓正来译,中国政法大学出版社2004年版,第429页。粗体为原书作者所加。

② 参见张文显主编:《法理学》(第三版),法律出版社2007年版,第129—133页。

宗教力量、道德力量、自然力量，又如人民意志、君主意志、神仙意志、阶级意志等"。① 根据这种观点，几乎所有能与法律的形成沾边的材料、主体、环境、行为等都被归入了法律渊源，使得法律渊源的场域极大地拓宽，但试图包罗万象也就产生了内部混乱、标准不一的危险。例如，有持第三种观点的学者批判道，"动因完全不应该属于法律渊源的研究范畴"②，而且"他所谈的法源和其他法学家所谈论的法的实质渊源是一致的"。

观点三，从对司法的影响程度出发，划定法律渊源的范围和类型。这又可进一步分为两种观点，一是闭合式的观点。魏德士从狭义的角度理解"那些对法律适用者具有约束力的法规范"，将法律渊源的类型归结为跨国与国际规则、宪法、议会法、行政法规、公法组织的章程、集体法上的规范合同、习惯法、法官法等八种。而法学理论被视为"在议会民主的法治国家已经过时"，不成文的自然法也不是法律渊源。③ 由此足见，魏德士所理解的法律渊源大多具有正式、具象的特征，这决定了法律渊源的狭窄性。二是开放式的观点。格雷认为，除了在法律渊源中居于优先地位的立法机关法案以外，"法院能够获得一般性规则的渊源还有司法先例、专家意见、习惯、道德原则（使用该词也包含了公共政策）等四种"。④ 瑞典学者佩岑尼克（Peczenik）的视野更加开阔，他提出，凡能够成为特定法律决定的理由，都属于法律渊源，并按它们支持判决的程度强弱，将法律渊源分为三种类型：必须的法的渊源（must-sources）、应该的法的渊源（should-sources）和可以的法的渊源（may-sources）。⑤ 具体到中国，必须的法的渊源包括宪法、法律、行政法规、地方性法规、民族自治法规、经济特区法规、特别行政区的规范性文件、国际条约等；应该的法的渊源包括部门规章、地方性规章、司法文本等；可以的法的渊源包括立法资料、习惯、政策、道德、判例、法理等。⑥ 佩岑尼克眼中的法律渊源范围广泛、分类精细，顺应了司法实践正趋于复杂的现象，颇有新意和实益。而且，如果把这种"三要素法"移植到第四种定性观点（即立法与司法相结合的立场）中的司法立场中，实际上也可实现无缝对接。

观点四，兼顾立法和司法过程中的法律规则，将规则形成的基础和力量均

---

① 周旺生：《重新研究法的渊源》，载《比较法研究》2005年第4期，第6页。
② 彭中礼：《论法律形式与法律渊源的界分》，载《北方法学》2013年第1期，第105页。
③ 参见〔德〕伯恩·魏德士：《法理学》，丁晓春、吴越译，法律出版社2013年版，第99—117页。
④ See John C. Gray, *The Nature and Sources of the Law*, 2nd ed, New York: The Macmillan Company, 1921, pp.124-125.
⑤ See Aleksander Peczenik, *On Law and Reason*, Netherlands: Kluwer Academic Publishers, 1989, p.328.
⑥ 参见徐显明主编：《法理学原理》，中国政法大学出版社2009年版，第256页。

认定为法律渊源。正是因为在定性上就具有比较包容的立场,所以,这种观点中的法律渊源范围自然也比较广博。庞德指出,法律渊源包括六个方面,即惯例、宗教信仰、道德和哲学的观点、判决、科学探讨和立法。① 博登海默在整体上宣称"我们认为应该在法律制度中得到承认的法律渊源资料的数量,远远超过了格雷所列举的那几种",进而将法律渊源划分为正式渊源和非正式渊源两大类别。其中,正式渊源可以从文本形式明确的权威性法律文件中得到,例如宪法和法规、行政命令、行政法规、条例、自主或半自主机构和组织的章程和规章、条约和某些其他协议、司法先例;非正式渊源是尚未在正式法律文件中得到权威性阐述的资料,例如正义标准、推理和思考事物本质的原则、衡平法、公共政策、道德信念、社会倾向、习惯法等,对非正式渊源列举不能详尽无遗。② 且不论博登海默的法律渊源正式与非正式之分已被我国法理学学者普遍沿用的现实,也不论他归纳的两类法律渊源是否做到内部性质一致、外部界限清晰,但仅就整个面上说,确实作出了尽量周延的努力。若能统合、贯通这几种观点,并用统一的分类逻辑使法律渊源的谱系得以条分缕析,或将有助于把握法律渊源的真切样态。

(三) 关系:等同、交叉还是不同?

回答了法律渊源、法律形式的性质和范围问题,两者之间关系的答案也就呼之欲出了。在观点一中,法律渊源完全等同于法律形式,这也奠定了该观点的立论基础。在观点二中,法律渊源和法律形式虽然同为立法层面的语词,但前者出现在法律正式形成之前的阶段、是未然的法,后者则表征为已经正式形成的法律,是已然的法,因而两者性质迥异、时间承接、内容未有交叉。根据观点三,当法律渊源、即司法适用之法局限于制定法时,法律渊源与法律形式会出现种属统一,但它们的概念内涵、调整领域依然存在重大区别,表面上看有重叠部分、实则出于不同的视角,故两者很难称为交叉关系。即便是对于兼用立法立场和司法立场来对待法律渊源与法律形式的观点四,因为法律渊源与法律形式的侧重对象、关照层面、所处阶段、讨论语境等皆大不相同,故,两者在制定法、习惯(法)、判例(法)等部分虽看似有重合或近似③,但实质却截然相异,亦

---

① See Roscoe Pound, *Jurisprudence*(Ⅲ), St Paul, Minnesota: West Publishing Co., 1959, pp.384-390.

② 参见〔美〕E.博登海默:《法理学:法律哲学与法律方法》(修订版),邓正来译,中国政法大学出版社2004年版,第429—430页。

③ 例如,在庞德的《法理学》一书中,国内法的法律渊源包括判决(adjudication)、立法(legislation)等六类,法律形式为立法(legislation)、判例法(case law)和教科书法(text book law)。See Roscoe Pound, *Jurisprudence*(Ⅲ), St Paul, Minnesota: West Publishing Co., 1959, pp.384-417.

可谓没有交叉(参见图1.1,采纳观点四)。

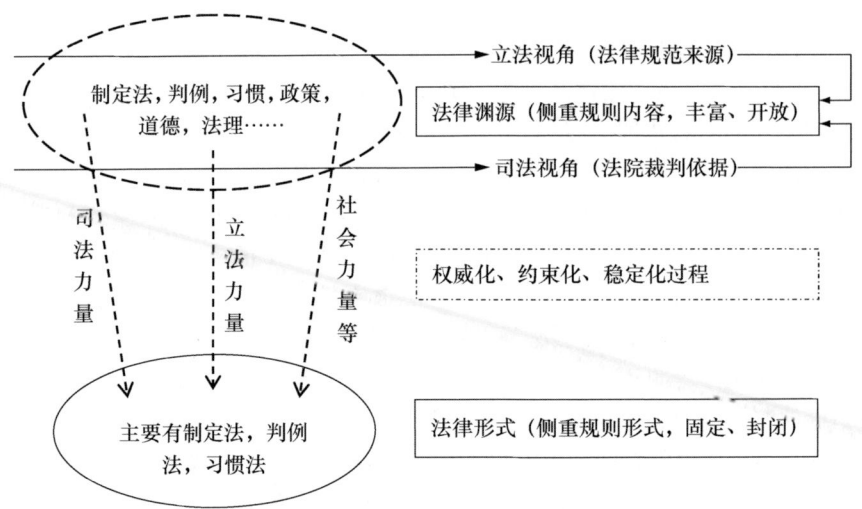

图 1.1　法律渊源与法律形式示意图

(注:因观点四在上述四种观点中更为可取,所以本示意图是依据观点四所绘。在绘制过程中,我们综合地比较了持观点四的多位学者的具体观点,加以取舍、统合,并进一步提炼出整体脉络和其间关联)

二、财税法渊源的研究现状与研究意义

与其他部门法学者普遍较少关注法律渊源的情况相似,财税法渊源问题在某种程度上也成为财税法学者研究中的"鸡肋",那种"食之无味、弃之可惜"的感觉随处可见。一方面,财税法教科书通常用很少的篇幅阐述法律渊源,甚至不予讨论,系统探讨财税法渊源的论文或专著似乎更是尚未出现①;另一方面,教科书在阐述财税法渊源时,往往直接套用将法律渊源与法律形式完全等同的观点(前述观点一),只在每种法律渊源前面加上"财税"或"税收"几字,而忽视了法理学界在这个问题上的其他几种观点,也罔顾财税法的法律渊源自身的特质,造成多部主要的财税法教材中相应章节的思路、结构和内容均千篇一律。

---

①　我们以"财税法渊源"为主题在"中国知网"进行检索,得到的论文篇数为零(截至2016年1月4日)。以"财税法"和"法律渊源"为主题进行检索,得到的论文仅有两篇,即徐孟洲、杨明宇:《中国财税法的新渊源——WTO财税规则与我国财税法的完善》,载郭道晖主编:《岳麓法学评论》(第1卷),湖南大学出版社2000年版;程宗璋:《加入WTO与我国财税法制的革新》,载《武汉市经济管理干部学院学报》2002年第4期。这两篇论文都只讨论了在财税法渊源中仅占一隅的WTO财税规则,并非对财税法渊源的系统、全面探讨。

第一章　财税法的规范定位

　　目前这种未行深究和特色化的移植行为,容易成为财税法理论和实践进步的障碍,可能会导致学术研究墨守成规的状况。例如,徐孟洲、徐阳光合著的《税法》(第四版)一书写道:"税法渊源,一般是指税法规范的外在表现形式。它包括制定法、判例法。"中国的税法渊源包括以下六种表现形式:宪法;税收法律;税收行政法规;税收地方性法规、自治条例和单行条例、规章;税法解释;国际税收条约、协议。① 又如,刘剑文、熊伟合著的《财政税收法》(第六版)则在财政法部分探讨了财政法的法律渊源,"我国财政法的渊源,主要表现为不同的国家机关在其职权范围内所制定的财政法律法规"。具体包括七类:财政宪法;财政法律;财政行政法规;地方性财政法规、自治条例和单行条例;部门财政规章和地方财政规章;特别行政区的财政法律;国际条约。② 另如,陈少英编著的《税法学教程》(第二版)提出,"法的渊源是指法的各种具体表现形式,具体地讲是指国家机关制定或认可的具有不同法律效力或法律地位的各种法律类别,如宪法、法律法规、条例、章程、习惯、判例等"。我国现行税法的渊源有:宪法;法律和有关规范性文件;行政法规和有关规范性文件;部、委规章和有关规范性文件;地方性法规、地方政府规章和有关规范性文件;条例;法律解释。③ 综而观之,国内学者的财税法著作对财税法渊源的论述尚不够全面、充分,并且多停留在名称铺排和概念介绍的层次,缺乏对法律渊源的立场和作用的思考。

　　反观我国台湾地区财税法学者的著作,有关法律渊源的论述要相对充分一些,无论是财税法渊源的理论剖析还是具体阐发,都比大陆的财税法教材更加翔实。一个明例是,黄茂荣所著《法学方法与现代税法》全书共五章,第五章"税捐法源"专章探讨了财税法渊源问题,在该章中,黄茂荣首先就敏锐地关注到法律渊源在法理学领域的争论和概念不确定性,分别从政治学和社会学上的政经力量、法哲学上的"法的确信"、宪法学上的立法行为、宪法学上的立法机关、权力行使结果上的规范这五个层次,对法律渊源进行了定义。经过对比,黄茂荣认为:"制定法、契约、协约、条约、协定因其'形式'而取得法源地位,习惯法、法院之裁判、学说因其'实质'而取得法源地位。不过,当非以'形式'正式取得,其最后如何获得规范上约束力的过程,仍然值得注意。"需要说明的有,第一,这里的制定法包括宪法、法律、法规性命令(经立法机关授权的)和自治法规(在自治权限范围内的);第二,习惯法在认定是否业已满足发生的构成要件上存在困难,且"在法治国家原则之实践中,关于税捐法上之习惯法的肯认或发

---

① 参见徐孟洲、徐阳光:《税法》(第四版),中国人民大学出版社2012年版,第33—34页。
② 参见刘剑文、熊伟:《财政税收法》(第六版),法律出版社2014年版,第18—20页。
③ 参见陈少英编著:《税法学教程》(第二版),北京大学出版社2011年版,第25—27页。

展,一直都应该极为小心处理、应对,不可以有过度躁进的做法";第三,法院裁判不是独立的法源,仅在"事实上"具有法源的意义,"其拘束力基本上仍依附在制定法上";第四,学说"至少尚待于法院之引用,而后经由裁判之'事实上的约束力'……才取得'形式的或规范的约束力',成为正式的法源";第五,条约和协定原则上经缔约国将其内容转为国内法,才对该国国民产生拘束力,"税捐法上之国际法法源主要存在于双边缔结之避免重复课税协定"。① 黄茂荣对税收法源的阐述在广度、深度和细致度上都可圈可点,可以说远胜于大陆学者的一些财税法著作。但是,较之于前述示意图所展现的法律渊源与法律形式架构,该书对法律渊源的立法立场似乎重视不足,对司法立场中"何谓具有外部约束力"的判断较为严苛,导致其所认定的财税法渊源的范围偏于狭窄。同时,我国大陆与台湾地区的财税法律制度和实践情况必然有所不同,所以,该书中的有关论述不能完全适用于我国大陆地区,有必要进行差异性、独立性的思考和重述。

而在着手建构我国财税法渊源的体系之前,还需要清醒地自问:研究财税法渊源的意义何在?换言之,既然这一问题的研究现状不尽如人意,更多的研究又会改变和带来什么?对此,可以从三方面来理解:第一,在理论上,法律渊源是法理学的一个基石性命题,关系到我们对法律是什么、法律能干什么、如何制定和实施法律等基本问题的认知,因此,财税法渊源在财税法基础理论中同样占据不可或缺的位置。特别是考虑到我国大陆学者对这个问题的现有研究较为薄弱,甚至尚未充分意识到它的重要性,加强研究财税法渊源至为关键,具有补白的作用。第二,在立法实践上,研究财税法渊源能够拓宽立法者的视野,让一个具有多样性、开放性、发展性的立法来源体系得以展现,为法律的制定、完善提供了源源不断的资料素材和创新支持。另一方面,财税法渊源研究远远不止是对财税法渊源的简单罗列,其更深的意义在于,启发我们在财税立法过程中思考各种法律渊源之间的关系、发挥作用的场合、被选择抑或被舍弃的判断标准、相互配合的方式、从中提取法律规范的程度等问题,从而增强法律的可操作性、社会回应性和有效性,提高财税立法总体质量。第三,在司法实践上,研究财税法渊源有助于梳理法官作出特定裁判所依赖的权威性理由,进而排出一般情形下的强弱对比和适用先后顺序。尽管当前我国的财税司法水平较低,而且长期发展缓慢、滞后于财税法治整体进程,但毋庸置疑,探索和强化税务诉

---

① 参见黄茂荣:《法学方法与现代税法》,北京大学出版社2011年版,第325—352页。

讼、纳税人诉讼应当成为下一个阶段的工作重点之一。① 而在创建财税司法的过程中,明确那些旨在支持和证成司法裁判的财税法渊源,是必须要做的前提性准备,有利于保证审案法官思考周全、有理有据、轻重适当,增强裁判的说服力和公信力。概言之,研究财税法渊源兼备理论价值和实践价值,对财税法学发展和我国财税法治体系建设来说均意义重大。

三、财税法渊源的完整谱系

在明晰有关法律渊源的概念、性质、范围、内外关系和研究意义等一般理论的基础上,下面把关注点聚焦在财税法的法律渊源上,试图涵盖成文法与非成文法、规范法与非规范法、国内法与国际法等不同维度,以尽量周全地描绘我国当前财税法渊源的完整谱系,并就其在财税立法和财税司法中是分别如何发挥作用的做一探讨。

(一)全景概览:我国当下的财税法渊源

整体而言,我国的财税法渊源主要包括:宪法,法律,行政法规,地方性法规,自治条例和单行条例,特别行政区的法律,部门规章,地方政府规章,其他规范性文件,立法解释和司法解释,立法资料,法院裁决,法理学说,财政政策,正义标准,道德信念,习惯,外国法,国际条约,等等。如前所述,法律渊源的边界不是绝对的、封闭的,因而这里只是列举一些典型的财税法渊源,并非穷尽。另言之,其他的法律材料若能对财税立法和司法产生影响,同样应属于财税法渊源。

1. 宪法中的财税条款

宪法中的财税条款是财税领域的宪法性规范,通常又称为"财政宪法"。由于宪法在一国法律体系中具有"根本大法"的法律地位和法律效力,财税的宪法条款在财税法渊源中应居于首要地位,成为整个财税立法、司法的最高依据和准则,此即为"课税权之宪法界限"。② 我国现行《宪法》的财税相关条款可以大致分为两大类:第一类是直接涉及财税的条款。即《宪法》第 56 条规定,"中华人民共和国公民有依照法律纳税的义务";第 62 条规定,全国人民代表大会"审

---

① 2014 年 10 月 23 日,十八届四中全会通过《关于全面推进依法治国若干重大问题的决定》,《决定》以"建设中国特色社会主义法治体系"为总目标,勾勒了"科学立法、严格执法、公正司法、全民守法"四位一体的法治建设框架。其中,"保证公正司法,提高司法公信力"得到高度重视,这也释放出完善财税司法的积极信号。

② 有学者提出,"课税权为国家权力之一种,依法治国原则之宪法要求,必须在合宪之范围内行使,故不得违宪课税"。参见 Tipke&Lang, Steuerrecht, 1989, S. 1; Peter Badura, Staatsrecht, 1986, S. 203ff。转引自黄俊杰:《税捐正义》,北京大学出版社 2004 年版,第 6 页。

查和批准国家的预算和预算执行情况的报告";第 67 条规定,全国人民代表大会常务委员会审查和批准国家预算在执行过程中所必须作的部分调整方案;第 89 条规定,国务院"编制和执行国民经济和社会发展计划和国家预算";第 91 条规定,"国务院设立审计机关,对国务院各部门和地方各级政府的财政收支,对国家的财政金融机构和企业事业组织的财务收支,进行审计监督";第 99 条规定,"县级以上的地方各级人民代表大会审查和批准本行政区域内的国民经济和社会发展计划、预算以及它们的执行情况的报告";第 117 条规定,"民族自治地方的自治机关有管理地方财政的自治权。凡是依照国家财政体制属于民族自治地方的财政收入,都应当由民族自治地方的自治机关自主地安排使用"等。这些宪法条款包含纳税、预算的编制和审查、财政审计、民族自治地方财政权等多个方面。第二类是间接涉及财税的条款。例如,《宪法》规定"尊重和保障人权",保护私有财产权、平等权等公民基本权利,赋予公民知情权、参与权、批评建议权等政治自由和权利,这奠定了财税法的纳税人权利内核;又如,规定人民代表大会制度、民族区域自治制度等国家基本制度以及国家运行的主要制度,这构成了财税法应当因循、不能逾越的制度框架;再如,基本上明定全国人大及其常委会、国务院、法院等国家机构的设置及其职权范围,这其实也是财税法治所依靠的公权力主体和力量。要言之,宪法中与财税间接相关的条款要么是对纳税人财产权的消极防御性保护,要么是积极提供性保护,引领了财政收入和财政支出法律建构的方向,决定了整个财税法律体系的核心精神。它们虽然没有直接显露为财税语词,但必须作为财税立法的前提和精神支柱,作为财税司法过程中准确地发现和解释法律的理念源头,因此对财税法有很大的引领意义。

世界各国的宪法或宪法性文件中几乎都有关于财税的内容,尤其是那些法治水平较高的国家,大多对此规定得系统、明确且充分。例如日本 1947 年《宪法》对国会财政权限、收支职责、预决算监督、预备费设置、公款支出的禁止、国债负担等作了规定,采纳财政民主主义和租税法律主义[①];德国《联邦基本法》对联邦和州的公共开支、税收立法权、税收分配、财政补贴和财政管理等作了规定;美国《联邦宪法》对课税权力的授予、统一课征规则、按比例课征规则、禁止课征出口税等作了规定。相比之下,我国现行《宪法》对财税问题明显关照不

---

① 参见〔日〕芦部信喜:《宪法》(第三版),林来梵等译,北京大学出版社 2006 年版,第 314—319 页。

足,很多基本的财税法原则、体制、制度都没有体现或体现得很模糊①,因缺乏宪法的根本性指引,易导致财税立法迷失方向、财税司法产生误解。

针对财政宪法在我国财税法渊源中始终式微的现状,解决路径包括两方面:一方面,应当积极推动将财政法定原则、税收法定原则以及中央与地方间财政关系等写进《宪法》,为财税改革和财税法治的全面建设打牢宪法基础。"财政资源的紧缺型始终是制约政府权力的天然障碍,对财政资源的节省和高效率使用始终是理性的制宪者们必须考虑的问题。"②目前看来,这些财税基本原则和机制在我国已经积累了深厚的民意基础、广泛的社会认同和稳定的实践成果,再加上将其规定进宪法早就是绝大多数国家的通行做法,故,理应积极推动入宪进程。另一方面,让上述事项"入宪"并不是文字功夫,现行《宪法》中与财税相关的已有规定也不是空洞无物,"宪定化"的根本要义在于借助宪法解释,切实发挥这些宪法性财税条款对具体财税立法和财税司法的作用,即"全国各族人民、一切国家机关和武装力量、各政党和各社会团体、各企业事业组织,都必须以宪法为根本的活动准则,并且负有维护宪法尊严、保证宪法实施的职责。一切违反宪法的行为都必须予以追究和纠正"。③ 诚如台湾学者葛克昌所说,以立法控制来防范课税侵犯人民基本权利的时代已经结束,强调税收法定不得不面临寻求宪法保障之新时代。④ 以房地产税立法为例,应从宪法的公民生存权得出"基本居住需要不可税",进而在设计免税方案时,以自有自居为前提、以人均免税面积为标准。⑤ 可见,宪法价值应当指引财税立法和司法,起到约束财税立法权、影响财税司法权的作用。

2. 财税法律

历史演进到现代,法律这种自觉的、能动的社会关系调整方式,逐渐成为法律渊源之主体。立法所表明的,"是同国家的有目的的法的创制活动,同赋予法

---

① 以我国《宪法》第 56 条"中华人民共和国公民有依照法律纳税的义务"为例,通说认为,这一条并未规定税收法定原则。尽管我国台湾地区大法官会议将"宪法"中采用类似表述的第 19 条解释为税收法定原则,但对于大陆来说,更为稳妥的做法是清楚地使税收法定原则入宪,以减少不必要的争论和歧见。对于台湾地区大法官会议的解释方法,可参见葛克昌:《税法基本问题(财政宪法篇)》,北京大学出版社 2004 年版,第 37—112 页。
② 周刚志:《论公共财政与宪政国家——作为财政宪法学的一种理论前言》,北京大学出版社 2005 年版,第 33—34 页。
③ 语出自中共十八届四中全会《关于全面推进依法治国若干重大问题的决定》,《决定》提出要"完善以宪法为核心的中国特色社会主义法律体系""健全宪法实施和监督制度",这应贯彻于财税领域。
④ 参见葛克昌:《国家学与国家法》,台湾月旦出版社股份有限公司 1996 年版,第 57—58 页。
⑤ 参见刘志鑫:《论房产税征税对象选择与税收减免——以税负平等为视角》,载《清华法学》2014 年第 8 卷第 5 期,第 68 页。

明显的普遍性相联系的法的理性的渊源。立法使国家有很大可能性调整社会关系,支持新的秩序,同过时的社会制度、传统和习惯进行斗争"。① 尤其是在财税领域,滥觞于1215年英国《大宪章》的税收法定原则与现代国家的民主法治进程相伴而生,经历了从税收法定到预算法定、再到财政法定的升级历程,堪称各国公认和普遍遵行的财税"帝王原则",与罪刑法定原则比肩。这意味着,财税法律是当之无愧的最主要财税法规范,也是财税司法的最主要依据,唯此才能彰显财税法律的稳定性和可预期性、科学性和广泛代表性,进而维护公平竞争的市场环境、保证合理规范的资源配置和收入分配、保障纳税人的经济利益和自由发展。

在我国,财税法律由全国人民代表大会及其常务委员会制定和颁布。其中,全国人大制定和修改的法律一般涉及国家社会生活中某一方面具有根本性、全局性的关系,通常称为基本法律。全国人大常委会制定和修改基本法律以外的法律;在全国人民代表大会闭会期间,还可以对基本法律在不违背其基本原则的前提下进行部分补充或修改。全国人大及其常委会所作的决定或决议,如果其内容属于规范性的规定,也应视为狭义上的法律。尽管我国尚未做到像其他大多数国家那样在宪法或宪法性文件中明定税收法定原则,《立法法》《税收征收管理法》均已包含税收法定条款,如《立法法》第8条规定"财政基本制度""税种的设立、税率的确定和税收征收管理等税收基本制度"只能制定法律,这值得肯定。但令人颇感遗憾的是,回顾新中国成立以来的财税实践,财税基本制度法定化的速度一直非常缓慢。现行有效的财税法律仅有《企业所得税法》《个人所得税法》《车船税法》《税收征收管理法》《预算法》《政府采购法》《企业国有资产法》《审计法》等少数几部,远未实现18个税种的"一税一法"和财政活动的全流程法定,大量的财政税收事项仍然无法可依。同时,即使是已有的财税法律,许多也存在着理念过时、内容缺失、技术生硬、条文粗糙等立法质量问题,且法律条款普遍过于原则化、抽象化,可执行性较弱,难以具体地指导财税执法和财税司法。举例说,我国的税法条文一般在数千字左右,其规定比较笼统;而法治发达国家的税法都是高度精细化的,即便在普通法系国家也有成熟的税收成文法典,美国《国内税收法典》(Internal Revenue Code)字数达

---

① 〔苏联〕Л. С. 雅维茨:《法的一般理论——哲学和社会问题》,朱景文译,辽宁人民出版社1986年版,第101页。

600余万①,澳大利亚全部税法文本在 2006 年清理立法之前甚至合计超过 900 万字。应当认识到,不是什么法都能治国,也不是什么法都能治好国;广大纳税人对立法的期盼,已经不只是有没有,更是好不好、管不管用、能不能解决问题。

因此,加强财税法律的制定、完善,整体优化法律质量,使得财税法渊源的内容更加扎实、结构更加合理,应是财税法治的题中之意。首先,在修改《预算法》之后,下一阶段应当把财税立法重点投入到政府间财政关系和具体税种上。尽早制定出台《财政收支划分法》和《财政转移支付法》,并且将增值税、消费税、资源税等诸多税种从当前的"条例"或者"暂行条例"逐步上升为单行法律。其次,尽力把握每一次立法或修法的机会,使财税法律立得住、行得通、真管用、有权威,真正让财税"良法"引领时代进步。这要求增强财税法律内容的可操作性、针对性、精细性、有用性,全面反映客观规律和人民意愿,回应改革发展的新需要和新趋势。最后,财税法律之间需相互协调、补充,共同形成覆盖财税法律关系和法律行为全过程的规范网络。财税法律体系内容繁杂、层次丰富,我们不仅应提高单个财税法律个体的质量,还应做到法律之间不冲突,做到税种法不重叠、实体法与程序法相结合、财政收入法与财政支出法相承接、监督管理法及于收入和支出的各方面,从而产生"1+1>2"的集合效应,提高财税法律体系的质量。

3. 财税行政法规

财税行政法规是国家最高行政机关(即国务院)根据宪法和法律制定的。在财税法定原则下,财税法律表征着一种法治目标和理想,但是,由于法律的滞后性、不确定性等固有缺陷,在客观上难以做到所有财税事项都用法律来规定,即法律不可避免地具有"不完备性"②。正如美浓部达吉所言:"在法律之下或是在某种例外的时地,承认政府到某种程度为止得以发布有立法性质的命令,在实际上是必要的事体,有许多国家是承认的。"③因此,制定财税行政法规是必要举措,有助于弥补财税法律所不能及之处,并发挥国务院的专业优势、履行

---

① 美国《国内税收法典》有 11 分标题(Subtitle)、61 章(Chapter)、15 分章(Subchapter)、近 2000 节(Section),每一节下还有分节(Subsection)、段(paragraph)、分段(Sub-paragraph)、条款(Clause)和分条款(Sub-clause)。其中有大量的条款是定义性和解释性规定,占总条文数的将近三分之一。参见翟继光:《美国联邦最高法院经典税法案例评析》,立信会计出版社 2009 年版,第 305 页以下。

② "法律的不完备性理论"由许成钢教授和皮斯特教授在本世纪初共同提出,该理论的出发点是,社会是变化的,语言是不准确的,所以现实中的法律都是不完备的。参见许成钢:《法律、执法与金融监管——介绍"法律的不完备性"理论》,载《经济社会体制比较》2001 年第 5 期,第 2 页。

③ 〔日〕美浓部达吉:《议会制度论》,邹敬芳译,中国政法大学出版社 2005 年版,第 176 页。

其应尽职能。

　　具体说，财税行政法规可以分为两大类：一是，根据全国人大及其常委会的立法授权而制定的财税行政法规。我国《立法法》在第 8 条规定财税法定原则后，又在第 9 条规定："本法第 8 条规定的事项尚未制定法律的，全国人民代表大会及其常务委员会有权作出决定，授权国务院可以根据实际需要，对其中的部分事项先制定行政法规……"因此，国务院在全国人大或其常委会授权的前提下，就获得了对"财政、税收基本制度"中的"部分事项"制定行政法规的权力；如果国务院未经授权擅自立法，该行政法规当然无效。同时，新《立法法》第 10 条至第 12 条对授权立法规定了颇为严格的条件和限制。① 要言之，这种在立法条件暂时不成熟的情况下先授权国务院制定财税行政法规的做法，只有确实具有"补充立法机关之行政专业经验不足，以及补救立法机关立法决议缓不济急"②的实质作用，并且满足授权的目的、范围、期限明确和禁止转授权等形式要求，才不会违反财税法治和"法治国家原则"。③ 二是，本来就属于国务院职权范围而制定的财税行政法规。行政法规可以就"为执行法律的规定需要制定行政法规的事项"作出规定，这属于国务院的固有职权，即细化、具体化财税法律，以使其高效地在财税行政活动中实施。我们主张在《预算法》修改业已完成的基础上，国务院应尽快修改《预算法实施条例》，正是考虑到财税法律往往偏重原则性规定，需要行政经验和专业知识更为丰富的国务院加以细致落实。其实，在某种程度上，国务院严格执行财税法律与其主动创制财税规则之间、即法律解释适用与行政造法之间很难清晰界分，"行政必然有包括解释法律的自由裁量权，立法和行政的区别并不总是这么清晰"，"行政机关为了执行法律或

---

① 我国《立法法》第 10 条规定："授权决定应当明确授权的目的、事项、范围、期限以及被授权机关实施授权决定应当遵循的原则等。授权的期限不得超过 5 年，但是授权决定另有规定的除外。被授权机关应当在授权期限届满的 6 个月以前，向授权机关报告授权决定实施的情况，并提出是否需要制定有关法律的意见；需要继续授权的，可以提出相关意见，由全国人民代表大会及其常务委员会决定。"第 11 条规定："授权立法事项，经过实践检验，制定法律的条件成熟时，由全国人民代表大会及其常务委员会及时制定法律。法律制定后，相应立法事项的授权终止。"第 12 条规定："被授权机关应当严格按照授权决定行使被授予的权力。被授权机关不得将被授予的权力转授给其他机关。"

② 黄茂荣：《法学方法与现代税法》，北京大学出版社 2011 年版，第 332 页。

③ 德国学者认为，"立法机关，以及行政机关在具体的要件下得为立法，并不违反德国基本法意义下之法治国家原则。由行政机关立法固然与狭义了解之权力区分原则不符，但基本法并非以权力区分之僵硬的概念为其规范的基础。"Maunz/ Dürig, Grundgesetz, Loseblattkommentar, Stand: Lieferung 1—28, 1990, Art. 80 Rn. 1. 转引自黄茂荣：《法学方法与现代税法》，北京大学出版社 2011 年版，第 332—333 页。

多或少会被授权制定有法律约束力的规定"。① 因此，如何既调动国务院跟进财税法律、制定财税行政法规，又将这种"准立法权"限制在合理、合法的限度内，是一个复杂的问题。

较之于数量很少的财税法律，我国财税行政法规的规模较大，包括《增值税暂行条例》《消费税暂行条例》《房产税暂行条例》《资源税暂行条例》《营业税暂行条例》《发票管理办法》等，基本上覆盖了财税领域的方方面面。在2000年《立法法》颁布前，我国并未规定财政、税收基本问题只能由法律规定，也未对授权立法提出明确要求，上述行政法规的出台尚属情有可原，且不能认定为无效。但自从《立法法》自2000年生效之日起，国务院如果再想制定类似的财税行政法规，就必须依法经过全国人大或其常委会的授权。那么，真实情况如何？未经法定授权的财税行政法规不断涌现，甚至连这些行政法规都不断被法律位阶更低的规范所修补或推翻，长期、大量、频繁的财税立法"试点"成为我国财税立法领域的普遍现象。例如，在1984年全国人大常委会关于税收授权立法决定发布的当天，国务院就公布了一系列税收"条例（草案）"予以"试行"；1985年全国人大的授权立法决定②结束了税收条例（草案）的"试行"历史，代之以国务院对大部分税种制定的"暂行条例"，并一直"暂行"至今。即便是在《立法法》实施后，1985年宽泛的、无限期的、近乎"空白"授权的税收立法授权的影响仍根深蒂固，近年来增值税、房产税、资源税等都进行过（或进行着）"税制改革试点"，本质则是"税收立法试点"，其正当性、合法性以及实施效果都引起了巨大质疑。鉴于此，亟需废止1985年授权决定，转变一直以来信奉的"试点模式"，尽可能由全国人大及其常委会直接立法，只有在立法条件实在不具备的情况下，才能通过全国人大及其常委会的严格授权，在同时满足实质要件③和形式要件④的前提下，由国务院先制定行政法规，并持续对其授权状况和实施效果进行

---

① 〔美〕V·图若尼主编：《税法的起草与设计》（第一卷），国家税务总局政策法规司译，中国税务出版社2004年版，第61页。

② 1985年，第六届全国人民代表大会第三次会议授权国务院"对有关经济体制改革和对外开放方面的问题，制定暂行的规定或者条例"。该授权决定在行政条例何时提请全国人大上升为法律以及授权立法的目的、程序等方面都未加任何限制，属于典型的概括式授权。尽管全国人大常委会已于2009年6月废止了1984年税收立法授权，但1985年授权依然行之有效。

③ "实质"要件是指"授权的事项应属于含有'政策性决定'之技术性的、暂时性的、应变性的或专业性的规定"。参见Fritz Ossenbühl, in: Erichesn/ Martens, Allg, VerwR, 7. A. S. 78f. 转引自黄茂荣：《法学方法与现代税法》，北京大学出版社2011年版，第332页。

④ "形式"要件包括"必须有形式意义之法律的明文授权；在法规性命令中必须表明其指定之授权依据；在授权规定中必须界定授权之内容、目的及范围，此为授权之明确性要求；必须公布于政府公报"。参见黄茂荣：《法学方法与现代税法》，北京大学出版社2011年版，第333页。

监督,待时机成熟再立即制定法律,以做到税改于法有据。

4. 地方性财税法规、自治条例和单行条例

《立法法》把地方性法规、自治条例和单行条例同置于第四章第一节,说明两者具有某些相似性。第一,地方性财税法规。省、自治区、直辖市的人民代表大会及其常务委员会根据本行政区域的具体情况和实际需要,在不同宪法、法律、行政法规相抵触的前提下,可以制定地方性财税法规。较大的市的人民代表大会及其常务委员会根据本市的具体情况和实际需要,在不同宪法、法律、行政法规和本省、自治区的地方性法规相抵触的前提下,可以制定地方性财税法规,报省、自治区的人民代表大会常务委员会批准后施行。另外,经济特区所在地的省、市的人民代表大会及其常务委员会根据全国人民代表大会的授权决定,可以制定财税法规,在经济特区范围内实施。第二,财税自治条例和单行条例。民族自治地方的人民代表大会有权依照当地民族的政治、经济和文化的特点,制定财税税收方面的自治条例和单行条例,对法律和行政法规的规定作出变通规定,但不得违背法律或者行政法规的基本原则。

这里着重就地方性财税法规问题进行分析,从总体看,我国目前的财税立法权力主要集中在中央,这在一定程度上已不能适应地方财政自主权增长的时代要求,也与财政分权理念不甚符合,因此,适当扩大地方性财税法规的范围尤值研究。1993 年,国务院《关于实行分税制财政管理体制的决定》指出"中央税、共享税以及地方税的立法权都要集中到中央,以保证中央政令统一,维护全国统一市场和企业平等竞争",《国务院批转国家税务总局工商税制改革实施方案的通知》提出"中央税和全国统一实行的地方税立法权集中在中央"。之后,2000 年《立法法》将财政和税收基本制度明确规定为法律保留事项,2001 年《税收征收管理法》规定"税收的开征、停征以及减税、免税、退税、补税"依据法律或者经授权制定的行政法规执行,2015 年修订后的《立法法》在坚持 2000 年《立法法》税收法定立场的前提下进一步细化了应当法定的税收要素。前述系列规定,使我国中央税、共享税和地方税的立法权都高度集中于中央层面的法律、行政法规[1],"总体而言,地方在税收立法方面处于无权状态"[2],而且如此有限的地方税收规范制定权的行使主体还主要是地方政府,并非地方人大。这种财税立法权高度集中的做法削弱了公民参与本地区事务治理的权利,不利于地

---

[1] 参见陈少英:《可持续的地方税体系之构建——以税权配置为视角》,载《清华法学》2014 年第 8 卷第 5 期,第 57 页。

[2] 朱大旗:《"分税制"财政体制下中国地方税权问题的研究》,载李明发主编:《安徽大学法律评论》(2007 年第 2 辑),安徽大学出版社 2008 年版,第 11—20 页。

第一章 财税法的规范定位

方自主性的发挥和积极性的调动。因此,有必要向地方人大及其常委会下放部分税种立法权,落实"在中央的统一领导下,充分发挥地方的主动性、积极性的原则"①。

详言之,应以法律形式赋权地方人大及其常委会制定更多的地方性财税法规,并对其进行必要的限制和监督,从而实现财税统一与适度分权、全国市场完整与地方因地制宜的有机结合。要关注以下几点:第一,地方财税立法权的赋予方式。考虑到我国的单一制政体,地方财税立法权应在宪法赋权②的大前提下,由中央具体授权,进一步说,只能由全国人大及其常委会通过决定授权,不宜通过国务院的行政决定进行。第二,地方税收立法权的范围。中央税、中央地方共享税、维护全国统一市场和公平竞争的地方税等主要税种的立法权仍应掌握在中央手中,地方仅有权在全国普遍征收的地方税以外,结合本地实际情况,单独开征某些税源分散的、具有地方特色的税种。同时,有条件地赋予省级乃至省以下各级政府对其管辖的地方税的税率调整权和税收减免权。第三,地方财税立法权的主体。地方财税立法权只能由地方各级人大及其常委会行使,不能由地方政府实施。相应的,需重新界定财税法定原则的外延和内涵,这里所指之"法"应扩展至地方人大及其常委会制定的地方性财税法规。第四,地方财税立法权的约束。为了维护财政税收法律体系的统一性,地方财税立法权必须受到一定的限制,比如在程序上,地方财税立法不得与中央财税立法相抵触,地方财税立法应报中央备案,必要时报全国人大及其常委会审批等;在实体上,地方财税立法不得加重纳税人的宏观税负和财政负担,不得妨碍既有税种的征收效果等。

5. 部门财税规章、地方政府财税规章、其他财税规范性文件

部门财税规章是财政部、国家税务总局等根据法律和国务院的行政法规、决定、命令,在本部门的权限范围内制定的。依据《立法法》,国务院对财政税收方面的基本制度可以经全国人大或常委会的授权的制定行政法规,但这种立法权不得再转授给其他机关。这表明,部门财税规章不能规定财政税收方面的基本制度,一般只能限于对财税法律、财税行政法规进行具体化规定,从而便利相关部门履行行政职责、切实执行财税法律和行政法规。地方政府财税规章是

---

① 我国《宪法》第3条第4款。
② 有学者指出,强化地方财政自主权是我国中央与地方财政分权立宪的总向度,首先就要在宪法上赋予地方税收立法权,可以包括一定的税率调整权、税收减免权及地方税的征收权等,以提供法治保障。参见冉富强:《中央与地方财政分权立宪的历史解读》,载《郑州大学学报(哲学社会科学版)》2014年第47卷第5期,第57页。

省、自治区、直辖市和较大的市的人民政府根据法律、行政法规和本省、自治区、直辖市的地方性法规所制定的。地方政府财税规章主要规定的是为执行法律、行政法规、地方性法规而需要制定规章的事项,或者属于本行政区域的具体行政管理事项。

其他财税规范性文件是行政机关为实施法律、执行政策,在法定权限内制定的除法规和规章以外的具有普遍约束力的财税行政决定及命令。[①] 国务院制定的其他规范性文件与行政法规、部门或地方政府制定的其他规范性文件与规章之间,无论是在规范内容,还是在制定程序和名称方面都存在比较明显的区别。[②] 虽然这类规范没有被规定进《立法法》,但它们是行政机关行政活动的重要依据,对相对人的权利和义务产生了重大的实际影响,尤其在财税领域的各个方面,举目望去尽是层出不穷的"公告""通知""意见""决定""决议""命令"等其他规范性文件,可谓数量庞大、包罗万象、无孔不入。其初衷和主要意图在于"具体化不确定的法律概念,以统一见解,订定裁量规则,以防止行政裁量流于擅断"[③]。例如,近两年来,浙江省、湖南省、吉林省、安徽省、厦门市等多个省市的国税局或地税局纷纷发布税务行政处罚裁量权执行基准[④],这显然属于其他规范性文件,若能有效实施,将有助于提高税务机关的征管效率和统一性,弥补财税法律在精细性、灵活性、技术性上的固有不足,实有存在之必要。对于其他规范性文件是否为法律渊源,一些学者曾经持否定态度[⑤],但结合前述法律渊源的概念界定,其他财税规范性文件亦能构成财税立法的来源和财税司法的依据,进而影响财税机关和纳税人,因而应纳入财税法渊源的范畴。

依据《立法法》有关财税法定以及仅能授权制定行政法规的规定,部门财税规章、地方政府财税规章和其他财税规范性文件不得介入法律保留事项创制规则,而只能在这一"警戒线"之外的有限空间里,谨慎行使财税"剩余立法权"。但现实情况是,除了前文所述的在空白授权下制定"暂行条例"的行政法规式"试点"路径,更有甚者,国务院经常将这一空白授权再转授权给部门或地方政

---

① 有关"其他规范性文件"的定义,参见叶必丰、周佑勇:《行政规范研究》,法律出版社 2002 年版,第 28 页。

② 对于其他规范性文件与行政法规、部门规章和地方政府规章之间的几项区别,具体可参见黄金荣:《"规范性文件"的法律界定及其效力》,载《法学》2014 年第 7 期,第 12—13 页。

③ 黄茂荣:《法学方法与现代税法》,北京大学出版社 2011 年版,第 335 页。

④ 这些《执行基准》均将财税违法违章行为划分为几个种类,再根据违法情节,分别列明相应的处罚依据和量化的处罚标准。

⑤ 否定论的论据,可参见郑宁:《其他规范性文件的法律地位之辨析——驳"其他规范性文件并非我国法的渊源"论》,载《兰州学刊》2010 年第 6 期,第 154 页。

府,通过制定规章或其他规范性文件来更加简易地"试点",使得最终有效的其实是规章或其他规范性文件,连"暂行条例"的层次都未能企及。这种做法僭越了规章和其他规范性文件应牢牢遵守的权力上限,有悖于财税法定原则,而且导致财税法渊源的内部结构混乱、失序,给财税立法和财税司法的质量造成了消极影响。例如,在2008年成品油税费改革中,国务院在修订《消费税暂行条例》的短短一个半月后,发布《关于实施成品油价格和税费改革的通知》(国发〔2008〕37号),决定提高成品油消费税单位税额,不再新开征燃油税;据此,财政部、国家税务总局紧接着发布《关于提高成品油消费税税率的通知》(财税〔2008〕167号),包含附件《成品油消费税征收范围注释》。这些《通知》的性质是国务院或其财税主管部门制定的其他财税规范性文件,却变更了国务院制定的《消费税暂行条例》的成品油消费税征税范围、单位税额、免税项目和征税环节等规则①,突破了起码的财税法治约束。再如,在2011年重庆、上海的房产税扩围试点中,既没有修改相应的税收暂行条例,也没有任何书面的决定或文件,仅根据国务院常务会议的精神,就在个别地区改变征税方案,允许试点地区的省级政府自行制定方案,这是对《立法法》的公然违反。沪渝两市政府根据转授权而制定的房产税暂行办法在法律位阶上只是行政规章或其他规范性文件,其内容还与《房产税暂行条例》相冲突,受到了合法性诟病。需认识到,"将负担事由在税法法定要件中予以明确表明,不仅是对立法者之要求,对税法之补充亦应受其拘束"②,因而财税规章和其他规范性文件的制定应在形式上恪守财税法定的底线,在实质上恪守不侵犯纳税人权利的底线,以回归它们在财税法渊源中的应有位置。

6. 与财税相关的国际条约、特别行政区法律

与财税相关的国际条约是指我国同外国缔结的双边和多边条约及协定性质的文件,主要调整国家之间的财政税收关系。经济全球化是当今世界发展的一大特征,在此背景下,我国财税法的国际化趋势日渐明显③,国际条约逐渐成为财税法的重要渊源。作为财税法渊源的国际条约主要是国际税收协定,我国

---

① 参见叶姗:《税收剩余立法权的界限——以成品油消费课税规则的演进为样本》,载《北京大学学报(哲学社会科学版)》2013年第50卷第6期,第126页。
② 葛克昌:《所得税与宪法》,北京大学出版社2004年版,第6页。
③ 参见刘剑文:《重塑半壁财产法——财税法的新思维》,法律出版社2009年版,第130—136页。

目前已对外正式签署上百个双边税收协定①和一些多边税收协定②,进而以其为平台开展国际税收合作,共同应对金融国际化所带来的税收问题、加强对跨国企业的税务管理、防范避税和税基侵蚀、解决双重征税问题。对于这些财税方面的国际条约或协定的法律效力,我国在处理财税国际法与国内法时,往往遵循"整体并入法"、并非"个别转化法"③,即无须另行制定财税国内法,而是将整个条约纳入国内法体系直接适用。例如,《税收征收管理法》第91条规定"中华人民共和国同外国缔结的有关税收的条约、协定同本法有不同规定的,依照条约、协定的规定办理",这表明我国将国际税收条约、协定自动并入国内法体系,而且它们在执法和司法过程中具有高于财税法律的效力。需要特别指出的是,我们熟知的联合国《关于发达国家与发展中国家间避免双重征税的协定范本》(UN Model)和经济合作与发展组织《关于对所得和资本避免双重征税的协定范本》(OECD Model)虽然成为大多数国家对外谈判和缔结双边税收协定的依据,因而属于我国财税法渊源之列,但从性质上看,它们只代表一种国际惯例,对任何国家都不具有强制的法律约束力,因而与这里所说的国际税收条约、协定有所不同。

国际条约、协定不仅是国际税法的依据,还对财政领域、财税基本原则等产生越来越广泛的影响。例如WTO的政府采购规则,1993年12月15日,《政府采购守则》成员国在对《政府采购守则》调整的基础上达成《政府采购协议》(Agreement on Government Procurement),它是乌拉圭回合谈判所产生的一个复边协议,只在签约方之间有效,而不是有关申请加入世贸组织的一揽子强制性协议之一。该《协议》的主要目的是为了限制购买本国货物的政策,使国内采购政策具有国际竞争因素。如果我国决定签署《政府采购协议》,那么它对我国政府

---

① 仅就避免双重征税论,截至2015年8月底,我国已与100个国家和3个地区正式签署避免双重征税的双边协定,其中99个已生效。资料参见"我国签订的避免双重征税协定一览表",国家税务总局网站,http://www.chinatax.gov.cn/n810341/n810770/index.html,访问时间2015年9月1日。

② 有学者认为,国际税收合作的法律文本目前仍然主要表现为双边税收协定,在多边层面尚未取得实质性的突破。但是,从有关国际组织在制定多边税收协定上的尝试、区域性多边税收协定的发展以及最惠国待遇在许多国家双边税收协定中的引入可以看出,国际税收协定是朝向多边化方向发展的。参见张美红:"国际税收协定的多边化发展趋势与应对",载《税务研究》2011年第12期,第52页。

③ 关于条约在我国国内如何发生效力,《宪法》和宪法性法律都没有明确规定。但从《宪法》规定的条约缔结权限、有一系列法律规定条约适用问题、对外机关所作的声明以及法院直接适用条约规则的事实来判断,我国采纳的是整体并入法。参见赵建文:"国际条约在中国法律体系中的地位",载《法学研究》2010年第6期,第192—193页。

第一章 财税法的规范定位

采购行为就有约束力。① 又如 WTO 的基本原则,包括国民待遇原则、公平贸易原则、法律透明度原则等。这些基本原则虽然不直接调整财税法律关系,但对财税立法、执法和司法活动具有普遍的指导和约束作用,也应作为我国完善财税法律的动力和内在理念。

对于特别行政区来说,依据《宪法》和特别行政区基本法,特别行政区实行高度自治,享有行政管理权、立法权、独立的司法权和终审权。特别行政区基本法中有关财税的规定是特别行政区财税法的最重要表现形式,例如《香港特别行政区基本法》第 106—108 条规定,特别行政区保持财政独立,其财政收入全部由特别行政区自行支配,不上缴中央人民政府,中央人民政府不在特别行政区征税;特别行政区的财政预算以量入为出为原则,力求收支平衡,避免赤字,并与本地生产总值的增长率相适应;特别行政区实行独立的税收制度,参照原来实行的低税政策,自行立法规定税种、税率、税收宽免和其他税务事项等。特别行政区的财税法律包括特别行政区予以保留的原有法律和特别行政区立法机关制定的法律,而全国性的财税法律、行政法规等不在特别行政区实施,不是特别行政区的财税法渊源。

7. 财税立法解释、司法解释、裁判、习惯、法理学说、财政政策、正义标准等

除了上述基本没有争议、存在状态稳定的法律渊源外,财税法渊源还包含财税相关的立法解释、最高人民法院的司法解释和裁判、习惯、法理学说、财政税收政策、正义标准、立法资料、外国法等。尽管它们看似飘渺、难以捕捉,而且目前在我国发展状况较弱,但仍应在财税法渊源中发挥或大或小、或这样或那样的作用。

可以说,"法律解释的历史与立法一样久远"。② 对于立法解释,学理上的概念和范围界定尚不一致,狭义论者将立法解释的主体限于全国人大常委会和地方人大常委会等"权力机关",广义论者认为制定行政法规的国务院、乃至制定行政规章的主管部门等也属于立法解释主体。③ 但从《立法法》的条文和布局看,该法专设"法律解释"一节,规定了全国人大常委会进行法律解释的情形、程序和效力;承接其规定,立法解释似乎是指全国人大常委会对宪法、法律的规定以及省、自治区、直辖市人大常委会对地方性法规的解释,而不宜宽泛地理解

---

① 参见徐孟洲、杨明宇:《中国财税法的新渊源——WTO 财税规则与我国财税法的完善》,载郭道晖主编:《岳麓法学评论》(第 1 卷),湖南大学出版社 2000 年版,第 148 页。
② 杨临宏:《立法法:原理与制度》,云南大学出版社 2011 年版,第 142 页。
③ 有关立法解释的多种理解,参见黎枫:《论立法解释制度——兼评《立法法》对法律解释制度的规定》,载《政治与法律》2000 年第 6 期,第 3—4 页。

为包括行政机关进行的解释。不同于财税法律或财税地方性法规,财税立法解释是对它们原有条文的解释或说明,即在不修改立法的前提下,起到进一步明确法条具体含义、结合新情况明确适用法律依据的功能。学者公认,我国的立法解释制度很不完善,建国以来的立法解释数量非常少[1],其中,财税立法解释的数量为零,这不得不说是财税法渊源的一大缺憾。

与财税立法解释的"萧瑟"相比,财税司法解释较为"葱茏"。司法解释是指我国最高司法机关根据法律赋予的职权,在实施法律过程中,对如何具体应用法律问题作出的具有普遍司法效力的解释。司法解释对保证法律的正确和统一适用、弥补立法的不足,起了重要作用,也为立法的发展创造了有利条件。[2]通过检索发现,最高人民法院、最高人民检察院已发布财税方面的一些"规定""解释""批复""通知""答复",内容以税法为主。其实,财税司法解释的数量只是问题的一方面,针对现行司法解释存在的解释形式随意、超越法律原意、解释主体混乱、批复的行政色彩浓厚等弊端,优化财税司法解释应当考虑:第一,在动因上,强调基于审判经验启动司法解释,即用更多的"经验启动"代替"推理启动"[3];第二,在目的上,着重于实现既有立法政策下的法律技术完善,尽量不主动进行政策创设和利益调整;第三,在主体上,需要在顺应民意与距离民意之间寻找适当的平衡,防止"公民动议司法解释立项"等司法解释"民主化"动向给最高人民法院的必要的独立、明智判断造成困境[4];第四,在内容上,既要有抽象、概括的司法解释,更要增加具体的、结合个案情形说理的司法解释。质言之,这四种优化措施都是为了保持财税司法解释的本性,发挥其有别于法律法规、立法解释等其他财税法渊源的优势和独特贡献。

判例可以作为司法解释的辅助手段,弥补现有司法解释体制的不足,进一步阐释法律条文。[5]我国虽然没有建立判例制度,但最高人民法院通过各种形式公布其裁决的做法由来已久,最高人民法院的裁判、尤其是刊登在公报上的

---

[1] 参见刘军平:《法治进程中的中国立法解释现状及其对策》,载《江西社会科学》2007年第1期,第197页。

[2] 参见周道鸾:《论司法解释及其规范化》,载《中国法学》1994年第1期,第88—91页。

[3] 所谓"推理启动"和"经验启动",两者都依赖于司法解释制定主体的法律文本判读和经验总结,但相对而言,前者侧重基于主体既有知识体系的文本判读,后者侧重基于主体归纳经验过程的文本比对,故更符合司法解释的应有效果。参见陈甦:《司法解释的建构理念分析——以商事司法解释为例》,载《法学》2012年第2期,第5页。

[4] 参见沈岿:《司法解释的'民主化'和最高法院的政治功能》,载《中国社会科学》2008年第1期,第100页。

[5] 参见刘珊:《论我国司法解释体制的重塑——兼论司法解释判例化趋势》,载《政治与法律》2012年第7期,第75页。

典型案例裁判,对司法实践的影响不容小觑,因而成为一种法律渊源。① 此外,自2011年起至今,最高人民法院已连续发布七批指导性案例,体现出"建立中国特色的案例指导制度"的意向。可能是由于我国财税司法尚不发达、财税案例数量相对较少等缘故,目前公布的指导性案例中没有包含财税法案例,而仅由国家税务总局多次通报涉税典型违法案件,以彰显其严厉查处重大税收违法案件的决心。我们认为,税务机关公布涉税违法案件固然有便于自身加强税收征管的合理考量,但仅有财税关系中的一方发声还远远不够,易导致行政机关的膨胀和纳税人权利受损,因而更为妥当的做法是由中立的司法机关选择和公布财税典型案例,这有助于消除"同案不同判"现象,实现个案公正和司法统一。可以期待的是,随着我国财税司法不断兴盛,以及社会越来越认识到税法案例与纳税人的私人利益、财政法案例与纳税人的公共利益息息相关,财税裁判有可能、也应当在未来得到壮大,继而反过来推动财税司法进程。

习惯是人们在长期的生产、生活中俗成或约定所形成的行为规范;习惯法是独立于制定法之外,依据某种社会权威和社会组织,具有一定强制性的行为规范②,它来自于习惯、又被予以权威化。有学者指出,"经国家认可的习惯而成为习惯法具有正式的法律渊源"③,但若跳出法律渊源的正式与非正式之分、站在更包容的视角审视法律渊源范围,习惯其实就属于法律渊源。那么,财税法中是否包含习惯的因素?财税成文法与习惯间的关系又如何?习惯往往存在于民商事领域,如地方习惯、物权习惯、婚姻家庭习惯、继承习惯、民族习惯等,再加上财税法往往借用民商法基本概念、介入民商事法律关系,所以,这些习惯也就成为财税法渊源,例如在个人所得税的纳税单位、遗产税的计算等事项上,便有习惯的出现和影响。同时,尽管"习惯法乃是不同于国家法的另一种知识传统",但习惯(法)与制定法共存于同一社会环境下,形成了"既互相渗透、配合,又彼此抵触、冲突的复杂关系"④,财税习惯与财税成文法间的关系亦是这般既有区隔又有接合。

法理学说,是权威的法学家在著述中阐释的法律概念、原理和主张。诚如

---

① 对最高人民法院裁判的约束力问题通常有两种认识,即"个案既判力说"和"解释义务说";也有学者提出"习惯法说",认为最高人民法院的裁判和司法解释中的"立法型"解释构成了法律渊源中的习惯法。参见曹士兵:《最高人民法院裁判、司法解释的法律地位》,载《中国法学》2006年第3期,第177—179页。

② 参见高其才:《中国习惯法论》(修订版),中国法制出版社2008年版,第3页。

③ 高其才:《作为当代中国正式法律渊源的习惯法》,载《华东政法大学学报》2013年第2期,第4页。

④ 梁治平:《清代习惯法:社会与国家》,中国政法大学出版社1996年版,第1页。

法国比较法学者达维德所言:"对于法具有更广泛的、在我国看来更真实的看法的人认为学说像过去一样,今天仍然是极重要的、极有生命力的法源。这个作用不仅表现在学说创造了立法者将要使用的法的词汇与概念这个事实上,它还更明显地表现在下列事实上,即学说确立了发现法、解释法律的各种方法。此外还有学说对于立法者本人所能发生的影响;后者所做的经常只是使已经在学说上发展起来的倾向得以实现,把已经在学说上准备好的法律记录下来。"①自学科兴起以来,我国财税法学者引入财税法定、税收债权债务关系、纳税人权利保护等基础理论,创造性地提出财税一体化、公共财产论等新观点,并在预算体制改革、建立现代税制、改进税收征管技术等方面提供了诸多具体建议。这些先进的财税法理学说不仅富有成效地带动了财税立法,给法律的制定、完善带来启发和智识支持,而且也成为特定情形下财税司法的理念指引。

此外,财税法渊源还包括:(1) 财政政策,指国家为了实现一定的宏观经济目标、社会目标而在财政收支和财政管理方面确定的行动方针和采取的各类措施。② 采用积极财政政策、适度从紧财政政策或者稳健财政政策,采用社会民生导向或者经济建设导向的财政支出政策,采用减轻税负、藏富于民或者加重税负、藏富于国的财政收入政策,如此种种财政政策选择主要影响的是财税立法,即决定了财税立法的走向。(2) 正义标准,在财税法领域体现为税法上的税捐正义和财政法上的分配正义。"如果实在法完全不能解决法院所遇到的问题,那么正义标准就必定会在形成解决这一争议的令人满意的方法中发挥作用。"③正义理念及由此引申出的规则是财税司法可以考虑的法律目的,也是财税立法的精神指引。(3) 外国的财税法、财税立法资料等其他财税法渊源。

(二) 作用发挥:不同场域下财税法渊源的表现

由上可见,财税法渊源种类多样、形态各异,侧重的事项亦不尽相同,正如佩岑尼克说的那样,"法的渊源的情况越来越复杂是一种国际现象。这种复杂性的趋势的一个合理解释是,现代社会越来越复杂而且变化越来越快。"④在阐

---

① 〔法〕勒内·达维德:《当代主要法律体系》,漆竹生译,上海译文出版社1984年版,第138—139页。
② 参见张守文:《财税法学》,中国人民大学出版社2007年版,第21页。
③ 〔美〕E. 博登海默:《法理学:法律哲学与法律方法》(修订版),邓正来译,中国政法大学出版社2004年版,第470页。
④ Aleksander Peczenik, *On Law and Reason*, Netherlands: Kluwer Academic Publishers, 1989, p. 328.

释法律渊源、财税法渊源的内容的基础上,这些渊源在不同时间空间、不同法律过程中的表现颇值得探讨。

第一,在时空上,各个国家、各个历史时期的财税法渊源既有共同点,更有差异性。一方面,不同国家有不同的财税法渊源,同样的财税法渊源在不同国家有不同的地位和作用。正所谓"在各不相同的法系中,法律、习惯、判例、学说和衡平所起作用是极不相同的"。① 这要求我们在借鉴其他国家和地区的财税法渊源时,应秉持和而不同的态度,从具体国情出发来改进我国财税法渊源的结构和内涵。另一方面,财税法渊源带有历史印痕,在不同阶段的重心发生巨大变迁。以习惯为例,在西欧中世纪,"法律渊源不仅包括立法者的意志,而且包括公众的理性和良心,以及他们的习俗和惯例"。② 过渡到现代,习惯据以发挥重要作用的条件慢慢消退,它在法律渊源中的地位也不再像原先那样显赫。概言之,各种财税法渊源本身没有重要程度的绝对高低之分,它们在一定的时空条件下都是重要的。③ 而在看到法律渊源具有客观上的时空性的同时,也要重视相关主体的主观能动性,无论是立法机关、行政机关、司法机关、社会民众、法学者等形成法律渊源,还是立法和司法机关运用法律渊源,从中选择和提炼有关要素以形成法和法律决定,实际上都是法律价值的再界定和再创作过程。

第二,在法律过程上,财税法渊源在财税立法与财税司法中的作用、顺序等存在较大区别。对于财税立法来说,各种财税法渊源是平等的,并无先后次序,而且因其各自的面向和内容不同,所以也很难对重要程度进行比较。它们熔于一炉,相互交织补充,难以截然分离,分别基于自身着力和擅长的领域,提供财税法的理念价值、制度机制、规则技术或概念语词等,从各个维度共同贡献于财税法律规则的制定(参见图1.2)。对于财税司法来说,各种财税法渊源由于制定主体的民主代表性、制定程序的严格性、得到认可的国家权威性、执行的强制性、形态的稳定性等差别较大,所以在法院裁判适用时存在顺序的先后和地位的主次,支持判决的强弱程度也不同。借用佩岑尼克的法律渊源"三分法",财

---

① 〔苏联〕Л. С. 雅维茨:《法的一般理论——哲学和社会问题》,朱景文译,辽宁人民出版社1986年版,第18页。
② 〔美〕哈罗德·J. 伯尔曼:《法律与革命》,贺卫方等译,中国大百科全书出版社1993年版,第13页。
③ 参见周旺生:《重新研究法的渊源》,载《比较法研究》2005年第4期,第11—12页。

税司法中的财税法渊源或许可以做如下划分①：一是司法中必须的财税法渊源，即法院必须"依据"和引用、具有决定性的财税法渊源，其具有很强的司法约束力，包括宪法中的财税条款、财税相关的国际条约、财税法律、财税立法解释、财税行政法规、地方性财税法规、财税自治条例和单行条例；二是司法中应该的财税法渊源，即法院应该"参照"和选择适用的财税法渊源，其具有一般的司法约束力，包括部门财税规章、地方政府财税规章、财税司法解释；三是司法中可以的财税法渊源，即作为辅助证明、允许法院参考的财税法渊源，其具有较弱的司法约束力，包括其他财税规范性文件、财税裁判、习惯、法律学说、财政政策、正义标准等。② 在上述三种财税法渊源中，法院需优先依据必须的财税法渊源，不得罔顾其而直接诉诸后两种法律渊源；需在裁判中主要依据必须的财税法渊源，不得把说理重点和多数裁判篇幅放在后两种法律渊源上；需牢固依据必须的财税法渊源，与其冲突的后两种法律渊源应认定为无效(参见图1.3)。

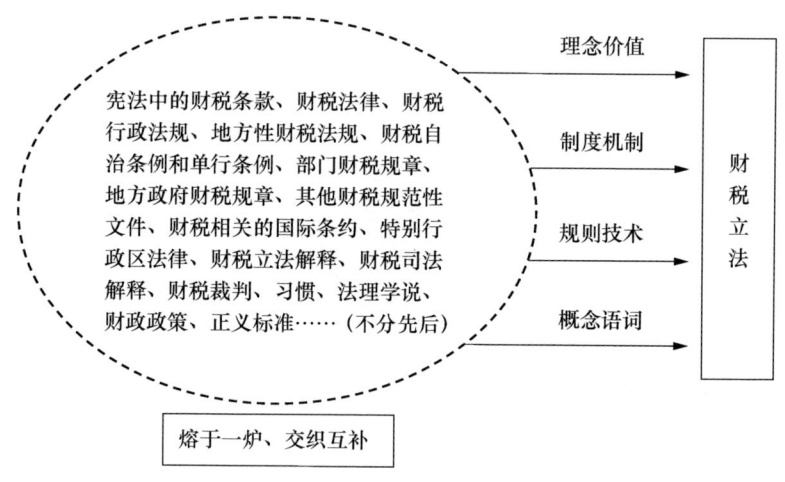

图 1.2 财税立法中的财税法渊源

---

① 我国《行政诉讼法》第 63 条规定："人民法院审理行政案件，以法律和行政法规、地方性法规为依据。地方性法规适用于本行政区域内发生的行政案件。人民法院审理民族自治地方的行政案件，并以该民族自治地方的自治条例和单行条例为依据。人民法院审理行政案件，参照规章。"在 2014 年 11 月修改《行政诉讼法》之前，这一条分列为两个条款，内容是一致的。该条未提及所有的法律渊源，但就已有规定看，其对法律、行政法规、地方性法规、自治条例、单行条例和规章分别采用"依据"或"参照"等不同语词，足以证明不同法律渊源在司法中的不同作用和效力。

② 关于从法律适用者的角度对三种法律渊源的分析，除了佩岑尼克的著作，还可以参见 Aulis Aarnio, *The Rational as Reasonable*, Dordrecht: D. Reidel Publishing Company, 1986, pp.89-92。

第一章 财税法的规范定位

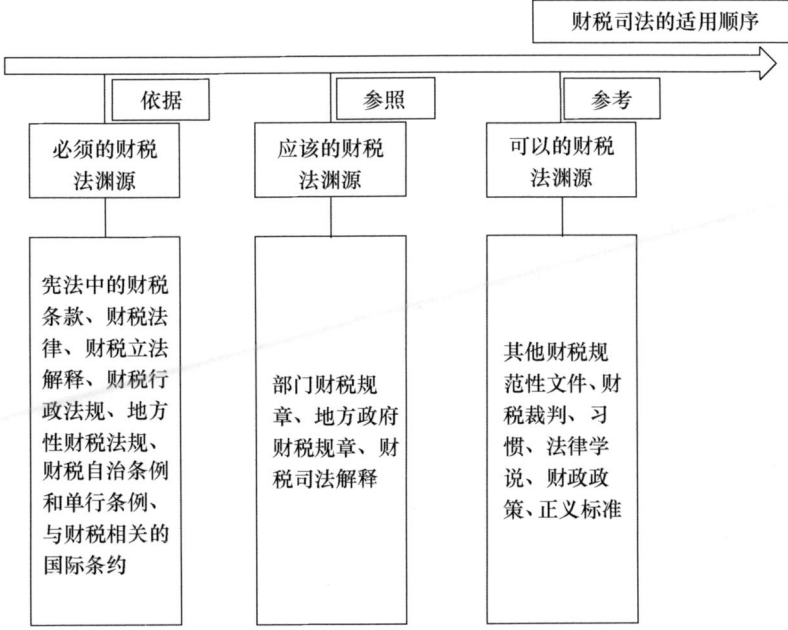

图 1.3 财税司法中的财税法渊源

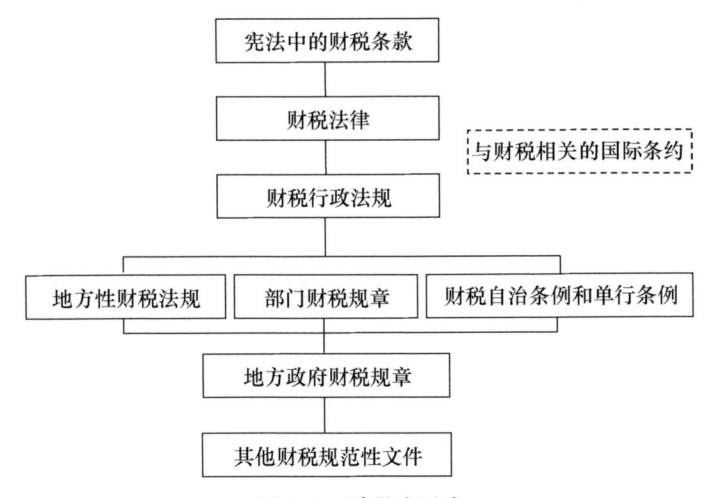

图 1.4 财税法形式

第二节　财税法的体系

一、财税法体系的一般理论

法律体系(law system)是法理学研究的一个重要概念。财税法的体系性思考主要是为了理顺财税法律规范、法律制度中各组成部分之间的关系,使其处于同一指导思想之下,消除价值判断上的矛盾。通过确立财税法体系,各种财税法规范可以按照一定的原理分类排列,从外观上呈现一种透视的效果。在具体展开财税法体系的概貌之前,有必要先理清财税法体系的概念、特征、研究意义等基础问题。

（一）财税法体系的含义

对于法律体系的含义,通常有三种观点:第一种观点是将法律体系看作部门法体系。比如,《中国大百科全书:法学》载:"法律体系通常指由一个国家的全部现行法律规范分类组合为不同的法律部门而形成的有机联系的统一整体。"① 再如,有学者界定,法律体系乃指"由本国各部门法构成的、具有内在联系的一个整体,即部门法体系"。② 由于法律部门观念长期占领传统法学的"高地",整个法律体系即为部门法体系自不待言;而即便是在部门法逐渐转变为新兴的"领域法"的背景下,因各个领域法着眼的法律领域不同、着力解决的法律问题不同,故,同样有必要做部门法体系般的横向梳理和适当切割。第二种观点将法律体系看作由不同效力层次法律规范所组成的规范效力体系。时任全国人大常委会委员长吴邦国曾发表讲话,"一个立足中国国情和实际、适应改革开放和社会主义现代化建设需要、集中体现党和人民意志的,以宪法为统帅,以宪法相关法、民法商法等多个法律部门为主干,由法律、行政法规、地方性法规等多个层次的法律规范构成的中国特色社会主义法律体系已经形成……"③ 从表述中可见,这种观点没有将法律体系视为纯粹的部门法体系,而是糅合进了法律规范的效力体系,类似于对法律形式的金字塔式排列。其中,宪法被看作是具有最高效力的、超部门法的法,即宪法作为法律体系的必要成分,难以纳入第一种观点的部门法体系,但可以被本观点的规范效力体系所涵括。第三种观点从法律体系的基本构成要素的角度,将其界定为法律规范和法律制度的有机

---

① 《中国大百科全书:法学》,中国大百科全书出版社 1984 年版,第 84 页。
② 沈宗灵:《再论当代中国的法律体系》,载《法学研究》1994 年第 1 期,第 12 页。
③ 《吴邦国委员长在形成中国特色社会主义法律体系座谈会上的讲话》,载《中国特色社会主义法律体系学习读本》,新华出版社 2011 年版,第 1—2 页。

第一章　财税法的规范定位

集合体,既未特别强调法律部门,也未以法律内部的效力层次为依据划分法律体系。代表性观点比如,"法律体系是一国现行法律规则和原则按一定逻辑顺序组合起来的整体……法律体系的原子是法律规则和法律原则。一国法律整体大体上可以分为法律规范、法律制度、法律部门、法律体系四个层次,法律体系是法律结构的最高层次。"① 又如,"法律体系,又称'法的体系'或'法体系',是指由一国现行的全部法律按照一定的结构和层次组织起来的统一整体。"②

其实,建立法律体系的主要目的"并不在于把整个法律规范的总和划分为不同的部门(当然从技术上考量也是必要的),而在于揭示各个部门、各种法律制度之间的合乎规律的内在联系"③,这正是法律体系成其为"体系"的原因所在。发乎这种理念,法律体系侧重于对一国法律规则、法律规范等的体系整合和系统运作。相应的,财税法体系是法律体系的子部分,它从问题、内容、原则等角度,发现财税方面的法律规则、法律规范等基本单位之间的关联,以完成体系化的梳理和建构,不受限于法律部门的传统界分或规范效力的既定框架。需要说明的有:第一,宪法在财税法体系中的位置?越来越多的宪法学者认为,宪法超越部门法的划分,成为部门法之外的最高法。④ 如前所述,宪法是财税法的一大渊源,宪法中的财税相关条款纵使不能详尽地解决某个具体的财税问题,却能直接或间接地映射到财税领域的方方面面,高屋建瓴地指导财税法治建设。因此,财政宪法在财税法体系中处于最高的位置,这不是(至少不只是)基于效力的判断,而是(至少更多的是)基于内在精神气质的判断。第二,宪法相关法在财税法体系中的位置?立法法、组织法、选举法等法律和调整宪法关系有关,构成了宪法相关法。对于它们在法律体系中的位置,有学者认为,这些宪法相关法可以称为宪法法,并在宪法之下形成一个和其他部门法平行的宪法法部门⑤;也有学者认为,宪法和宪法相关法应当共同构成法律体系的主导部分⑥。落实到财税法体系,立法法、组织法、选举法等宪法相关法中不乏能够整

---

① 周永坤:《法理学——全球视野》,法律出版社2000年版,第80页。
② 孙笑侠主编:《法理学》,中国政法大学出版社1996年版,第47页。
③ 李龙、范进学:《论中国特色社会主义法律体系的科学建构》,载《法制与社会发展》2003年第5期,第43页。
④ 参见韩大元:《论宪法在法律体系建构中的地位和作用》,载《学习与探索》2009年第5期,第152页。
⑤ 参见杨海坤、上官丕亮:《宪法法部门初探》,载《江苏社会科学》2001年第1期,第106—107页。
⑥ 参见夏勇主编:《法理讲义:关于法律的道理与学问》(下册),北京大学出版社2010年版,第579页。

体地指导财税立法、财税机构和职能、财税民主等的规定。所以,将它们与财税法体系的其他组成部分相并列可能不够合理,而宜定位于宪法之下、财税法具体版块之上。第三,财税法体系就是财税法律规范体系?德国学者施密特曾将法学思维的模式概括为规范论、决断论和具体秩序论,对任何一种现实法律体系的理解都必然是这三种思维模式的某种混合体。① 无论是就整个法律体系还是财税法体系而言,规范论始终处于核心和主导地位,但与此同时,在价值法学的视野下,"法律体系除了由明文规定的规则体系和原则体系构成之外,也和没有明文规定的价值体系存在内在联系"。② 诚然,财税法体系应以法律规范为主体,但这并不意味着排斥法律价值,法律价值一方面融于法律规范,两者不能截然区隔,另一方面其本身就属于财税法的内容和来源,不管是否已经成文法化。第四,财税法体系就是现行财税法律体系?法律体系起源于对现有法律规范的总结、反思,现行法奠定了法律体系的大致架构,但是,它不能禁锢法律体系的完善和拓展。唯有如此,法律和法律体系才能不断回应社会发展的客观要求,从而具有前瞻性和自我更新性。特别是对于财税法体系,考虑到现行财税立法仍存较多缺漏,如果将视线封锁在现行法的范围内,容易导致财税法治进程停滞不前,我们恰恰应当加强对财税法体系的创新和主动构造,进而更为科学、更有方向地推动财税法律和财税法体系的成熟。

(二) 财税法体系的特征

"法是人的行为的一种秩序。一种'秩序'是许多规则的一个体系。法并不是像有时所说的一个规则,它是具有那种我们理解为体系的统一性的一系列规则。"③法律尚如此,法律体系更是成体系的、有机联系的统一整体。和其他场域的法律体系相似,财税法体系的特征包括主观建构性、要素融贯性、整体效应性、内容完备性、规范性和实用性、开放性和动态性等几个方面。

第一,主观建构性。通常认为,法律体系是理论构造的成果,而不是客观存在之物。"在凯尔森看来,并没有现实地存在法律体系这样的规范体系,法律作为规范体系本身就是法学认识的结果。摆在凯尔森面前的只是创造法律机关创造的法律材料,它呈现出一种混乱无序的状态,只有法学家将法学认识的内在法则加于其上之后,才产生法律知识,即法律科学的研究对象被叙述成一个

---

① 参见〔德〕卡尔·施密特:《论法学思维的三种模式》,苏慧婕译,中国法制出版社2012年版。

② 季涛:《论法律体系的概念结构——以价值法学为分析视角》,载《浙江社会科学》2011年第12期,第93页。

③ 〔奥〕凯尔森:《法与国家的一般理论》,沈宗灵译,中国大百科全书出版社1996年版,第1页。

第一章 财税法的规范定位

互不矛盾的法律陈述的统一体。"①同理,财税法体系并非本来即存在,而是人们在分析、加工客观的法律材料的基础上,结合对现状的检视、对理想的思考,理性构造出来的一个体系。② 正所谓"'法律系统'在多大程度上不是某一给定的事实,而是理论的产物"③。根据建构特征的不同,法律体系可分为演绎建构主义的法律体系和归纳进化主义的法律体系,前者采立法中心主义、以法典为形式特征取向,后者采司法中心主义、以判例为形式取向。④ 在大陆法系的脉络下,财税法体系虽然包含经验总结的因素,但自然更偏向于理性的演绎建构主义,即以人们对现代财政法律制度的某种整体性、确定性认识和观念为目标,来说明、描述并在制度上建构一幅法律统一性图景,进而树立相应的思维方式和行为策略。

第二,要素融贯性。按照法国学者胡克的理解,要素融贯性包括三个层面的含义:一是一致性(consistency),即原则上不存在矛盾,不应当有相冲突、不兼容的规则;二是内在聚合性(internal cohesion),这涉及法律系统要素之间的某种结构联系,即法律规则必须相互支撑;三是外在聚合性(external cohesion),亦即法律应当弥合于社会。⑤ 详言之,财税法体系的要素融贯性表现在:首先,构成财税法体系的各个法律规则要有一致性。在内质上,应具有某种共通的法律精神、指导思想、法律原则,相关的概念和机制应协调一致;在效力上,较低效力层次的法律规范是相应的较高效力层次的法律规则或原则的具体化,具有纵向的等级从属关系;在形式上,立法技术、标准以及规范性法律文件的名称、规格应具有一致性。其次,财税法体系内的法律规范之间要相互支配、配合、作用。"法律体系应该被看作是相互联系的法律之间的错综复杂的网络。"⑥无论是一个具体的财税法律原则、法律规则抑或法律技术,其要想存在和发挥作用,就必然依托于更大范围的体系化的法律。如果说一致性仅仅要求守住法律间不冲突的底线,那么内在聚合性则进一步要求法律体系内的所有法律以良好的方式结合,相互依存、相互激励、相互补充、相互承接且相互制约,共同致力于实现预期的财税法目标。同时,遵守某项财税法律规定,会引起其他相关法律的承认

---

① 李桂林、徐爱国:《分析实证主义法学》,武汉大学出版社2000年版,第180页。
② 我国当下流行的"建构××法律体系"的话语,便是法律体系的建构性特征的一个典型体现。
③ 〔法〕范·胡克:《法律的沟通之维》,孙国东译,法律出版社2008年版,第139页。
④ 参见李振江:《法律体系的逻辑分析》,载陈金钊、谢晖主编:《法律方法》(第十卷),山东人民出版社2010年版,第342页。
⑤ 参见〔法〕范·胡克:《法律的沟通之维》,孙国东译,法律出版社2008年版,第160—161页。
⑥ 〔英〕约瑟夫·拉兹:《法律体系的概念》,吴玉章译,中国法制出版社2003年版,第219页。

和保护;违反某项法律规定,可能会招致其他法律的制裁。最后,财税法体系要契合于社会大环境,不应成为与经济、社会现实脱节的"空中楼阁"。概言之,"在现代国家中,法不仅必须适应于总的经济状况,不仅必须是它的表现,而且还必须是不因内在矛盾而自相抵触的一种内部和谐一致的表现"①,这便可提炼为财税法体系的融贯性。

第三,整体效应性。"法律不能被认为一大堆零散东西的组合,而是一种合理的组织良好的不同法律类型的结构,其中各个部分都以正当的标准的方式相互联系起来。"②所谓整体效应,是指法律体系作为其组成元素的统一整体,并非简单的综合加总,而具有了整体的特性、状态和功能。同样的,财税法体系也产生了"整体大于部分"的效应,即与其组成部分相比,这个复合体的特征和法律效果是"新的"或"突然发生的"③,或者可称之为财税法系统的"自治性"和"自创生性"④。由此,财政收入、财政支出和财政监管,以及财税实体规则、程序规则和责任规则,均通过合理的逻辑关系组合在一起,迸发出单个财税法律所无法产生的整体能量。

第四,内容完备性。法律体系的内容应当齐全,意即凡是社会生活需要作出规范和调整的领域,都应制定相应的法律、行政法规、地方性法规和各种规章,从而形成一张疏而不漏的法网,使各方面都能有法可依。⑤ 对于财税法体系来说,其全面性的理想图景是,财税法所应规范和约束的全部财税对象、关系、过程、价值等都无一遗漏地涵盖在体系之内。只有尽可能完整地呈现出财税法律问题,这样的财税法体系才有望对症下药,系统地解决问题并发挥体系化功能。

第五,规范性和实用性。财税法体系的规范性不仅体现在最基本的财税法律规则的规范性,还体现在财税法律整体的规范性,并随之带来财税法体系的形式正规、内容稳定、表述确定、逻辑严谨等特点。且不论财税法体系主要由规范性程度较高的法律法规组成,财税法案例、立法资料、财政政策等其他成分也或多或少地具有规范性。规范性并不是"纸上谈兵"的代名词,财税法体系在保证形式上的规范性的同时,应当关注内容上的实用性和实际指导价值。有学者

---

① 《马克思恩格斯选集》(第4卷),人民出版社1995年版,第702页。
② 〔英〕拉瑟夫·拉兹:《法律体系的概念》,吴玉章译,中国法制出版社2003年版,第266页。
③ 〔美〕冯·贝塔朗菲:《一般系统论——基础·发展·应用》,秋同、袁嘉新译,社会科学文献出版社1987年版,第45—46页。
④ 〔德〕贡塔·托依布纳:《法律:一个自创生系统》,张骐译,北京大学出版社2004年版。
⑤ 参见李步云:《实行依法治国,建设社会主义法治国家》,载《中国法学》1996年第2期,第20页。

指出,确定一个法律体系存在与否的一个重要标准就是该法律体系能否实际满足某一地域或某一领域的社会生活的法律需求,即法律体系是否具有实用性。① 提升规范性和实用性并举,是财税法体系建设的必由之路。

第六,开放性和动态性。由于法律是一定政治、经济、社会关系的反映,再加上社会秩序又是变动不居的,这就要求法律及法律体系须具有一定的动态开放性,即"对现代变迁和内外冲击能够实现自我调节,在变迁中吸纳,在同化中变异"。② 法律体系的形成"并非'一次性'的立法的锻造物,而是充满了张力的过程的产物"。③ 应当认识到,我国当前正处于财税体制改革的活跃期和经济发展形态的转型期,故,财税法体系的动态性尤为明显。唯有保持开放和灵活的心态,不断地把改革发展动向吸纳进财税法体系中,才能使其常青、常新。

(三) 财政法体系的研究意义

在法律学术领域,法律体系是学者们反复研究的对象,特别是分析实证主义法学家,如凯尔森、哈特、拉兹等,喜欢对法律体系进行逻辑分析。④ 当然,研究财税法体系并非学术圈内的文字游戏,也非对法学研究和法律运作没有任何价值的概念创制,其对财税法学科发展、财税立法优化和财税法治建设均具有重要意义。有学者提出,"体系化的价值是无须过多论证的""体系化有助于知识和规则的表达和传授:部门法的划分、法典的编纂、案例的整理、法学院课程的安排,都要在一定的体系下进行""体系化迫使人们在修订和应用法律时必须整体考虑,谨慎为之,从而最大限度地维护法律的确定性""体系化也意味着法律各部门之间有严谨的逻辑关联,意味着不同规则有一致的价值选择,意味着制度整体的透明性,从而有助于贯彻作为体系基础的基本价值"。⑤ 财税法体系的研究意义,主要包括帮助认识财税法律,以及为财税法治体系建设、特别是财税立法提供理性指导。

第一,有助于深化认识财税法。在认识论上,有意识地将法律体系整体分解为构成法律整体的要素,再用逻辑主线加以贯穿,完成法律体系的系统化建构,这本身就是对法律的一种认识路径。边沁曾论述过条理的重要性:"条理有

---

① 参见钱大军、马新福:《法律体系的重释——兼对我国既有法律体系理论的初步反思》,载《吉林大学社会科学学报》2007 年第 47 卷第 2 期,第 78 页。
② 汪习根、罗思婧:《论当代中国特色社会主义法律体系完善之路》,载《河北学刊》2011 年第 31 卷第 6 期,第 151 页。
③ 孙国华主编:《中国特色社会主义法律体系研究——概念、理论、结构》,中国民主法制出版社 2009 年版,第 91 页。
④ 参见黄文艺:《法律体系形象之解构与重构》,载《法学》2008 年第 2 期,第 24 页。
⑤ 许德风:《论法教义学与价值判断:以民法方法为重点》,载《中外法学》2008 年第 20 卷第 2 期,第 169 页。

各种各样的具体用处,但总的用处在于使人们能够理解作为对象的事物。"①他还指出:"真理和条理是携手并进的。前者发现到了什么程度,后者才能改善到什么程度。……发现真理导致确立条理,而确立条理决定并促进真理。"②通过构建财税法体系,能够对财税法的"四至"和"包含物"予以条分缕析,反思财税法的性质、功能、目标、范畴、方法、理念等理论问题,剖析财税法律制度运行过程中纷繁复杂的现实问题,进而实现对财税法的理解深度和精确度的跃升。毕竟,"在法学上利用体系思维作为方法由来已久。……对体系或体系思维的看法及立场必然会影响到其了解、适用法律的方法,其结果,自也会影响到其对法律的了解和适用。"③

第二,有助于长足指导财税法律的制定和完善。探讨法律体系问题的结果是,"既可以通过法律体系概念及其理论来加深对法律的理解和认识,也可以将法律体系理论应用于立法活动中以增强立法的科学性和法律规范之间的融贯性"④。作为"实践理性"范畴的法律,其根本目的是为了致用⑤,更好地认识财税法最终将归于更好地建构人类交往行为的财税秩序。诚如前述财税法体系的主观建构性、开放性等特征所表明的,财税法体系远非对现行财税法律规范"是什么"的简单描述和临摹,而是一个饱含人们对财税法律规范"应当是什么""可以做到什么"的构想和创新。这种应当性的财税法体系理论是出于财税法治现实、又导向财税法治理想的理性产物,在很大程度上能为构造合理的财税法律体系提供长远的立法指导。具体说,一是通过对财税法体系的应有内容与现有内容的对比研究,发现财税法律制度和法律规范的空白、漏洞以及其间的冲突现象,进而依据财税法体系原理进行立法预测和立法规划,为科学立法摸准方向;二是在即将制定某一财税法律时,要判断它所属的具体财税法部分,然后再确定应当采用的法律规范形式和统摄法律规范的法律原则、理念,选择正确的法律方法,制定恰当的法律规则;三是为了实现某项财税法律规则或制度的预期效果,要评估相关的其他法律规范,即在内容、价值、形式等方面制定与其相配合的其他法律规范,废除与其相冲突的法律,以确使法律体系协调统一、共同发挥作用。此外,财税法体系的构建对财税法的解释和适用也有颇多裨益,这主要体现在强化财税法律的体系解释、目的解释上。

---

① 〔英〕边沁:《道德与立法原理导论》,时殷弘译,商务印书馆2000年版,第249页。
② 同上书,第339页。
③ 黄茂荣:《法学方法与现代民法》,中国政法大学出版社2001年版,第420页。
④ 参见钱大军、卢学英:《论法律体系理论在我国立法中的应用》,载《吉林大学社会科学学报》2010年第50卷第4期,第105页。
⑤ 参见谢晖:《论法律体系——一个文化的视角》,载《政法论丛》2004年第3期,第7页。

二、财税法体系的结构组成

在拉兹看来,从分析的角度出发,法律体系理论包含四个部分:存在问题、同一性问题、结构问题、内容问题。① 这四部分相互交织,结构问题主要探讨法律体系由哪些内容构成,以及这些内容如何构成法律体系,正所谓"如要搞清楚什么是法律体系,至少应回答两个问题:(1) 法由哪些部分构成;(2) 这些部分是如何相互联系的"②。财税法体系的整体框架上至宪法和宪法相关法,中经财政基本法,到达包含预算法、财政收支划分法的财政基本体制法,向下再分支化为财政收入法、财政支出法和财政监管法。

(一) 整体框架

一个完整科学的财税法体系不仅包括宪法中的财税条款以及政府间财政关系法、预算法等财政基本法律,还可以以财税活动的动态流程为线索,展开为财政收入法、财政支出法和财政监管法等财税主干法律。其中,宪法的一些条款和财税法直接或间接相关,因而应纳入财税法体系之中,以保证下位的财税法律规范与宪法价值相符合;财政基本法③作为对财政收入法、财政支出法、财政监管法的统领,在财税法体系中占据基石性地位,规定财政基本原则和制度;预算法贯穿财政平衡和财政收入、财政支出的始终,并成为财政监管的主要手段,有"财政宪法"之称;政府间财政关系法是各级政府的财政收入法和财政支出法的基底,构成了财政资金筹集、使用和分配中首先需要确定的前提;财政收入法与财政支出法相互衔接,组成了筹集公共资金、继而提供公共产品这一流畅过程的"两翼",在一收一支之间便能完成财政的主要功能;财政监管法律规范虽然亦存在于财政收入法和财政支出法中,而且预算法本身就承担着财政监管的职能,但仍有必要将专门的财政管理和监督法律拎出来,形成相对独立的财政监管法,与财政收入法和财政支出法并立(参见图1.5)。

对于图1.5,主要说明如下:第一,因循前文对法律体系概念的界定,财税法体系的整体结构并不是以法律效力层级为标准展开的,而是依据对财税法律规则的理性梳理来呈现的。所以,"宪法(中的财税条款)"位于该图的最高层,是考虑到宪法中关于公民基本权利、国家机构设置等规定对整个财税法体系的统

---

① 〔英〕约瑟夫·拉兹:《法律体系的概念》,吴玉章译,中国法制出版社2003年版,第3—4页。
② 〔俄〕B. B. 拉扎列夫主编:《法与国家的一般理论》,王哲等译,法律出版社1999年版,第156页。
③ 需要界定的是,这里所称的"财政基本法"是指规定财税法的基本制度、能够指导财税法的各个领域的法律。之所以采用"基本法"的用语,只是考虑到其条款内容的基本性以及在整个财税法律体系中地位的基本性,在学理上进行了一种描述和概括,并非实在法层面的具体名称,也绝不同于《香港特别行政区基本法》《澳门特别行政区基本法》意义上的《基本法》。待到我国将来真正制定一部财政基本法时,可以参照其他国家的立法例,将其命名为《财政法》或其他名称。

50 财税法总论

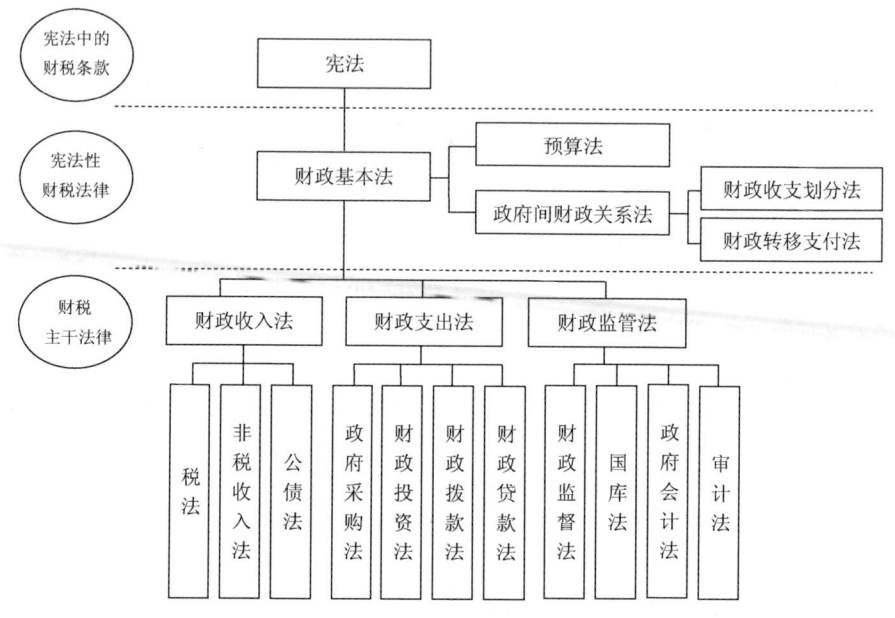

图 1.5 财税法体系的整体结构

领作用。至于"宪法—法律—行政法规—规章"的纵向铺排,我们将其归入上一节提及的财税法形式,而非本节的财税法体系。第二,该图呈示的是财政税收国内法,对于国际法层面的财政税收法、特别是国际税法,因其与财政收入法的逻辑存在根本差异,难以、也不宜纳入这套法律体系,故而暂不作详述。当然,国际税法是财政税收法的重要成分,国际条约和协议是财税法的法律渊源之一,如何打通国际税法与国内税法尚待探讨。第三,该图将财税法的专门规范划分为财政基本法及其统领下的财政收入法、财政支出法和财政监管法几大块;财政基本法是后三者的前提,后三者则构成财政的主干法律。不过,这种划分并非完全绝对,例如,财政转移支付法固然可以视为财政收支划分法的补充制度,与其同列入财政基本法律层面的政府间财政关系法,但也有观点认为,财政转移支付法是财政支出法的组成部分。其实,"一千个读者眼里有一千个财税法体系"很正常,法律体系的主观建构性决定了对某项规则究竟属于财税法体系的哪个部分难免会有不同的理解,因此,该图只是做一种展示,如能较为贴近地反映、传达财税法的谱系和精神便已足够。第四,为避免体系过于庞杂,本图所涵盖的财税法律规范不包括《立法法》《全国人民代表大会和地方各级人民代表大会选举法》《全国人民代表大会组织法》等宪法相关法,当然,这些法律也含有与财税间接相关的条款,在财税立法、财税民主决策等过程中发挥了重要作用。第五,在

第一章　财税法的规范定位

财政收入法中,税法和非税收入法的基础性前提均是私主体与政府之间存在给付关系,但税法以强制性和非直接对价为其特征,非税收入则以非强制性或对价给付为特征。公债法由于体量比重较大及其存在代际转移的特性,故单列。

在这里,还需要厘清财税法体系、财政法体系与税法体系之间的关系。如前文对财税法的概念和性质进行界定时所述,在整体主义理念和"财税一体化"视角下,税法体系的自主发展固然是合理的趋势,但必须强调税法是财政收入法的组成部分,将税法和狭义的财政法结合为广义的财政法,统合税款的征收、使用和监管,这样才能使税法这一财政收入法的"大部头"居于其应有的位置。尽管税法在现代社会被附上了调控经济、促进公平等多重功能,但始终应明晰的是,税法最原始、最基本、也最主要的功能在于"守好本分"地作为财政收入法的一部分,起到保证税收收入规范、足额筹集的作用,为后续的财政支出活动提供必要物质条件。基于这种认识,便可建立起既包容于财政法体系、却又"旁逸斜出"的税法体系(参见图1.6)。

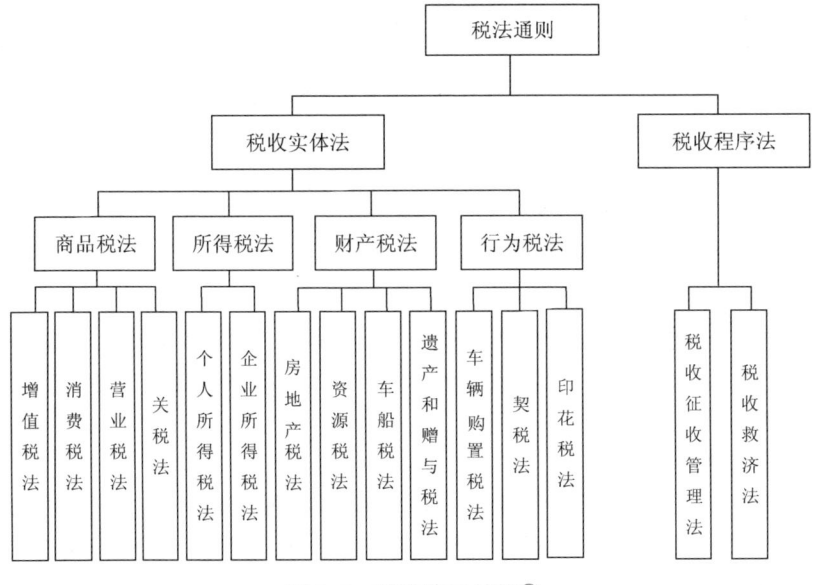

图1.6　税法体系结构①

---

① 需要说明的有:(1)该图建立在我国现有税种的基础上,但又不局限于此,而是试图展现现代税种体系的理想图景。所以,图中的"财产税法"一类包含了遗产和赠与税法,尽管其目前并未在我国开征,但理应属于完整的财产税的组成部分。(2)十八届三中全会《决定》明确指出"加快房地产税立法并适时推进改革",使其迅速地纳入整体对待的视野之中。房地产税法是与房产和土地相关的税法的总称,具体涉及现行的房产税、城镇土地使用税、耕地占用税、土地增值税等多个税种。如何立足于我国的公有制经济属性,处理好房与地的税制设计及其相互关系问题,是房地产税改革的一大难点。(3)税收征收管理法包括税务代理等相关纳税环节的法律规范。

关于财税法体系(实即广义的财政法体系)所涵摄的对象范围,在不同国家和不同时期是不一致的,其关键原因在于"财政法调整对象在不同的历史条件下会有变化。尽管从一般意义上说,财政法调整财政关系,但财政关系的范围历史上并不是等同划一的。受财政职能不断变化的影响,财政关系的质和量实际上都在随之变化"①。比如,原苏联学者就曾发生过争论,他们首先将财政体系从经济属性上分为两大部分,一部分是集中性的国家财政,另一部分是非集中性的部门财务(相当于我国目前的国有企事业单位财务)。有些学者认为,这两部分都属于国家财政;另一些学者则认为,只有国家机构进行的集中性财务,才属于国家财政的范畴。② M. A. 古尔维奇属于前者,他认为:"国家预算、税收、信贷、保险以及国营企业和组织的财务等结合起来构成统一的苏维埃社会主义财政体系,苏维埃国家利用这种财政体系进行财政活动。"相应地,财政法的体系也就包括国家的财政活动(即国家的财政体制和财政职权划分)、预算法、税法、国家信贷、国营保险、国家支出、信贷和结算、货币流通以及财政监督等。③这一观点对财政法体系的界定较为宽泛,反映出计划经济体制下国家财政的特征。而在当下社会主义市场经济体制渐趋完善的我国,财政正向公共财政靠拢,财政法也正向公共财产法靠拢,故此,伴随着市场配置资源的决定性地位的强化以及政府职能的转变,财政法的覆盖范围应向公共性集中,不宜干预过多。鉴于此,对财税法体系做图5所列示的展开,回应了新的时代背景下财税法、财税法学科和财税法治的发展方向。

(二)主要要素

在将财税法体系中的专门法律规范划分为预算法、政府间财政关系法等财政基本法律及其统领下的财政收入法、财政支出法和财政监管法之后,下面对这几个主要要素进行一定的阐释。

1. 财政基本法

财政基本法主要涉及财政法的一些基本制度,财政法的原则、财政权力的分配、政府间财政关系、重要的财政收入和支出制度、预算制度、监督制度等,都需要在财政基本法中加以规定,以体现其指导财政法的各个领域的普遍适用性。财政基本法本身即具有宪法性文件的特性,在西方国家的财税法律体系化

---

① 熊伟:《关于财政法体系的再思考》,载刘剑文主编:《财税法论丛》(第3卷),法律出版社2004年版,第242页。
② 李建英编译:《苏联财政法》,中国财政经济出版社1985年版,第6页。
③ 参见〔苏〕M. A. 古尔维奇:《苏维埃财政法》,刘家辉译,中国人民大学出版社1956年版,第13、40—41页。

进程中一直处于非常重要的地位。一些国家在宪法、基本法等国家根本大法中对财政基本制度进行了较为全面的规定,也有一些国家通过制定专门的财政基本法来对重大财政问题进行规定。

例如,德国的财政基本法律制度直接由《基本法》(即联邦宪法)规定,1949年通过的《德意志联邦共和国基本法》中关于公共财政的规定是财政法的立法基础。该法对联邦和州的公共开支、税收立法权、税收分配、财政补贴和财政管理等方面均作出了明确的规定。在联邦制度下,德国联邦议会、州议会和市镇议会都有通过相应财政法的权力,但各自制定财政法的范围由《基本法》予以规定。《基本法》有较多的条款规定财政的基本事项,如第 104 条关于支出和财政资助的分配的规定;第 106 条关于分税制管理体制的规定;第 112 条、第 115 条关于财政信用的规定。① 再如,日本在 1947 年颁行了专门的《财政法》。该法第 1 条规定,国家预算及其他财政收支基本事项以该法规定为依据,该法是财政法体系中的基本法。该法由 5 章 47 条组成:第一章是总则,以保持适度的财政收支划分法等有关内容为中心,对财政均衡、公债制度等作了总的规定;第二章是关于会计分类的规定;第三章是关于预算的内容、预算编制、预算执行等的规定;第四章是关于决算的规定;第五章是其他规定。除了《财政法》以外,《日本国宪法》在第七章还设立了九个条款规定财政问题,对处理财政的权限、收支职责、国债负担、租税征收、预备费设置、预决算监督等作了规定。如第 83 条规定,处理国家财政的权限要根据国会议决行使;第 84 条规定,要用法律形式制定关于租税的事项;第 85 条规定,国家经费的支出及国库债务负担需经国会议决;第 86 条规定,由内阁编制并提交预算,由国会进行议决;第 87 条规定,预备费由国会议决。②

由于我国《宪法》在财政基本制度方面尚缺乏完整的规定,为保证财政领域法律的统一实施,我国宜尽快制定《财政法》,以统领整个财税法体系,适应现代财政法治的基本要求。具体说,有些财政事项具有较强逻辑联系、能够形成完整体系,适宜制定一部单行法律,如预算法、税种法律等;还有一些事项相对独立,不适宜通过单行立法的方式加以规定,而这些事项又确实属于财政领域的重大、基本问题,如财政法的基本原则、国家与纳税人之间的基本关系等,通过制定财政基本法来规范这些问题很有必要。由此,一方面给单行财税法律留下了制度空间,另一方面起到了"拾遗补缺"的作用。财政基本法与单行财税法律的分工不同,后者有特殊规定的,优先适用;没有规定或者规定不明确的,适用

---

① 参见魏琼:《西方经济法发达史》,北京大学出版社 2006 年版,第 134—135 页。
② 参见同上书,第 143—144 页。

财政基本法。

2. 预算法

预算法是政府财政行为科学、民主、公开、规范的重要制度保障，它主要包括预算编制、审批、执行和监督等方面的法律规定，同时也包括财政资金入库、管理和出库的相关内容。由于政府的所有收入都应该纳入预算，所有的开支也必须通过预算，因此，预算可以成为人民控制和监督政府财政权力的重要手段，而预算立法的目的也正在于保障这种积极功能的实现。预算法是"财政宪法"和重要的民生法律，在预算方案科学合理的基础上，只要财政开支严格遵循预算执行，财政的规范化和法制化就有了可靠的保障。另外，从体系上看，由于国库经理及预算会计与预算法的联系非常密切，因此，预算法的范围还可以适当拓宽到与此相关的内容。目前，我国《预算法》包含了一些财政收支划分法、财政转移支付法、公债法等内容，甚至承担了财政基本法的部分功能，这种"诸法合体"只是当前财税法治不健全的暂时现象，而且难以涵盖财政基本法的所有内容，因而有望在《财政法》出台后得到解决。随着法治程度的推进及立法技术的提升，预算法应当逐步回归其本位，着力于解决预算过程中的权力配置、标准和程序问题。

3. 政府间财政关系法

财政收支划分法主要涉及政府间的财政关系，它普遍适用于现代社会建立在民主基础上的各国财政实践，是财政分权的必然产物。在学理上，财政收支划分法也可表达为财政平衡法，并通常财政转移支付法作为补充。财政收支划分法旨在划分中央政府及各级地方政府的收支范围，为了保证各级政府财力的真正均衡，财政收支划分法必须科学测算各级财政的收支范围以及转移支付的标准或额度，因而其显示出很强的技术性。另外，为保证财力分配的公平和科学，财政平衡法宜由超越当事人之外的第三主体加以制定，中央政府的立法权应当受到限制。同时，财政收支划分法律制度必然辅之以财政转移支付法律制度，即通过中央政府对地方政府、上级政府对下级政府的财政资金划拨①，进一步保证财政资金的公平分配和公共产品的均等化提供。在德国等一些国家，还存在同级政府之间的财政转移支付，构成了"纵横交错式"的特殊格局。反观我国的财政平衡法律建设现状，财政收支划分法和财政转移支付法仍然大多表现为部门规章甚至其他行政规范性文件，财政利益分配的权力完全操纵在中央政

---

① 需要说明的是，我国目前除了通常意义上的上级对下级的转移支付外，还存在下级对上级的财政上缴。这种现象是历史和政策的产物，违背了财政公平原则和财政平衡法的目的，在未来有必要废止。

府手中,加上分配标准不明确、程序不完备、价值取向不甚明朗,引发了事权与财权"倒挂"的局面以及一系列连锁问题,因此应通过立法从根本上加以改变。

4. 财政收入法

财政收入法主要包括税法、公债法、费用征收法、彩票法和国有资产收益法。第一,税法。如前文所述,由于税收在财政收入结构中占据重要地位,由于税收具有侵害纳税人财产的特点,更由于历史上与抗税有关的资产阶级革命的影响,税收很早就成为公法关注的对象,并已经形成相对独立的税法体系。税法研究的重点应该是如何促使政府科学征税、规范征税,如何保护纳税人的合法权益。在这方面,税法学和税收学的角度是有区别的。

第二,公债法。公债也是现代政府财政收入的一种重要形式,分为国债和地方债两种。尽管公债具有有偿性的特点,在形式上不会侵害人民的权利,但因其影响到财政的健全性,并且涉及代际负担分配,因此必须受到民主统制。有关公债发行的结构、上限、程序,公债的使用方向,偿还资金的来源等,都应当由法律或地方性法规予以明确规定。每次公债发行的规模、用途等也必须进入预算,经过议会的审批。此外,为便于公债发行,公债法中还应该规定公债的流通交易制度,为公债进入证券市场提供法律保障。

第三,非税收入法,包括行政收费法、政府性基金法、国有资产收益法、彩票法等(参见图1.7)。具体而言,行政收费和政府性基金均为政府基于一定的受益关系或行政管制目的而收取的代价,行政收费又可分为规费、受益费等。[①] 长期以来,我国政府行使收费权的随意性较大,造成企业和个人的不合理负担明显加重。虽然在十八届三中全会《决定》中,"清费立税"成为未来财税改革的指导方针,但目前仍然停留在政府权力内部运行的阶段,收费的依据、标准、程序和权利救济都未进入法律调整的范围,法治化任务仍很艰巨。同时,我国开征了种类繁多的政府性基金,往往采用行政立法的方式,没有遵循法律保留原则。国有资产收益是国家基于对一定国有资产拥有权利而获取的收益,包括土地出让金收入、国有资本投资收入、矿产资源使用费收入、国有资产转让收入等。我国是公有制国家,城市土地、矿产资源、河流等都属于国家所有,国有企业也积淀了大量的国有资产,每年都会产生大量资产收入。由于这些资产都有专门的管理法律,财税法只需要考虑收入形成后如何按照财政级次收归国库,以及这些收入是否需要设定特定的用途,等等,这样可以避免与国有资产管理法产生重叠。彩票收入是我国财政收入的一种新途径,如我国当前发行的福利

[①] 参见葛克昌:《税法基本问题(财政宪法篇)》,北京大学出版社2004年版,第191页。

彩票和体育彩票等,所获得的收入专门用于发展福利事业和体育事业。由于彩票的发行关系到金融市场的稳定,彩票收入的使用关系到部门利益的平衡,彩票的中奖关系到彩民切身利益,因此,有必要对彩票进行管理和规范。彩票法就是有关彩票的设立、发行、销售、开奖、兑奖,彩票收入的入库、管理、使用以及法律责任等方面的法律规范。从财政法治的角度看,既然彩票收入是一种财政收入,彩票的发行权以集中在财政部门为佳,彩票收入也应当先归入国库,然后再考虑收入的支出。此外,涉及罚款、没收等财产给付的行政处罚法①也属于非税收入法。

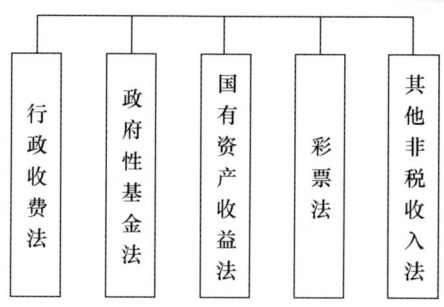

图 1.7 非税收入法

5. 财政支出法

财政支出法主要包括财政采购法、财政拨款法、财政投资法和财政贷款法。虽然这几种开支都应该经过财政预算,但其各自的标准、程序、管理和监督本身仍然需要相应的法律规定。其中,财政采购法主要规范政府有对价的资金拨付行为,如采购物资、采购劳务等。财政拨款法主要规范政府无对价的资金拨付行为,如政府内部的资金拨付、政府对企业的补贴或对公民的救济等。财政投资法主要规范政府对公用企业、基础设施、高科技企业等的投资行为,通过对选题、立项、评估、审批、监督等环节的制度控制,达到降低成本、提高效率、防治腐败等目的。财政贷款法主要规范政府内部的借款行为,也包括政策性银行对企业或重大工程项目的贷款。

由于财政支出本身一般都具有授益性,即相对人不仅不会受到利益侵害,反而能从中得益,不太容易激发相对人的"痛感"和抵触情绪,所以,法学研究者和立法者向来对其不够重视。我国目前除了《政府采购法》外,其余领域都明显缺乏法律的细致规范,财政权力的自由裁量空间很大,使得这种不受民主统治

---

① 应注意,非税收入法不涉及人身性或资格性的非财产给付的行政处罚部分。

的绝对权力能否造福于民,完全取决于执法者的个人道德水平,难以得到制度性保障。为了防止权力滥用,强化和细化财政支出法的建设实属必要。

6. 财政监管法

财政监管法包括财政监督法、国库管理法、政府会计法和审计法,内容既涉及监督也涉及管理,而且往往"寓监督于管理之中"。财政监管法专门规范和保障财政监管机关依法行使财政监督管理权,其内容涉及财政监管机关的设立、财政监管机关的职权、财政监管的方式与程序等,在财税法体系中具有特别重要的意义。我国目前的财政监督专门机关是审计机关,财政监督法也就主要表现为《审计法》。由于审计机关隶属于同级政府,因此我国的审计监督属于政府内部监督模式。① 为了提高财政监督的独立性,保障监督机关依法履行职责,有不少国家在政府之外设立财政监管机关,如美国、日本等。财政监督机关是国会的一个职能部门,由其代表国会行使对政府的审计权。相比而言,这种独立审计的模式更能提高财政监督的效率,防止政府对审计的不当干预,可以成为我国审计法未来改革的方向。② 此外,国库管理法、政府会计法事实上也具备财政监管法律的特征,因此可以纳入其体系。

第三节 财税法与相关法律部门的关系

要想准确把握财税法的规范定位,除了内在地考察自身的法律渊源、法律形式和法律体系以外,实有必要外在地探讨财税法与相关法律部门的关系、乃至与其他社会科学的关系。在法学内部,经济法、民商法、行政法、刑法等与财税法学之间既至为密切,又存在质的区别。同时,财税法学需要吸纳经济法、民商法、行政法、刑法等其他法律学科的思维和规则,亦需要借鉴经济学、政治学、社会学、管理学的研究成果和研究方法,从而成其为"领域法学"。

一、财税法与相关法律部门的关系

(一) 财税法与经济法

在财税法的发展进程中,其与经济法(宏观调控法)等的关系是一个绕不开

---

① 根据审计机关的隶属,各国的审计模式可以分为四种类型,即立法型、司法型、行政型和独立型。我国目前采用行政型审计体制,即国家的最高审计机关是政府的一个职能部门,这一体制的独立性较低,审计的有效性也有所削弱。有关四种审计模式的介绍,参见马骏、赵早早:《公共预算:比较研究》,中央编译出版社 2011 年版,第 595—604 页。

② 参见刘来宁:《论建立人大审计制度的几个问题》,载《人大研究》1992 年第 4 期,第 10—11 页。

也无法回避的问题,既然如此,我们需要本着求真务实的科学态度、本着从国家法治进步的战略高度、本着推动我国法学学科整体发展的大视野和大胸怀去直面和回应这个问题。厘清财税法与经济法的关系,目的不在于"跑马圈地""争抢地盘",而在于保证财税法更好地成长,从而推动整个法学学科的发展和我国法治建设的进程。新中国成立后的较长时间里,我国财税法学研究未能得到充分发展,有关我国法律体系的结构以及财税法在整个法律体系中的地位问题,一直没有得到认真的讨论。改革开放以后,随着经济法学的发展和日益成熟,自20世纪80年代中期以来,在几乎所有的经济法学教科书中,财政法或财税法都被列为专门的一章。可见,把财税法作为我国经济法学体系中的组成部分,是当时我国经济法学界的基本做法。按照我国传统的经济法学观点,经济法是"调整国家经济调节关系,实现国家经济调节意志的法律规范的总称"①,它是国家干预经济的产物,发源于垄断资本主义阶段国家对市场失灵的救济及社会参与②,目的是为了消除垄断,恢复正常的市场竞争环境。由此,"国家调节"成为经济法的显著特征,也是经济法的本质属性和各种特征的引发点和集中体现。③ 而由于财税政策所具有的调控功能,财税法就被当时的经济法学者整体地归入经济法,成为其分支之一。

  然而,严格地说,财税法与国家的产生相伴生,自有国家之日起,国家就一直在依靠财税活动来汲取和分配财政资源,所以,财税法的目的是为国家获取财政收入、履行国家职能提供合法性,它不仅仅存在于自由资本主义阶段,同样存在于封建制和奴隶制社会④,与刑法、民法等传统法律并立。应当看到,受到现代政治学、经济学的影响,以及民主、法治、人权等理念的浸润,财税法顺应着国家政治经济的变革浪潮而得到了升级,财税法学的理念发生了重大转型,从维护国家权力转向维护公民权利,纳税人权利保障成为财税法的一大宗旨和目标。⑤ 但是,财税法作为理财治国之法,其基本职能并未根本改变。因此,建立在古典经济学和自由主义政治学基础上的财税法学,在历史渊源上早于与垄断资本主义相契合的经济法学。⑥

---

  ① 漆多俊:《经济法基础理论》(第四版),法律出版社2008年版,第68页。
  ② 参见史际春主编:《经济法》(第二版),中国人民大学出版社2010年版,第40页。
  ③ 参见漆多俊:《经济法基础理论》(第四版),法律出版社2008年版,第66页。
  ④ 以财税活动的龙头——预算为例,尽管在19世纪以前,国家财政管理采用的是"前预算模式",预算控制能力较低,但这也反映,包括预算在内的财税活动在国家产生之后便业已萌生。参见马骏:《治国与理财:公共预算与国家建设》,生活·读书·新知三联书店2011年版,第61—62页。
  ⑤ 参见丁一:《纳税人权利研究》,中国社会科学出版社2013年版,第126页。
  ⑥ 关于财税法的产生和早期发展历程,可参见本书第二章第一节的相关阐述。

第一章 财税法的规范定位

退一步说,即便在垄断资本主义之后的西方国家,财税法学与经济法学也没有出现完全的交合。这是因为,美国、英国、法国、澳大利亚等大部分发达国家在学理上未出现过对"经济法"概念的概括,只有反不正当竞争法、反垄断法、市场管理法、消费者权益保护法等具体的部门法。第二次世界大战之后,德国和日本有部分学者提出经济法的概念,并开展经济法的研究。但是,立法和学理意义上的经济法只涉及竞争法和市场管制法,与我国传统经济法学视野中宏观调控法的内涵并不一致。若从规范意义探究宏观调控的内涵,它是指"政府对社会总供给、总需求、总的价格水平等经济总量进行的调节和管理"①,所以,运用税收、国债、支出等财税工具进行宏观调控只是财税法的功能之一②,不足以涵盖财税法的全部价值和内容。

易言之,在西方国家或者俄罗斯、东欧等转型国家,财税法学一直遵循自己的发展轨迹。现代财税法学主要从公法学中汲取养分,从宪法、行政法的视角关注如何限制国家的财税权③,防止政府非法侵犯公民财产,防止政府开支无度、浪费公帑。税收法定、财政法定、财政公开、财政民主、公共预算等财税法原则,都体现了这方面的要求。另一方面,现代社会中的复杂问题需要多管齐下,现代社会科学研究也日渐强调"问题导向"和"学科交叉"。④ 同样的,现代财税法学也从财政学、税收学、会计学中获得营养,研究财政税收的特有元素,关注财政税收效率的提高,以及各种财税工具之间的搭配和协调,比如所得概念的界定、收入确认的标准、费用扣除规则、国际重复课税的抵免、实质课税的边界,等等。对于这些内容,传统法学从未涉及,可以说是财税法学的独有特色。⑤ 至于财税政策对经济、社会、文化的调控功能,主要是经济学、公共政策学的研究对象,财税法学只需主要从公法角度关注权利(力)、义务、责任的配置,这也与经济法学的宗旨和关注焦点有所差异。

---

① 周为民:《宏观调控的五大误区》,载《社会观察》2011 年第 7 期,第 44 页。
② 财税法具有规范理财行为、促进社会公平、保障经济发展等三大功能,融政治、社会、经济等三个维度于一身,而经济法框架下所强调的财经经济调节只是财税法所包含的一个辅助功能。对此,本书第五章"财税法的功能拓补"已经进行了详细探讨,故在此不作赘述。
③ 我国台湾地区的财税法学者受到德国学者的影响,往往侧重于从宪法、行政法等公法的思维、原则、制度和方法出发,研究财税法问题,这便是站在了理财治国的高度上一体化地审视财税活动。代表学者及其论著包括葛克昌:《税法基本问题(财政宪法篇)》,北京大学出版社 2004 年版;黄茂荣:《法学方法与现代税法》,北京大学出版社 2011 年版;蔡茂寅:《预算法之原理》,台湾元照出版公司 2008 年版等。对于他们的具体观点,在此不予赘述。
④ 参见顾海良:《人文社会科学跨学科研究的路径及其实现条件》,载《高校理论战线》2011 年第 1 期,第 20—21 页。
⑤ 参见刘剑文:《作为综合性法律学科的财税法学——一门新兴法律学科的进化与变迁》,载《暨南学报(哲学社会科学版)》2013 年第 5 期,第 27 页。

在中国,财税法被归入经济法,其实是特定历史背景下的产物。我国经济法学成长于改革开放初期,曾一度主张"纵横统一"说。之后,又出现了"市场三缺陷—国家调节三方式—经济法体系三构成"的经济法"三三理论"①,从经济法产生的动因和解决的特殊问题出发,解剖经济法的成分。在社会主义市场经济体制下,民商法学兴起,经济法学退守纵向管理关系,并努力与行政法学切割。由于当时将财税和利率、价格、外汇等一并作为经济管理的工具,财税法因此被纳入经济法中。客观地说,这在财税法兴建之初帮助其较快地完成了充沛的学术积累,具有较大的必要性和合理性,而且部分财税活动确实是宏观调控的手段,但就整体而言,财税法是在宪法的统率下,包含预算法、政府间财政关系法以及立基于其上的财政收入法、财政支出法、财政监管法多位一体;现代财税法在本质上是一种公共财产的分配法(见图1.8)。从财政预算、政府间财政关系以及公共财产的收入、支出、监管等特有角度来审视财税法,无疑能为我们解决当前面临的财税问题开启一扇崭新的大门,也有利于更加透彻地把握财税法的本质、发挥财税法的功能。虽然经济法学与财税法学关系密切,但财税法在不断成长和成熟的过程中,培养出了新的、综合的目标和价值,使自身在立场、视角、观点上有别于经济法(见表1.1),在法律体系中扮演着难以被替代的角色。

具体解读表1,经济法与财税法的共同之处在于,都研究如何依法保障和规范政府利用财税政策调节经济,即在财税宏观调控法上有重合,同时还包括促进财税政策的合法化,即为政府财税政策的制定、实施、变更、调整设定法律准则。不同之处在于:其一,在分类标准上,财税法是着力于以问题为导向,而经济法以调整对象和调整方法的双重标准为中心;其二,在产生时间上,财税法在国家产生之初就已存在,而经济法通常被认为肇始于垄断资本主义时期;其三,在核心问题上,财税法的内核是规范公共财产的合法取得、合理使用和有效监管,进而保障私人财产权,而经济法主要关注的是借助多种国家干预手段,达到协调经济运行、增进国民福利的效果;其四,在对"财税"的定位上,财税法以财税活动为线索,规范的是组织公共财产和收入分配,而经济法更多强调的是财税作为一种宏观调控工具;其五,在功能取向上,财税法尝试廓清公共财产与私

---

① 根据"三三理论",市场存在三种缺陷,即市场障碍、市场的唯利性、市场的被动性和滞后性。针对此,国家经济调节便包括三种基本活动,一是采取反垄断和反不正当竞争措施,二是国家参与直接投资,三是国家运用各种经济政策和政策性工具,引导经济运行。所以,经济法体系也就有三个基本构成,分别为市场规制法、国家投资经营法、宏观调控法。参见漆多俊主编:《宏观调控法研究》,中国方正出版社2002年版,第2—4页。

人财产的边界,并以控权、限权为宗旨,其终极目标是保护纳税人权利,而经济法则以规范和保障国家对经济的调节为宗旨,实现社会整体经济利益;其六,在制度结构上,财税法以预算法、政府间财政关系法等财政基本法律为统率,并具体涵盖其之下的财政收入法、财政支出法和财政监管法,而经济法则包括市场规制法和宏观调控法两大块内容。

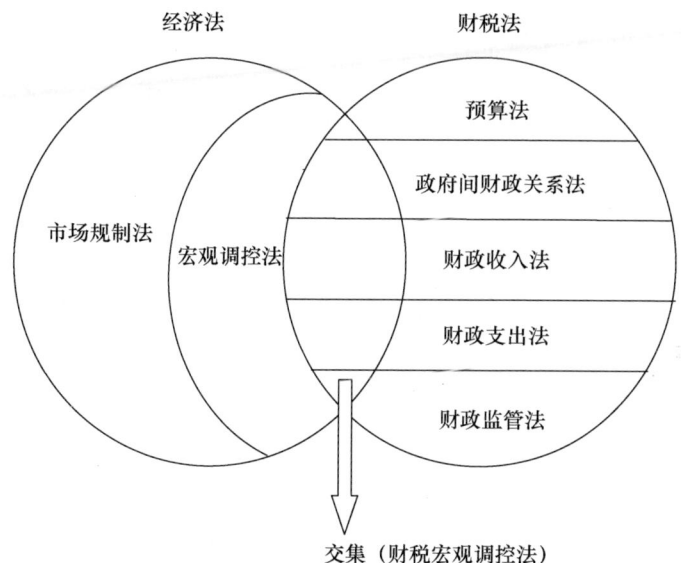

图1.8　财税法与经济法的关系

表1.1　财税法与经济法的比较

比较	经济法	财税法
分类标准	调整对象和调整方法	问题和领域
产生时间	垄断资本主义时期	国家形成之初
核心问题	调节经济运行	保护公共财产
"财税"定位	宏观调控的工具	组织公共财产和收入分配
功能取向	宏观调控手段的合法化和合理使用	公共财产和私人财产的边界与纳税人权利保护
制度结构	市场规制法和宏观调控法	预算法和政府间财政关系法统率下的财政收入法、财政支出法、财政监管法

我们认为,尽管在税收优惠、财政转移支付等财税法问题上确实包含宏观调控的考量,但是,调节经济不应被称作财税法的基本任务,筹集财政资金并使

用财政资金、提供公共产品也并非不重要的财税法功能;恰恰相反,如前所述,财政预算、平衡、收入、支出和监管才构成了财税法的完整内容,社会财富的分配、公共资金的依法筹集和合理使用在现代国家依然是财税法基本的、首要的目标,若将财税法仅仅归结为宏观调控法的一个部分,过于强调财税法的经济调节功能、过于宽泛地理解宏观调控法,反而是一种"只见树木不见森林"的片面、狭隘认识,甚至容易产生有害于经济和社会健康发展的危险。应当认识到,财税的宏观调控功能本身也需要进行必要的限制。在市场经济条件下,国家对经济的干预既是必要的,也应当是谨慎的,财税的宏观调控功能既不能否认,也不应夸大。如果仅把税收作为一种宏观调控的工具,便是忽视了财税法的基本方面,是一种舍本逐末的观点。① 有学者在论述财政法与经济法的区别时指出:"财政法所调整的是特殊意义上的经济关系,即以国家为主体的分配关系;而经济法所调整的则是一般意义上的经济关系,这种经济关系不包含直接以国家整个特殊主体意志为转移的分配关系。"② 其实,财税法与经济法相揖别不仅在于解决问题和范围的不同,还在于两者的定位、功能、逻辑范式等截然有别。现如今,时代在发展,社会在进步,人们的观念也在更新。财税法既关注宏观的财政立宪、财税民主和法治,又重视财税法律手段对经济、社会、文化的调控,还深入到财税执法和各种税费关系,视野开阔,研究领域宽广。它既是治国安邦之道,也是纳税人保护之法,是一门经世济用的应用性法律。

(二) 财税法与民商法

民商法是调整平等主体的公民之间、法人之间、公民和法人之间的财产关系和人身关系的法律规范。财税法与民商法的区别主要在于:其一,从研究范围来看,财税法学关注的是不平等主体之间的财产关系,只是注重从私法角度研究公法问题,而民商法学则以平等主体作为自己的研究范围,追求私法上的自主性原则和契约观念。其二,从价值取向上看,财税法学注重人权保障价值特别是纳税人权利保障,更加注意公平价值和正当性原则,而民商法学则注重私法秩序的维护特别是私人交易中的自由权,更加关注平等价值和意思自治原则。

尽管财税法和民商法分别属于公法和私法,存在根本区别,但在实践中,基于财产的利用和流转,民商法与财税法、特别是税法之间难免会发生各种联系。我国大陆地区有关税法与民商法的关系研究还只是刚刚起步,而在德国和日本

---

① 参见李大庆:《整体主义观念下的中国财税法学——从概念到体系》,载刘剑文主编:《财税法论丛》(第13卷),法律出版社2013年版,第168页。

② 刘隆亨:《中国财税法学》(第二版),法律出版社2010年版,第20页。

等大陆法系国家,二者之间的关系早已经历了"分分合合"的历程。日本学者金子宏注意到,"税法是将私有性部门所生产的财富的一部分无偿地转到国家手中的手段;而私有部门中的财富的生产和交换是受私法规制的。所以税法同私法有着密切的关系"①。民商法与税法的有关分合在主要集中于"借用概念"和"固有概念"②问题上,即税法对借用概念的理解,是按与其他部门法相同的意义界定,还是从确保税收征收以及税负公平的角度,给予不同的认识? 对此,大陆法系的主要国家或地区在不同时期的观点各异。③ 现在一般认为,税法、尤其是税收实体法的法律概念、法律制度大有借鉴民商法具体概念、制度的可能和必要。"由于该民事法事件相对于税捐法事件的先在性,不论税捐法是否使用自己的特别概念,在其使用来自于民事法之构成要件要素时,其解释不可避免的还是要回溯到民事法,基本上以民事法上之意义为准。"④这既是民商法相对于税法而言的先在性使然,也是为了尽量避免对其他法律部门秩序造成不当影响,从而尽可能维持法的整体协调性的必然要求。⑤ 当然,在借用概念的具体方式和程度上,还需要进行具体情境下的考察。除了概念上的借用以外,财税法一般是建立在民商法调整的基础之上,不能对私法秩序构成损害。

(三) 财税法与行政法

相较于行政法,财税法学的特别之处在于:其一,财税法学不仅仅涉及行政行为中的财政管理行为,而且在深入到具体的财税现象和行为的本质,即通过财税法律秩序的建构,实现纳税人权利保护。其二,财税法学研究具有高度的综合性,不仅从行政法、经济法和社会法的法学角度进行分析,而且通过法学和应用经济学的交叉研究,探索依附于财税现象本身及其发展上的权利义务关系和法律现象,其研究范围跳出了行政法学的形式理性。

与此同时,我国学者在论述财税法的属性时也实事求是地承认它与行政法的联系。有学者认为,国家的财政活动可以区分为两个不同的层次:第一层次是作为行政范畴的财政活动,其目的在于满足国家机关活动经费的需要;第二

---

① 〔日〕金子宏:《日本税法》,战宪斌、郑林根等译,法律出版社2004年版,第90页。
② 所谓借用概念,是指已被民商法赋予了明确的意义和内容、而被税法所借用的概念,如租赁、赠与等。所谓固有概念,是指其他部门法不使用、仅为税法所使用的概念,如所得、征税对象等。这些概念即便与社会学、经济学、自然科学等其他学科领域所使用的概念在形式上相同,也不属于借用概念,而是固有概念。
③ 参见李刚:《税法与私法关系总论——兼论中国现代税法学基本理论》,法律出版社2014年版,第48页。
④ 黄茂荣:《法学方法与现代税法》,北京大学出版社2011年,第298页。
⑤ 参见李刚:《税法与私法关系总论——兼论中国现代税法学基本理论》,法律出版社2014年版,第62页。

层次是作为经济范畴的财政活动,其目的在于协调社会经济。两者虽然都涉及经济领域,但后者涉及经济领域的更深层次。在现实生活中,这两类法律一般都由国家财政机关负责执行,很难区分哪些规范是经济性质,哪些规范是行政性质,也没有必要区分。① 尽管随着政府职能的扩展,财税法的形式和内容都在发生变化,但这种转变不可能十分彻底,财税法与行政法的联系仍是不可割断的。换言之,行政法在财税法中仍然发挥着基础性的作用,有关财税职权的分配、财税行为的作出、财税救济的实施等,都必须遵守行政法的一般性规定。从行政法学的角度,可以研究如何从形式层面规范政府的财税行政行为,既要保障财税行政执法的合法性,又要规范和制约财税行为、防止其滥用权力。因此,行政法学既要研究如何进行财税授权,更要研究如何科学地进行财税限权。前者主要通过行政组织法和行政行为法加以体现,后者主要通过行政程序法和行政救济法加以体现。例如,财税行政机关如何设置,享有哪些财税行政权力,财税行政行为要遵循哪些程序,对违法的财税行政如何复议等,就是行政法学重点关注的内容。

(四) 财税法与其他法律部门

由于财税法学的研究对象中既有实体法规范,又有程序法规范,既有国内法规范,又有国际法规范,财税法与诸多法学分支学科都存在交叉关系。在这些交叉领域中,相关学科都可以从各自不同的角度展开研究。

具体说,刑法学可以研究财税领域的犯罪行为及其惩处。虽然这种研究在原理上与普通刑法学并无二致,但它研究的对象具有很强的特殊性,总体来说都与滥用财税职权、逃避财税义务有关,如贪污罪、挪用公款罪、逃避缴纳税款罪、抗税罪等。将其纳入财税法学的体系虽然在短时期内可能超出人们的预期,但现代市场经济条件下法律针对同一对象实行综合调整是一个发展趋势,而从财税法学的角度研究刑法正是这一趋势的体现。因此,我们不妨顺其自然,将其作为二者共同关注的领域。

诉讼法学可以研究如何通过诉讼程序公平高效地解决财政税收方面的纠纷和争议。随着法治进程的深入,司法解决财税纠纷必然成为一种重要形式。不仅税收、收费等方面的纠纷可以通过向法院起诉的途径加以解决,一旦请求发放公务员工资、支付社会救济款或财政补贴成为相对人法定的权利,财政支出纠纷也应该具备司法救济的可能性;不但财政相对人与政府之间的财政纠纷可以通过司法途径解决,上下级政府之间或同级政府之间的财政支付纠纷也可

---

① 参见漆多俊:《经济法基础理论》(第四版),法律出版社 2008 年版,第 96 页。

以考虑进入法院的受案范围。这种诉讼既不是行政诉讼,也不是民事诉讼,而是一种专门的财政诉讼,因此无论从理念还是制度上都必须重新定位和设计。

国际法学可以研究各种财税国际公约或双边条约,以及各国涉外财税法律制度,同时也可以从比较法的角度对外国的财税法律制度展开研究。受市场经济条件下各国经济趋同化的影响,各国的税法在技术层面上实际上也在逐渐接近。2008 年金融危机之后,受财政压力所迫,打击逃避税方面的国际合作也如火如荼。中国 2013 年 8 月加入《多边税收征管互助公约》,2014 年 6 月与美国就实施《海外账户纳税遵从法案》(FACTA)达成协议,就是例证。目前,国际税法的研究相对较为发达,而财政法领域的国际视角则更多地表现为比较研究。

此外,从公法与私法划分的角度来看,财税法应属于公法。溯源历史,公、私法的划分是罗马法的首创,前者包括宗教祭祀活动和国家机关活动的规范,后者包括所有权、债权、家庭及继承关系等方面的法律规范。罗马法学家乌尔比安(D. Ulpianus)说:"公法是有关罗马国家稳定的法,私法是涉及个人利益的法。"①乌尔比安的这一论述,被公元 6 世纪编纂的《学说汇纂》第一遍第一章所收录后,就传至后世,对西方法律传统产生了重大影响,而公私法的划分也一直延续至今。尽管在 20 世纪以后,公法与私法之间互相关联、互相渗透的现象越来越明显,在一些领域出现了所谓"公法私法化"和"私法公法化"的趋势,但两者大体上还是可以区分的,这对大陆法系国家的影响依然深刻。② 有学者着眼于市民社会与政治国家的二元分离,认为"私法可以被界定为市民社会的法,即构成市民社会运行秩序的规范;公法则可以被界定为政治国家的法,即规定政治国家运作的规则"③。还有学者类似地指出,公法是社会本位的法,私法是个人本位的法,这是公法和私法在价值立场上的区别。具言之,社会本位的法以社会整体利益和国家安全为目的,个人本位的法以个人利益为考察基点和依归。④ 对于财税法而言,即便如前文所展现的,财税法与民商法之间存在密切关联,而且现代财税法也借鉴了一些原属于私法的调整方法和手段,但从本质上看,由于财税法具有促进社会公共利益的目的,以及其所主要调整的国家与纳税人之间、税务机关与纳税人之间的关系均属于公法性质的法律关系,再加上其所主要依靠的是强制性财税法律,这就决定了它作为公法的秉性。当然,财

---

① 〔意大利〕桑德罗·斯奇巴尼选编:《正义与法》,黄风译,中国政法大学出版社 1992 年版,第 35 页以下。
② 参见何勤华主编:《公法与私法的互动》,法律出版社 2012 年版,第 12—13 页。
③ 金自宁:《公法/私法二元区分的反思》,北京大学出版社 2007 年版,第 42 页。
④ 参见王继军:《公法与私法的现代诠释》,法律出版社 2008 年版,第 43 页。

税法属于公法并不意味着它与保护个人利益无涉,从本质上讲,财税法提供的公共物品的最终受益人还是纳税人个人,而且其更多的是旨在实现公共利益与私人利益之间的平衡。

二、作为领域法的财税法

从对财税法演进史的梳理中可以看出,20世纪末,大部分学者将财政法归入经济法,使之成为经济法的一个分支,也有学者将之归入行政法学。这两种有关财税法学的观点通称为"分支学科论"。至于财政法与宪法、民商法、刑法、诉讼法、国际法的关联,在不少学者的论述中也屡有提及。之后,财税法学者就财税法本身的定位问题提出了"综合法律部门说"①,近些年进一步发展为"领域法学"观念。

部门法理论是指以法律的调整对象为实体标准来划分部门法的法律体系理论(或称法律规范分类理论),它起源于和引入自原苏联的"国家与法的理论",至今仍在中国法学界盛行。尽管这一理论"在世界范围内并不具有普适性"②,但我国的法学理论研究中却将部门法的研究方法坚持了下来,并逐步将其演化为法理研究中一个占据基础性地位的研究范式。受部门法研究范式的影响,对于某一法律规范、法律问题或法律学科,人们总是习惯于首先将其归于某个部门法之中,并以此作为进一步理论定位和后续细化研究的基础。客观地说,传统划分部门法的研究范式具有一定的理论和实践价值,包括有利于一国实定法的有序化、有利于正确适用法律、有利于法律设施的科学设置、有利于教学和研究工作的开展等。③ 长期以来,部门法划分理论既指导着我国法学界,似乎也引发了一些困惑。由此产生了一种现象,"如果某一制度被归入某一部门法,它将被视为该部门法学者所研究的'专门领域',而其他部门法学者涉足这一领域将被视为有'不务正业'之嫌"④,愈演愈烈的部门法之争也与这种观念的不当强化存在一定关联。因此,部门法划分理论虽然能够帮助我们更加快捷、集中地捕捉某个法律部门的特征和主要内容,但如果被不恰当地进行膨胀、甚至充斥了我们观察和思考法律问题的视线,那么它无疑将成为法学发展和法治进程的障碍,进而阻碍相关法律问题的系统、有效解决。换言之,部门法划分

---

① 参见廖益新、李刚、周刚志:《现代财税法学要论》,科学出版社2007年版,第2页。
② 何文杰:《部门法理论改革新论》,载《兰州大学学报(社会科学版)》2007年第35卷第4期,第101页。
③ 参见叶必丰:《论部门法的划分》,载《法学评论》1996年第3期,第39—40页。
④ 廖益新、李刚、周刚志:《现代财税法学要论》,科学出版社2007年版,第6页。

只是我们可以选择使用的视角和方法之一,而非全部。法学学者固然应当了解部门法划分,以得到对某一法律部门的直观感知和判断,但不应当被其反制、拘囿和束缚,否则就相当于"戴着脚镣跳舞",其效果和方向都是不佳的。有学者很早就归纳道,部门法理论"破坏了法律体系的统一性,人为造成各法律分支学科画地为牢,混淆了法律关系的性质,割裂了法律规范群之间的联系,扭曲了理论与实践的关系,忽视了理论概念与实践概念的联系与区别,影响了法学的发展,并对立法、司法、执法工作造成了不利影响"。①

正是考虑到部门法划分的弊端,在最近十年的法学研究中,以调整对象和调整方法为标准划分部门法的传统分类研究逐渐走向式微,面向现实世界、以"问题"和"领域"为定位的研究方式正在兴起,此即为"领域法学"。有别于"部门法学","领域法学"更具综合性、完整性、开放性、立体性、包容性、灵活性、实用性等特征和优势,并且胜于之前有些学者有关"行业法学"的提法。随着社会的发展和社会关系的日益复杂化,将调整某一特定领域社会关系的法律规范统称为某种"领域法"的情况有望越来越多。调整教育领域、卫生领域、环境保护领域、体育领域、科技领域、军事领域等特定社会生活领域的一个个法律领域已经形成,或者正在形成。② 尤值一提的是,中共十八届四中全会《决定》第二章第四节即为"加强重点领域立法","领域"一词的使用与"领域法学"观点的提出不谋而合,体现了一种更加成熟、融通且开放的立法思路。有鉴于此,我们认为,人们观察和思考问题确实总是有自己的角度和价值判断,然而,面对一个相对完整的财政法规范体系,任何一个传统法律学科都容易陷入片面,无法得出全面系统的研究结论。因此,武断地将财政法归入任何一个既有的法律部门都是不合适的做法。正是出于这种考虑,财税法实为一门新兴的、综合性的"领域法学"。

可以说,在现代社会中,综合性法律部门和领域法学观念的出现是一个必然趋势,它们以问题为中心,旨在汇集多种法律手段、综合地解决复杂社会条件下产生的社会问题。虽然现在少有财税法学者阐述财税法作为一种"领域法学"的定位,但我们已经可以看到很多环境法学者进行的类似研究,这完全能够给财税法提供诸多启示和反思进路。有环境法学者认为,"部门法研究范式对环境法理论研究产生了先入为主的影响,但实际上,部门法研究范式在环境法的研究领域具有明显的不适应性,对环境法研究思路的封闭性以及环境体系的

---

① 刘诚:《部门法理论批判》,载《河北法学》2003年第21卷第3期,第10页。
② 参见牛忠志:《论科技法在我国法律体系中的部门法地位——兼论传统法律部门划分标准的与时俱进理解》,载《科技与法律》2007年第5期,第15页。

完整性等方面产生了不容忽视的负面影响。无论是调整对象还是调整方法,将其作为对环境法进行部门法划分的标准在理论上都是难以自圆其说的。因此,在环境法的理论研究中应肃清部门法研究范式的影响,放弃'环境法是独立部门法'这一缺乏合理理论内涵的命题。"[1] "只有跳出传统部门法的研究范式,才能对环境法有一个准确的认识。"[2] 环境与资源保护法如此,财税法、金融法、知识产权法等何尝不是如此?这些现代法律学科所面对的社会关系已经打破了传统法学研究中对社会关系的基本类型划分,公与私、强制与自治等要素在其社会关系的不同环节均有体现,而且,为了平衡和协调其中多重的利益格局和冲突,往往需要不同类型、甚至跨越法律部门的法律调整手段与之相适应并加以调整,这就从根本上决定了,如果我们用部门法的固有研究范式去套用这些新型法律学科,恐怕只会是事倍功半。进一步说,不仅仅是上述现代法律学科具有"领域法学"的典型特质,就连传统法律学科现在也开始尝试吸纳相关学科的新的素材、经验、方法和范式,以更好地回应层出不穷的新挑战,并为既有问题的解决提供不同的可能思路。唯有适度远离根深蒂固的部门法研究范式,转而秉持更加开放的姿态和实际解决具体问题的立场,才能避免从这个单一的范式出发对财税法以及其他法学学科的误读。这种"领域法学"的法学研究理念并非否定部门法理论的功绩,也不是全盘颠覆部门法理论的架构和主张,而是对部门法理论的继承,更是对部门法理论的创新。

财税法学所倡导的问题中心主义的研究方法,使其具备高度的开放性、交叉性和包容性。在解决财税法律问题时,需要综合运用宪法、行政法、经济法、民商法、刑法、诉讼法、国际法等其他法律学科的知识和方法,需要统筹检视经济学、政治学、社会学、管理学等邻接社会科学的思维和研究成果[3],以实现协同式治理和创新,诚可谓一个有机统一、兼容并包的法律整体。而在追求综合性的同时,财税法也逐渐发展出自身的特色性。经过近十余年的发展,财税法学秉持着"和而不同"的立场,逐渐形成自己独特的理论范畴和分析工具,独特的

---

[1] 张璐:《部门法研究范式对环境法的误读》,载《甘肃政法学院学报》2009年第3期,第24页。

[2] 李坤辉、韩文政:《环境法在法学中的地位刍议》,载《学术交流》2012年第S1期,第61页。

[3] 进行多学科的综合性研究实有必要,但在这一过程中应当警惕一种偏向,即"看起来是超越了固有的学科规范,可是在实践上只是强化了固有学科的存在。因为多学科研究——把各种独立的学科知识合并起来——这概念,本身就预设了学科分类的合法地位,并赋予了这种分类意义,因而其背后不言而喻的信息就是学科知识可以个别独立地存在"。参见〔美〕华勒斯坦等:《学科·知识·权力》,刘健芝等编译,生活·读书·新知三联书店、牛津大学出版社1999年版,第222页。这说明,如何使财税法这一领域法学切实发挥综合治理的优势、处理好与相关学科领域的关系,仍是一个值得深究的问题。

学科体系已经形成并且正趋于完善,正是在这一基础上,财税法摆脱了纯粹的"征税之法"的传统观念,形成了诸多的新思维、新理念和新方法。① 从本质上说,财税法的核心领域是公共财产之法,正是在公共财产的运行过程中,财税法与其他法律领域发生了关联,或者是财税法借用了其他法律领域的规则和制度,或者是其他法律领域借用了财税法的手段。在预算、财政平衡、财政收入、财政支出和财政监管等基础上产生的作为综合性法律领域的财政法,以其现代的研究理念、方法和范畴,突显出强劲的生命力和广阔的发展前景,也在市场经济法治建设中发挥更大作用。

---

① 参见华国庆:《试论财税法的本质属性》,载《第六届中国财税法前沿问题高端论坛论文集》,2014年5月,第46页。

第二章 财税法的历史发展

马克思和恩格斯曾经有一句经典论断:"我们仅仅知道一门唯一的科学,即历史科学。"①此论系用夸张之语词,极言历史研究之重要性。法律制度绝非天外来物,一定的制度都有其相当漫长的发生、演进与嬗变的历史脉络;对之进行相对系统的梳理,能更清晰地知晓,现实制度从何而来、何以而来,又将去往何处。所以,我们在本章对财税法的历史发展进行系统梳理,于此基础上,侧重对制度演进背后的规律进行揭示。这种研究进路也预示着本章的关注重心,以及不可避免地打上主观烙印。"它至少是一种搜集,因此要依赖于搜集者的兴趣与观点……我们从无限的事实和事实的无限表象中选取那些引起我们兴趣的事实和事实表象,它们多多少少与先行的科学理论有关。"②本章拟分三节:首先,是对财税法在人类文明中的产生与早期形态进行描述性分析;然后,通过整体把握财税法在人类社会中的演进历程,尝试提炼其发展过程中存在的两条主线;最后,在现代"治理"语境下,对中国当下的财税法律制度进行整体性检视,尤其注重考察其是否切实反映出现代财政制度应当具有的多维功能定位,以及能否担当起"国家治理的基础和重要支柱"之历史重担。

第一节 财税法的产生与早期形态

目前学界形成的基本共识是:财税法与国家相伴而生,因为它是保障实现国家职能的重要工具,所以它的历史同国家一样悠久。在不同的国家,财税法的产生,在时间上并不一致,而且在内容层面表现出不同的形态。这在很大程度上是因为"文明的早熟"与"文明的晚熟"之区隔,使得不同国家中甫一出现的财税法,担负起的国家职能,便不尽一致。

一、中国古代财税法的产生与初期发展

传统的观点认为,财政的主体只能是国家,不存在非国家财政的一般分配

---

① 《马克思恩格斯全集》第3卷,人民出版社2002年版,第20页。
② 〔英〕卡尔·波普尔:《开放社会及其敌人》(第二卷),郑一明等译,中国社会科学出版社1999年版,第391—392页。

第二章 财税法的历史发展

关系;所以,在国家产生之前的原始社会,基本的生产关系是共同劳动、平均分配,是没有财政关系可言的。但是,需要澄清的误解在于,决定财政关系产生的前提不在于国家的出现,而在于公共权力的存在;换言之,只要有根据公共权力进行的分配,财政便已经存在了。更进一步,自有人类社会就有公共权力,比如母系氏族时期的公共权力来自于氏族民主制、父系氏族时期的公共权力则是家长制;易言之,人类社会发展的不同阶段,公共权力都有存在,区别只在于形式逻辑不同而已。① 既如此,与公共权力一起出现的财政,便可上溯至人类文明的最初阶段——原始社会时期。但是,财税的萌芽和财税法的产生还不能画上等号。法律是国家出现以后的产物,由此而论,规范意义上的中国财税法产生于何时,就转化为中国最早的"国家"产生于何时的问题。主流的历史学叙事中,夏朝被作为中国历史上第一个奴隶制王朝,但是,由于有关夏朝的各种文献资料大多晚出于夏朝数百年之后,加之考古发掘一直未能发现夏朝的文字记录,致使对于夏朝是否存在的问题至今仍然受到一些学者的怀疑。② 我们无意介入历史学上聚讼不已的这个论题,而是采通行史观,从文本意义上,找寻财税法在中国古代的发端。中国古代的财税法,首先出现的是农业税法和财政分权的制度规范,其间也有少许关于财政支出的制度。

一般认为,奴隶制社会孕育了中国税收最原初的形式,也即贡、助、彻等。《史记》有相关表述:"自虞、夏时,贡赋备矣。"更早一些的文献当中,《孟子·滕文公》上亦有记载:"夏后氏五十而贡,殷人七十而助,周人百亩而彻,其实皆什一也。"即是对夏、商、周三代贡赋制度的总体概括。夏代的贡法被认为是中国最早的财税法律制度,古籍中多有大禹"别九州,随山浚川,任土作贡""量远近,制五服,任土作贡,分田定税,十一而赋"的相关记载。夏朝实行定额课征的田赋制度,而且实行的是分类征收的制度,其中不乏"贡者校数岁之中以为常""咸则三壤成赋"这样的操作性规定,可以视为是中国古代财税法律制度中闪烁着的、朴素的税收公平的思想。在商代,实行井田制基础上的公田助耕制度,根据《孟子》的解释,"助者借也",即揭示出商代田赋税法以井田制为基础、借助民力耕种公田的力役形式。③ 这种"公田收入—私田收入"的公私二分法,一定程度上是现代财税法"公共财政—私人财产"这一对基本假设,在远古时期的初步尝试。延至周代,国家结构形式的进一步成熟、统治权力的加强,使得税收制

---

① 参见黄天华:《中国税收制度史》,华东师范大学出版社2007年版,第2—3页。
② 参见杜勇:《关于历史上是否存在夏朝的问题》,载《天津师范大学学报》(社会科学版)2006年第4期,第53页。
③ 刘剑文主编:《税法学》(第四版),北京大学出版社2012年版,第35页。

度的形式更加丰富。一方面,不分公田私田,都要按每亩的实际收成征收十分之一的实物税;另一方面,在西周中后期,还开始征收关市税和山泽税,并且开始出现税收处罚制度。有周一代,不仅仅是在财税制度,在整个法律制度方面,都可以称得上是中国法制史上的第一个"繁荣时期"。考究其原因,可能在于分封带来的城市文明的奠定和发展,使得发展出一定的社会结构,而伴随着城市文明的不断发展,社会结构也就愈益复杂,对法律制度的需求也就愈发强烈。①

但是也要注意到,三代时期的贡、助、彻,虽然有一定的税收因素,但是同样具有地租的因素。所以,这一时期的税收制度虽然可以称得上"起源",但难言"正式形成"。这也是同中国法制史上对三代文明时期的基本定位相一致的;"当时的社会生活规范称'礼'与'刑',而尚无'法'之名,因此也无所谓有关'法'的思想,但关于'礼'与'刑'的见解与主张仍时有所见。"②回到财税制度层面,一般来讲,"役"与"人力"无偿征用相关,是最原始的财税形式,"租"与土地相关,"赋"和"税"则与财政相关,此三者先是"实物"性的财税形式,后发展成与"货币银铜"相关的高级财税形式。所以概括地讲,中国古代赋税的发展,就是从"人力"到"实物"最后到"货币"的发展。③ 及至秦汉时期,中国财税制度基本上系统确立。

中国史学界主流的界定是将先秦时期作为奴隶制社会,但是近年来,根据不同的历史分期方法的运用,有学者对中古时期是否属于史学意义上的"封建社会",形成热烈的学术争鸣。④ 无论如何,不可否认的是先秦时期的中国,确实在不同级次的政府间形成相对独立的"关系",而直到秦汉以后,才渐次转化为"封而不建"的政府间形态。从这个角度去理解,财政分权在中国的国家形态产生之处,便成为一个需要重点解决的问题,相关的制度需求也较强烈。三代时期,在王畿之外,划分若干区,封为五等,各制其地,各征所产。财权划分的制度在彼时已经形成较为成熟的体系。其中,中央财政收入的来源,主要由王畿内的税收和专项收入和诸侯的贡赋组成;地方财政收入的来源则主要是封地内的税收和专项收入、以及中央补助封君的收入。所以,整个国家的基本财政分权格局呈现为,各诸侯国共尊周天子为天下共主,但同时形成国王财政、诸侯国

---

① 参见黄源盛:《中国法史导论》,台湾元照出版有限公司2012年版,第130页。
② 同上书,第123页。
③ 徐爱国:《法史随想》,商务印书馆2012年版,第89页。
④ 参见黄敏兰:《中国究竟有没有"封建社会"——驳潘顺利"中国中古社会形态就是封建社会"说》,载《探索与争鸣》2008年第1期,第21—26页。

第二章 财税法的历史发展

财政等大小财政,互不隶属,以西周一代为例,王畿内也有诸侯、卿大夫的封邑采地;在诸侯封国内,也有卿大夫的采邑和士的食田,卿大夫的采邑内,也有宰相的采邑。封邑地的收入,都由封君自行支配,这便构成互不统属的独立财政体系。① 正是这种财政体系的相对独立,以及其同欧洲中世纪在国家结构上的接近,使得不少学者将此一时期称为中国的"封建时期"。而同样是这种财政分权的制度,在较长一段时期内巩固了奴隶主的政权,同时其包含着的割据因素,也在历史的进程中不断发酵,终至引起王室的衰微。由此可见,财政制度不仅在国家形成之初便已经发端,而且在彼时便已经具备一国"根本制度"的某些特征,从而同国家之兴衰存亡关系甚大。耐人寻味的是,在1994年中国启动"分税制"财税体制改革以前,"诸侯经济"即是呼唤改革的一个重要理由。历史的长河,波涛汹涌,她在转角之处溅起的一朵浪花,如多棱镜一般,折射出不同时代间,陌生又熟悉的轮廓。克罗齐"一切历史都是当代史"之论,于此场景或可作新解。

除前述财政收入和财政分权制度外,三代文明时期,财政支出制度也已出现,并有初步发展。这方面的制度同样和国家职能与政权机器的运作有至为直接的联系。国家支出与王室支出不加区分,是早期财政支出制度的重要特征。《周礼》上记载,"惟王不令",也即天子和王室所需支出,可予取予求。而在整体财政支出层面,西周时期初步形成"专款专用"的制度,凡是九赋九贡的收入都有专门的支出用途,实行收支两条线。②《周礼·天官·冢宰第一》有记载:"凡官府都鄙群吏之出财用,受式法于职岁。凡上之赐序,以叙与职币授之,及会,以式法赞逆会。"而且,西周时期,开始实行"视年之丰耗""量入而为出""均节财用"。至秦统一全国后,财政支出制度的重大突破是实施皇室财政与国家财政的分别管理,并且统一官俸和军费开支制度;到此时,财政支出制度在中国古代也基本成型。

总体上看,中国古代的财税法律制度出现很早,基本上是与国家一同产生。但是,夏商周三代时期,相关的财税法律制度主要是零散的,而且目前也很难发掘系统的成文法依据。到秦汉时期,古代财税制度基本成型。1975年湖北云梦睡虎地发掘的《秦墓竹简》中,就记载了许多财政法律制度,如田租令、徭役令等,通过法律条文、法律问答和治狱程式的形式表现出来。耐人寻味的是,秦朝"二世而亡"的直接动因,恰是其过于繁苛的财税制度,导致民不聊生。某种程度上,这也预示着后世财税法历史演进中常见的"双向运动"。历史的天空,有

---

① 傅光明等:《中国财政法制史》,经济科学出版社2002年版,第18页。
② 同上书,第15页。

时,就是这么通透,这么迷离。

二、财税法在其他国家的产生

世界上其他国家的财税法同样具有悠久的历史,在人类早期文明的不同形态中,无不有关于财税法的制度规范。早在公元前 18 世纪,古巴比伦王国制定的《汉谟拉比法典》中就有关于国家征税的规定。公元前 1000 年至公元前 600 年的古印度法律制度中,《乔达摩法经》中专门设有"收入与赋税"一章,《摩奴法典》中还规定有征税准则。财税制度在世界各国较早产生不难理解,但古印度相对而言在财税制度层面更加丰富的规定,可能既同古印度的法律传统有关系、又在某种程度上成为塑造印度法律文化的一个因子。"由于印度社会缺乏一般的平等原则,而达摩的观念则深入人心,所以,代表个人权利的或任何其他形式的权利该年并没有在印度教思想中生根发芽。但是,就像伊斯兰传统一样,人们努力地对印度教传统与权利学说进行协调,以证明不对等的合理性。"[1]在古希伯来,有向上帝贡献的制度,其实就是国家捐税制度。古希伯来法律规定:凡天然孳息包括土产和牲畜,须捐十分之一归耶和华,这即"什一捐"的来源;谷物、果子等土产可以用货币代替,但代价必须高于市价的五分之一,若羊、牛等不可以钱币代之;交纳的时间是谷物收获的季节,酒、油之类则是榨制季节;每逢三年个人须将该年的什一捐储存本地,作为赈济贫民之用;完成两次三年为期的什一捐之后,即至"安息年",免收什一捐一次。[2] 由此可见,古希伯来对于财政税收制度,从实体到程序方面都有着比较"早熟"的规定。在古代埃及,几乎对任何事物都要征税,销售、奴隶、外国人、进口、出口、经商都需要纳税[3],在税收程序制度方面,赋予抄写员巨大的征收和减免税的权力,这也在不同时期产生了严重的问题。

在西方世界,古希腊和古罗马是两大文明源头,而在这两个地方,早期财税法都是同国家一同产生的。

古希腊的财税法律制度为后世不少学者所赞叹,称其"发明了不需要官僚机构的税收制度。在古希腊,从富人手中转移到公共财政的财富远远大于我们今天倾向于社会主义的民主社会。希腊人在不向人民征税、不监督人民、不强

---

[1] 〔加〕帕特里克·格伦:《世界法律传统》(第三版),李立红、黄英亮、姚玲译,北京大学出版社 2009 年版,第 329 页。
[2] 由嵘主编:《外国法制史》(第三版),北京大学出版社 2008 年版,第 33 页。
[3] 〔美〕查尔斯·亚当斯:《善与恶——税收在文明进程中的影响》(原书第二版),翟继光译,中国政法大学出版社 2013 年版,第 9 页。

第二章　财税法的历史发展

迫人民的情况下做到了这一点"。① 事实上,这种"不需要官僚机构的税收制度"反映的是其制度设计的精巧,而并非其真的不存在"税收"。古希腊实行累进的税收制度,而且通过礼拜仪式等使富裕的纳税人自愿选择累进税收。换言之,古希腊的税收征管制度没有庞大的政府机关的参与,税收的核定与征管都由纳税人主动完成。另外,古希腊也发展出包税制度,并且传之后世。

在较长的一段时期,国内学界对于罗马法的研究主要集中在私法层面,比较常见的观点是"罗马法的公法部分……其阶级性很强,现在当然对我们没有多少研究价值。即使在资本主义国家,学者们传统上也很少涉及罗马的公法。因此,通常所说研究罗马法,就是指研究罗马私法"。② 但是,由于古罗马文明作为现代西方文明源头之一的地位,其在公法层面的制度构造之于现代法律制度的形成,实有极为重要的影响。所以,近来也有学者开始集中关注罗马公法,并且侧重从宪法、行政法、财税法、刑法、诉讼法和社会法六个角度展开。古罗马人对公共开支的承担有税和役两种方式,且以后者为重。作为罗马帝国第一个皇帝的奥古斯都为了维持职业性的常备军并进行各种公共建设,开创了较多的税种;其开征的税具有专税专用的特点,税额则多用百分比表示。总体上看,罗马人的税负并不重。③ 从整体财税体制而言,元首制时期的罗马帝国实行国库与皇库的二元制,遗产类收入是皇库的主要收入来源之一,此外,罗马皇库对受判处者财产的吸纳,既具有汲取财政收入的功能,又意味着道德调节和尊法调节。值得注意的是,罗马法上确立有公优先于私的立场,以确立皇库的特权④,现代税法与私法冲突时的国家财产优先保护原则,或可言即滥觞于此一时期。

在古希腊和古罗马文化的基础上,财税制度在中世纪的欧洲国家,获得初步的发展。英国法起源于盎格鲁—撒克逊人原有的氏族习惯演变成法律。根据统计,从7世纪初到1018年《克努特法典》颁布,英国共制定过11部成文法典;而在该时期,英国的法律已经有一定规模的发展,逐步形成了一整套涉及经济制度、社会等级、国家机构、立法体制、财政税收、犯罪与刑罚等方面的法律体系。⑤ 事实上,英国法上财税制度的重要地位,在后一历史时期表现得更为淋漓尽致。中世纪德国的立法主要由帝国法令、习惯法汇编及各邦法典组成,其中

---

① 〔美〕查尔斯·亚当斯:《善与恶——税收在文明进程中的影响》(原书第二版),翟继光译,中国政法大学出版社2013年版,第67页。
② 周枏:《罗马法原论》(上册),商务印书馆1994年版,第8页。
③ 参见徐国栋:《罗马公法要论》,北京大学出版社2014年版,第228—229页。
④ 同上书,第246页。
⑤ 何勤华主编:《英国法律发达史》,法律出版社1999年版,第4页。

《奥托特许权》《金玺诏书》(又称"黄金诏书")、《加洛林纳法典》等较有影响。①总体上看,早在 7 世纪,日耳曼法上就有马尔克公社社员必须向国家纳税的规定,各领主法和城市法中也都有相应的财税制度。在前述由查理四世颁布于1356 年的《金玺诏书》中,明确规定当时的七大诸侯在各自领地上享有征税特权,这就涉及财政体制这一根本性制度。此外,在西方世界以外,各国在产生之初同样有比较丰富的财税制度规范。比如,早在公元 5 世纪大和国统一日本、建立天皇制国家政权时,其习惯法上即有相关规定;公元 646 年进行的"大化革新"中,学习中国的租庸调制,成为其制度变革中的重要内容。

三、财税法发轫的基本特征

由前文对中外历史上财税法的产生与早期发展,我们可以得出以下评述性观点:

(一)人类文明中,财税法的历史极其悠久,其同国家一起产生

明确这一点或有助于澄清一些理论上的问题,如财税法与经济法的关系。国内学界在一段时间内将财税法作为经济法的一个重要部门法、或称之为经济法的"龙头法":"财政法对经济的调控和主导具有直接、全面及整体性,也最具刚性和力度,而且它是经济法与宪政的衔接,本身即具有宪政暨'经济宪法'的性质。因此,无论中外,财政法都是经济法的'龙头法'。"②近年来,也有研究从调整对象、调整方式的综合性,提炼出二者系属并列关系的观点;或是发掘出"发挥宏观调控作用的是指作为整体的税法,还是税法中某一特定的部分"的问题,进而认为财税调控法只是财税法中的一个部分。③

如果从两个法体系的产生时间和发展历程看,得出的结论能支持财税法作为相对独立之法体系的观点。如前所述,财税法的历史悠久,早在国家产生之初即已出现,无论是汲取财政收入的制度、还是财政分权的规定,都属于财税法律制度的范畴。而经济法的产生则相对晚近许多。有经济法学者在论述日本经济法的发端时,即有论述:"日本经济法沿革的起点,究竟追溯到何时,这确是一个较为困难的问题。之所以如此,是因为就经济法的本质而论,当然应以资本主义高度发展为其历史背景。"④国内学界通说亦将现代经济法的产生时间

---

① 参见何勤华、贺卫方主编:《西方法律史》,法律出版社 2006 年版,第 201—202 页。
② 史际春、宋槿篱:"论财政法是经济法的'龙头法'",载《中国法学》2010 年第 3 期,第 172 页。
③ 参见廖益新、李刚、周刚志:《现代财税法学要论》,科学出版社 2007 年版,第 165—183 页。
④ 〔日〕金泽良雄:《经济法概论》,满达人译,甘肃人民出版社 1985 年版,第 83 页。

第二章 财税法的历史发展

定位于19世纪末到20世纪初,即从自由竞争的市场经济向垄断的市场经济过渡的时期①;进而认为经济集中和垄断、战争需要是经济法形成的客观条件,其由低到高的三个层次则分别是战争经济法、危机应付经济法和自觉维护经济协调发展的经济法②。至于现代经济法概念的开山鼻祖,无论是我国学者通说所指的摩莱里、德萨米,或是有学者论证的蒲鲁东③,都已是资本主义时期的人物。由此不难得见,财税法的产生早于经济法。

当然,也有一种分析进路,从早期财税制度中发掘出其客观存在的经济调节功能。"赋税满足国家机关活动经费的需要,并提供统治者挥霍之资。这是早期社会国家赋税的基本功能。但赋税客观上有着重要的影响或调节经济的功能。过去由于国家经济调节职能不发达,所以赋税影响、调节经济的功能未得到充分发挥。但中外国家的许多统治者也懂得这一点,有时能自觉运用赋税影响经济的发展。"④我们认为,该论说确实注意到古代财税制度中在某些层面不时隐现的调节功能,在中国古代历次财税变法中,这一点体现得尤为明显,这将在后面阐述;但是,似不宜将之作为经济法的实体组成,因为经济法在精神追求、背景依赖和制度建构等方面都存在突出的"现代性"⑤,与此处所述之传统财税制度中的经济调节因素,显有天壤之别。

(二) 早期财税法同现代财税法的制度形态不尽一致

财税法的制度形态经历了一个历史演进的过程,其刚刚产生时的制度结构,同当前我们所看到的财税法制度构成,存在较大差距;至于具体制度层面的歧异,就更加巨大。

大体上看,财税法产生初期,财政收入方面的制度比较多,但是彼时的财政收入中,有相当一部分是"非税收入";而在税收制度的体系构成中,古今同样殊异,现代直接税中至为重要的所得税,基本不见于各国财税法产生初期,以古罗马为例,其就没有这一税种,而其军事民主制主要以我们当前理解为役的"血税"作为财政基础。更进一步,即便是被后人归为"税收"的租、贡、赋之类的制度,如果严格地从现代视角观之,恐怕就不能算作狭义"税收"。因为按照标准的定性,税以铸币的出现为基础,无铸币则无税收,所谓的实物税严格说来不是税。另外,类似公债法、彩票法这样的财政收入制度,产生均较晚近,多是近现

---

① 张守文:《经济法总论》,中国人民大学出版社2009年版,第96页。
② 参见史际春、邓峰:《经济法总论》(第二版),法律出版社2008年版,第73—80页。
③ 参见张世明:《经济法学理论演变研究》(第二次全面修订版),中国民主法制出版社2009年版,第16—21页。
④ 漆多俊:《经济法基础理论》(第四版),法律出版社2008年版,第34页。
⑤ 张守文:"论经济法的现代性",载《中国法学》2000年第5期,第56页。

代以来国家职能扩张以后的产物;因此,其在财税法产生之初,无论中外,都不具有这方面的制度规范。

与财政收入相对的是财政支出和财政监管制度。由于财政支出是国家自产生之始便具有的职能,所以财政支出制度也可追溯至国家产生之初。但是,彼时的财政支出制度是粗浅的,根本就没有、也不可能形成现代意义上的财政拨款法、财政投资法、财政采购法和财政贷款法等具体制度类别。至于支出基准、国库集中支付、收支分离等现代财税法上的制度,主要立足于财政控权,亦无可能存在于以财政权力的恣意挥洒为基本追求的制度语境下。至于预算法等财政监管制度,初时以便于国家进行精确、高效之财政管理为价值取向,晚近以财政控权为基本属性,在财税法发轫之初,两方面功能都无施展之必要;所以,相关制度在其时的付之阙如是比较容易理解的。

还应该注意到,即便是具有相近、甚至是相同的制度外观,由于赖以存在和维系的社会经济基础不同,制度的内核在古今之间也有着根本性的区别。比如在中国古代夏商周三代时期,财税法制度中一个重要组成部分即是财政分权,国王财政和诸侯财政之大别是该时期财政制度的基本特征;这虽然在形式上有些接近现代意义上不同层级政府间的财政分权,但是前者是由奴隶社会经济基础所决定,所谓"分权"从制度出发点来讲是为了拱卫京畿和天子(制度运行的实效如何另当别论),后者则是根据外部性、信息复杂程度、激励相容等原则划分政府间事权,按税种经济属性划分政府间财政收入。① 所以,若云财税法律制度"古今相通"则可,若云"古今相同"则万万不可。

(三) 早期财税法呈现突出的权力特征

财税法内含浓郁的"权力"色彩,于今时今日犹是如此,这是同财税法的功能属性有直接关系的。但历史地看,在其产生之初,其权力特征表现得尤为明显。对此,可以从两个方面结合起来理解:一是财税制度的专制特征,二是财政权力的附属性。

一方面,在早期财税法层面上,统治者居于最高地位,财税法律制度其既可一言定之,又可一言废之,纳税人是毫无主体地位可言的,只有义务,没有权利。这在中国古代财税法的早期形态中表现得尤为明显,"家族和阶级是中国古代法律的基本精神和主要特征,在法律上占极为突出的地位"。② 而"化家为国"的思想则使得家族伦理自觉地上升到国家伦理、忠君思想的高度,对于财税的

---

① 参见楼继伟:《中国政府间财政关系再思考》,中国财政经济出版社2013年版,第37—40页。

② 瞿同祖:《中国法律与中国社会》,中华书局2003年版,第353页。

权力本位,对于纳税人的服从地位,在财税法甫一产生时,便不断得到强化。进一步言之,早期财税法律制度很大程度上是"财税权力"的宣示:对内,意味着"普天之下,莫非王土;率土之滨,莫非王臣";对外,意味着不同的统治权力在疆域上的外延和相互间的界限。在杀伐不断的古代,无论中外,征伐的成果往往通过对该地民众征税的形式体现出来。在下文将要分析的、继之而起的历史时期,这种权力性、专制性甚至有愈发加强的趋势,但同时,也有"权利制约权力"的"反作用"。而这后面一点,是在财税法产生之初所没有的,所以早期财税法的权力特征具有至为明显的"单向属性"。

另一方面,财政之于行政、财政权之于行政权的附属地位,表现得至为明显。财税法是典型的国家汲取财政收入的工具,而汲取财政收入的目的则是行政权力的肆意挥洒,无论是在"公"的层面上进行对外征讨,还是在"私"的意义上为统治者纵情享乐提供物质基础。彼时财税法的功能目的在于保障财政收入的征收和管理,而财政支出方面的规定则仅仅停留在技术性层面,主要是为统治阶级内部从上到下的管理和监督服务。① 所以,早期的财税法,在总体结构上,财政收入规范所占比重远大于财政支出规范。而在财政收入层面,贡赋不分、租税合一的特点较明显,各国均以土地税为主,财政收入制度整体上比较简单。对于早期财税法的权力特征,我们可以从商纣王的反面例子以为佐证。司马迁认为,商纣王之所以能"以酒为池,以肉为林",乃是因为其"厚赋税以实鹿台之钱",也即财税制度的高效运作是前提性条件。在后来的财税法律制度演进中,财税权相对行政权的附庸地位,仍然持续了较长的历史时期,直到垄断资本主义的兴起,这一局面才发生根本性变化。

第二节　财税法历史演进中的两条主线

作为一种法律现象的财税法,在世界各国产生以后,由早期形态一步步发展、演化到今天,经历了漫长的历史过程。如果去分别检视不同的财税法具体制度、在不同的国家中如何演进,时间、空间跨度均极大,卷帙浩繁,恐非本节之篇幅所能完全涵盖,亦非本节意旨所在。我们不妨换一种研究进路,在材料搜集、把握的基础上提炼出财税法历史演进过程中的两条主线,将"揭示规律"作为目标取向;进而"六经注我",通过将中外财税制度熔于一炉,以证成其规律性。我们认为,纵览财税法律制度在各国的发展历程,表现出较为明显的"双向

---

① 参见刘剑文、熊伟:《财政税收法》(第六版),法律出版社2014年版,第8页。

运动"之趋势：一是财政权力的不断凸显和强化，二是纳税人权利意识的觉醒。两方面的因素都深刻影响到制度的建构与演进，也正是因为这两方面因素的共同作用，推动传统的、较为原始的财税法律制度，逐渐蜕变、生成新的近现代财税法律制度。

一、财政权力的强化

在很长一段时期，财政被界定为公共服务或阶级统治的物质基础，其依附于国家职能，财税法也即成为保障国家财政职能、进而维护和巩固统治的工具。早在财税法产生之初，即被打上鲜明的"权力"烙印。而在其后的发展历程中，这种权力色彩更加凸现出来：一方面，不同时期、不同国家的统治者都意识到财税法之于其统治稳固的重要作用，所以主动地通过财税制度的调试来适应其加强统治的需要；另一方面，当历史发展到近代、尤其是西方国家进入垄断资本主义阶段以后，随着国家职能的扩张，财政的活动范围越来越广，其在资源配置、收入分配和经济景气调整方面的作用日益凸显。由于财政对社会经济生活的、相对独立于日常行政的影响日益增强，以使财政逐渐摆脱对行政的依附，开始具备自己独立的品格。① 财政权在新的历史条件下同行政权"相揖别"，具有相对独立的权力属性。如果说前一点尚且只是财政权力强化的"量变"，那么后一点则堪称是财政权力强化的"质变"。

（一）汲取财政收入能力的提高

无论是在传统社会、还是在现代社会，汲取财政收入、为国家的维持和运转提供物质基础，都是财税法最为基本的功能。在财税法的历史演进中，推动制度发展、变迁的一个重要动力就是统治者希望通过制度设计，来提高汲取财政收入的能力，从而得以扩展自己的权力行使范围和强度，并且巩固统治地位。这一点通过观察中国历代财税"变法"，可得到清楚的认识。总体上看，使人口增长成为可能的新的农耕技术的运用、贸易及货币经济的发展、土地买卖及部分农民脱离原先的农奴地位、政府行政机构的复杂化等多种背景因素的共同作用②，是后续一系列财税变法的驱动力和制度土壤。

三国时期，曹操于公元204年颁行租调法，除征收田租之外，按户征收绢棉，规定在租调之外不得以其他名目擅自征发。《三国志·武帝纪》中记录了曹操颁布的《收租赋及抑兼并令》，"有国有家者，不患寡而患不均，不患贫而患不

---

① 蔡茂寅：《财政作用之权力性与公共性》，载《台大法学论丛》第25卷第4期。
② 参见〔美〕德克·布迪、克拉伦斯·莫里斯：《中华帝国的法律》，朱勇译，江苏人民出版社2008年版，第15页。

第二章 财税法的历史发展

安。袁氏之治也,使豪强擅恣,亲戚兼并;下民贫弱,代出租赋,炫鬻家财,不足应命……其收田租亩四升,户出绢二匹、绵二斤而已,他不得擅兴发。郡国守相明检察之,无令强民有所隐藏,而弱民兼赋也。"由这一段话不难看出,曹操推行租调法,从汲取财政收入的角度而言,至少是有三点考虑:首先,"贯穿全文的中心思想,就是抑制豪强。这与东汉的社会批判思潮和汉末清流社会抵抗运动的中心课题是一脉相承的"①,通过抑制豪强,既规避潜在的"政出多门"之可能性,强化中央政府的权威,也在客观上能收"涵养税源"之功效;其次,如历史学者考证所揭示的,曹操租调制的租额是四升,租率是百一之税,应该是中国历史上最轻的租,这在一定程度上是纠正西汉末年的财税弊政,"放水养鱼",而"薄赋役,减轻负担,民人乐业,社会得以安定,当权者的地位也巩固了"②;最后,不得以其他名目擅自征发的规定,可以确保财政收入的可持续性,同时也能避免类似现在所谓"费挤税"现象的发生。所以,租调法的实施,本身即蕴含了曹操农战之策、富国强兵的目标追求,无怪乎同时代的蜀、吴两国也多有借鉴。

唐朝前期,在均田制基础上实行租庸调制,《唐会要》对此有记载:"每丁租二石,绢二丈,绵三两。自兹之外,不得擅有调敛。"租庸调制从丁而税,由田、身、户三种不同的税法客体来承担税负,实现了有田则有租、有身则有庸、有户则有调。这就在较大程度上保证了国家财政收入的源源不断,同时,租庸调制标志着对劳役这种赋税征收方式的否定,既保证了农业生产时间、进而可收"涵养税源"之功效③,也直接意味着财政收入的提高。但是,这种理论上"善"的财政收入制度,却在实际运行中表现出四个方面的制度缺陷:一是随着社会发展变化,租庸调制与均田制日益脱节,日渐丧失赋税征调的物质基础;二是租庸调税额长期固定并僵化不变,不能适应社会经济发展的新形势;三是户口不断脱漏造成纳税丁口数不断流失,致使租庸调税基不断减少;四是广泛存在的逃税避税日益瓦解破坏了租庸调制的有效推行。④ 所以,唐德宗时期,开始推行著名的"两税法",其内容主要包括:第一,纳税人方面,"户无主客,以见居为薄",即不分本地人,还是外来户,以居住地为标准,只要在当地有居所的人都是纳税人,无固定居所的人也不例外;第二,课税对象方面,"以资产为宗",也即将纳税人所拥有的资产作为课税对象,这里的资产指田亩,而不包括货币资产这种动产和房屋这种不动产;第三,课税依据方面,"以贫富为差",就是以居户的户等

---

① 张学锋:《论曹魏租调制中的田租问题》,载《中国经济史研究》1999年第4期,第43页。
② 张作耀:《论曹操的无令弱民兼赋思想》,载《文史哲》1998年第4期,第96—97页。
③ 参见孙翊刚主编:《中国赋税史》(第二版),中国财政经济出版社1996年版,第87页。
④ 钊阳:《试论唐代租庸调制的制度缺陷和执行弊端》,载《求索》2010年第12期,第234页。

及其占有的土地和财产多少为依据;第四,纳税期限方面,分夏秋两季纳税,"夏税无过六月,秋税无过十一月";第五,税率方面,"其田亩之税,率以大历十四年垦田之数为准,而均征之"。① 从前述"两税法"的内容不难得见,其基本思路是扩大纳税面,尤其是在纳税主体问题上不分本地人、外来户还是无固定住所者均需纳税,而在纳税期限上又一年两次缴纳,显然是有提高财政收入的基本考虑;而且,"两税法"意味着从"对人税"向"对物税"转变的开端,这其实反映出的是统治者对自己统治、控制能力的自信,同时,以货币缴纳税收,则可以进一步提高汲取财政收入的能力。从更宏观的视角审视之,"两税法的改革,以财政改革为手段,以削弱藩镇财力为目的……摈弃武力直接压制的方法,采取迂回路线处理藩镇问题,既可以化解武力冲突,又不会激化中央与地方的矛盾从而引发战乱或动荡"。② 简言之,这次税制变法可以说是彰显了"古朴意义上的"作为国家治理基础的财政。当然,"两税法"在加强财政权力的同时,也对纳税人的权利有所侵害,正如有法制史学者所指出的,"唐两税法之弊也,先期而苛敛,增额而繁征,尤以五代为甚"。③

王安石变法,试图实现"民不加赋,而国用足"的目标预设,其中"青苗法"最值得提及。青苗法规定每年正二月和五六月由各州县政府贷钱给居民,收成后加息十分之二还粮或还钱。青苗钱按户等定限额,户等越高、借额越多。为了防止借户逃亡,以五户或十户为一保,设甲头。④ 青苗法既兼顾到国家的财政收入,也希图不要过分伤及税本,在中国财税法律制度史上,因其国家财政权力发生作用方式的独特性,而有其历史地位;而也正由于其在国家财政权力行使方面的独树一帜,所以被不少人所诟病,指其"只是封建国家的一项高利贷政策,它背离国家职能,弱化了社会保障功能,由于制度缺陷,除了给封建政府带来一时的财政收入外,无益于国计民生"。⑤ 但即便是此种负面评价,也肯认该法"主要考虑的是如何增加国家财政收入";只不过,"从经济的层面上看,官僚政治这一封建专制制度无法根除的痼疾乃是一个财政问题,它使封建制度下财政制度中所蕴含的内在矛盾,即国家与社会的矛盾、官僚与农民的矛盾更加激

---

① 李永刚:《刍议唐两税法的税制设计思想与原则》,载《税务与经济》2009 年第 2 期,第 105 页。
② 伊卫风:《安史之乱与"两税法"改革——唐德宗的政治技艺》,载刘剑文主编:《财税法论丛》(第 14 卷),法律出版社 2014 年版,第 124—125 页。
③ 陈顾远:《中国法制史概要》,商务印书馆 2011 年版,第 289 页。
④ 傅光明等:《中国财政法制史》,经济科学出版社 2002 年版,第 317 页。
⑤ 傅允生:《制度变迁与经济发展:王安石青苗法与免役法再评价》,载《中国经济史研究》2004 年第 2 期,第 22 页。

第二章　财税法的历史发展

化",即便是在封建制度发展到顶峰、财政制度也相应极为发达的唐宋时期,"不受限制的财政权力所带来的根本矛盾并没有得到解决,而是转化成另外一种问题,那就是官僚的权力腐败问题"。① 至于青苗法本身,由于该法部分地侵夺了富人的利益,因而遭到保守派官僚的激烈反对,不久即停止执行。

明朝中叶创设"一条鞭法",主要背景是土地兼并加剧、财政入不敷出、贪污腐败严重及商品经济发展。② 对于一系列社会问题的成因,历史学家黄仁宇认识得十分精辟,"这种积弊的根源在于财政的安排……一个必然的后果,即政府对民间的经济发展或衰退,往往感到隔膜,因之税收和预算不能随之而增加或缩减"。③《明史·食货志》对一条鞭法的内容有精确表述:"一条鞭法者,总括一州之赋役,量地计丁,丁粮毕输于官,一岁之役,官为佥募,力差则计其工食之货,量为增减,银差则计其交纳之费,加以增耗。凡额办、派办、京库岁需与存留供亿诸费,以及上贡方物,悉并一条。皆计亩征银折办于官,故谓之一条鞭法。"简言之即是使各项复杂的田赋附征和各种性质的徭役,一律合并征银,徭役不由户丁分派,而是按照地亩承担;这样,即在简化税制的基础上实现保障国家财政收入的目的。如前所述,贪污腐败等现象导致明朝财政收入的入不敷出,而从本质上看这就是在财税执法环节存在漏洞的典型表现;而"一条鞭法"即欲对症下药,试图"以立法救执法之弊",在政府没有足够的执行能力与部分利益集团规避、甚至破坏法律的行为相抗争时,试图另辟蹊径,以简单划一来对付徇私舞弊。④ 从而既给百姓减负、实现税负公平,又避免国家财政收入在执行过程中被不当消解。耐人寻味的是,这种试图"遇到困难绕路走"的思路,却又有意无意地营造出新的"困难",火耗现象⑤即是个中典型,突出表征了官僚政治具有的高度集权与极端低能的双重特点。⑥

清代雍正朝所实行的"摊丁入亩",则是财政收入法层面重大的体系变革,其实行的"摊丁入亩""地丁合一",使丁银从此完全随粮起征,终结了长期以来

---

① 周刚志:《论公共财政与宪政国家——作为财政宪法学的一种理论前言》,北京大学出版社2005年版,第91页。
② 参见李永刚:《明朝"一条鞭法"刍议》,载《经济问题探索》2011年第10期,第22—23页。
③ 〔美〕黄仁宇:《万历十五年》,生活·读书·新知三联书店1997年版,第105页。
④ 付春杨:《明代一条鞭法之兴衰——立足于法律实效的分析》,载《社会科学家》2007年第3期,第43页。
⑤ 因税法规定纳银,而银两熔铸过程就产生了所谓"火耗",于是地方官府纷纷向纳税人收取额外的费用,号称弥补熔铸的损耗。火耗成为地方聚敛的一个巧妙的手段,也成为纳税人沉重的负担。
⑥ 刘泽刚:《火耗归公与集权低能——关于清代官僚制度的一个实证分析》,载《现代法学》2001年第3期,第126页。

同时按地、户、丁分别征税的做法,完成了赋、役合并。对于"摊丁入亩"的认识,清朝统治者一向是将其作为推行"良法美制"的典型代表,后世也有不少研究者将"摊丁入亩"作为清代人口激增的主要原因①,间接地证成了这种"善政说"的观点。但是,客观地讲,"摊丁入亩"的主要功效在于结束先前财政收入制度中地、丁、户分课所带来的混乱和低效,简化征收手续;其并不以降低纳税人的税负作为制度起点,恰恰相反,该制度的主要目的在于"帮助统治者将有一定资产的中间民户阶层通过土地固定下来保证赋税征收"②,换言之,财政收入数量的增加和汲取财政收入能力的提高,方为制度之本旨。

(二) 财政控制能力的改进

财政权力的强化,不仅仅表现在汲取财政收入的增加,同样表现在财政控制能力的改善。古今中外的历代统治者,在建构和改良财税制度时,一个十分重要的考虑就是夯实(经由财政实现的)对社会的控制能力。比如,中国古代不同时期的统治者之所以要"抑兼并"、打击豪强,根本原因即在于"一般农村内的人力与田地,向来构成向帝国当兵纳税之基础者,有逐渐落入私人手中的趋势……日后这些资源即逃出政府的掌握"。③ 所以,以财税制度为主体的一系列制度措施,多为历代统治者所运用④,财政控制能力的不断加强,也就成为我们观察财税法制度演进的又一条主线。

需要注意的是,不能完全照搬现代意义上的"财政控制""财政管理"来理解这部分内容,因为二者是建立在不同的社会制度和经济基础之上的。前文所述财政收入汲取能力的提高,某种意义上和此处所谓之财政控制能力的改进,必然存有交叉,财政汲取能力的提高本身即意味着财政在财富分配中所占比重的提升,当然是财政控制能力提高的表现和重要基础。除此以外,我们这里另从三个相对微观的角度来进行观察。

一是专卖制度的产生。所谓专卖制度,就是国家控制某些重要物资的经营,不允许民间经营。以中国为例,国家对于盐、铁、茶、粮食和木材等重要物资时而专卖、时而征税,已经构成中国古代财税法不可缺少的内容之一。专卖制

---

① 参见王瑞平:《"摊丁入亩"是清代人口激增的主要原因吗》,载《河南师范大学学报》(哲学社会科学版)2001年第3期,第63页。
② 戴辉:《清代"摊丁入亩"政策研究》,载《广西社会科学》2007年第2期,第121页。
③ 〔美〕黄仁宇:《中国大历史》,生活·读书·新知三联书店1997年版,第60页。
④ 这其中有些统治者采取的措施比较极端,比如王莽将耕地和奴婢都收归国有,增加政府专利物品,政府经商的范围扩大,改组官僚组织的整个上层;而对其最终失败的命运,后人给予不同评价,有的批判其道德,诸如"伪善"之类,有的批判其政策的混乱,有的惜其政策的"超前",也有文人骚客在一唱三叹中流露复杂的心绪,如白居易的"王莽谦恭未篡时"。更多的统治者采取的措施相对温和,下文将有述及。

第二章 财税法的历史发展

度本身蕴含有多重价值功能,既能够保障国家的财政收入,又能够通过对重要物资的掌控来间接地控制全社会;所以,专卖制度的产生是国家财政控制能力提高的重要表现。早在春秋时期,齐国大兴渔盐和铸铁之利,并对矿冶、制盐业实行官营政策,设"铁官"主管铸铁业。秦代也实行盐铁官营,设"右采铁""左采铁"官职管理采矿业。① 到了汉代,商品经济的繁荣发展,盐、铁商的财力不断膨胀,不仅掌握了相当一部分的经济命脉,甚至俨然成为一方与中央政权相抗衡的社会势力,严重危及封建国家的统治。而汉武帝由于大规模征讨匈奴,军费开支居高不下,外加天灾不断,导致国库空虚,不得不向富豪借贷。然而,"富商大贾,冶铸鬻盐,财或累万金,而不左公家之急,黎民重困",所以,汉武帝于公元前119年推行严格的盐铁专卖制度,还在法律上通过私盐罪、矫制罪等罪名的设置,规定了对于违反盐铁专卖制度行为的制裁方式。② 这之后的唐、宋、元、明、清等各朝代,无不沿袭这种政策,清代还将金、银、铜、锡等也纳入政府垄断经营权的范围。当然,也可以从政府"与民争利"的角度去理解此种财税制度安排。③

二是基于一定的社会目的,对税收负担进行动态调整。我们注意到,历朝历代的财税制度,并不全以"增加财政收入"作为主线,其间也有不少降低财税负担的制度安排。尤其是在王朝建立之初,或为"休养生息",或为巩固统治的正当性基础,很多统治者都有意识地将"减税"作为制度手段。比如汉承秦制,但是有鉴于秦朝苛税暴政导致"二世而亡"的历史教训,汉初在田赋方面实行比例税制,先后推行过"十五税一""三十税一",其中以"三十税一"推行时间最长。有学者总结这一时期的经验:"'约法省刑''轻徭薄赋',大大减少了政治权力对社会经济的干预控制和国家财政对社会经济的搜刮榨取,使得价值规律和市场法则能够自发地发挥作用,社会经济能够十分自由地运行成长。"④ 可见,降低税负不仅是与民生息、涵养税源、巩固统治的手段,其同样可以促进经济成长、市场发育,无论封建统治者是否注意到这一点,其推行的制度客观上都具有这种功效。这就意味着,财政控制能力的发挥,不再仅仅表现为"硬"的一面,同样也具有了"软"的一手。事实上,汉初的轻徭薄赋,带来了"文景盛世",后世继之,推行类似政策的唐朝初期、清朝康熙年间,也出现了中国古代史上著

---

① 漆多俊:《经济法基础理论》(第四版),法律出版社2008年版,第33页。
② 参见万海峰、肖燕:《略论汉武帝时期的盐铁专卖制度》,载《江西社会科学》2007年第2期,第125—126页。
③ 参见侯卓、吴凯:《从与民争利到藏富于民——制度变迁背后的税收因素》,载《重庆科技学院学报》2012年第10期。
④ 史源:《汉朝的"休养生息"政策》,载《政策瞭望》2008年第12期,第53页。

名的"贞观之治""康乾盛世"。"尽量减少国家权力必须行使的范围……这种特殊的治国方略虽然不能从根本上解决封建专制王朝的财政矛盾及其带来的政治危机,但是在一定程度上亦可以缓解这种财政矛盾,在一定的时间阶段内保持社会的相对稳定。"①但是,我们也不可过于夸大这种税负动态调整的作用、甚至是客观效果,"我国传统赋役历来就有'明税轻、暗税重、横征杂派无底洞'的弊病,而在专制王朝费用刚性增长的条件下,财政安排只能'量出制入'而不能'量入为出'",以至于"历史上每搞一次'并税改制',就会催生出一次杂派高潮。"②黄宗羲在《明夷待访录》中指出历史上的税收制度"有积累莫返之害",被后世学人概括为"黄宗羲定律"。所以,对于税负调整的客观效果,既要看短期的功用,也要置于长期语境下审视;而不可如凯恩斯所言,"就长期看,我们都死了"。

三是作为管理工具的预算制度出现。预算首先是作为政府管理财政、经济的工具而出现,世界范围内,预算制度首先在英国等西方国家出现。一般认为,预算制度是现代国家重要的政治制度,其以1215年英王约翰签署《大宪章》作为制度萌芽的标志。③ 但是我们认为,这里的"萌芽"可能主要还是指称税收法定原则的滥觞,若以其作为预算制度即初见成型,进而得出"从13世纪初的萌芽到发展成熟,其数百年的发展演变正是英国议会以法律形式逐步剥夺君主财政权的过程"④之结论,则略有名不副实之感。尤其是不可因为现代预算制度立足于限制政府财政权力,便将这一制度功能推及到其发轫之初;事实上,中世纪时期,力图擎起"控权"大旗的乃是税收法定主义,而彼时,预算制度尚未出现,而且即便是该制度初步成型之时,指的是"传统意义上的财政收支记录,统治者记录每年的收入和支出以防止出现入不敷出的现象或是防止下属盗用税款和乱花钱"。⑤ 所以,应当坚持实事求是的原则,区分传统预算制度和现代预算制度二者,不可等同观之。从形式上讲,英国于17世纪编制了第一个国家预算,至1789年,时任英国首相威廉·皮特在议会提出了一项联合基金法案,把全部财政收支统一在一个文件之中,至此,才有了正式的预算文件。到19世纪

---

① 周刚志:《论公共财政与宪政国家——作为财政宪法学的一种理论前言》,北京大学出版社2005年版,第89页。

② 秦晖:《税费改革:历史的经验与现实的选择》,载《中国改革》2001年第10期,第28页。

③ 参见王永礼:《预算法律制度论》,中国民主法制出版社2005年版,第12页。

④ 彭健:《英国政府预算制度的演进及特征》,载《东北财经大学学报》2008年第2期,第45页。

⑤ 郭剑鸣、周佳:《规约政府:现代预算制度的本质及其成长的政治基础——以中西方现代预算制度成长比较为视角》,载《学习与探索》2013年第2期,第55页。

初,英国才确立了按年度编制和批准预算的制度,也即政府财政大臣每年提出财政收支一览表,由议会审核批准。其他西方国家的预算制度,产生相对晚近。法国在大革命时期的《人权宣言》里有初步的关于预算的表述,到 1817 年时,规定立法机关有权分配政府经费。美国则是迟至 1908 年才推出美国历史上第一份预算,到 1919 年有 44 个州通过该州的预算法,1921 年则是由联邦国会通过《预算与会计法》,在联邦层面确立预算制度。① 作为管理工具的预算制度的出现,标志着国家财政管理能力的大幅提升,通过财政权行使控制社会、经济的能力发生质的飞跃。英、法等国在近代的腾飞,同其政府行政的高效关系不可谓不大,而后者当然是同预算制度的出现脱不了干系的。在"西风东渐"的近代中国,自然也少不了对西方预算制度的学习,将之作为"强国"之术。所以我们看到,清光绪年间拟定的"宪法大纲"虽然只有 23 项,但其中即有赋予清皇帝以较多的财政权力,如该大纲第 12 项规定,"在议院闭会时,遇有紧急之事,得发代法律之诏令,并得以诏令筹措必须之财用";第 13 项亦有规定,"皇室经费,应由君上制定常额,自国库提取,议院不得置议"。当然,这种制度安排自后来制定《十九信条》始,发生根本性转变。

此外,还有不少财税制度的出现,也彰显出财政控制能力的增强。比如,汉朝创立的常平仓制度就是一项"调剂粮价""备荒赈恤"的有效措施,朱元璋建立了一套统计、登记人口和征收赋税、征调劳役的常设机构,也即里甲制度,等等。限于篇幅,这里不再赘述。

(三) 财税宏观调控规范的兴起

语词意义上的"财政",作为一个经济范畴,通常是指有别于私人经济的公共经济,正因为如此,目前不少国家将财政学称为"公共经济学"。近现代意义上的财政,是同国家的公共职能直接相关的,也就是说,随着国家职能的扩展,尤其是其经济社会职能的发生、发展,财税法律制度除了肩负着一以贯之的"为国聚财"的任务之外,也被赋予了若干新的使命。近现代意义上,"财政的目的无非有二,一是控制宏观经济,促进资源的合理配置;二是实现收入的再分配"。② 尤其是"凯恩斯革命"在相当程度上影响了人们对传统财税法律制度的认识、进而又深刻地影响着相关的制度构成。如马斯格雷夫所言,"专门的术语'财政政策'开始意味着将财政工具作为宏观经济政策的工具加以运用。在当时理解的凯恩斯主义模型的本质中,财政政策是一种工具,通过这种工具解决失业的问题并且使经济走出萧条……财政不仅不得不解决在提供公共产品方

---

① 参见刘剑文、熊伟:《财政税收法》(第六版),法律出版社 2014 年版,第 140—141 页。
② 张维迎:《市场的逻辑》,世纪出版集团、上海人民出版社 2010 年版,第 264 页。

面的选择性的市场失灵,而且必须解决市场在维持充分就业方面的更一般的宏观失灵。"①所以,西方国家在近代以来,财税法律制度中出现了一部分宏观调控规范,如通过税收、财政补贴等方式,引导社会投资方向;又如个人所得税的开征以及累进征收,开征遗产税、赠与税,等等。依据制度在调节经济周期时发生作用方式的不同,对其进行大体归类,近代以来出现的财税宏观调控规范,包括自动稳定和相机抉择两种类型。前者可以根据经济波动情况起到"内在稳定器"的作用,比如个人所得税、失业补助金制度②;后者则是需要借助外力才能发生经济调节作用的财税制度,比如税收优惠、政府采购制度,等等。历史地看,德国对财税法中宏观调控规范的认可与否,有一个历史演变的过程。在德国联邦宪法法院,最初主张以税法之名、行干预经济之实的税收经济法系形式之滥用而违宪;但在20世纪以来国家干预大行其道的情况下,德国联邦宪法法院也转变立场、逐渐承认经济目的税收在国家调控经济中所扮演的积极角色,即便这种税收只是以获得财政收入为附带目的,仍肯认其作为"税收"的基本属性。尤为值得注意的制度更新是,德国在1977年修正其《租税通则》第3条,在有关税捐的要件中"以收入为目的"下附加"亦得仅为附带目的"的表述,从而成为以立法形式明确财税宏观调控规范的正当性。③

  财税法中宏观调控规范的出现,究其根源是同国家职能的扩展须臾不可分的,而这一现象本身又意味着国家掌握的财政权力有了新的突破。最主要者在于国家掌握的公权力体系中,财政权因为在经济、社会调节中所能发挥的重要作用,而使其不再满足于依附行政权的地位,而逐渐形成其自在、自为、自洽的权力运行样态和规则。而由此也可看出,"权力扩张"并没有"原罪",并不能绝对地将其作为应当严格制约的对象,正确的立场应当是合理规制,也即"善者因之,其次利导之,其次教诲之,其次整齐之,最下者与之争",这不仅对于市场适用,对于权力的运作也是如此。

  但是仍然需要强调,宏观调控规范只是财税法中的次要部分,不可以偏概全地将其作为财税法制度规范的主干、甚至是全部。而且,对于财税宏观调控规范等规制性规范的必要性,也要做正反两方面的分析。"规制方案对于解决集体行动和协调难题有时候是必要的。积极回应此类问题的方案促进了私人愿望的满足而丝毫没有践踏私人愿望……私人偏好不应该永远获得尊重……

---

① 〔美〕詹姆斯·M.布坎南、理查德·A.马斯格雷夫:《公共财政与公共选择:两种截然对立的国家观》,类承曜译,中国财政经济出版社2000年版,第37页。
② 参见徐孟洲:《耦合经济法论》,中国人民大学出版社2010年版,第215页。
③ 参见廖益新、李刚、周刚志:《现代财税法学要论》,科学出版社2007年版,第166页。

第二章　财税法的历史发展

提出上述观点并不是要否认民主社会应该为私人财产、合同自由以及其他的自愿安排保留更多的空间。"①经济法学者也已认识到这一点:"应当明确,即便是如今,各国的财政政策法中仍有政治、行政方面的政策内容。至于国家财政管理体制和财政活动程序的规定,则更多地属于行政法性质;但由于属于国家调节经济的财政政策也是通过财政管理体制和财政活动程序落实的,因此它也具有经济法性质。这就是我们所说的在财政法上存在的经济法与行政法的联系和交叉。"②其实,"横看成岭侧成峰",人们在认识一个事物时得出的歧见,很大程度上是因为观察的角度不同,这是从方法论上找原因;但另一方面,之所以人们会从各自立场出发得出不同的观察结论,本质上又说明该事物本身即具有多维构造的复杂性。前述对财税调控规范之产生的背景交代,以及对其在财税法律制度历史长河中定位的揭示,或能有助于我们更好地认识和把握财税法的规范属性。

二、权利意识的勃兴及对财政权力的反向制约

诗人顾城写道:"黑夜给了我一双黑色的眼睛,我却用它来寻找光明。"这句诗能够流传甚广,或许即在于它背后蕴藏着的哲理因素。在财税法历史演进过程中一路高歌猛进的"权力扩张"时期,便也已有权利勃兴的因素在潜滋暗长。如前文所述,财税法有突出的公权力色彩,在其产生初期,这一点表现得尤为明显。饶是如此,在世界史上"3R 运动"③前后,纳税人的权利意识也开始觉醒,并且自其往后,在财税法制度演进过程中进入绵长的"似权利制约公权力"通道。需要说明的是,本节所述的"双向运动",不能认为在时间上是前后相继的,而是有重复、交叉。大体上看,权力加强的趋势出现较早,而且一直绵延到当下,中国在 20 世纪 90 年代讨论"两个比重"下降,以及随之启动的"分税制改革",从某个侧面即可看出加强财政权力的用意;但是,相对而言,自欧洲中世纪开始系统出现的纳税人权利意识觉醒、以及表现在财税法律制度建构中的控权规范之发生和发展,则是在近现代以来愈发成为财税法律制度中的主流趋势。正是经由这么一出"双向运动"的"历史大戏"不断上演,方才使得现代财税法兼具赋权和控权(就国家财政权力而言)、侵权和维权(就纳税人私权利而言)

---

① 〔美〕凯斯·R.桑斯坦:《权利革命之后:重塑规制国》,钟瑞华译,中国人民大学出版社 2008 年版,第 50 页。
② 漆多俊:《经济法基础理论》(第四版),法律出版社 2008 年版,第 265 页。
③ "3R 运动"是 15、16 世纪末向近代转化时期出现的文艺复兴、宗教改革、罗马法复兴的总称。因三个单词的英文首字母都是 R 而得名。

的双重属性,而且在两对关系中都是以相对居后者作为"矛盾的主要方面"。本书在后面将公共财产权和纳税人权利界定为财税法上的中心范畴,于本章可以得到历史维度上的理论和制度支撑。

(一) 税收法定的入法与入宪

税收法定主义的产生和发展,对民主和宪政在资本主义国家的确立,起了巨大的推动作用。其目前已经成为财税法领域的"帝王原则",是对国家财政权力进行法律控制的典型样态。就像戴雪说的,"是故生在今世,无人敢虚构一种想象,以为某项赋税可不用法案而成立。诚以法律与赋税之关系至为密切;此旨已尽人皆知,不待解说。"① 但如果对其进行历史考察,会发现围绕税收法定主义在宪法层面确立的过程,就是日益觉醒的纳税人权利意识与不断膨胀的国家财政权力之间的激烈博弈。

历史地看,税收法定主义首先发轫并确立于英国,而且是作为纳税人与国家抗争中取得的成果而存在。1215 年,英国诺曼王朝的国王约翰干涉教会选举、侵占附庸的土地、滥征苛捐杂税,加上连年对外战争的失利,引起各阶层人民的广泛反对,在领主、教士和城市市民的联合压力之下,约翰被迫签署了《大宪章》。尽管其未明确提出非议会颁布的法律之外不得为英国人民设定税赋,但是它载明:未获余等王国之公众评议,余等之王国不得征收兵役免除税或协助金。② 对于《大宪章》的历史地位、以及其同税收法定主义的关系,我们还是应该更加客观地去认识。从本质上讲,它是一个封建文件,旨在保护的是英格兰社会中长期享有权威地位的男爵和他们的附庸,某些自由人的利益虽然也得到了保护,但这只是因为,他们能和男爵集团沾上边。③ 如果纯从客观实效来讲,《大宪章》只是少数封建特权阶层"权利意识"的觉醒,同广大普通纳税人的关系还有些遥远,而且直到 17 世纪英国资产阶级革命爆发,《大宪章》并不为人们所津津乐道,当时看来,它的历史地位显然不如今人看来那么显赫;但是,其作为一个具有法律性质的契约,的确激荡起英国财税法律关系中的契约精神,而这对于嗣后税收法定主义的正式缘起,意义甚大。所以,《大宪章》的制定者航行于一片缺少航标的未知水域。他们像所有的先行者一样注定无法避免错误,他们在一位背信弃义的国王及其反动走卒威胁下所进行的良好工作令人

---

① 〔英〕戴雪:《英宪精义》,雷宾南译,中国法制出版社 2001 年版,第 345 页。
② 刘剑文主编:《税法学》(第四版),北京大学出版社 2012 年版,第 93 页。
③ 李建人:《英国税收法律主义的历史源流》,法律出版社 2012 年版,第 78 页。

第二章 财税法的历史发展

敬佩。"①

真正意义上税收法定主义在英国、也是在人类历史上的确立,当以1689年《权利法案》的颁布作为标志。在此之前,正是王室财政的困难,导致国王与议会之间争夺课税权的斗争愈演愈烈。1627年,议会投票表决,不经议会同意不得强行征税和借债;而詹姆斯一世、查理一世等国王为了摆脱财政困境,多次召开议会,希望获得议会提供的补助金等,但是议会则不愿白白提供,借此提出政治上的要求,如废除专卖制度、从枢密院中清除宠臣白金汉等。矛盾在1640年苏格兰人击败查理一世的军队后,达到顶点,为了向苏格兰人赔偿军费,查理一世不得不召开"长期议会",而且完全听凭议会的摆布。"长期议会"宣布查理一世开征的船钞、吨税、磅税等均为非法,还清除了扣押骑士地产等一系列制度。面对议会通过的列举国王暴政的《大抗议书》,查理一世转向不合作立场,内战终于爆发。内战中查理一世的失败,意味着议会课税权威的确立已经势不可挡,即便是克伦威尔,也不能依靠"护国主"的权威来攫取。② 最终,1689年《权利法案》明确规定:未经议会授权,为王室所需而凭借特权征收钱财、超期征收或以其他非授权方式征收,均属非法。《权利法案》的主要特点,并不在于提出了这一系列议会的权利与自由,而是在于改变了它们的存在形式,即由惯例变成了成文法。"③具体说,英国议会享有的财政权力,尤其是最为核心的课税权,其实在14世纪时即已开始以宪法惯例的形式存在,只不过因为国王在不同的历史时期有破坏这些宪法惯例的行为,所以经过资产阶级革命后,方才以宪法性文件的形式予以确定。④

在此之后,税收法定主义在其他西方国家也相继于宪法上加以确立。比如,美国1787年《宪法》第1条第8项、第9项、第10项和《宪法修正案》第16条将税收立法权明确授予国会,同时还明确了各州的税收立法权限。对于其积极意义,人们给予很高的肯定:"这一税收议案条款,是宪法猎人在密林中能够找到的尤为引人注目的一个标记,因为它几乎展现了英语民族数个世纪以来的宪法历史,也揭示了美国人在1787年身处的政治环境。我们在这里应当想起下议院与斯图亚特王朝之间的伟大争论,他们争论的是,谁有权决定国王税收

---

① 〔美〕迈克尔·V.C.亚历山大:《英国早期历史中的三次危机》,林达丰译,北京大学出版社2008年版,第104页。
② 参见李建人:《英国税收法律主义的历史源流》,法律出版社2012年版,第198—238页。
③ 张新宇:《从〈权利法案〉看英国革命》,载《西华大学学报》(哲学社会科学版)2006年第6期,第96页。
④ 英国的宪法是不成文宪法,不具有统一法典的形式,只是由宪法性法律、宪法判例和宪法惯例组成的宪法体系。

的来源和数量。这场斗争非常激动人心,因为事关最崇高的自由之祈愿,而自由之祈愿则关乎此世最重要的事务——财产。美国人信奉以财产为基础的自由,这种信念也采取了同样的坚定形式——'无代议士则不纳税',这一点促成了独立战争,造就了《独立宣言》。"①德国也自《魏玛宪法》始,规定了税收法定原则。该《宪法》第 6 条规定,"下列各立法权为联邦所专有……关税制度,关税及贸易区域之划一,以及货物流通之自由……";第 8 条规定,"联邦除上述之立法权外,对于租税以及其他之全部或一部位充实国库而取得之收入,有立法权";第 11 条规定,"联邦对于各邦赋税之征收与征收之种类,如认为必要时,得以立法手续,以章则规定其性质及征收方法……"。第二次世界大战以后,德国在 1949 年制定的基本法中,也基本延续了这种做法,从宪法高度对于财税事项规定有严格的立法控制。

从人类历史来看,税收法定入宪,是纳税人权利得到有效保护至关重要的一步;而财产权之保护对于一个政府的统治来讲,不仅仅在理论层面是其合法性基础,其同时具有现实意义,"政府的根基是财产。没有财产的人并不关心社会有秩序与否,因而也不会去做安分守己的公民"。②而税收法定首先就意味着纳税人的财产权利不致受到国家公权力的肆意掠夺。在方法论上,这也告诉我们,在观察、研究财税法律制度的历史时,不能忽视从宪法的层面去审视之,毕竟,财税法从本质上讲首先是一个宪法问题,很多国家的宪法中也都用比较大的篇幅来规范财税事项;而且财税入宪,也是保护纳税人权利的有力手段,"保障宪法财产权基础上的纳税人权利,是宪政治理逻辑与历史的双重起点"。③

(二)预算法由管理法向控权法的历史性转变

"预算"在其起源之初,不过是用来形容装钱用的皮包或口袋的词,但是在财税法律制度演进的过程中,其不断地被赋予更多新的含义,甚至可以认为,"我们看到的仅仅是各种不同的立法——以拨款为来源的支出立法、公民权利性支出立法、信用立法、税收优惠立法,等等——所有这一切构成了预算。"④但是,穿透层层扑朔迷离的幻影,预算制度演进中最为本旨的转型乃是由行政管

---

① 〔美〕阿纳斯塔普罗:《美国 1787 年〈宪法〉讲疏》,赵雪纲译,华夏出版社 2012 年版,第 49—50 页。
② 〔美〕理查德·霍夫施塔特:《美国政治传统及其缔造者》,崔永禄、王忠和译,商务印书馆 2010 年版,第 19 页。
③ 陶庆:《宪法财产权与纳税人权利保障的宪政维度》,载《求是学刊》2007 年第 5 期,第 78 页。
④ 〔美〕阿伦·威尔达夫斯基、内奥米·凯顿:《预算过程中的新政治学》(第四版),邓淑莲、魏陆译,上海财经大学出版社 2006 年版,第 1 页。

理工具渐次转化为兼具行政管理与立法控制的载体,而预算法律制度则日益呈现出更多的控权色彩。

如前所述,近现代意义上预算制度的产生,同围绕税收法定主义的斗争是不可分离的;所以,在税收法定主义在西方国家萌芽、发展和确立的过程中,预算制度的控权色彩便有所体现。比如英国1688年确定了王室年俸必由国会批准,国王的私人支出与政府的财政支出不得混同的原则,进而在1689年通过的《权利法案》中明定议会地位优于国王、非经国会批准王室政府不得强迫任何人纳税的规则。正是由于包括该法案在内的一系列制度设计,虽然1688年的"光荣革命"结束了英国资产阶级革命,但其历史地位仍然得到中外学者的普遍肯认,"光荣革命是英国历史上具有里程碑意义的大事件,此后,新教成为英国国教,王权受到了极大的限制,英国初建资产阶级君主立宪制,走上近代国家宪政之路"。① 法国则于1789年颁布的《人权宣言》中在第14条规定,"公民有权亲自或者通过代表调查公共捐税的必要性,自由地对此表示同意,监视其用途,并且决定税额、征税基数、征税及期间。"用现代的法学观点视之,人权宣言中的此项规定实为"打通财政收入与支出"的先声,其确立了公民以及议会对政府支出的控制权,"实现了国会对政府收入控制权到政府支出控制权的突破"。② 其揭示了一个现在看来已经得到公认的道理:对财政权力的控制,应当在财政收入和财政支出两个方向上进行,前者主要依靠税收法定主义,后者则多多仰赖预算制度。"预算乃是议会与行政部门各自行使制衡作用下的产物,其内容虽然涵盖财政收入与支出的全部,但其效力主要仍然集中在支出部分……收入预算并不能取代法律,单独赋予国家强制性收入的权限。"③

如前文所述,清朝末年将学习西方法律制度作为"富国强兵"的手段,但是,"一时言富强者知有兵事,不知有民政;知有外交,不知有内治;知有朝廷,不知有国民;知有洋务,不知有国务"。④ 这决定了不少的制度移植是和土壤、环境不相适配的。《钦定宪法大纲》中规定的预算制度徒具其表,基本上就是皇室的经费用度自主权的宣示。不过,这种情况很快得到改变,1911年由资政院议决的《十九信条》即确立了先有预算后有支出的原则,预算控制的思路初见雏形。其第14条规定,"本年度之预算,未经国会议决,不得适用前年度预算;又预算

---

① 〔英〕哈里·狄金森、姜锋:《"光荣革命":第一场现代革命?》,载《英国研究》2011年卷,第9页。
② 王永礼:《预算法律制度论》,中国民主法制出版社2005年版,第13页。
③ 蔡茂寅:《预算法原理》,台湾元照出版有限公司2008年版,第9—10页。
④ 钱穆:《国史大纲》(修订本·下册),商务印书馆1996年版,第895页。

案内规定之岁出,预算案所无者,不得为非常财政之处分。"第 15 条还规定:"皇室经费之制定及增删,依国会之议决。"这就使得预算控权的色彩更为浓厚。但是,这些规定还没来得及执行,清帝即宣布退位。其后,民国时期颁布的几部宪法性文件中,也多见预算控制的思路,基本表现形式即时赋予国会较多的预算职权,以对行政机关实施控制。比如,1912 年公布的《临时约法》,在第 19 条规定了参议院的预算职权,包括"议决临时政府之预算、决算,调查临时政府之出纳""议决全国税法""议决公债之募集,及国库有负担之契约"等三项。1923 年颁布的《中华民国宪法》也根据两院制的政治生态,赋予国会较多的预算职权。与此同时,民国时期还颁布有若干专门的预算立法,形成较为完善的法制体系。但是由于国家一直处于战争等"非常时期",所以制度的实施不甚得力,一般情况下预算即使交付立法机构审查,也基本上是原案通过,预算控制的执行情况与文本设想存在一定距离。

值得特别强调的是,美国"进步时代"及其前后的预算法律制度演进,呈现出较为独特的发展脉络。如果说世界上其他主要国家的预算制度经历"由管到控"的转型,那么在美国,则是经历了"由控到管再到控"的螺旋式演进历程。美国是一个年轻的国家,建国至今不到 300 年,当其建国之初,欧洲的预算制度已经较为完整,但是美国文化中特有的对政府不信任、以及对可能孕育专制统治的行政权力比较反感的特征,使得其在制度设计上没有"萧规曹随",而是有意地剥夺政府首脑在预算过程中的权力。虽然建国时联邦党人呼吁"软弱无力的行政部门必然造成软弱无力的行政管理,而软弱无力无非是管理不善的另一种说法而已;管理不善的政府,不论理论上有何说辞,在实践上就是个坏政府。"①但其有办法将国家结构由邦联改造成联邦,却也无力建构以预算管理为基本特征的传统行政预算制度。直到 20 世纪初,政府首脑在预算过程中根本没有一席之地,"这就使得政府首脑无法在政府内部实施行政控制,无法通过控制资金来有效地控制政府各个部门的活动,更无法整体性地对政府进行治理。"②最终,缺乏行政预算体制并没有收到早期立法者所期望的、权力运行有序的效果,反而削弱了立法控制的效率。"对立法机构、普通民众甚至于政府首脑来说,政府都是看不见的……一个看不见的政府不可能是负责的。"③而对于

---

① 〔美〕汉密尔顿、杰伊、麦迪逊:《联邦党人文集》,程逢如、在汉、舒逊译,商务印书馆 2009 年版,第 410—411 页。
② 马骏:《治国与理财:公共预算与国家建设》,生活·读书·新知三联书店 2011 年版,第 202 页。
③ 同上书,第 203 页。

第二章 财税法的历史发展

预算权力的"制衡",也呈现出"立法机关与行政机关在职能上经常紧密相连,并在一种相互依存的状态下履行职责"的状况。① 有美国学者认为其时被称为"预算"的文件"充其量是立法部门通过的拨款报告的汇总……甚至不被称为预算,而仅仅是一种估测书"②。所以,到 20 世纪初,不断变化的经济环境刺激产生了对更为集中、更有约束性的预算的需要。对此可以从市、州、联邦三个层级来分别加以把握。

1899 年,由全国市政联盟发布的《市政自治样板条例》发挥了模范市政宪章的作用,规定了一种预算准备阶段要受到市长控制的预算制度。1907 年,纽约市政研究所发布了一份研究成果,为纽约市建立预算制度奠定了基础。到 20 世纪 20 年代中期,美国大多数重要城市建立了类似的行政预算制度。③ 在州的层面上,俄亥俄州于 1910 年成为第一个制定法律授权州长准备并提交预算的州;到 1920 年,预算改革已经在全国范围内的 44 个州进行;至 1929 年,则是所有的州都有了预算中枢部门。④ 而在联邦层面,1921 年通过《预算与审计法》具有标志性的意义,该法明确地授予总统准备和编制全面、完整的政府预算并将其提交议会审查、批准的权力;该法还要求各个官僚机构的预算必须都纳入总统编制的预算。⑤ 如前所述,这就在强化政府财政权力的同时,也蕴含控制、规范权力行使的因子,因为将分散的权力集中、将隐而不显的权力透明,乃是将其置于有效监督、控制之下的前提。在此之后,1939 年预算局从财政部分离出来、纳入总统行政办公室内,1950 年《预算和审计程序法》明确授权总统控制预算文件的形式和细节,1955 年第二届胡佛委员会赞同强化总统在编制预算中的权力……这一系列的制度演进,都遵循了前述逻辑——建构赋权与限权作为"一体两面"的现代预算制度。对于这一点,学者们现在形成了更加清晰的认识:"加强行政权力只是故事的一部分……进步时代预算改革家们实质上是'希望用他们自己的更有效率的层级制来取代当时低效率的层级制'。新的层级制由两类预算控制构成,即政府内部的预算控制和立法机构的预算监督。而在以前的层级制中,只有一种形式的预算控制,即立法控制……进步时代改革者寻求

---

① 〔美〕彼得·海:《美国法概论》(第三版),许庆坤译,北京大学出版社 2010 年版,第 17 页。
② 〔美〕阿尔伯特·C.海蒂等:《公共预算经典(第二卷)——现代预算之路》(第三版),苟燕楠、董静译,上海财经大学出版社 2006 年版,第 3 页。
③ 〔美〕小罗伯特·D.李、罗纳德·W.约翰逊、菲利普·G.乔伊斯:《公共预算制度》(第七版),抚松茂译,上海财经大学出版社 2010 年版,第 7 页。
④ 同上。
⑤ 马骏:《治国与理财:公共预算与国家建设》,生活·读书·新知三联书店 2011 年版,第 206 页。

的绝不是一个权力巨大但不负责的政府首脑。"①诚如斯言,预算控制权力的规范运用,和预算保障权力的有效运用,本身即并非绝对对立的,美国预算法看似复杂的演进历程,其实归根到底,还是预算法控权色彩不断彰显的过程。"美国政治思想的真实内涵是:钱包的权力是立法授权的核心,也是对行政部门进行检查的最基本内容。一个在资金上独立于立法机关(从而独立于公众)的行政机构必是以权代法,并最终导致专制……自由的人民必须使其管理者具有硬财政约束。"②在美国,有效的预算控制制度,和竞选制度一起,制约、规范权力的运用,从而为公民消极权利的保障,以及积极权利的实现,提供两大制度性支撑。

第三节 治理语境下的现代财税法

"治理"语词,自 1989 年世界银行首次用来描述非洲的政治、经济情况以来,立即为各国际组织所频繁使用,如经济合作与发展组织、联合国开发署都在不同层面使用过该词。③ 与此同时,"治理"的概念也迅速地生长为整个社会科学界的强势话语,但是对其概念的界定,学术界尚存歧见。如治理理论的创始人罗西瑙便将之界定为:"一系列活动领域中的管理机制,他们虽未得到正式授权,却能有效发挥作用"。④ 全球治理委员会发表的《我们全球的伙伴关系》报告将其描述为"各种公共和私人的机构管理其事物的诸多方式的总和。它是使相互冲突的或不同的利益得以调和并且采取联合行动的持续过程。这既包括有权迫使人们服从的正式制度和规则,也包括各种人们同意或认为符合其利益的非正式的制度安排。"⑤皮埃尔则声称治理关涉的是国家与私人部门——包括公民社会与营利性部门 ——的合作形式,认为国家的作用需要由供应者变为激励者,并强化私人部门的作用。⑥ 当然,也有学者关注到"治理"概念的"本土

---

① 马骏:《治国与理财:公共预算与国家建设》,生活·读书·新知三联书店 2011 年版,第 207 页。
② 〔美〕阿伦·威尔达夫斯基、内奥米·凯顿:《预算过程中的新政治学》(第四版),邓淑莲、魏陆译,上海财经大学出版社 2006 年版,第 28 页。
③ 参见王锡锌:《公众参与和行政过程——一个理念与制度分析的框架》,中国民主法制出版社 2007 年版,第 88 页。
④ 〔美〕詹姆斯·N. 罗西瑙:《世界政治中的治理、秩序和变革》,载〔美〕詹姆斯·N. 罗西瑙主编:《没有政府的统治》,张胜军等译,江西人民出版社 2001 年版,第 5 页。
⑤ 俞可平:《全球化:全球治理》,社会科学文献出版社 2003 年版,第 3 页。
⑥ 参见〔印〕阿米达·比德:《治理、公民社会与合作:一种边缘视角》,载何增科、包雅钧主编:《公民社会与治理》,社会科学文献出版社 2011 年版,第 314 页。

资源",也即从中国古代"治国理政"的"治平""治化""治术""治本""治宜"之说,到善治、法治、民本、和谐、强国、公平、综合施策、风清气正及重视核心价值体系作用的有益经验,都是可供汲取的资源、素材。① 本书不欲详细探讨"治理"概念的精确内涵,而是运用前述相对权威的概念表述及其蕴含之精神内核,来检视中国现行财税法存在的制度性缺失,并进而探寻可能的完善路径。而在这之前,我们首先需要对中国当下的财税法律制度是何以形成的,有一个概括性的把握。

一、规范生成:新中国成立以来财税制度演进梳理

新中国成立以来,财税制度经历了跌宕起伏的演进历程,大体上可以区分为社会主义财税法的建立时期(1949—1957年)、停滞时期(1958—1979年)、恢复和发展时期(1979—2013年)、全面建设现代财政制度时期(2014年—)。其中,在"恢复和发展时期"之中,又可以相对容易地以1994年、2004年为界,进一步细分;其标志性事件即是发生在这两个时间点前后的重大财税改革。自2013年中共十八届三中全会提出建立现代财政制度的战略部署后,一系列财税立法加快推进,所以2014年又被称为"财税体制改革元年",尤其是中共中央政治局在2014年6月30日审议通过了《深化财税体制改革总体方案》,要求新一轮财税体制改革2016年基本完成重点工作和任务,到2020年基本建立现代财政制度。

由于财税法律制度包罗万象,个中内容极为庞杂,想在有限的篇幅予以完整、细致地把握,几无可能;而且学界在这方面的概括和总结已经比较完善。因此,本部分我们仅选取税收制度、预算制度和财政分权制度这三个较为重要、制度演进也较为曲折的方面,略作分析。

(一) 税收制度②

1950年1月,中央人民政府政务院颁布《全国税收实施要则》,明确规定了新中国税收政策、税收制度和税务机构的建立等重大问题,要则共12条,规定除农业税之外,全国统一征收14种中央税和地方税。同年,政务院陆续颁布了《屠宰税暂行条例》《公营企业缴纳工商业税暂行条例》《房产税暂行条例(草案)》《利息所得税暂行条例》《印花税暂行条例》等税收制度;翌年,政务院颁布了《特种消费行为税暂行条例》《车船使用牌照税暂行条例》和《海关进出口税

---

① 参见李龙、任颖:《"治理"一词的沿革考略——以语义分析与语用分析为方法》,载《法制与社会发展》2014年第4期,第25页。
② 参见刘剑文主编:《税法学》(第四版),北京大学出版社2012年版,第43—59页。

则暂行实施条例》等。加上 1950 年另外颁布的《契税暂行条例》，一共开征了 15 个税种；但是未开征薪金报酬所得税和遗产税。简言之，在新中国成立初期，立刻建立起比较全面的税收制度，并且形成以流转税为主要税种的多税种、多环节征税的复合税制结构。此后，政务院财经委员会于 1952 年 12 月 31 日公布《关于税制若干修正及实行日期的通知》，取消、停止了一些税种，使工商税收保持了 13 个税种，并且减少了纳税环节和征税手续。1956 年社会主义改造基本完成以后，原来适用于社会主义改造时期的多种税收、多次征收的制度已经不能继续适用，所以在 1958 年进行了工商税法改革，简化税种（将工商企业原来缴纳的商品流通税、营业税、货物税和印花税合并为工商统一税）、简化纳税环节，并且调整了部分税率，同时还统一了农业税。1973 年进一步推行以简化税制为主要内容的改革，将原来的工商统一税及其附加、城市房地产税、车船使用牌照税、盐税、屠宰税合并为工商税。纵观这一时期的税法改革，"简化税制"是一条鲜明的主线，从稽征便宜等出发合并税种未尝不可，但是此种为了简化而简化，则背离了税收的本质，也不利于其组织收入、调节经济等多种制度功能的实现。

1978 年以后，改革开放的基本需要和必然结果就是税收制度的结构性转型。在 1994 年以前，主要的税收制度建设包括但不限于以下几方面。第一，企业所得税法体系初步建立，尤其是经过两次"利改税"，用税法的形式将国家和企业的分配关系固定下来；但是，企业所得税法领域按照不同所有制性质分别立法、区别对待，不利于同一市场的形成，也不利于企业之间公平税负、进而在市场上公平竞争。第二，全面修改工商税收立法，将原来综合的工商税按性质划分为产品税、增值税、营业税和盐税，形成新的流转税体系；恢复和开征了资源税、城市维护建设税、城镇土地使用税、印花税、筵席税、房产税和车船使用税。第三，个人所得税法体系初步建立，但是对外籍人员、个体工商户和国内其他个人分别立法，同样存在法律适用不公平的问题。第四，初步建立涉外税法体系，并改革关税立法。第五，初步建立税收征管法律制度，1986 年由国务院颁布了《税收征管暂行条例》。总体上看，这一时期的大规模税制建设，取得的成效是很大的，目前呈现给我们的税制结构，基本上是在彼时初步成型的。

1992 年 10 月召开的中共十四大，提出了建立社会主义市场经济体制的目标，在这种形势下，原税制中与市场经济的发展不相适应的部分就迫切地需要改变。1994 年前后的改革主要体现在流转税法、所得税法方面，比如，流转税方面新设置了消费税、重新规定营业税的征税范围、统一了内外资企业的流转税法，所得税方面取消了按企业所有制形式设置所得税的做法，实行统一的企业所得税制。在1992年,第七届全国人大常委会第二十七次会议通过了《税收征收管理法》,奠定了税收征收管理法律制度的基础。此外,1994年前后还进行了若干其他税种法的改革,如农业税、资源税,等等。

1994年以来,我国还根据客观形势的发展,适时地进行了一些税法改革。其中标志性的事件主要有:2001年修改《税收征收管理法》;2006年2月废除农业税,但保留对烟叶收入征税,同年4月开征烟叶税;2005年、2011年两次修订《个人所得税法》,主要是提高工资薪金所得扣除额;2007年通过《企业所得税法》,标志着我国内外资企业所得税法的统一;2008年修订流转税三个税种的暂行条例,逐步实现由生产型增值税向消费型增值税的转型;2010年开启资源税改革的序幕;2011年颁布《车船税法》。

(二) 预算制度①

新中国成立以来的四部宪法中都有预算制度的规定。早在1949年通过的具有临时宪法性质的《共同纲领》中,就明确规定新中国要"建立预算制度,划分中央与地方的财政范围"。1954年《宪法》在第27条将"审查和批准国家的预算和决算"配置为全国人民代表大会的职权,在第34条有全国人大设立预算委员会的规定,在第49条规定了国务院执行国家预算的职权,在第58条规定了地方人大审查、批准地方预、决算的职权。1975年《宪法》在此基础上于第20条增加了国务院编制政府预算草案职权的规定。1978年《宪法》有关预算的制度安排基本同1954年《宪法》接近。1982年《宪法》则是增加"预算执行情况的报告"作为各级人大审查批准的对象,删除各级人大对决算进行审查批准的规定,并且规定了预算收支的审计制度。

在宪法的统领之下,新中国的预算单行立法一直在进行。政务院于1951年7月通过并公布《国家预算决算暂行条例》,沿用四十年后,国务院在1991年10月发布《国家预算管理条例》。但是,由于该条例是在中共十四大以前制定,大部分条款是和计划经济体制相适应的,所以其与变化中的客观形势的不适应性,很快就显现出来。1994年3月,第八届全国人民代表大会第二次会议通过了《中华人民共和国预算法》,翌年,国务院颁布了《中华人民共和国预算法实施条例》,这标志着我国预算法律制度初步成型。而2014年8月,在长达十年的修法历程、历经四次审议后,第十二届全国人民代表大会常务委员会第十次会议表决通过了《关于修改〈中华人民共和国预算法〉的决定》,并决议于2015年1月1日起施行。总体上,包括学者在内的社会各界对于该次预算法修改给

---

① 参见王永礼:《预算法律制度论》,中国民主法制出版社2005年版,第48—52页。

予较高评价,认为其可能推动财税体制系统性重构。相关预算立法事件的演进历程如下所示。

表2.1 新中国成立以来预算立法大事年表

时间	制度文本	历史意义
1949年	《共同纲领》	新中国宪法性文件中首次规定预算制度
1951年	《国家预算决算暂行条例》	新中国首部预算单行立法
1954年	《中华人民共和国宪法》("54宪法")	新中国第一部宪法,对预算权配置作出比较完整的规定
1975年	《中华人民共和国宪法》("75宪法")	将预算草案编制权配置给国务院,增强实操性
1978年	《中华人民共和国宪法》("78宪法")	承上启下,为"82宪法"相关预算制度规定做铺垫
1982年	《中华人民共和国宪法》("82宪法")	适应新形势,在宪法层面建构完整的预算权配置制度
1991年	《国家预算管理条例》	在四十年后重启预算单行立法进程,为《预算法》的出台做铺垫
1994年	《中华人民共和国预算法》	新中国首部法律层次的单行预算立法,对于强化预算的分配和监督职能、健全国家对预算的管理,意义重大
1995年	《中华人民共和国预算法实施条例》	预算法律制度基本成型,具有较强的可操作性
2014年	《中华人民共和国预算法》("新预算法")	与国家治理的时代要求相契合,由"管理法"向"控权法"转型;深化财税体制改革的突破口

(三) 财政分权制度①

有学者将新中国政府间的财政分权概括为高度集权时期(1950—1957年)、集分交替时期(1958—1979年)、财政包干时期(1980—1993年)、分税制时期(1994年至今)四个阶段。② 这其中,新中国成立初期的高度集权主要是学习苏联模式,而其后的集分交替时期则主要是对高度集权的苏联模式进行反思后的制度产物。但是,也正是由这一时期开始,"一收就死、一放就乱"的"怪圈"开始出现。归根到底,不同的财政分权模式,对应的是那个阶段的资源配置方式,因而打下了明显的时代烙印。这里所谓的"资源配置方式",简单来讲便是

---

① 参见楼继伟:《中国政府间财政关系再思考》,中国财政经济出版社2013年版,第3—16页。
② 参见周刚志:《财政分权的宪政原理》,法律出版社2010年版,第149—158页。

"市场"和"计划"二者在资源配置中的地位问题。

1978年以前,计划经济的资源配置方式决定了政府间财政关系的基本特征是财权高度集中在中央,尽管经历数次形式上的集权或分权运动,但财政统收统支的框架没有打破。易言之,在中央统一领导下,地方财政是作为中央财政计划的执行单位而存在的,并不具备相对独立的利益主体地位。而在1978年到1993年,政府间财政关系虽然多次调整,但本质上都是在被动地适应"双轨制"的资源配置方式。原有资源配置方式打破后,财政管理体制的不稳定助长了地方政府的短期行为,所以这一阶段的财政分权制度一个突出倾向就是中央政府的财政汲取和财政调节能力下降,"诸侯经济"养成中。必须认识到,财政承包制在这一时期的推行,是同经济改革整体上"放权"思路一脉相承的,其以承认地方政府的自主权为条件,以垂直划分各级政府的经济职责为前提,由地方政府将其税收中的特定份额上解给中央政府,或者中央政府给予地方政府特定数额的资金补助。一旦承包方案确定,若干年内保持不变。所以,随着经济规模的增长,尽管整个财政收入也随之增长,但总体上更多的份额被留给了地方,中央财力趋弱,但是各项经济建设和财政补贴政策使得财政支出的需求不减反增。由此,中央财政甚至到了要靠向地方借款弥补资金缺口的地步。"两个比重"不断下降的现实,使不少学者呼吁分权必须有底线,否则就会处在危险的边缘。① 在这种情况下,启动了影响深远的1994年分税制改革。

1994年的分税制改革将"事权与财权相结合"作为指导原则,按照税收属性划分收入,将维护国家主权、涉及全国性资源配置、实施宏观调控必需的税种划归中央。同时,虽然分税制改革使得中央财政收入占比大幅度提升,但毕竟以相对确定的形式确定了地方税,地方也得以有相对稳定的收入来源。但是,分税制改革在各级政府间支出责任划分上基本延续既定做法,划分得不明确,尤其是涉及全局性资源配置的支出责任大量地被划分给省及省以下政府。通常所说的"财权上收、事权下沉"的现象自此开始出现。1994年以后,对于分税制改革形成的财政分权体制,还进行了若干次调整,其中比较重要的有1995年出台的一般性转移支付制度、2002年实行的所得税收入分享改革。相关演进脉络可以如表2.2所示。

近年来,随着财税体制改革的不断深化,尤其是"营改增"试点及试点推广,在一定程度上挑战着现行的财政分权格局。如果营业税完全取消,那么什么税种可以作为地方主体税种?这个问题的回答还有待于房产税等其他财税制度

---

① 参见王绍光:《分权的底线》,中国计划出版社1997年版,第19—31页。

改革的同步推进。由此可见,财税体制改革、财税法制建设,确实是一盘很大的棋局,在制度设计和制度革新时,必得注意制度间的协调并举,切不可单兵突进。

表2.2　改革开放以来中国财政分权体制的发展演进

时间	基本内容	规范性文件
1980年	收支划分、分级包干	《关于实行"划分收支、分级包干"财政管理体制的规定》
1985年	划分税种、核定收支、分级包干	《关于实行"划分税种、核定收支、分级包干"财政管理体制的规定》
1988年	包干体制	《关于地方实行财政包干办法的决定》
1993年	实施分税制财政体制	《关于实行分税制财政管理体制的决定》
1996年	完善省以下分税制财政体制	《关于完善省以下分税制财政管理体制的意见》
2002年	对企业所得税和个人所得税收入实行中央和地方按比例分享	《所得税收入分享改革方案》
2013年	提出"建立事权和支出责任相适应的制度"	《中共中央关于全面深化改革若干重大问题的决定》
2014年	提出"在保持中央和地方收入格局大体稳定的前提下,进一步理顺中央和地方收入划分,合理划分政府间事权和支出责任,促进权力和责任、办事和花钱相统一,建立事权和支出责任相适应的制度"	《深化财税体制改革总体方案》
2015年	提出"建立事权和支出责任相适应的制度,适度加强中央事权和支出责任。调动各方面积极性,考虑税种属性,进一步理顺中央和地方收入划分"	《中共中央关于制定国民经济和社会发展第十三个五年规划的建议》

(四)新中国成立以来财税制度演进的积极面向

纵观新中国成立、尤其是改革开放三十余年来的财税制度演进,呈现出几点积极面向。

首先,在财税制度的全面性、完整性上,有较大提升。通过几十年的努力,基本实现覆盖财税领域各层面、各角度的制度体系。虽然就制度规范的位阶而言尚有可议之处,但"有制度可依"的初级目标,基本达致。

其次,对财税制度法律属性的认识,有一个不断加深的过程。新中国成立之初,虽然较早地开始了财税政策的制定过程,但是这些财税制度仅仅只是被作为行政管理的手段之一。尤其是从1958年"大跃进"开始到1976年"文化大革命"结束,狭义财政立法基本陷于停滞。改革开放以来,由于经济形势的发展,国家对财税制度的重视程度不断提升,相应的财税制度建设也是如火如荼;但总体看来,许多财税法制度都仅仅是将财税改革的内容进行简单重述,形式上"法味"不浓,实质上未充分彰显法律、法治的基本精神。新世纪以来,国家对财税制度的重要性认识得更加充分,相关学术研究的深入也使得财税制度的法律属性相对更加充分地展现出来,所以,近年来的财税立法,虽然仍然有诸多不足,但是至少在法律属性层面,较之过去称得上进步不小,这表现在立法过程、规范结构和制度内容等多个维度。比如,2005年修改个人所得税工资薪金扣除标准时,即召开了中国历史上首次立法听证会;而《车船税法》、《预算法》等已经出台的财税法律,以及转移支付法、税收基本法等尚未出台的财税法律,都在立法过程中注意听取社会各界、尤其是专家学者的意见。行政主导向立法主导的转变,初见端倪。

再次,对财税制度的客观规律,认识不断加深。比如,从20世纪50年代到70年代,曾经有一个持续的简化税制、合并税种的趋势,直到1973年出现工商税"一统天下"的局面,而这其实是对不同税种的内在属性缺乏准确把握的表现,仅仅将税收作为筹集财政资金的一种形式;而在改革开放以来,则是逐步地建构起多税种并行的税制体系,且不同税种往往肩负不同的功能属性。

最后,新的财税法理念,逐渐渗入财税法律制度建设。财税法学的发展和繁荣、社会各界财税法治意识的萌芽或曰觉醒,是造成这一可喜变化的原因。可举三例:第一,纳税人权利入法,2001年修改《税收征收管理法》,历史性地在第8条等多个条文中规定了纳税人的陈述权、申辩权、保密权等多项权利,而在此前,税收征管过程一向被视为绝对的权力运作场域;第二,税收债务关系理论初步影响到相关财税立法,税收作为一种"公法之债"的属性,决定了其可以借鉴民法上的相关债法制度,2001年修改《税收征收管理法》,即引入了税收代位权、税收撤销权等制度①;第三,财政控权理论初步体现在相关立法中,比如2014年对《预算法》进行的修改,实现由"管理法"向"控权法"的转变,其宗旨条

---

① 当然,根据税收"公法之债"的属性,还可以进一步地对现行税收征收管理法制度进行完善,比如现行法上规定的"滞纳金"制度,其实掺杂了利息和行政执行罚等多重属性,和《行政强制法》上规定的一般滞纳金存在属性偏差。在本次修改《税收征收管理法》的过程中,可以考虑拆分该制度,分别建构利息制度和狭义的滞纳金制度,前者还原其损害补偿的属性,并与民法上的一般利息制度衔接,后者则还原其行政执行罚之一种的属性,并与行政强制法衔接。

款即删去有关加强宏观调控、强化分配职能的表述,而强调"加强对预算的管理和监督,建立健全全面规范、公开透明的预算制度"(如表2.3所示);相应地,该法在制度设计上一定程度上改变了预算权配置的格局,强化了人大相对于行政机关的地位。

表2.3 新旧《预算法》宗旨条款的比较

	分配职能	监督职能	预算管理	宏观调控	范围	透明度
1994预算法	强化分配职能	强化监督职能	表述为"健全"	加强国家宏观调控	未提及	未提及
2014预算法	未提及	加强对预算的监督	表述为"加强"	未提及	全面规范的预算制度	公开透明的预算制度

当然,虽然这些年来,我们的财税制度建设已经取得不小的进步,但用严格的眼光来审视之,则现行制度仍难当"完美"二字。本着"精益求精"的立场,我们展开下文的讨论。

二、规范检视:现行制度的不足揭示

中共十八届三中全会强调:"财政是国家治理的基础和重要支柱,科学的财税体制是优化资源配置、维护市场统一、促进社会公平、实现国家长治久安的制度保障。"中共十八届四中全会进一步提出依法治国的总目标,在"加强重点领域立法"项下特别列出了财政税收方面的法律法规。这就将财税法的地位提升到了一个新的历史高度。整个社会是由政治体系、经济体系和社会体系三个子系统构成的,而财政是连接这三个子系统的关键环节,或者说,三大子系统以财政为媒介构成了整个社会。既然财政是"整个社会"的财政,那么,当财政发生危机时,便会波及社会的各个子系统,酿成社会的系统性危机,"整个社会"的危机也就会通过国家的财政危机表现出来。① 所以,"财政危机比金融危机更值得关注,因为金融危机也会转化为财政危机"。② 与之相应的,理想状态下的现代财政制度,因其所具有的法治性、回应性、均衡性和公共性的品格,彰显对公共财产权的规范,进而实现对公共财产、私人财产的双重保障,成为国家治理的有力抓手。③ 正是因为这两方面的因素,方才提炼并确立财政作为"国家治理

---

① 李炜光:《财政何以为国家治理的基础和支柱》,载《法学评论》2014年第2期,第55页。
② 张守文:《财税法疏议》,北京大学出版社2005年版,第4页。
③ 有关现代财政制度更多的讨论,参见刘剑文、侯卓:《现代财政制度的法学审思》,载《政法论丛》2014年第2期。

的基础和重要支柱"的基本定位。国家治理是包括经济、政治、文化、社会、生态等多个方面的综合体系,作为国家治理的基础和重要支柱,也就是要求财税法制度要渗透到经济、政治、社会等方方面面,其多维属性都应在国家治理体系下受到重视、有所体现。① 以此观之,中国现行的财税法律制度,仍然存在诸多方面的不足,因而更加需要进一步的巩固、完善、充实与提高。

(一)定位不准

定位不准,是指对于财税法律制度在国家治理中的功能、地位,存在认识上的偏差。可以区分为两个方面。

第一,过于强调财税法律制度的宏观调控属性。对此,有学者提出四个方面的值得深思的问题,也即税法的宏观调控与税收的宏观调控是何关系,财政目的税法与经济目的税法是何关系,作为经济法当中宏观调控法组成部分的税法是仅指经济目的税法,抑或税法整体,税法的宏观调控功能是否局限于一国之内。② 该论主要是指向狭义税法,但推而及于财税法整体,当无不可。更进一步,不可否认,财税法律制度当然是具有宏观调控层面的功能的,而这又包括自动稳定与相机抉择这两个维度。但是在现实中,我们如果在政策导向上过于强调"加强宏观调控",那么其潜台词即是要更多凸显财税制度在调控层面"相机抉择"的一面,比如经济过热时,通过税收杠杆抑制投资,经济不景气时,又反过来通过减税、增支等手段的运用,来刺激宏观经济。这样的话,财税制度就经常处于一种变动过程之中,缺乏基本的稳定性。事实上,财税法律制度"由于其基础性、支撑性以及影响面广等特点,不可过度工具化,不能总处于'相机抉择'之中"。③ 而且,从财税法本身来讲,从我们本章对其历史演进的梳理中不难看出,它并不是现代意义上的"政策法",而是古已有之,而且在国家政治、法律体系中一直居于基础性、根本性的地位。将其"工具化",对于财税法本身而言也存在重大的认识偏误。而对于社会来讲,频繁的国家干预,亦恐非善事。"一个以市场为中心的平等、自由和协商的社会领域,始终是法治国家的根基所在。因为,普遍的法律秩序只有在市民社会排除政治的任意性干预的前提下,才成其可能和必要。"④

第二,仅仅关注到财税法的经济属性,而忽略了它的政治属性、社会属性。

---

① 参见刘尚希、梁季:《税制改革20年:回顾与前瞻》,载《税务研究》2014年第10期,第5页。
② 参见李刚:《税法与私法关系总论——兼论中国现代税法学基本理论》,法律出版社2014年版,第214页。
③ 刘尚希、梁季:《税制改革20年:回顾与前瞻》,载《税务研究》2014年第10期,第6页。
④ 张文显:《法治与法治国家》,法律出版社2011年版,第9页。

正如本书对财税法功能属性所进行的的揭示,财税法的政治功能在于通过财政收入、财政支出和财政监管方面的规范建构和制度运行,来规范政府的理财行为,尤其是规范政府运用政治权力和履行公共职能的过程,同时也涉及国家机关之间横向与纵向两个维度上的关系问题。而在财税法发挥其在国家治理中的政治功能的同时,便实现了它在经济、社会方面中的功能,这集中体现为促进社会公平的社会职能和保障经济发展的经济职能。单纯地强调财税法作为"经济制度"的一面,是以偏概全,尤其无助于我们通过财税法来解决收入分配不公、地方债务危机等很多深层次的社会问题。事实上,正是这种定位上的偏误,使得目前的不少财税法具体制度,存在一定程度的完善空间。

(二) 制度不善

这里所说的制度不"善",应该理解为制度设计存在问题,也即是从客观而不是主观层面来加以理解。具体来说,可以从三个方面加以理解。

第一,效力层级缺陷。我国财税法律体系存在的最大问题莫过于各个效力层级的制度规范在比例上严重失调,尤其是法律层次的制度严重缺失。现行有效的、由全国人大及常委会制定的狭义财税法律仅有《预算法》《政府采购法》《个人所得税法》《企业所得税法》《税收征收管理法》《企业国有资产法》《车船税法》等寥寥几部。而以行政法规形式存在的制度规范数量较多。在现实生活中,主要起到规范作用的是大量存在的部门规章,或者效力位阶更低的以"解释""通知""意见""批复"等形式存在的规范性文件。这种状况使得我国财税立法的权威性大打折扣,在"社会主义法律体系已经形成"的今天,财税立法的严重滞后发人深省。《立法法》第8条规定财政方面的基本制度只能制定法律,第9条虽然规定"尚未制定法律的,全国人民代表大会及其常务委员会有权作出决定,授权国务院可以根据实际需要,对其中的部分事项先制定行政法规",但紧接着在第10条又禁止了空白授权和转授权。当然,目前仍然有效的1985年授权发布在前,而《立法法》生效在后,所以在全国人大明确宣布该授权无效之前,实践中如何对待其效力,仍然有讨论之必要。

第二,规范内容失当。即便是在前述寥寥数部财税法律中,在具体制度设计上也多有值得商榷之处。在财政收入权的配置方面,税收课征权被《税收征收管理法》统一配置给税务机关行使,海关除外。但是在分税制财政管理体制之下,国税、地税分立,而且二者间的权限配置处于不断的变动和调整之中,这就给国家税权的实现设置了障碍。在规费征收方面,我国立法没有明确规定哪些行政事业单位享有收费权,这也成为当前乱收费现象层出不穷、屡禁不止的根本原因。在国有资产收益方面,由于所有者缺位,权利的归属长期处于不确定状态,这不能不说是国有资产流失的一个制度动因。而在财政支出方面,现下的财税立法少见对各类支出的实体性规定,导致我国财政支出居高不下,尤其是行政管理费用比例畸高,而为实现公民基本权利的教育、医疗和社会保障支出反而不足。

第三,立法技术失准。立法是一门精细的学问,需要一定的技术作为支撑。但是,中国现阶段的立法仍然存在不科学、不完善之处。"就全局来说,立法还主要是服务于一定工作目标的手段,未被普遍认作是一门科学。特别是现时期人大和政府的立法人才还远远不敷应用"。① 财税法的制定和修改,尤其需要在立法技术上下足工夫,因为其同时要求财税学、法学方面的知识储备,还需要运用较高程度的立法技术方能制定出这方面的"良法"。以此观之,不难发现现行财税法律制度存在的技术层面的不足。总体上看,法律法规的内容结构、文字和发布形式不够规范,立法语言不够严谨,政策性、宣示性的用语比较多。比如,在形式结构上,较为成熟的"总则—分则"构造较为少见,而多是针对具体事项的直接规定;在规范构造上,禁止性和义务性规范较多,而授权性规范较少;规范名称方面,称谓繁多,诸如"决定""规定""准则""细则""通则""意见"等不同的名称不一而足,这直接导致效力等级难以确定,在实践中常常给财政税务机关和纳税人造成困惑和混淆。

(三) 体系不全

前述"制度不善",主要是从微观层面进入,而这里所谓之"体系不全",相对宏观。总体上讲,现行财税法律,在体系方面的问题有两种表现:一是制度缺位,二是制度冲突。

就前者而言,"部门立法"的现象是导致制度缺位的重要原因,也即"某些行政部门利用其掌握的国家立法资源,在协助国家制定有关法规草案时,在法规中不适当地强调本部门的权力和利益,力图通过立法来维护、巩固和扩大本部门的各种职权;同时尽可能地减轻和弱化本部门应当承担的责任与义务,概括起来就是:权力部门化,部门利益化,利益法规化"。② 由于财税领域的事项具有比较强的技术色彩,除长期在这一领域工作的人之外,其他公众不易理解,所以"部门立法"的现象尤为突出。这主要表现在制度规范各成一块,难以形成整体效应;也正由于"制度协同"不足,所以在不同的"块块"之间便留下了为数不少的制度空白。更进一步,我国现行整体立法体制存在的"条块分割"状态,

---

① 周旺生:《立法学教程》,北京大学出版社 2006 年版,第 9 页。
② 汪全胜:《行政立法的"部门利益"倾向及制度防范》,载《中国行政管理》2002 年第 5 期,第 17 页。

也使得不同部门法之间遗留下大量的"灰色空间"。比如《税收征收管理法》第45条规定了税收一般优先权,但欠缴税款的纳税人在缴纳所欠税款前优先清偿无担保债权或发生在后的抵押权、质权、留置权而致使所欠税款不能足额受偿时,税务机关应如何行使税收优先权,立法上语焉不详。① 而且更为重要的是,由于既有财税制度主要着眼于部门自身所主管的领域,所以"对策性"特征明显,却缺乏整体性、宏观性、全局性的制度设计。比如,财政基本法、税收基本法、财政收支划分法、财政转移支付法、财政投资法这样一些法律制度极为重要,以税收基本法为例,不少学者已认识到"目前我国税收立法中最大问题是立法层次偏低及立法形式分散,因而制定一部更高效力层级的统一的具有法典意义的税收基本法为我国税收法治的迫切需求"。② 但由于制定这些法律超出了某一个或某几个部门的"能力范围",所以其在当下的缺位,实则不难想见。

就后者而言,制度冲突可以从两个层次来把握。第一个层次,是财税法体系内的冲突。同样是因为"部门立法"的大量存在,以及相互沟通、协调的不畅,使得各类规范性文件之间多有矛盾、冲突之处。比如,1993年发布的《关于实行分税制财政管理体制的决定》就同其后颁布的一系列行政法规及其他规范性文件之间存在冲突,尤其是在2002年所得税收入分享改革等一系列制度调整之后,1993年的"分税制决定"并未相应调整,这种法律冲突固然可以在法理上妥善解决,但是在实践适用中仍然不可避免地会造成困难。第二个层次,是财税法同其他法律部门间的冲突。比如,财税法同行政法之间存在不协调之处,以滞纳金制度为例。现行《税收征收管理法》和《行政强制法》分别在第32条和第45条规定了该项制度,但是稍加比较不难发现二者间存在若干冲突。首先,两部法律在滞纳金产生条件的规定上不一致,《税收征收管理法》将未按照规定期限缴纳税款或解缴税款作为滞纳金产生的条件,而《行政强制法》则将行政机关依法作出具有金钱给付义务的决定和当事人逾期不履行作为产生条件;其次,与滞纳金产生方式不同直接相关,加收滞纳金的起止日期也不同。《税收征收管理法》及其实施细则的规定是加收滞纳金的起止日期是从按照法律规定欠税之日起至实际缴纳税款之日止,而《行政强制法》规定的滞纳金起始日期是当事人逾期不履行行政机关依法作出金钱给付义务的行政决定;再次,行政机关是否具有自由裁量权存在差异,《行政强制法》用"可以"的表述赋予了行政机关在决定是否征收滞纳金时,一定程度的灵活裁量权力;最后,也是最为根本的,两部法律对于滞纳金的法律属性界定不同,《行政强制法》将其界定为一种

---

① 王鸿貌、向东:《税收基本法立法问题研究》,中国税务出版社2009年版,第43页。
② 王世涛:《财政宪法学研究:财政的宪政视角》,法律出版社2012年版,第233页。

税收强制执行方式,而《税收征收管理法》则主要是将其功能定位为损害赔偿,行政间接强制执行的功能居于次要地位,也就是严格说来,两部法律规定的"滞纳金",不是同一个东西,甚至可能有"岳飞战张飞"之嫌。

(四) 导向不灵

导向不灵,是前述三方面制度缺陷投射到实践中,产生的一系列"南辕北辙"现象。中国古语所谓"差之毫厘,谬以千里",说的便是这个道理。

"土地财政"和地方债务问题即是财税法律制度缺失在实践中带来负面影响的典型。导致这两个问题产生的因素当然有很多,但是,根本意义上形塑当下财政体制法律制度的1994分税制改革,在很大程度上直接诱致了这两种现象的发生。以"土地财政"为例,一般认为其是指地方政府的可支配财力高度倚重土地及相关产业租税费收入的一种财政模式。① 而之所以地方政府要如此决策,现行财政分权体制下"财权上收、事权下压",便是重要肇因,对此一点,共识较多。另外,近来有学者还认识到,分税制带来了地方政府追求财源行为变化,中国式分权激励了地方政府用"扭曲之手"来攫取土地财政收益,政府间政治晋升竞争进一步驱动了地方政府采取积极的土地财政策略。② 而地方债务问题也与现行政府间财政分权制度关系甚大。分税制改革后,收入在中央和地方政府间的划分比较明确,但事权划分却不甚清晰,地方支出责任较重,另外还存在地方政府预算软约束、财政转移支付不规范的问题。同样是在"经营城市"理念的指引下,举债融资不规范、融资成本高,使地方政府债务迅速膨胀。而且,由于全口径预算在事实上尚未得到建立,以及地方政府通过融资平台等形式规避监管,使得大量地方债务收支游离于预算之外③,潜在风险较大,甚至可能由债务危机引发财政危机,甚至于导致社会危机和政治危机,诚不可不慎重以待。

也正因为如此,近年来越来越多的人士呼吁对现行财政分权体制进行调整,中央层面也将建立事权与支出责任相适应的制度,作为财税改革的突破口之一。如广东省等地也将其作为地方改革和法治实践的关注焦点。

三、规范再造:中国财税法制未来展望

行文至此,从结构上看,在系统梳理完财税法律制度的历史演进之后,应当

---

① 陈志勇、陈莉莉:《"土地财政":缘由与出路》,载《财政研究》2010年第1期,第29页。
② 参见吴群、李永乐:《财政分权、地方政府竞争与土地财政》,载《财贸经济》2010年第7期,第51页。
③ 参见朱俊福:《分税制改革20年的成就、问题、未来取向》,载《税务研究》2014年第10期,第13页。

做一个简单的"结语"。但是,历史从来都是连续的,昨天发生过的、今天正在发生的、明天将要发生的,谁也无法完全割裂它们间的联系。所以,本章的最后,我们对中国财税法律制度在不远的未来,将要走过的路途,做一个简单的展望。虽然是"展望",也不可肆意挥洒,毕竟,是在"历史发展"一章开展这项工作。不曾忘记,历史乃"唯一科学"的谆谆教诲。所以,我们以中共十八届三中全会通过的《关于全面深化改革若干重大问题的决定》为纲要,结合《深化财税体制改革总体方案》,稍微进行阐述。毕竟,谁都知道,党的纲领性文件,对于中国政治、经济、社会的未来走向,意味着什么。

中共十八届三中全会形成的决定中,对财税体制改革所作的总体要求是"完善立法、明确事权、改革税制、稳定税负、透明预算、提高效率,建立现代财政制度,发挥中央和地方两个积极性"。更具体的,其特别强调了改进预算管理制度、完善税收制度、建立事权和支出责任相适应的制度三个方面的改革任务。

(一)事权和支出责任相适应

中共十八届三中全会决定指出,要明确事权,建立事权和支出责任相适应的制度;此外,还重提"要发挥中央和地方两个积极性"。应当说,这突出表现了中央对政府间财权、事权配置的改革意图和路径取向。如前文所述,自1994年税制改革以来,我国存在突出的"事权下沉、财权上收"现象,地方政府、尤其是基层政府承担了大量的支出任务,却无相应的财政收入,以致部分困难地方被称为"吃饭财政"乃至"讨饭财政"。这种情况下,中央的积极性自然是充分发挥,地方的积极性却很难得到激发,要么"无为而治"、要么为求发展举债度日,反过来又出现地方债务危机。欲破此局,要害就在于明确界定事权和财权的划分。决定中使用了"事权和支出责任相适应"的新提法,以前都是讲"财力(权)和事权相匹配"。两相比对,新提法至少有三个方面的意蕴:其一,将之前被普遍认为包括"财政支出"的"事权",与"财政支出"对立起来,强调二者的匹配,其实是强调"事"和"财"的统一,要干什么事就配套多少资金,凸显对公共财产的治理;其二,强调权责相适应、有权必有责的思想;其三,将事权前置,彰显对"明确事权"的强调,可以预期,下阶段财税体制改革一个重中之重便是明晰事权。具体来讲,当下要在四个问题上做文章:第一,深入推进分税制改革,尤其是省以下政府间的财政分权;第二,适当照顾地方政府、尤其是基层政府的财力,既要靠转移支付,又要靠财政赋权,现阶段不宜赋予地方政府财税立法权,但财税收益可考虑适当倾斜;第三,完善转移支付制度,削减专项转移支付比重,提升根据基数法测算的一般性转移支付的比重,同时要完善一般性转移支付增长机制,重点增加对革命老区、民族地区、边疆地区、贫困地区的转移支付;

第四,财政分权要在法律层面进行,从而降低寻租空间,削减地方政府"跑部钱进"的积极性和"必要性"。进一步言之,法律层面的可为之处颇多,比如:制定政府"事权清单",厘定政府与市场的关系;在各级政府间合理划分事权和支出责任,理顺上下级政府间的关系;遵循财政法定原则,同步推进《财政收支划分法》和《财政转移支付法》的制定;等等。①

(二) 建立现代预算制度

中共十八届三中全会决定指出,要透明预算,改进预算管理制度。结合贯穿公报的处理好政府与市场的关系等精神,其着力构建的现代预算制度,本质上是指处理好两对基本关系的预算制度。其一,预算权在行政机关和立法机关之间的配置,现阶段,从预算的编制、审批,到执行、决算,行政机关占据绝对主导地位,立法机关很难通过预算对政府的财政收支行为加以制约、监督,下阶段应考虑加强各级人大在预算权配置中的地位;其二,政府和社会之间的关系,预算活动不应仅是立法机关监督行政机关的重要场域,同时也应该是社会公众由此监督政府活动的有力武器,法治昌明的国度,预算向全社会公开,任何个体、组织均可获取,并以此杯葛政府财政行为,正所谓"阳光是最好的防腐剂",戴着预算这顶"紧箍咒",纵使内心如美猴王般躁动,政府官员也不得不三省其身。如是这般,三公经费、铺张浪费等难题,自然迎刃而解。2014 年 8 月,修订的《预算法》出台,那么,建立现代预算制度的核心问题便转为预算法配套制度如何建立、预算法如何有效实施的问题,而这两者之间又是环环相扣的。有学者提炼出预算法实施的三条现实路径:一是政治化路径,即公民通过选举人民代表表达自己的政治身份利益,通过人民代表大会监督行政机关的预算权力;二是社会化路径,在预算的编制、审批、执行和监督过程中,公民个体或集体通过与预算权力主体的理性对话、协商沟通、推理辩论等,参与、影响甚至决定公共经济资源的配置过程;三是司法化路径,通过建构预算诉讼制度,激励公民个体或者集体参与、监督预算法的实施障。② 事实上,这三条路径又不是纯粹的预算法问题,政治化路径涉及人大制度等根本性制度的完善,司法化路径牵扯司法体制改革的有序推进;所以,现代预算制度的建立,有着突出的"牵动大部、关系全部"之特征,这或许也揭示了将其作为下阶段财税改革和财税法治建设重心之一的深层次动因。

---

① 徐阳光:《论建立事权与支出责任相适应的法律制度——理论基础与立法路径》,载《清华法学》2014 年第 5 期,第 88 页。
② 参见蒋悟真:《中国预算法实施的现实路径》,载《中国社会科学》2014 年第 9 期,第 125 页。

(三) 稳健推进税制改革

中共十八届三中全会决定中强调,要改革税制、稳定税负、完善税收制度。这里面其实包含了两层意思:税制改革和结构性减税。从决定的提法看,突出强调一个"稳"字,耐人寻味。我们看来,这是在强调税制改革"由点及面"的循序渐进,"成熟一个改一个"的路径取向。就当前而言,"营改增"从交通运输和若干现代服务业扩大到电讯、铁路运输和建筑安装业并推广到全国,稳步扩大房产税试点,提高资源税税率等,应当是现下应着力推进的税制改革项目。此外,公报中"完善税收制度"的提法,其实还蕴含着一层意思:无法可依的税种,要制定法律规范;不合时宜的税法制度,要优化更新。自1985年起,全国人大将财税事项的立法权授权给国务院行使,迄今已逾三十载,授权当时,应当说考虑到改革进程的"日新月异",由国务院适度掌握财税立法权限,有其合理性;但在此时此刻,政府权力不断扩张、普通公民的财产权受到政府财政权日益强大的威胁,通过立法形式制约政府征税权力,尤为必要,毕竟,"征税的权力事关毁灭的权力"。2013年3月,即有人大代表提出议案,建议全国人大回收税收立法授权,中共十八届三中全会决定中对税收法定原则的强调,可以视为是对社会呼声的积极、正面回应。从这个角度看,"稳健推进税制改革"中"稳健"之要求,实际上也有"通过立法推进改革"的意味,因为立法这种民主性供给最为充分的建制形式,更能凝聚起社会共识、减少制度遵从成本、降低违法动机。此外,税制改革还应注意按照统一税制、公平税负、促进公平竞争的原则,加强对税收优惠、特别是区域税收优惠的规范管理。

(四) 以财税立法推动和保障财税改革

我们还需要强调,改革与立法并不矛盾,"重大改革于法有据"已经成为全社会的共识。不能片面地认为立法会阻碍改革,要认识到立法本身有一个凝聚共识的过程,这对于改革方向的把握、改革成果的推广,都大有裨益。"改革应该从政策导向转向法治导向,同时不能忽视价值层面的引导……在法治与改革的关系中,把法治既当成改革的手段,也当成改革的目标。"[①]所以,财税体制改革应当坚持在法律框架内进行,尤其是在中国现阶段财税法律比较粗疏的情况下,更不能人为地将二者割裂、对立起来。很多时候,步子慢一点,往往会更加稳一点。生活中的智慧,在治国当中,又何尝不是如此呢?"治大国若烹小鲜。"诚哉斯言!

具体来说,"打铁还需自身硬",以财税立法来推动和保障财税改革,首先需

---

① 陈金钊:《法治与改革的关系及改革顶层设计》,载《法学》2014年第8期,第13页。

要在财税立法层面做好五个方面的工作:首先,提升财税立法的效力位阶,不仅仅要贯彻中共十八届三中全会提出的"落实税收法定主义",对于财政基本事项,也要抓紧制定法律;其次,完善财税法律体系结构,形成以财政基本法、税收基本法为统领,以财政实体法和财政程序法为骨干,包括财政收入法、财政支出法、财政管理法、财政监督法等内容,层次分明、结构完整、有机联系的统一整体,在立法过程中不可偏废;再次,增补具体的法律规范,强化授权性规范的立法,做到具体事项授权明确、一般性授权与限权相结合,同时对于每一具体的财税行为,需要规定前置条件、实体标准、程序要求和法律后果,实现双向控制;复次,改进立法技术,一方面要将财税法定位为公共财产法,避免过于强调"相机抉择"导致的制度稳定性欠缺,另一方面要注意法律规范的结构框架、立法语言,追求"良法之治";最后,公开立法过程,注意财税立法中有效民意吸纳机制的构建,这也是治理语境下提高财税立法科学性与民主性,保障纳税人权利的有效途径。

第三章 财税法的范畴提炼

范畴①理论是财税法总论的重要组成部分,有学者将财政民主、财政法治和纳税人权利作为财税法的核心范畴②,也有学者从财政、财政法、财税法学三者关系的角度研究基本范畴问题。③ 此外,还有学者具体研究了税法学的范畴问题,提出"税收法律关系、税收之债、税收要素、税法主体、税收行为、税收权力、税收权利、税收义务、税收责任等可以作为税法学的重要范畴"。④ 总体上看,对财税法的范畴理论进行系统梳理,还较为匮乏,本章尝试从研究意义、法哲学基础、提炼标准和体系构建等维度略作探讨,期能抛砖引玉。

第一节 财税法范畴提炼的基本理论

一、研究财税法范畴的意义

对财税法的范畴体系进行研究,其意义表现在理论和实践两个层面,前者主要是关系到财税法理论大厦的构筑和财税法学科的发展拓新,后者则指对财税法律制度建设的指导意义。具体展开,包括但不限于以下四个方面:

---

① "范畴"一词出自古希腊文,原意是指指示、证明。汉语系取自《尚书洪范》九畴之意。在哲学上,亚里士多德最早对范畴作了系统研究,把它看作是对客观事物的不同方面进行归类而得出的基本概念。康德也曾对范畴进行解释,认为范畴是一些先天性的原则或概念。而黑格尔则认为,范畴是先于自然界和人而客观存在的绝对观念的发展过程的环节。马克思主义哲学认为,范畴是反映客观事物本质联系的思维形式,是各个知识领域中的基本概念,各门具体学科中都有各自特有的范畴。范畴是人们在实践基础上概括起来的科研成果,转过来成为进一步认识世界和指导实践的方法。范畴是人类认识发展的产物,一定范畴标志着人类对客观世界认识的一定阶段。人类认识自然和社会不是简单、机械地反映过程,而是形成概念、范畴和规律的复杂过程。马克思主义哲学还认为,范畴是处于不断发展中的概念。从范畴是反映现实世界的内在的、必然联系的角度看,范畴与现实世界之间是能动的、相互联系的。参见〔苏联〕罗森塔尔、尤金编:《简明哲学词典》,中共中央马克思、恩格斯、列宁、斯大林著作编译局译,人民出版社1958年版,第675页。另见《辞海》(哲学分册),辞书出版社1980年版,第82—83页。

② 参见金香爱、宋诗:《新时期财税法核心范畴初探》,载刘剑文主编:《财税法论丛》(第13卷),法律出版社2013年版,第106—125页。

③ 参见刘隆亨:《学习研究当代财税法学的几个问题》,载《法学杂志》2003年第6期,第2—4页。

④ 刘剑文主编:《税法学》(第四版),北京大学出版社2012年版,第5页。

（一）增强财税法学科的体系性

体系性，是从学科的内部结构而言。范畴、尤其是较高层次范畴的提炼，表明财税法学不再仅仅是财税制度的简单复述，而是具有理论化和体系化的特征。"一门科学的基本概念的形成有赖于科学理论体系的建立，而这些概念的形成以及相应的基本规律的确立，是该学科理论得以形成的前提。该理论中的其他一些概念则只有在整个概念体系中，在整个理论结构中才能获得其完全科学的意义。"① 范畴是概念的抽象，范畴内部又有较强的体系划分，这给财税法学科的体系建构提供了有力的理论支撑。

财政法学与税法学的关系始终是贯穿财税法学科发展、成熟的重要议题。从理论逻辑看，财政法应当包括财政收入法，而税法当然属于财政收入法中的一个组成部分，两者应当是包含与被包含的关系；从各国实践看，在很多国家的法学体系中，税法学是单独存在的，而财政法学则纳入行政法学项下或是也独立存在与之并列②，"税法的特殊性不仅表现在法律规范的数量多、覆盖面广，更主要地表现在它逐渐发展出一个相对独立的内部体系"。③ 我国学者较有开创性地将财政法与税法打通研究④，主要依据是将财政收支整合研究和"以问题为中心的研究方法"。⑤ 这种阐释在理论上尚难自圆其说，其只满足了整合研究的充分而非必要条件；唯有从范畴、尤其是抽象度更高的高位阶范畴入手，才能揭示出二者的内在勾连，进而通过范畴体系的层次性对制度进行反思性重构。

（二）凸显财税法学的"可识别性"

可识别性，指通过范畴进行外在的学科间对话。"不同学科之间的沟通、对话、合作很大程度上是借助于范畴进行的。"⑥ 对此可从两方面理解：一种情况是如果没有自己的范畴或范畴的内容模糊不清，就不能引发共识，各学科间就无法进行正常、有效的沟通和对话，比如民法的"请求权"、刑法的"法益"范畴，当其他部门法学科引介这两个学科的智识成果时，多是从这两方面展开，这是

---

① 彭漪涟：《概念论——辩证逻辑的概念理论》，学林出版社1991年版，第156—157页。
② See Richard A. Musgrave, Peggy B. Musgrave, *Public Finance in Theory and Practice*, New York: McGTaw—Hill Book Co, 1984, pp. 74-89.
③ 刘剑文：《财税法——原理、案例与材料》，北京大学出版社2013年版，第1页。
④ 也有学者认为，税法在许多方面有特殊之处，与传统财政法有渐趋分离之势，因而可以把税法独立出来，对法制建设和法学研究均有益处。参见张守文：《财税法学》（第三版），中国人民大学出版社2011年版，第31页。
⑤ 参见张莹：《论财政法与税法的差异性与统一性》，载刘剑文主编《财税法论丛》（第13卷），法律出版社2013年版，第172—176页。
⑥ 张文显：《法学的理论与方法》，法律出版社2011年版，第289页。

范畴的"标签"功能;另一种情况是如果没有形成自己的独特范畴或内容模糊,甚至连该学科存在的必要性都会受到质疑,因此很多新兴学科都强调对"特异性范畴"的研究,这是范畴研究的"身份证"功能。易言之,研究财税法的范畴,能揭示学科的独立性、同时搭建与相关学科的沟通平台。

(三)映照财税法和财税法学的历史发展

范畴是社会实践基础上思想活动的产物,是人类在一定历史阶段理论发展和理论体系形成水平的指示器。①"指示器"的功能定位昭示了其具有极强的适应性和相对的超前性,作为制度本体和研究客体的财税法,既有相对的稳定性,又具备一定的变易性,财税法范畴作为对概念的提炼,稳定性是主流,但仍然会随着法律制度、法律理念的变化而有相应的调整;通过把握范畴的变化,可以集中体察财税法律制度的变迁和财税法学理论的演进。这里可以区分两种情形:

第一,在范畴体系中位于较低位阶的普通范畴,仅仅是对某一具体法律现象的简单抽象,跟制度本身联系较紧,所以随着法律制度的革新,普通范畴体系会有不断扬弃的过程。比如,曾经在英国存在、为约束新闻媒体而存在的报纸税②,如今早已不复存在,所以相应的"报纸税"范畴也成为历史;作为一个比对的适例,随着环境保护费改税和《环境保护税法》的即将出台,"环境保护税"的范畴也经历从无到有的过程。因此,财税法的普通范畴变易较为频繁,而随着范畴级别的逐次提高,到基本范畴、中心范畴乃至基石范畴的层面,由于较之具体的法律现象,抽象程度有较大提升,其回应制度变化而变化的频次大幅下降;

第二,在范畴体系中位于较高位阶的中心范畴、基石范畴,系由法律现象高度抽象而来,这个过程揉入大量主观的价值取向因素。一般法哲学意义上的基石范畴经历了由义务本位到权利本位的范式转移,财税法的基石范畴也有一个从权力本位到权利本位的移位过程。把握准中心范畴、尤其是基石范畴,也就拿捏准了某一时态财税法学的立论基础和价值取向,相应地,透过这类范畴的历史变迁,即可更好地理解传统财税法学到现代财税法学的进化。

(四)促进财税法体系的周延、自洽与更新

至少有三个方面的因素决定了现行财税法体系较为混乱的现实境况:一是没有统一的法典、也缺乏一部具有统领作用的法律(如《财政基本法》《税收基本法》),大量单行立法则容易出现体系松散、制度冲突或空白的现象;二是财税

---

① 张文显:《法哲学范畴研究》(修订版),中国政法大学出版社2001年版,第3—4页。
② 参见〔美〕查尔斯·亚当斯:《善与恶——税收在文明进程中的影响》,翟继光译,中国政法大学出版社2013年版,第360页。

立法级次较低,法律层级规范数量极少,"部门立法"的现实增大制度冲突的可能性;三是财税改革长期处在"进行时",制度变化频繁,而且财税问题本身体系庞杂、琐碎内容较多,立法时难免挂一漏万。这些因素有些可能是不合理的(如立法位阶低),有些是财税活动的客观属性决定的(如体系庞杂、内容琐细),还有些虽不合理、也非短期内所能改弦更张(如财税基本法律的缺失)。研究范畴体系,则在一定程度上可望促进财税法体系的周延和自洽。范畴总是存在于与其他范畴的联系中,总是与其他范畴一起构成有机联系的体系,同时每一个具体范畴自身又总是展开为一个体系。① 范畴本身也可分为普通范畴、基本范畴、中心范畴、基石范畴等不同位阶,较高位阶的范畴作为纽结将较低位阶的范畴联系起来,较低位阶的范畴同样作为纽结将法律概念、法律制度联系起来,顺着一条逻辑主线即可将分散的财税法制度规范整合为一个有机整体。需要指出,通过这种"自上而下"的逻辑推演,得出的是应然维度的制度体系,通过与现实法体系比对,即可拾遗补缺,明晰完善现行财税法体系的着力点。

此外,如前所述,随着财税法理论的发展,中心范畴、基石范畴等高位阶范畴可能有所变易,如由权力本位演化为权利本位。在这种情况下,前述"纽结式"逻辑推演可能得出不同的应然制度体系,这就揭示出法体系和法规范更新的方向。在权力本位作为基石范畴的情形下,对纳税人权利的关注力度有限,税法体系中诸如知情权、保密权、监督权、选择权、诚实推定权等纳税人权利的规定必然很少见;而在基石范畴转变为权利本位后,通过逻辑推演则不难发现这方面的制度缺失,从而明确规范补足的方向,此即为范畴理论对制度实践的反作用。作为法律发展既有成果的制定法是一种"先验且必然的结果","制定法不能也不可以明确地规定,因为它需要适合于各样无穷尽的案件"作为"各个知识领域中的基本概念"的范畴,其与法律体系之间的关联始终处于发展和进化的过程中,并且"持续地发生改变,且重要的是,改变发生在法律话语中,正是它们的性质之所在……法律话语也可能引致国内法律体系及其语言的趋同"。② 简言之,范畴研究能给财税法提供可持续的发展动力。

二、财税法范畴的法哲学基础与提炼方法

不同时期的财税法,在价值取向和制度设计上殊异,这决定了各个时期财税法范畴分享着不同的理论背景。本章拟在对之进行历时性考察的基础上,尝

---

① 张文显:《法哲学范畴研究》(修订版),中国政法大学出版社 2001 年版,第 6 页。
② 〔比〕马克·范·胡克:《比较法的认识论与方法论》,魏磊杰、朱志昊译,法律出版社 2012 年版,第 415 页。

试分析现代财税法范畴的法哲学基础,进而于此前提项下,研究提炼财税法范畴的基本方法。

(一) 历时性考察

范畴是概念的抽象,客观的法律现象和对法律现象的主流理解,作为范畴提炼的基本背景,很大程度上影响和决定着我们对范畴的理解和把握。这里仍有必要区分两种情形分别讨论:第一,与具体制度结合紧密的较低位阶的范畴,随着制度的变化而处于不断扬弃的过程,前文已述,此处不赘;第二,抽象程度更高的,中心范畴、基石范畴等高位阶范畴,和具体制度距离较远、而更受人们对制度体系主流认识的影响,这在财税法领域呈现得较为明显。

1. "权力关系说"到"债务关系说"的范式移转

历史地看,作为范畴提炼之背景的财税法研究理论范式,在全球范围内经历了由"权力关系说"到"债权债务关系说"的范式转移,而在后者项下,又可区分为以金子宏为代表的"实体程序二元结构"①和以北野弘久为代表的法实践论视角下债权债务关系的一元论。② 行政法学的理论将行政上的法律关系区分为权力性法律关系与非权力性法律关系,后者系指通过公权力行使以外的行为形式与国民接触的法律关系,主要是土木工程承包、公共企业提供服务等,而税收赋课则被视为典型的权力性法律关系。③ 人们将税收关系视为公法债务关系,与其权力性法律关系的定位并不矛盾,公法上的债务本就和私法之债不同,税收之债使法定之债、公法之债,只能依强行法规定为履行行为且争议通过行政救济渠道解决。④

在前述理论范式易位的大背景下,中国的财税法中心范畴、基石范畴的法哲学基础经历了较为明晰的演进过程;简言之,可概括为三个阶段:公权至上的神话(国库中心主义)—公权照进私域(作为宏观调控工具的财税法)—公私权的调和与互动(公共财产法)。

---

① 在我国,有学者借鉴德国行政法的"两阶段理论"和金子宏等日本税法学者的研究成果,提出了分阶段论和分层面关系说等新观点。较为详细的讨论参见李刚:《税法与私法关系总论——兼论中国现代税法学基本理论》,法律出版社2014年版,第107—109页。

② 参见〔日〕北野弘久:《日本税法学原论》(第五版),郭美松、陈刚译,中国检察出版社2008年版,第174—175页。北野先生在法实践论和法认识论两种视野下分别进行讨论,认为"只有从法实践论出发,将租税法律关系统一地理解为债务关系,从法认识论的角度出发,则在整体上将租税法律关系把握成权力关系才是正确的"。所以,二者的观点非为截然对立,毋宁说是北野先生区分了应然和实然两种状态,在应然层面呼吁"一元论"。

③ 参见〔日〕南博方:《行政法》(第六版),杨建顺译,中国人民大学出版社2009年版,第87页。

④ 参见〔日〕金子宏:《日本税法》,战宪斌、郑林根等译,法律出版社2004年版,第107—108页。

2. 公权至上的神话

新中国成立后很长一段时期,在"根本利益一致"的话语体系下,根本不存在纳税人与国家利益对立的理论空间和实际可能性;尤其是在"集中力量办大事"的宣传口径下,财税制度主要是作为国家汲取财政收入的工具而存在,纳税人潜在的权利诉求被"取之于民用之于民"的"正当性陈述"轻易消弭。在这一时期,如何保证国家足额(如果不是"最大化")、及时地获取财政收入,是财税法所要面对的根本问题;同时,国家希图以尽量隐匿的手段征税,使纳税人产生乐观的财政幻觉,进而最大限度地减少纳税人对给定水平的税收负担的反抗。[①]彼时的财税法主要是工具性的,这也决定了其范畴体系中较高位阶的范畴判然有别于当下,即便在形式上或多或少存在相似性,在实质内涵层面也是迥异。比如,"依法治税"的口号于20世纪80年代末期兴起于报纸杂志乃至国家的制度、政策、文件,成为财税法学较具有共识的范畴,也被认为是"法治"这一一般法哲学基本范畴在具体部门法中的体现。但其时之"依法治税"并不完全含有现代法治意义上的要求、观念和内涵。[②] 此一时期较为常见的表述,如"要充分发挥税收的职能作用,保证国家建设资金的需要,就必须把税务工作纳入'法治'的轨道"[③],实则既混淆了"法治"与"法制",更是将财税法的功用限定为"保证国家建设资金的需要",是典型的国库中心主义思路。主张这种思想的人强调,"只要国家存在,个人利益、局部利益就要服从国家利益……从根本上说,维护了国家的整体利益、长远利益,也就维护了每个纳税人的合法权益"。[④] 在这种理论基础指引下建构的财税法范畴体系,必然是将国家税权作为中心和基石范畴,而纳税人权利等则不可能进入范畴体系的视域范围。

3. 公权照进私域

20世纪80年代以后,随着改革开放扩展到城市以及其深度、广度不断拓掘,市场经济在中国建立并不断发展,"政府—市场"二分逐渐得以确立。传统计划经济时期国家直接干预的做法不再能行得通,但是诸如外部性、公共物品短缺、社会分配不公等市场失灵现象大量存在[⑤],国家干预在一定范围内仍有必要性,遂以财税、金融、价格等较为间接之方式进行宏观调控。此一时期的财税

[①] 徐诗举:《对西方财政幻觉假说的拓展》,载《财政研究》2009年第1期,第11页。
[②] 谭志哲:《当代中国税法理念转型研究:从依法治税到税收法治》,法律出版社2013年版,第82页。
[③] 宋志军、高辉:《依法治税探讨》,载《黑龙江财专学报》1989年第2期,第77页。
[④] 王家林:《也从纳税人的权利和义务谈起——就一些税法新理论求教刘剑文教授》,载《法学杂志》2005年第5期,第53—54页。
[⑤] 参见吕忠梅、陈虹:《经济法原论》,法律出版社2007年版,第6—11页。

法,被视为经济法中宏观调控法的组成部分,财税法学也隶属经济法学,不成其为相对独立之二级学科。考察此一时期的财税法话语体系,鲜明特征是"宏观调控"作为中心范畴而存在,预算调控、国债调控、采购调控、税收调控等基本范畴忝列其中。其间虽可见纳税人权利保护之语词,但基本上是对制度的简单复述,至多可作为基本范畴之一项,地位相当有限。极而言之,这其实还是国家中心主义的思路,毕竟,宏观调控"促进经济增长,增加就业,稳定物价,保持国际收支平衡"的目标只见公权力的挥洒,私主体的权利恰似"寄居蟹",颇为尴尬。当然,也要认识到,此种"公权照进私域"的范式,较之前述绝对意义上的"公权至上",毕竟在相当程度上顾及到私权的重要地位。"不仅是公法渗透进了经济生活,而且反过来,私人经济也以合法或非法的途径渗透进了政治生活。"①在这个意义上,可以揭示出其历史进步性,但是对其作用的范围、方式和力度,有妥加规制的必要性。

4. 公私权的调和与互动

平衡协调公权力与私权利,尤其是以权利作为本位、实施倾斜保护,为越来越多的学者所肯认。"最低限度的国家把我们当做不可侵犯的个人,不可以被别人以某种方式用作手段、工具、器械或资源的个人;它把我们当做拥有个人权利的人,并带有由此构成的尊严。它通过尊重我们的权利来尊重我们……"②而此种观点的部门法化进程,已经开启,例如,"公私协调"为部分经济法学者肯认为经济法的基本原则,日本学者早已指出,经济法的特点在于是国家干涉社会经济的社会法,其结构上具有三面性③;国内也有学者认为,"作为现代新兴法律部门,经济法对于整个经济生活的调整,不再是国家—私人二元对立之下维护任何一方利益的工具,也不仅是私人组织扩大之后的一种国家单纯用以矫正社会不公、保护经济弱者的手段……在调整中处处以平衡协调为先,竭力促使私人与私人、私人与国家的合作"④。但是,这种观点主要还是由经济法学界中部分学派所主张,尚未成为主流。

与之不同,现代财税法学则愈益强调国家财政权与私人财产权的妥适调和

---

① 〔德〕拉德布鲁赫:《法学导论》,米健译,法律出版社2012年版,第94页。
② 〔美〕罗伯特·诺奇克:《无政府、国家和乌托邦》,姚大志译,中国社会科学出版社2008年版,第399页。
③ 〔日〕丹宗昭信、伊从宽:《经济法总论》,〔日〕吉田庆子译,中国法制出版社2010年版,第158页。
④ 史际春、邓峰:《经济法总论》(第二版),法律出版社2008年版,第157页。

与良性互动。① 国家财政权与国民财产权的"两权分离",是财税法产生和发展的前提,而对相关问题的不断解决,则推动财税法制和财税法学研究的发展。公权力与私权利的关系问题,向来是推动法学制度和理论发展的重要动力,传统法学"权利—义务"的体系结构,在财税法等新兴部门法中同样适用,但与此同时,"权力—权利"的法权结构分析,重要性也不断上升。以税法为例,国家税权与纳税人税权的衡平②,就是一个制度和理论都要尝试解决的问题。当然,在法权配置非均衡的现实生态中,国家权力强大、且有"自扩张"倾向,而纳税人权利则显得尤为脆弱。因此,给予倾斜性权义配置殊为必要,也即通过对财权的规制与管控限制政府权力,同时更加侧重对纳税人权利的保护。③ "惟课税立法权应受纳税义务人基本权限制;而财税划分与统筹分配税制,亦须斟酌纳税义务人基本权。盖政府系为人民而存在;人性尊严与个人基本价值之实现,为国家最主要任务。"④此外,如何化解"法治国家内之反抗权——特别是公民不服从"⑤,是制度建设的难题所在,现代财税法即担当着消解公民抵抗风险(如对不合理税制的抵抗、对政府提供公共服务不力的抗议)的任务,这需仰赖财税立法、执法和司法作出全方位的调试。

尤其是在作为"法治中国"论说由政治表达具体化为全面改革行为逻辑的当下,公权力与私权利的良性互动更加具备实践理性。"法治中国是从依法治权与依法维权的二元对立转向互信、和谐的权利与权力关系模式与治理格局的必由之路。"⑥对应此种法哲学基础的理论体系即为"公共财产法"理论学说。我们认为,将财税法界定为公共财产法,具有合理性,但是必须分别界定清楚,不可泛泛而谈。公共财产法理论框架下的中心范畴应该有"两翼"——公共财产权与公法上的财产权,不可混淆,待下文详述之。

需要强调指出,以上三个阶段的划分只是大致为之,并非意味着罗列在前的理论基础在后续时段内即无人认同,仅仅是反映大体趋势。而且,这三种理论基础之间也非完全没有重合之处,比如在强调国家财政利益的理论体系中,多少也具有某些宏观调控的因子,因为"宏观调控的主导一方是政府……唯有政府(主要是中央政府),才有可能反映总量运行的经济要求,并制定克服总量

---

① See Richard A. Musgrave, *The Theory of Pubic Finance: A Study in Public Economy*, New York: McGraw—Hill, 1959.
② 相关讨论参见张怡等:《衡平税法研究》,中国人民大学出版社2012年版,第111—114页。
③ 侯卓、胡瑞琪:《财税法价值论刍议》,载《江汉论坛》2014年第5期,第99页。
④ 葛克昌:《税法基本问题(财政宪法篇)》,北京大学出版社2004年版,第183页。
⑤ 〔德〕阿图尔·考夫曼:《法律哲学》,刘幸义等译,法律出版社2011年版,第224—226页。
⑥ 汪习根:《论法治中国的科学含义》,载《中国法学》2014年第2期,第113页。

失衡的宏观经济政策、制度及相应措施"。① 在功能目标与主体配置上的接近，使二者间有交互融合的因素。另外，公共财产法与宏观调控法二者间也有一定重合之处，且在当下也无法绝对地将二者分割，比如税收优惠既涉及公共财产收入的减少，也往往作为一种宏观调控手段而运用；所以，财税法若干基本范畴是在两种语境下兼而有之的。

（二）提炼现代财税法范畴的基本方法

提炼财税法的范畴，需要遵循一定的方法论为之，这既包括适用于各学科的一般方法，也包括财税法范畴提炼的特异性方法。就前者而论，不外乎语义分析、价值分析、历史分析等几种②，无甚特别之处。这里主要研究特异性方法，也就是提炼现代财税法范畴时应重点注意的事项。

第一，主观与客观相结合，越是较高层次的范畴，主观性成分越浓。提炼财税法较低位阶的范畴，比如普通范畴，主要是对客观制度的初级抽象和反映，如纳税人、转移支付等，此时客观性所占比重较大；而在提炼较高位阶的范畴时，则涉及更多的主观"选取"，即为何要抽象出此一范畴，直接反映不同提炼者的价值取向。如果说范畴区分不同的学科，那么基石范畴则区分不同的学派，比如是将宏观调控还是将公共财产权作为基石范畴，直接反映研究者不同的立场和取向。

第二，一般和特殊相结合，越是较高层次的范畴，其一般性和特殊性都体现得更加明显。研究财税法的范畴，既要遵循提炼法学范畴的一般方法，尤其是对于权利、义务这样的中心范畴必要给予足够关注，同时又要体现出财税法这一法体系的特色，比如要认识到财税法本质上也属"财产法"范畴，规制纵向财产关系。③ 较低层次的范畴，由法律现象初次抽象而来，本学科特色凸显，在一般性上要求不高。而较高层次的范畴，则担负着为本学科与其他相关学科搭建对话平台的重任，如果完全不遵循法学的一般话语体系，自创新概念，则很难达致此项目的，因此基本的共性准则是要遵守的；另一方面，财税法学科的中心范畴、基石范畴是彰显本学科"核心竞争力"的关键要素，需要让人一眼就能透过范畴看到学科概貌，所以本学科的特殊性也要充分显现出来。我们在本章后部将"公共财产权"和"公法财产权"作为现代财税法学的中心范畴，就是基于一般和特殊相结合的考虑。

---

① 张守文主编：《经济法学》（第五版），北京大学出版社2012年版，第93页。
② 对于法哲学范畴研究方法更详细的讨论，参见张文显：《法哲学范畴研究》（修订版），中国政法大学出版社2001年版，第15—22页。
③ 参见刘剑文：《重塑半壁财产法：财税法的新思维》，法律出版社2009年版，"代序"第1页。

第三章　财税法的范畴提炼

第三,历时性分析与现时性分析相结合。任何一门学科的范畴都兼具一定程度的稳定性和灵活性,较低层次的范畴接近制度规范,稳定性相对欠缺,所以对这部分范畴的提炼主要是结合现实制度为之。较高层次的范畴则有高度抽象性,更接近对学科本质的探求,所以需要在进行更多历时性分析的基础上,超越某一特定时期的制度实践、从高处把握之;但是另一方面,范畴的提炼又离不开特定时期的社会实践和思想认识,并且受其约束,很难想象在国库中心主义占据主导地位的情形下提炼出"公共财产权"的中心范畴。也正因为对高层次范畴的提炼面对这样一个两难抉择,方才映衬出其意义所系。

三、范畴体系构建的一般理论

依据不同的标准,可以对范畴体系进行不同划分。比如,可以基于范畴类型,将范畴分为本体论范畴、进化论范畴、运行论范畴、主体论范畴、客体论范畴和价值论范畴。再如,有的学者从范畴的形成和对比上看,将范畴分为特异性范畴和非特异性范畴。[①] 这两种划分方法,各有其合理性,而合理性成分之大小,则取决于其功能设定。如果从构建范畴体系的角度出发进行审视,则此两种方法均在横截面上进行区分,体系性上有所欠缺。

表3.1　范畴的不同分类

划分标准	范畴体系的具体分类
范畴的具体类型	本体论范畴;进化论范畴;运行论范畴;主体论范畴;客体论范畴;价值论范畴
范畴形成的方式和独特性	特异性范畴;非特异性范畴
范畴的位阶和功用	普通范畴;基本范畴;中心范畴;基石范畴

本书拟采纵向划分方式,基于范畴的位阶和功用之不同,将其划分为普通范畴、基本范畴、中心范畴和基石范畴。其中,普通范畴是对法律现象某个侧面、某一具体过程较为简单的抽象,属于初级范畴;基本范畴以法律现象的总体为背景,是对法律现象基本环节、基本过程或初级本质的抽象,系属法学理论的基本概念;中心范畴则在法学范畴体系中居于核心地位,是对法律现象总体的普遍联系、普遍本质、一般规律的高度抽象;基石范畴是中心范畴中占主导地位的范畴,从而构成范畴体系的逻辑起点和基石。[②] 如前文所述,很大程度上,基石范畴是个"选取"问题,价值取向的影响很大,比如,权利和义务是法哲学的中

[①] 张守文:《经济法总论》,中国人民大学出版社2009年版,第231页。
[②] 参见张文显:《法哲学范畴研究》(修订版),中国政法大学出版社2001年版,第14—15页。

心范畴,义务本为曾经在一段历史时期内被选取作为基石范畴,但现代法哲学早已确立权利本位的基石范畴地位,相应的制度构建自然也发生了根本性变化。

第二节 财税法范畴的架构

财税法的范畴,可以形成"普通范畴—基本范畴—中心范畴—基石范畴"的四维结构。兹分述如下。

一、财税法的普通范畴

财税法的普通范畴涵摄面极广,各种财税法律现象均有对应的普通范畴,以预算法律过程为例,预算的编制、审批、执行、调整、决算等,都可作为普通范畴。普通范畴在整个财税法范畴体系中位于最基本的层次,高位阶范畴的提炼是对普通范畴的抽象和再抽象。由于其数量庞杂,这里仅简要提示,不再予以展开。

二、财税法的基本范畴

财税法基本范畴的数量没有普通范畴多,但是其直接孕育中心范畴和基石范畴,重要性不输前者,而在提炼难度上则远远超出。基本范畴存在的意义取决于它与所概括对象之间的契合程度,即能否从众多一般概念和具体现象中抽象出其共通属性、并真实地反映客观对象。其对抽象的能力和与客观对象的契合两个层面有相当高的要求。提炼基本范畴时,有两种基本思路:一是参考作为共识的法哲学基本范畴,如法、法律行为、法律关系、法律责任等,有经济法学者即在此基础上提炼出经济法、经济行为、国家干预、实质正义、社会本位等经济法基本范畴[1];二是与较高层次的中心范畴、基石范畴统合考虑,求得体系的周延,此时由于中心范畴、基石范畴本身的特性色彩更浓,因而循此路径提炼之基本范畴,无可避免地更具学科辨识性。大体来讲,可以将前一类称为共性范畴,将后一类称为固有范畴。

须言明者,"共性"和"固有"的对立统一,不独在基本范畴层面存在,于普通范畴维度上尤甚,诸如财产、租赁、赠与等概念,实属财税法自民法处"借用"而来的普通范畴,由此方才诱致如何在财税法上体认借用概念的法律问题[2];然

---

[1] 参见薛克鹏:《经济法基本范畴研究》,北京大学出版社2013年版,第6—9页。
[2] 参见廖益新、李刚、周刚志:《现代财税法学要论》,科学出版社2007年版,第99—108页。

第三章 财税法的范畴提炼

而,普通范畴体量庞大,且系自具体法律现象简单抽象而来,在法理层面加以讨论的意义有限,本书拟采"存而不论"的立场。至于中心范畴和基石范畴,由于其直接关系到一门学科理论自洽乃至制度型构之根本,且"编制"上极为"稀缺",虽则不同论者或基于不同之立场而提炼出不同之中心范畴、基石范畴,但似无可能直接"搬用"一般法哲学的话语体系。职是之故,本章所谓之"共性范畴",严格说来意为"共性的基本范畴","固有范畴"亦即"固有的基本范畴";但为笔触流畅,直接作前揭简易处理,特此说明。

(一)共性范畴

就财税法而言,财税法、财税法律关系、财税责任、财税法律价值、财税法治等可以作为财税法的基本范畴。但是要强调指出,谓其"共性",原系相对"固有"而论,并非意指其同一般法哲学或其他部门法的相关范畴有完全相同之内涵。① 也正因其"同中存异",才更有厘清之必要。

1. 财税法

"财税法"是财税法范畴体系中的本体论范畴之一,主要解决财税法的定义方法、财税法概念的内涵与外延、财税法与相关学科的关系、财政法与税法的关系等问题。另有一个重要问题,也即财税法在作为整全体系的财税领域中的地位和功能。"法律在社会里所产生的作用同神经系统在有机体里所产生的作用是很类似的。"②那么具体到财税领域与财税法的情形又如何呢?尤其是,何以证明,财税法非为财税政策的简单"法律化"?由此可见,"财税法"这个范畴堪称整个财税法学科的逻辑起点,如果不澄清这些本质属性、内部结构和外部关系的问题,财税法学科是难以不断走向成熟和壮大的。

2. 财税法律关系

"财税法律关系"是根据法律关系原理,对财税法的主体、客体、权利义务等诸要素进行概括和抽象所得出的基本范畴。税法学上"税收法律关系"的分析较为成熟,但是财政法上缺乏对"财政法律关系"的提炼,如果不确立"财税法律关系"的概念范畴,则税法学与财政法学的"打通研究"则仍然只能停留在松散状态。

有种观点认为,财政法和税法确实在调整对象、调整方式等层面存在很多不同,因此统一的"财税法律关系"范畴难以确立。我们以为,这其实是基于财

---

① See Eugen Ehrlich, *Fundamental Principles of the Sociology of the Law*, University of Pennsylvania Press, 1958, p. 566.

② 〔法〕埃米尔·涂尔干:《社会分工论》,渠东译,生活·读书·新知三联书店 2000 年版,第 89 页。

政法和税法分别研究现状、受"路径依赖"所得出的不确切结论。具体来说,目前对财政法的研究主要集中在权力配置的层面,也即更多关注国家机关之间的法律问题,比如政府间的转移支付、人大与政府在预算权配置中的地位,等等,较少涉及国家机关与纳税人间的问题①;而目前的税法研究则恰在国家机关与纳税人层面着力较多,对于税权在国家机关间的配置问题虽然有所关涉,但基本局限在"税权"单一层面。其实,如果将视域范围稍加延展,即可发现,财政法遇到的问题,税法也要面对;反之,税法尝试解决的问题,财政法也无法逃避,只不过我们有意无意地"选择性忽视"了。比如,财政法领域同样涉及大量关系国家机关与纳税人关系的议题,且不论较为间接的诸如预算过程中的预算公开、纳税人预算参与之类,政府面向纳税人的公共产品和公共服务提供、以及在这个过程中发生的一系列诸如程序设定、实体标准、权义配置、责任承担等问题,都需要财税法纳入研究范围。从这个意义上讲,"民生财政"的概念提出和理论展开确有统一视域范围的功用,比如有学者即将实施民生财政法治化的框架划分为预算法律机制、收入法律机制、支出法律机制、监督法律机制和救济法律机制。② 这其实就以"民生财政"为主线,牵起了财税法不同侧面的法律制度。另一方面,对于税权配置的研究,完全可以同财政权配置结合起来进行,如政府间财政分权、预算权配置等议题,其实已经包括了税权配置问题。此外,税法作为财政收入法之一部,其研究的相对成熟也折射出我国非税收入法、政府性债务法等研究的不足,这部分的"打通研究"也是必不可少的。比如,有学者已经开始相关研究尝试,在原初税收法定基础上,提炼出财政法定概念,并进行统一分析。③ 由此可见,建构统一的"财税法律关系"基本范畴,并非不可能。当然,如果仅仅是从形式上通过主体、客体、内容(权利和义务)对"财税法律关系"进行解构,则意义有限,这也给我们的建构和阐释提出了更高的要求。

3. 财税责任

"财税责任"是对分散在不同财税法律制度中财税法律责任的总体概括。几乎每一部财税法律、法规中均有对财税法律责任的规定,但是财税法理论对责任问题的拓掘并不足够。这可能主要是因为:(1) 财税法律、法规中的责任

---

① See Paul A. Samuelson, The Pure Theory of Public Expenditure, *The Review of Economics and Statistics*, Nov., 1954, Vol. 34, No. 7.
② 陈治:《我国实施民生财政的法律保障机制研究》,法律出版社 2014 年版,第 50 页。
③ 参见刘剑文:《论财政法定原则——一种权力法治化的现代探索》,载《法学家》2014 年第 4 期,第 19—32 页。

规定,主要是行政责任,其中构成犯罪的则追究刑事责任①,也即主要是借用"他法责任";以及(2)不同的财税法律、法规中规定的责任,比较散乱,涉及财税活动不同环节、不同领域的事项,统一把握较为困难。其实,如果在学科间进行"比较考察",或许能发现将财税法律责任作为基本范畴、并开展研究的必要性。经济法学也长期面临"责任困境",在传统的刑事、民事、行政三大责任形式的挤压下,经济法有无自己独特责任形式一直存在争议;认为经济法责任不过是前述三大责任的"综合"的观点长期占据主流,也有学者从现代行政法为"控权法"、因此行政责任主体当为行政机关及其工作人员的角度出发,论证经济法责任的独立性。② 其说理是否确当暂且不论,但是这种比较分析的思路值得借鉴,有助于澄清不同学科之间的界限。换一种思考方式,如果我们向内挖掘,会发现财税法体系内部不同法规范的责任形式区别不小,比如我国《预算法》的法律责任制度设计(第92条至第96条)均将责任主体设定为国家机关及其工作人员,而《税收征收管理法》的法律责任制度则有明显的"二分法"痕迹,第60条至第74条的责任主体为行政相对人(纳税人、扣缴义务人等),第75条至第87条的责任主体则是国家机关及其工作人员。如何将这些纷繁复杂的责任形式用一条逻辑主线贯穿起来?是采用归纳还是采用演绎的分析方法?财税责任与其他法律部门的责任有何异同?这都有待进一步研究。本书第九章专门探讨财税责任问题,故在这里不再赘述。

4. 财税法律价值

"财税法律价值"是财税法的价值论范畴。不同学者对于法的价值有不同认识,有的将秩序、安全、平等、自由、正义和效率作为法的价值③,有的将秩序、利益和正义作为法"更基本、更重要的三种价值"④,还有的则区分法的手段性价值与目的性价值。⑤ 这些法哲学论述对于提炼财税法价值具有两方面的启发:其一,法的价值的基本定位,法学家希望法律被人民信仰而具有神圣的权威,但现实中的法律很难说具有无上的权威,更遑论为人民所信仰,而法的价值共识的形成则是使二者不断趋近统一的关键⑥;其二,虽然不同学者的论述各有

---

① 例如,我国《预算法》第96条第2款规定:"违反本法规定,构成犯罪的,依法追究刑事责任。"
② 参见薛克鹏:《经济法基本范畴研究》,北京大学出版社2013年版,第306—309页。
③ 高其才:《法理学》(第二版),清华大学出版社2011年版,第160页。
④ 周旺生:《法理探索》,人民出版社2005年版,第59页。
⑤ 参见董洁:《法价值分类探析》,载《广西师范大学学报(哲学社会科学版)》1998年第3期,第30—32页。
⑥ 张骐:《法律推理与法律制度》,山东人民出版社2003年版,第153—154页。

不同,但是基本的共识仍然存在,"原因与目的之间的差别仅在于一种抽象理论的倾向及其中所含的统一法则上"。① 对秩序、利益、自由等的肯认共识度较高,某种意义上,财税法律价值也即是一般法价值的具体化。有鉴于此,我们将调节财富分配、规范公共财产、限制政府权力和保护纳税人权利作为财税法的四大价值。② 这其中,规范公共财产,指向财税法的"公共财产法"属性,限制政府权力和保护纳税人权利则指向财税法体系中最为基本的"权力—权利"二元格局,至于调节财富分配,还是在围绕"财产权"进行调整。所以,"公共财产法""权力""权利"构成财税法价值的核心内涵,提炼中心范畴时对此不可不察。

5. 财税法治

"财税法治"是"法治"这一法哲学基本范畴在财税领域的具体呈现,这是从动态角度把握财税立法、执法和司法的全过程,是财税法的运行论范畴。中共十八大强调法治是治国理政的基本方式,中共十八届三中全会提出财政是国家治理的基础和重要支柱,中共十八届四中全会则是将财税事项作为重点立法领域予以陈列;财税法治绝不仅仅是将"财税"和"法治"这两个"热词"相加这么简单。财税和法治有着天然的紧密联系性,从缘起看,财税问题常常成为法治启蒙的导火索或法治建设的突破口;从逻辑关系看,法治推进良法美治的立足点在于公民权利的保障,而财税本即公共财政权和私人财产权的连接点。③ 所以,只有从"财产""财产权"这个角度去探究,才能把握财税法治的真正要义。这其实就和后文将要阐述之公法财产权、公共财产权作为财税法中心范畴的内容,具有内在的逻辑一贯性。反过来讲,如果缺乏中心范畴的指引,对于"财税法治"则较难准确把握,现实中也容易堕入"财税政策法治化"的"空洞化困境"。尤其是财税事项具有的技术性特征,以及其作为"财富分割利器"而牵扯不同主体的利益配置,所以财税立法领域比较容易出现"部门立法"的情形,以"局部利益"作为导向,而忽视"整体均衡"的实现。"它们用特殊的法规寻求局部利益,从而破坏了法律本身的品质",不仅仅是低位阶的制度规范,即便是形式意义上的狭义"法律",也要防范这种情况的发生。所以,要谨记萨托利的警醒,"由于非正义法律的问题被视为形而上的法学问题而不予考虑,正当性就

---

① 〔德〕施塔姆勒:《正义法的理论》,夏彦才译,商务印书馆2012年版,第108页。
② 参见侯卓、胡瑞琪:《财税法价值论刍议》,载《江汉论坛》2014年第5期,第98—99页。
③ 熊伟:《法治财税:从理想图景到现实诉求》,载《清华法学》2014年第5期,第26页。

变成法制,而且是一种纯形式的法制"①。由此观之,愈见中心范畴、基石范畴提炼之必要性。

必须强调,将"财税法治"作为基本范畴,蕴含有更深层次的理论问题:改革与法治的关系澄清。改革和法治是时下中国的两个主旋律,而全面改革与法治建设在财税领域表现得尤为突出:平心而论,财税改革至少作为全面深化改革突破口之一的地位,无人可否认;此外,在"中国特色社会主义法律体系初步形成"的现阶段,尚没有哪个领域有财税法领域这般之大的立法需求。然而,有不少人过于强调改革与法治的对立性,常常以"改革正在剧烈进行,暂不宜通过法律形式予以确认"这类"立法时机尚不成熟"的说辞作为拖延法治建设的理由;这在财税法领域表现尤为突出,"暂行条例常态化"以及财税立法对于试点模式的"路径依赖",深层次缘由即在于只认识到改革与法治的对立、而忽视了二者间的兼容性。其实,改革与法治都涉及权力和权利的重新分配,"全面深化改革必然要求'深刻变法',要求法制进行与之相适应、相协调的配套改革",并且在立法体制、行政执法体制、司法体制等方面实行"自身改革"②;且中国的经济体制改革,深受新自由主义理论的影响,而自由主义恰是支持法治的理论,"由于我们所要全面推进的法治是现代法治,法治与改革之间具有共同点,从而使得用法治方式凝聚改革共识有了可能。法治与社会转型的一致性,使得法治与改革可以享有共同的话语系统。"③通过研究财税改革与财税法治的关系,对于财税法治凝聚改革动力、形成改革共识、保障改革成果、推进改革深化等多维关系的揭示,能从理论和实践两个向度回应改革和法治关系这一重大议题。

(二) 固有范畴

固有范畴更能彰显财税法本学科的特征,如果说共性范畴是"同中存异",那么固有范畴则可谓"异中求同"。我们认为,财政体制、财政收入、财政支出和财政监管可以作为四大固有范畴。

1. 财政体制

财政体制既涵盖横向之财政权力在人大与政府、以及在不同政府部门之间的配置,也包括纵向之政府间财政分权与财政转移支付。由于其涉及"管理面"之核心问题,又兼及财政收、支制度,向来被作为财税法的"中枢系统"。④ 具言

---

① 〔美〕乔万尼·萨托利:《民主新论》,冯克利、阎克文译,世纪出版集团、上海人民出版社2009年版,第356页。
② 张文显:《全面推进法制改革,加快法治中国建设——十八届三中全会精神的法学解读》,载《法制与社会发展》2014年第1期,第9—10页。
③ 陈金钊:《法治与改革的关系及改革顶层设计》,载《法学》2014年第8期,第10页。
④ 周刚志:《财政转型的宪法原理》,中国人民大学出版社2014年版,第44页。

之,预算权在人大与政府间的配置与制衡、税收立法权"回归"人大、税收"试点模式"的路径依赖等重大理论与现实议题,俱属横向财政体制的内容;中央和地方各级政府间的事权与财权划分、事权与支出责任相适应机制的建构、地方发债权的有限赋予与法律控制机制、地方能否以及在多大程度上得享财税立法权,皆为纵向财政体制要回答的问题。正因其在国家治理体系中的重要地位不断凸显,多有论者将其作为财政宪法之核心、甚至在一定程度上将其"约等于"财政宪法,譬如葛克昌教授有言,"财政宪法为联邦制国家结构之核心问题,中央与地方均权国家亦然。财政宪法用以确保公共事务之不同主体的活动基础,并作为全部经济社会事务之张本"。①即为适例。

2. 财政收入

财政收入是纳税人将财产让渡给国家、形成"公共财产"的过程,也可被理解为作为让渡结果的"公共财产"。财政收入中的税收,是财税法学界较早开展研究、成果比较丰富也相对成熟的收入形式,形式层面的法定约束和实质层面的公平原则,被认为是支撑起税法基础理论的两大支柱。② 就中国而言,税收立法层级不高、制度粗疏,早为公认;至于税法制度的公平性缺失,也渐成共识,因此,追求公平的收入分配和改革成果分享,应成为现代市场机制的组成部分,综合考量不同税种所肩负的税收公平功能,应成为税制改革的发展目标。③ 相对而言,对于其他数种财政收入形式,不仅制度规范的缺失更加明显,理论研究的拓掘也很不够,亟待加强。

3. 财政支出

财政支出由于彼其"授益行政"的属性,不似"侵益行政"的财政收入那般引人关注。但是近来,随着民生财政、基本公共服务均等化等政策话语的提出与流行,社会逐渐将视域范围由收入延伸到支出层面,学界将二者"打通研究"的方法,也蔚然成风。如果说为什么要征税是传统财税法最重要的问题,那么如何使用税款则成为现代财税法最复杂的难题。④ 尤其是在中国,对于财税法的宏观调控属性在较长一段时间内作为学界和政界的主流而存在,税收优惠和增加财政支出成为刺激经济增长、推动经济结构转型的重要手段。而税收优惠和税式支出乃"一枚硬币的两个方面,税式支出是从政府的角度来看待税收优

---

① 葛克昌:《税法基本问题——财政宪法篇》,台湾元照出版公司2005年版,第81页。
② David N. Hyman, Public Finance: a Contemporary Application of Theory to Policy, South Western Cengage Learning, 2010.
③ 刘剑文:《经济转型视野下财税法之定位与形塑》,载《法学论坛》2014年第4期,第48页。
④ 甘培忠主编:《经济发展方式转变中的法律问题研究》,法律出版社2013年版,第30页。

惠,税收优惠是从纳税人的角度来看税式支出",是政府财政支出的非基本方式。① 其一方面具有结构缺陷、立法模式缺陷和制度表述缺陷等形式非理性②,另一方面存在税收优惠政策目标抵牾、区域性优惠占比过大、优惠方式较为单一等实质不足。而作为政府财政支出最主要、最直接形式的财政支出,存在的问题更甚,从法源、主体、结构、财源结构到制度变迁过程,均有完善之空间。③ 正如有学者所指出的,"财政若成为国家有效治理的基础和支柱,支出正义具有同样重要的价值,因为公共支出具有强烈的公共服务性质,是为市场和社会提供公共服务的资源配置活动,所有的政府服务于社会和国民的政策意图都是通过公共支出进行的。"④

4. 财政监管

财政监管的范畴存在一定的不易把握性,严格来讲,预算活动即属于财政监管之一种,但由于其"实质在于配置稀缺资源,因而它意味着在潜在的支出目标之间进行选择"⑤,它"不仅是涵盖财政收支项目的经济问题,而且是屡现财政收支决策的政治问题,更是划分财政收支权力的法律问题"⑥,多重属性和在财税过程中的核心地位决定了它更适合作为财政体制而存在。此外,在财政收入、财政支出等各环节,都有财政监管的成分,只是基于分类的需要,而作理论上的剥离。因此,这里的"财政监管"范畴主要包括国有资产管理、国库管理、财政许可、会计审计等内容。

需要指出三点:第一,财政收入、财政支出等范畴,在财税经济学中也存在相应的概念,但是财税法学中的前述范畴与前者在概念内涵上有较大区别,也即"此财政收入非彼财政收入",主要表现为从"权力—权利"的配置与互动层面去界定和解决问题,因此这不妨碍这些范畴作为财税法固有范畴而存在⑦;第

---

① 李旭鸿:《税式支出制度的法律分析》,法律出版社2012年版,第26—27页。
② 参见王霞:《税收优惠法律制度研究:以法律的规范性及正当性为视角》,法律出版社2012年版,第27—36页。
③ 参见郭维真:《中国财政支出制度的法学解析:以合宪性为视角》,法律出版社2012年版,第97—159页。
④ 李炜光:《财政何以成为国家治理的基础和支柱》,载《法学评论》2014年第2期,第59页。
⑤ 〔美〕爱伦·鲁宾:《公共预算中的政治:收入与支出,借贷与平衡》(第四版),叶娟丽、马骏等译,中国人民大学出版社2001年版,第3页。
⑥ 叶姗:《财政赤字的法律控制》,北京大学出版社2013年版,第2页。
⑦ 另外,即便是对同一个问题,法学和经济学在研究视角上也区别明显,这在很大程度上即是因为两个学科对同一概念在界定上就有歧异。可另举一例:每每论及环境污染,法学者定从权利和义务配置失衡着手析其原因,而经济学者则会将理性人的成本效益考量作为理论根基;相应的解决措施,法学者多会强调配置更多的义务—责任条款,而经济学者则较推崇"外部成本内部化"的思路。

二,前述基本范畴,如果从体系的角度考虑,其各自项下可分别牵引出若干普通范畴,比如财政收入项下有税收、非税收入、公债,财政支出项下有财政投资、财政拨款、政府采购,等等;第三,这里的范畴界定,在"收入""支出""监管"等语词之前使用的是"财政"前缀,未使用"财税",这主要是基于表述方便,不具实质意义。

此外,量能课税、财政法定等也可能成为财税法的基本范畴,这是由基本范畴的开放性所决定的。但是,由于其和这里所讨论的这几个基本范畴并不在同一维度上,因此这里不作展开。

三、财税法的中心范畴和基石范畴

整个财税法范畴体系的大厦中,最为关键者,是对中心范畴和基石范畴的提炼,其中,基石范畴是在中心范畴中选取而来。所以,提炼中心范畴的工作是基础性、前置性的。

(一)提炼基准:"权利—义务"抑或"权力—权利"

耶林提出"法学乃权利和义务之学"的论断,权利和义务的矛盾也一直被视为法学的基本矛盾,从而将权利和义务作为法哲学的中心范畴,并无太大疑义。[①] 但是,这是从整体的视角切入得出的结论,如果剖分不同的部门法学科,则结论并非完全一致。在民法、刑法等传统部门法中,"权利—义务"的矛盾作为逻辑主线而存在,矛盾即是对立统一,而矛盾又是事物发展的动力,这些部门法本质上表现为对权利和义务及其实现方式的规定;然而在财税法等新兴学科,当然仍有对权利和义务的规定,但这二者间在很多时候并不具有类似民法规范中的对应性。比如,税法上对纳税人权利和义务的规定,是制度和理论的重要内容,但其具有主体的同一性,纳税人甲的知情权、保密权、监督权等权利,和纳税人乙的不得逃漏税款、不得抗税等义务之间,难言直接的"对立统一";当然,如果从税收公平的角度而言,确也能将二者联系起来。更抽象一些,在国家和纳税人之间的税收债权债务关系中,作为公法之债的双方当事人,国家和纳税人间当然可以形成类似于私法之债那般的"权利—义务"关系,比如当满足税法规定之税收要件时,国家对纳税人形成税收债权,此时特定纳税人成为税收债务人,但是此时国家所享有的"债权",必须注意到其浓厚的公权色彩。必须

---

① 当然,近来有学者提出"权利和义务不存在对应性",通过区分三种相关性命题,列举言论自由等例子,论证拥有权利并不需要以承担义务为正当化条件,反而应当将权利视为赋予义务的正当化根据。参见陈景辉:《权利和义务是对应的吗?》,载《法制与社会发展》2014年第3期,第52页。

说明,"权利"的主体是否限缩在私主体尚存争论,尤其是当我们采用分析法学派的定义,认为权利就是"强制某人或者其他人作为或者不作为的能力或者权力"①时,权利和权力两者间似并无绝对的界限。我们无意介入较为艰深的法理探讨,仅仅是从更为通常的认识出发,将权利的主体设定为有组织的社会中的个体。② 职是之故,前述国家所享有的"税收债权",即便在抽象层面可以肯认为一种"公权利",但在实践维度上还是以认定为"公权力"更接近其本来面目——"权力者,乃权衡、确认和保障实现权利之力也,亦即权衡、确认和保障利益分配关系之力也"。③ 推而广之,不难得见,财税法体系中,最基本的矛盾实则是"权力—权利"的对立统一问题。

  法治社会中,法治对公权力承担有双重调整的任务:一是授权功能,二是对权力的限制、制约和监督。④ 在财税法场域,对公权力的双重调整表现得尤为明显,税收法定、预算法定乃至整体意义上的财政法定,首要解决的是"以法定权"的问题,也即赋予公权力机关以不同的财税权力;只不过是在赋权同时,基于"法治国"的要求,同时也就有了限制、制约的因素——不得逾越法律之赋权行事,可谓是"寓限于赋"。另一方面,现代法治国以权利保护为价值依归,财税法中即要着力于对纳税人权利的肯认与保障,这里的权利类型自然是极丰富的,如知情权、选择权等,但论其本源还当以财产权为先,"财产作为一种确立的自然权利,堪与生命权本身并立……被广泛认为是一个人的标志,一个人若要自由而尊严地活着,就应该或必须拥有它"。⑤ 如果说权利本身亦为多层次体系的话,纳税人在财税法上所(应当)享有之一系列权利,权源在于财产权;极而言之,"基本生活所得不课税",也系经由保护财产权以达致保护生命权。有学者较早即提出要"找到一种有助于实现权利—权力平衡的一般理论"⑥,这种要求在财税法中尤为迫切。财税法本质上即试图解决公共财产权(力)与私人财产权(利)的良性互动问题:财政收入不外乎提取私人财产形成公共财产,财政支出无异于通过公共财产支出直接或间接作用于私人财产,财政监管则是对公共财产自身的运作逻辑及公私财产相互转化过程的法律规制。有税法学者建构统一的"税权"概念,提出"税权表现为一系列税收权力和税收权利之总和或统

---

① 〔美〕罗斯科·庞德:《法理学(第四卷)》,王保民、王玉译,法律出版社 2007 年版,第 54 页。
② 参见何志鹏:《权利基本理论:反思与构建》,北京大学出版社 2012 年版,第 24—25 页。
③ 漆多俊:《论权力》,载《法学研究》2001 年第 1 期,第 20 页。
④ 刘作翔:《法治社会中的权力和权利定位》,载《法学研究》1996 年第 4 期,第 72 页。
⑤ 〔英〕彼得·甘西:《反思财产——从古代到革命时代》,陈高华译,北京大学出版社 2011 年版,第 232 页。
⑥ 童之伟:《权利本位说再评议》,载《中国法学》2000 年第 6 期,第 47 页。

一体"①,将国家、纳税人、扣缴义务人等不同的主体都纳入其中。对此我们有两点浅见:第一,从概念内涵看,国家与纳税人分别享有的"税权",在权源属性、表现样态等方面似不尽相同,"难以总结出一般的特性和共性,只能对税权的各项子权利作个别的描述,所以无法将'税权'定位为所有税法权利的上位概念,而只能在非严格的意义上将其视为税收权利的简称"②;第二,从概念外延看,国家所享有的税权,其实和其享有的其他财政权力,比如费用征收权、预算权等,分别在不同方面有相通之处,似可整合讨论,也即型构整体之财政权,对于纳税人权利也有类似之扩展必要。

(二)提炼理由:理论自洽与实践面向

基于以上讨论,我们拟提炼"公共财产权"与"纳税人权利"作为财税法的两个中心范畴。理由如下:首先,将财税法定位为"公共财产法",较准确地反映其"财产法"的本质属性和"公共性"的基本特征,提炼中心范畴必须围绕这两个方面展开;其次,"权利—义务""权力—权利"作为一般法哲学上最基本的两对矛盾,应在财税法中心范畴提炼时加以体现,而正如前所述,财税法场域最核心的矛盾即为国家公共财政权(力)与公民私人财产权(利)的界分与互动;再次,中心范畴在范畴体系中位居较高层级,担负着与其他学科对话的重任,而"财产权"这一核心语词早已在私法上人所共知,而且随着行政法等公法研究视域的拓展,公法学人对其也早已不陌生,因此学科间的相互交流与补足能较顺利地开展;最后,将这两个范畴作为中心范畴,契合前述公私权互动的时代背景,以此为基点的制度展开也较容易。

(三)内容辨识:两大中心范畴的内涵梳理

公共财产权与纳税人权利作为财税法的两大中心范畴,其虽然在字面表述上颇为相近,但其内涵相去甚远,有必要予以澄清。当我们以公共财产法作为财税法的本质属性时,更不能将此二者混为一谈,范畴的模糊将给理论阐释和制度建构制造巨大的麻烦。

公共财产权属于一种公权力,是在脱胎于行政权的财政权基础上形成的,"对经济物品的控制,即掌握经济权力,确实是统治的结果,同时又是统治的最重要工具。"③具体说,公共财产权是政府基于其公共性特质取得、用益和处分

---

① 魏俊:《税权效力论》,法律出版社2012年版,第17页。
② 熊伟、傅纳红:《关于"税权"概念的法律思考——兼与张守文先生商榷》,载《法律科学》2002年第1期,第82页。
③ 〔德〕马克斯·韦伯:《论经济与社会中的法律》,张乃根译,中国大百科全书出版社1998年版,第325页。

财产的权力,包括对私人财产征税、处罚、国有化等非对价性给付,征收土地房屋、收费、发行公债等对价性给付,以及支配这些财产的权力。在财税法上要提炼出公共财产权的中心范畴,是因为财税法对此种权力类型有"赋权"和"限权"两方面的制度安排,但是现代财税法中更多限制、规范、监管的内容。简单概括之,公共财产权的权属安排是权力,主体是以政府为代表的公权力机关,权力类型主要表现为积极权力,立法上以"限权"为基本的价值面向。

纳税人权利则系属一种权利,更准确地说是"权利的集合"、或曰"权利束",也可以将其称为"公法财产权"。只是由于"纳税人权利"的提法已为我国学界所熟悉,而"公法财产权"的概念在内涵、外延上还需要更准确地界定,所以我们在本书中还是采用"纳税人权利"的表述。总体上讲,纳税人权利是公民在公法层面所享有的、以财产权利为主要表征的权利束,其包括消极和积极两个层面的内容。国家在实现公共利益时可能以减损或限制公民的私有财产权为手段,这样就表现为一种利益冲突和对抗。① 消极层面的纳税人权利即指私人财产不受政府非法限制、干预和剥夺,我国《宪法》第13条第1款规定"公民的合法的私有财产不受侵犯",这里的"不受侵犯"既指向其他平等民事主体,也指向国家;但是,自德国《魏玛宪法》始,"财产权的行使要以公共福祉为目的"的观念逐渐确立,也即财产权社会义务条款开始进入各国宪法。② 我国《宪法》第13条第3款也规定"国家为了公共利益的需要,可以依照法律规定对公民的私有财产实行征收或者征用并给予补偿"。宪法相对原则、抽象的规定需要在部门法中具体化,行政法上有关征收、征用的规定和财税法上关于财政收入的制度均属对私人财产的"合法侵犯",因此须能通过形式上的合法性和实质上的正当性以及合理补偿等检测。易言之,消极层面的纳税人权利主要是对抗性的,要求政府行使公共财产权不得逾越一定限度,对应在财税法层面主要是在财政收入的维度发生功用。积极层面的纳税人权利是私人根据公法规范,得积极请求公权力主体为一定金钱财物给付的权利,是宪法规定的公民基本权利,也可以被称作"公共财产请求权"。显见的是,积极层面的纳税人权利,主要是在财政支出环节发生作用,既可以表现为直接的财物给付,也可以表现为间接的公共产品和公共服务供给;另外,理想境况下,预算编制和审批过程即主要是支出项目的提出、博弈过程,因而纳税人权利的效力自然也要延伸到预算阶段。通过以上论述,不难发现纳税人权利与私法财产权颇为相近,权利主体都是私

---

① 石佑启:《论私有财产权公法保护之价值取向》,载《法商研究》2006年第6期,第79页。
② 参见〔日〕杉原泰雄:《宪法的历史——比较宪法学新论》,吕昶、渠涛译,社会科学文献出版社2000年版,第114页。

主体,权利实现形式都表现为消极意义上的对抗和积极意义上的请求两个向度;纳税人权利依据公法而生成,受公法保护,但其属性仍然是私权利。

近来有学者提出"公民财政权"的概念,将其界定为"公民作为一般财政相对人应享有的权利",是由公民经由履行财政义务而自然享有的宪法性权利。① 就其权利构成而言,包括公民财政知情权、公民财政决策参与权、公民财政监督权与公民财政救济权。② 该学者提炼"公民财政权"的概念是为了解决财政民主因缺乏权利基础而堕入"空洞化"的困境,从其权利构成看,接近积极意义上的纳税人权利,似不必创设新的概念,只用将积极层面的纳税人权利概念作适当延展,不局限于请求金钱财物给付范围即可。事实上,纳税人的权利保护不仅仅限于税收征收阶段,"还应尽可能扩展到税收立法阶段和财政支出阶段,这样才能更好地保护私人财产权,实现公民的政治权利"③。所以,我们对纳税人权利的完整、准确把握,不应将其涵盖范围理解得过于狭窄,这在体系面向上决定了我们将要构建怎样的财税法学科、以及学科内部是逻辑一贯抑或各自为政。

公共财产权与纳税人权利之间的张力,是整个财税法体系中最根本的一对矛盾,纳税人权利从逻辑上是公共财产权的合法性基础,公共财产权行使的目的也在于保护和更好地实现纳税人权利;以此观之,公共财政和私人财产的对立是财税法产生的前提之一,财税法律制度就是在合理划定公共财产权和私人财产权的界限,并且分别设计二者行使的实体标准和程序要求,尽量消弭矛盾、实现良性互动。

(四)基石范畴的选取:纳税人权利的地位证成

任何一个科学的范畴体系都以某一范畴作为其逻辑始项,并按照一定的逻辑方法将作为逻辑始项的范畴展开为群、系列、体系。④ 这里的"逻辑始项"指代的即为基石范畴。行文至此,基石范畴的提取,也就是一个"二选一"的问题。那么,肯认财税法作为公共财产法德本质属性,是否意味着公共财产权即自动生成为财税法的基石范畴呢?我们认为,这二者之间未见得能画上等号,我们更倾向于将纳税人权利作为财税法的基石范畴。至此,我们形成如下表所示之完整的财税法范畴体系。

---

① 胡伟:《财政民主之权利构造三题》,载《现代法学》2014 年第 4 期,第 72 页。
② 参见同上文,第 74—75 页。
③ 熊伟:《财政法基本问题》,北京大学出版社 2012 年版,第 35 页。
④ 张文显:《法哲学范畴研究》(修订版),中国政法大学出版社 2001 年版,第 326 页。

表 3.2 财税法的范畴体系

范畴类型	位阶	基本特征	提炼方法	代表性范畴
普通范畴	初级	财税法律现象的简单抽象	简单抽象	纳税人;预算法;增值税法……
基本范畴	中级	对财税法律现象基本环节、基本过程或初级本质的抽象	抽象基础上进行提炼	**共性范畴**(财税法;财税法律关系;财税法律责任;财税法律价值;财税法治)
				固有范畴(财政体制;财政收入;财政支出;财政监管)
中心范畴	高级	对财税现象本质、规律的高度抽象		公共财产权;纳税人权利
基石范畴	最高级	中心范畴中占主导地位者	在中心范畴中根据一定价值取向主观选取	纳税人权利

接下来我们需要分析一个问题:为何选取纳税人权利作为财税法的基石范畴,而非公共财产权呢?

首先,权利概念相对于权力概念,具有先在性和根本性。"利益乃权利之本,权利乃权力之本。"①权利是法律结构的核心和基点,权利本位虽非尽善尽美,但还是得到各国立法所公认;权力则主要起到确认、改变和保障的作用,"一直被称为一种改变权利或者人们法律关系的范围的能力"②,是后于权利的概念。纳税人权利归根结底是一种权利,而公共财产权是政府拥有的权力,从逻辑上讲,前者应当是第一位的。"应以人权保障作为宪法之最高价值,且其亦系作为税捐正义之核心内容。而税捐正义之功能,正是为确保宪法所保障人民基本权利之有效实践。"③我国《宪法》第 2 条规定,"中华人民共和国的一切权力属于人民。人民行使国家权力的机关是全国人民代表大会和地方各级人民代表大会。人民依照法律规定,通过各种途径和形式,管理国家事务,管理经济和文化事业,管理社会事务。"从这个逻辑出发,可以推演出人民"管理财政事务"的权利,至于形式是直接参与还是通过人民代表大会间接管理,暂且不论;尤其是如前文所述,如果将积极的纳税人权利的范围作适当拓展,则此种"管理权"

---

① 漆多俊:《论权力》,载《法学研究》2001 年第 1 期,第 21 页。
② 〔美〕罗斯科·庞德:《法理学(第四卷)》,王保民、王玉译,法律出版社 2007 年版,第 77 页。
③ 黄俊杰:《税捐正义》,北京大学出版社 2004 年版,第 4 页。

当可归入公法财产权项下,更可证明纳税人权利范畴相对而言更加根本。而且从实践面向上看,对权利的张扬和保护是第一性的,不妨重温德沃金的那段经典论述:"如果说扩大权利的后果和侵犯权利的后果一样严重,那就错了。如果政府犯了一个宽大个人权利的错误,那么,它只要在社会效益方面比应该支付的再多支付一些就可以了;说它多支付了一点,是指在它已经决定必须花费的那枚硬币中多支付了一点。但是,如果政府侵犯了个人权利,它就是侮辱了个人,为了社会自身的利益,支付那枚硬币来避免这种情况,是非常值得的。"①一言以蔽之,是可谓,"认真对待权利"!

其次,从财税法的价值立场看,对公共财产权采控制、监督、限制的立场,而对纳税人权利则是持肯认、保护的态度。如果以公共财产权作为基石范畴,也即将整个财税法体系建立在"限制自身基石范畴"的基础上,这种立场设定易让人产生混淆、困惑。而且,这同将限制行政权力作为本旨的现代行政法,就无其本质区别,可能造成学科发展过于依赖相邻学科、缺乏理论自足性的后果。

再次,考究公共财产法理论的发展脉络,发端是强调对私人财产的双重保护,也即民法在横向维度保护私人财产,而财税法则是在纵向维度实施保护;之后,该理论进一步延伸到同样强调对国家所掌握的公共财产,在汲取、使用、管理等各个环节实施保护,诸如反对铺张浪费、严控"三公经费"等,就是在这个层面上展开的。如此,现在的公共财产法理论体系其实包括前述两个向度的内容,当然,两个向度之间是有交叉的,比如公共财产汲取环节的控制也即对私人财产权的法律保护。如果以公共财产权作为基石范畴,无论是从赋权还是从限权的角度,都较难自动衍生出前述第二层面的内容,因为权力无法离开权利而独存,没有纳税人权利作为逻辑起点的说理,何以解释为何要限制公权力机关自己安排自己所掌握的公共财产的自由?反之,如果将纳税人权利作为基石范畴,则纳税人与国家机关之间形成类似公法上委托人与受托人的关系,则作为受托人之国家机关自不应为不利于作为委托人之纳税人集体的行为,前述逻辑自洽问题似可迎刃而解。

最后,将纳税人权利作为基石范畴,对于财税法理论体系的搭建和制度的建构,都更有益处。"'纳税'宪法制度之形成……首先应系税捐基本权之肯认,以有效实践纳税者之权利保护。至于,国家课税权之行使,则仍应受到人民税捐基本权之限制。"②将一种需要法律予以确认和保护的权利作为逻辑起点,

---

① 〔美〕罗纳德·德沃金:《认真对待权利》,信春鹰、吴玉章译,上海三联书店 2008 年版,第 266 页。

② 黄俊杰:《纳税人权利之保护》,北京大学出版社 2004 年版,第 2 页。

第三章 财税法的范畴提炼

可以通过制度安排施以多层次、多方面的保护,比如税收实体法上的权利识别、通过税收程序要求进行的保护等;继而对可能侵害到此种权利的行为设置法律防控,比如法律责任、法律救济机制;同时,基于财产权的社会义务、社会公共利益等因素,法律还可以将部分"侵害"此种财产权的行为予以合法化,相应地也就将超出此种法定要求的行为认定为违法,税收法定、财政法定都是在这个意义上而存在的。准确地讲,全面、完整地把握纳税人权利,相关的制度展开基本上能覆盖现代财税法律制度的全体,这也是同"权利"作为法哲学基石范畴的构建功能一脉相承的。比如,有学者系统地研究了"我国纳税人权利体系之构建",提出从民主原则、法治原则和人权保障三个方面来着手构建,其具体内容蔚为大观,民主原则下的纳税人权利包括民主立法权、民主参与权和用税监督权,法治原则下的纳税人权利涵盖税法知悉权、禁止不利的溯及适用的权利、确定性及可预测性权利、依法纳税的权利、税负公平的权利等诸多方面,人权保障下的纳税人权利则指向生存权、获得帮助权、诚实对待权、礼遇善待权等不同向度。[①] 以此为纲,即可牵起财税法制度构建的各个方面。反之,如果将公共财产权作为逻辑起点,由于法律对其的基本立场是严格管制,这就使制度设计只能围绕"控权"展开,空间有限;且更关键的是,控制权力,就真能保护权利吗?不要忘记哈耶克与荷尔德林的告诫,"总是使一个国家变成人间地狱的东西,恰恰是人们试图将其变成天堂"。[②]

将财税法定性为公共财产法,不意味着公共财产权就是财税法体系的基石范畴,这是由其自身的权力属性、法律对其采取的管控立场等多重因素所决定的。但是,这也不意味着公共财产权范畴在财税法范畴体系中无足轻重,如前所述,其作为整个财税法的中心范畴,与纳税人权利一起,分别从"权力"和"权利"的维度,支撑起整个宏伟的大厦。

财税法范畴论在整个财税法总论中,应当占据重要的地位。深入研究可以完善财税法学科的体系,真正意义上实现财政法与税法的"打通研究";凸显财税法异于其他学科的特色所在,而且搭建与相关学科开展学术对话的平台;较低层次的范畴动态演进,折射出财税法制度的变迁,而较高层次的范畴变异,更能彰显财税法价值移位,由传统财税法学进化为现代财税法学的进程;从实践面向而言,则是可以促进财税法律制度的体系周延、逻辑自洽和规范优化。

历史地考察作为范畴提炼背景的财税法哲学,总体上经历了由"权力关系

[①] 参见丁一:《纳税人权利研究》,中国社会科学出版社2013年版,第257—288页。
[②] 〔美〕哈耶克:《通往奴役之路》,王明毅、冯兴元等译,中国社会科学出版社1997年版,第29页。

说"到"债权债务关系说"的范式移转;具体言之,经历了由财政收入保障手段到宏观调控手段、再到公私权调和互动之法律规范的时代变迁。提炼财税法的范畴,需要遵循一定的方法:主观与客观相结合,越是较高层次的范畴,主观性成分越浓;一般和特殊相结合,越是较高层次的范畴,其一般性和特殊性都体现得更加明显;历时性分析与现时性分析相结合,较低层次范畴主要关注现时因素,较高层次范畴提取需要两者兼顾,情况比较复杂。

财税法范畴可以形成由低到高的"普通范畴—基本范畴—中心范畴—基石范畴"的四层次体系。普通范畴由具体法律现象初级抽象而来,数量较多,变化频繁;基本范畴包括财税法、财税法律关系、财税法律责任、财税法律价值、财税法治等内容;公共财产权与纳税人权利分别从权力和权利、公权力主体与私权利主体、规制与保护的角度,作为财税法的中心范畴而存在;其中,纳税人权利本质上是纳税人在公法层面享有的财产权,具体表现为消极和积极两个面向,前者指私人财产不受政府非法限制、干预和剥夺,后者指私人根据公法规范,得积极请求公权力主体为一定金钱财物给付,将其作为基石范畴,更有利于实现理论自洽和制度建构。将财税法的本质属性界定为公共财产法,则公共财产权和纳税人权利作为两大中心范畴,是财税法体系有力的支撑;同时,需要清晰区分二者,切不可混淆。

第四章 财税法的基本属性

财税法的基本属性是其安身立命的根基,也决定了规则、制度的设置和走向。立足于新的发展阶段,我们对财税法的属性界定远远不应停留在政府管理经济的工具层面,而应当深刻地认识到,财税法是社会财富公正分配的利器、纳税人权利保护体系的一个组成部分。在理念上,要坚守和善用法治思维、法治方式,将其作为处理财税问题的习惯性思路,并使财税法应回归公共财产法、纳税人权利保障法和收入分配正义法的基本属性和定位。只有先实现了观念上的根本转变,从一个更宏大的目标出发明确自身的法律性质及在整个法律体系中的位置,才能树立起妥适的财税立法思维,理顺讨论财税问题的话语逻辑,进而以财税立法为介质,经由纳税人对政府的法治监督,最终传导为权利与权力协调互动、平衡共处的局面。

第一节 公共财产法

在现代法治进程中,私人财产权的重要性是不言而喻的,它的勃兴也是市场经济发展的应有之义,"从法律上来看,商品交换的唯一前提是任何人拥有对自己产品的所有权和自由支配权"①。所以,各国均为实现与保护私人财产权提供了精细的制度安排。但从各国现有以财产权保护为核心的制度来看,财产权人的权利行使以及由此产生的权利冲突成为最为重要的内容,亦即当前财产权的制度保障仍以私法规则为主。虽然财产权人之间的权利冲突是妨害私人财产权实现的重要因素,但国家的财税行为同样会对私人财产权造成影响。因此,我们在此突破纯粹从私法角度界定财产法的传统观念,开始关注财产法的公共之维,强调财产关系的纵向保护,进而将财税法纳入广义财产法的规范体系,并将其属性重新界定为"公共财产法"。

公共财产法以财产的取得为起点,以财产的分配为依归,可以综合包容以上视角,才真正是财税法的精髓所在。基于"公共财产法"的定位,财税法在传统的国家所有、集体所有、个人所有等所有制体系之外,创造性地开辟了对"公

---

① 《马克思恩格斯全集》(第46卷·上),人民出版社1979年版,第454页。

有"与"私有"的新界定方法,将"公共财产"视为法律框架下"私人财产"的让渡,这无论是对于规范、控制和监督公共财产权,还是对于化解国家与人民间的紧张关系,抑或对于把来自各种所有制形式的财政资源统一地用在国家建设、社会发展、百姓福祉等公共目标上,都是意义非凡的。[①] 故就其性质而言,财税法就是公共财产之法。

一、财税法成其为公共财产法的原因

基于一般的法学思维,"财产法"一词通常在私法意义上使用,它所调整的是私人(纳税人)之间的平等财产关系。在这一语境中,所谓的财产法,主要就是指"私有财产"法。不过,我们这里将财税法定性为"公共财产法"的原因在于:一方面,从消极的角度看,随着政府行政职能的扩张和公共领域事务的复杂化,纳税人的私有财产仅由私法保护远远不够,还需要公法的有效保护。在现代税收国家中,因公权力的强大,政府通过财税行为参与社会财富总量的分配,其固有的强制特性使其更有可能成为侵害私人财产权的潜在隐忧,由此产生的损害强度、范围和影响远非一般的私人财产权冲突所能比拟。因此,以私法为主的制度体系,并不足以形成对私人财产权的全面保障。为实现与保护私人财产权,不仅仅应当为私人财产权的积极行使提供行为规范,更应当规范与限制国家征税权的行使,以为私人财产权提供消极的保障体系。相比之下,私法调整私人横向财产关系,实现私人之间的利益平衡,它以民商法为主体;公法则规制纵向财产关系,保障私人与政府之间的利益平衡,它以财税法为主体。只有将两者有机衔接和结合起来,才能全面建构纳税人权利保护的规范链条,实现对纳税人财产权的完整保护,进而真切地反映现代财产法的全貌。

另一方面,从积极的角度看,国家的产生来源于对私人财产权保护的需要,作为组织体的国家必须维持一定的物质基础,以实现私人财产权的保护。在市场经济体制下,国家不是市场的参与者,而仅仅作为市场秩序的维护者和协调者。国家不直接从事生产经营,更不能随意进行国民财富的再分配。为保证国家履行其职能所必需的物质基础,必须将国家的财政需求转移给国民财富的生产者,人民将其受国家保护的财产中的一部分收益让渡给国家所有,以作为国家保护其财产权的对价,并将此财产让渡予以固定化和法定化,即以财税法所规定的税收的形式转让其财产。"国家的收入是每个公民所付出的自己财产的

[①] 具体参见刘剑文、王桦宇:《公共财产权的概念及其法治逻辑》,载《中国社会科学》2014年第8期,第129—146页。

一部分,以确保他所余财产的安全或快乐地享用。"①在这个角度上,国家从纳税人处征得的财政收入理应称为"公共财产",财税法作为对这笔财政收入的筹集、管理和使用等整个流程的规制之法,作为对国家利用这笔资金充分地为公共事业服务的保障之法,自然即为"公共财产法"。

举一个简单的例子,当一个人挣了100万元人民币的时候,严格地说,这笔财富还不完全是其私有财产,它必须依照相关的税收法律法规在纳税人与政府之间进行分配,税后财产才算是真正意义上的私人财产。此时,税法所调整的正是纵向财产关系,以实现国家征税权与私人财产权、公共财富与个人财富间的制度协调。在市场经济条件下,政府不直接从事生产经营,必须从私主体处汲取足以维持组织体、保障公共生活的财税资源,但出于对权力过分膨胀的畏惧和担忧,在公共财政行为的过程中施以一定的规制和约束也实有必要。也即,虽然法律确认政府具有课税权,但同时也要限制和规范政府的权力,应当要求政府遵守税收法定主义和量能课税原则,并通过法定的程序赋予纳税人抵制非法课税的权利。既然如此,税法当然也是一种财产法,而且是一种从防守的角度保护纳税人私有财产的法律。

除此之外,私有财产与公有财产都属于财产的范畴,故应受到财产法的平等保护。这里的"平等"并非意味着不加区分的均等对待,而是要求根据其特征和具体情形来寻求妥善、平衡的状态,适度缓解公益与私益的紧张关系。实际上,公有财产从何而来、公有财产怎样运营和管理、公有财产如何分配,这些既是典型的财产法问题,也是地道的财税法问题。财税法关注财政收入的取得、管理、分配和使用,以及相关的制度安排,本身就是在关注公有财产的保护,从另一个角度看,这也是在关注纳税人的私有财产、全体国民的"钱袋子"。正是从这个意义而言,整个财税法都可归入财产法的体系,成为现代财产法所应关注和处理的对象。

具体地说,财税法以环节为标准,可以划分为财政收入、财政支出、财政监管这三大阶段,在上述整个流程中,都或多或少地贯穿着财产法的理念和方法。其一,财政收入。众所周知,财政收入主要有三个渠道,即税收、国有资产收益以及公债。对于国有资产收益,无论是国有企业利润,还是国有土地收入,抑或是国有资产转让收入,均为基于特定财产权而获得的收益。对于公债,其字面含义即为公共部门的借贷,代表着政府债务,也是一种财产关系。试想,如果政府借债不还或者不按时付息,就会造成对债权人财产权的侵犯;而一旦借债成

---

① 〔英〕洛克:《政府论》(下篇),叶启芳、瞿菊农等译,商务印书馆1983年版,第88页。

功,这在短期内又会增加政府的公有财产。因此,将国有资产收益法、公债法归之于财产法,这是无可厚非和于理有据的。对于作为最主要财政收入来源的税收,税法与财产法从形式上看似乎没有联系,但其实不然;在民主和法治社会中,税法既是政府获取财政收入的正当性工具,也是纳税人维护自身合法权益的利器。税法虽然不能积极促进纳税人财产的增值,但它可以通过限制政府的征税权的方式,实现对纳税人私有财产权的消极保护,故也不失为一种广义的财产法。而且,税收收入的增加,本身就是增加了政府的财产、强化了政府的财力,私有财产与公有财产间相互博弈、此消彼长的现象在税法中表现得最为明显。

其二,财政支出。财政支出其实就是对公有财产的处分,目的是为纳税人提供公共物品和公共服务,使"取之于民"的财政收入能够切实地"用之于民"。这种处分不仅包括财产权在各主体间的转移(财政转移支付),如从政府的一个部门转移给另一个部门、从上级政府转移给下级政府、从政府转移给私人,也包括对财产的加工、消费或减损,如政府采购、政府投资等。财政支出固然会受到公共政策的多方面规制,但是,其中有关对公有财产的处分仍然需要遵循财产法上的一般规则,从而保证在追求效率与公平目标的同时,又能符合基本的竞争秩序和交易习惯。从这个意义上讲,财政支出法也可称得上是一种财产法。

其三,财政监管。由于财政监管的对象就是政府,所以财政监管法更是一种典型的财产法。实务中所谓的国有资产监管,主要是指非货币性财产的监管,包括财产的产权界定、产权登记、价值评估、资产转让和纠纷处理等。而所谓的国库监管,主要针对的则为货币性财产。因此,尽管财政监管法与私法意义上的财产法不能一概而论、完全贴合,但是,这并不妨碍其具备财产法的一般共性,进而沿承了财产法的某些思路和具体制度。

当然,按照这个逻辑,在广义财产法体系中,宪法、刑法、行政法等似乎也有一席之地,毕竟它们都在以不同的方式保护财产权。只不过,上述法律部门与财产法的联系较为间接,远不及民商法、财税法那般紧密和成体系化,所以当前难以纳入财产法的主体框架之内。特别应当注意的是,财税法的天然流程和内在价值与财产法一脉相承,因而从财税法的角度研究公有财产保护具有得天独厚的优势。因此,财产法要拓展其公共之维、获得全新的观察立足点,将其调整范围延伸到公有财产领域,就必须侧重于与财税法的交叉研究,从而在碰撞与调整中产生智慧火花,突破传统私有财产法的狭隘局面,形成一种更为完整的审视和解决财产权保障问题的视角。

二、公共财产法意义上财税法的特殊贡献

将财税法定位为公共财产法,除了换一个视角观察世界之外,还能给财税法带来什么新思维?会引起哪些改变?毕竟,如果不能带来什么新东西,只是满足于纯粹的换位性描述,那就没有多大的现实意义了。我们认为,在"中国梦"实现的进程中,财税法有必要更多地强调协商与合作,而不是政府与纳税人之间的对抗。将财税法定位为一种财产法或者公共财产法,而不是侵权法,有助于更好地实现这一目标,使公有财产与私人财产各尽其用、和睦共存。作为公共财产法,财税法既要处理其与私人财产法(民商法)的关系,划定私人财产征收的限度和程度,防止公共权力侵犯合法的私人财产,又要保障公共财产的安全,防止公共资金被挪用、侵吞、浪费。同时,财税法负有公平、公正、公开地分配财政资金的任务,为社会提供必要的公共品或者公共服务。

追寻财税法律制度的演进历程,法学对财政现象的关注是从税收开始的。从税收到预算,再到其他财政现象,法律逐步地将整个财税关系引入其调整的视野之中,这大致反映了财税法学兴起和发展的脉络。从制度发展的轨迹看,财税法也是以"税收法定主义"为中心而发展起来的,进而构建起了更为广泛的"财政法定主义"和其他财税法基本原则。在现代税收国家中,由于税收在整个财政收入中占有绝对比重,对国家能否以恰当的方式筹措足量的资金具有决定性的作用,故税法规则在财税法体系中最为健全。因此,对税法的理解自然会影响到整个财税法的定位。

从另一个角度看,法学之所以最先关注税收,是因为早期人们认为,税收意味着财产牺牲。确实,在表面上,税收不能还本付息,不直接对应公共服务的提供,也不能完全等量地给予每一个纳税人,因而不同于占用和使用公有财产所支付的租金,不同于向特定行政相对人收取的行政收费,这也正是长期以来税收被普遍认为具有无偿性、强制性、固定性这三大特性[1]的缘由。在此种定性的意义体系中,如果不是因为法律的强制,征税似乎没有任何正当的名义,由此,税收表现为对纳税人财产权的侵犯,税法也就成为一种"侵权法",成为政府合法侵犯纳税人财产权、占用纳税人部分财产的依据。

然而,如果将税收理解为政府对纳税人财产权的侵犯,就很容易触发政府与纳税人之间的对抗,激起纳税人对政府征税行政行为的天然抵触情绪。而且,在现代税收国家中,税收占财政收入的绝大部分,各种财政行为都是以取得

---

[1] 参见刘怡编著:《财政学》(第二版),北京大学出版社2010年版,第171—172页。

税收作为经济基础的,故一旦将税法定位为"侵权法",将会影响到整个财税法的属性、改变财税法的立法目标、理路和走向。因此,有必要换一个角度理解财税法的本质,逐步消除其对抗性,使之更为平和、温良,更有利于保护纳税人的合法权益。

美国最高法院大法官霍姆斯曾指出,税收是文明的对价。诚然,纳税造成纳税人财产的直接减少,但是政府征税的目的在于合理使用这笔资金,为纳税人提供生活、生产所需的公共品或者公共服务。通过税款的集中和利用,或者能为纳税人在市场上竞争和创造财富提供治安有序、国防安全、金融稳定、物流通畅等外在环境,或者能基于公平考量使得一些纳税人的财产直接增加,如福利补助、灾难救济等就属于此类。另外,纳税人向政府纳税,也是其获得一定经营权、自由权的代价,最起码,在税收国家中,纳税人无需服劳役,营业自由也有保障。从这些论据出发,税并不仅仅是国家动用垄断性强权征收的款项,而是具有内在合理性、必要性的财富转移和创造活动,税法也不仅仅是捍卫政府意愿和行为的"猛兽",而是满足纳税人公共需求、保障公共领域稳定运作的平等机制。

以上结论虽然主要出自宪法视角,但同样可以从财产法的角度得到论证。从财产法的角度理解财税法,可以将政府与纳税人视作共存于同一片时空之下的两类主体,政府依法享有公有财产权力,正是纳税人的公共空间得以扩展、并享受高质量的公共生活的必然吁求,而公有财产与私人财产间的分界线应该如何厘清则为财税法的核心命题,亦为纳税人广泛商谈和自愿同意下的产物。因此,当现代财税法回归到"公共财产法"这一法律范畴,便有利于矫正政府与纳税人之间财产关系的对抗性,缓和征纳双方的紧张和对峙格局,进而形成一种良性互动、重视协商和合作的现代财税法律文化。

公共财产法的意义构建能够给财产法及财税法的理论研究与实践操作开辟一方广阔的天地,并带来视野和方法上的改变。主要在于:

第一,税法不是侵犯纳税人财产权的法律,而是保护纳税人财产权的法律。经过严格程序和互动参与制定出来的税法,既满足了政府的正当财政资金需求,又将过分和非法的税收排除在外。因此,经由实体和程序、授权和保留、承诺和禁止等多种法律防范机制,财税法构成了一种对纳税人财产权的消极保护。

第二,如果政府是合法、正义的,那么,政府依法获得财政收入,就具有法理上的正当性。最起码,纳税人纳税不再被认为是一种牺牲或者毫无代价的奉献,而是为了获得政府供给的公共品和公共服务所支付的对价。应当认识到,政府既然有自己的利益和目的,就应该拥有财产,否则将无法履行特定的公共职责,这一点与纳税人并无差异。正因为如此,只要符合比例原则和法制要求,政府有权通过各种民主、法定的途径获得收入并予以支配。

第三,公有财产是具有特定目的的财产,其管理和使用均应满足公共性的基本要求,而不能由政府恣意支配。一方面,只要确实是政府提供公共品和公共服务所需,就有必要为之配备相应的财产。另一方面,只要不是服务于公共目标,政府就无权征收和动用公款,即公有财产只能用于履行公共受托责任,而不能用于满足政府官员的个人消费和欲望。如果过度地将私有财产从纳税人手中转移到政府,不仅会导致社会财富的堆积、浪费,有悖于财税均衡原则,而且会使政府逐渐丧失正当性,其理财的能力和态度也将受到质疑。所以,无论是财税法还是传统意义上的财产法,它们的出发点都是平等地对待不同种类的财产,这在财税法中,就表现为平等地保护好私有财产与公有财产。

第四,由于对象本身的特殊性质,公有财产保护除了满足一般财产法上的要求之外,还有其特殊性,从而对一些私法规则进行了适应性的调整。① 例如,国家机关、事业单位的财产不得用于营利,这意味着,公用事业单位提供水、电、煤气时虽然可以收费,但只能以弥补成本为限。再如,非经营性公有财产要转变为经营性财产,以及公有财产的拍卖、变卖、减损等,都必须经过行政审批;财政资金的划拨、转移支付等,还必须列入预算并经过立法机关审批。

第五,在人类社会进步发展的新阶段,纳税人应当理性、全面地看待财税现象。纳税人一方面将部分个人财产让渡给政府,另一方面又从政府处获得相关的公共品或者公共服务,甚至包括直接的财政补贴和给付。究其本质,政府之所以能够介入并分享私有财产,除了宪法所赐权力之外,主要是因为它需要履行宪法承诺,即保护纳税人基本财产权利、保护人权、促进人的全面发展。正是财产法上的这种协商与合作关系,才会促使社会不断发展和进步,并有助于解决财税实践中的诸多难题。

当然,财产法意义上的财税法仍然离不开宪治、民主、法治。宪治确立一种良好的权力制衡机制,民主意味着公民有权知晓公共政策、参与决定国家事务,法治强调法律对权力的控制,强调纳税人依靠法律治理国家。只有建基于这些价值基础,财产法的公共之维才有可能凸显,并进一步与财税法在理念上相互交融、协调,从而将财税法纳入广义财产法的体系。

---

① 由于税法与私法对私人财产权的规范目的并不全然相同,这决定了完全以私法调整的方式、思路和结果作为税法规范的基础,显然不足以体现税法在课税上的完整价值取向和公共性质。

三、公共财政语境中的公共财产法

经过近二十年的发展,财税法学建立了独立、完整的学科体系,形成了开放包容的研究姿态。不过,在外向性发展的同时,财税法还应浓缩提炼出清晰的主体理念、方法,进一步发掘特质,寻求和确立立身之本,从而彰显自身的独特气质和功用。我们认为,财税法与公共财产法不仅在外延上紧密贴合,而且在内核上体现了保护私人财产、合理使用公共财产的追求。从动态的过程来看,财税法所规范的就是公共财产。征税、收费、分享资产收益,属于公共财产的取得;财政资金的预算、国库集中支付、国有资产经营、政府会计,属于公共财产的管理;财政投资、拨款、贷款和采购,属于公共财产的处分。从静态的持有而言,如何保护公共财产不受侵犯,如何规范公共资产的保值增值,这也是财税法当仁不让的职责。

因此,财税法调整财政关系或者公共财产关系,本质上是一个财产法或者"公共财产法"的问题,它与私法一道构筑私人财产权的双重保障体系。而且,在以民众需求为定向的财税过程中,公共财产法不仅履行保护私人财产的消极责任,更承担着扩大公民福利、推动公共建设的积极职责。既然公共财产的意义不是奉养政府,而是为了更好地服务社会,保护和促进私人财产权,那么,公共财产的使用和处分须经民众同意,在现代社会中,代议制政治和预算审批制度,就是这种集体同意的法律形式。从上述逻辑出发,财税法中推崇的民主、权力监督、人权保护等理论和机制方可渐次铺开。

作为对公共财政的法学解读,公共财产法既表现为静态的公共财产性,又表现为动态的公共财产性,如公共财产的取得、管理、分配和使用。具言之,财税法最主要的功能是组织公共财产(收入),其次是分配公共财产,而只有动态的税率、税收优惠政策调整、财政补贴等才关乎宏观调控问题。在公共财政体制下,财政民主是公共财产的应有之义。公共财产的保护成为服务性的政府行为,其出发点和归宿均为最大限度地保障纳税人的合法权益。公共财产的保护必然要求财政民主,而财政民主需要法治来保障。必须通过法律明确国家财政权的范围和边界,将财政活动的普遍规则制定为法律,构建严格、规范和科学的财政权分配、财政资源分配和财政监督制度,充分保护纳税人财产权和知情权、参与权、监督权等合法权利。总之,对财税法定性为公共财产法,将可能带来财税法的理念和内容的深刻变革,增强财税法的独立性,拓展财税法发展的无限空间。

第二节　收入分配法

在市场经济国家中,政府自身并不具有物质生产的能力,社会财富完全是通过市场中各种要素的流动和结合来创造的,转化为经济主体的私人财产,然后再由国家以征税、收费等方式提取一定的财政资金,从而形成了私人财产与公共财产的界分。可见,财税法与收入分配改革具有制度上的相互契合和逻辑上的内在联系,它作为典型的分配法,直接涉及相关权力/权利以及利益的分配,并在市场经济的特定语境下天然地体现了分配正义的内在价值。分配正义是引领收入分配与财税法制创新的共同价值与目标,而其内涵在我国当前主要体现为对公平的重视。

一、我国当前收入分配的价值探索

在经济学上,研究分配问题的一个重要概念是国民收入分配。国民收入分配主要包括两个层面,一是初次分配,即在创造国民收入的物质资料生产部门的各方面当事人之间进行分配;二是再分配,即在初次分配的基础上在物质生产部门与非物质生产部门之间、国民经济各部门之间、各部分的人之间进行分配。财政既参与初次分配也参与再分配,但主要在再分配中发挥调节作用。在经济学的研究中,收入分配问题是永恒的主题也是永恒的难题,原因在于分配的规则难以确定,而规则的背后则是价值的冲突。

（一）收入分配理论的价值探索

在人类的经济思想史上,有关分配的思想可谓绵延不绝。从早期的空想社会主义分配学说到近代西方经济分配理论,都明显体现出对收入分配的关注。空想社会主义的奠基者托马斯·莫尔在其《乌托邦》中指出,如果不彻底废除私有制,产品不可能公平分配。在其设想的"乌托邦"社会中,全体居民均匀分配产品。[1] 法国空想社会主义者摩莱里主张实行平均的按需分配,这是一种朴素的公平分配思想,为后来的社会主义分配思想奠定了基础。[2] 在法国资产阶级革命和英国产业革命爆发后的19世纪初期,空想社会主义的分配思想逐渐有了务实的倾向。埃蒂耶纳·卡贝把平等理解为相对平等而非绝对平等。[3] 德萨

---

[1] 〔英〕托马斯·莫尔:《乌托邦》,戴镏龄译,商务印书馆1982年版,第44页。
[2] 〔法〕摩莱里:《自然法典》,黄建华、姜亚洲译,商务印书馆1982年版,第109页。
[3] 〔法〕埃蒂耶纳·卡贝:《伊加利亚旅行记》(第三卷),李雄飞译,余叔通校,商务印书馆1976年版,第274页。

米认为,合理的平等应该是"实际的平等",是根据自己的能力、知识和特长参加共同劳动,并按照需要来享受共同的产品。① 圣西门的分配思想里开始出现了对平均分配的质疑和否定,提出了按照才能和贡献大小分配收入。② 傅立叶也提出在按劳分配的同时也要考虑资本、才能进行分配。③ 欧文认为理想公平分配方式是按需分配。④ 总之,空想社会主义者的分配思想的核心是"平均",这里既有历史贡献也有历史局限。其贡献在于,认识到分配差异过大的危害,而局限在于走向了极端的平均主义。

在马克思主义的分配思想中,极端平均的思想得到了纠正,而代之以"平等"的思想。马克思指出,要历史地看待资本主义分配过程中等价交换原则对社会主义公平分配理论的影响。"权利决不能超出社会的经济结构以及由经济结构制约的社会的文化的发展。"⑤恩格斯强调公平与平等的区别,指出公平分配并不意味着平等分配。资本主义社会在私有财产的基础上,分配遵循资本家按资本分配、工人按劳动力价值分配的准则,其结果是出现了严重的两极分化,公平分配和平等分配出现了分歧。

在西方近代的经济思想中,古典自由主义认为分配的目的旨在保障自由和权利。其中亚当·斯密和萨伊都强调自由与平等的同等价值,倡导机会平等而非结果平等。福利经济学认为,增进社会福利的途径之一就是收入分配均等化。因此,福利经济学的公平观具有很强的平均主义色彩。但是其进步的一面体现在,以增进社会福利为目标提出了"重视公平与效率关系"的命题。罗尔斯主义明确提出了"作为公平的正义""正义即公平"思想。他指出,分配正义的主题是社会基本结构和基本制度安排。在罗尔斯提出的平等自由和公平的两个原则之中,差别构成了公平正义理论的核心。"认可社会不平等和经济不平等,这些不平等在现代国家中对于工业经济运行时必需的或是能够极大提高效率的。"⑥

可见,从空想社会主义的平均分配到马克思主义的平等与公平分配,社会主义的分配思想所体现的价值取向尽管存在一些分歧,但总体上是一种民主化

---

① 〔法〕泰·德萨米:《公有法典》,黄建华、姜亚洲译,商务印书馆1982年版,第202页。
② 〔法〕巴札尔、安凡丹、罗德里格:《圣西门学说释义》,王永江、黄鸿森、李昭时译,商务印书馆1986年版,第11页。
③ 〔法〕《傅立叶选集》(第二卷),赵俊欣、吴模信等译,商务印书馆1981年版,第124页。
④ 〔法〕《欧文选集》(第二卷),柯象峰、何光来等译,商务印书馆1981年版,第27—32页
⑤ 《马克思恩格斯选集》(第三卷),人民出版社1995年版,第305页。
⑥ 〔美〕罗尔斯:《作为公平的正义——正义新论》,姚大志译,上海三联书店出版社2002年版,第125页。

的分配思想。与之形成鲜明对照的是,资本主义的分配方式尽管也提出公平分配,但是自由与效率的价值取向十分明显。通过对上述两类比较典型的分配理论进行梳理,我们可以归纳出其中的一个重要线索,即在价值的层面上,平均、平等、公平、自由、效率等若干价值要素的较量。

(二) 我国收入分配实践的价值提炼

新中国成立以来,出于不同历史阶段的不同发展任务和重点,我国的收入分配政策发生过多次转变,深刻地决定了当时的收入分配格局。

从新中国成立到1978年改革开放之前,我国尽管一直提倡按劳分配,但实际上采用的是平均主义的分配方式。这种落后的分配方式尽管曾一度有利于经济恢复,却也隐含着阻碍经济发展的负面因素。从1978年开始,平均主义的分配政策首先在农村被突破。实行家庭联产承包责任制在分配上的一个变化就是贯彻按劳分配,克服平均主义。这极大地调动了农民的生产积极性,初步体现出对效率的追求。1984年10月,中共中央十二届三中全会发布《关于经济体制改革的决定》,指出平均主义是贯彻按劳分配的障碍,要求建立以承包为主的多种经济形式。随着城市经济体制改革的收入,城市分配制度改革开始推进。1987年10月,中国共产党的十三大提出分配政策既要有利于善于经营的企业和诚实劳动的个人先富起来,合理拉开收入差距,又要防止贫富悬殊,坚持共同富裕的方向,在促进效率的前提下体现社会公平。1992年10月,中国共产党的十四大把我国经济体制改革的目标确立为建立社会主义市场经济体制,在分配制度上以按劳分配为主体,其他分配方式为补充,兼顾效率与公平。1993年11月,中国共产党十四届三中全会发布《关于建立社会主义市场经济体制若干问题的决定》首次明确提出分配政策上的"效率优先,兼顾公平",这一说法一直沿用到2003年中国共产党十六届三中全会发布的《关于完善社会主义市场经济体制若干问题的决定》文件中。2004年9月,中国共产党十六届四中全会通过《关于加强党的执政能力建设的决定》,关于分配政策的表述变为"注重社会公平,合理调整国民收入分配格局,切实采取有力措施解决地区之间和部分社会成员收入差距过大的问题,逐步实现全体人民共同富裕"。2006年3月,十届全国人大四次会议通过的《"十一五"规划纲要》提出"规范个人收入分配秩序,强化对分配结果的监管,努力缓解行业、地区和社会成员间收入分配差距扩大的趋势。更加注重社会公平,特别要关注就学、就业机会和分配过程的公平"。2006年10月,中国共产党的十六届六中全会发布了《关于构建社会主义和谐社会若干重大问题的决定》,提出"规范收入分配秩序""更加注重社会公平"。2007年中国共产党十七大报告提出"初次分配和再分配都要处理好效率和公平的关系,再分配更加注重公平。"2011年3月,十一届全国人大四次会议通过的《"十二五"规划纲要》延续了注重公平的分配政策,提出"努力缓解行业、地区和社会成员间收入分配差距扩大的趋势。更加注重社会公平,特别要关注就学、就业机会和分配过程的公平"。2013年2月,国务院批转并公布《关于深化收入分配制度改革的若干意见》,再次强调"初次分配和再分配都要兼顾效率和公平,初次分配要注重效率,创造机会公平的竞争环境,维护劳动收入的主体地位;再分配要更加注重公平,提高公共资源配置效率,缩小收入差距"。2013年11月中国共产党十八届三中全会通过的《关于全面深化改革若干重大问题的决定》进一步指出,"紧紧围绕更好保障和改善民生、促进社会公平正义深化社会体制改革,改革收入分配制度,促进共同富裕,推进社会领域制度创新,推进基本公共服务均等化,加快形成科学有效的社会治理体制。"

从上述文件可以看出,我国的收入分配实践是沿着"平均——效率与公平并重——效率优先,兼顾公平——更加注重公平"的路径展开的,效率与公平的地位关系从"并重"的等量齐观到"优先""兼顾"的差别对待,再到"更加注重公平"。这既是经济规律作用使然,也是收入分配政策中的价值理念在实践中的不断转换。我们认为,在我国未来的收入分配政策与制度中要寻找到使效率与公平之间协调与平衡能得以充分体现的"黄金分割点"。就目前来说,至少要做到提高公平在分配过程中的地位,即重视和强调收入分配的公平性。

(三)分配正义的内涵解析

从价值的层面的来看,无论是人类历史上有关分配的思想或理论还是我国收入分配的政策与具体实践,各类价值要素都在其中占据各自的地位。在这些价值要素中,"平均主义"显然是一种不够成熟或者仅在少数特定环境下才有意义的选择。相对而言,平等、公平、自由和效率常常成为令人们纠结的选项,原因在于这四种价值要素均内涵于正义的理念之中,并具有与之复杂的联系。例如,平等往往构成人们衡量是否正义的最直接的感受。自由甚至被视为是整个法律正义哲学的核心。"在一个正义的法律制度所必须予以充分考虑的人的需要中,自由占有一个重要的位置。"[1]不仅如此,自由的重要意义还在于它在实际生活中已经被具体化为基本人权的内容。"在当今这个世界的许多国家中,法律都承认了公民的某些基本自由。这些基本自由通常包括言论自由权利、集会自由权、迁徙自由权利、获得财产的权利和缔结合同协议的权利。上述权利

---

[1] 〔美〕E.博登海默:《法理学——法律哲学与法律方法》,邓正来译,中国政法大学出版社2004年版,第298页。

第四章 财税法的基本属性

往往得到宪法上的保护。"①当然,自由作为正义的内涵之一也是受到限制的。"如果我们从正义的角度出发,决定承认对自由权利的要求乃是植根于人的自然倾向之中的,那么即使如此,我们也不能把这种权利看作是一种绝对的和无限制的权利。任何自由都容易为肆无忌惮的个人和群体所滥用,因此,为了社会福利,自由就必须受到某些限制,而这就是自由社会的经验。"②效率在正义的内涵中也被认为是不可或缺的。"效率与正义从根本上讲不是相对立的价值。归根到底,正义的制度、人际关系的公平最能发挥人的积极性与创造性,因而是最有效率的,非正义的制度、人际关系的不公平归根到底是低效率的。"③但是无论正义的内涵与构成多么复杂,它在实践中的最终表现为两类价值的冲突。如果用分类的研究方法来看,在平等、自由、公平和效率之中,平等和公平具有一定的同质性,可以构成一类"价值组合",它们往往依赖外在的力量干预才能达到。④ 而自由和效率也具有同质的一面,可以构成另一类"价值组合",它们主要是自由市场竞争的结果。从机制上来说,市场竞争与国家干预的协调方式只能是法律制度。可见,两类价值组合必然基于法律这一协调机制而融合成更高层次上的价值形态,即正义的价值。而英国学者布莱恩·巴里曾把正义分为交换的正义和分配的正义,并指出分配正义才是真正的正义。⑤ 在两类价值组合中,自由和效率更倾向于交换的正义,而公平和平等的正义更倾向于分配的正义。分配的正义显然具有对交换的正义进行矫正的效果。

正义作为法律制度的首要价值,需要具体的价值要素来支撑和实现。这些支撑性的价值要素所处的地位是决定正义如何体现的关键。上述两类价值组合都曾被认为是正义的核心价值或最高价值,这说明两类价值组合都具有其合理性。究其原因,在于不同的时期或者不同的社会,正义的内涵并不完全一致,可以随着社会的发展进行修正,学者也可能从不同的角度对正义进行个性化的阐释。因此,正义的内涵无非就是根据社会的物质生活条件对两类价值组合的权衡。但是"正义秉性的基本特征不会因为这些变化而改变,相反,这些基本特征不仅构成人们在不同的社会里遵守不同的正义规范的共同动机,而且在一定

---

① 〔美〕E. 博登海默:《法理学——法律哲学与法律方法》,邓正来译,中国政法大学出版社2004年版,第299页。
② See Alfred N. Whitehead, *Adventures of Ideas*, the Free Press: New York, 1967, pp.106-109.
③ 周永坤:《法理学——全球视野》(第三版),法律出版社2010年版,第198页。
④ 公平与平等是有联系的,在许多场合,平等就是公平。但公平与平等也是有差异的。一般来说,平等特别注重的是特定当事人之间的利益关系,而公平更注重的是不特定当事人的共同评价。参见卓泽渊:《法的价值论》(第二版),法律出版社2006年版,第413页。
⑤ 〔英〕布莱恩·巴里:《正义诸理论》,孙晓春、曹海军译,吉林人民出版社2004年版,第66—67页。

程度上又限定了正义规范性内容的范围"。① 这就决定了正义的内涵需要通过一种相对稳定的社会机制来表达和实现,而这种社会机制就是法律。关于法律与正义的关系,历史上各学派争议不断,但是在收入分配的特定场景之下,"法律与正义的关系可以从维护社会稳定和发展的客观机制中去把握。这样,正义就不是一种虚无缥缈的东西,或者相对的无法确定,它犹如一道阀门或过滤器,处在社会的治与乱、国家的兴与衰之间,决定着国家权威的凝聚和流失"②。

从我国当下的经济和社会条件来看,社会对收入分配不公的不满情绪日益增加,而贫富分化的趋势也愈加严峻。以效率和自由的价值组合作为收入分配的正义内涵显然不能获得社会的普遍认同。在人们的理性预期中,效率和自由在正义内涵中的地位处于下降,而平等和公平的价值组合作为正义内涵的地位正在上升。故作为我国当前收入分配基本价值与目标的分配正义,其内涵应该是强调平等和公平的正义规范性,并在一定的经济和社会条件下达到一种与自由和效率均衡的状态。我国当前的收入分配不公,最主要的原因之一是对公平价值的严重忽视,这一问题已经导致我国收入分配偏离了正义的要求。改革的思路和方向应该是重新评估我国收入分配中分配正义的内涵构成及其位阶,提高公平价值在分配正义中的权重。

二、财税法的分配正义观

作为价值范畴的概念,无论分配正义的内涵多么丰富和复杂,从实践的需要来说,分配正义必须是可以具体化的规则与制度体系。也就是说,在一定社会历史条件下,分配正义必须具有客观和确定的标准,这种标准表现为适合一定经济与社会客观条件的价值构成。我国当前的收入分配改革要追求的是强调公平分配的分配正义,也就是"更加注重公平"的分配正义观。只有在这一理念指引之下的收入分配改革,才能够获得更多的正当性依据。同样,作为现代法律体系重要组成部分的财税法也在寻找这样的一种正当性。在公民财产权日益受到重视的今天,平衡国家财政权与公民财产权的财税法,正在日渐面临进一步的变革。传统的观念认为,税收具有强制性,表现为一种对纳税人财产权的侵犯,而税法也就成为一种"侵权法",成为政府合法地侵犯纳税人财产权的依据。这种对税法的定位会影响到整个财税法的属性,并极易引发纳税人与政府之间的对抗。因此,在建设和谐社会的进程中,必须从一个全新的角度来

---

① 慈继伟:《正义的两面》,生活·读书·新知三联书店 2001 年版,第 3 页。
② 夏勇主编:《法理讲义——关于法律的道理与学问》(上),北京大学出版社 2010 年版,第 252 页。

理解财税法,逐步消除其对抗性。要做到这一点,就必须突破纯粹从私法角度界定财产法的观念,关注财产法的公共之维,强调财产关系的纵向保护,进而将财税法纳入广义的财产法体系。其实,财税法中的许多理念和制度均体现出财产法的特征。例如,税法作为一种财产法,是从消极的角度保护纳税人私有财产的法律。尽管它确认了政府的课税权,但同时要求政府遵守税收法定主义和量能课税的原则,并通过法定的程序赋予纳税人抵制非法课税的权利,税法虽然不能从积极的角度增加纳税人的财产,却能实现对纳税人财产的消极保护。同理,财政支出法作为一种财产法,为公有财产的处分提供一般的规则,而财政管理法即是政府财产法。[①] 拓展财产法的公共之维,引发了财税法在基本理念方面的创新。现代财税法秉持"利益协调"的理念,最大限度地保障国家财政权、纳税人财产权和社会公共利益的实现。

从收入分配改革的角度来说,要正确地处理政府、企业和居民个人在各分配环节中的关系,就是要理顺三者之间的财产关系。从财产法角度理解财税法,可以为此提供一条以分配正义为目标,实现财产关系在各类主体之间良性互动的和谐化思路。那么,如何将分配正义的价值追求注入财税法内在结构,从而使其发挥出"制约差距过大、保障平等与公平分配"的功能?从关联性的视角出发,按照"价值——功能——结构"的思路来探讨财税法制创新与收入分配改革的关系,可以发现二者之间的契合性。

(一) 财税法与分配正义的价值关联

法律可以被理解为资源配置的手段,财税法在资源配置的过程中具有促进分配正义的价值。这种配置必须基于一定社会条件下的正当性要求方能实现其价值目标。"正义是社会制度的首要价值。法律和制度,不管如何有效率和有条理,只要它们不正义,就必须加以改造或废除。"[②]作为社会财富的分配机制与社会关系调整机制,财税法同样必须以正义为最高价值。与其他法律制度不同的是,财税法与分配正义在价值上具有的直接相关性。因为财税法本身就是在国民收入分配领域发挥作用的法律部门,对于促进分配正义的实现作用更为直接。

如前所述,在我国当前的收入分配中,分配正义的主要内涵应该倾向于平等和公平的价值组合。这既是我国当前收入分配改革的指导思想,也是财税法治与创新的目标之一。财税法中的很多原则或者法律规则都体现出这样的价值追求。例如,财政平等作为财税法的基本原则之一,被认为是财税法所追求

---

① 参见刘剑文:《重塑半壁财产法——财税法的新思维》,法律出版社2009年版,第1—8页。
② 〔美〕罗尔斯:《正义论》,何怀宏等译,中国社会科学出版社1988年版,第3—4页。

的价值,能够直接促进分配正义的实现。财政平等包含着对正义的价值追求,在制度上体现为平等对待。财政平等也可以理解为财政公平,既包括形式公平,又包括实质公平;体现在财政收入领域,也体现在财政支出领域;同时,还表现为中央地方财力的平衡与协调。在我国当前的收入分配中,收入差距过大、贫富两极化的趋势正是忽视财政平等原则的后果。因此,有必要强调财税法的这一原则对收入分配改革的重要意义。① 财政平等主义的确立和有效发挥作用,有助于从制度上缩小各种不合理的差距,从心理上增强人们对消除不平等现象的信心,有利于将社会的矛盾控制在人们的心理承受能力以内,创造一种平等和谐的竞争环境。②

概言之,财税法具有促进分配正义的价值,这是运用价值分析法对财税法进行探索而得出的结论。财税法与分配正义在价值上的关联性说明二者之间具有逻辑上的内在联系和制度上相互契合。这决定了财税法在收入分配改革中发挥作用的必然性。

(二) 财税法的分配制度功效

财税法对分配正义的价值追求与其本身所具有的制度功能有着密切的联系。其实,从某种意义说,财税法的功能属性也是财税法价值的一个方面。从"外在的主观评判价值"来看,分配正义体现了社会公众对财税法的认同和期望,而从"内在客观功用价值"来说,调整收入分配关系并给予法治化的保障则构成财税法的功能属性。从工具性价值的角度来看,财税法具有的强大的筹集财政资金和利益配置的功能,使法的工具性价值体系中的分配性价值在财税法中得到充分的体现。国家可以利用财税法的分配性价值,促进分配正义的价值目标的实现。③ 可见,财税法的分配正义价值是财税法分配功能的延伸,换言之,财税法的分配功能构成其对分配正义价值的功能限定。

在现代社会,由于财政关系总是以财政法律关系的形式而存在,因此,财政职能的实现过程与财政法的实施过程很多方面会出现重合。④ 因此,财税法的功能与财政税收的职能紧密相联。根据公共财政理论,由于市场本身的固有缺

---

① 中共十八届三中全会《决定》强调"完善以税收、社会保障、转移支付为主要手段的再分配调节机制",这便是从财税法的角度促进分配正义、"形成合理有序的收入分配秩序"的表征。同时,《决定》还指出"建立个人收入和财产信息系统,保护合法收入,调节过高收入,清理规范隐性收入,取缔非法收入,增加低收入者收入,扩大中等收入者比重,努力缩小城乡、区域、行业收入分配差距,逐步形成橄榄型分配格局",这其实也与财税法所具有的防范腐败和促进社会财富公平分配等功能息息相关。
② 参见熊伟:《财政法基本原则论纲》,载《中国法学》2004年第4期,第106—108页。
③ 参见徐孟洲等:《财税法律制度改革与完善》,法律出版社2009年版,第33页。
④ 参见刘剑文主编:《财税法研究述评》,高等教育出版社2004年版,第18页。

陷,分配正义的价值无法通过市场机制完整地表达出来。追求经济利益的最大化决定了市场经济其实是一种以效率为基本价值的机制。表现在分配方面,当出现分配程序不公正、分配结果不合理的时候,市场内部缺乏相应的纠正机制,分配也就可能越偏离正义的要求。因此,必须有一种非市场的机制通过与市场机制形成对冲,来引导其回归分配正义的价值目标,这就表现为政府财税手段的运用。

由于政府本身也通过国民收入分配取得收入,不可避免地会倾向于自身利益的最大化,出现财政权力的滥用,因此这种财税手段必须通过法律的形式来实现。国民收入分配的过程本身也是参与分配的各方主体的利益博弈的过程,有关收入分配的法律必须经由民主程序来制定。这也是财政法定原则和财政民主原则的基本要求。只有通过法律的形式才能够保障国民收入分配过程中的各方主体获得其应得的份额,从而保证社会全体成员分享经济增长的成果。正是从这个意义上,财政法应当从服务于财政的职能,转向对财政权力施加控制,具体表现为对财政权力的授予、规范和监督功能。①

因此,财税法的功能属性可以概括为以下两个方面:首先,财税法具有收入分配的功能,即通过财税的手段介入国民收入分配过程,在国家、企业和居民之间进行分配,在这个过程中,也实现了组织国家财政收入的职能;其次,财税法具有保障分配秩序的功能,即通过财政法定的形式来确保国民收入分配程序的公正性和分配结果的公平性。财税法的内核是财政与税收的经济机制,因而具有财富分配的功能;财税法同时具有法律的外在形式,因而具有保障分配秩序的功能。财税法所具有的这两大功能决定了其在收入分配中发挥作用的可能性。

三、财税法治框架中的收入分配机制改革

我国当前的收入分配不公已不仅仅是经济和民生问题,而且成为关系国家稳定的社会和政治问题。② 从短期来看,权宜性的措施或许能够发挥一定的作用,但是从维护国家与社会长治久安的远景来看,必须从根源上寻找解决问题的办法,而这需要加大收入分配的调节力度,改革现行不合理的收入分配机制。

随着社会财富的增加,人们的注意力逐渐集中于大量的社会财富应当如何分配。换言之,人们对分配问题的关注超过了对生产的关注。但是,我国收入

---

① 参见熊伟:《财政法基本原则论纲》,载《中国法学》2004 年第 4 期,第 102—104 页。
② 参见胡联合、胡鞍钢:《贫富差距是如何影响社会稳定的?》,载《江西社会科学》2007 年第 9 期,第 149 页。

分配改革长期以来没有取得实质性的进展,究其原因,则是对法律手段的忽视,在克服分配不公的手段上未能完成从主要依靠政策向主要依靠法律的转变。因此,无论是现在已经着手进行的收入分配改革措施,还是未来的收入分配改革方案的设计,都应当尽可能地将其纳入法治化的轨道。① 在诸多与收入分配相关的法律制度中,由于财税法与作为财富分配手段的财政税收之间具有的紧密联系,其作用表现得最为直接和明显。

我们认为,财税法治与制度创新有助于解决当前我国收入分配中存在的问题,实现分配正义的价值目标。收入分配,从经济的角度看,沟通着生产和消费;从法律的角度说,连接着主体与利益。财税法在国民收入分配改革中发挥作用的机制就在于以其独特的结构与功能对政府、企业与居民的利益进行公平合理的配置,以实现分配正义的价值目标。收入分配改革的各种理念和思路最终都是通过财税法律制度来实现的,体现为财税法律制度的发展与创新。

应当承认,收入分配不公之所以成为当今中国突出的社会矛盾,与财税体制改革滞后、财税法制不健全有很大关系。强化财税的正义导向,强化财税的民主参与,强化财税的法律规范,有利于化解这些矛盾,促进社会的稳定与和谐。实现公平分配,突出社会正义,这既是收入分配改革的基本目标,也是财税法制创新的重要依据。必须在发挥财税法分配与保障功能的基础上,注重协调各方利益,使得国与民、央与地、贫与富等群体的法定权利(权力)获得平等的保护,在财税法领域充分尊重和落实平等权。在我国城乡差距、地区差距、贫富差距越来越大的社会背景下,这有助于将收入和财富的差距制可控性,并创造一种平等和谐的竞争环境,从而保障基本人权,保障公民的民主权利,以财税法制创新来实现分配正义。具有财产法属性的财税法,强调对国家和纳税人财产权的平等保护,量能课税、实现税负公平,实现全体纳税人的公共服务和基本社会保障,对弱势群体进行财政倾斜,通过财政转移支付支持我国欠发达地区的发展,这些都是分配正义在财税法领域的直接体现。可以说,财税法作为分配正义之法,其实质是从理念上符合分配正义的内涵。具体来说,财税法制创新必须贯穿财政民主、财政法定和以纳税人为本的理念。只有这样,财税法才能担当起协调国家利益与纳税人权利保护的重任。在法治国家中,当收入分配符合法治秩序下的公平正义的要求,才具有正当化的基础。我们的结论也正是从这个意义上得出:分配正义不仅是收入分配的基本原则,也是财税法的核心价值。

---

① 李昌麒、范水兰:《正确处理收入分配改革中的十大关系——基于经济和法律的思考》,载《现代法学》2011 年第 1 期,第 31 页。

第三节 纳税人权利保护法

在民主权利日渐得到彰显的现代国家,对私人财产课税,就其本质而言,非为国家面对私人财产所伸出的掠夺之手,而是扶持之手。[①] 私人财产课税法治化,便是实现税法对私人财产权"扶持作用"的重要前提和途径。也就是说,财税权力不再只是国家汲取能力的体现,国家更应通过税收杠杆的运用,体现对纳税人财产权益的扶持。台湾学者黄俊杰站在财政宪法的角度指出,"'纳税'宪法制度之形成,系应肯认税捐基本权,并有效实践纳税者之权利保护。至于国家课税权之行使,则应依民主程序由立法机关以多数决定为之,并符合税捐法定主义、税捐公平原则与过度禁止原则之宪法意旨,以有效落实纳税者之权利保护。"[②] 具体来看,随着纳税人权利日渐受到重视,一个将实体与程序相结合、同时关注财政收入和财政支出环节、以优化服务合作为目标的纳税人权利体系正在形成之中。

一、财税法的权利扶持作用

当我们从部门法和宪法的角度对税的本质进行梳理之后,可以发现,税不再只是权力和掠夺的表征,也同时是权利和扶持的表征。而权力和权利二元结构的对立和协调,在某种意义上型塑了税权的二元机构。税权的二元结构,也不再简单的是国家权力和国民权利的对立和协调,而是一种在宪法框架下,对税在宏观层面和微观层面的体系化构建,从而为私人财产保护体系的构建提供理论和制度基础。

(一)税权二元结构的塑造

按照国家和国民、公法和私法的二元分析方法,可以将法权类型化为国家的法权和国民的法权两类。[③] 具体在税收领域,我们可以将税权区分为国家的税权和国民的税权。

从权力和权利分野的角度出发,国家的税权包括体现国家税收权力的国家征税权以及体现国家税收权利的国家税收债权,前者是税权实现的手段,后者才是税权实现的目的所在。

[①] 参见刘剑文:《扶持之手抑或掠夺之手——论私人财产课税法治化》,载《政法论坛》2011年第4期,第13页。
[②] 黄俊杰:《纳税人权利之保护》,北京大学出版社2004年版,第11页。
[③] 刘剑文:《走向财税法治——信念与追求》,法律出版社2009年版,第109页。

国家征税权,作为国家权力的一种,须受到法律的限制,即其包含的具体权力,如税收立法权、执法权和司法权均在法律限制范围内。具体而言,税收立法权受到立法主体、立法程序、立法位阶等诸多法律内容的约束,具体的法律文本包括《立法法》等基本性法律;税收执法权则受到税收实体法和税收程序法的规制;税收司法权同样应受到一国有关司法制度的法律的规范,还应受到有关税收特别法的调整。更进一步地分析,从权力的本源看,国家征税权是由国民让渡给国家行使的,需要受到国民意志的制约,而法律,便是全体国民意志的体现。因此,对国家征税权的实现进行全程法律"控制",殊为必要。

国家税收债权,即为国家对纳税人的税收之债的请求权,国家在行使税收之债请求权时,除了要遵守税法规定外,还需要遵守宪法的相关规定,以进行合宪目的的财政支出作为要求缴纳税款的前提条件。换言之,基于并依据法律规定,是国家税收债权成立的形式表征,而更进一步,从权力来源角度考量,它还是基于全体国民对部分财产权利的让渡,即对税收债权的集体同意,这种集体同意的表现形式,便是法律——既包括税法,也应该包括宪法和有关宪法性法律。

国民的税权,可以从宪法和法律两个层面进行区分,主要分为国民的税收权力和国民的税收权利两大方面。

国民的税收权力,主要基于宪法层面讨论,可归结为国民对税收的同意权。这种"同意权",至少包括但不限于两方面内容:一是税种的开设、调整、撤销,以及课税程序等有关税收的方方面面内容,都需要通过法律加以规定,税法中这些影响个人基本财产权利的内容,不能通过法律之外的其他规范性文件加以规定,因为只有法律保留才能体现国民对税收的"同意";二是国家进行合乎宪法目的的财政支出,应成为纳税人缴纳税收的前提条件,若财政支出违反了宪法目的,或是相关级次的政府根本就未为相关的提供公共服务行为,就破坏了税收的前提条件,国民可以通过法律等途径"不同意"相关具体税收,尽管这一点目前尚停留在应然层面。

国民的税收权利,则主要是指纳税人享有的各项具体的基本权利,这主要体现在具体的税收债权债务关系中。国民的税收权利也可以分解为纳税人在宪法上的权利和纳税人在税法上的具体权利。前者包括财产权、平等权、生存权等,后者则包括拒绝缴纳超过法定征收期限的税款、申请复议等权利。对国民税收权利的强调,突出表现了税收过程中应注意对私人的扶持,而这种"扶持"的依据,便是相关法律法规。

国民税收权利的根据,可以上溯到国民的财产权利,再进一步回溯到个体人权;国民税收权力的根据,则可以从国民的税收权力上溯到国民的政治权力,再进一步回溯到集体人权进行分析。此处不再赘述。

(二) 对私人财产的双重保护体系

私人财产权作为一种排他性的对世权,一般被认为不仅包含了排除其他平等主体的侵害,更应包括"权利人得对抗来自公权力侵害"的内容。① 在私有财产领域,权利人能够充分地行使自己的权利,政府非因法定事由并经法定程序不得侵害,否则即为侵权。而在国家公权力体系中,课税权最先且最直接与私人财产权发生关联,课税行为本质上说是对私人财产权的一种强制性限制。即便从宪法层面看,国家诸如提供公共服务之类的财政支出是这种课税行为的"对价"使得这种限制和剥夺合法化,但税收对私人财产权的限制,却是真实存在的。加之征税权的公权力特质,更使得私人财产权在遭遇国家征税权不合法或是不合理的侵害时,由于处于明显劣势而无力抵抗。所以,税收是对私人财产的正当的和初次的索取,私法意义上的财产权是滞后于国家征税权的财产权,所谓私人财产权不受侵犯,首先是指私有财产不受国家征税权的非法侵犯。

既如此,税法对私法保护下的私人财产权而言是一个先在的前提。② 当税法构建起限制国家征税权非法侵夺的抵御体系时,私人财产权才得以在私法的规范下获得自由行使的可能。正是基于税法保护对于私人财产保护的重要意义,通过将课税行为法治化,来规范国家公权力对私人财产的限制行为,并避免过度侵害现象的出现,就凸显其必要性了。

具体而言,对纳税主体、课税对象、归属关系、课税标准等直接决定纳税义务成立的诸项要素,在税法中明确、具体地加以规定,并确定"仅于具体的经济生活事件及行为,可以被涵摄于法律的抽象构成要件前提之下时,国家征税权才可成立",从而使纳税人在行使其私人财产权时可以预测由此可能产生的税收负担,且该负担根据税法的规定具有可预测性。税务机关必须严格在税法所规定的征税权内容、客体及范围内,进行税收的课征。税务机关的行为在于具体确认已成立的纳税义务,而不具有创设征税权的法律效果。一旦超出所规定的范围进行征税,则应当认为其征税行为构成对私人财产权的不当侵害,应承担相应的法律后果,此为对私人财产权的实体税法保护。

此外,税法透过对国家征税权行使步骤、方式的规定,构建私人财产权的程序法保护。征税是政府的法定权力,但在税法授予税务机关自纳税人手中无偿受让部分私人财产收益时,必须同时制定必要的规则以规范和限制征税行为,

---

① 刘剑文:《私人财产权的双重保障——兼论税法与私法的承接与调整》,载《河北法学》2008年第12期,第6页。

② 王怡:《立宪政体中的赋税问题》,载《法学研究》2004年第5期,第14—15页。

税务机关只有在依照法定权限和法定程序的情况下，才能实施征收行为。通过程序所特有的时间和空间的有序性，能够最直接的制约征税权的扩张，保护私人财产权在税收课征过程中不受公权力的随意侵犯。程序对私人财产权的保护应当贯穿税收征收过程的始终。

不可否认，税收的课征必然使财产权人无偿转移部分财产给国家，但税收负担越重，其所能保留的税后收益越少。正是因为税收对私人财产权所形成的强制性和无偿性的剥夺，税收课征过程中国家征税权与私人财产权之间的冲突与矛盾必然无可避免。为此，国家应当构建税收司法体系，为受征税权侵害的私人财产权提供司法救济。税法规定国家司法机关在审理税务案件的法定职权和法定程序，使税收争诉案件得以顺利进入司法审判程序中，通过构建独立与高效的税收司法审判机制，恢复国家受征税权侵害的私人财产权。

因此，私人财产权的私法与税法的双重保护是私人财产神圣不可侵犯的宪法地位的应有之义。私人财产权应是负有纳税义务的绝对控制权。以私法和税法的双重保障为依托，私人财产权不仅有权对抗其他平等市场主体，更有权对抗国家征税权的非法侵夺。私法与税法的相互结合，才能保证私人财产权在免遭国家征税权的过度侵害的前提下，真正实现其在经济活动中的自由行使。

我们强调财税法治，是因为无论从权力与权利关系的抽象层面，还是从私人财产权保护的具体层面，实现私人财产课税法治化，是真正达致税收"扶持之手"效用的前提条件和最优途径。财税法治强调的是对纳税人的扶持，体现了纳税人利益和国家利益的和谐统一。既有利于国家的稳定、社会的和谐，又保障了个人的生存和发展。"一部现代宪法制定的中心问题，乃在于协调公益与私益的紧张关系，并建立制度与程序，以确保其平衡状态的维护。"①因此，限制征税权对私人财产权的过度侵害，进而划定私人财产权的自由领域便成为税法与私法所共同的价值追求。

要推进财税法治的实现，需要在观念上，在"国富民强"和"民富国强"之间作出正确抉择，树立"民富国强"的观念，国家能真正做到让利于民，不与民争利。我们需要注意到，民富和国强之间并不矛盾，而是内在统一的。我们也需要思考：什么是国家？国家建立的根本目的是什么？我们以为，从某种意义上说，国家是为了其国民服务的，国家强大本身并不是目的，只有国家强大了、从而得以使其国民拥有享受高质量生活的机会，才是国家强大所追求的目标。人类历史上曾有过不少片面追求"国强"而忽视"民富"的国家，离我们最近的例

---

① 刘军宁：《自由与社群》，生活·读书·新知三联书店1998年版，第145—146页。

第四章 财税法的基本属性

子大概就是20世纪70、80年代的苏联了,是为当时世界两大"超级大国"之一,国家实力不可谓不强。但另一方面,国内却是物资极度匮乏、国民经济濒临崩溃、百姓生活困难。这种畸形的发展,最终成为其剧变解体的重要根源。而14、15世纪的欧洲,也有过国家,如法国,片面追求"国富"、而忽视"民富"的情形,当时的"国富"主要表现是封建王室的富有,其在给人类留下诸如凡尔赛宫之类奢华的皇宫的同时,不也最终被资产阶级革命推翻吗?所以,民富方能国强,民富和国强须有机结合、统一,确是万世不易之真理。现代税法,在国家和国民之间,以税收债权债务关系为纽带,架起了一座桥梁,以私人财产课税法治化为突破口,税收活动最终起到对纳税人、对纳税人权利的扶持作用,确实是实现"民富国强"的最佳途径。

二、纳税人权利保护机制的具体展开

以税收法律关系为线索,可将纳税人权利具体分为宪法基本权和税法上的权利。在诸种纳税人权利中,诚实推定权是一项亟须受到重视的权利,关系到对纳税人财产权的基本保护。同时,优化纳税服务、建设服务型税收工作模式已经成为如今税收征管的发展趋势。

(一) 纳税人权利体系:宪法基本权与税法权利的结合

纳税人权利是不同位阶、不同层次法律规范对纳税人权利规定的集合,其内容具有多样性。从法律关系的角度来解析,纳税人权利其实具有两重关系属性。在财税法律关系所主要涉及的纳税人、税务机关、国家这三方主体中,既包含纳税人与税务机关之间的法律关系,又包含纳税人与国家之间的关系。就前者来说,在征税中,纳税人的权利主要是一种程序性权利,如果要控制权力,也主要是通过程序对其他权力主体进行制约;就后者来说,纳税人有根据法律规范纳税的义务,国家接受税款后应该付出相应的代价,纳税人与国家的这种关系恰恰是宪政要研究的问题,宪政简单地说就是通过在宪法上规定纳税人的基本权利,来限制国家公权力的不当行使。[1]

以上面的双重法律关系为依据,纳税人权利体系大致可以分为两大类型,即宪法性权利和税法上的权利。[2] 纳税人在宪法上的基本权利是纳税人在税法上具体权利的来源,税法上的权利则是宪法权利的具体化。所谓纳税人的宪法

---

[1] 参见辛国仁:《纳税人权利及其保护研究》,吉林大学出版社2008年版,第22—23页。
[2] 除了宪法性权利和税法上的权利这种二分法以外,也有学者提出了另一种提法,即宏观上的纳税人的整体权利和微观上的纳税人的个体权利,两者的划分依据和基本内涵其实是近似的。具体参见甘功仁:《纳税人权利专论》,中国广播电视出版社2003年版,第49页。

性权利,是指纳税人在宪法上的基本权利。日本学者北野弘久认为,"纳税人基本权理论应当成为全部立法(包括预算)上的指导性法理。"① 可以说,以人权、民主、法治为核心的宪政奠定了纳税人权利的基础地位。② 随着税收收入占到现代国家财政收入的绝大部分,"税收国家"的特征表现得越来越明显。在税收国家体制下,各国宪法中对公民权利的规定,基本可以解读为对纳税人基本权利的设置。一般认为,生存权、平等权、参与权、监督权和救济权是纳税人在宪法上最重要的几项基本权利。另一方面,纳税人在税法上的权利主要体现在纳税人与税务机关之中,即在税款征收过程中所享有的权利。要知道,在税收征管活动中,纳税人与税务机关直接接触;因此税收征管中纳税人权利的较其他过程中的权利更为丰富,也更贴近纳税人的日常生活,具体包括知情权、无偿获得专业服务及帮助的权利、保密权、陈述与申辩权、礼遇权、诚实推定权等。③ 只有以宪法为核心来构建、以宪政程序来保障纳税人权利,并通过具体的税收法律法规赋予和规范纳税人权利,才能构建纳税人权利的完整谱系。④

另言之,在纳税人权利体系中,第一类权利多为与税法的合法性相关的权利。这些权利直接产生于纳税人和税法之间,是税法具备合法性和有效性的基本条件。例如确定性权利、税法规则必须公布的权利、禁止溯及适用的权利、税收公平负担的权利、不被双重征税的权利等。第二类权利则为与税法的具体适用和实施相关的纳税人权利。这些权利主要产生于税务机关与纳税人之间的日常征管程序中,是一个遵从税法、诚实纳税的纳税人理应享受并得到保护的权利。例如诚实推定权、隐私权、机密权、知情权、信息权等。⑤ 将上述两大类型的纳税人权利相比较,前者偏重于纳税人的实体性权利,多与税收法律规范本身相关,而后者则主要是纳税人的程序性权利,往往体现在具体的税收征管实践中。下面,将选取在纳税人权利体系中至为重要的、亟须加强的诚实推定权,进行集中阐述。

(二) 诚实推定权:纳税人权利的一项重要内容

在诸项纳税人权利中,诚实推定权作为保护纳税人的一项基本的程序性权利,其施行有利于约束税务机关依法征税,保障纳税人的合法权益,从而构建和谐的征税关系。但这一起源于税制发达国家的权利,在我国的立法和实践中却

---

① 〔日〕北野弘久:《税法学原论》,陈刚等译,中国检察出版社 2001 年版,第 58 页。
② 参见丁一:《纳税人权利研究》,中国社会科学出版社 2013 年版,第 107 页。
③ 参见周铁军:《纳税人权利保护研究》,西南财经大学 2008 年博士学位论文。
④ 具体参见黎江虹:《中国纳税人权利研究》,中国检察出版社 2011 年版,第 134—159 页。
⑤ 参见丁一:《纳税人权利研究》,中国社会科学出版社 2013 年版,第 220 页。

依然空白,不得不引起我们的关注和强调。诚实推定权,是指纳税人享有被税务机关假定为依法诚实纳税的权利,是税法应当确立的、纳税人应当享有的最重要的基本权利之一。税务机关向纳税人征税时,必须首先假定纳税人是诚信纳税人,推定纳税人在处理纳税事宜时是诚实的,并且承认纳税人所说的情况属实以及所递交的资料是完整和准确的,没有充足证据,不能对纳税人是否依法纳税进行无端怀疑并采取相应行为。①

诚实推定权属于纳税人享有的一项程序性权利。诚实推定权通过对税务机关权力的限制以达到对纳税人权利的保护,从而在强大的国家公权力和相对弱小的私权利之间实现平衡。根据诚实推定权的要求,在没有充分证据证明纳税人具有逃税、漏税等违法行为之前,税务机关应当推定纳税人的纳税行为是诚实的,不能对纳税人采取相应的措施。具体而言,税务机关在进行税务检查中所享有的强制检查权、强制执行措施权、录音录像权等权力都应当受到诚实推定权的制约与限制;在未经调查并证实纳税人有违法情形之前,税务机关的这些权力均不得滥加使用。因此,诚实推定权在程序上保护了纳税人的合法权益不受到税务机关的侵害,具有防御性、保障性的功能,通过设立和实施诚实推定权,体现了税收征纳双方的平等关系,有利于约束税务机关依法征税,有效地减少其主观判断带来的任意执法,更好地保障纳税人权利。跨越部门法的边界可以发现,税法中的诚实推定和刑法中的无罪推定具有十分相似的内涵和外延。但是,无论是在我国法学界还是普通民众中,无罪推定原则早已耳熟能详,而诚实推定原则依然是一个较为陌生的概念。

在域外的立法例中,诚实推定原则在西方国家已经不再停留于法律思想阶段,而得到的立法上的确认。20世纪下半叶,欧美各国在经过"为纳税人服务"的改革浪潮后,纷纷开始了国内纳税人权利保障体系的建立。纵观现今欧美主要发达国家较为完善的纳税人权利体系,诚实推定权已经成为其中不可缺少的组成部分。诚实推定权主要有两种具体体现形式:一是直接规定诚实纳税推定权;二是通过规定纳税人有获得礼貌和专业服务的等其他权利,包含了诚实纳税推定权的作用。② 其中,采取第一种立法例的国家有加拿大、澳大利亚等。加拿大1985年《纳税人权利宣言》(Declaration of Taxpayer Rights)明确规定:法律认为纳税人是诚实的,除非有证据证明事实上有相反的情况。同时,加拿大建立了纳税人自我披露制度,旨在为纳税人提供主动纠错的机会,给予纳税人更

---

① 参见刘剑文:《纳税人权利保护:机遇与挑战》,载《涉外税务》2010年第5期,第6页。
② 参见张富强:《纳税人诚实纳税推定权立法的完善》,载《学术研究》2011年第2期,第50页。

多信任和公平待遇。① 加拿大税收体系中的自我披露制度和诚实推定制度相互补充,对于构建和谐的征纳关系发挥了巨大作用。澳大利亚国税局 2009 年修改的《纳税人宪章》(The Taxpayer's Charter)的纳税人权利部分第 2 条规定,税务机关应当推定纳税人没有隐瞒税务事宜,除非纳税人的行为令税务机关有怀疑。采取第二种立法例的国家以美国为代表。美国的《纳税人权利法案》(The Taxpayer Bill of Rights)建立了较为完善的纳税人权利保障体系。② 虽然该《法案》中没有直接规定纳税人享有诚实推定权,但从其权利结构来看,已经包括了诚实推定的精神内涵。例如转让定价的举证责任由税务机关承担、纳税人享有获得专业和礼貌服务的权利等。③

但是,我国的税收法律体系尚未确立诚实推定权的法律地位,税收实践中也鲜见诚实推定权的概念的运用,诚实推定权的缺失引发了当前税收征收体系中的很多问题。其危害具体体现在:第一,由于我国长期以命令——服从的管理型行政模式为主,税务机关常以国家征税人的地位自居,依靠强行征管的方式进行税收征收,缺乏对纳税人的服务意识和诚信信赖,往往戴着有色眼镜看待整个纳税人群体。相比之下,纳税人处于弱势地位,属于被管理者,不得不服从税务机关的强制性命令。所以,纳税人的抗税心理比较严重,逃税、偷税的情形增多,征纳关系紧张。第二,诚实推定权的缺失导致税务机关的权力得不到有效制约。由于认定纳税人不诚实纳税而采取相应措施并不需要经过特定的法律程序,税务机关往往滥用权力,侵害纳税人的合法权益。《税收征收管理法》赋予了税务机关极其广泛的权力,却没有确立充分的纳税人权利进行制衡,导致税务机关的权力容易走向失控。例如,第 54 条赋予税务机关六项税务检查权,第 55 条赋予税务机关税务检查中的税收保全和强制执行措施权,第 56 条要求纳税人必须接受税务检查,第 57 条赋予税务机关税务调查权等。在我国的税法体系中,纳税人不仅没有诚实纳税推定权,而且承担严苛的接受税务检查的义务。第三,缺乏诚实推定权提供的程序性保障,纳税人权利得不到有效保护。税务机关往往采用"先处再查"的方式,颠倒程序顺序,使纳税人很容易受到公权力的非法干预,其正常的生活、生产、运行秩序难以得到充分的保障。

因此,将诚实推定权纳入纳税人权利体系、纳入法律框架是大势所趋。为此,我国应当先从修改法律入手,从法律的高度确立诚实推定权的法律地位,保

---

① 参见刘运毛:《加拿大税务审计制度探析及启示》,载《税务研究》2008 年第 5 期,第 91 页。
② 参见王春婕:《美国纳税人权利保护的立法特点及其对我国的启示》,载《山东社会科学》2007 年第 12 期,第 137 页。
③ 参见张富强:《纳税人诚实纳税推定权立法的完善》,载《学术研究》2011 年第 2 期,第 51 页。

障其积极作用的充分发挥。一方面,在民主和法治的社会中,纳税人的主体地位主要通过人民主权和宪法公民权加以体现,为了增强纳税权利,更应关注宪法对纳税人权利的保护。与美国宪法对纳税人及纳税人权利的充分规定相比,我国宪法除了规定了纳税人的义务,并未明确规定其享有的税法方面的权利,这显然是不充足的。[①] 我们认为,首先要完善宪法中的相关规定,为纳税人的权利保护提供根本性依据。另一方面,《税收征收管理法》作为我国税收领域现有的四部法律之一,在税收的征收管理方面具有重要作用。然而,在其第一章总则中尚未存在赋予纳税人权利的条款,缺乏有效的保障来制约税务机关的随意作为。鉴于诚实推定权的重要价值,在修改《税收征收管理法》时,应借鉴澳大利亚等国的方式,在具有统领作用的总则部分,明确赋予纳税人该项权利,从而真正实现税务机关和纳税人之间的平等关系。而在明确立法上的规定的同时,还要加强执法中的检查,保证法律条文的执行效果,并赋予纳税人充分的救济通道,此正为完善我国纳税人权利保障的重要途径,事实上,相似的思路对纳税人权利体系的整体构建也同样适用。

(三) 优化纳税服务:权利保护的最佳诠释

所谓纳税服务,一般是指税务机关根据国家税收法律、法规和政策的规定,以贯彻落实国家税法,更好地为广大纳税人服务为目的,通过多种方式,帮助纳税人掌握税法、正确及时地履行纳税义务,满足纳税人的合理期望、维护纳税人合法权益的一项综合性税收工作。它也是税务机关的法定义务和职责,是贯穿整个税收工作的重要内容。

我们认为,要实现纳税人权利保护机制,我国应当树立服务性政府的理念,由单纯执法者向执法服务者角色的转变,由被动服务向主动服务转变,由形象性服务向实效性服务转变。审视发达国家的税务行政演变历程,其经历了理念上的变迁,即由强制向服务的根本性转变。也即,发达国家传统的税务行政以强制管理为中心,税务机关在税收征管中居于主导地位,纳税人被动地听从税务机关的行政命令和处分通知,以实现纳税义务的遵从。在这种模式下,纳税人的遵从在很大程度上依赖税务机关的执法强度和惩处的严厉性来维持;当税务机关不堪行政重负而促使赋课方式向纳税人自我评估申报演进时,这种传统的管理与服从式的关系模式就不适应形势发展的需要,新型的以服务为主旨的税收征纳关系也就应运而生。在名称使用方面便能体现这一理念的变革。例如,美国、加拿大、意大利、韩国等国税务机关的名称被冠以"service",部分国家

---

① 参见湘潭市税务学会优化纳税服务课题组:《美国纳税人权益保护的借鉴与启示》,载《湖南税务高等专科学校学报》2011年第24卷第4期,第6页。

直接称纳税人为"client",制定的战略计划则为"corporate business plan";并将商业领域的企业文化、管理战略、顾客服务等引进日常税务管理,向纳税人作服务承诺,制定并公布其经营计划,税务局长每年代表整个税务机关向纳税人致以公开信,承诺不断完善纳税人服务,打击逃避税、公平高效行政。①

纳税服务工作具有很强的综合性,纳税服务工作体现在税收的征收、管理、稽查、行政复议等各个工作环节,其可以按发生的时间顺序,区分为税前、税中和税后三个阶段的纳税服务。税前的纳税服务主要是为纳税人提供公告咨询、辅导服务,以提高纳税人的办税能力为主要目标;税中的纳税服务则主要是为纳税人方便、快捷、准确地依法纳税创造条件的一系列措施;税后的纳税服务侧重于为纳税人监督投诉、行政复议、行政诉讼和损害赔偿提供畅通的渠道。

纳税服务的理念在税收征管中,主要体现在增强服务意识、规范服务行为,提高服务水平。从税收工作实践上看,纳税服务的工作内容主要包括五大方面:信息服务、咨询服务、办税服务、环境服务、帮助服务。从发展的角度看,服务的内容是随着社会政治经济形势发展和服务立法的发展而发展变化的,服务内容将不断丰富充实,服务体系将不断完善规范。

税务机关严格执法就是在优化纳税服务,从本质来讲,就是将纳税人权利保护落到实处。严格执法与优化纳税服务是税收征管工作中密不可分的两个方面。纳税服务的目的同样是在依法行政的前提下,采取各项有效措施,构建全方位、多层次、开放式的纳税服务体系,增强征纳双方的良性互动,保护纳税人权利,促进纳税人依法纳税意识的提高,营造一个法治、公平、文明、高效的税收环境,从根本上提高纳税人权利保护实现的质量和效率。

严格执法与优化服务两种行为关系着法律的尊严和纳税人权利的保护。在依法治国和转变政府职能的大背景下,提高税收征管的质量与提供优质的纳税服务对于税务机关而言,就如同硬币的两面,不可分割。为纳税人提供优质高效的办税、法律、咨询服务,可以降低纳税人的办税成本,减弱纳税人与税务机关间的对抗关系,提高纳税人对税法的遵从度,促进诚信税收环境的改善,这是税收执法的基础。而良好的税收执法既可以为纳税人创造公平有序的市场竞争环境,也可以提醒纳税人循规守法,避免事后加倍处罚的损失,这本身就是一种更有价值的深层次服务,更深层次地保护纳税人权利。优化纳税服务,要坚持服务与执法并重,努力做到在严格执法中提供优质服务,以优质服务促进执法。可以说,在我们走向权利的时代,税务机关严格执法和优化纳税服务,就是对纳税人权利保护的最好诠释。

---

① 参见曾飞:《国外纳税服务的经验及借鉴》,载《税务研究》2003年第12期,第57页。

第五章　财税法的功能拓补

财税法的功能，是指财税法在调整财税关系过程中所表现出的一种外在功效。[①] 形象地说，就是在回答"财税法应当做什么"。从理论上看，功能可以分为主观层面和客观层面，前者指一定的物质文化环境下社会观念对财税法功能的一般认识，后者指财税法在实际运行中所发挥出的功能。在相当大的程度上，财税法的客观功能是由时代环境所决定的，是一种客观规律，而主观功能认识则可能超前或者滞后于时代的需要。因此，在发生主观认识脱节时，客观功能仍然会在一定程度上不自觉地发挥作用，但这种自发的功能远不如自主发挥时的应有效果，容易带来实践的偏失。可见，正确认识财税法的功能，不仅是一个重大基础理论问题，并且对实践具有直接、深刻和关键性的指导作用。

然而，"财税法功能"这一问题却长期被掩盖在"财税职能"的论述下，大量的研究都是从单一的经济学视角展开。特别是在将财税法作为宏观调控法的传统思维下，财税法的宏观调控功能被无限放大。财税法功能研究的偏失，不仅使得学界产生和延续了一系列认识误区，而且进而导致实践中财税法的功能被形式化、工具化、技术化，造成了现阶段财税体制中的诸多症结。在依法治国的新阶段，我们很有必要从理论上探明"中国需要什么样的财税法""如何让财税法在治国安邦中发挥最大效用"，并以理论指引实践，更好地发挥财税法在推进国家治理现代化中的贡献。

第一节　财税法功能的误区澄清

在我国过去的一个阶段中，财税法被视为宏观调控法，财税法的宏观调控功能也被格外凸显。这种观点是有一定的思想和制度基础的。在改革开放"经

[①] 关于"法的功能"和"法的作用"的具体概念界定，在法理学研究中，有的学者将法的功能和法的作用完全看成一回事，认为"法的作用，又称法的功能"（沈宗灵主编：《法理学》，北京大学出版社2000年版，第72页）。有的认为法的作用和法的功能虽然在严格的语义上确有某些细微差别，但其基本意义是无差别的，所以在大多数著作中是通用的（张文显主编：《法理学》，高等教育出版社2003年版，第349页）。还有的认为二者是形式上相似而实质上有别的两个事物（周旺生：《法的功能和法的作用辨异》，载《政法论坛》2006年第5期，第110—116页）。

济市场化"的目标下,财政被要求服务于政府完成"四个现代化"和"市场化"历史重任的需要。① 这很大程度上就使得财税法的经济功能被过分强调,特别是经济功能中的宏观调控被格外突出。要正确理解财税法的功能,就有必要追溯认识演进的历史脉络,进而对宏观调控作重新审视和理性认识。

一、本土认识演进的历史脉络

新中国成立后,早期曾受苏联"货币关系论"影响,随后于20世纪50年代末确立了"国家分配论"。② 在1978年改革开放之后,财税职能的转型成为学界的热点话题。1984年后,在经济体制改革的大潮中,经济学界提出了"公共财政"理论,并最终为国家所接纳。③ 在此,我们可以梳理中央政策文件对财税功能的表述,展现观念变迁的动态过程(见表5.1):

表5.1 1949年以来官方文件对财税(法)功能的表述

财政形态	时间	政策表述及评价	来源文件
国家财政	1949年	"国家应在……财政政策、金融政策等方面……使各种社会经济成分在国营经济领导之下,分工合作,各得其所,以促进整个社会经济的发展。" 将财政作为经济发展的调剂工具。	《中国人民政治协商会议共同纲领》
	1951年	"在继续保证国家财政经济工作统一领导、计划和管理的原则下,把财政经济工作中一部分适宜于由地方政府管理的职权交给地方政府。" 将财政视为国家管理经济的一种工作或职权。	《关于划分中央与地方在财政经济工作上管理职权的决定》

---

① 何盛明:《政府应做的 就是财政要干的——关于市场经济条件下国家财政职能的几点思考》,载《财政研究》1998年第8期,第2—6页。

② 简言之,就是认为财政是以国家为主体的分配关系。参见邓子基:《财政学原理》,经济科学出版社1997年版,第32页;张馨:《我国财政职能观评述》,载《财经问题研究》2001年第11期,第77页。

③ 高培勇:《公共财政:概念界说与演变脉络——兼论中国财政改革30年的基本轨迹》,载《经济研究》2008年第12期,第4—16页。

第五章　财税法的功能拓补

（续表）

财政形态	时间	政策表述及评价	来源文件
向公共财政转型	1993年	"运用货币政策与财政政策,调节社会总需求与总供给的基本平衡。" "积极推进财税体制改革。" 改变财税无所不包的观念,将其作为经济工具。	中共中央《关于建立社会主义市场经济体制若干问题的决定》
	1993年	"理顺中央与地方的财政分配关系,更好地发挥国家财政的职能作用,增强中央的宏观调控能力,促进社会主义市场经济体制的建立和国民经济持续、快速、健康的发展。" 强调"国家财政"和"宏观调控"。	国务院《关于实行分税制财政管理体制的决定》
公共财政	1998年	"积极创造条件,逐步建立公共财政基本框架。" 标志着从国家财政转向公共财政。	李岚清在1998年12月15日全国财政工作会议上的讲话
	2003年	"健全公共财政体制"。 "进一步健全国家计划和财政政策、货币政策等相互配合的宏观调控体系。" 公共财政框架下,仍然强调财政的宏观调控作用。	中共中央《关于完善社会主义市场经济体制若干问题的决定》
	2007年	"深化财税、金融等体制改革,完善宏观调控体系。" 财税被完全置于宏观调控之下。	党的十七大报告
	2013年	"财政是国家治理的基础和重要支柱,科学的财税体制是优化资源配置、维护市场统一、促进社会公平、实现国家长治久安的制度保障。" 开始从国家治理的角度认识财税功能。	中共中央《关于全面深化改革若干重大问题的决定》
	2013年	"财税体制在治国安邦中始终发挥着基础性、制度性、保障性作用。" 进一步强调财税法对于治国理政的基石作用。	《深化财税体制改革总体方案》
	2014年	"规范政府收支行为,强化预算约束……保障经济社会的健康发展。" 删去了"宏观调控"表述,体现以财税法规范政府财政行为的观念。	《中华人民共和国预算法》

不难看出,在经济学理论推动实现由"国家财政"到"公共财政"的转型过

程中,对财税职能的认识也长期只是从经济层面展开的,并且在近年来尤其强调其中的宏观调控职能,直到党的十八届三中全会重新发掘出财税法对于治国安邦的基础性、支柱性功能。那么,究竟什么是宏观调控?财税法的主要功能是宏观调控吗?这些问题我们有必要从理论上加以廓清。

二、宏观调控泛化的理论反思

宏观调控(macro-control①),是一个具有中国特色的、用来诠释政府与市场关系的关键词。② 在西方,并不存在"宏观调控"的概念,通常表述为用"宏观经济政策"(macroeconomic policy)干预经济运行。③ 我国经济学界一般将其定义为:在市场经济条件下,以中央政府为主的国家各级政府,为了保证整个国民经济持续快速健康地发展并取得较好的宏观效益,主要运用间接手段,对一定范围内经济总体的运行进行引导和调节的过程。④ 法学界对宏观调控的认识,基本援引自经济学界,认为宏观调控等于宏观经济调控,调控的主体是政府或国家,客体是国民经济总量,手段是宏观经济政策。⑤ 具体来说,包括"税率、利率、汇率等经济杠杆和其他财政、税收、金融、信贷、价格、工资等方面政策工具及其运用,特别是它们的综合运用"。⑥

从历史角度看,"宏观调控"一词是伴随着我国建立市场经济而产生的。在1984年的《中共中央关于经济体制改革的决定》中,首次运用了"宏观调节"一词。⑦ 这在当时是直接针对计划经济时期运用行政手段直接干预经济的做法而提出的,具有相当的进步意义。梳理自此以来三十年间的中央政策文件,可以看出国家对宏观调控态度的演变过程(见表5.2):

---

① 我国《宪法》中英文对照版本中将宏观调控译为"macro regulation and control"。但regulation乃"(微观)规制"之意,用macro修饰regulation于理不通。"macro control"是近年来国内对宏观调控比较流行的英文译法,但是西方理论中没有这种概念。参见刘瑞:《宏观调控的定位、依据、主客体关系及法理基础》,载《经济理论与经济管理》2006年第5期,第17—23页。
② 史际春、肖竹:《论分权、法治的宏观调控》,载《中国法学》2006年第4期,第158—168页。
③ 李克穆:《中国宏观经济与宏观调控概说》,中国财政经济出版社2007年版,第2—3页。
④ 李兴山主编:《宏观经济运行与调控》,中共中央党校出版社2002年版,第3页。
⑤ 史际春、肖竹:《论分权、法治的宏观调控》,载《中国法学》2006年第4期,第158—168页。
⑥ 漆多俊:《经济法基础理论》,法律出版社2008年版,第252页。
⑦ 该《决定》提出:"越是搞活经济,越要重视宏观调节……我们过去习惯于用行政手段推动经济运行,而长期忽视运用经济杠杆进行调节。学会掌握经济杠杆,并且把领导经济工作的重点放到这一方面来,应该成为各级经济部门特别是综合经济部门的重要任务。"

第五章 财税法的功能拓补

表 5.2 改革开放以来中央政策文件对宏观调控的表述

阶段	时间	政策表述及评价	来源文件
形成阶段	1984 年	"越是搞活经济,越要重视宏观调节。" 这是宏观调控首次出现在党的纲领性政策文件中。	中共中央《关于经济体制改革的决定》
形成阶段	1988 年	"治理经济环境,整顿经济秩序,必须同加强和改善新旧体制转换时期的宏观调控结合起来。" 这是"宏观调控"一词的正式运用。	《中国共产党第十三届中央委员会第三次全体会议公报》
确立阶段	1993 年	"国家加强经济立法,完善宏观调控。" 宏观调控被写入宪法,由党的主张上升为国家意志,其地位得到正式确立。	《中华人民共和国宪法》
确立阶段	1993 年	"建立社会主义市场经济体制,就是要使市场在国家宏观调控下对资源配置起基础性作用。" "宏观调控的主要任务是:保持经济总量的基本平衡,促进经济结构的优化,引导国民经济持续、快速、健康发展,推动社会全面进步。" 这将宏观调控提高到了极其重要的地位上,使之成为市场经济的常态。同时,对宏观调控的任务作出了系统论述。	党的十四届三中全会《关于建立社会主义市场经济体制若干问题的决定》
确立阶段	1997 年	"充分发挥市场机制作用,健全宏观调控体系。" 同样强调宏观调控在市场经济中的重要地位。同时,进一步完善了对宏观调控功能的认识。	党的十五大报告
强化阶段	2002 年	"健全现代市场体系,加强和完善宏观调控。" 提出要"加强"宏观调控。	党的十六大报告
强化阶段	2007 年	"从制度上更好发挥市场在资源配置中的基础性作用,形成有利于科学发展的宏观调控体系。" "深化财税、金融等体制改革,完善宏观调控体系。" 强调宏观调控在发展中的作用,并且明确地要求财税服务于宏观调控。	党的十七大报告

(续表)

阶段	时间	政策表述及评价	来源文件
回归阶段	2012年	"更大程度更广范围发挥市场在资源配置中的基础性作用,完善宏观调控体系。"对宏观调控的定位开始理性回归,不再将其专门列为一点。	党的十八大报告
	2013年	"健全宏观调控体系"。将宏观调控置于"加快转变政府职能"一章中。同时,将财政提升到"国家治理的基础和重要支柱"的地位,不再凸显其宏观调控职能。	中共中央《关于全面深化改革若干重大问题的决定》
	2014年	"依法加强和改善宏观调控、市场监管"。将"加强财税等领域市场法律制度建设"与"宏观调控"并列,明确了财税与宏观调控的关系。	中共中央《关于全面推进依法治国若干重大问题的决定》

结合实践发展,可以大致描绘出宏观调控的演进脉络:在改革开放初期(1978—2002),宏观调控主要是用作一种应对经济过热或经济危机的应急"反周期"之举,如1979—1981年的计划式宏观调控、1985—1986年的双紧式宏观调控、1989—1990年的硬着陆式宏观调控、1993年—1995年的软着陆式宏观调控、1998—2002年的激励式宏观调控;2002年以来,宏观调控被不断强化,在促进增长的目标下,逐渐成为经济发展的常态,其作用范围也不断扩展;2012年以来,国家对宏观调控的态度开始趋于理性,特别是在党的十八届三中全会上有了重大转变。

应当看到,宏观调控在近几年来被过度强化,并且出现了明显的"泛化"现象。一方面,宏观调控的空间被不合理地扩大。一般来说,宏观调控应该着眼于经济总量平衡,关注经济增长率、失业率、通货膨胀率、国际收支平衡等问题。不过,宏观调控的范围却被不断作"广义"理解,甚至被与"政府干预"相等同。[1] 如有学者认为,宏观调控关系最终往往要落脚于微观管理关系,这就把宏观调控的范围在事实上拓展到了整个经济干预方面。[2] 在社会上,也形成一种思维惯性,把宏观调控与经济干预混为一谈,只要局部地区或局部行业出现了物价

---

[1] 徐澜波:《规范意义的宏观调控概念与内涵辨析》,载《政治与法律》2014年第2期,第84—95页。

[2] 该观点支持者所举的例子是:为了刺激和扩大内需,拟对公民存款进行征税,这是宏观调控措施。但当对公民存款进行征税的措施通过人大立法转化为税法的普通规范时,宏观调控关系即转化为微观的征收管理关系。

波动、供求失衡等状况,就动辄呼吁政府加强宏观调控。针对这种倾向,学界早已经提出了批评,如周为民提出:"宏观调控是一种政府干预,但并非任何政府干预都是宏观调控。"①应该看到,如果把对个别产品、个别市场等微观问题的经济干预都纳入宏观调控的范围,那么这样的"宏观调控"其实既不"宏观",也不仅仅是"调控",已经与其原初意涵大相径庭了。

另一方面,宏观调控的作用时间被不合理地延长,甚至长期被视为政府的首要工作。②厉以宁先生将这种现象描述为"宏观调控依赖症"。③其实,宏观调控应当是一种"非常规"的国民经济管理行为,而绝非常态。④进一步看,中国的宏观调控是在改革过程中发生的,应该是改革的过渡,只是处理改革中出现问题的具体手段,而不能替代改革。⑤目前,越来越多的有识之士已经认识到,宏观调控不等于干预市场,宏观调控也不能包治百病。⑥

尤其值得注意的是,中央高层也已经显露出转变观念的迹象。例如,在2013年的《国务院机构改革和职能转变方案》中,就删去了原有的"加强和改善宏观调控"职能,代之以"改善和加强宏观管理"。近日,李克强总理又多次提及"区间调控、定向调控、预调微调"⑦,这也间接表露了让宏观调控回归应有定位的态度。我们应当认识到,宏观调控不等于政府干预经济,它仅指政府运用财税、金融等宏观经济政策调节国民经济总量,并且它应当是一种特殊的、有针对性的举措,而非市场经济的常态。

三、财税法功能的理性回归

在理性认识宏观调控的基础上,可以进一步探讨财税法的宏观调控功能。从理论构造上看,宏观调控其实只是财税法的非常态、次要和附随的功能。财税所具有的调控职能往往表现为财税特别措施,构成一般性规则之外的特例。

---

① 周为民:《宏观调控的五大误区》,载《社会观察》2011年第7期,第44—46页。
② 一个例证是:2003—2012年,整个十年的政府工作报告中,凡回顾上一年(或过去五年)工作必先谈宏观调控,凡部署当年工作基本都是必先提及"加强和改善宏观调控"。参见黄伯平:《政府职能的重大转变:从宏观调控再到宏观管理》,载《北京行政学院学报》2013年第3期,第36—40页。
③ 厉以宁:《宏观调控不能替代改革》,载《领导科学》2013年第20期,第20页。
④ 刘瑞:《宏观调控的定位、依据、主客体关系及法理基础》,载《经济理论与经济管理》2006年第5期,第17—23页。
⑤ 上海福卡经济预测研究所:《破解中国宏观调控大局》,上海财经大学出版社2007年版,第3页。
⑥ 刘尚希:《让宏观调控归位》,载《中国财经报》2014年5月24日,第6版。
⑦ 《李克强在国务院部门负责同志会议上强调 改革创新谋发展 奋发进取求实效 确保完成全年经济社会发展主要任务》,载《人民日报》2014年10月9日,第1版。

例如，通常情况下，政府需遵循量能课税原则，让纳税人平等负担，但基于政策方面的考量，也可以实施减免税。尽管如此，减免税并不是常态，量能课税才是基本原则。只从宏观调控的层面出发，其实是一种以偏概全的做法，无法完整发挥财税法的应有效用，甚至会导致功能的异化。

从功能适配性角度来看，财税的宏观调控功能也是相当有限的。在政府干预经济的方式中，财税在早期被认为是最强有力的、最综合的需求管理手段，但其在近三十年来已经"失去了大多数政策制定者和宏观经济学家的青睐"。① 因为财政事项应当由民主控制，而不能由政府任意随时变动。而且，财政杠杆的时滞性明显，其"副作用"也相当大，故而其作为调控工具的成本很高。进一步看，面对我国转轨过程中由于市场机制不成熟、不完善导致的经济结构性问题，财政"既无力像西方那样用以启动市场机制的恢复，也不可能解决转轨中的体制性约束问题"②，其内在地就不是进行宏观调控的最适配方式。

将财税仅仅视为宏观调控工具，把财税法定位为宏观调控法，不仅在学理上难以自洽，而且招致了实践中的一系列难题与困境。③ 值得注意的是，十八届四中全会《决定》在论述"加强重点领域立法"任务时，将"财政税收"置于"加强市场法律制度建设……促进商品和要素自由流动、公平交易、平等使用"的框架中，与"依法加强和改善宏观调控、市场监管"的框架下，与"依法加强和改善宏观调控"并列。这就传达出财税法与宏观调控关系的清晰信号，体现了国家对财税法功能的准确认识。如果说1994年财税改革的目的是建立"与社会主义市场经济体制相适应"的体制框架，那么，新一轮财税体制改革就是要建立"与国家治理体系和治理能力现代化相适应"的制度基础。④ 在"治理现代化"而非之前单纯的"经济市场化"目标导向下，我们必须告别此前过分强调经济尤其是宏观调控的传统思路，从国家治理的高度、从法治的维度来完整地认识财税法的功能。

---

① 〔美〕保罗·萨缪尔森、威廉·诺德豪斯：《宏观经济学》（第十六版），萧琛等译，华夏出版社1999年版，第260页。

② 吕炜：《体制性约束、经济失衡与财政政策——解析1998年以来的中国转轨经济》，载《中国社会科学》2004年第2期，第4—17页。

③ 关于"财税法不是宏观调控法"的进一步论述，可参见刘剑文：《论国家治理的财税法基石》，载《中国高校社会科学》2014年第3期，第145—156页。

④ 楼继伟：《深化财税体制改革 建立现代财政制度》，载《求是》2014年第20期。

第二节　财税法功能的视域延展

财政(Finance)在词源上可以追溯自拉丁文"Finis",为结算支付期限之意。我国古代一般使用"国用""国计"等语词,直至近代方从日本引进"财政"一词。① 在财税问题的研究上,经济学发轫最早,因而在相当长的时间里也都呈现出经济学"一统天下"之态势。因此,我们有必要系统梳理经济学的研究成果,从中观察"财税职能"与"财税法功能"的相互关系,进而探索解构财税法功能的研究范式。

一、经济研究中的财税职能

财政学作为一门学科的产生,最早可以追溯到 1776 年亚当·斯密(Adam Smith)的《国富论》。② 斯密提出,政府的职能有三:国防、司法和必要的公共工程,因而财政的职能也就是筹集"国防费、司法经费、公共工程费用、维持君主尊严费用"。③ 随后,大卫·李嘉图(David Ricardo)、约翰·穆勒(John Stuart Mill)、萨伊(Say Jean Baptiste)等学者发展了斯密的观点,将财政的职能表述为维护国家安全、建立和维护国家法律及调整人们之间的关系、建立和维护公共机关和公共工程。一言以蔽之,在古典经济学派观点中,财政的职能就是建立和维持一个"廉价政府"。④

随着时间推进到 19 世纪后期,在垄断资本主义阶段,社会矛盾日益复杂,财政的职能也迅速扩大,从供养国家扩展到满足公共需求、调节收入分配等方面。德国学者弗里德里希·李斯特(Friedrich List)主张后起国家要充分发挥财政手段来积累财富、提升产业水平,认为财政应当用于发展教育和社会救济,还应承担实现社会公平分配的任务。⑤ 以瓦格纳(Adolf Wagner)为代表的德国社

---

① "财政"一词在 1882 年清朝官方文件《财政奏折》中首次出现。参见王曙光、周丽俭、李维新主编:《公共财政学》,经济科学出版社 2008 年版,第 4 页。
② 当然,这并不意味着在此之前就没有针对财政的研究。例如,16 世纪下半叶至 17 世纪中叶流行于欧洲的重商主义学派就从保护商业资本的利益和发展民族经济的角度出发,提出财政应当用于保护本土工商业、改善交通、激活市场等。只是这些理论都比较零散,尚未从古典经济学中分离出来,没有形成财政学的体系。正因如此,亚当·斯密才被称为"财政学之父"。
③ 〔英〕亚当·斯密:《国民财富的性质和原因的研究》(下册),郭大力、王亚南译,商务印书馆 1974 年版,第 254 页以下。
④ 曾康华:《古典经济学派财税理论研究》,经济科学出版社 2009 年版,第 337 页。
⑤ 〔德〕弗里德里希·李斯特:《政治经济学的国民体系》,邱伟立译,华夏出版社 2009 年版,第 300—301 页。

会政策学派也提出财政工具应当被用于解决收入分配不公的问题。特别值得一提的是,1892 年英国学者巴斯塔布尔(Bastable, C. F.)在《公共财政学》(Public Finance)一书中提出,国家作为社会组织多种形式之一,反映的是个人的集中性或社会性需要的存在,而财政的职能主要就是满足这些需要。这就把"公共性"引入了对财政职能的界定中,也由此奠定了公共财政的基石。[1]

20 世纪 30 年代,在经济危机的巨大阴霾下,凯恩斯(John Maynard Keynes)论证了政府干预经济的必要性,并将财政政策作为干预的主要形式,这是财政职能的又一次重要扩充。[2] 在罗斯福新政中,政府干预从理论变为了现实。[3] 但在 20 世纪 70—80 年代,随着"滞涨"难题的出现,货币学派、供给学派等新经济自由主义兴起,力求"把国家干预的疆界推回去"。尤其是以约瑟夫·斯蒂格利茨(Joseph Eugene Stiglitz)、詹姆斯·布坎南(James McGill Buchanan Jr.)为代表的公共选择学派,提出"市场重构国家",认为国家不是独立于经济活动之外的独立因素,国家活动在有组织的经济(Constituting Economy)中起着重要作用。基于此,他们就将财政活动的职能界定为解决"非政府经济不可能解决的,因复杂的经济相互依赖所产生的问题"。[4]

关于财政职能论述的集大成者,当推马斯格雷夫(R. A. Musgrave)。他提出,财政具有三项基本职能,即资源配置、收入分配和稳定经济。[5] 这一论述为我国学界普遍援引,教科书也多采纳此说。[6] 也有学者在此基础上略加改造,提出财政职能为"配置、稳定与再分配"[7],或是"提供公共服务、调节收入分配、实施宏观调控"[8],以及"社会公共资源的配置职能、社会总供求的调控职能、效率与公平的协调职能、和谐社会环境的保障职能、促进经济长期增长的制度供给

---

[1] 毛程连主编:《西方财政思想史》,经济科学出版社 2003 年版,第 47 页以下。
[2] 〔美〕保罗·萨缪尔森、威廉·诺德豪斯:《宏观经济学》(第十六版),萧琛等译,华夏出版社 1999 年版,第 5 页以下。
[3] 正如阿克曼所言:"如果说谁是现代积极干预国家的奠基人,那是富兰克林·罗斯福而不是詹姆斯·麦迪逊;如果说有哪个议会是积极干预国家的创建者,那是新政国会而不是费城制宪会议。"参见〔美〕布鲁斯·阿克曼:《我们人民:宪法变革的原动力》,孙文恺译,法律出版社 2003 年版,第 295 页。
[4] 〔美〕詹姆斯·布坎南:《公共财政》,赵锡军等译,中国财政经济出版社 1991 年版,第 13—15 页。
[5] See R. A. Musgrave, *The Theory of Public Finance*, New York: McGraw-Hill, 1959, pp. 180-194.
[6] 如王曙光、周丽俭、李维新主编:《公共财政学》,经济科学出版社 2008 年版,第 63 页以下。
[7] 王雍君主编:《公共财政学》,北京师范大学出版社 2008 年版,第 68 页以下。
[8] 高培勇:《公共财政:概念界说与演变脉络——兼论中国财政改革 30 年的基本轨迹》,载《经济研究》2008 年第 12 期,第 4—16 页。

职能"①等。这些观点在形式上有所不同,但内容上大体没有超出马氏的论述。总体上看,资源配置、收入分配与稳定经济,基本上涵盖了当前经济学界对财政职能的主流观点。

二、财税视野中的国家变迁

财政领域的研究横跨经济学、政治学、法学等多个学科,过去我们仅仅看到了"财政经济学"的方面。而财政社会学为我们提供了在经济学之外认识财税功能的新视角。他们的主要思路是探索财政如何为社会所决定,财政又如何对经济组织、社会结构、精神文化乃至国家命运产生影响。② 20 世纪初,奥地利学者葛德雪(Rudolf Goldscheid)在批评经济学的财政技术化倾向基础上,以西方国家从中世纪向近代转型的过程为例,论述了一个具有重要意义的观点:财政对国家和社会的演进具有决定性的影响。③ 熊彼得(Joseph A. Schurnpter)在《税收国家的危机》中进一步指出,现代国家因财政而生,而国家又对财政进行了深刻的塑造。他精辟地阐述道:"财政的历史能使人们洞悉社会存在和社会变化的规律,洞悉国家命运的推动力量。"④"一旦税收成为事实,它就好像一柄把手,社会力量可以握住它,从而改变社会结构。"⑤这种思路启发我们从国家层面出发来观察财税问题,对财税法功能的认识也或可由此跃升上一个新的台阶。

从起源上看,财政是人类社会发展到一定历史阶段的产物,随国家的产生而产生。⑥ 在封建国家中,财税的主要功能就是组织收入,以满足统治者的需求。在中国"普天之下莫非王土"的观念下,财政不过是君王的"私财"。在中世纪的欧洲,尚未产生民族国家的概念,只有大大小小的领地,而财政的用途也

---

① 郭代模、胡定荣、杨舜娥编著:《当代中国理财思想——新中国财长理财思想初探》,中国财政经济出版社 2014 年版,第 176—181 页。
② John Cambell, "The State and Fiscal Sociology", *Annual Review of Sociology*, 1993(19).
③ Rudolf Goldscheid, A Sociology Approach to Problems of Public Finance, in Richard A. Musgrave and Alan T. Peacock (ed.), *Classic's in the Theory of Public Finance*, New York: The Macmillan Company, 1958, pp. 202-213.
④ Joseph A. Schurnpter, "The Crisis of the Tax State", in (ed.) *International Economic Papers*, New York: Macmillan, 1958, p. 5.
⑤ Ibid., pp. 17-19.
⑥ 王曙光、周丽俭、李维新主编:《公共财政学》,经济科学出版社 2008 年版,第 7 页。

就是供养各级领主及其家族。因此,在封建时代"所有权者国家"①的框架下,财税的功能定位也只能是"家计财政",自然也不可能形成现代意义上的财税法。

通过围绕税收法定的艰苦斗争,西方实现了从封建国家到民主国家的历史转型。有意思的是,封建时期不同国家财政组织收入具体方式的差异,也导致了后来民主政治发展进程的区别。② 在近代市场经济和"夜警国家"(Nachtwächterstaat)③的背景下,财政的主要功能仍然是组织收入,但目标不再是满足私欲,而是维持一个最低限度的政府,因此也被称为"公共财政"。此时,基于私人财产权保护的确立,现代意义上的税法也逐渐形成,其功能主要是消极意义上的,即控制国家征税权,防止其过分侵犯私人财产权。相应地,"所有权者国家"也演变为"税收国家"。④

从1870年以来,两次世界大战使得财政收支水平激增,其中1960年至1980年期间增长最为迅猛。⑤ 在现代市场经济和"社会国家"(Sozialstaat)中,公共财政的职能范围迅速扩张到提供公共产品、调节收入分配、稳定宏观经济等方面,财政权也因此表现出明显的权力性和公共性。⑥ 在这一背景下,财政法应运而生,其功能也不再仅限于消极的防止侵害私权,而是更多地体现为

---

① "所有权者国家"是我们的一种概括,意指国家乃统治者之家财。塔奇斯(Tarschys)等多位西方学者曾将欧洲封建时代描述为"贡赋国家"(tribute-state)和"领地国家"(domain-state)等,"所有权者国家"的提法与其一致,相对于后来的"税收国家"(tax-state)。See Tarschys and Daniel, "Tribute, Tariffs, Taxes and Trade: The Changing Sources of Government Revenue", *British Journal of Political Science*, 1988(35). Also see Campbell, John, "An Institutional Analysis of Fiscal Reform in Post-Communist Europe", In John Campbell and Ove K. Pedersen(eds.), *Legacies of Change*, New York: Aldine De Gruyter, 1996.

② 这是诺尔伯格(Zolberg)等学者的观点。他指出,英国的君主主要通过对贸易进行征税来获得收入,这促进了英国议会民主制度的发展。而法国主要是对固定的资产(例如盐矿和土地)进行征税,这导致了君主专制的发展。See Zolberg, "Strategic Interactions and the Formation of Modern States: France and England", *International Social Science Journal*, 1980(4).

③ 古典经济学家亚当·斯密提出了"夜警国家""廉价政府"等概念,后来又出现越来越多的"社会国家"。台湾学者萨孟武对近代国家的这两种类型区分及其含义做了较为充分的阐释,其中,夜警国家的特征是国家职能局限在国防、治安、秩序等最低限度内,而社会国家的国家职能则大幅扩展到经济、社会和文化领域。参见萨孟武:《政治学》,台湾三民书局1988年版,第34页以下。

④ 税收国家与所有权者国家之区分,主要在于税收国家承认私有财产权,纳税义务人之经营基本权活动受宪法保护。参见葛克昌:《国家学与国家法》,台湾月旦出版社股份有限公司1996年版,第178页。

⑤ Vito Tanzi and Ludger Schuknecht, *Public Spending in the 20th Century: A Global Perspective*, Cambridge: Cambridge University Press, 2000, p.22.

⑥ 在"无行政即无现代之社会生活"的情况下,财政已经成为影响行政行为、进而影响民众福祉的最重要因素。易言之,财政权已从附属于行政权的角色,反客为主,成为行政权实际存在并得以实施的基础。参见蔡茂寅:《财政作用之权力性与公共性——兼论建立财政法学之必要性》,载《台大法学论丛》第25卷第4期,第3页以下。

第五章　财税法的功能拓补

如何保障和实现积极权利。此时的"税收国家"已经进一步在支出面演化为"预算国家"①，并在整体上表现为"财政国家"。②

进一步看，财税也是历次国家转型背后的重要推动力，是隐藏在大部分重大历史事件——国家的繁荣与贫穷、起义与革命、自由与奴役，以及大部分战争——背后的自明之理。③ 这一点在美国19世纪末期转向社会福利国家的过程中体现得相当明显。在南北战争后，美国经济保持着快速的增长，财政规模也日益扩张，但与此同时收入分配状况却不断恶化，腐败现象也愈演愈烈。资料显示，到1900年，占美国人口1%的富人拥有美国财富的87%，而人口中的约1/8生活在极度贫困中，贫富悬殊已经相当恶化，这段"金玉其外败絮其中"的时期也因此被称之为"镀金时代"（The Gilded Age）。④ 而在其后的"进步时代"（The Progressive Era）中，美国正是以财税为主要抓手，采取了以1921年《预算与审计法》为代表的一系列措施，成功地通过"大压缩"（Great Compression）政策⑤缩小了收入分配差距，实现了平稳转型。

可见，在文明演进的视野中，财税在不同国家形态下表现出不同的功能，而且在国家形态变迁的过程中往往也发挥着推动甚至是决定性的作用，二者呈现出交相辉映的互动态势（见表5.3）：

表5.3　财税法功能与国家形态的互动演进

国家形态	财政形态	财政国家形态	财税职能	财税法功能
封建国家	家计财政	所有权者国家	组织收入	尚未形成
夜警国家	公共财政	税收国家	组织收入	消极控制权力
社会国家	公共财政	预算国家	除组织收入外，还具有广泛的政治、社会、经济职能	既有消极控制，又有积极给付

---

① "预算国家"概念最早由王绍光提出，系指具有现代预算制度的国家。参见王绍光：《从税收国家到预算国家》，载《读书》2007年第10期，第3页以下。

② "财政国家"（Finanzstaat）系金钱作为国家核心要素之同义词，其系从国家财政功能面向观察国家实际需求之特征，而作为宪法之团体。Klaus Vogel, Der Finanz-und Steuerstaat, Rz. 2f. 转引自黄俊杰：《财政宪法》，台湾翰芦图书出版有限公司2005年版，第91页。

③ 〔美〕查尔斯·亚当斯：《善与恶——税收在文明进程中的影响》（原书第二版），翟继光译，中国政法大学出版社2013年版，第9页。

④ 张亚红、王秋石：《美国两次镀金时代及其后的治理转型》，载《浙江大学学报（社会科学版）》2012年第2期，第36页。

⑤ "大压缩"是指20世纪20—50年代期间，美国政府主导的旨在于缩小国民收入差距的收入分配改革，这一概念最早由经济史学家戈丁与马戈共同提出。这场大压缩式的改革，其结果表现为富人与劳工阶层差距的急剧缩小，以及工人工资差别的缩小。参见寇明风：《中国收入分配改革与美国大压缩的启示》，载《地方财政研究》2010年第6期，第1页。

三、财税法功能的立体检视

讨论财税功能与国家形态的互动关系,有助于我们从国家治理的高度来理解财税法的功能。在展开进一步讨论之前,有必要先理清一个问题:"财税职能"与"财税法功能"关系为何?应当看到,由于经济学对财政的研究起步很早,而财税法学则发端较晚,故而我国学界长期以来只偏重研究经济层面的"财税职能"。① 财税法一度被认为居于辅助和次要地位,应当服务于不同历史条件下财政活动的内在需要。之后,学界提出财税法具有"财政权力授予、权力规范、权力监督功能"②,这是一大进步,但仍然只是对财税法的功能作形式化的理解,并且是从国家权力出发来论述的。

在依法治国的新阶段,财税法作为牵动经济、政治、文化、社会、生态文明和党的建设等所有领域的综合性制度安排,是事关国家治理体系和治理能力优劣的基础性、支撑性的重要要素。③ 应当看到,现代社会需要综合治理、多管齐下,单一的经济措施很难消解错综复杂的矛盾与难题。例如,面临着收入差距拉大、腐败形势严峻等问题,单强调发展经济或宏观调控是无法奏效的,这需要在政治上清晰设定理财规范、强化财政问责,在社会上稳步调节收入分配,从各个方面统筹推进才能克尽全功。因此,我们对财税法的功能不应只作形式上的界定,还应从实质意涵上加以发掘;不应只包括经济层面,还应涉及政治、社会层面;不应只从国家视角论述,还应体现社会本位和权利本位的要求。

更加深入地看,在财税法功能演进的过程中,有两条线索贯穿始终:一是社会财富总量不断增加④,二是私权利(尤其是私人财产权)保护不断加强。其实,这两点又是相辅相成的,正是因为社会财富日益丰富,才需要更好地保护私人财产;也正因为私权保护带来的"定分止争"与产权激励,才推动物质生产的不断发展。而财税法作为分配社会财富的法律,其功能范围自然也不断延展和丰富,除了一以贯之的组织收入之外,还增加了经济、政治、社会等方面的职能。与此同时,财税法的立场也从权力本位走向权利本位,从"管理"转向"法治",

---

① 一个例子是,学界有观点认为,预算法是"经济宪法",这就只从经济层面来理解财税法的功能。其实,预算法绝不仅只有经济功能,它还涉及规范政府收支行为等政治功能,以及促进稳定与公平的社会功能,应该是一部"财政宪法"。

② 刘剑文主编:《财税法学研究述评》,高等教育出版社2004年版,第18页。

③ 《财税改革事关国家治理体系优劣——访中国社会科学院学部委员、财经战略研究院院长高培勇》,载《经济参考报》2014年9月26日,第8版。

④ 根据国家统计局数据,改革开放以来,我国国内生产总值由1978年的3645亿元迅速跃升至2013年的568845亿元,在规模上增长了156倍。

从"治民之法"转向"治权之法",从最初服务于财政权的技术工具演变为控制和规范公共财产权以保障和实现私人财产权的"理财之法""强国之道"。极而言之,"财税职能"只是"财税法功能"的一个方面。而范围延展与立场转型,就是"财税法功能"相比于"财税职能"的超越之处。

因此,我们主张要对财税法功能进行立体检视:首先,要从经济、社会、政治三方面综合考察,以三线组成平面;其次,要以法为主,以法律作为出发点和统领,将平面提升为立体;再次,要加入时间要素,从历史角度研究功能的动态演进,将三维结构进化为四维;最后,还应跳出财税法本身来看财税法,从依法治国、富民强国的角度来认识财税法的功能。

第三节 财税法功能的立体检视

中共中央《关于全面深化改革若干重大问题的决定》(以下简称《决定》)提出:"科学的财税体制是优化资源配置、维护市场统一、促进社会公平、实现国家长治久安的制度保障。"《深化财税体制改革总体方案》(以下简称《方案》)进一步指出:"财税体制在治国安邦中始终发挥着基础性、制度性、保障性作用。"这里的"财税体制",主要就是指财税法,因为法律是制度的最高和最优形式。以上两个政策表述,实际上从国家治理的高度,阐述了官方对财税法功能的基本定位。在此基础上,沿着前文提出的立体化思路,我们便可以尝试提炼财税法的功能。

具体来说,在政治功能方面,财税法要规范政府的理财行为,包括财政收入、支出和监管行为。由于这主要指向政府的政治权力和公共职能,以及国家机关的相互关系,故而属于政治层面;通过规范理财行为,可以实现财税法在经济、社会方面中的功能。基于前文研究成果和政策文件表述,这集中体现为促进社会公平的社会职能和保障经济发展的经济职能;而财税法的终极功能,可以概括为"理财治国"。① 在法治视野下,理财就是治国。因为改变国家取钱、分钱和用钱的方式,就能在很大程度上改变国家做事的方式。如果能通过财政制度重构,改进国家的理财水平,也就可以在很大程度上提高国家的治理水平。② 申言之,在依法治国的新阶段下,财税法的功能可以表述为:规范理财行

---

① 刘剑文、侯卓:《理财治国理念之展开》,载刘剑文主编:《财税法论丛(第13卷)》,法律出版社2013年版,第4页以下。

② 王绍光、马骏:《走向预算国家:财政转型与国家建设》,载马骏、谭君久、王浦劬主编:《走向"预算国家":治理、民主和改革》,中央编译出版社2011年版,第5页。

为,促进社会公平,保障经济发展,从而实现国家长治久安。

一、政治功能:规范理财行为

作为一种公共财产法,财税法的直接功能就是理好公共之财,既要"定分止争",又要"物尽其用"。由于理财行为实质上就是对社会资源的分配与再分配,这一功能从另一角度看其实也就是在以法治方式来优化配置资源。在规范理财行为的功能上,财税法主要是以财政法定的方式来实现的,即构建覆盖财政基本体制和财政收入、支出、监管的科学法律体系,并引导和约束财政权在这一框架内运行,以理财行为的法治化来确保其规范化。这一功能可以分解为以下两个层面:

一是在财税体制层面。财税法可以通过规范透明的预算来构建约束不当财政行为的防线。[①] 以新《预算法》为例,其将立法宗旨从过去的"宏观调控"转变为"规范政府收支行为"[②],在一定程度上加强了人大的预算审批权和预算监督追责机制,并首次明确将"预算公开"写入法律规定,让预算从"政府的管理工具"变为"监督政府的工具",实现了从"治民之法"向"治权之法"的历史性转型,这就充分体现了财税法规范理财行为的功能。同时,财税法还通过建立法治化的政府间财政关系来明确划分理财行为的权责归属。在"财权与事权相匹配,事权与支出责任相适应"的原则指导下,应当先界定中央与地方的事权,再据此相应划分财源。尤须指出的是,鉴于目前已经适度放开地方政府发债权,很有必要树立对地方的"刚性"预算约束,避免产生不负责任的财政后果。[③]

二是具体的财政收入、支出和监管层面。财税法能够实现财政收入的法定控制。在落实税收法定原则的基础上,应当将收费、政府性基金、彩票、公债和国有资产收益都纳入法定范围。不过,对于权力性和强制性越弱的财政收入类型,法律通常越放宽实体约束,而侧重程序规范;财税法能够提高财政支出的绩效水平。在实体上,财税法通过预算的政治过程,实现对财政支出的民主控制,进而优化财政支出结构,使之朝向教育、医疗、社保、环保等民生领域倾斜。在

---

① Vito Tanzi and Ludger Schuknecht, Public Spending in the 20th Century: A Global Perspective, Cambridge: Cambridge University Press, 2000, p.157.

② 我国《预算法》第 1 条规定了立法宗旨:"为了规范政府收支行为,强化预算约束,加强对预算的管理和监督,建立健全全面规范、公开透明的预算制度,保障经济社会的健康发展,根据宪法,制定本法。"

③ Wallace E. Oates, "On the Theory and Practice of Fiscal Decentralization", in Alan J. Auerbach and Daniel N. Shaviro(ed.), *Institutional Foundations of Public Finance*, Cambridge: Harvard University Press, 2008, pp.175-176.

程序上,则程序正义、信息公开和公众参与,以期在财政支出中实现不断减少专横和武断,形成一种回应型的、责任型的法律秩序①;财税法还能够强化财政监管的刚性约束。对我国而言,推动财政监督的转型②,关键的一点是加强财政问责,通过"惩前"的手段以达到"毖后"的目的③,从而约束理财行为不逾矩、不缺位。

二、社会功能:促进社会公平

现代社会生活对财政的依存度日高,社会福利已经从恩惠(favor)变成授权(entitlement),最后成为权利(right)。④ 而财税法亦在演进过程中深刻地渗透了社会本位的思想观念,形成了促进社会公平的重要功能。特别是近年来,随着我国经济的快速增长,收入分配秩序失范、格局失衡的情况日益凸显,分配不公越来越成为制约经济社会健康可持续发展的"瓶颈"和诱发社会矛盾的"温床"(见表5.4)。在这一背景下,促进收入公平分配成为了一大重点议题,而财税法置身于国民财富分配领域,对于促进社会公平的作用最为明显和直接。

表5.4　2008年以来我国居民收入基尼系数

年份	2008	2009	2010	2011	2012	2013
基尼系数	0.491	0.490	0.481	0.477	0.474	0.473

一方面,这要通过优化税制结构、彰显量能课税来实现。⑤ 改革开放以来,我国在相当长时期内都奉行"效率优先,兼顾公平"的观念,甚至还在实践中被异化为"只重效率,不顾公平"。从根本上说,这导因于"让一部分人先富起来"的政策选择,也是与我国自20世纪80年代以来实行的城市、工业和东部地区

---

① 参见〔美〕诺内特·塞尔兹尼克:《转变中的法律与社会——迈向回应型法》,张志铭译,中国政法大学出版社1994年版,第74页。

② 具体来说,我国财政监督模式应实现六大转型:从行政监督为主转变为立法监督为主的多元化监督,从事后监督处罚为主转变为事前预防、事中管控和事后追究相结合的全流程监督,从财政收入监督为主转变为财政收入与支出监督并重的全口径监督,从突击检查审计为主转变为制度性监督审计的常态化监督,从外部监督为主转变为内外并重的全范围监督,从合法性监督为主转变为合法性与合理性并重的绩效型监督。

③ 邓峰:《领导责任的法律分析——基于董事注意义务的视角》,载《中国社会科学》2006年第3期,第136—148页。

④ See Theodore J. Lowi, "The Welfare State: Ethical Foundations and Constitutional Remedies", *Political Science Quarterly*, Vol.101, No.2, 1986, p.216.

⑤ 参见陈立诚:《分配正义视野下的量能课税——一种税收理想的破茧新生》,载《厦门大学法律评论》2015年上半年卷,厦门大学出版社2015年版,第97—114页。

优先的非均衡经济发展模式相适应的。① 由于长期仅被视为经济工具，税法也是主要按照这种非均衡的架构来安排的，并因此呈现出明显的税负逆向运行态势。② 在这种以经济发展为最高（如果不是唯一）目标的税收理念指导下，我国税制的公平性是相当欠缺的。相比之下，我国台湾地区"宪法"虽然没有明确关于量能课税的规定③，但学界一直将其奉为圭臬，并最终通过"司法院"大法官"释宪"确定了这一宪法原则。④ 值得注意的是，如此钟爱量能课税的台湾地区，在经济腾飞的同时，其基尼系数一直保持在0.3左右的较低水平上，甚至还几度有所下降，真正实现了公平的发展。⑤ 其间的利害缘由，是很值得我们认真思考的。

另一方面，这也离不开优化财政支出结构、加大社会保障投入。经济社会近几十年来的变化，使得人们要求进行跨期收入再分配和防御新型收入风险，这就催生了新的公共服务需求。⑥ 据统计，德国、日本等十国政府的社会保障财政支出占GDP的平均比重，从1870年前后的9.7%，已经上升到1990年的44.8%。⑦ 以美国为例，在理论上，迈克曼等学者借助罗尔斯的正义论论证了福利权的宪法正当性，并从建构宪法政治对话机制的角度阐释了"宪法福利权"的功能。⑧ 在实践中，财政也支持了大量的现金福利计划，如贫困家庭临时救助计

---

① 李昌麒、范水兰：《正确处理收入分配改革中的十大关系——基于经济和法律的思考》，载《现代法学》2011年第1期，第19页。

② 所谓"逆向运行"，形象地说就是"劫贫济富"。数据显示，我国税负较重的省份主要集中在西部地区，东部经济发达省份税负反而较轻。西部与东部地区价值和税负逆向运行，西部地区承担着东部发展的税收牺牲。参见经庭如：《论促进公平与效率的税收政策》，载《当代经济研究》2008年第7期，第43—47页。

③ 唯一相关的仅有其"宪法"第19条："人民有依法律纳税之义务"。参见黄荣坚等编：《月旦简明六法》，台湾元照出版有限公司2012年版，第1—2页。以下所引台湾地区"法律"文件，均引自此书，为避免累赘，不再一一注明。

④ 台湾地区"司法院"大法官释字597号解释在对"宪法"第19条规定作出阐述时明确指出："所谓依法律纳税，系指租税主体、租税客体、税基、税率等租税构成要件，均应依法律明定之。各该法律之内容且应符合量能课税及公平原则。"

⑤ 当然，这是土地改革、出口导向型发展战略、重视人力资本积累、重视农村地区发展等措施综合发挥作用的结果，但公平税制应当也是其中不容忽视的一环。参见孔繁荣：《台湾经济起飞过程中收入分配均衡化的经验及对大陆的启示》，载《台湾研究集刊》2011年第1期，第89—90页。

⑥ Assar Lindbeck, "Changing Tides for the Welfare State: An Essay", in Sijbren Cnossen and Hans-Werner Sinn (ed.), *Public Finance and Public Policy in the New Century*, Cambridge: The MIT Press, 2003, p. 5.

⑦ 高培勇主编：《世界主要国家财税体制：比较与借鉴》，中国财政经济出版社2010年版，第45页。

⑧ 温泽彬：《美国法语境下公民福利权的证成及其启示》，载《法商研究》2014年第4期，第145—152页。

第五章　财税法的功能拓补

划（Temporary Assistance for Needy Families, or TANF）、补充收入保障计划（Supplemental Security Income, or SSI）；以及实物福利计划食品券（Food Stamp）、医疗救助计划（Medicaid）、公屋制度（Public Housing）、其他类型的营养计划（Other Nutritional Programs）等。① 当然，我国必须在现有国情的基础上稳步完善社会保障，切不可好高骛远、操之过急，以免掉入"福利陷阱"。

三、经济功能：保障经济发展

"国家的存在对于经济增长来说是必不可少的，但国家又是认为的经济衰退根源。"②经济职能是财税法最早被发现的职能，但在我国长期以来却被过度强调甚至发生曲解，在实践中被异化为"经济增长至上"。③ 改革开放以来，政府始终扮演着市场化改革和经济增长的"第一推动力"④的角色，财政直接投入经济建设的占比过大、范围过宽、包揽过多，越俎代庖地管了很多不该管、管不好、管不了的事。同时，教育、卫生、社保、养老等公共服务的财政支出偏低，导致居民预防性储蓄倾向强烈，降低了居民的消费水平。这二者共同使得投资成为主导经济增长的动力，并带来了产能过剩、对外经济依存度加大等问题。可见，盲目追求拉动增长的财税法功能，往往只能带来"没有发展的增长"。⑤

值得注意的时，注重长期和社会目标、降低财政政策在短期宏观调控中的作用，是一个世界性的财政发展趋势。例如，欧盟《稳定与增长公约》对各国财政赤字限定在3%以内，这就促使欧洲国家调整财政政策观念，不再靠短期刺激，而是靠结构调整和巩固财政创造一个稳定的增长环境。⑥ 在国家治理现代化的大背景下，我们所追求的应当是一种法治环境下的"包容性增长"（inclusive growth）⑦。这就要求新时期的财税法经济功能，不能再是短期的、直接的"拉动

---

① 徐晓新、高世楫、张秀兰：《从美国社会保障体系演进历程看现代国家建设》，载《经济社会体制比较》2013年第4期，第169—182页。
② 〔美〕诺斯：《经济史上的结构和变革》，厉以平译，商务印书馆1992年版，第21页。
③ 有学者基于2067个县（市）2001—2005年财政经济数据的实证检验发现，中国县级决策者主要对上级负责，追求尽可能高的经济增长率，而非居民福利最大化。参见尹恒、朱虹：《县级财政生产性支出偏向研究》，载《中国社会科学》2011年第1期，第88—101页。
④ 迟福林、方栓喜：《政府转型与政府作用——我国改革开放进程中政府职能的阶段性变化》，载吴敬琏主编：《比较》（第39卷），中信出版社2008年版，第162页。
⑤ 黄宗智：《中国经济史中的悖论现象与当前的规范认识危机》，载《史学理论研究》1993年第1期，第42—60页。
⑥ 向东、杨再平、黄伟：《公共财政经济建设职能新论》，中国金融出版社2011年版，第161页。
⑦ "包容性增长"是2007年由亚洲开发银行提出的概念，它的核心是经济与社会稳定、协调而可持续的发展。参见甘培忠主编：《经济发展方式转变中的法律问题研究》，法律出版社2013年版，序言。

经济增长",而应转变为长期的、间接的"保障经济发展"。具体来说:

第一,要营造稳定发展的财税法治环境。吴敬琏指出,中国在转轨时期面临两个过渡:一是从计划经济到市场经济的过渡,二是从原始市场经济到法治的市场经济的过渡。我国已经基本实现第一个过渡,建立起市场经济的初步框架,但尚未建立起法治的市场经济。① 因此,财税法保障经济发展的首要体现,就是让泛化的财税调控回归理性,转而重视完善财税法律制度,为市场主体提供稳定的预期和行为指引。

第二,要更有效地提供公共产品和公共服务。要引导财政的投入方向转到基础设施建设等方面上来,为市场主体提供便利,而不是继续扩大政府直接投资。例如,美国联邦政府就曾多次出资建设落后地区的基础设施,在国会批准的"州际和国防公路系统"项目中,联邦政府建设了42500多英里的高速公路,把全国90%的城市连接起来,有力促进了地区间平衡发展。② 此外,财政不仅要提供公共物品(public goods),还要抑制市场过程没有考虑的公共有害物品(public bads)的生产。③

第三,要稳步推进结构性减税,让企业减负"轻装上阵"。要保持国家税收规模的适度,使之与国民的负税能力相适应,而不侵犯企业与个人的财产权与经济自由,进而在国家和纳税人之间合理分配财富,从"与民争利"走向"藏富于民"。我国税制应当在总量调整和结构调整上同时着眼,以实现税负联动、有减有增、总体减负,既保障国家事业发展和人民生活的正常需要,又考虑有关方面、特别是企业和居民的承受能力。④

规范理财行为、促进社会公平和保障经济发展,是财税法的三位一体功能。通过发挥经济、社会、政治功能,财税法可以理顺国家与纳税人、立法与行政、中央与地方、政府与市场等基本关系,以"理财"而"治国"。就像不同元素发生化学反应产生一种新元素一样,这三大功能的适配组合能够起到"整体大于部分之和"的最优化效果,并共同为实现国家长治久安提供制度保障。进一步看,作为"公共财产法"的财税法,以"公共性"和"财产性"为特征,将纳税人从调控受体变成了平等对象,使财税法摆脱了冰冷、单向的对抗属性,营造出一种合作的财税文化,而这种良性互动的国民关系对于法治国家、法治社会的建设至关重

---

① 参见吴敬琏:《呼唤法治的市场经济》,生活·读书·新知三联书店2007年版,第95页。
② 向东、杨再平、黄伟:《公共财政经济建设职能新论》,中国金融出版社2011年版,第133—135页。
③ 〔美〕詹姆斯·布坎南、理查德·马斯格雷夫:《公共财政与公共选择:两种截然对立的国家观》,类承曜译,中国财政经济出版社2000年版,第53页。
④ 楼继伟:《建立现代财政制度》,载《人民日报》2013年12月16日。

第五章　财税法的功能拓补

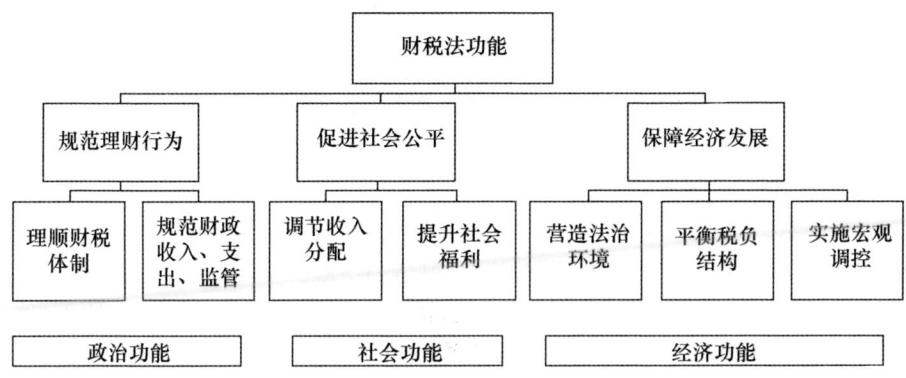

图 5.1　财税法三大功能示意图

要。在依法治国的全景蓝图中,如果我们能够正确认识财税法的功能,充分发挥其对于治国安邦的基础性作用,那么或可由此探索出一条温和、有效、渐进的法治财税路径。

第六章 财税法的基本原则

财税法的基本原则,是指财税法中体现法的根本精神、对财税行为具有一般指导意义和普遍约束力的基础性法律规则。在厘定财税法基本原则时,通常应该考虑到三个方面的因素,即确定财税法基本原则所应遵循的逻辑依据、客观依据和法律依据。① 综合考察财税法领域的制度、规范和理念,可以将财税法的基本原则提炼为四者,分别为财税法定原则、财税民主原则、财税公平原则和财税健全原则。这四项基本原则构成了财税立法、执法、司法、守法等整个法律体系的精神内核,共同支撑起财税法的法治大厦。

第一节 财税法定原则

财税法定原则,或称财税法定主义,其要求是财政领域的基本事项应由立法机关通过法定程序制定的法律加以规定。可以说,它是现代财税法上一个熟悉而又陌生的概念。谓之"熟悉",在于诸多论著都将其与财政民主、财政平等、财政健全等并列,作为财政法之基本原则;谓之"陌生",在于学界对其内涵尚缺乏全面解析,一般只是从内容上表述为财政权力(利)法定、义务法定、责任法定、程序法定四者,而缺乏整体视角下的考察。② 现有的研究虽然是准确的、有益的,能够较好地回答法律应当如何规定某一财政事项,但它难以用来概览式地界定法律应当规定哪些财政事项,往往只是针对某一事项展开,无法全方面地展示财税法定的要求。这就使得财税法定原则在实践中变得相当模糊,因为现实中如此纷繁复杂的财政事项显然不可能全部由法律规定,而现有理论又无法为法定体系建构提供有效指引。为此,本节将系统考察财税法定原则的历史源流、国际经验与本土实践,在此基础上尝试提炼其核心要旨与基本内涵,进而探明其在法治中国建设中的现状与意义。

---

① 参见王源扩:《财政法基本原则研究》,中国人民大学2002年博士学位论文,第25页。
② 例如熊伟:《财政法基本原则论纲》,载《中国法学》2004年第4期,第102页以下。

第六章 财税法的基本原则

一、财税法定的立论基础

财政是社会文明的晴雨表。① 从人类历史发展和社会进步的经验来看,国家变迁和财政转型很大程度上是一个交相辉映的过程。在不同的历史时期中,财政在国家谱系里承担着不同的任务,也呈现出不同的精神气质,并且反过来影响和塑造着国家本身。财税法定作为现代法治主义在财政领域的具体表现,自然也深深植根于近现代国家发展的历史进程之中。

(一) 发展趋势的历史观察

从文明发展的普遍经验上看,财税法定是在两次国家形态重大变迁的过程中逐步孕育和形成的。第一次变迁是从封建国家到民主国家,财税法定在此时开始兴起,且主要集中在财政收入层面,即表现为税收法定。在英国封建时代的"领地国家"②体制下,王室的征税权并不强大,而贵族与国王经过内部权力斗争,开始尝试以法律形式来固定双方的妥协成果。这也正是财税法定的萌芽,其典型成果为 1215 年《大宪章》(Magna Carta),彰显了"无代表不纳税"的理念。随着 17—18 世纪新兴资产阶级的崛起,社会契约论和自由主义思想广为传播,国家被认为是人民自愿形成的"契约的产物",而税收则成为维持政府的"购买和平的对价"。③ 因此,征税须得到人民或其代表之同意,逐渐成为新兴势力的共识。④ 对征税权的争夺成为了近代民主政治发展的主要动力和重要表征,并以 1689 年《权利法案》正式确立税收法定原则而尘埃落定。正如哈耶克所言:"英国的宪政起源于对政府行为的控制,至少在最初的时候,主要是经由对收入的控制来实现的。"⑤随后,税收法定也作为美国、法国等国的革命成果而得到确立,并逐渐为世界各国所接纳。极而言之,财税法定在产生和发展初期主要表现为税收法定。也正是因为税收法定起源较早,且在财政领域作用

---

① 〔美〕查尔斯·亚当斯:《善与恶——税收在文明进程中的影响》,翟继光译,中国政法大学出版社 2013 年版,第 9 页。
② "领地国家"(Domain State) 是与"税收国家"(Tax State) 相对而言的,指国家的主要收入来源于国王领地,而非直接面向全国的征税。See Joseph A. Schumpeter, The Crisis of the Tax State, in *International Economic Papers*, New York: Macmillan, 1958, pp.17-19.
③ 〔英〕霍布斯:《利维坦》,黎思复、黎廷弼译,商务印书馆 1985 年版,第 269 页。
④ 例如,洛克曾精辟地指出:"政府没有巨大的经费就不能维持,凡享受保护的人都应该从他的产业中支出一份来维持政府。但这仍需得到他自己的同意,即由他们自己或他们所选出的代表所表示的大多数的同意。因为如果任何人凭着自己的权势,主张有权向人民征课赋税而无需取得人民的同意,他就侵犯了有关财产权的基本规定,破坏了政府的目的。"参见〔英〕洛克:《政府论》(下篇),叶启芳、瞿菊农译,商务印书馆 1964 年版,第 88—89 页。
⑤ 〔德〕哈耶克:《法律、立法与自由》(第 2、3 卷),邓正来等译,中国大百科全书出版社 2000 年版,第 426 页。

显著，故而通常被单独列示，并成为现代税法的"帝王原则"。

第二次变迁是从夜警国家到社会国家，财税法定在此时内涵深化，逐渐扩展到财政的各个领域，其重点为预算法定。18 世纪，在亚当·斯密（Adam Smith）、大卫·李嘉图（David Ricardo）、萨伊（Jean-Baptiste Say）等古典经济学学者的主流理论下，最小的政府是最好的政府，政府支出被认为应控制在军事费、司法经费、公共机构及设施费用等极小规模上。① 而从 19 世纪下半叶起，鉴于市场失灵的现象日渐凸显，学界转而主张扩大政府财政职能。② 事实上，随着经济的快速增长和行政权力的扩张，政府的财政支出规模也一直表现出明显的扩张态势。③ 由于财政职能与民众福祉的关联日益密切，社会国家也因此成其为"财政国家"。④ 随着财政规模的膨胀，各国都开始将更加广泛的财政领域纳入法律视野之中，并且大多呈现出从税收法定扩展到预算法定的趋势。⑤ 以美国为例，虽然其 1789 年宪法即已确立国会的征税权，但现代意义上的预算制度却一直未能建立。因此，政府开支很大程度上是由各部门自行掌控，国会和民众都难以进行监督。于是，在 19 世纪末期经济腾飞、财政扩张的"镀金时代"（The Gilded Age）里，美国的财政支出爆发了普遍的严重腐败现象。在此背景下，以纽约市 1908 年编制首份现代预算为先导，各州都陆续制定了预算法，联邦也于 1921 年通过《预算与审计法》，正式确立了代议机关的预算决定权。⑥ 以预算法定为中心和突破口，政府采购、财政投资等领域的一系列法律也逐渐出台，从而编织成完整的现代财政法网络，实现了"财税法定"的要求。⑦ 在晚近的发展

---

① 参见〔英〕亚当·斯密：《国民财富的性质和原因的研究（下）》，郭大力、王亚南译，商务印书馆 1981 年版，第 260 页以下；〔英〕大卫·李嘉图：《政治经济学及赋税原理》，郭大力、王亚南译，商务印书馆 1976 年版，第 127 页；〔法〕萨伊：《政治经济学概论》，陈福生、陈振骅译，商务印书馆 1982 年版，第 464 页；等等。

② 例如以施泰因（Lorenz von Stein）、谢弗勒（Albert Schaffle）等为代表的德国财政学派，以维克赛尔（Johan Wicksell）为代表的瑞典学派及凯恩斯（John Keynes）主义等，都主张在不同程度上扩张政府职能。参见〔日〕坂入长太郎：《欧美财政思想史》，张淳译，中国财政经济出版社 1987 年版，第 301 页以下。

③ 德国经济学家瓦格纳（Adolf Wagner）在对各国财政支出进行实证分析的基础上发现，当国民收入增长时，财政支出会以更大比例增长。这一发现被概括为"瓦格纳法则"。

④ 参见葛克昌：《国家学与国家法》，台湾月旦出版社股份有限公司 1996 年版，第 137 页以下。

⑤ 从代议机关的历史发展上看，预算决定权的确立通常晚于税收立法权。参见〔日〕美浓部达吉：《议会制度论》，邹敬芳译，中国政法大学出版社 2004 年版，第 263 页以下。

⑥ 参见王绍光：《从税收国家到预算国家》，载《读书》2007 年第 10 期，第 10 页以下。

⑦ 美国的代表性财政法律如 1942 年的《公共债务法》、1949 年的《联邦政府行政服务和财产法》、1985 年《平衡预算和赤字控制法》等。发达国家的财税法定落实情况，待下文详述。

中,无论是公法学理论①还是经济学理论②,都主张将财税法定进一步上升为财政立宪,在宪法层面确立财政的基本准则。

(二) 演进规律的学理阐发

从封建国家到民主国家,使得税收法定深入人心,揭开财政领域的法治化序幕;而从夜警国家到社会国家,又使得税收法定扩展为预算法定,再进一步发展为财税法定。从学理上看,这很大程度上是一种历史的必然。在人民主权观念下,财政权来源于人民的委托与授权,作为"纳税人"的社会公众才是财政权的真正享有者。③ 特别是考虑到财政权在国家权力中的核心地位,它自然会成为民主国家控制和规范的重中之重。而由于立法机关本身拥有最强的民意基础,同时法律制定过程也最为正式、严格、透明,所以对财政权的控制方式通常就体现为法律的规定。只是在近代夜警国家中,财政权规模相对较小,且表现出对行政权的依附性,由于财政收入——主要是税收收入——表现出对公民财产的明显侵益性,因此,此时对财政权的规范主要表现为防止侵害的消极控制上。而财政监管被认为属于行政组织内部行为,不与人民直接发生法律关系,故往往被排除于规范对象之外;即使存在法律规范,也通常停留在技术性的规定层次。财政支出则由于其给付性而非侵益性的性格,长期不受重视,而多委诸行政裁量。④

但是,置身于现代社会国家和市场经济之中,财政的职能范围迅速扩张到公共产品供给、收入分配调节等民生关键领域,财政权也随之不断膨胀,表现出明显的权力性和公共性。在行政之依存度日高,以至于"无行政即无现代之社会生活"的情况下,财政已经成为影响行政行为、进而影响民众福祉的最重要因素。易言之,财政权已从附属于行政权的角色,反客为主,成为行政权实际存在并得以实施的基础。⑤ 在这一背景下,单单控制财政收入就远远不够了。财政支出虽然表面上看似为给付行为,但在现代市场中财政资源的稀缺性约束下,不同主体实际上对于财政支出具有竞争关系,对某处之给付即是对他处之侵益。何况,政府获得收入的目的是为了开支,而财政支出增加也必然带来财政

---

① 公法学者的实质法治国理论越来越强调立法权的宪法约束,特别是要受到基本权利的约束。Klaus Tipke, Die Steuerrechtsordnung, Bd. I, 1993, S. 135ff, 转引自黄俊杰:《财政宪法》,台湾翰芦图书出版有限公司 2005 年版,第 286 页。

② 参见〔美〕詹姆斯·布坎南、理查德·瓦格纳:《赤字中的民主——凯恩斯勋爵的政治遗产》,刘廷安、罗光译,北京经济学院出版社 1988 年版,第 146 页以下。

③ 胡伟、程亚萍:《财政权之法理探究》,载《现代法学》2011 年第 1 期,第 86 页。

④ 蔡茂寅:《财政作用之权力性与公共性——兼论建立财政法学之必要性》,载《台大法学论丛》第 25 卷第 4 期,第 3 页。

⑤ 参见同上。

收入增加。① 同时,由于财政规模日趋庞大,收支之间的时空调配成本骤增,因此监管作为服务于收支的重要环节,也不再是单纯的行政内部事项。总而言之,随着现代国家财政权的膨胀,财政权定的范围也自然应当扩张。

进一步看,财税法定的实质就是财政权的法治化,即要求构建和完善科学的财政法律体系。在这个意义上,财税法定可以说是现代财政法的逻辑起点,因为正是由于法律在财政领域具有极端重要性,财政法才有其存在的独立价值。而财政法的使命所在,也正是追求财政权法治化、实现财税法定。具言之,法律一方面对于财政权具有授予功能,即在立法机关和行政机关之间配置权力,界定哪些事项应当由立法保留、哪些事项可交由行政决定;另一方面,法律对于财政权也具有规范功能,即通过法定的实体标准、程序要求与责任后果来搭建财政权运行的法治框架。从根本上说,法律对财政权的配置和规范,最终还是为了保护纳税人权利。特别需要指出的是,随着人权的内涵从消极权利扩张到积极权利,这种保护也不再仅仅是防止财政权力侵害财产权利,更体现在保障和促进财政给付的有效实现。这也再次证明了从税收法定到财税法定的必要性,因为只有同时注重财政收入层面上的消极保护和财政支出层面上的积极保护,才能真正地尊重、保障、满足和促进纳税人权利。② 在这一思路下,财政权也得以摆脱纯粹基于国家强制力的冰冷、单向的对抗属性,而成为一种国家为促进公民权利的实现、在民众同意的前提下以确定的规则在全社会范围内筹集并合理监管、使用财政资金的权力。③ 一言以蔽之,财税法定的核心要旨,就是以法治方式配置和规范国家财政权力,进而保护和实现公民财产权利。

二、财税法定的内涵解析

我国关于财税法定的现有研究,多是注重某一事项上的内容法定,而缺乏整体性的范围法定思考。在体系庞大、错综复杂的财政事项中,究竟哪些应当由法律规定,哪些又可以留待行政机关自行决定?这种法定范围的界定背后,实际上是财政权在立法机关和行政机关之间的配置问题。而范围法定研究的缺乏,也就导致财税法定难以在实践中充分地发挥作用。为此,有必要转换研

---

① 参见〔美〕B. 盖伊·彼得斯:《税收政治学———一种比较的视角》,郭为桂、黄宁莺译,凤凰出版传媒集团、江苏人民出版社2008年版,第104页。

② 事实上,许多学者在对税收法定原则的论述中,都已经在实际上表达了财税法定的意涵。如日本税法学家北野弘久的"税收法定三阶段论"中,就将打通税收的征收和使用作为税收法定最高阶段的要求。参见〔日〕北野弘久:《日本税法学原论》(第五版),郭美松、陈刚译,中国检察出版社2008年版,第59页。

③ 刘剑文主编:《民主视野下的财政法治》,北京大学出版社2006年版,第8页。

第六章　财税法的基本原则

究范式,重新提炼财税法定的内涵。具言之,鉴于财税法定的要求就是建立和完善科学的财政法律体系,不妨运用比较分析和规范分析方法,探寻财政法律体系建构的普遍经验,或可由此初步勾勒出财税法定范围的大致轮廓。

（一）财政宪定

宪法作为基于人民同意之社会契约的载体,能够确定整个政制框架及其建制蓝图。① 易言之,宪法是一切国家权力的最高准则和根本约束,财政权自然概莫能外。因此,完整意义上的财税法定必须上升到宪法的高度,亦即"财政宪定"。②

考察世界诸国的宪法文本,财政都是其中的一大重点事项,德国、日本、比利时等国宪法甚至对其用专章加以规定(参见表6.1)。特别需要指出的是,许多国家的宪法明确表达了财税法定的要求,确立了财政权的法律(或议会)控制原则。③ 例如,《日本宪法》第83条规定："处理国家财政的权限,必须根据国会的决议行使之。"《葡萄牙宪法》第10条规定："财政制度由法律建构。"《巴西宪法》第192条规定："法律应规范国家财政体系的所有组成元素。"也有部分国家是从财政支出法定、政府间财政关系法定等某一个或者某几个方面加以规定,如《美国宪法》第1条第9款规定："除根据法律规定拨款外,不得从国库支款。"《荷兰宪法》第132条规定："省、市政府同中央政府的财政关系均由议会法令规定。"④

宪法对财政权的约束,除了体现在直接宣示财税法定原则之外,一般还会体现为对一些根本性财政事项进行原则性规定。具体来说,这主要集中在四个方面:一是税收法定原则,几乎所有国家都将其写入宪法,只有极少数国家采取了纳税义务式的规定;二是预算制度,主要是明确议会对预算的审批权;三是财政收支划分,但大部分国家偏重于对税收立法权及收益权的纵向划分;四是监督审计机构,且大多在宪法上规定其独立地位,如德国的联邦审计署、日本的会计检查院等。极而言之,财税法定原则的第一层次,就是财政宪定,即以宪法中的财政条款来指明财政权的根本约束。

---

① 参见〔美〕路易斯·亨金:《宪政·民主·对外事务》,邓正来译,生活·读书·新知三联书店1996年版,第7页。
② 参见朱大旗、胡明:《财政入宪的规范分析》,载漆多俊主编:《经济法论丛》2013年下卷(总第25卷),法律出版社2013年版,第173页以下。
③ 表6.1中标为斜体的条款,均为此类。
④ 以上所列各国宪法条文,均引自孙谦、韩大元主编:《世界各国宪法》,中国检察出版社2012年版。

表 6.1 各国宪法的财政条款比较

国家	是否专章	税收法定	预算	财政收入划分	财政支出划分	监督审计机构	债务	其他
中国	否		62\67\89\99			91\109		纳税义务[56]；民族自治地方财政自治[117]；对少数民族财政帮助[122]
德国	是	73\105	109—113	106\107	91\104a\104b	114	109	财政管理体制[108]
法国	否	34\39\40\47		1(10)		47		
美国	否	1(7)\1(8)\第16修正案						未经法定拨款不得支出国库[1(9)]；禁止联邦内关税[1(9)]
日本	是	84	86—87			90	85	议会掌握财政权[83]；皇室财产[88]；财政支出用途限制[89]；财政报告义务[91]
俄罗斯	否	75(3)\104\106	106\114	71—72		101	75(4)	纳税义务[57]；禁止联邦内关税[74]；地方财产自治[132]；司法财政独立[124]
比利时	是	170—172	174			180		财政体系法定[175—178]；未经法律不得开支退休金、奖金[179]；国家负担牧师薪水[181]
荷兰	否	104\132(6)	105		132(6)	76		王室税收优惠[40]
葡萄牙	是	106\168	108\170	240\255		108(8)		财政制度法定[105(1)]；社会组织纳税义务[63]；税收原则[63\67\84\107]；税务法院[212]；自治区财政[229\234]

第六章　财税法的基本原则

（续表）

国家	是否专章	税收法定	预算	财政收入划分	财政支出划分	监督审计机构	债务	其他
西班牙	是	31（3）\133	66（2）\75（3）\134	142\158		136	135	税收原则[31（1）]；支出原则[31（2）]；关税[149（1）]；自治区财政[156\157]
意大利	否	80	72\81	117\119	119	100		税收原则[53]；税收、预算事项不得公决[75]；禁止联邦内关税[120]
阿根廷	否	17\44\86(13)	67(7)	67\108			4\67(6)	财政收入类型[4]；关税[9]；国内商品流通免税[10]；过境税[11\12]；税收原则[16]；禁止征税来限制移民[20\25]
巴西	是	48\150—152	48\165—169	145\153—162		70—73	48\148	司法财政独立[99]；法律应规范国家财政体系的所有组成元素[192]
澳大利亚	是	51\53\55		86	96\105\\114		51(4)\105a	议会决定拨款[53\54\56]；支出必须依据预算[83]；关税[88—95]

（二）财政体制法定

由于宪法的高度概括性与原则性，财政权的控制和规范最终需要由具体的法律来完成。因此，在宪法之下，通常还会有一系列财政法律，组成完整的制度体系。在诸法之中，有一些法律旨在规范财政的基础性事项，通常是对宪法财政条款的具体化，其范围也往往涵摄整个财政过程，因此在财政法律体系中占据基本性地位。从学理上看，大致有三种法律可以称其为"宪法性财政法律"：一是财政基本法，其规定的是财政的基本原则、组织建制和运行规律，地位自无疑义；二是预算法，预算的拘束力同时及于财政收入、支出和监管，堪称财政法之"龙头法"①；三是财政收支划分法，其着眼于政府间财政关系，亦带有全局性和基础性。以上三者，共性在于规范对象均涉及财政体制全盘而非某一局部，故可合称"财政体制法"。

需要说明的是，上述用语只是学理概括，并非实在法层面上的具体名称。有的国家可能将预算法规范分散在若干部单行法中，有的则可能将财政基本法和预算法合并在同一部法律规定。以日本为例，相关规范就主要集中在《财政法》和《地方财政法》上。②《财政法》共47条，其第一章"财政总则"细化宪法条款，明确了税收、费用、垄断专卖价格、公债、借款等各类财政收入取得和政府财产变动须依法律或国会决议的原则。第二章"预算区分"、第三章"预算"、第四章"决算"则分别对预算的内容、类型，预算编制、审批、执行诸环节的实体和程序规则以及决算事项作了规定。第五章"杂则"还规定了特殊情况下未支出经费转入下一年度使用等其他事项。《地方财政法》共37条，规定了中央与地方的财政关系，特别是对支出责任进行划分，并专门设计了随事权转移支出责任的负担金制度及其计算标准、时限等。此外，还确立了地方财政运行的基本原则，以及地方债的用途限制、偿还年限、协商程序和上级干预的特定情形。可见，这两部法律实际上已经大致覆盖了财政基本法、预算法和财政收支划分法的主要内容。

其实，尽管名称和结构各异，这三类财政体制规范在各国都是普遍存在的。③

---

① 需要说明的是，预算的拘束力虽然亦及于财政收入方面，但其效力主要表现在支出方面，即拘束政府支出之金额、目的及时期。在收入方面，预算的作用主要在于指明收入来源并预估其金额，不可作为税收等强制性收入的依据，但可为债务等自由性收入之授权规范。参见蔡茂寅：《预算法之原理》，台湾元照出版公司2008年版，第77—82页。

② 日本法上的具体规定，参见王朝才编译：《日本财政法》，经济科学出版社2007年版。下同，不再赘述。

③ 例如，德国的财政基本法规范就分散在《财政管理法》《联邦和州预算原则法》《联邦预算法典》《联邦财政均衡法》等多部法律中。具体内容，可参见齐守印、杨敏主编：《中外财政法律制度比较研究》，法律出版社2006年版，第10页以下。

由此观之,财税法定的第二层次,就是财政体制法定,即以宪法性的财政法律来搭建财政权的制度框架。

(三)财政收入、支出及监管法定

在宪法和宪法性财政法律的统率下,绝大多数的财政事项是由财政法律来具体规定的。这就构成了财税法定的第三层次,包括财政收入法定、支出法定和监管法定,即以体系化的主干财政法律来设定财政权的具体要求。仍以日本为例,除了《财政法》和《地方财政法》之外,财政收入方面的法律还包括《国有资产法》《关于中央政府债权管理等的法律》《国税通则法》《国税征收法》《税收特别措施法》《国税违规取缔法》《地方税法》以及数十部单行中央税法。[①] 财政支出方面的主要是《地方交付税[②]法》。财政监管方面则有《国库法》《财务省设置法》《物品管理法》《会计法》《会计检察院法》《税理士法》等。一般来说,在法治发达国家,整个财政法体系都大约包括30—40部法律,规模相当庞大。

经过上述解析,财税法定的内涵已逐渐明晰,可以提炼为"财政宪定—财政体制法定—财政收入法定、财政支出法定、财政监管法定"的三个层次。与之对应的,宪法统领的财政法律体系也已成型,表现为由"宪法中的财政条款—宪法性财政法律—主干财政法律"构成的有机系统。这一法律体系在第一章第二节已有较为详细的展示,故在此不做赘述。

三、财税法定的中国语境

客观地说,财税法定在我国起步较晚,发展过程中也常常遭到思维定势和制度惯性的强力阻击,因而目前的现实状况并不理想。不过,值得特别注意的是,2015年十二届全国人大三次会议通过了修订的《立法法》,将第8条原先规定实行法律保留的"税收基本制度"细化为"税种的设立、税率的确定和税收征收管理等税收基本制度",且单列为一项,位次居于公民财产权保护相关事项的首位。同时,延续了原有对"财政基本制度"的法律保留。这堪称我国财税法治乃至整个依法治国进程中的里程碑事件,可以成为财税法定原则的现行法律依据。

从宪法的财政条款层面看,我国《宪法》第62、67、99条确立了人大的预算

---

① 直接税方面有:《所得税法》《法人税法》《继承税法》《地价税法》等;间接税方面有:《酒税法》《消费税法》《挥发油税法》《地方道路税法》《石油煤炭税法》《石油渣滓税法》《飞机燃料税法》《电源开发促进税法》《香烟税法》《登记执照税法》《印花税法》《汽车重量税法》等;此外还有《关税法》《关税定率法》《关税暂定措施法》等。

② 地方交付税是中央政府以谋求地方政府均等地履行事务为目的而交付给地方政府的税收。实际上,这就是中央对地方的财政转移支付制度。

审批权,但并没有明确写入税收法定原则①,也没有对财政收支划分进行规定,财税法定的色彩总体上较淡。从宪法性的财政法律层面看,我国并无统领性质的《财政基本法》,发挥主要作用的是《预算法》。至于财政收支划分方面,我国尚无法律,主要依靠1994年国务院发布的《关于实行分税制财政管理体制的决定》以及陆续出台的规范性文件。②

从主干财政法律层面看,目前的法律供给严重不足。在财政收入方面,只有《个人所得税法》《企业所得税法》《车船税法》3部单行税法和《税收征收管理法》,《企业国有资产法》也有部分涉及国有资产收益规范③,而其他的税种和非税收入则完全处于法律真空状态。在财政支出方面,仅在财政采购事项上有《政府采购法》和《招标投标法》,此外《教育法》《社会保险法》等法律中也有一些涉及预算支出的条款④,其他均付诸阙如。在财政监管方面,除《审计法》外,《会计法》和《各级人民代表大会常务委员会监督法》也有相当部分财政条款。

总体上看,我国尚未明确确立财税法定原则,由全国人大及其常委会制定的专门性财政法律不到10部,距离30—40部的应然规模相去甚远,大量的财政行为无法可依。即使是已有的法律,许多也存在着理念过时、内容缺失、技术粗糙等问题,且法律普遍过于原则化,可操作性较弱。⑤ 如此一来,财政领域中实际发挥效力的就是体系庞杂、数量繁多而层级低下的规范性文件,但它们既缺乏权威性、稳定性和系统性,又往往带有部门利益制度化色彩,无法较好地起到配置和规范权力的作用。这就使得财政权很大程度上处于行政主导下的无序、失范状态,进而引发了财政缺位、越位、错位等一系列问题。这也从反面再一次证明了落实财税法定对于我国长治久安的极端重要意义。

近年来,党和国家领导人多次强调"法治是治国理政的基本方式",提出要"用法治精神来建设现代经济、现代社会、现代政府"。⑥ 说到底,法治的基础和

---

① 我国《宪法》第56条规定:"中华人民共和国公民有依照法律纳税的义务。"一般认为,该条款虽然可能通过学理解释出税收法定的意涵,但本身并没有完整地表达税收法定原则的要求。

② 如国务院《关于印发所得税收入分享改革方案的通知》(国发[2001]37号)、国务院批转财政部《关于完善省以下财政管理体制有关问题意见的通知》(国发[2002]26号)等。

③ 但只是非常原则性的规定,如我国《企业国有资产法》第58条:"国家建立健全国有资本经营预算制度,对取得的国有资本收入及其支出实行预算管理。"实际上,仍然主要是条例、规章在发挥作用。

④ 大部分是法定支出项目条款,即规定某些支出项目的比例或增长幅度要求。如我国《教育法》第53、54条,《义务教育法》第42条,《社会保险法》第71条,等等。

⑤ 举例来说,我国的税法一般都在数千字左右,其规定一般都比较笼统。而美国《国内税收法典》字数达600余万,澳大利亚全部税法文本在2006年清理立法之前合计甚至超过900万字。

⑥ 此系李克强总理在2013年3月17日答中外记者问时作出的重要论断。参见《李克强总理等会见采访两会的中外记者并回答提问》,载《人民日报》2013年3月18日,第2版。

第六章 财税法的基本原则

核心是维护权利,法治的关键则是控制权力。① 而财税法定的实质正是财政权的法治化,与此存在深刻的内在契合。因此,在推进法治中国建设和全面深化改革的时代语境下,认真审思财税法定原则的现实意义、发展瓶颈和落实路径,是很有必要的。具言之:

其一,财税法定是规范权力运行的客观需要。十八届三中全会《决定》第十章专门强调"强化权力运行制约和监督体系",而财政控权乃是权力制约之本,财政权力法治化是整体权力法治化的核心和关键。② 事实上自党的十八大以来,财政领域一直是中央着力规范的重中之重。以反腐倡廉为契机,从"八项规定"③到三个"只减不增"④,再到2013年出台的《党政机关厉行节约反对浪费条例》,其实质都是在控制财政权,提高财政领域的规范化、制度化水平。不过,制度的最高和最好形式是法治,未来应将党规上升到国法,才能真正把权力关进制度的笼子里,使财政权力在法律约束下规范、有序、高效地运行。

其二,财税法定是全面深化改革的必由之路。财政是连接政治体系、经济体系和社会体系的关键环节,也是改革的突破口和着力点。⑤ 此前,我国倾向于通过行政指令推进改革,但时至今日,这种方式的不协调性、不可持续性愈发明显,下一阶段的改革亟需由行政主导向法治主导转型。⑥ 对此,习近平总书记明确指出:"凡属重大改革都要于法有据。在整个改革过程中,都要高度重视运用法治思维和法治方式,发挥法治的引领和推动作用,加强对相关立法工作的协调,确保在法治轨道上推进改革。"⑦因此,未来应当坚持通过立法来推动改革,

---

① 漆多俊:《控权:通向法治之路的关键》,载《经济社会体制比较》2006年第3期,第111页。
② 参见周刚志:《论公共财政与宪政国家》,北京大学出版社2005年版,第158页。
③ 2012年12月4日,中共中央政治局召开会议,会议一致同意关于改进工作作风、密切联系群众的八项规定。参见《中共中央政治局召开会议审议关于改进工作作风、密切联系群众的有关规定 分析研究二〇一三年经济工作》,载《人民日报》2012年12月5日,第1版。
④ 2013年3月17日,国务院总理李克强在中外记者会上表示本届政府要约法三章:一是政府性的楼堂馆所一律不得新建;二是财政供养的人员只减不增;三是公费接待、公费出国、公费购车只减不增。这三条中央政府要带头做起,一级做给一级看。参见《李克强总理等会见采访两会的中外记者并回答提问》,载《人民日报》2013年3月18日,第2版。
⑤ 参见李炜光:《财政何以为国家治理的基础和支柱》,载《法学评论》2014年第2期,第55页。
⑥ 有学者将行政主导模式的弊端归纳为四点:一是缺乏前瞻性,顶层设计不够;二是缺乏系统性,改革方略的整体化配套不够;三是缺乏必要的稳定性,往往朝令夕改,使人无所措其手足;四是缺少权威性,往往采取先易后难的策略,而一旦遇到难题,常常会因"硬度"不够无疾而终。参见江必新:《以法治思维和方式推进法治中国建设》,载《人民论坛》2013年第S2期,第54页。
⑦ 此系习近平总书记2014年2月28日在中央全面深化改革领导小组第二次会议上发表的重要讲话中提出的要求。参见《习近平主持召开中央全面深化改革领导小组第二次会议强调 把抓落实作为推进改革工作的重点 真抓实干蹄疾步稳务求实效》,载《人民日报》2014年3月1日,第1版。

以法治凝聚改革共识,进而增强改革的科学性和民主性。换言之,落实财税法定和推进财政改革,应当是系统设计、协同并行的同一过程。

其三,财税法定是实现人民幸福的制度保障。《决定》首次在党的纲领性文件中提出"落实税收法定原则",这是一大进步。不过,对于保护纳税人权利而言,单独的税收法定仍然是不完整的。除了税收之外,行政事业性收费、政府性基金等其他类型的财政收入同样需要被纳入法律框架,才能形成对财产权的完整保护。同时,只有在财政支出维度上强化预算的拘束力,并在法律上保障民众的知情权、参与权和监督权,才能促使财政更好地履行公共服务职能,让纳税人的积极权利得到实现。应当看到,财政作为"连接着国家与国民、国民与国民的纽带"①,只有通过法治方式决定,而非由一方专断,才能让纳税人和国家形成合作、互动的良性氛围,并由此彰显国家增进人民福祉的根本使命。

第二节 财税民主原则

公共财政是与近现代民主政治和市场经济相适应的财政制度。在现代国家,政府的运作总是建立在一定的财政基础之上,故,财税制度不仅仅是经济制度的组成,更是政治制度的集中体现,也深刻地影响着社会制度。作为国家主要的经济来源,财税活动不仅是政府经济收入与经济支出的反映,更体现了经济资源在国家和公民之间的分配,涉及一国基本的政治决定过程。因此,财税民主不仅在内容上体现为政治民主与经济民主的统一②,而且蕴含着宪政主义与法治主义③的精神。财税民主原则是指政府依法按照民众意愿,通过民主程序,运用民主方式来理公共之财。随着我国提出"治理模式和治理方式的现代化"的社会目标,财税民主成为社会治理的一大基本要求,其重要性尤为凸显。财税民主原则的落实,不仅对实现政府行为的法治化、规范化,更对纳税人权利的实现和保障有着重大的现实意义。

---

① 参见朱孔武:《财政立宪主义研究》,法律出版社2006年版,第71页。
② 美国公共财政学者布坎南在1966年便指出,"财政学,作为一门学问作为一门科学,处于严格意义的经济学和政治学的分界线上,是政治的经济学。"参见〔美〕詹姆斯·M. 布坎南:《民主过程中的财政——财政制度与个人选择》,唐寿宁译,上海三联书店1992年版,第195页。
③ 不同于古典法治多为某个人或少数人意志的制度化、法律化,现代法治则表现为多数人的意志,是民主的制度化、法律化。参见张春生、阿喜:《准确把握"法治"的含义》,载《中国法学》1998年第5期,第3页。这表明,在现代国家中,虽然民主与法治的侧重点存在差异,而且它们所代表的价值在实现的过程中也具有一定的张力,但在很多情况下,两者的追求是统一的,即旨在使多数人的意志得到民主的彰显和法律的确立。

第六章　财税法的基本原则

一、财税民主的理论基础

财税民主,其理论依据主要是主权在民的思想。所谓主权在民,即公民基于自由意志订立社会契约,制定法律,把归属于公民个人的权利转让给国家,以此换取国家对公民个人权利的保障,国家权力由此而生,其最终来源是公民的授权。可以说,在公民和政府的法律关系中,公民是享有权利的一方,政府是履行义务的一方。

(一) 财税民主的宪政意涵

借由民主的概念,可以认为财税民主所要求的是:人民依法通过一定的程序和方式,行使对国家重大财政税收事项的决定权。直接的要求则是:重大财税事项必须经过代议机构的同意,或者由其制定法律予以规范。如果没有议会决定或法律授权,无论是财政收入还是财政开支,都可能被指责为违反人民的意志。因此,民主的内涵在于实现人民的自我管理和自主决策,从而推进其权利的实现与保障。

亚当·斯密曾经指出,财政乃庶政之母,他认为:"公共资本和土地,即君主或国家所特有的两项大收入泉源,既不宜用以支持也不够支持一个大的文明国家的必要费用,那么,这必要费用的大部分,就必须取自于这种或那种税收,换言之,人民须拿出自己的一部分私人收入,给君主或国家,作为一笔公共收入。"[①]由此可见,财政(特别是财政收入行为)实际上成为公民对国家的某种让渡,不仅关系着国家物质力量的获得、保有以及增长,也同样关系到公民个人的自由和权益的成就,因此,坚持财税民主原则,以公民权益保障作为对政府财税行为的控制,实际上是宪政的内在要求在财税领域的具体体现。作为宪政的实现途径,财税民主是实现公民权利与国家权力和谐运作的基础,也是宪政下公共财政的核心。由于国家的强势地位,对公民的私有财产权,一方面需要通过宪法以及民事法律进行宣示和具体保护,另一方面需要对国家财政权进行有效的限制。因此宪政下民主的实质是建立在公民财产权与政府财政权互动的基础上。[②] 在确保公民财产权的税收国家,财政收入必须仰赖公民的财产或财产权的让渡。公民同意是国家财政权形成的合法性基础,财政权必须以保护公民私有财产权为目的和归依,而财税民主则是公民财产权实现的制度基础。

---

① 〔英〕亚当·斯密:《国民财富的性质和原因的研究》,郭大力、王亚南译,商务印书馆 1974 年版,第 383 页。
② 参见漆多俊:《论权力》,载《法学研究》2001 年第 1 期,第 18—32 页。

(二) 财税民主的政治和经济投射

民主最初体现于政治领域,即政府行为的合法性只能源于主权人民行使其自治权所授予的权威。从政治角度,实现所有公民的民主、政治平等以及基本的政治权利是国家的基本任务;从经济角度,保护财产权,实现经济的自由,增加财富的机会,实现社会整体福利的增进是国家职责所在。财税横亘一国政治、经济领域,构成市场经济下政府进行资源配置、提供公共物品的政府性经济组织安排和政府性经济行为的规则体系。一方面,财政税收是一国政府得以生存的经济支柱,其经济来源是建立在对公民私有财产合法的剥夺之上,这种对公有领域和私有领域的划分,无疑应当取得利益受损方的认可,才能实现和维持国家行为的合法性。另一方面,从经济学角度,财政支出旨在提供公共物品,必须是任何个人无法排他地占有和消费的物品,否则政府参与市场竞争,不仅是对私人经济自由的侵害,同时也是对源于公民的财政资金的不当使用。因此,政治民主和经济民主集中在财税领域就表现为财税民主的观念。一方面,在政治的领域中,财税民主是公民政治参与和政治沟通的权利的保障;另一方面,在经济的领域中,财税民主是对公民基本财产权的保护。

之所以强调财税民主,是因为在我国,一切权力属于人民,人民通过其选举产生的人民代表大会以及其他方式、途径行使管理国家事务、社会事务的权力。例如,审批预算是宪法等相关法律赋予人民代表大会的一项职权。因此,无论是预算的编制还是审批,均应反映人民之意愿并得到人民代表大会的批准。

贯彻民主原则,一是可以保证公共财政的科学性,使公共财政符合国民经济发展的客观规律,以及真正反映未来年度财政收支情况;二是有利于实现对政府财政收支行为的监督,避免出现随意性。要想防止政府滥用权力,就必须以公民的民主权利约束国家公共权力。

二、财税民主的动态展开

在现实生活中,防止财税活动偏离公共利益,保留公民对重大财政税收事项的决定权,是财税民主的核心和目的所在。财税民主一般表现为财税议会主义,即重大财税事项必须经过代议机构审批。我国《宪法》第 2 条规定,中华人民共和国的一切权力属于人民。人民行使国家权力的机关是全国人民代表大会和地方各级人民代表大会。人民依照法律规定,通过各种途径和形式,管理国家事务,管理经济和文化事业,管理社会事务。因此,从渊源上看,财税民主是宪法所规定的人民主权理论在财税法律领域的落实和体现。而《立法法》第 8 条明确规定财政基本制度以及税种的设立、税率的确定、税收征收管理等税收基本制度只能制定法律,从形式和程序上保证了财税的民主性。

重大财税事项由人民代表大会审查决定也是财税民主的重要体现。除了对财税方面的基本制度制定法律以外,人民代表大会的财税决定权还体现在预算审批上。根据我国《宪法》及《预算法》的相关规定,全国人民代表大会负责审批中央预算,地方各级人大负责审批本级地方预算,这表明,财税民主的基本要求在我国已得到了确认。同时,财税民主还要求赋予人民对财税事项的广泛监督权。这要求财税行为的决策程序、执行过程以及实施效果须具备公开性、透明性等特点,否则无论预算审批或预算监督都只会流于形式,公开透明更无从谈起了。细化到动态的财税流程,则表现为财政收入、财政支出、财政预算行为以及央地纵向分权的民主化。

(一)财政收入民主

政府为履行公共职责承担财政支出,需要积极谋取财政收入。财政收入,是政府为履行公共职能,满足公共服务要求的财政支出需要,通过国家依法筹措的所有货币资金的总和,一般包括:税、费、国有资产收益、公债以及罚没等其他形式收入。国家获取财政收入凭借的是公权力,即由立法机关赋予公共部门代表公众行使的强制性的权力。这种强制性权力是在分散决策基础上集体选择的结果,用来解决分散决策难以解决的各种问题。现代民主体制下公共部门的任何权力都应通过公共选择程序如投票,由立法机关审批、赋予,否则就是滥权,构成对私权利的侵犯。

因此,代议制之所以能够从社会中吸取更多的财政收入,其原因就在于代议制给予了财产权利人参与决策的机会,使他们相信代议机构决定的合法性[①],这也是国家获取财政收入的正当性基础。

(二)财政支出民主

政府的支出边界到底在哪里,这不是单纯用理论可以解决的问题。虽然古典学派认为政府的活动是一种消费现象,主张缩小财政规模;但新财政思想却认市场机能在实际经济社会中根本难以发挥,更何况还存在分配不均的问题,若府不介入几乎无法平息。两种观点都从不同角度反映了市场和政府的界限的模糊性。但事实是,由于政府执行宏观经济职能的需要,财政职权在一定程度上有扩张的趋势,从而引起财政支出的增加。[②]

一般说来,财政支出是国家通过财政收入将集中起来的财政资金进行有计

---

① 参见王绍光:《公共财政与民主政治》,载《战略与管理》1996年第2期,第32页。
② 德国经济学家阿道夫·瓦格纳1882年提出"公共支出不断增长法则",而后1971年英国经济学家提出了瓦格纳规律的现代模式。

划的分配以满足社会公共需要,是财政职能的具体化,服务于政府职能。基于公共物品理论的分析,既然市场无法有效提供,那么财政支出就是全部公共物品(包括全部纯公共物品和部分准公共品)。只有满足公共需要的事务,财政才应提供资金支持,否则偏离公共物品的政府财政分配行为本质上不能反映公民对公共物品的偏好而不能被视作财政民主行为。因此,财政支出民主首先应当表现在财政支出决策的达成上,主要反映为人民对政府开支的权力制约和政府经济职能执行的协调和平衡,从而使财政支出符合社会公众对公共产品的公共性需要。

由此可见,在一个国家的"钱袋子"问题上,财政民主实践了权利与权力之间的良性互动。财政的一系列环节中,从征税开始,到支出、绩效评估和监督,都应该在代表机构的决定与掌控之中,从而依法实现对政府活动的范围、方向和政策目标的监督与有效控制。

(三) 财政预算民主

回顾近代西方国家的宪政历程,预算方面的权力是议会最先获得的权力,正是围绕着"钱袋子"的权力,议会才逐渐获得了其他权力,宪政体制也得以最终形成。[①] 凭借代议制民主的制度设计,代议机关代表公民对预算进行实质性的审批、监督,较为有力地防止了政府权力的恣意和滥用。随着宪政国家的发展,一些新情况、新问题开始出现,官员贪腐现象日趋严峻,面对这种形势,各国不断重视预算的开放和公民直接民主的引入,经过民主架构的调试以使权力更好地服从于权利。

与此同时,在税收国家中,公民不单单成其为政治意义上的"公民",更具有"纳税人"的双重身份。这意味着,纳税人用自己缴纳的税收供养了政府及政府官员,维持了整个国家机器,故国家保护纳税人权利是理所当然的。在经济逻辑的层面上,政府公共预算之应民主、应公开,其原初依据在于政府预算本质上是一种公共资金的受托决策,作为预算信托受托人的政府基于纳税人的信任管理和运用财政资金,自然就负有将公共预算的所需、所用及其执行情况向财政资金的来源者、预算信托的委托人暨预算利益的受益人——广大纳税人公开、报告并接受监督的义务,担有确保纳税人利益和权利的最大化实现的使命。[②] 综上,公民兼纳税人的角色从政治源头及经济供应的维度,论证了以民为本、权利至上对于宪政国家的价值分量,显现了预算在权利监督和制约权力的制度体

[①] 马骏、赵早早:《公共预算:比较研究》,中央编译出版社2011年版,第148页。
[②] 关于公共资金信托的论述,参见朱大旗:《科学发展与我国〈预算法〉修订应予特别关注的五大问题》,载《政治与法律》2011年第9期,第4—5页。

系中所占据的要害位置,重申了预算民主的合理性与必要性。

(四) 央地分权中的财政民主

无论是在中国还是西方宪政史上,分权的具体方法和机构虽然有较大差异,但其都是控制和平衡国家权力的主要手段,分权对权力的制约一直是政治学和宪法学上的重要命题,甚至已经成为一种关于立宪政府的普适标准。① 而在财政的层面上,民主除了意味着财政的收支民主,同样对分权提出了要求。收支的民主化在某种意义上是横向层面上的分权,而纵向层面的分权则是对中央与地方的关系提出了要求,决定了央地之间以及央地各主要机构之间的权力分配和内容。中央与地方的关系涉及诸多要素,由于中央与地方政府的关系实质上是国家整体利益与局部利益的对立统一和动态平衡的关系,涉及经济利益的区域配置,因而财政关系就成为中央与地方的关系中极为重要的内容和敏感的领域。从实践上看,新中国成立后我国中央与地方的关系的历次调整主要是财政关系的调整。② 财政权力在各级政府间的纵向分立对政府权力制约具有重要意义。将财政权限在各级政府间进行适当的划分,有助于降低财政权力的集中和垄断程度,将减少腐败和低效率的发生。此外,纵向的财政分权还使得政府之间在提供公共物品方面的竞争成为可能,这种竞争可以对相关政府的权力行使产生制约。可以说,财政权限在各级政府间的划分与公民基本权利的保障具有密切关系。财政分权的优化程度关系着公民基本权利的实现,而财政分权之下拥有相应财政权的地方政府,这种一定程度上的财政自治,是宪政民主制度的基础性结构,是保障个人自由的重要政治机制,是人民参与公共事务的基本途径。③ 因此,财政分权是民主宪政的应有之意,是财政民主的重要内涵,而充分发挥地方的财政自主权、以增进财政民主,又是财政分权的必由路径。

三、财税民主的运作形式

中国正进行的财税体制改革,究其根本实为权力、利益体系的新一轮调整和配置,财税民主方面的深化也概莫能外。通过将直接民主与间接民主以恰当的方式相结合,即在较高层级更加注重强化间接民主、在基层尝试引入更多的直接民主实践,力图维系权力与权力、权力与权利间的交涉性平衡,以达成彼此互动的平衡格局。

---

① 参见〔美〕M. J. C. 维尔:《宪政与分权》,苏力译,生活·读书·新知三联书店 1997 年版,第 90 页。
② 参见朱孔武:《财政立宪主义研究》,法律出版社 2006 年版,第 263—264 页。
③ 参见秋风:《立宪的技艺》,北京大学出版社 2005 年版,第 270—271 页。

(一) 间接民主与直接民主的配合

众所周知,现代民主是建立在选举制度基础之上的;经过长期的实践,代议制已被视为最理想的政府形式。① 如前所述,在公共财政领域,要求财税过程必须受到民主统制的财税民主原则,其核心也被认为是财税议会主义。坦率地说,在大规模的时空跨度上,全面的公民直接参与存在着现实的困难,代议制民主作为一种高效、可持续的国家宏观政治制度,具有明显的合理性和优势。由公民通过选举的方式产生民意代表,对预算展开审查和监督,对税收的开征和税制的设计进行决定,对财政资金的使用规模和结构予以决断,这较为成功地调和了大众与精英的矛盾,较大程度地保证了民主意志的实现。

但随着社会多元主义的发展,代议民主无法回应社会公众多样性、差异性的利益需求,再加上其本身存在的弊端②,所以,公民对政治的直接参与日渐复兴,成为民主主流之下的一股生生不息的潜流。实际上,间接民主的实施并不能否认直接民主存在的必要,直接民主完全可以与间接民主相生相容,在民主国家的治理过程中发挥独特的作用;更重要的,具有身份认同的公民在直接行使公民权利、积极参与政治生活的过程中,能够创造具有公共性的共同体,产生强势、真正的民主③,以补充代议民主的不足。综而言之,应当将间接民主与直接民主相结合地体现于财税民主的进路中,从而达到财税民主的完满效果。

(二) 人大财政监督权的强化和落实

在间接民主的落实中,应当更合理地理顺人大与政府间的权力关系,落实并强化人大对财政收入、支出、预算等财政过程的决定权和监督权。当前,我国人大的权力主体功能被严重虚化和架空,宪法赋予的监督权未能得到充分的发挥,立法权也长期被虚置,相较之下,政府、尤其是财政部门集多重权力于一身,其财税行为没有受到严格的监督和规范;这种有失偏颇的财政权配置不仅导致国家权力体系背离衡平规则,而且诱发了公共资金浪费、行政人员贪腐等社会痼疾。比照财税民主和法治程度相当成熟的其他国家的改革方案,加强代议机关的财税立法权力、财政支出决策权力和预算审查权力是民主发展所趋。以美国国会的预算审查为例,美国国会参众两院各有一套审核监督联邦预算的庞大

---

① 参见何遐祥:《公民参与预算制度研究》,载《新视野》2010 年第 3 期,第 52 页。
② 英国政治思想家约翰·密尔曾指出代议制可能存在的两个危险,一是不能使人民的个人能力得到充分发挥,二是代议者并非真正地代表人民,而可能代表的是掌权者自身的眼前利益。参见〔英〕J. S. 密尔:《代议制政府》,汪瑄译,商务印书馆 1982 年版,第 85、98 页。
③ 美国学者巴伯于 1984 年出版的《强民主:新时代的参与政治》一书,将建基于自由主义的代议制民主称为"弱势民主",强调扩大公民对政治的直接参与可以创造"强势民主"。参见陈炳辉:《弱势民主与强势民主——巴伯的民主理论》,载《浙江学刊》2008 年第 3 期,第 5—12 页。

第六章　财税法的基本原则

机构,包括国会预算局、拨款委员会、筹款委员会、预算委员会等,其中数量众多的财政管理专业人员对预算的科学决策和国会的权力行使起到了重要作用。①当然,由于组织结构、历史传统等国情差异,并不存在一个普遍适用于所有国家的预算管理模式,各国代议机关的具体运作方式更是大相径庭,但是,现代宪政国家强化代议机关财政监督和决策权的经验确实给我国提供了有益的启示。

有鉴于此,我们既要在财政收入层面的财税法律文本以及财政支出层面的预算案的完整性、具体性、可操作性上下工夫,又要提升人大自身的地位和威望。如常言道"打铁还需自身硬",唯有采取提高人大代表的专业素质和履职能力、改变人大代表的人员结构、增加相关工作机构的人员编制等措施,才能让我国人大切实履行其职能,使得权力机关对财税行政部门的监督和约束转化为真切可见的民主现实。

(三) 公民民主参与的协商式引入

除了矫正权力与权力的配置之外,我们还需摆正权力与权利的位置,即"把权力关进笼子,把权利放出笼子",在财税体制改革中树立"民本"意识,以期构建"参与式民主"和"协商式民主"。我们所追求的财政民主参与权利"必须以这样一种方式来确保参与一切同立法有关的协商过程和决策过程,即使得每个人都有平等机会行使对具有可批判性的有效性主张表示态度的交往自由"②,这便是协商民主的体现。

应当明确,国家财政权是在合法"剥夺"私人财产权利的情况下行使的,在国家财政权与私人财产权的博弈和妥协过程中,财政公开及其基础上的公众直接参与对于纳税人权利的保护必不可少,只有保障了公民的知情权、参与权,才能释放来自全民的民主监督力量,形成对权力的制衡。可以说,如果没有公民的积极合作,至多也只有"善政",而不会有"善治"。③ 通过直接参与财政过程,公民将监督国家行政权力视为自己日常生活的一种习惯和惯例,在一点一滴的实践中慢慢地获得了民主的认知、学习与锻炼④,而在这个过程中,现代市场社

---

① 参见刘明慧编著:《外国财政制度》(第二版),东北财经大学出版社 2012 年版,第 98—99 页。
② 参见[德]哈贝马斯:《在事实与规范之间——关于法律和民主法治国的商谈理论》(修订版),童世骏译,生活·读书·新知三联书店 2011 年版,第 155 页。
③ 参见俞可平主编:《治理与善治》,社会科学文献出版社 2000 年版,第 9 页。
④ 在公共财政信息分享和协商参与的过程中,不同价值偏好的利益竞争主体自由地表达、辩论和妥协,增进了其对自己以及他人观点的理解,这是一种身体力行、探索学习和理性能力提升的历练。具体参见 Jorge M. Valadez, *Deliberative Democracy, Political Legitimacy, and Self-determination in Multicultural Societies*, Boulder: Westview Press, 2001, pp.34-39。

会中游离和分散着的个人也将以"社群""共识"等理念为中心重新连接在一起①,使整个社会共同体得以凝聚和和睦。目前,我国浙江省温岭市、黑龙江省哈尔滨市等多个地区已经建立了包括民主恳谈等多种方式的参与式预算制度②,并取得了良好的成效,这便是财政直接民主的典型代表。应当认识到,"一种参与性社会是必要的""通过在地方层次和地方社团中的参与,个人才能学会'民主的方法'"③,进而促进地方治理的民主化和理财治国的良性化。

四、财税民主的制度重构与改进路径

所谓制度重构,必然存在着新制度与旧制度的不同以及新制度的更优越之处。制度的重构作为社会演化的一种,或是遵循路径依赖的原理,或是博弈进化。治理国家的智慧,就在于了解社会的性质和阶段,而这影响着构建财政民主制度的整体进程。

(一) 财税民主的文化背景

"公共领域"与"私人领域"的分界,决定了财政的存在正当性,决定了财政以满足公共需要为目的的特性,也决定了财税民主的必然性。但正如民主的原则性,财税民主同样具有的原则性和灵活性并不能自然生成固定的模式,只是为国家提供一个基本的建构和基本的机制。在变化了的社会生活中如何选取最为合适的民主形式和法制模式,对于制度设计者来说,可能更为关注选举、投票的程序在保证民主形式的同时又在多大程度上真正促进了社会实质的进步。

从我国传统来看,"政府崇拜"文化统治了相当长的历史时期。一方面,对国家作用的强调高于对国家约束的民主制度的强调,从而导致在财政支出领域更多地由国家安排,由国家支配财富;另一方面,对国家获取收入的强调高于对公民提供公共服务的强调,从而导致在税收等领域存在法治薄弱环节,缺乏对国家支配财富的有效监督。

对财税民主进行制度重构必须对公民与国家的关系有着明确而清醒的认识。提供好的公共服务是国家存在的唯一理由,在市场经济制度和民主政治制度下,纳税人是国家的主人,缴纳税收是作为购买政府公共服务的对价。财税民主意味着纳税人对其支付对价的认可,也意味着对其接收的公共服务的认

---

① 参见王锡锌:《公众参与和行政过程——一个理念和制度分析的框架》,中国民主法制出版社2007年版,"前言"第8页。
② 具体可参见陈朋、杜永兵:《参与式预算试验:推动中国基层民主向纵深发展——浙江温岭的案例启示》,载《贵州社会科学》2009年第12期,第43—47页。
③ 〔美〕卡罗尔·佩特曼:《参与和民主理论》(第二版),陈尧译,世纪出版集团、上海人民出版社2012年版,第35页。

第六章 财税法的基本原则

可。因此,纳税人有权了解自己应该交多少钱、交出去的钱花在了哪里,并对上述事项拥有决定权,这就是财税民主的最通俗表达。

财税民主制度重构的关键就在于合理限制国家财政权。公共财政的实质是限制国家财政权。财税民主体现了私有财产权对国家财政权的制衡。由于税收是国家依法对公民财产权的否定,公法对财政的关注首先从税收开始,财税法定最初也就表现为税收法定。随着政府财政职能的扩张,财政的范围也逐步扩大,财政应否支出、如何开支,财政收入的规模等,都应该由议会通过法定程序加以规范。

财税民主是纳税人基于私有财产权的保护而提出的诉求,其目的在于厘清财产权与财政权之间的界限,为宪治国家中财政权的活动设定底线。国家的主要任务在于为纳税人提供安全与公正,建立起规范及保障纳税人的资源分配及权利义务关系的体系。[①] 为防止财政权过度侵犯公民财产权,宪法必须对财政权的行使进行合理的限制。例如,在国家政治事务方面,保障公民享有平等的参与权;在税收征收方面,根据公平原则或量能课税原则设计税制;在费用征收方面,依受益的不同程度,规定不同的缴费标准;在地区间财政关系方面,保证最低限度的财政均衡;在社会阶层间的财政关系方面,保障每一个群体同等的机会和待遇;在财政支出的标准方面,相同的情况相同处理,反对歧视和不合理的优待;在最低人权的保护方面,保障每一个公民的生存权,为社会弱者提供力所能及的帮助。归纳起来,即必须坚持自由平等、人权保障、社会发展等原则,通过宪法实施为国家财政权的行使设定方向。

(二) 财税民主的进路选择

但凡对我国民主制度进行构建的论述中,无不以推崇人民代表大会制度为特征。但凡民主,最大的民主即是全国人民代表大会审议、表决。正如任何理论只有历史合理性,而不存在普遍合理性。民主没有唯一的模式,也没有极致的模式,财税民主亦然。

在财税问题上民主有所减损的最大原因无外乎财税问题的专业化和财税问题解决的效率要求。如《企业所得税法》立法在获得诸多褒扬的同时,对于条文中过多的授权性条款的指责也是不容忽视的,如对资产的税务处理涉及税基部分。虽然完美的财税民主应当践行以法定主义为基础,立法权对行政权的限制实质也是对民意的保障,但正如民主体现的多数决原则本身就是个利益博弈的过程,财税立法同样也充满着博弈。日本学者北野弘久研究了税收法定主义

[①] 参见葛克昌:《税法基本问题(财政宪法篇)》,北京大学出版社2004年版,第4页。

三个发展阶段:从对行政权的限制、发展为对立法权的限制、直至以保护纳税人权利为中心①,这对探讨财税民主的现实问题不无启发。

民主应当与宪治属同一层面,之下是立法权、行政权与司法权。民主是立法权正当性的基础,立法权又可以为行政权和司法权提供合法性的依据或基础,最终的目标在于实现个人福利的最大化,政治过程最终服务于经济要求。公民对政治民主的关注最终落实于经济民主的实现程度,落实于个人经济权利的受保护与实现程度。和谐社会目标的提出便是将对公民的权利保护和实现分解在各个层面。财税民主的最终落脚点也是如此,"实用主义将战胜经济规律"。②与其过多地思考如何对权力加以限制从而不伤害民主,不如关注如何以权力推进民主;与其过多地苛责立法机关的授权,不如关注授权立法中利益平衡的民主化考量。

从我国经济改革的进程来看,自下而上、自上而下两种模式都存在并产生了积极的作用。在现代国家中,由于错综复杂的社会事务、社会多元利益的冲突、公共权力运作与公民个人权利的行使存在一定程度上的对峙等现实,即便是具有扩张性的行政权也同样肩负着监控政府权力,保障公民权利,提高行政效率,促进社会公正等多重价值目标的实现。由于财税事项的全局性和影响广泛性,从形式上,应该对授权立法的范围和程序进行严格限定;从实质上,应当完善公民的民意表达和利益实现机制。

从我国经济改革的进程来看,自下而上、自上而下两种模式都存在并产生积极的作用。在现代国家中,由于错综复杂的社会事务、社会多元利益的冲突、公共权力运作与公民个人权利的行使一定程度上的对峙等现实,即便是具有扩张性的行政权也同样肩负着监控政府权力,保障公民权利,提高行政效率,促进社会公正等多重价值目标的实现。考虑到财税事项的全局性和影响广泛性,从形式上,应该对授权立法的范围和程序进行严格限定;从实质上,应当完善公民的民意表达和利益实现机制。具体而言:第一,加强在财税民主与授权立法的协调。首先,应当严格贯彻立法权保留事项,尽速对现有财政法规等进行清理,一方面将其中经实践检验具有较强适用性的部分通过立法程序为其正名,另一方面对违反上位法或不再具有调整职能的部分予以宣布废止或失效。其次,财税授权立法应有明确的授权依据,在所制定的财税法规等规范性文件中,必须

---

① 〔日〕北野弘久:《税法学原论》,陈刚、杨建广等译,中国检察出版社2001年版,第73—79页。

② 〔英〕锡德里克·桑福德主编:《成功税制改革的经验与问题》,许建国等译,中国人民大学出版社2001年版,第232页。

标明授权法的全称、有关具体条款、生效时间等。再次,财税授权立法必须符合法定程序,同时不得超越受权者的权限和授权法的范围,不得同宪法、法律或授权法相抵触。最后,财税授权立法应提交全国人大常委会备案,并由其从内容和程序方面审查合宪、合法性。

第二,完善财税民主的民意表达和利益实现机制。首先,应当改革预算制度,强化预算公开,以细化预算科目为基础,健全预算审批为程序保障,完善预算监督和法律责任为补充。其次,应当建立和完善重大财税决策和财税立法的事前调研,完善政策选择阶段的研究工作,不仅有利于提升财税决策的科学性,更是提供给公民更多参与表达的机会,将代议制度中的民主延伸到决策选择中。如《个人所得税法》修改的立法听证会,又如《预算法》《税收征收管理法》等重要财税法律面向社会各界征集修改意见,财税民主的实现已经不仅仅在人民代表行使权力的过程中体现,更多反映在社会生活的点点滴滴中。

第三,保障财税民主对公共财政的实现。对于财政的公共性以及国家提供公共服务的职责,无论是学界还是实务界已达成共识,故政府财政活动应以公共服务为边界。目前我国公共财政面临的最大挑战就是财政支出有相当大部分是投资于营利性行业,随着预算体系的完善,国家在市场中的投资行为也将逐步法治化,政府退出与市场进入的过渡期中,财政民主无疑可以作为"纠错"机制,有效地弥补财政公共性的不足。

第三节 财税公平原则

财税公平原则包含着对正义的价值追求,在制度上则主要体现为一种平等的对待,它既包括财政收入方面义务人的平等牺牲,也包括财政开支方面权利人的平等受益,还包括在财政程序方面的同等条件同等处理,等等。虽然公平原则目前在我国财税法上尚未得到普遍肯定,但正日益受到人们的重视,而且由于它是宪法平等原则在财税法领域的延伸,因此完全应该成为一条现实有效的基本财税法原则。

一、财税公平的基本内容

罗尔斯认为:"公平是社会制度的首要美德,正义是社会制度的首要价值,正像真理是思想体系的首要价值一样。"[1]特别是在我国目前城乡差距、地区差

---

① 〔美〕罗尔斯:《正义论》,何怀宏、何包钢等译,中国社会科学出版社1988年版,第56页。

距、贫富差距越来越大的社会背景下,财税公平原则的确立和有效发挥作用,有助于将社会的矛盾控制在人们的心理承受能力以内,有助于创造一种平等和谐的竞争环境,有助于最低人权的法律保障,因而具有非常重要的现实意义。财税法所追求的公平,既包括起点的公平,也包括过程的公平,无论在实体法还是在程序法上都可以表现为一种平等的对待。

也正因为如此,在财税法的不同领域其要求会有所不同。具体说,第一,在税收方面,公平主要体现为量能课税,即根据纳税人税负能力的大小设计税制,收入多的人,须缴纳更多的税收;收入少的人,相应的税收负担则较轻。第二,在费用征收方面,公平主要体现在受益的关联度上。例如,规费应当体现一种直接受益性,不能要求没有享受公共服务的个体缴纳;又如,建设基金应当根据工程的受益面合理确定义务人的范围。受益程度不同的人,缴费的标准也应该有所不同。第三,在地区间财政关系方面,财政法应该保证最低限度的财政均衡。例如,除了中央政府通过转移支付增加财政困难地区的财政供给能力外,还可以设计一种地区间横向财政均衡的模式,由富裕地区按照一定的标准向贫困地区进行财政援助。第四,在社会阶层间的财政关系方面,应该保障每一个群体具有同等的机会和待遇,不能出现制度性歧视。例如,我国目前的城乡差距很大程度上即与财政支出的不平衡有关,应该通过一定的财政法律措施予以反向调节,以促进城乡的机会均等。第五,在财政支出的标准方面,除了公务所需或无法逾越的客观困难外,相同的情况应当相同处理,不能因为人为原因导致受体之间的差异过大。正因为如此,预算编制过程中部门间行政管理费用贫富不均的现象必须加以改变。第六,在最低人权的保护方面,财政应当保障每一个公民的生存权、受教育权等基本人权,为社会弱者提供力所能及的帮助和救济。例如,最低生活保障制度的实施范围不仅限于城市,农村同样也应该普遍推行。如果本级财政缺乏足够的支付能力,上级财政应当通过转移支付予以足额补充。[1]

反观现状,财税公平原则在我国践行得不够充分,税收负担归宿不公以及税收受益归宿不公一并成为我国财税制度的主要缺陷,引发了收入分配差距的持续扩大、基本公共服务供给的不均衡,与公平、正义、共享改革发展成果的社会主流价值取向之间的矛盾日渐凸显。因此,在未来相当长的一段时期内,应把改善社会公平作为深化财税体制改革的着力点,重点研究解决上述两个"归宿不公"问题,即在税收负担归宿层面,主要是解决实际税收负担分配不公问

---

[1] 参见刘剑文:《财税法——原理、案例与材料》,北京大学出版社2013年版,第31页。

题;在税收受益层面,主要是解决基本公共服务均等化水平较低的问题。① 下面,将分别从收入层面的税收公平和支出层面的财政公平加以适当的展开阐述。

二、财政收入公平的内涵与外延

在"税收国家"中,由于税收在财政收入中占据主体地位,再加上税收相比于收费、政府性基金等更能体现公平理念,故而,财政收入公平主要体现体现为税收公平。在市场经济体制下,国家为了筹集财政收入、提供公共品和公共服务,需要纳税人承担法定的纳税义务。由于税收是面向不特定公众强制征收的、且缺乏具体对价给付,故"人民为公共利益而牺牲,除须有法律依据外,只有平等牺牲义务,而无特别牺牲义务","纳税义务只有在符合平等负担要求(即基于公共利益之平等牺牲义务)时,始有其合理正当性"②。可以说,"税捐公平原则,经常被认为系税捐正义之代名词,盖平等原则是税法之大宪章"③;至于课税是否公平、平等的具体衡量标准,通常认为是"量能课税原则"④,意即税收负担的轻重必须以纳税人实际负担能力为标准进行分配,纳税能力强者多纳税、纳税能力弱者少纳税、无纳税能力者不纳税。特别是在个人所得税、企业所得税、房产税、车船税等直接税种中,量能课税原则表现得更为显著。

(一)税收公平的涵义梳理

在税收公平的含义研究方面,按西方税收学界的一般解释,税收公平(原则)是指国家征税要使各个纳税人承受的负担与其经济状况相适应,并使各纳税人之间的负担水平保持均衡。具体包括两方面的含义:横向公平和纵向公平。同西方研究者的研究主要关注于税收经济公平问题相比,我国学者的研究视野更为广阔。⑤ 多有学者以不同的视角提出多层次、多视界的税收公平内涵理论,为全面理解税收公平原则打下了较好的理论基础。

有学者提出,税收公平包括三个层次的内容,即税收负担的公平、税收的经济公平和税收的社会公平。其中,税收负担的公平有两个含义:一是具有同样

---

① 参见卢洪友:《建立有助于改善社会公平的财政制度》,载《地方财政研究》2013年第2期,第27页。
② 葛克昌:《税法基本问题(财政宪法篇)》,北京大学出版社2004年版,第119、122页。
③ 黄俊杰:《纳税人权利之保护》,北京大学出版社2004年版,第3页。
④ 税收负担衡量的标准经历了"利益说""所得说"等多个阶段,相比之下,以所得作为衡量纳税能力标准的稳定可靠,最能体现按能力纳税的原则。参见刘剑文、熊伟:《税法基础理论》,北京大学出版社2004年版,第128—129页。
⑤ 参见孙尚清:《商务国际惯例总览(财政税收卷)》,中国发展出版社1994年版,第382页。

纳税条件的人纳同样的税,二是就社会整体而言,纳税人因付出税款而减少的价值至少必须与纳税人获得的因税款使用而增加的价值相一致。税收经济公平,就是通过课税机制建立机会平等的经济环境。税收社会公平,则主要指机会公平。①

而从经济伦理与税收公平角度,经济伦理视角下的税收公平至少体现在三个方面:制度性公平、管理性公平和权益性公平。制度性公平即税制及税收体制公平,管理性公平即征税公平,权益性公平即用税公平。在西方税收学界,税收公平一般解释为国家征税要使各纳税人承受的负担与其经济状况相适应,并使各纳税人之间的负担水平保持均衡,它包括横向公平和纵向公平两层含义。尽管国内学者对于税收公平含义的观点很不统一,但大多数学者基本都认同目前西方税收学界的观点。然而,这种税收公平观存在明显的局限性,突出表现为它考察的视野不开阔,涵盖的内容也不丰富,它只涉及了税负在纳税人之间的公平分配问题,而没有涵盖税收征管、税款使用等过程,故难以体现广泛的公平。因此,应对税收公平的理税收公平含义作一种扩张性解释。对税收公平的理解和判断,必须延伸到经济公平和社会公平两个方面,应当建立起包含税收负担公平、税收经济公平和税收社会公平三个层次的广义的税收公平观,这样才能真正把握税收公平的全部内涵。②

在社会主义和谐社会中,税收公平的内涵更是多维的。从领域维考察,包括税收政治公平、税收经济公平与税收社会公平。从价值维考察,税收公平包括形式公平与实质公平;从实现过程考察,税收公平包括起点公平、规则公平、结果公平、补偿公平等;从时间维考察,税收公平包括代内公平与代际公平;从空间维考察,税收公平不仅包括国内公平,还应实现国际公平。同时,在对我国现实税收制度的审视时,指出纳税人的权利义务不尽对等,未能充分实现纳税人的税收政治公平,重视纳税人之间的形式公平,忽视实质公平,税收规则不公平导致结果不公平,对代际公平重视不足,涉外税收制度缺陷影响税收区际公平。③

传统经济理论认为,税收公平可以划分为纵向公平和横向公平两个方面,这对税制设计虽然具有重要指导作用,但其局限性也是明显的。实际上,公平

---

① 参见周全林:《论"三层次"税收公平观与中国税收公平机制重塑》,载《当代财经》2008年第12期,第39—40页。
② 参见黄洪、严红梅:《经济伦理下的税收公平》,载《广西财政学院学报》2006年第6期,第42—43页。
③ 参见秦蕾:《税收公平内涵的解析与税收制度审视》,载《税务研究》2008年第1期,第21—23页。

包括经济公平与社会公平,而经济公平又分为起点公平、过程公平和结果公平三个层次。税收应在其职能范围内贯穿经济活动的全过程和社会生活的方方面面,最大限度地促进社会和经济公平。税收公平至少应体现在四个方面:一是分税公平,即体制性公平,指政府间的税收分配公平;二是定税公平,即制度性公平,指课税制度设计上的公平,包括传统理论所说的横向公平和纵向公平;三是征税公平,即管理性公平,指税收征收管理上的公平;四是用税公平,即权益性公平,指纳税人在税款使用中的监督。①

(二) 税收公平原则与税收法定原则

税收法定与税收公平之间的关系是一个充满争议的问题。税收法定主义原则是关于课税权行使方法的原则,是形式上的原理,而税收公平主义原则是关于税负分配原则,是实质上的原理。②

要言之,宪政意义上税收的价值取向是捐税正义,能够体现捐税正义宪政精神的税法原则是税收公平原则和税收法定原则。可以说,量能课税原则同税收法定原则一起,发展成为"税捐法之建制的基础原则"③,具有税法基本原则上的意义,进一步说,它更具有伦理价值、正义理念上的意义。有学者甚至认为,税收公平原则是捐税正义的直接体现,税收法定原则是捐税正义的法律保障。在税收公平原则和税收法定原则中,税收公平原则高于税收法定原则。④同时,对税法基本原则间的关系这一重要问题,不能采取抽象的思辨、作出绝对的结论,而必须从历史和现实的具体语境出发,动态地考察税收法定和税收公平原则间的关系,合理界定其税法地位。⑤ 如果坚持此种视角分析问题,我们就不难发现税法基本原则在坚守税收法定原则的前提下,正悄然发生着对税收公平原则的关注的加深,其表现、根据与启示均值得审思。

(三) 税收公平原则与税收优惠

虽然税收公平原则是税法的一项基本原则,但税收优惠⑥在实践中普遍存在。特别是 20 世纪 80 年代以来,随着我国经济体制的转变和政府职能的扩张,税收在财政收入功能之外承担了越来越多的经济、社会政策目的,使得税法

---

① 参见林晓:《税收公平的四种体现与重塑我国税收公平机制》,载《税务研究》2002 年第 4 期,第 6—7 页。
② 〔日〕金子宏:《日本税法》,战宪斌、郑林根等译,法律出版社 2004 年版,第 57 页。
③ 黄茂荣:《法学方法与现代税法》,北京大学出版社 2013 年版,第 51 页。
④ 王世涛:《税收原则的宪法学解读》,载《当代法学》2008 年第 22 卷第 1 期,第 11 页。
⑤ 侯作前:《从税收法定到税收公平:税法原则的演变》,载《社会科学》2008 年第 9 期,第 112 页。
⑥ 税收优惠是指国家在法定基准纳税义务的基础上,通过税收法律、行政法规规定对一部分负有纳税义务的组织或个人免除或减少税收负担的一种措施。

中的税收优惠条款日渐增加。"税之优惠措施从税负的承担力这一点来看,尽管是纳税义务者都处在同一状况之下,但税之优惠措施在税负的承担力上是给予特定者以特别利益的。故,税之优惠措施是同税之公平主义相抵触的。"①这种税法上的特殊待遇在本质上是以打破量能课税之税收平等原则作为管制诱导工具的一种特别措施,不仅未能满足税收基本的财政收入作用、直接减少了国家的应得税收,而且创设了一种租税特权、给予纳税人特定税收利益,从而导致税收公平的天平发生倾斜、并产生了失衡的风险。

如前所述,税收公平原则是税法赖以建制的基本原则之一。这就意味着,我们在制定税收法律的过程中,不仅应当遵循税收法定原则,以取得形式上的平等和正当性,还应当遵循税收公平原则,以取得实质上的平等和正当性。考虑到减免税等税收优惠待遇与量能课税之间的张力,在审查这一税收优惠时,要保持谨慎、严格的态度,不能仅仅以符合税收法定为由就认定其从内到外都体现了税收正义。质言之,赋税首重平等价值,税收负担的公平承担才是国家征税行为的正当性所在,正如台湾学者葛克昌所言,"租税正义是现代宪政国家负担正义之基石,税法不能仅仅视为政治决定之产物,也不能仅从形式上经由立法程序,即谓租税的课征已取得正当合法依据"。如果背离或者虚化量能课税原则,就会导致"税法之演变只能诉诸议会多数决或专断独行"的后果②,这是必须引起警惕的。诚然,合理、规范的税收优惠有助于实现特定的政策目标,但我国现行税收优惠制度呈现出条款偏多、比重过大、体系混乱繁杂、效力层级较低的局面,在一定程度上损害了税法的权威性、统一性和公平价值,因此,有必要基于实际的国情需要和税制运行现状,对各种税收优惠规定予以全面的梳理与排查。针对上述问题,十八届三中全会《决定》强调要"清理规范税收优惠政策",便体现出收紧税收优惠、贯彻税收公平的态度。

(四)税收公平原则与公平分配

税收公平分配功能主要通过两方面的分配来实现:个人收入的再分配与个人财富的再分配。实证分析表明,能否形成有效的再分配税收体系取决于一国经济发展的水平。我国作为发展中国家,在过去很长一段时间内都以提高效率、发展经济为优先考虑的目标,收入分配政策被长期确定为"效率优先,兼顾公平",这导致公平原则只在税制中并未得到充分的体现。从这个角度讲,我国税收公平分配功能在总体上比较微弱是有其制度背景的。③ 但由于近年来贫富

---

① 〔日〕金子宏:《日本税法》,战宪斌、郑林根等译,法律出版社 2004 年版,第 69 页。
② 葛克昌:《税法基本问题(财政宪法篇)》,北京大学出版社 2004 年版,第 117、120 页。
③ 参见张旭伟:《浅论税收公平分配功能的弱化》,载《税务研究》2001 年第 8 期,第 7 页。

第六章 财税法的基本原则

差距显著扩大,收入分配不公日趋成为社会不安定因素,因此,如何通过个人所得税、房地产税等税制完善以及推进基本公共服务均等化等民生举措,使得财税工具在"再分配更加注重公平"的过程中发挥更大的作用,是我国当前深化收入分配制度改革的一个着力点。

对于公平分配的具体面向,一般认为,公平可以从机会的均等和结果的公平两个角度去观察。在市场经济中,"公平"可能是最难准确界定的概念。由市场机制决定的个人收入分配,必然会产生收入差距过大,需要政府利用包括税收在内的再分配手段纠正市场分配的缺陷。收入分配的公平成为政府宏观调控的目标之一。税收公平分配的功能主要通过所得税特别是个人所得税、财产税两方面来实现;商品课税对个人收入分配产生间接影响。但税收公平收入分配具有局限性。对于税收公平收入分配的作用要作出恰当的评价。放弃税收调控的观念和做法是不足取的;但任意夸大税收公平收入分配作用,企图单纯通过税收政策实现收入分配公平的目标也是不现实的。[①]

三、财政支出公平的谱系和基本目标

在内容上,财政支出层面的公平是财政公平原则的重要表征。财政支出公平的内涵包括:

首先,支出范围的法定化。财政收入可以用于哪些项目的支出,必须有一个统一的、具体的准则。如果允许各地方、各部门支出的范围不统一,也就失去了公平的基础。支出范围的统一意味着各地方、各部门享有财政利益的公平。我国修改后的《预算法》及其《实施条例》对财政支出虽然作出了原则性规定,但在支出的范围和限制方面,尚缺乏具体规定,仍需要在今后加以完善和探索。

其次,支出标准的统一和科学。在财政预算和决算中,法定的支出项目明确之后,还应按照合理、统一的标准来计算和核定支出。近似于支出范围,在支出标准问题上,在我们这样一个各地差异性较大的国家,不可能实行"一刀切",而必须要考虑各地情况的差别,并科学地测定这种差别对各地和各部门、各行业财政支出标准的具体影响。

复次,财政转移支付上的财力均衡和财政公平。财政公平原则在转移支付问题上有集中反映,毕竟转移支付、特别是一般性转移支付本身就是一项平衡不同级别和地区之间财力差距的手段,因此,公平理应是其内在要求和基本特征。对于这一点,将在本书第十章第一节"财政基本法"部分做专门讨论,故,在

[①] 参见王春雷:《税收公平收入分配的局限性分析》,载《税务研究》2002 年第 9 期,第 9 页。

这里暂时不做探讨。

最后,财务制度执行状况要能实现财政公平。在实践中,财务制度的执行情况能在很大程度上影响和决定财政支出的公平能否切实实现。虽然我国现行的政府会计、审计和稽查制度在政府财务监督方面发挥了一些积极作用,而且权力机关的监督有时也能起到一定的效果,但总体上看,现行的财务执行和监管状况远不能令人满意。这导致即便是设计得再公平、合理的制度,在实际运行过程中也难以实现其设定的目标。① 鉴于此,必须将现行的财政监督管理执行进一步具体化、细致化、严格化,保证财政资金真正公平地使用到了应有的地方。

在目标上,财政公平原则应当以基本公共服务均等化为基本的、最终的目标。所谓基本公共服务均等化,是指一个国家的地区之间、城乡之间以及人与人之间能够享有大体相同的基础层次的公共服务,政府应为保障全体居民享有均等的基本公共服务承担责任和义务。② 对于财政公平原则来说,政府间财权与事权相匹配是财政经济公平和社会公平的基础,只有先做到政府间财权与事权相匹配,基本公共服务均等化才有财政能力基础;同时,只有基本公共服务均等化为市场主体创造了公平的竞争环境,财政经济公平和社会公平才能得以实现。在这个意义上,基本公共均等化目标的实现核心在于财政公平原则能否实现,其首要一步就体现在政府间财权与事权的相对等。③ 故此,如果说税收公平单纯只是以纳税人之间的税收负担公平为意旨的话,财政公平则强调在财政资金使用的最终效果上促进广大纳税人所能享有的基本公共服务的均等化,从而构成了财政公平原则的完整链条和全面目标。

第四节 财税健全原则

财税健全原则,是指财税法律制度应当能够保证财政运行的稳健与安全,保持财政风险在可控范围内。除去语词上的细微差别,财税健全作为财税法的基本原则地位已几无争议。不过,关于这一原则本身,法学界的研究还不甚发达,近十年来尚未见到专门讨论财税健全原则的专著,以此为主题的硕士、博士

---

① 参见王源扩:《论财政公平原则》,载《安徽大学法律评论》2002年第1期,第81页。
② 参见华国庆:《试论民生支出优先的财政法保障》,载《法学论坛》2013年第28卷第5期,第37页。
③ 参见王宗涛:《财政公平原则:基本公共服务均等化目标下公共财政价值与制度转型》,载《中南财经政法大学研究生学报》2010年第2期,第16页。

学位论文也数量很少。① 大部分的研究都是围绕财政赤字、公债、预算平衡等具体方面展开的。故此,本节将从理论基础与内涵解析上对财税健全原则进行阐明,并结合我国的地方债实例展现其具体运用。

一、财税健全的理论基础

财政与国家相伴而生,财政的健全直接关系到经济社会发展与国家繁荣稳定,因此也历来受到高度重视。一般认为,财税健全原则的思想源头可以追溯至古典经济学家的财政平衡理论,而其中心问题是围绕着公债展开的。在自由资本主义时期阶段,亚当·斯密、大卫·李嘉图等学者力主年度财政平衡理论,认为每年度的财政收支应保持基本平衡,反对政府举债或列有赤字。他们认为,借债和赤字会加大政府的非生产性支出,从而导致降低资本积累、货币贬值等一系列恶果。甚至有人提出了"公债亡国论",认为"国家若不能消灭公债,则公债势必消灭国家"。② 实践中,国家一般也极少发行公债,往往只是作为战争等极端情况下的应急之举。

不过,到垄断资本主义阶段之后,随着经济的快速增长和行政权力的扩张,政府的财政支出规模也一直表现出明显的扩张态势,传统的税收等财政收入来源很难满足日渐庞大的开支需求。在这种历史背景下,学界开始突破传统的年度财政平衡思想。典型代表就是凯恩斯主义,公债此时已经不被认为是一种"恶"的产物,而被视为促进经济增长的有效工具。③ 不过,在20世纪70年代的"滞胀"困境之后,凯恩斯主义也受到了越来越多的挑战和冲击。例如,以布坎南为代表的公共选择学派就直指民主政体存在的赤字问题,并提出了遏制赤字的宪法约束机制。④ 总体上看,随着财政赤字成为各国的普遍现象。公债手段已经被大量使用,理论上的"周期财政平衡"也逐渐取代了"年度财政平衡",在一个经济周期内萧条时期的赤字与繁荣时期的盈余相抵也被认为属于财政平衡。⑤ 统而观之,公债的普遍存在已经在理论和实践上都成为一种必然。

应当看到,财税健全原则是一个不断发展和完善的原则,是一个动态的原

---

① 根据中国知网检索结果,只有徐素云的《财政健全主义研究》(华中师范大学2013年硕士学位论文)直接相关。该文较为完整地讨论财政健全的实现条件、制度构建以及我国面临的主要障碍。
② 参见陈志勇、李祥云主编:《公债学》,中国财政经济出版社2012年版,第31页以下。
③ 〔英〕凯恩斯:《就业、利息和货币通论》,商务印书馆1994年版,第110页。
④ 参见〔美〕布坎南、瓦格纳:《赤字中的民主》,刘廷安译,北京经济学院出版社1988年版,第100页以下。
⑤ 参见叶姗:《法律促进预算平衡之基本原理研究》,载《现代法学》2010年第5期,第60—69页。

则,是随着现实中的客观情况发展而相应进化的。传统上对年度财政平衡的强调,只是财税健全的一个方式。在公债发行已经成为普遍现象的今天,财税健全原则的具体指向也应发生转变。毫无疑问,财政平衡是实现财税健全的一种方式,也是一种理想的财政状态。但是,当年度财政平衡无法坚持时,财税健全原则的重点也应当随之调整。既然公债在现代经济条件下无法避免,就不妨肯定其合法存在,然后将重心放在如何规范公债、防控风险上来。

所谓财政风险,是指政府拥有的公共资源不足以履行其应承担的支出责任和义务,以至于经济、社会的稳定与发展受到损害的一种可能性。① 换言之,单就债务而论债务是没有意义的,风险并不存在于债务中,而是存在于不可控的债务中。因此,财税健全原则的关注点已经不再是纯粹对于债务规模的考量,而应关注债务有无全面、规范、有效的法律约束机制。申言之,财税健全原则的要旨就是要完善财税制度,建立一种未雨绸缪的风险应对机制,通过具体的法律标准和程序,将财政风险控制在可以预测和接受的范围内。由此也可以看到,虽然实现财税健全的方式会发生变化,但财税健全的理念在任何时候都不会过时。

二、财税健全的基本内容

从现有研究来看,国内学者对于财税健全的研究基本上是以公债为核心的。例如,有学者就从公债的用途、公债应当遵守实体法上的风险防范机制、程序法上审查监督手续等五个方面界定财政健全原则的内容。② 从实践来看,我国《预算法》第12条规定:"各级预算应当遵循统筹兼顾、勤俭节约、量力而行、讲求绩效和收支平衡的原则。各级政府应当建立跨年度预算平衡机制。"这直接体现了财税健全原则的要求。我们认为,财税健全原则应当包含四层要求:

(一) 实行全口径预决算管理

防控财政风险,首先需要准确把握现有财政收支及借债情况,比较现有财政资源与可能支出责任的规模差距。因此,这有赖于一个规范、全面、清晰的预算制度。在这一方面,我国早在2003年的中共中央《关于完善社会主义市场经济体制若干问题的决定》中,就提出了"实行全口径预算管理"的要求。2012年,党的十八大提出"加强对政府全口径预算决算的审查和监督"。我国现行《预算法》第4条明确规定:"政府的全部收入和支出都应当纳入预算。"这标志着全口径预算制度的正式确立。从实践上看,我国于1996年建立政府性基金

---

① 刘尚希:《财政风险:一个分析框架》,载《经济研究》2003年第5期,第23—31页。
② 参见熊伟:《财政法基本原则论纲》,载《中国法学》2004年第4期,第100页以下。

预算,2008年开始实施中央本级国有资本经营预算,2013年首次将社会保险基金预算写进全国预算报告。目前,根据《预算法》的要求,我国已基本形成公共预算、政府性基金预算、国有资本经营预算和社会保障预算的框架,其内容与IMF制定的财政统计框架基本一致。

不过,"全口径预算"的界定仍然存在许多理论难题有待廓清:从收入角度,目前我国最为艰难的问题是事业单位(如公立医院、学校)和政府部门所属经营性单位收入的划分和处理、国有固定资产管理收益(如行政办公楼出租收益)的管理、国有资本经营收益的管理等,有的需放进来,有的则需划出去。从支出角度,政府越位与缺位共存,因此必然有些支出需要删去(如一些对企业的支出),有一些支出伴随着政府公共服务职能的扩展则需要增加。政府债务要在预算中如何反映也是目前急需解决的问题。另外,进入全口径预算的财政收支都分别放入哪些账户,各个账户有什么特点,管理上应遵循什么原则和规则,也都需要阐明。①

同时,这也要求加强预算的拘束力与执行力。过去在我国税收执法的某些地方、某些领域,存在着"按指标征税"而非"依法征税"思维。为了服务于招商引资、完成上缴任务等目的,地方政府往往倾向于突破税法的既有规定,或进行"低税竞争"、与其他地区争夺税源,或收"过头税"、预征将来可能的税收。这些超收收入游离于预算案中的财政收入安排,其获取和支出可能脱离立法机关的监控,易造成政府征税权失衡,也是与财税健全原则相违背的。

(二)保持经常性财政收支平衡

在整体要求财政收支平衡已不现实的情况下,退而要求经常性财政收支保持年度平衡成为一个重要思路。经常性支出是指为保证政府各部门和各项事业日常活动开展所需的支出,如行政事业单位的经费支出、社会保障支出等,它一般以税收、社会保障缴款和费用征收作为收入来源。从历史渊源来看,经常性收支代表着最传统和最狭窄的政府职能,历来就属于必须保持平衡的项目。从风险控制来看,经常性支出中大多属于消费性开支,难以在经济上产生利益回报。如果用借款收入维持该项开支,财政的风险极其巨大,且可能引发明显的代际不公平。从现实可能来看,由于经常性支出中不包含经济调控职能,税收等收入大都能够满足经常性开支的需要,不会出现财政资金的短缺问题。因此,经常性财政收支应当保持年度平衡。

换言之,这也就是要求公债只能用于具有公共性的建设项目,而不可用于

---

① 参见王雍君:《全口径预算改革探讨》,载《中国财政》2013年第6期,第30—32页。

填补经常性支出的缺口。将公债的用途限定在建设性项目,主要是因为建设性项目具有直接偿还债务的能力,可以在很大程度上降低财政借款的风险。在我国,建设性项目既包括公共预算中的公共投资项目,也包括国有资产经营预算中的营利性投资项目。由于后者完全建立在市场竞争的基础上,因此不以通过发债的方式筹措建设资金。如果出现资金短缺,也应当通过银行贷款等市场方式解决。故此,需要财政借款支持的建设性项目只能限制在公共投资的范围内,纯营利性的投资项目应被排除在外。值得注意的是,新《预算法》第34条规定仅有"中央一般公共预算中必需的部分资金"才允许通过举借国内和国外债务等方式筹措,相比于旧法第27条中的"中央预算中必需的建设投资的部分资金"规定来说,这是一大进步。

(三) 建立完善防范债务风险机制

公债的风险虽然最终要通过经济的发展来消除,但法律上的风险防范机制也是十分必要的。首先,应当界定公债的范围,将内债、外债都包含在内。债的形式既可以是债券,也可以是可以直接借款,还可以是一种保证债务。其次,应当借鉴经济学的研究成果,为公债设定最高上限。如,规定未偿还的内债余额不得超过国民生产总值一定的比例;规定财政举借外债的最高数额;规定政府担保债务的最高数额等。① 再次,由于长期公债容易转嫁财政风险,增加代际不公平,因此,从长远来看,应当对公债的偿还期限作出一定的限制,防止政府发行期限过长的公债。最后,有必要设立偿债基金,增加债务偿还的财政保障,降低债务到期时的还款压力。虽然我国目前尚未建立起公债风险防范机制,无论是公债的总额上限、期限,还是偿债基金,都没有在财政法律中予以规定,但令人欣喜的是,我国现行《预算法》第35条首次规定"国务院建立地方政府债务风险评估和预警机制、应急处置机制以及责任追究制度",下一阶段应着力于具体落实上述机制。

同时,公债发行还应当接受有效的审查监督。为了限制政府借债的能力,法律应当在程序上规定公债发行的审查监督手续。如,一般情况下,国库券的发行应当遵守财政法定主义,由权力机关直接以立法的形式加以规定;建设公债的发行也应坚持财政民主原则,经由权力机关审批通过;国家外债的募集和债务担保的实施,至少也要经过最高行政机关的同意,并报最高权力机关备案。在监督方面,则应该建立完备的债务监测、统计和预警公告体制,按照一定的指标及时向人民披露各种公债信息。另外,对于某些国债资金专项项目,也应该

---

① 参见叶汉生、林桢:《防范潜在财政风险 适度控制国债规模》,载《中南财经政法大学学报》2004年第1期,第79—85页。

通过一定的检查机制,监督资金的使用效益,防止资金被挤占或挪用。目前,我国虽然也制定了一些公债审查监督程序,但基本上停留在行政机关内部管理的层次,其效力形式和公开透明度都有待提高。① 随着相关公债程序的逐步健全,我国财政运行的安全稳健性也会逐步得到提升。

(四) 建立财税危机的法治应对机制

财政风险本质上是一种不确定性,即使有再完善的财税制度,也无法根除风险。基于经济周期或政治架构等原因,财政风险总是有可能转化为现实的财政危机。② 为此,财税健全原则就要求建立起法治化的应对机制,争取将危机消弭于无形,或至少是在危机发生后提供一个解决争议的有效平台。

值得关注的一个例子是美国 2013 年发生的"财政悬崖"③事件。从本质上看,美国的"财政悬崖"其实是强度财政紧缩,其产生、发展及解决过程,是一个财税法问题。而美国朝野经过磋商达成了共识,这种解决问题的模式给中国带来了莫大的启示。1787 年的制宪先贤奠定了美国的分权传统与法治精神,健全的财税制度则保障着现代美国政治、经济、社会的有序运作,所以我们能看到,美国有可能会跌下"财政悬崖"、美国政府甚至有时候要"关门",但美国公众并不慌张,因为健全、有序的财税法律制度能保证整个社会体系在各种情形下都能运行如常。④

相比之下,中国虽然在每次立法或是其他重大决策(比如近年来的收入分配改革方案)出台前也不断"磋商",但是这种形式上的磋商背后是利益集团的不规则博弈,博弈行为的高度非规则化导致"改革被利益集团绑架"这一往往被学者所诟病的问题。同为协商,为何差别如此之大?原因有二:一是是否在法律框架下,依照法定程序和遵循法律规则来协商;二是在法律框架、法定程序和法律规则等要素都具备的时候,参与协商的主体是否广泛。这是美国"财政悬

---

① 参见贾康、江旭东:《防范国债风险的政策设计》,载《财经科学》2000 年第 3 期,第 25—28 页。

② 回顾近几年的历史,从早期冰岛、迪拜,到"欧猪五国",再到后来的美国、日本等国,财政风险不断扩大蔓延,全球经济有可能被各国不断聚集的财政风险带入新一轮的财政危机。参见孔宪遂、陈华:《全球财政风险、财政危机及财政平衡与治理》,载《财政研究》2014 年第 7 期,第 50—53 页。

③ 财政悬崖(Fiscal Cliff),主要是指:美国大量的税收优惠政策和支出项目在 2013 年到期,其中多数是在 2013 年 1 月 1 日到期。这主要涉及奥巴马政府启动的薪金税减免和失业救助计划、自小布什政府延续下来的税收减免计划等。如果美国国会和白宫当时未能达成新的协议,按照既有的法律安排,2013 年联邦税率会明显提高,联邦税收会明显增加,居民个人、企业的税后可支配收入减少,联邦政府的支出也会下降。

④ 参见杨志勇:《美国"财政悬崖"的启示》,载《中国财经报》2013 年 1 月 5 日,第 3 版。

崖"问题的解决带给我们的最大启示,也是我国未来制度建构应当着力推进的方向之一。

三、财税健全现实作用检视:地方债的法律规制路径

财税健全原则,并非只是遥远的理想,而是能够对现实中的财税问题起到指导作用的。从新《预算法》对地方政府债务问题的规范中,可以直观地感受到财税健全原则的实际运用及其效力。

(一)传统模式的风险失控

我国修改前的《预算法》第 28 条规定:"除法律和国务院另有规定外,地方政府不得发行地方政府债券。"这一规定原则上禁止了地方债的存在,但实际上并未在现实中得到有效的推行。事实上,近年来我国地方政府债务规模一直不断膨胀。根据审计署 2013 年底发布的全国政府性债务审计结果,我国地方政府负有偿还责任的债务已逾 10.8 万亿元,同时负有担保责任的债务约 2.6 万亿元,可能承担一定救助责任的债务约 4.3 万亿元,总计将近 18 万亿元。作为对比的是,我国 2013 年地方政府本级财政收入约为 6.9 万亿元,加上税收返还和转移支付后约为 11.7 万亿元。① 可见,"隐形"的地方政府债务已经远远超过其明面上的常规收入,严重影响到了财政稳健与安全。

究其成因,地方债难题从根本上导源于地方财政失衡的压力。在行政主导的分税制体制下,多次财政调整都显现出"财权上收、事权下移"的倾向,一些中央与地方共享税种的划分比例一再向中央倾斜。而政绩考核压力又使得地方政府必须采取积极的财政政策以拉动经济增长,导致财政支出不断增加,地方政府收支缺口日益扩大。特别是 2008 年世界金融危机以来,我国经济增长速度有所放缓,加之"结构性减税"与"营改增"的影响,地方财政收入自然呈下行态势。但与此同时,为了加快经济复苏,地方政府又必须加大经济建设支出,这就进一步加剧了地方财政的窘境。②

为了弥补财政缺口,发债成为了地方政府的重要手段。虽然修改前的《预算法》禁止地方发债,但却留有制度漏洞,没有对地方政府的融资行为进行有效的约束与监督。因此,地方政府虽然不能公然发行债券,但却可以通过各类融资平台来"隐形"、间接发债。现实中,在经济危机引发的财政压力之下,地方政

---

① 参见审计署网站:"2013 年第 32 号公告:全国政府性债务审计结果",载 http://www.audit.gov.cn/n1992130/n1992150/n1992500/3432077.html,最后访问于 2014 年 12 月 3 日。
② 参见熊伟:《地方债与国家治理:基于法治财政的分析径路》,载《法学评论》2014 年第 2 期,第 61—68 页。

府选择性地无视《预算法》的禁令,而中央政府则"睁一只眼闭一只眼",选择性忽视地方政府的这一行为。在这种"默契"之下,地方债难免愈演愈烈。

可见,地方债问题是有着深刻、复杂的成因的,牵涉整个中央与地方财税体制的架构。在地方财政失衡的大背景下,单纯的"堵"只能催生地方政府的各类博弈行为,至多使得债务"改头换面",而无法真正取得实效。更为严重的是,法律如果仍然只是一味禁止而无视地方债已经大量存在的事实,这种"掩耳盗铃"式的做法就会使大量债务游离于法律控制之外,使之无法在预算中得到准确反映,从而脱离上级政府与同级权力机关的监督,从而大大加剧财政风险。

(二) 疏堵结合的规范思维

换一个角度看,其实地方债并非洪水猛兽。只要能够保证债务规范有序、规模可控,那么发行地方债就可以成为开辟地方财源的有效路径。① 事实上,政府债券是国际通行的地方政府融资方式。财政部的相关报告显示,世界53个主要国家中,有37个允许地方政府举债。实践中,我国也曾多次变通老《预算法》的规定,进行地方政府发债的探索。早在1998年,为了应对亚洲金融危机,我国就通过转贷国债的方式进行了初步尝试。2009年,中央开始代发地方债券。2011年下半年,国务院批准上海、深圳等财力较强的四地市启动地方政府自行发债试点,这一政策被普遍认为是地方债"松绑"的信号。2014年5月,试点规模进一步扩大到上海、浙江等10个省市地方政府。

在此基础上,我国现行《预算法》采取了"开前门、堵后门、筑围墙"的改革思路,表面上是放开了地方政府的发债权力,实际上却是为了将原先不受约束的"隐形"发债权引导到阳光下,使之受到法治规范和预算约束,从而防范和化解债务风险。具体来说,《预算法》主要从以下三点着手构建地方发债权的规范机制:

一是举债有度。在主体上,限定于"经国务院批准的省、自治区、直辖市",暂不允许财政统筹能力相对较弱的市、县政府发债,体现了审慎放开的态度。在方式上,有疏有堵,只放开透明度高、最利于监管的"发行地方政府债券"一种,同时明文禁止以其他任何方式举借债务或提供担保;在用途上,将借债定位为补充性、临时性财源,要求只能用于"建设投资"和"公益性资本支出",不得用于经常性支出。

二是监管到位。《预算法》大大强化了权力机关、上级行政机关和社会公众的监督权,构建了对地方政府发债权的权力制约监督机制。根据规定,地方借

---

① 参见冯静:《我国地方政府发债面临的问题及对策》,载《财政研究》2009年第4期,第9—12页。

债规模由国务院报全国人大或全国人大常委会批准后分别下达限额,财政部对地方政府债务实施监督,这保障了中央对地方债务的总体控制。而省级政府在限额内举借债务,也必须报本级人大常委会批准,体现了权力机关对行政机关的有效监督。同时,坚持"预算管债",并将地方债作为各级人大对预决算的重点审查内容,还专门要求公开预决算时必须向社会对举借债务的情况作出说明。

二是风险可控。在"量入为出、收支平衡"的预算编制原则指导下,《预算法》要求"举借的债务应当有偿还计划和稳定的偿还资金来源",理清了政府的还债责任。同时,提出"国务院建立地方政府债务风险评估和预警机制、应急处置机制以及责任追究制度",高度重视风险防控。此外,还要求各级地方政府财政部门编制以权责发生制为基础的政府综合财务报告,并公布政府资产负债表,这一提升财政透明度的有力举措无疑也有助于地方债风险的检测与预防。

(三) 债务风险的综合治理

我国现行《预算法》已经搭建起了规范地方债的法律框架,但要真正化解债务风险、将法律落到实处,可以说仍然是任重道远。2014年9月2日召开的国务院常务会议已经明确提出完善预算管理的当前重点是大力推进三个"强化"、开展两项"行动"、做到两个"规范",其中就包括"规范地方政府性债务"。为此,还应从三方面着手,建立地方债风险的法律控制机制:

第一,要建立起地方政府债务风险评估和预警机制。例如,根据美国俄亥俄州的《地方财政紧急状态法》,州审计局负责核查地方政府的债务风险水平,如果发现存在法律列明的三类情况之一,就应发布书面通告,将其列入"预警名单",对地方财政进行监控。如果财政状况进一步恶化,则要移入"危机名单"。在预警或危机解除前,该地方政府不得举借新债。我国应当借鉴国际经验,建立起相应的评估机构,并规定一系列监测指标,确保在地方债务出现风险时能够及时发现、及时化解。① 此外,还可考虑建立偿债准备金制度,要求地方政府按照所借债务的一定比例提取准备金,以免暂时性财政波动导致无法偿债。

第二,要建立起地方政府债务风险化解机制。从世界范围内看,解决地方政府债务危机主要有三种模式:一是地方政府自行处理,中央政府不提供财政援助,阿根廷是典型实例。与之相应地,这往往伴随着地方政府破产制度。二是中央政府承担地方政府债务。例如,巴西就曾多次承担地方政府债务,但同时也要求地方政府其后按月上缴财政收入以重组债务。三是中央政府直接行

---

① 参见马金华、王俊:《地方政府债务问题研究的最新进展》,载《中央财经大学学报》2011年第11期,第16—22页。

政接管。如法国规定地方政府一旦无力偿债而无法正常运转,就将解散地方议会和政府,由中央政府暂时接管并垫付偿债,待新选举产生议会和政府后再逐步偿还。① 就我国而言,国务院《关于加强地方政府性债务管理的意见》已经明确地方政府自偿债务,中央不实行救助,同时要求对难以偿债和违法违规行为进行责任追究。

第三,要建立起政府财务报告与债务审计机制。对于地方政府债务,需要通过国务院和同级人大的批准来实现事前授权,更需要通过规范的政府财务报告来实现事中监控,并通过严格的审计制度来进行事后监督。例如,美国政府会计准则委员会的《政府会计、审计和财务报告》全面规定了政府财务报告基本准则,建立起了有效的市政债券信息披露制度。在审计监督方面,以日本为例,其在中央层面设立了独立于内阁的会计检察院,负责核查国家财政收支决算。在地方层面设立了地方监察委员会,专司地方政府债务审计,审计报告直接向国会提交。② 这些经验对我国相关制度的构建都颇有启示意义。

总体上看,我国对地方债问题的处理,较好地体现了财税健全原则的理念思维,是一次系统的、科学的改革。不过,同样基于财税健全原则,我们还会发现地方债问题仍然存在着一些深层次风险需要解决。例如,有学者指出,地方政府比中央政府更符合"恶假设"。因为地方政府官员流动相对频繁,所以本届政府所借债务很可能不必在自己任上偿还,完全可以留待继任者来解决。③ 而这就为一些地方官员提供了错误激励,使他们萌生强烈的举债动机,而不考虑地方财政的持续承受能力。如果我们没有建立起科学、完整的地方债规范制度,就很可能导致债务规模的恶性膨胀,从而使得地方财政陷入恶性循环。又如,地方债可能产生对国债的"挤出效应",不同地区之间的地方债恶性竞争也可能加剧区域经济发展不平衡。这些都是我们在政策设计时必须通盘考虑的。

---

① 参见贾康等:《我国地方政府债务风险和对策》,载《经济研究参考》2010 年第 14 期,第 2—28 页。

② 参见罗涛:《中外政府财务报告审计现状比较与启示》,载《审计研究》2012 年第 4 期,第 39—42 页。

③ 参见张建伟:《地方债治理的宪政经济学分析》,载《法学》2012 年第 10 期,第 3—8 页。

第七章　财税主体与行为

"任何一门科学成熟的标志,总是表现为将已经取得的理性知识的成果——概念、范畴、定性和原理系统化,构成一个科学的理论体系。"①在纷繁复杂的财税现象中抽象出共通性、普遍性的法律分析框架②,虽然很具有理论难度,但却是总论研究无法回避的问题。提炼出能够涵摄整个财税法的财税主体与财税行为等要素,是中国"财税一体化"研究的必然要求,也是连通财税法总论与分论的客观需要。在正式展开论述之前,还有必要先说明一下研究方法。当然,这离不开语义分析、价值分析等法哲学一般方法。其中,有几种方法尤其值得关注:一是比较分析方法。要全面考察法理学、行政法、经济法等学科的研究成果,探析其中的异同及其借鉴价值,发挥好财税法的"后发优势"。二是系统分析方法。这些要素不是孤立存在的,它们应当是逻辑自洽且相互印证的,能够做到"一条红线贯穿始终"。三是逻辑推理方法。既要使用演绎方法,从法哲学一般理论出发来具体分析财税法的特殊性,又要运用归纳方法,从财税法治实践中抽象出共性。本章将基于上述思路,围绕财税主体与财税行为两大基本要素,展开初步探索。

第一节　财　税　主　体

法理学上认为,主体是法律关系的参加者,即法律关系中享有权利并承担义务的人或组织。③ 通俗地说,它界定了谁有资格参与某种法律关系或是其能够参与何种法律关系。一个现实上的主体倘若不被承认为法律主体,那么就会被漠然排斥于法律保护之外,甚至只能作为被支配的客体而俯身屈居。正因如

---

① 彭漪涟:《概念论——辩证逻辑的概念理论》,学林出版社1991年版,第2页。
② 需要说明的是,本章之所以不用"财税法律关系"一词为名,是为了避免不必要的争议。"法律关系"(jural relation)源起于民法,其包含的主体、内容、客体三要素,主要也只适用于私法分析中。虽然也有学者使用"行政法律关系""经济法律关系"等表述,但大多只是取其名而已,与法律关系的分析框架不尽相同。为此,我们认为不必囿于语词之争,而应将精力放在财税法需要讨论的要素上来。
③ 参见张文显:《法哲学范畴研究》(修订版),中国政法大学出版社2001年版,第100—103页。

此,纵览诸部门法学史,举凡成熟的学科中,主体都是一个重要的、甚至是首要的理论问题,而且往往成为一个学科奠基确立、理念革新、制度突破时激烈辩论的核心阵地。在财税法上,关于主体的范畴研究还处于起步阶段。为此,本节拟先考察现有研究成果,再从理论上对财税主体作逐次解析。

一、财税主体的研究现状

"财税主体"的概念,在财税法研究中被大量运用。但论及财税主体本身的理论研究,则不甚发达。从宏观上看,此类研究大致可以区分为三类:其一为财税法学者的初步界定,其特点是"存而不论",往往只提出概念或作简单概括,而缺少实质性的分析;其二是经济法学者的研究框架,其特点是"隐而不彰",将财税主体置于经济法主体理论之下,作为其中的一种样例;其三是经济学学者的思路,其特点是"和而不同",虽然着眼点不一样,但是却有着相似的精神内核,一般紧紧围绕公共性主线,着眼于主体范围的动态演进。

(一)存而不论:财税法研究的成果拔疏

在财税法上,关于主体的范畴研究还处于起步阶段。虽然这一语词常见于论著中,但专以此为主题的却数量寥寥。在卷帙浩繁的财税法专著、教材还有科普读物中,大多数都直接略过此点、不作交待,径直按照财政收入法、支出法或监管法等具体分论内容展开。根据中国知网的搜索结果,以"财税(法)主体""财政(法)主体"为标题的文献极少,仅见两篇。① 况且,这还是从经济学角度展开的论述,而不是就财税法论之。

统观现有材料,对财税主体的研究,最早可见于 20 世纪 80 年代。当时,老一辈财税法学者借鉴法理学的理论框架,建立了初步的财税法概念和体系,财税主体就是其中的一个重要概念。他们认为:"财政法律关系主体,是指参加财政法律关系,享受财政权利和承担财政义务的当事人。"在定义的基础上,还依照法律规定,将我国社会主义财政法律关系的主体概括为"国家机关、企业、事业单位、社会团体和公民"。②

这种思路基本被后续的研究所沿用,大框架几乎"照单全收",细节处则做了一定丰富和完善。无论是专著、教材抑或科普读物,表述上虽略有差异,但一

---

① 崔潮:"论财政主体的演进与中国财政学的发展",载《改革与战略》2009 年第 9 期,第 53—56 页;崔潮:"财政主体结构视角下中西财政形态演化的比较",载《郑州大学学报》(哲学社会科学版)2012 年第 5 期,第 100—105 页。

② 参见孙树明、郑里:《财政法律关系论》,载《财政研究》1988 年第 9 期,第 35—40 页。

般都是将财税主体界定为在财政法律关系中"享有权利、承担义务"的当事人。① 一些学者还作了一定细化,如提出"主体的一方总是国家"②,又如将财税主体按领域细分为预算法主体、政府采购法主体等③。客观地说,这种界定当然是正确的、科学的,是符合法理学基本原理的。不过,这种界定无疑也不够深入、不能"解渴"。哪些主体属于财税主体?财税主体的价值倾向如何?其判断标准为何?体系构造何在?又如何类型化?目前的界定至多只是在形式上给出了一个似有似无的结论,却无法真正回答这些问题,也无法承担起作为理论工具来分析实践的重任。

值得关注的是,虽然财税法总论方面对主体的"顶层设计"还不多,但在具体的分论研究中已经出现了较多可喜的"个别突破"。税法和预算法方面最为明显,税收主体的概念、类型、行为分析等都有了较为充分的研究。财政分权、非税收入法、财政支出法、财政监管法等方面也进展喜人。总体上看,这些研究大部分是针对具体制度展开的,宏观的提炼和抽象比较少,就事论事的探讨像对待。不过,这些成果中着实闪耀着理论的火花,特别是其中体现出的价值理念和某些研究思路,对总论层面上的主体研究很有启发意义。

综合来看,在财税法层面,财税主体的研究确实还很不发达,只有初步的概念界定和零散的个别探索。这也从另一个角度印证了我们抓紧"补课"的重要性。

(二)隐而不彰:经济法框架的现实辨析

在过去的发展过程中,财税法被认为是经济法下的一类宏观调控法,因而财税主体也就自然而然被放在经济法主体的框架下论述,或者说是隐于经济法主体的问题之下,只是作为一个下位概念或样例而存在。因此,不妨先简要梳理一下经济法主体的相关成果。

有学者将我国经济法主体理论的研究发展总结为三个阶段:一是兴起时期,此时认为主体包括"财税权力主体、管理主体和实施主体"。二是初步发展时期,此时认为主体包括"管理主体"与"实施主体"两类。三是走向成熟时期,此时认为经济法主体包括"规制主体"和"受制主体"两类。④ 目前,尽管措辞不

---

① 如认为财税主体"是指依照财税法律的规定,参加财税法律关系、享有财税权利、承担财税义务的当事人。""是指依财政法行使权力或权利、履行职责或义务的组织体或个体。"参见贵立义、寇铁军主编:《领导干部财税法律知识读本》,中国财政经济出版社2003年版,第52—54页;张守文:《财税法学》,中国人民大学出版社2011年版,第36页;等等。
② 参见刘隆亨:《中国财税法学》(第二版),法律出版社2010年版,第14页。
③ 参见张守文:《财税法学》(第二版),中国人民大学出版社2009年版,第43页。
④ 参见肖江平:《中国经济法学史研究》,人民法院出版社2002年版,第238—240页。

甚一致,但学者大多认同从"公—私"或"国家—市场"等二元结构出发,推导出"调控主体—调控受体"的主体二元结构。①

经由这一思路,财税主体也就被分为"财政调控主体"与"财政调控受体"两造。前者是"依法运用财政权进行调控的主体",后者是"依法接受国家的财政调控的主体"。主体居于主导地位,后者也具有一定的主动性,会在调控过程中进行博弈。② 应当看到,这种基于"公—私"而生的二元主体结构理论,是理论自洽的,也是具有一定的现实生命力的。它实际上构建了一种总论层面的分析范式,能够对现实中纷繁复杂的各色主体进行高度的概括和类型化。特别要指出的是,这种模型所包含的博弈思想是一大亮点,能够相当精准地反映财政法治实践中的主体互动性。

不过,客观地说,将这一模型直接用于财税主体,可能未必合适。一方面,传统观点认为财税主体属于经济法主体下的宏观调控主体,这恐有待商榷,不能完整反映财税法的全貌。另一方面,经济法主体的关注点在于政府(调控主体)和市场主体(调控主体)之间的互动行为,通常只是将政府视为一个调控系统,甚少关注政府机关之间的行为。这就使得财政转移支付中的上下级机关之间、预算审批中的立法机关与行政机关之间等政府内部主体互动关系被排除在主体范畴之外,而这些主体及其关系恰恰是财税法所必须关注的。当然,从某种意义上说,这些政府内部关系属于宪法的"领地",不过,从开放包容、问题导向的"领域法学"意识出发,我们应当打破学科的人为疆界,综合运用各种方法,以求解决现实问题。虽然这些政府内部主体已经是宪法学研究的主体,但并不排斥它们也成为财税主体的关注对象。只要能解决问题,我们就不应画地为牢。

因此,财税主体理论的建构,只能借鉴而不可机械照搬经济法主体理论。在价值立场、研究对象等方面,我们都要实事求是地加以提升或延展。而在提炼方法、博弈关系等有益思路上,我们也应当积极从中汲取养分。

(三) 和而不同:经济学视角的历史阐释

从政治经济学出发,财税主体被分为"拥有政治资源的政府""拥有经济资源的资产者"以及"在政治经济上均处于弱势地位的劳工"三类,简单来说就是

---

① 常见表述如"国家经济调节(管理)主体"与"被调节(管理)主体",见漆多俊:《经济法基础理论》(第四版),法律出版社2008年版,第116页;"调制主体"和"调制受体",见张守文:《经济法理论的重构》,人民出版社2004年版,第33—37页;等等。

② 参见张守文:《经济法原理》,北京大学出版社2013年版,第130—131页。

被理解为能够影响财政活动的经济政治集团。① 正因如此,在经济学视野下,财税主体的研究通常与财政职能问题紧密联系,往往是被放在大的历史演进过程中,用一种经济实质的标准来审视。

对财税主体的不同理解,实际上反映了财政职能观念的根本区别。通观我国财政学史,"国家分配论"②与"公共财政论"③的争议是一个核心线索。从某种意义来说,这场论战其实是围绕财税主体展开的。前者强调财政的阶级性,认为财政的主体只能是国家。后者则强调财政的公共性,立足于社会契约论国家观,认为财政是社会公众与政府之间的利益交换。④ 在此基础上,还有学者进一步提出了"社会集中分配论",认为财税主体是"社会公共权力中心"。这个中心具有公共性,包括了各方利益的代表者和协调者。⑤ 概言之,随着理论的发展,财税主体的公共性日益突出。

沿着这种大历史研究的路径,经济学者们还深刻地揭示了决定财税主体结构的社会历史因素。他们提出,财税主体的结构会因社会力量结构、政府组织结构等的差异而有不同,并进一步造成财政理念和制度的分野。⑥ 依据这种方法,他们还用财政的演进来观察宏观历史的发展,划分出了封建财政、帝国财政、公共财政等不同样态。⑦ 在相对短的历史观察中,也有学者尝试运用了这种方法,比如从财税主体的互动关系来着手分析我国财政改革的过程。⑧

不夸张地说,经济学的研究为我们观察财税主体打开了一扇崭新的大门。"公共性"的视角,启示我们财税主体要摆脱单一的国家本位,更多地考虑多元主体的互动。"新财政史观"的提出,则提示我们要从动态的、历史的视角出发,

---

① 参见崔潮:《中国财政现代化研究》,中国财政经济出版社2012年版,第47—54页。
② 简言之,就是认为财政是以国家为主体的分配关系。参见邓子基:《财政学原理》,经济科学出版社1997年版,第32页。
③ 高培勇:"公共财政:概念界说与演变脉络——兼论中国财政改革30年的基本轨迹",载《经济研究》2008年第12期,第4—16页。
④ 详细论述,参见黄天华:《中国财政制度史纲》,上海财经大学出版社2012年版,第1—2页;张立球:《国家·财政·经济——中西财政理论比较研究》,中国税务出版社2004年版,第40—42页;李炳鉴等:《比较财政学》,南开大学出版社2005年版,第133—137页;等等。
⑤ 也就是说,财税主体并不一定仅仅是经济上的统治阶级的代言人,也可能是经济上的被统治阶级利益的代表者,还可能是各个阶级(群体)利益的协调者。
⑥ 崔潮:《中国财政现代化研究》,中国财政经济出版社2012年版,第42页。
⑦ 参见崔潮:"财政主体结构视角下中西财政形态演化的比较",载《郑州大学学报(哲学社会科学版)》2012年第5期,第53—56页。
⑧ 该学者提出,改革开放以来,财政改革的过程实际上就是政府与企业之间、政府与农民、农业和农村之间、政府与城镇居民个人之间、中央政府与地方政府之间以及财政与银行之间关系的不断调整过程。参见许光建等:"1978年以来中国财政改革的回顾与展望——基于政府与不同主体财政关系的角度",载《山西财经大学学报》2009年第2期,第19—27页。

第七章　财税主体与行为

从当前的社会历史因素出发,来界定和阐发现阶段下财税主体的理论结构。这为我们的研究提供了强有力的武器。

经过对财税法、经济法和经济学研究的梳理,我们可以得到以下几点启发:第一,财税主体的研究要有理论深度,要能对复杂现实进行抽象提炼和类型化;第二,要特别注意财税主体之间的博弈互动关系;第三,要重视财税主体的"公共性",用历史的、发展的眼光来界定主体范围。把握这三点经验,是财税主体研究能不能有实效、"接地气"的重中之重。

二、财税主体的概念演进

财税主体是指根据财税法而享有权力、权利或承担义务的组织和个人。从本质上说,它是一种法定的资格。谁能成为主体,是随着时空条件而动态变化的。举例来说,在奴隶制社会中,奴隶便不是民事法律关系的主体,而仅仅是客体。在封建社会中,平民只能参与特定的法律关系,受到法律的严格限制。比至近代"人人平等"思潮兴起,所有的人才不问差异地获得了民法主体的资格。财税法上也是如此,在不同时空下,由于社会观念、政府结构、财政形态等方面的差异,财税主体的范围也有所不同。① 宏观上看,财税主体的资格发生了两次重要的扩展:

(一)第一次扩展:纳税人取得主体资格

早期在"国家分配论"指导下,财税法被认为是"调整国家为行使其职能在参与社会产品和国民收入的分配和再分配过程中所形成的财政关系的法律规范的总称"。② 在这一理论下,财政完全服务于国家的需要,国家的财政主体地位被格外强调③;随后,经济学上的"公共财政论"④"社会集中分配论"⑤等学说兴起,财政活动转而以公共性为立论基础。不过,经济学理论主要解决的是财政的用途问题,只是要求财政应当用于满足公共需要,而并未阐明纳税人的主体地位;在法学上,财税问题最早受到经济法的关注,在"干预主体—干预受体"

---

① 参见崔潮:《中国财政现代化研究》,中国财政经济出版社2012年版,第42页。
② 赵学清:《财政法概论》,中国财政经济出版社1986年版,第22页。
③ 有学者指出,国家分配论立足于暴力工具国家观,在阶级关系中强调斗争而不是合作,主要将阶级之间的斗争看作一种零和博弈关系。于是,不认为被统治阶级能够从财政活动取得利益,财政活动对他们来说只是被剥削的工具,被压迫的依托,财政活动只有阶级性而缺乏公共性。参见崔潮:《中国财政现代化研究》,中国财政经济出版社2012年版,第57页。
④ 参见〔美〕詹姆斯·布坎南:《公共财政》,赵锡军等译,中国财政经济出版社1991年版,第7页;崔潮:《论财政主体的演进与中国财政学的发展》,载《改革与战略》2009年第9期,第53—56页。
⑤ 参见贾康:《从国家分配论到社会集中分配论(上)》,载《财政研究》1998年第4期,第2—11页;贾康:《从国家分配论到社会集中分配论(下)》,载《财政研究》1998年第5期,第13—25页。

的框架下,纳税人虽然取得了形式上的主体地位,也享有一定的权利,但却主要是消极的、被动的"调制受体"或"受制主体",与国家这一干预主体相比是不平等的、极其弱小的;而与此相比,财税法则将纳税人真正抬升到了与国家在宪法上平等的主体地位。

最为典型的实例是税收债务关系说的确立。传统的税收权力关系说强调国家相对人民的优越地位,强调税收中的命令服从。而税收债务关系理论对其的革新,体现的便是对传统行政法思想中"行政权力本位"的批判,它意图提供一种钳制行政权力的机制,更加重视对纳税人权利的保护。在这一框架下,税收的本质被认为是一种公法之债,即以契约的形式来解读国家与国民之间的税收关系,它体现了国民与国家法律地位的平等。① 推而广之,就整个财税法而言,纳税人的主体资格,主要是经由财税民主而证成的,而其思想根基在于社会契约论和主权在民思想。我国《宪法》第 2 条规定:"中华人民共和国的一切权力属于人民。人民行使国家权力的机关是全国人民代表大会和地方各级人民代表大会。人民依照法律规定,通过各种途径和形式,管理国家事务,管理经济和文化事业,管理社会事务。"因此,从渊源上看,财税民主是宪法所规定的人民主权理论在财税法领域的落实和体现。具体到财税法来说,在财税权的宪法构造中,纳税人是权利主体,政府是义务主体,双方是一种委托或信托关系。在确保公民财产权的税收国家,财政收入必须仰赖公民的财产或财产权的让渡。公民同意是国家财政权形成的合法性基础,财政权必须以保护公民私有财产权为目的和归依,而财税民主则是公民财产权实现的制度基础。申言之,纳税人已经不再是消极的受体,而得以成为积极的主体。

确立纳税人的主体地位,对我国具有重要的现实意义。党的十八届三中全会通过的《关于全面深化改革若干重大问题的决定》提出,全面深化改革的总目标是"完善和发展中国特色社会主义制度,推进国家治理体系和治理能力现代化"。虽然"治理"与过去惯用的"管理"只有一字之差,但却反映出治国理念的重大转变。在目标上,管理从政府本位出发、追求秩序与效率,而治理则要综合考虑多元价值追求。在主体上,管理由政府尤其是行政机关单向主导,而治理则强调社会自治与民众参与。在手段上,管理主要使用强硬的行政指令,而治理则更多地运用疏导和软权力,且最终要依靠法治。② 概言之,治理的多元主义精神就要求尊重和保障纳税人的有效参与,将其视为需要在治理过程中紧密团

---

① 参见刘剑文、熊伟:《税法基础理论》,北京大学出版社 2004 年版,第 63 页以下。
② 参见俞可平:《治理和善治引论》,载《马克思主义与现实》1999 年第 5 期,第 37 页;王诗宗:《治理理论与公共行政学范式进步》,载《中国社会科学》2010 年第 4 期,第 87 页;等等。

结、分享政策影响力的伙伴(partner)。① 在这一点上,治理现代化与彰显纳税人的主体地位是高度契合的。

(二) 第二次扩展:政府内部关系的纳入

传统上,公法学主要关注的是国家机关与相对人之间的关系,行政法上的"行政主体"就是典型实例。纯粹的政府间关系,除了宪法之外,很少被其他部门法所讨论。但是,对于财税法来说,这却是一个绕不开的话题。当然,对于政府间财政关系,法律可以有两种态度:一是保持缄默,将其仍然视为行政机关内部事务,留待权力关系主导;二是积极作为,将上下级政府视为两个相对独立的法律主体,并进行法治规范。从另一个角度看,这其实就是财政联邦主义论争的一个射影。究竟孰优孰劣? 我国财税体制的历史变迁其实已经给出了答案。

我国现行的财税体制,是在1994年分税制改革的基础上逐步完善形成的。客观地说,分税制是当时的正确选择,在历史上功不可没。不过,随着形势的发展变化,它已经不能很好地适应当前完善国家治理的客观需要,导致了一系列的矛盾与问题。其中,要害在于分税制属于中央政府主导的行政性财政分权,其依据《关于实行分税制财政管理体制的决定》位阶较低且缺乏充分的稳定性与约束力。地方政府在其中只是被动服从的客体,而无法有效参与决策、进行博弈。一方面,由于缺少法律的规范性约束,中央政府在财政权力划分上处于绝对的优势,故而形成了以中央政府的需要为主导进行动态调整的财税体制。在调整过程中,地方政府只是被动的接受者,而不是能够表达诉求、参与决策的积极主体。1997年印花税分成比例调整,1998年证券交易税由地方税变成共享税以及2002年所得税变成共享税等例子莫不如是。② 这就为上级政府随意上收财权、下放事权或下压支出责任提供了方便,致使中央与地方财政关系日益失衡。另一方面,地方政府缺乏足够的税权,又会激励其尽可能地创收,以此改善自己在财力方面的弱势地位。例如,利用中央政府与地方政府之间的信息不对称谎报税收收入基数、征收过头税、自行制定相关税收返还政策等。这不仅违背激励相容的制度原则,还损害了中央与地方的信任关系。同时,不同级次政府间的博弈行为越多,对于治理有效性的削弱程度越大。这种央地税权博弈很可能导致现行政策和制度更加不稳定,使得各级政府的治理能力都受到相当程度的不利影响。

对此,中共十八届三中全会《决定》提出"事权和支出责任相适应"原则,要

---

① 王锡锌、章永乐:《我国行政决策模式之转型——从管理主义模式到参与式治理模式》,载《法商研究》2010年第5期,第3—12页。

② 参见朱红琼:《中央与地方财政关系及其变迁史》,经济科学出版社2008年版,第197页。

求"发挥中央和地方两个积极性"。学界们开出的药方相当一致,力主建立法治化的政府间财政关系。而所谓"法治化",就是要通过立法来划定各级政府的财权、事权和支出责任,换言之,也就是要在法律中明确规定各级政府的财税权力(利)与责任。在这一思路下,上级政府和下级政府都成为一方财税主体,双方依照法律来享有权力、履行责任,而并非像过去一样由上级指令决定。关注政府内部关系,是财政分权的必然要求,是"内部控权"的体现。因为只有明确双方机关的法律地位,将不同机关之间的相互行为纳入法律评价,而不是交由行政化的"权力—服从"机制,才能真正实现财政权的平衡配置与政府间财政关系的法治化。

三、财税主体的类型梳理

拉伦茨指出:"今日的法学绝不仅应用抽象一般的概念,它也运用包含意义的概念与类型,因为法学概念的抽象,即一般的概念及其逻辑体系并不足以掌握某生活现象或者意义脉络的多样表现形态,因而需要借助补助的思考形式——'类型'的应用。"① 可见,类型化是一种重要的法律分析技术。财税法律规范体系庞大、复杂多变,相应地,涉及的主体也相当广泛。采用类型化的方法,可以帮助我们理清思绪,去粗取精。当然,财税主体可以根据不同标准而有多种分类方法。为免累赘,这里仅择其要点言之:

一是基于性质的划分。这也是最为经典和常见的分类。法理学上认为主体包括人民、民族、国家和国家机关、自然人、法人等。② 具体到财税法来说,可以分为:(1)国家或政府。③ 这是从一个抽象的、宪法上的意义来阐述的,起的主要是宣示作用。在实定法中,国家的权力和责任、权利和义务需要通过具体的国家机关来行使和履行。(2)国家机关。需要注意的是,这里既包括作为决策主体的财税机关,又包括作为对策主体的财税机关;既包括中央财税机关,又包括地方财税机关;既包括财税执法机关,又包括财税立法和司法机关。概言之,一切行使财税权力或享有财税权利的国家机关均可纳入此列。(3)其他公共组织。在我国,一些事业单位、社会团体和国有企业也由财政资金供给,同样属于财税主体。(4)相对人。包括自然人、法人和其他非法人组织。它们在根

---

① 〔德〕卡尔·拉伦茨:《法学方法论》,商务印书馆2003年版,第337页。
② 参见张文显:《法哲学范畴研究》(修订版),中国政法大学出版社2001年版,第100—103页。
③ 值得注意的是,与我国使用"国家"一词不同,西方财政学使用的大体上是政府(Government)一词,而不是国家(State)一词。这是存在观念和制度上的深层原因的。参见李炳鉴、潘明星、王元强编著:《比较财政学》,南开大学出版社2005年版,第135页。

据财税法规定承担纳税等义务或行使参与政府采购等权利时,就成为财税主体。

二是基于依据的划分。一个组织或个人得以成为财税主体,可能是根据财税法的三种不同的规定:(1)基于权限规定而产生的主体。这指向的是决策主体,财税法一方面赋予它们以财税权力,另一方面看赋权的同时也就是在限权,因为公权力必须以法律授权为界。正因如此,我们将其称为"权限"规定而非单纯的"权力"或"授权"规定。(2)基于义务规定而产生的主体。例如,纳税人基于税法的规定而承担纳税义务,也就因此成为财税主体。当然,它同样享有财税权利,只不过其主体地位来源于其义务,是不能放弃的,而权利系为彰显其主体资格而生。(3)基于权利规定而产生的主体。比如某甲行使法律赋予的申请财政贷款的权利,因而成为财税主体,它也当然会被加以一定义务,但其主体资格系由行使权利而生,是可以放弃的。

三是基于内容的划分。如第一章第二节所述,财税法的体系可以分解为财税基本法统领下的财政收入法、财政支出、财政监管法,还可再具体细化。相应地,财税主体也可以根据内容划分为预算主体、财政收支划分主体、税收主体、公债主体、财政贷款主体、财政采购主体、财政监督主体、国库管理主体等。需要说明的是,这里的每一个主体其实都蕴含着"财税权力主体—财税权利主体"的二分构造。举例来说,在财政转移支付主体中,上级政府就是财税权力主体,享有决定和执行转移支付的权力,而下级政府则为财税权利主体,可依法行使申请转移支付的权利。这类似于行政法律关系上"行政机关—行政相对人"两造,但又超出了这一范围。关于这一点,我们将在下面本章第二、三节具体展开。

四、财税主体的现实问题

理论研究的最终目的是要指引实践,同时,也只有自觉地用理论照进现实,才能提升理论本身的解释力与适用性。为此,我们有必要对我国现行法上的财税主体规定作一检视,并运用理论工具进行评析。

(一)现行法上的规定拔疏

根据我国《宪法》和《立法法》《预算法》《税收征收管理法》《个人所得税法》《企业所得税法》《车船税法》《企业国有资产法》《政府采购法》《招标投标法》《审计法》《各级人民代表大会常务委员会监督法》《海关法》等财税法律以及《全国人大组织法》《国务院组织法》《地方人大和地方政府组织法》《法院组织法》《检察院组织法》《行政监察法》《慈善法》等相关法律,现行法中已经规定了一些财税主体。具体如下表 7.1 所示：

表 7.1 我国宪法及财政法律规定的主体

类型	主体	规定来源	主要内容
中央权力机关及其执行机关	全国人大及其常委会	《宪法》第 62、67 条	明确了其在国家预算审批和预算调整方案审批上的职权
		《全国人大组织法》《预算法》	对上条作具体规定
		《立法法》第 8 条	确立了税收基本制度和财政基本制度的法律保留原则
		《各级人民代表大会常务委员会监督法》第三章	规定了其审查和批准决算，听取和审议国民经济和社会发展计划、预算的执行情况报告，听取和审议审计工作报告的职责
	国务院	《宪法》第 89 条	规定了其预算编制和执行权
		《预算法》《国务院组织法》	对上条作具体规定
		《立法法》第 9 条	赋予其根据全国人大及其常委会授权先行制定财税行政法规的权力
		《企业所得税法》等单行法律	零散地规定了国务院的制定税收优惠等权力
地方权力机关及其执行机关	县级以上的地方人大	《宪法》第 99 条	赋予其本行政区域内的预算审批权
		《预算法》《地方人大和地方政府组织法》	对上条作具体规定
	县级以上地方各级人民政府	《宪法》第 107 条	明确其对本行政区域内财政事务的管理权
		《地方人大和地方政府组织法》	对上条作具体规定
		《车船税法》等单行法律	对省级政府赋予某些减免税的权力
	民族自治地方的自治机关	《宪法》第 117 条	赋予其财政自治权
		《企业所得税法》等单行法律	具体规定了减免税等财税自治权

(续表)

类型	主体	规定来源	主要内容
财税主管机关	财政机关	《个人所得税法》等单行法律	授权其批准免税
		《政府采购法》等单行法律	赋予财政监督职责
	税务机关	《税收征收管理法》	具体规定税务机关的税收征收管理职权
	海关	《海关法》	规定其征收关税的职权
	国有资产监督管理机构	《企业国有资产法》第12条	规定其代表本级政府享有国有资产收益
财税监督机关	审计机关	《宪法》第91条	规定了审计监督制度
		《审计法》	对上条作具体规定
	监察机关	《行政监察法》	规定其监察职责
财税司法机关	法院	《法院组织法》《税收征收管理法》	规定法院的审判职责和起诉条件
相对人	单位（包括企业、事业单位、社会组织等）	《政府采购法》第2条	规定符合一定条件的属政府采购主体
		《企业所得税法》《个人所得税法》等单行税法	规定其纳税义务，对某些社会组织还规定了公益捐赠税前扣除等优惠
		《税收征收管理法》	规定其在纳税程序中的权利义务
		《慈善法》	规定慈善组织的收入享受税收优惠
	个人（公民）	《宪法》第56条	规定了公民的纳税义务
		《税收征收管理法》	规定纳税人和扣缴义务人的权利义务
		《政府采购法》第14条	规定采购当事人的地位

资料来源：《宪法》及各相关法律文本

（二）现存问题的理论反思

经过对我国现行法上的财税主体规定的梳理，可以看出，其中还存在诸多地方可待改进，具体来说：

第一，财税主体的法定程度不高。由于我国财税法律体系的不健全，财税主体的法律规定也是相当粗疏而不成体系的。事实上,绝大部分的财税主体地位及其职责都是由"三定方案"等规范性文件来确定的。从我国目前财税立法的内容来看,授权性规范实际上相当少见,这也是造成各个财政主体权责不明的最大诱因。价格调节基金引起的争议就是一例。对于政府性基金的决定征收主体,法律没有规定,仅可见到国务院1996年《关于加强预算外资金管理的决定》(国发[1996]29号)规定"征收政府性基金必须严格按国务院规定统一报财政部审批,重要的报国务院审批。"事实上,价格调节基金自90年代以来就普遍征收,发改委依据《价格法》第27条规定主张该基金"依法有据",而财政部则多次主张该基金违法①,且未将其列入《全国政府性基金目录清单》中。这种各执一词的冲突不得不说是导源于法律对财税主体及其职权规定的缺位。

第二,财税主体的认识有待提升。虽然我们在理论上主张纳税人和下级政府机关都应获得真正的主体地位,但实际情况确实与此存在较大差距。在财政支出方面,权力主导的色彩还比较浓厚,纳税人的参与权无论是通过间接民主还是直接民主的形式都体现得不到位。新中国成立以来,我国只有两项工程是提请全国人大审议通过的,一是1956年黄河规划和三门峡水电站工程建设项目,二是1992年三峡工程建设项目。而其他的重大项目,例如南水北调工程投资总额达3500亿、建设工期30年,都未提交全国人大审议批准。② 在政府间财政关系上,分税制体制下的下级政府仍然处于被动的受体地位,因此出现了财权日渐上收、事权日渐下移的局面。地方政府无力承担起必要的财政支出,又催生了"跑部钱进"、土地财政、地方债高筑等问题。特别是随着"营改增"的全面扩围,地方政府亟须获得足以代替营业税的新的主体税种,现有体制的矛盾更加凸显。

第三,财税主体的界定不够科学。现行法律对财税主体的规定,有些还值得推敲,可能未必符合法治原理与绩效要求。例如,《政府采购法》主体中的采购人仅包括"使用财政性资金"的"国家机关、事业单位、团体组织",这一主体判断标准就存在诸多可拷问之处:何为"财政性资金"? 为何将国有企业、国有控股企业排除在外? 将事业单位、团体组织全部纳入范围而不加区分,是否合

---

① 例如,财政部曾于2009年在一份回函(《关于中国烟草总公司甘肃省分公司所属企业缴纳地方价格调节基金问题的通知》,财综[2009]20号)中明确指出:"甘肃省兰州、庆阳、张掖市人民政府要求烟草批发企业按销售额的0.1%—0.2%或应纳税额的2%缴纳价格调节基金,属于地方人民政府越权设立的政府性基金,你公司在甘肃省的所属相关企业可以不执行当地政府有关缴纳价格调节基金的规定。"

② 参见李炜光:《公共财政的宪政思维——公共财政精神诠释》,载《战略与管理》2002年第3期,第16页以下。

适？等等。① 又如，《预算法》规定的诸预算主体均为立法、行政等国家机关，而社会团体与民众则缺少主体地位，只有有权检举控告等寥寥数语。修改后的新法虽然在预算公开上取得明显进步，但也仍然只是政府内部的自发举动，而未能上升成为民众的权利，纳税人在其中仍然是"虚位"的。在国家机关诸主体内部，也明显缺少制衡与监督。② 如此种种，不必一一枚举。

统而言之，我国目前的财税主体法律规定还远不完善，从理念到制度上都存有不足。这些问题固然暴露在各具体制度中，但也反映了总论中加强主体理论研究的需要，否则整个财税法内部的逻辑就很可能是零散而不自洽的。在这方面，本书所进行的还只是初步的尝试，权且希为引玉之砖，待贤达才俊继续探索。

第二节 财税行为

法律行为是一个越来越受到重视的法哲学基本范畴和重要论题。举凡成熟的部门法学，都已经形成或至少是初步建立具有各自特异性的行为范畴，如民事行为之于民法、犯罪行为之于刑法、行政行为之于行政法，等等。对于正在勃兴的财税法学而言，其基础理论还不甚发达，行为范畴尚付阙如。这不得不说是财税法学研究的一大遗憾，也是现下亟须寻求突破的攻关重点。

一、财税行为的研究意义

一个理论问题处于"门庭冷落车马稀"的境地，有三种可能性，一是该问题本身无甚意义，是故无人问津；二是该问题难度很大，令人望而生畏；三是该问题尚未引发重视，犹如璞玉在怀。财税行为研究属于何种情况，诸君可自由品评。然我们以为，至少这并不是学人的"自娱自乐"或"学术游戏"，而是兼具理论价值与现实意义的。具言之：

第一，行为是法学研究中心议题，财税法需要建立行为范畴。从法哲学上说，行为是法律的直接调整对象，因为法律是为人而设计的规范，而人"不外是他的一系列行为所构成的"。③ 正如马克思所指出的那样："对于法律来说，除

---

① 参见甘培忠、吴韬：《政府采购法适用范围论略》，载《行政法学研究》2001年第3期，第20页。

② 参见蒋悟真：《我国预算法修订的规范分析》，载《法学研究》2011年第2期，第146页。

③〔德〕黑格尔：《法哲学原理》，范扬、张企泰译，商务印书馆1961年版，第126页。

了我的行为以外,我是根本不存在的,我根本不是法律的对象。"①所有的社会关系最终都要落实到主体之间的行为,而权利、义务、权力、责任本质上都表现为某种行为或行为要求。正因如此,现代法学的焦点正在从"规范重心"转移到"行为重心",呈现出从"法即规则"(law as rules)到"法即行为"(law as behaviors)的转型。② 成熟的法学学科需要有自己的行为范畴,作为新兴学科的财税法概莫能外。在国外,由于财政法与税法二者分立,也就不存在"财税行为"的提炼问题。而我国财税法学既然采取了"财税一体"的研究范式,就势必要努力建构起与之相适应的、打通"财"与"税"的统一行为范畴,如此方能实现逻辑自洽、理论自足。

第二,财税行为贯穿总论与分论,能够打通学科发展的经络。近年来,特别是在中共十八届三中全会之后,中国财税法学迎来了蓬勃发展的"春天",涌现出一大批具有相当分量的学术成果。然而,繁荣景象的背后也潜藏着学科发展的"瓶颈",其要害就在于财税法总论研究上的"短板"。学者大多将精力投入于某一具体财税制度的研究上,特别是关注当下的热点问题,这固然是财税法回应现实需求的体现,但也在客观上造成了各自为战的局面,使得财税法研究面临着相对薄弱的理论基础和相对闭锁的研究范式的诘问,进而影响到学科体系的自洽性和学科发展的持续性。而财税行为既是总论研究中的一个基本范畴,又是一个"接地气"的理论工具,恰能成为沟通总论与分论的连接点。它能够为分论研究提供共通性的分析框架,使得不同的财税法律制度研究能够共享观察视角、进行有效对话,由此促进理论研究与实践探讨的良性互动,推动财税法学科理论体系的完善。

第三,财税行为连接法律与现实,可以为法治实践提供指引。"现代经济社会发展使得法学研究发生范式转型,现代公法的地位、作用、功能和结构发生了越来越深刻的变化,以公法主体、公法关系和公法行为等为基本要素的核心范畴得以展开。"③随着公法"控权法""平衡法"等品格的日益凸显,公法行为理论也得以成为规范政府行为的有力工具,并因此而越来越受到重视。实现"依法行政""法治政府",必须对政府行为进行法律规范,而如此一来首先就需要明确政府的哪些行为需要规范,法律又如何对行为进行评价和规范。这些问题都离不开对行为范畴的研究。一方面,通过对行为的类型化,可以明晰不同活动中的政府权责和相对人的权义,在此基础上或可进一步提炼出统一的行为范

---

① 《马克思恩格斯全集》第 1 卷,人民出版社 1962 年版,第 16—17 页。
② 参见张文显:《法哲学范畴研究》(修订版),中国政法大学出版社 2001 年版,第 63 页。
③ 袁曙宏:《论建立统一的公法学》,载《中国法学》2003 年第 5 期,第 25 页以下。

式。另一方面,经由对行为结构的解析,可以梳理出行为的法律评价要件及其重点。这无疑能够为财税立法、执法和司法活动提供有价值的理论指导。

二、财税行为的研究现状

行为理论是大陆法系追求逻辑缜密的产物,其本质是一套拟制出的法律分析工具和方法,这也使得它能够获得超越法律部门的生命力。因此,要研究刚刚起步的财税行为,就很有必要先追溯法理学和各个部门法上的法律行为发展脉络,特别是要关注存有类似之处的行政法、经济法行为。

(一)传统法学中的研究脉络

一般认为,法律行为的研究源起于民法学科。1807 年,德国潘德克顿学派代表人物阿诺尔德·海瑟(G. H. Heise)在《普通民法纲要》中第一次使用了"法律行为"(Rechtsgeschäft)概念。随后,萨维尼(Friedrich Carl Von Savigny)在 1841—1849 年期间出版的《当代罗马法体系》中建立起了科学的理论体系。1900 年出台的《德国民法典》采纳了这一学说,其总则第三章就是"法律行为",依次规定了行为能力、意思表示、合同、条件和期限、代理和意定代理权、允许和追认等制度。① 日本起草民法典时,将德文中的对应词汇译作"法律行为",这一语词后传入我国,为民法学界所广泛接受。②

19 世纪初,在德国的概念法学运动中,法律行为开始被引入行政法中,形成所谓"行政处分"(Ver waltungsakt)③的概念。据考证,1895 年奥托·梅耶(Otto Mayer)在《德国行政法》中第一次将行政处分的概念界定为:"行政机关于个别事件中,规定何者为法,而对人民所为具有公权力之宣示。"而 1910 年柯俄曼(Kormann)的《国家法律行为之制度》则标志着行政处分理论的成熟。④ 德国行政法学的通说认为,行政处分是"行政机关在公法领域中处理具体事件而采取的处分、决定、命令或者其他措施",不包括"以法律、法规命令或规章的形式处

---

① 参见〔德〕汉斯·哈腾保尔:"法律行为的概念——产生以及发展",孙宪忠译,载杨立新主编:《民商法前沿》(第 1、2 辑),吉林人民出版社 2002 年版,第 137—144 页。
② 参见〔日〕平井宜雄:《法律行为论在日本的形成》,柯伟才译,载《比较法研究》2007 年第 6 期,第 147—152 页。
③ 对于"Ver waltungsakt",我国台湾地区学者一般译作"行政处分",而大陆学者多译作"行政行为"。实际上,这一语词的内涵大约相当于大陆现今的"行政法律行为"之下的"具体行政行为"。为避免误解,本书采"行政处分"译法。
④ 参见翁岳生:《论行政处分之一般概念》,载翁岳生:《行政法与现代法治国家》,台湾大学法学丛书编辑委员会 1988 年版,第 1—36 页。

理具体的事件"。① 在我国,行政行为概念是王名扬先生在1983年的《行政法概要》中首次系统提出的。目前,行政法学界对行政行为的概念已经基本形成了共识②,在行为类型化等方面也取得了诸多进展。③

在部门法研究的带动下,行为理论也进入了我国的法理学研究视野中,"法律行为"成为对各个法律部门中的行为进行高度抽象而形成的法学范畴,其研究成果高峰集中在1990年代初期。具体来说,部分学者采取的是较为宽泛的界定模式,如认为法律行为指的是"人们所实施的、能够发生法律上效力、产生一定法律效果的行为"④或是"法律规范规定的具有法律意义的,能够使法律关系产生、存续、变更或消灭的法律关系主体的行为"⑤。亦即,只要受法律调整、能产生法律效果,就属于"法律行为",反之则属于"非法律行为";也有学者因袭民事法律行为理论,强调法律行为中的"意思表示"要素,如认为法律行为是"由法律所调整的法律关系的主体在一定法律心理的支配下所实施的,能够引起法律关系产生、存续、变更与消灭的行为"⑥或是"法定的主体在自己意志支配下实施法律所控制的具有社会意义的行为"⑦。

(二) 经济法行为研究的经验

在我国过去的一个时期中,财税行为是被放在经济法框架下展开的,或者说是"隐没于"经济法行为之下,大部分学者仅是在论述经济法行为时将财税行为作为样例提出。不过,经济法学者的行为研究目前也处于摸索阶段,理论分歧还很大。不同学者使用的语词极其多样,如经济行为、经济法行为、经济法上的行为、经济法中的行为、经济法主体行为、经济法律行为等,其内涵也不尽相同。但是,现有成果中还是能够反映出若干共识:(1) 关于经济法行为的概念,

---

① 〔德〕汉斯·沃尔夫、奥托·巴霍夫、罗尔夫·施托贝尔:《行政法》第二卷,高家伟译,商务印书馆2002年版,第15、35页。

② 当然,不同学者的具体定义存在细微差异,典型的如"行政行为是指行政主体为实现行政目的或基于公共行政的需要,所实施的一切行为或采取的一切措施、手段或方法"(江必新、李春燕:《统一行政行为概念的必要性及其路径选择》,载《法律适用》2006年第1—2期,第41页);"行政行为是行政法律行为的简称……是行政机关和法定的授权组织为实现行政管理目标执行公务的方式方法总称"(应松年主编:《行政行为法》,人民出版社1993年版,第1页);等等。

③ 较为常见的分类有抽象行政行为与具体行政行为、羁束行政行为与裁量行政行为、单方行政行为与双方行政行为等。值得一提的是,有学者通过图表的形式,直观地展示了行政行为的类型化体系(叶必丰:《行政行为原理》,商务印书馆2014年版,第69页)。这对财税行为的研究具有很大的启发。

④ 张文显主编:《法理学》(第二版),高等教育出版社2003年版,第121—123页。

⑤ 李林:《法治的理念与行为》,社会科学文献出版社1993年版,第199页。

⑥ 莫纪宏:《法律行为的几种透视》,载《中国社会科学院研究生院学报》1988年第3期,第37—44页。

⑦ 谢邦宇等:《行为法学》,法律出版社1993年版,第111页。

大多数学者倾向于借用民法上的表述,以"意思表示"①和"法律效果"作为核心要素。② 也有学者仅从"法律效果"一点来进行界定。③ (2) 国家干预行为是经济法行为的中心。其中,较有代表性的是"调制行为"理论,即认为调控、规制行为是经济法行为理论研究的核心。④ (3) 经济法行为具有区别于民事法律行为的独立性。相关论述主要围绕主体的限定性、内容的特殊性、形式的严格性等方面展开。⑤ (4) 开展初步的类型化尝试,较为普遍的是采用"主体—行为"范式的提炼径路,区分政府和市场主体的行为。⑥ 此外,也有以职能、行为普适性程度等标准划分的类型。⑦

然而,客观地说,将经济法行为范畴直接套用至财税行为,可能并不合适。一方面,传统观点认为财税行为属于经济法行为下的宏观调控行为,这恐怕是有待商榷的。须知,宏观调控只是财税的功能之一而非全部,将全部的财税行为都定性为宏观调控行为,或有盲人摸象之嫌。例如,税收行为当然具有调控功能,但如果据此将税收行为完全等同于宏观调控行为,是否会掩盖税收组织收入的主要功能呢?另一方面,经济法行为的关注点在于政府(调制主体)和市

---

① 当然,这里的"意思"不同于民事法律行为的私法主体意思,而是"调制主体的意志"。参见徐孟洲、杨晖:《法律行为与经济法行为的关系——经济法行为的正当性》,载李昌麒主编:《经济法论坛》第 5 卷,群众出版社 2008 年版,第 7 页。

② 典型的定义如:"经济行为是由一定的组织或个人在其主观意志支配下自觉实施的,能够引起经济法律关系产生、变更或消灭的有意识的活动"(李昌麒主编:《经济法学》,法律出版社 2006 年版,第 52 页);"经济法律行为是行为者行使经济权利(力),通过表意而追求经济法律关系产生、变更或终止的效果,在法律上获得支持的合法行为"(余发勤:《经济法律行为范畴研究》,中国检察出版社 2011 年版,第 46 页);"经济法行为是指经济法主体基于自己的意思所作出的、能够产生经济法上效果的行为"(靳文辉:《经济法行为理论研究》,中国政法大学出版社 2013 年版,第 41 页);等等。

③ 如闵颖认为:"经济法行为是指经济法律规范规定的具有法律意义的、能够使经济法律关系产生、变更或消灭的行为。"参见闵颖:《经济法行为理论探析》,载李昌麒、岳彩申主编:《经济法论坛》(第 7 卷),群众出版社 2010 年版,第 129—132 页。

④ 参见张守文:《略论经济法上的调制行为》,载《北京大学学报(哲学社会科学版)》2000 年第 5 期,第 92—93 页。其他学者虽然未必采用"调制行为"概念,但在旨趣大体相近,如吕忠梅、刘大洪:《关于政府经济行为的经济法思考》,载《法制与社会发展》1998 年第 4 期,第 10—15 页;刘水林、高寒:《干预行为——经济法中的法律行为》,载《上海财经大学学报》2008 年第 1 期,第 38—45 页;等等。

⑤ 参见徐孟洲、杨晖:《法律行为与经济法行为的关系——经济法行为的正当性》,载李昌麒主编:《经济法论坛》第 5 卷,群众出版社 2008 年版,第 9—14 页;刘光华:《法律上的行为:基于经济法的视角》,载李昌麒主编:《经济法论坛》第 5 卷,群众出版社 2008 年版,第 63—67 页。

⑥ 参见张继恒:《现代经济法行为范畴的梳理与提炼》,载漆多俊主编:《经济法论丛》(2012 年下卷),法律出版社 2012 年版,第 43 页。

⑦ 参见彭飞荣、王全兴:《经济法行为类型化研究初探》,载李昌麒主编:《经济法论坛》第 5 卷,群众出版社 2008 年版,第 30—32 页。

场主体（受制主体）之间的互动行为，通常只是将政府视为一个调制系统，甚少关注政府机关之间的行为。这就使得财政转移支付中的上下级机关之间、预算审批中的立法机关与行政机关之间的政府内部行为被排除在行为范畴之外，而这些行为恰恰是财税法所必须关注的。因此，财税行为只能借鉴而不应照搬经济法的行为理论。

（三）财税法学上的成果梳理

财税行为的专门研究，最早可见于1980年代。当时，已经有学者沿用法理学的行为框架，初步提出了财税行为理论。①此外，也有学者尝试进行概念界定。②不过，客观地说，这些基本上都是一种形式上的界定或是状况描述，较少涉及对行为内涵、外延的实质讨论。虽然使用"财税行为""财政行为"等概念的论著比比皆是，但"财税行为"范畴本身的研究却乏善可陈。从我们掌握的资料来看，目前尚未见有实质性地、比较系统地讨论"财税行为"的论著，仅有少数关于财政收入行为、税收行为等某一方面的研究。

在专著方面，张晓婷副教授的《税行为研究》（北京师范大学出版社2011年版）建立了税行为的范畴体系，将税行为分为税事实行为与税表示行为，前者是导致税收法律关系产生的行为，后者是税法的适用行为。税表示行为又分为宏观的税调控行为与微观的税表示行为，后者可以进一步分为征税行为、纳税行为与税收合同。李刚副教授的《税法与私法关系总论——兼论中国现代税法学基本理论》（法律出版社2014年版）中"税收法律行为初论"一节也对此问题进行了探讨；在学位论文方面，仅见王桦宇《财政收入行为及其调制研究》（武汉大学2005年硕士论文）。③该文分析了财政收入行为的概念、范围、分类、特征、要件、效力和规范路径，体系性强，遗憾的是只关注国家机关的行为，而未考察纳税人行为；在期刊论文方面，成果数量相对较多，但基本都是围绕税收行为展

---

① 其主要观点是：财政法律关系的产生、变更和消灭，都是由于财政法律事实的出现而引起的。财政法律事实分为财政法律事件和财政法律行为，区别标准为是否以财政法律关系主体的意志为转移。财政法律行为还可分为合法行为和违法行为、积极行为和消极行为等。参见孙树明、郑里：《财政法律关系论》，载《财政研究》1988年第9期，第39页；陈五星主编：《财税法教程》，天津大学出版社2000年版，第126页。

② 例如，有学者提出："财政行为，从广义上说，就是财政主体直接围绕财政所进行的活动。如财政主体为实现财政收入而进行的征收行为，财政主体向国家缴纳税费的行为，财政主体进行财政支出的行为，以及监督财政支出的行为，等等。"参见张守文：《财税法学》，中国人民大学出版社2011年版，第38页。

③ 该文后被收入刘剑文教授主编的《民主视野下的财政法治》（北京大学出版社2006年版）中作为一章。

开的。① 总体上看,当前的财税行为研究还不发达,唯有税收行为范畴相对较为明晰,尚缺乏在整个财税法层面上的、更高程度的提炼与抽象。

三、财税行为的概念阐明

范畴研究首在"正名",因为概念的提炼过程往往也就是其内涵外延的界定过程。结合现有各方面研究,我们可以总结出行为研究的一系列共识:行为是一种法律事实;行为能够产生法律效果,即引起法律关系的产生、变更或消灭;行为是法律关系主体实施的;等等。这些虽然看似人尽皆知的"正确的废话",但对于财税行为的概念确立还是具有价值的,它们构成了财税行为概念的"骨架"。在此基础上,我们还需要回答几个问题:(1)财税行为是否以意思表示为要素?或者说是否要据此区分财税法律行为与事实行为?(2)财税行为是否必须是合法行为?(3)财税行为是否涵盖立法、执法和司法行为?(4)财税行为包括哪些主体的行为?(5)财税行为区别于其他行为的边界何在?不难看出,正是对这些问题的不同回答,才形成了不同行为范畴的分野。在这个意义上,它们也就是提炼"财税行为"范畴的关键所在。

特别需要指出的是,财税行为的提炼应当坚持"实用性"的标准。在内涵、外延等方面,理论上可能存在着多种口径不一的界定方式,而我们应当充分考虑哪种定义最有利于解决实践问题、符合现实需要。须知,行为范畴的真正价值,并不在于理论的精巧,而在于运行的有效。

(一)概念语词的选取

采用"财税行为"还是"财税法律行为",看似只是一个语词问题,实际上却"没那么简单"。众所周知,源起于民法的"法律行为"概念,其核心要素是"意思表示"。② 与之相对应的,则是不因意思表示而发生法定效果的"事实行为"。其他部门法在引入"法律行为"概念时,通常将意思表示要素一并因袭,并据此划分法律行为与事实行为。③ 这一做法的利弊得失,不妨从行政行为的经验中一窥究竟。

早先,德国的行政处分④概念基本上遵循意思表示的民法范式,只包括依行

---

① 如施正文:《论征纳行为》,载《当代财经》2004年第8期,第43—49页;李刚:《税收法律行为初论》,载《当代法学》2004年第3期,第41—45页;李刚:《税收法律行为的私法学分析》,载《税务研究》2008年第3期,第58—61页;等等。

② 参见王利明:《法律行为制度的若干问题探讨》,载《中国法学》2003年第5期,第77页。

③ 如张兆成:《行政事实行为研究》,人民出版社2013年版,第223页;李国本:《论经济法上的事实行为——兼论与民事行为的比较与配合》,载《法学家》2008年第6期,第61页以下。

④ 前文已提及,这里的"行政处分"实际上相当于我国大陆的"行政法律行为"。

政机关意思表示而发生法律效果的行为。而那些依据法律的规定直接产生法律效果的行为,如强制执行行为、行政侵权行为等,则被排除在行政处分之外。①由于只有行政处分才具有可诉性,这种界定逐渐在实践中遇到瓶颈,大量的公权力行为都因不具有意思表示要件而被排除在司法救济范围之外。于是,学界逐渐抛弃了探究意思表示的做法,而是以行为是否具有客观上的拘束效力为标准。②虽然出于延续民事法律行为传统的考虑,学者把外在效力拟制为"客观意思",从而使得意思表示要素仍然在形式上存在,但是此时的行政处分其实早已"暗度陈仓",不再遵循民事法律行为的法则了。③可见,"意思表示"之于民事法律行为是一种核心的分析工具,但对于行政行为来说却成为了一种需要被解决的障碍,个中的"南橘北枳"滋味值得深思。

应当承认,法律行为与事实行为的区分是客观存在的,也是具有意义的。④但是,相比于民法而言,公法中强调这一分类的意义相当有限。原因有三:第一,公法上并无意思自治的空间。究其本源,法律行为是实现"私法自治"的手段,目的在于赋予行为人通过意思表示自行创设权利义务的能力,带有深刻的民法烙印。而公法领域并无自治原则的适用空间,也就不存在以"意思表示"为核心的法律行为概念的生存土壤。⑤尽管学者可以通过各种拟制或推定的技术手段来创造出行政机关的"意思表示",但我们也不得不承认,它与民法上的根本不同。⑥

第二,公法上探究意思表示并无作用。民法上有与意思表示相关的一整套制度,意思表示的不真实、不自由将直接导致法律行为的可撤销甚至是无效。但是在公法上,按照信赖保护原则,人们可以直接推定行政机关的意思表示是

---

① 参见林纪东:《行政法》,台湾三民书局1988年版,第301页。
② 例如,1976年的德国《联邦行政程序法》对行政处分所作的定义是:"行政机关在公法领域中,为规制个别事件,以直接对外发生法律效果为目的,所作的各种处置、决定或其他公法措施。"这就明确地以法律效果作为界定标准,而不再沿用民法传统。参见应松年主编:《比较行政程序法》,中国法制出版社1999年版,第123页。
③ 翁岳生:《论行政处分之概念》,载翁岳生:《行政法与现代法治国家》,台大法学丛书1988年版,第1—36页。
④ 有学者系统论述了行政法律行为与行政事实行为的四大区别:(1)前者以意思表示为手段,后者以物理方式或认知表示为手段;(2)前者直接设定权利义务,后者往往只是判断、说明、解释、建议;(3)前者依意思表示形成法律关系,后者依法律的直接调整而产生法律关系;(4)前者依意思表示形成后果,后者后果完全取决于法律规定。参见张兆成:《行政事实行为研究》,人民出版社2013年版,第199页—222页。
⑤ 参见朱庆育:《法律行为概念疏证》,载《中外法学》2008年第3期,第325页以下。
⑥ 因为公法强调的是依法行政,即使是裁量行为,其存在的空间也不是为了公务人员自由决定。参见程明修:《行政法之行为与法律关系理论》,台湾新学林出版股份有限公司2005年版,第89—92页。

真实的,而不必再去考察。况且,真正有意义的并不是主体在行为中有无意思表示,而是该行为是否会产生法律效果,是否会设定权利义务。例如,公民的应税行为当然绝非有意为之,不可能存在交税的意思表示。① 但区分其为法律行为或事实行为似乎并不带来实践的差异——它都会引发纳税义务这一法律后果。

第三,公法上运用法律行为概念可能招致不必要的混乱。例如,在我国大陆地区,主流学说将"行政行为"等同于"行政法律行为"。② 学界实际上采纳了德国的客观意思学说,以对外法律效果作为标准,但同时又因袭法律行为的民法传统,常常引用"意思表示"概念,这就产生了逻辑上的自我矛盾。③ 这种取"法效行为"④之实而冠"法律行为"之名的做法,恐怕于实践并无助益。

基于此,我们主张直接使用"财税行为"的概念,指称具有财税法效果的行为。如此一来,便可以排除"法律行为"一词所隐含的根深蒂固的意思表示要素,既有利于概念的简洁明晰,又避免了与民法传统"名实不符"的质疑。当然,在财税行为之下,财税法律行为与财税事实行为仍然可以作为一种分类来研究。

(二) 合法要件的澄清

法律行为的合法性要件,本来并不成为一个问题。只是由于我国《民法通则》第54条将民事法律行为界定为"合法行为",方才引起了学界的讨论。对此,已有民法学者提出系统的批驳意见。⑤ 一旦超出民法的范围,合法性要件更是难以立足。特别是在公法语境下,行为本身就需要法律来评价是否合法,自然也就不能够在定义时就先验地将其界定为合法行为——否则行为就不必再经由法律评价,行为理论也就失去意义了。因此,财税行为不应有合法性要件的限定。这一点易于理解,仅在此简单点出。

---

① 参见刘剑文、熊伟:《税法基础理论》,北京大学出版社2004年版,第57页。
② 即认为"行政行为"是"行政法律行为"的简称。参见罗豪才主编:《行政法学》(修订本),中国政法大学出版社1999年版,第116页;应松年主编:《行政行为法》,人民出版社1993年版,第1页;等等。
③ 参见余军:《论行政处分与民事法律行为之关系——作为规定功能的法概念》,载《法学》2007年第7期,第91—100页;余军:"行政法律行为理论的梳理与界别——从法效意思到客观意思",载《求索》2004年第9期,第72页以下。
④ 有学者提出,应以"法效行为"指称具有法律后果的行为,以"法律行为"指称产生行为人的意志所欲求的法律后果的行为。参见薛军:《法律行为理论在欧洲私法史上的产生及术语表达问题研究》,载《环球法律评论》2007年第1期,第36页以下。
⑤ 较有代表性的是高在敏、陈涛教授在《法律科学》先后发表的五篇"对民事法律行为本质合法说质疑"系列文章,分别载于该刊1996年第1期、1998年第5期、1999年第6期、2002年第6期、2005年第5期。

(三) 活动口径的界定

根据权力的性质，财税法律活动可以分为立法、执法、司法三类。它们是否纳入财税行为范畴，要作可能性与必要性的双重分析。所谓"可能性"，就是要不违反行为的基本共识，更具体地说主要是指它们能够具有法律效果，引发法律关系的变动。这一点上，法理学已经给出了肯定的答案。执法行为和司法行为自无异议，而立法行为也能够导致法律关系的产生，它可以使既存的社会关系成为法律关系，也可以创造出一开始就有法律关系性质的社会关系。只不过，它所创设的是一种"抽象法律关系"，其主体不是具体的个人，而是法律角色。① 因此，广义来说，财税行为可以包括财税立法、财税执法和财税司法行为。

不过，"可以包括"不代表"应当包括"，我们还需进行必要性考察。应当看到，民事行为只关注执法行为，行政行为则还关注行政立法等部分立法行为（即抽象行政行为），这都是由其需要来决定的，这些行为正是相应的法律所需要进行评价的行为。那么，相应地，哪些财税行为需要财税法来评价呢？在财税立法行为方面，其中的狭义立法行为本身就是行为评价的依据和前提，其无法受到法律的评判。② 它更多地属于"宪政行为"的范畴，带有公共政策选择的浓厚政治性。③ 因此，狭义的立法行为暂不宜纳入。但对于法规、规章及其他规范性文件的制定行为来说，根据税收法定原则的要求，它们需要进行合法性评价，故而应进入财税行为的范围。④ 在财税司法行为方面，虽然司法是在运用财税法来评价被诉行为，但司法行为本身并不由财税法来评价——规范它的是诉讼法。因此，它不必被考虑在内。

至于财税执法行为，它是财税法评价的重中之重，纳入其中系数当然。须言明的是，我们应当对财税执法行为作完整的理解，双方主体的行为——特别是两个政府机关之间的行为——都需要受到法律评价。举例来说，在税收征纳

---

① 张文显：《法哲学范畴研究》（修订版），中国政法大学出版社2001年版，第110、114—115页。

② 对此，也有学者主张将狭义立法行为涵盖在内，诉诸宪法对财税法律的终极约束（参见刘剑文主编：《民主视野下的财政法治》，北京大学出版社2006年版，第66—67页）。不过，我们认为，就我国现实情况而言，财税立法还很不完善，尚处于税收法定的初级阶段，宪法对法律的评价还不是近期的主要任务。将狭义立法行为纳入，当然是学理上的优选，但恐与现实需求不甚吻合。

③ 参见叶必丰：《宪政行为与行政行为》，载《北大法律评论》（第4卷第1辑），法律出版社2001年版，第283页。

④ 事实上，也已经有学者开展了这种评价尝试，如叶必丰教授就对国务院《关于实行分税制财政管理体制的决定》的合法性进行了讨论。参见叶必丰：《行政行为原理》，商务印书馆2014年版，第94页以下。

中,我们不仅要关注税务机关的征税行为,而且要关注纳税人的应税行为①和纳税行为;在财政转移支付中,我们不仅要关注上级政府的决定与执行行为,而且要关注下级政府的申请行为;在预算审批中,我们不仅要关注立法机关的审批行为,而且要关注行政机关的提案与申请复核行为;等等。这也是财税行为相比于行政行为和经济法行为的一大突破。

综上,我们主张采取狭义的财税行为口径,即只包括财税执法行为和(除狭义法律以外的)其他立法行为(见图7.1)。下文的"财税行为",均采此义。

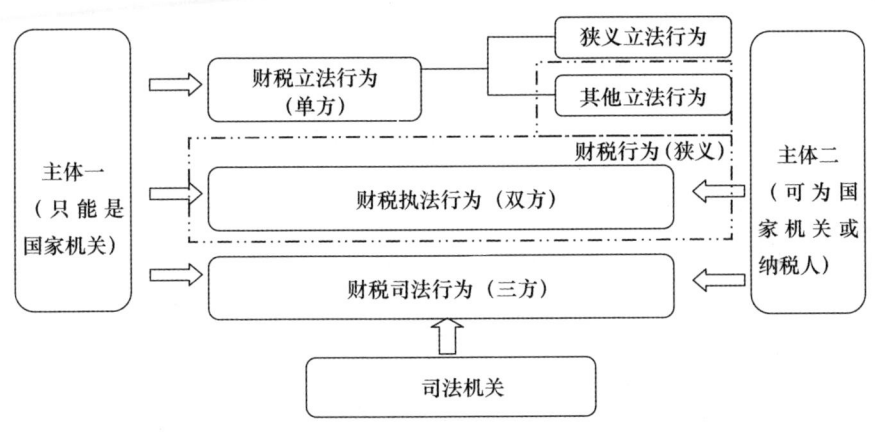

图7.1 狭义的财税行为界定

(四)范围边界的廓清

如何判断一个行为是否属于财税行为?宽泛地说,财税行为就是财税法所规范的行为——虽然这难免遭到循环定义的诘问,但这无疑是构建行为范畴的明智选择,因为财税法律体系的研究是相对充分的,而我们可以援引相关成果以为借鉴。一般认为,财税法体系分为财政基本法、财政收入法、财政支出法、财政监管法,财政基本法包括预算法和财政收支划分法,财政收入法包括税法、非税收入法和公债法,财政支出法包括财政采购法、财政投融资法、财政拨贷款法和财政转移支付法,财政监管法则包括财政监督法、国库管理法、财政审计法与公会计法。② 经由"法律—行为"范式,容易看到,有一类财税法律,就必然存在一类相应的财税行为,如预算法之于预算行为、财政采购法之于财政采购行

---

① 这也被一些学者称为"税事实行为"。它是私法行为,但因符合税法规定课税要素而引发税收法律关系,由此受到税法的评价。参见张晓婷:《税行为研究》,北京师范大学出版社2011年版,第31页。

② 参见刘剑文、熊伟:《财政税收法》(第六版),法律出版社2014年版,第16页。

为、国库管理法之于国库管理行为等。不过,我们认为,财政监督行为不宜纳入财税行为的范畴。这是因为财政监督本身就是第二性的行为,是对已经发生的财政收入、支出等第一性的行为的评价,而监督行为本身并不是财税法评价的对象,其所引发的也主要不是财税法上的权义关系。基于此,依托现有的财税法律体系,就可以较为容易地构造出财税行为体系(见图7.2)。

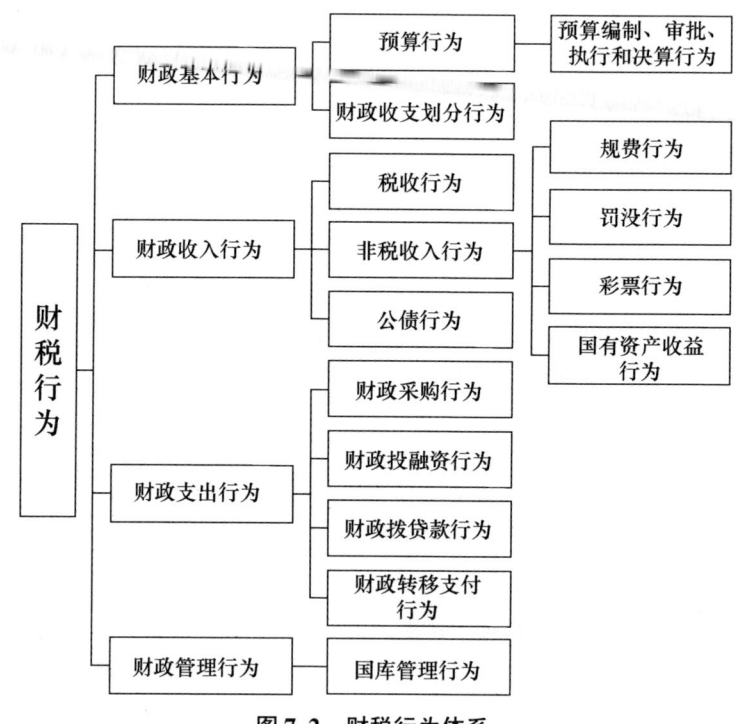

图 7.2　财税行为体系

但要说明的是,这并不是一种穷举,而仅是对主要类型的梳理。鉴于现实中财政现象的纷繁复杂,列举式的定义是不可行的,我们应当对财税行为采取一种"类型式概念"①,保持开放性和回应性,根据实践中的新情况来及时调整。例如,PPP(Public-Private-Partnership,公私合作)模式近期勃然兴起,虽然它并不是传统的财政融资方式,但自然应当被纳入财税行为框架中。而这就必然涉及一个问题:财税行为的边界或标准是什么?

而这个问题其实不完全是行为理论所能够解决的,它还与财税法功能联系紧密。在不同历史时期中,财税活动的范围和规模不同,财税法所需要完成的

---

① 参见李可、罗洪洋:《法学方法论》,贵州人民出版社2003年版,第370—399页。

任务也不同,这必然使得财税行为的边界处在不断的动态调整过程中。举例来说,夜警国家时期的财政职能仅限于建立和维持一个"廉价政府",财税法主要发挥的作用是消极控制征税权以避免过分侵犯私人财产,因此财税行为主要集中在财政收入上,此外也涉及公共建设等少量的财政支出行为。而到了社会国家时期,财政已经深入到资源配置、收入分配与稳定经济等广泛领域,财税法承担起了"消极控权"与"积极给付"、"定分止争"与"物尽其用"等多重功能,财政行为的边界自然也就大大扩张。不过,从财税职能上来划定财税行为的边界,主要只是一种理论解释,而很难实际运用。无论我们是以"公共性"[1]还是"政府比较优势领域"[2]来作为财政活动的立论基础,主要解决的都是一种理念上的宣示,而很难以此为标准来判断某个具体行为是否属于财政行为。当然,关注这一点是非常有意义的,只是它并非行为理论所应完成的使命。

四、财税行为的初步定义

经过漫长(希望不至于是无聊)的梳理,我们可以对财税行为作出初步定义:财税行为是财税主体实施的,能够产生财税法律效果,且需要财税法进行评价的行为。

对于这个概念,需要作几点说明:

第一,"财税行为"是财税法律行为与财税事实行为的上位概念,不要求具有"意思表示"要件,也不要求必须是合法行为。

第二,"财税主体"包括财税法律关系双方主体。亦即,财税行为既可以是国家机关与纳税人之间的行为,也可以是国家机关与国家机关之间的行为。

第三,"产生财税法律效果"即引起财税法律关系的产生、变更、消灭。这是区分"财税行为"与"非财税行为"的标准。

第四,"需要财税法进行评价"意指财税行为应作狭义理解。即只包括财税执法行为和财税法规、规章及其他规范性文件的制定行为。

第五,财税行为包括财政基本行为、财政收入行为、财政支出行为和财政管理行为,但不包括财政监督行为。

---

[1] 参见刘剑文主编:《财政法学》,北京大学出版社2009年版,第19页。
[2] 参见陈龙:《财政行为范围的界定:政府比较优势领域》,载《学习时报》2010年3月1日,第11版。

第三节 行为范式

提炼出财税主体与财税行为的概念，只是实现了理论自洽的初步任务，至多只能在形式上将分论统合，而难以对具体制度发挥指导作用。要让财税行为真正成为一种共通性的法律工具，就必须深入到对财税主体与行为的基础类型及评价机制等实质性问题的探讨中，力求建构起一套科学的分析框架。

一、财税主体的二元框架

类型划分有许多不同的标准，但在诸种分类中，往往存在一种基础性的类型划分。之所以称其为"基础"，是因为这种划分不仅具有分类学上的理论价值，而且能够成为认识和分析问题的一种"范式"。比如，经济法中的"干预主体"与"干预受体"之分，就不只是一种简单的分类，而可成为异质性主体背景下涵摄各类具体行为的有效方法。① 对于性质复杂的财税主体而言，我们也需要先提炼一个基础类型，作为共通性的分析范式。

不过，正如前文已经指出的那样，财税法不仅要关注政府机关与纳税人之间的关系，而且要关注立法与行政、中央与地方等政府机关之间的关系。这种主体上的严重异质性的确增大了我们提炼的难度。为此，我们不妨由小见大，先从较为熟悉的税收主体出发，再寻求如何推而广之。在这一方面，研究的共识性观点是区分税务机关与纳税人，因为前者具有主导者地位、行使权力，而后者居于参与者地位、拥有权利。如果我们大胆一些，沿着这种思路继续前进，就会发现，这一范式或许也可以推广到其他财税关系之中。虽然不同财税法律关系中的参与者身份与地位都差别颇大，但大体都可以界分为两类：一类是财税行为的主导者，它们掌握财税权力、支配财政资源，如财政采购中的采购机关、财政转移支付中的上级机关等；另一类是财税行为的参与者，他们负有依法服从的义务，也享有财税法所赋予的一系列保障性、参与性权力，例如政府采购中的供应商、财政转移支付中的下级机关等。从范畴化的角度，我们可以将前者提炼为"财税权力主体"，后者提炼为"财税权利主体"。②

在这里，有一个问题可资探讨，即能否将财税权利主体享有的权力（利）都

---

① 参见张继恒：《现代经济法行为范畴的梳理与提炼》，载漆多俊主编：《经济法论丛》（2012年下卷），法律出版社2012年版，第44页。

② 当然，具体的名称还可斟酌，"决策主体"与"对策主体"、"财税机关"与"财税相对人"、"决定主体"与"参与主体"等概念都是可能的备选。

概括为"权利"？从性质上看，财税权利主体享有的一般是申请权、参与权。根据权利与权力的区分标准，从有无强制性、能否独立享有、自由度大小、能否放弃等维度考量，这些权并不带有"权力"的"命令—服从"色彩，而是更接近于"权利"。但是，由于财税权利主体也包括国家机关，而权利通常观念上被理解为私主体所享有，这就可能引发一些认识上的抵触与冲突。不过，我们仍然倾向于将参与者权界定为"权利"。从法理上看，权利就是对一定利益（利益资源）之占有、支配关系，民众个人权利如此，国家机关的权利也如此。① 从广义上，权力也是一种权利。因此，将其界定为"权利主体"，应该是能够站得住脚的。

采取这种二元构造，是为了突显财税法律活动中的互动性。这并不仅仅是一个决定，而是一个过程，双方主体的行为——特别是两个政府机关之间的行为——都需要受到法律评价。举例来说，在税收征纳中，我们不仅要关注税务机关的征税行为，而且要关注纳税人的应税行为②和纳税行为；在财政转移支付中，我们不仅要关注上级政府的决定与执行行为，而且要关注下级政府的申请行为；在预算审批中，我们不仅要关注立法机关的审批行为，而且要关注行政机关的提案与申请复核行为；等等。关注政府内部关系，是财政横向与纵向分权的必然要求，是"内部控权"的体现。因为只有明确双方机关的法律地位，将不同机关之间的相互行为纳入法律评价，而不是交由纯粹行式的"权力—服从"机制，才能真正实现财政权的平衡配置与政府间财政关系的法治化。这也是财税主体相比于行政法主体和经济法主体的一大区别。

需要说明的是，"财税权力主体—财税权利主体"是一种灵活的分析框架，而非机械的固定标签，它同样需要根据不同的财税法律关系来作具体的认定。换句话说，一个财税主体在某一关系中可能是财税权力主体，在另一关系中可能就为财税权利主体。举地方政府为例，在其面对纳税人征收房产税时，它属于财税权力主体。而在其涉及向中央政府申请转移支付时，它又以财税权利主体的形象出现。也正因此，我们在分析一个财税现象时，就可以对其主体作此二元划分，进而解析其内在关系。

采取这种互动、博弈、合作的主体框架，是想适当引入博弈论（game theory）

---

① 参见漆多俊：《论权力》，载《法学研究》2001年第1期，第18—32页。
② 这也被一些学者称为"税事实行为"。它是私法行为，但因符合税法规定课税要素而引发税收法律关系，由此受到税法的评价。参见张晓婷：《税行为研究》，北京师范大学出版社2011年版，第31页。

的分析框架。① 在这一视角下,财政活动就是作出和执行财政决策的过程。财税权力主体与财税权利主体基于各自不同的利益取向,在财税法的框架下开展博弈活动,以争取各自利益的最大化。法律是双方共同的尺度,财税权力主体必须依法决策,否则其行为将被宣告无效。财税权利主体应当遵从法律规定,否则其行为就将遭到法律的否定评价并受到来自财税权力主体的纠正甚至惩戒,而与此同时,法律也为财税权利主体的权利提供保障。换言之,双方之间不再是纯粹的行政服从关系,而是一种对策博弈关系或是协商契约关系。在这个意义上,财税权利主体才得以成为真正的"主体"而非被动的"受体"。而这与学界所倡导的法治化财税关系及合作互动的财税文化是高度一致的。

二、财税行为的二分构造

经由"主体—行为"范式,基于前面提炼的"财税权力主体—财税权利主体"范式,我们就可以得到"财税权力行为—财税权利行为"的基础类型。财税权力主体主要采取的是行使财税权力、进行和执行财政决策的行为。这里的"决策"应作广义的、动态的理解。一方面,财税权力主体要作出决策,即在法律允许的幅度内进行裁量和选择,这可以被概括为"决策行为",包括制定法规、规章及其他规范性文件的"抽象决策行为"和个案中的"具体决策行为"。另一方面,财税权力主体还要执行决策,即将所作选择付诸实施,并对财税权利主体的违法行为进行追究或问责,这可被概括为"执行行为";至于财税权利行为主体,则采取行使权利、参与财政决策和应对法律规定的行为。一方面,财税权利主体依法享有参与、申请等权利,可以据此请求财税权力主体实现其法定的利益要求。另一方面,财税权利主体也可以对法律规定作出应对,选择遵从、规避或是违反。相应地,财税权利主体的行为也就可以区分为"申请行为"和"应对行为"。②

进一步看,从财税主体出发建立起的这一套分析框架,可以普遍适用于各类财税现象的分析中。举税收征纳为例,税务机关为财税权力主体,而纳税人为财税权利主体。在此过程中,财税权力主体(税务机关)采取依据税法规定课征税款、实施稽查检查、采取强制措施、进行税务处罚等行为,这主要表现为执

---

① 已有学者从博弈论角度展开财税问题的分析,如:蔡笑腾:《基于博弈论的财政预算管理研究》,载《财政研究》2005 年第 11 期,第 5—7 页;晁毓欣、崔金平:《纳税人与征税人的博弈——逃税行为的经济学分析》,载《财经问题研究》2001 年第 10 期,第 43—46 页;王文华:《中央与地方政府财政关系的博弈行为分析》,载《社会科学研究》1999 年第 2 期,第 81—86 页;等等。

② 参见陈立诚:《财税行为构建论纲》,载《北京社会科学》2015 年第 7 期。

行行为,但也存在一定范围内的选择行为(比如交易定性)。而财税权利主体的行为则包括两类,第一类是纳税人的应税行为和纳税行为,这属于应对行为。第二类是行使法定权利的行为,如要求诚实推定、申请事先裁定等,这属于参与行为;

再以财政转移支付为例,上级政府为财税权力主体,下级政府为财税权利主体。财税权力主体(上级政府)采取依法决定财政转移支付的行为(选择行为)和下达转移支付的行为(执行行为),财税权利主体的行为则主要体现为下级政府依法申请转移支付的参与行为。在其他领域,也可以进行类似的界分,如审批预算与提交预算、征税与纳税、收费与缴费、取得国有资产收益与上缴国有资产收益、发行公债与购买公债、决定采购与参与供货、发放贷款与申请贷款、决定转移支付与申请转移支付、国库支付与申请支付等等。

极而言之,财税权力主体居于主导地位,享有财税权力,采取决策行为和执行行为;财税权利主体则处在参与地位,行使财税权利,采取申请行为和应对行为(见图 7.3)。我们认为,这一分析框架对于财税领域的大多数问题具有较好的适用性,它不仅能够在形式上统合财税一体,而且也具有相当的实用性。

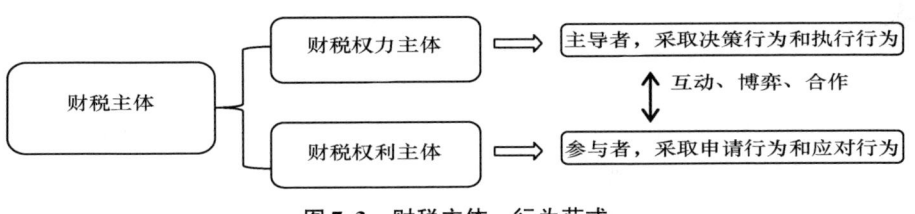

图 7.3 财税主体—行为范式

三、财税行为的法律评价

对行为进行评价,是行为研究的重要论题,也是研究行为的目的所在。在这一方面,法理学已经为我们提供了较为成熟的经验。① 基于经典的结构主义进路,我们可以将财税行为解构为内在方面和外在方面两个部份。内在方面包括行为的动机、目的和认识能力,其中,目的是最为关键的要素。如黑格尔所言:"我的目的构成我的行为的内容。"② 外在方面则包括行动、手段和结果,其中行动占据着中心地位,因为手段是服务于行动的,而结果也必然是行动的产物。因此,我们在进行行为评价时,应采取主客观相结合的立场,综合考虑行为

---

① 参见张文显:《法哲学范畴研究》(修订版),中国政法大学出版社 2001 年版,第 89 页以下。
② 〔德〕黑格尔:《法哲学原理》,商务印书馆 1961 年版,第 124 页。

的各个要素,但相对地以"行动"和"目的"要素为考察重点。二者相较而言,鉴于目的往往只能由客观行动反推而无法直接察觉,故而行动要素又更显重要。

需要说明的是,财税权力行为和财税权利行为都是法律的评价对象。其实,在很多时候,财税权力行为就是在对财税权利行为进行评价,而这种评价是否适当,本身又需要接受评价。不过,这两种行为的评价标准及其后果并不一致。具言之:

(一) 对财税权力行为的评价

财税权力行为的性质与行政行为、经济法行为存在类似之处,都是国家机关的权力行为。因此,财税权力行为的合法性评价标准可以借鉴行政法和经济法上的大量研究成果。行政法上,一般认为具体行政行为的合法性要件包括主体合法、权限合法、内容合法且适当、程序合法、形式合法等。① 也有学者将抽象行政行为的合法要件概括为权限合法、内容合法、程序和形式合法。② 经济法学者的归纳与行政法上的大体类似,大多集中在主体合格、权源合法、调制合法等方面。

结合其他学科经验和财税法特色,我们认为,财税权力行为的法律评价应包含三个基本要件:(1) 权限要件。即行为必须有法律依据,且由适格主体作出。(2) 内容要件。即行为不得违反法律法规规定,且内容不至于明显不合理。(3) 程序和形式要件。即行为遵循法律法规在信息公开、公众参与、征求意见、报请批准等方面的程序要求,并且以法定的形式作出。对于财税权力行为来说,法律评价采取的应当是"合法—违法"二元标准。如果同时符合三个合法要件,则行为合法,否则就会被评价为违法。当然,对于某些程序上和形式上的瑕疵,可以允许财税权力主体补正或说明正当理由,从而补足合法性。

需说明的是,在财税权力行为被诉诸法律评价之前,它就已经具有一种推定的法律效力,即"公定力"。只要财税权力行为一经作出,任何财税主体就都必须予以尊重,当然,这只是一种暂时的、可以推翻的效力。如果财税权力行为被评价为合法,它就在公定力的基础上进而取得"确定力"和"拘束力",前者指向财税权力行为本身不受任意改变的法律效力,后者则指财税权力行为具有约束财税主体行为的法律效力。③ 而如果财税权力行为被评价为违法,则公定力

---

① 参见罗豪才主编:《行政法论》,光明日报出版社1988年版,第151页以下。
② 参见叶必丰:《行政行为原理》,商务印书馆2014年版,第81—93页。
③ 有关行为效力理论,参见姜明安主编:《行政法与行政诉讼法》(第五版),北京大学出版社、高等教育出版社2011年版,第205—208页。

即告消灭,财税权力行为自始无效,已经执行的部分也应恢复到原始状态。① 同时,还会引发财税权力主体的责任承担问题。

(二) 对财税权利行为的评价

评价财税权利行为,不能采取简单的"合法—违法"二元标准,因为财税权利行为中不光有合法的遵从行为、违法的违反行为,还有处于中间地带的规避行为。基于此,我们有必要采取"合法—适法—违法"的三分法,将法律肯定评价、受到保护的界定为"合法",法律否定评价、进行惩戒的界定为"违法",法律中性评价、不保护也不惩戒的界定为"适法"。

在此,还需要对参与行为和应对行为进行适当区分:参与行为是财税权利主体行使权利的行为,因此,法律评价就是要关注其行权行为是否按照法定方式、符合法定条件。如果主体依法行使或者放弃行使权利,那么就被评价为合法。如果主体没有依法行使权利,至多也就是得不到法律的保护,成为"适法"行为。例如,供货商有申请成为财政采购对象的权利,假如一个供货商明明不符条件却提出申请,或是向错误的机关申请,那么这种参与行为就得不到法律的保护,但也不可能因此受到惩罚;至于应对行为,则可能存在合法、违法、适法三种状态。对此,法律评价的重点是财税权利主体是否妥善履行了法律规定的义务或责任。举例来说,在税收行为中,纳税人可以选择遵从纳税义务(纳税或节税),或是规避纳税义务(避税),或是直接违反纳税义务(逃税),而这些行为就会被分别评价为合法、适法与违法。在这个判断过程中,对行为目的的考察相当重要。我们往往需要从纳税人的行为中倒推出其目的,才能据此判断其应税行为属于合法行为还是适法行为。

财税权利行为的不同评价,也会引发不同的后果。合法的财税权利行为毫无疑问能够得到法律的保护,倘若财税权力主体对此进行侵犯或干涉,那么财税权力行为就会因内容违法而无效;适法的财税权利行为会导致行为不生效力。例如,对于被认定的避税行为,税务机关就会进行特别纳税调整,使其无法产生财税权利主体预期的目的;违法的财税权利行为,则通常会受到来自财税权力主体或其上级机关的惩戒,比如被课以罚款或是追究政治责任。

---

① 某些情况下,为保护信赖利益,或是考虑到纠正行为已无意义或不现实,也可能不要求恢复原状,而仅是作出无效宣告。

第八章　财税权力与权利

与私法不同,财税法主要涉及国家财政权与私人财产权的平衡协调,在这里"一种权力不仅要与其他权力发生关系,还要与更加广泛的权利发生关系;同样,一种权利不仅仅要与其他权利发生关系,还必然要与权力之间发生复杂的关联性"。① 因此,财税法律关系的内容分析不宜采用经典的"权利—义务"分析法,而应采用"权力—权利"的分析范式。

在前一章中提及的"财税权力主体—财税权利主体"二分法框架下,不难发现,财税权力主体享有的是支配性的财税权力,即能够支配财政资源的取得、处分或管理,例如征税权、预算审批权、财政监督权等。相对地,财税权利主体享有的主要是保障性的财税权力(利)。这不仅包括消极层面上免受不合法侵害的权利,而且包括积极层面上的参与性权利,如纳税人的依法纳税权、下级政府要求依法获得转移支付的权利等。而在义务方面,双方主体都负有遵守法律规定的义务,不过财税权力主体主要表现为"尊重的义务",即必须尊重财税权利主体所享有的保障性权利;而财税权利主体则主要表现为"遵从的义务",即必须遵从财税法律规定及财税权力主体依法采取的财税行为。

如本书前述,我们将公共财产权和纳税人权利作为财税法的两大中心范畴,本章实际即是对此两大中心范畴所做的展开分析;此处所讨论的财税权力可用公共财产权进行指代,而财税权利即可概称为纳税人权利。

第一节　财　税　权　力

本节首先对现实生活中的财税权力样态进行类型化梳理,继而提炼出纷繁复杂的财税权力背后的共通属性——公共财产权;在对其本质属性进行解构的基础上,着力讨论对其进行法律规制的多元维度。

一、财税权力的类型化梳理

财税权力的范围极其丰富,而且不同类型的权力在其强制程度上也有所差

---

① 袁曙宏、宋功德:《统一公法学原论——公法学总论的一种模式(下卷)》,中国人民大学出版社 2005 年版,第 42—43 页。

别。在此，我们尝试进行体系化的类型梳理：在财政体制方面，主要涉及的是预算权和财政收支划分权。预算权还可以细化为预算编制权、预算审批权和预算调整权等类型，它在财税权力中居于枢纽地位。正因如此，《预算法》才被誉为"财政宪法"。至于财政收支划分权，这涉及各级政府间财权、事权和支出责任的界定，实际上关系到各级地方政府职能的履行，关系到各级政府在整个国家机关体系中的地位，甚至关系到地方自治与国家结构和国家体制等国家运行的根本性问题。因此，这两项权力都必须受到高度重视，实现严格的法定主义。

财政收入方面，涉及的财税权力类型有[1]：(1) 征税权。这是最典型意义上的财政权力。与之对应的除了每个税种的单行税法规范之外，还应包括统一的《税法通则》《税收征收管理法》《税收救济法》等。(2) 费用征收权。费用是指政府依法提供社会事业服务而向直接受益者收取的规费(fees)或使用费(user charges)，其规范原则为受益者负担，因此强制性弱于征税权。为此，一般不需要对每个收费项目都以法律规定，而是制定统一的《行政收费法》。(3) 政府性基金征收权。笼统地说，它也是费用征收权的一种，只是由于其系基于特定政策目的而向特定群体征收的费用，具有"专款专用"特点，所以作为特别公课(Sonderabgaben)专门列示。[2] 相应地，其法律规制方式与收费权类似，也应制定一部《政府性基金法》。(4) 国有资产收益权。这种权力在外观上强制性较弱，类似于私法上的财产收益权。不过，它实质上是国家基于法定代理人身份而对经营性国有资产享有的法定性权力，仍然具有一定的公共性和权力性，所以也需专门以《国有资产法》加以规范。[3] (5) 发债权。表面上看，发行公债是一种平等的合同关系，但实质上却是"税收的先征"[4]，具有隐性的权力性格，故而《公债法》实有存在之必要。(6) 彩票发行权。彩票是国家特许进行的一种射幸合同，其强制性相当微弱。但由于其在筹资中具有的公共性，仍需制定《彩票法》以规范其流程。概括地说，任何类型的财政收入，无论其外观是平等抑或

---

[1] 需要申明的是，这仅是一种可能的划分方式。例如，按照《政府收支分类科目》规定，财政收入可以划分为税收收入、社会保险基金收入、非税收入、贷款转贷回收本金收入、债务收入、转移性收入6类；在一些学者的论述中，也存在不同的类型概括，如贾康等主张将非税收入具体分为行政事业性收费、政府性基金、罚款和罚没收入、公共资产及资源收入、其他非税收入，参见贾康、刘军民：《非税收入规范化管理研究》，载《税务研究》2005年第4期，第24页。

[2] 参见黄俊杰：《特别公课类型化及其课征正义之研究》，载《台北大学法学论丛》第50期，第127—129页。

[3] 参见顾功耘：《国有资产立法的宗旨及基本制度选择》，载《法学》2008年第6期，第67页以下。

[4] 参见蔡茂寅：《公债的法律问题——兼论从租税国家到债务国家的巨变》，载《律师通讯》第207期，第61页。

不平等,实质上都直接或间接地依赖于国家政治权力,因而带有不同程度的权力性色彩,需要遵循法定原则。只是,对于权力性和强制性越弱的收入类型,法律通常越放宽实体约束,而侧重程序规范。

财政支出方面,涉及的财税权力类型有①:(1)财政转移支付权。虽然它主要发生在政府机关内部,但财政转移支付的规范水平直接影响地区财权与事权的匹配程度,进而关乎公共服务水平,故有法定之必要。②(2)财政采购权,即使用财政性资金采购货物、工程和服务的权力。(3)财政投资权,即将财政资金投入生产性和建设性项目的权力。(4)财政拨贷款权,即无偿拨付财政资金、运用财政资金向他人贷款或进行担保和贴息的权力。应当看到,对于财政支出的评判,并没有绝对意义上的公平和正义标准,其正当性很大程度上只是诉诸民主过程。因此,财政支出权最为主要的实体约束来自预算,在法治国家中未经预算就不可开支国库。不过,支出的决策权虽已有预算法控制,但具体的执行和监督程序仍有立法规范之必要。特别是考虑到财政支出事项上的自由裁量几乎不可避免,如无法律协调立法机关和行政机关各自的决定权范畴,便可能徒增混乱和不确定性,因此法定就更显重要。③ 只是,财政支出方面的法律较少关心支出标准及具体数额等实体事项,而多是注重过程控制,特别是强调公权力行为的程序正义、信息公开和公众参与,以期在财政支出中实现不断减少专横和武断,形成一种回应型的、责任型的法律秩序。④

财政监管方面,主要涉及的并不是某一项独立的财税权力,而是在各项财税权力中都普遍存在的财政监督权与财政管理权。其所追求的价值,也不是在财政收入和支出方面所强调的公平,而是侧重于财政效率和财政问责。这与财政监管服务于财政收支的角色定位是相适应的。因此,我们往往强调的是财政监管权的有效行使,而较少提及对监管权的法律控制——尽管后者也是具有重要意义的。

---

① 同样地,这也不是绝对性的概括。例如,按照财政部《政府收支分类科目》规定,财政支出可以按照功能分为一般公共服务、外交、国防等 30 类,或按照经济分为工资福利支出、商品和服务支出等 12 类。

② 需要说明的是,财政转移支付法有时也被看作是财政基本法的组成部分,成为财政收支划分法的补充制度。

③ 参见郭维真:《中国财政支出制度的法学解析——以合宪性为视角》,法律出版社 2012 年版,第 87—88 页。

④ 参见〔美〕诺内特·塞尔兹尼克:《转变中的法律与社会——迈向回应型法》,张志铭译,中国政法大学出版社 1994 年版,第 74 页。

二、公共财产权:财税权力的本质属性

一如前述,财税权力在现实生活中表现出纷繁复杂的形态,"类型化"是理论分析的"利器",同时却是现实规制的"大敌"——各具特性的不同权力形态,是很难纳入统一的法律规制框架之中的。因此,必得首先透过现象、审读财税权力各种样态所具有的共性,进而提炼出各种财税权力的本质属性,始得为其设计合理的法律规制方式。

(一) 财税权力的两大共通属性:财产性与公共性

学术界有研究将种种财税权力概括为"财政权"。一般说来,国家财政权,是国家(或广义的政府)获取财政收入、进行财政支出的权力。据此,财政权又可以分为财政收入权和财政支出权。……财产权作为一个较为广义的概念,它可以包括传统的私人财产权,也可以包括日益引起关注的公共财产权。也有学者提出:"如同财产权是个体的最基本权利一样,国家财政权也是一个国家最基本的权力,是国家的'生存权'。"[①]由这些对财政权较为经典的论述看,大体隐现两个共性:第一,将各种财税权力提炼为"财政权",基本上进行的是"初步抽象"工作,因为"财政"的表述相对常见,当将此一经济学上的表述转换为法学话语时,缀以经典法学语词的"权"字,在逻辑上是较为顺畅的,从前引论述中将财政权区分为财政收入权和财政支出权的思路即可见一斑;第二,注意到各种财税权力共有的公共性和财产性,而且均将财税权力与私人财产权进行类比。我们认为,从一般研究的角度看,是称之为"财政权"抑或其他,似无大碍;但若以表彰"本质属性"的需要观之,或是直接抓住财税权力所共有的"财产性"和"公共性"这两大本质属性,直接将其指称为"公共财产权",似更为妥当。下面我们分别解读财税权力所具有的财产性与公共性这两大基本属性。

如果我们跳脱传统上对"财产权"私属性认知的窠臼,则不难见,实际上,公法上财产权与民法上财产权的区别,不在于财产权的客体,也不在于财产权的主体,而在于反映在同一客体上不同主体之间的关系。[②] 换言之,两者都指向同一种财产权利,只是前者更多表现为相对于公权力而言的私权利,后者则更多地体现为不同平等主体之间的私权利。从本质上讲,在权利属性和权力来源层面,可将财产权理解为私人财产权与公共财产权两个范畴,即私权利与公权

[①] 熊伟:《财政法基本问题》,北京大学出版社2012年版,第26页。
[②] 参见林来梵:《针对国家享有的财产权——从比较法角度的一个考察》,载《法商研究》2003年第1期。

力的一体两面。① 前者指归属于人民的具体财产及其权利,后者指政府通过征税、征收或其他途径获得的财产及其权力。公法论者认为,法治最本质的特征是制约权力,其内在机理为权力与权利的和谐态势,通过依法治权而推进建设法治社会。② 在财税领域,宪法秩序即规范政府财政权力与保护公民财产权利之间的一种相对均衡的状态,即划定公共财产权与私人财产权的合理正当边界。既如此,在外观形态上基本表征为附着在税收、非税收入等"公共财产"之上权利的财税权力,显然具有突出的财产性,何况正如本章反复述及的,"权利"与"权力"二者间本非泾渭分明;只不过同法律对私人财产权所持的保护立场相比较,法律对财税权力更多地是持规范、控制的态度。耐人寻味的是,考查法律的演进趋势,则可发现对这两种财产权的态度发生一定程度的"趋同"——对于私法意义上的财产权,法律开始课加诸多限制,近代法体系的民法三大原则,尤其是其中的所有权神圣原则,在公共利益原则的浸润下,日益添附愈来愈多的限制,是为"财产权的社会义务";而对于公法属性的财税权力,在坚持严格的法律控制前提下,"赋权"色彩也在不断地潜滋暗长,如美国自"进步时代"以降,在预算权配置中已非纯粹地"限权","在预算制度变革中建立了注重支出控制、结果导向、公私合作、预算弹性的法律机制,其制度内容已不局限于解决政府收支的规范性问题,而是进一步触及有关降低财政支出、提高财政绩效的有效性问题,由此促使国家从规范治理向有效治理转型。"③

学术界对于公共性内涵的理解是多样化的,公共性本身在不同时空和语境中也呈现变动的样态。④ 一般而言,公共性是指因个人与社会之间的紧张和协调关系而生的一种强调社会利益的特征、方法和理论。如果我们审视财税权力,其所蕴含的公共性主要包括两个命题:其一,公共财产的公共性识别及其正义判断。即对税收、非税收入等公共财产的取得是否有合法性和正当性、在行权过程中是否侵犯私人财产权,以及是否按照法定要求和合理性原则进行支配。对于前者,考查侵犯私人财产权的行为是否正当,应注意财产与公众的联系越紧密,其所承担的社会义务越多⑤;对于后者,则需经由符合正义原则的预

---

① 权利和权力是一体两面的范畴,不存在无权力保障的法定权利,权力不以权利保障为目标则无正当性。
② 参见汪习根:《公法法治论——公、私法定位的反思》,载《中国法学》2002 年第 5 期。
③ 陈治:《国家治理转型中的预算制度变革——兼评新修订的〈中华人民共和国预算法〉》,载《第七届中国财税法博士论坛暨"财税、法治与国家治理——以预算法为视角"研讨会论文集》,第 67 页。
④ 关于公共哲学及其中国实践,参见袁祖社:《"公共哲学"与当代中国的公共性社会实践》,载《中国社会科学》2007 年第 3 期。
⑤ 参见〔德〕乌茨·施利斯基:《经济公法》,喻文光译,法律出版社 2006 年版,第 93—94 页。

算法和税法规范予以实现。其二,公共财产规则是否经由公正的程序。这既包括公共财产的取得应当公开透明,还包括公共财产的用益和处分应经法定程序。现代经济社会的发展,使得私人财产转化为公共财产的情况变得越发普遍,对财税权力行使的正当性约束,除了应在实体价值判断上加以考虑,还应依托于符合民主要求的程序规则,以及社会大众对公共财产的流程管控和支配监督。

有学者进一步认为,"'公共性'着重于参与机制和公众基于该机制参与公共活动的过程,唯当'公'或者'公意'是在这种参与中得以达成时才具有公共性。"[①]政府通过公权力取得公共财产的正当性即在于此种"公共性","公共性"构成公共财产权在属性界定上的理论基础,也使得公共财产权具有概念构建上的可能性。公共性还对公共财产的形成机制及其使用过程的正当程序提出规则要求,以适应公共财产在实体层面上的价值取向。预算过程及其控制成为立法对于财税权力进行控制时最突出的体现,公共财产的获得及其支配的正当性在民主体制中得到确认。在代议民主体制中,民意代表通过对公共财产的转化和支配充分发表意见和辩论,通过建制化的商议制度体现决策的公共性,同时证成相关财税权力行使的正当性。在协商民主体制中,各利益群体或政治集团以利益衡平为取向,平等参与公共政策的制定,在理性和协商的基础上作出具有集体约束力的决策。在此种模型下,财税权力的行使在实体上必然受到基于公共性的预算控制而具有正当性,在程序上则受到民主规则和政治过程的约束。

(二) 公共财产权实质属性厘定

基于前述分析,本书所指称的"财税权力"和"公共财产权",系在同一意义上使用;基于表述方便,本书中更多出现的是"公共财产权"之语词,下文对财税权力属性、法律规制的论述,亦是如此。

公共财产权概念在本质上是一种权属性界定,即对公权力机关取得和支配公共财产的权力性作进一步确认。其构建基础立基于私人财产转化为公共财产过程中的三组界定性关系:第一组是状态性界定,私人财产主要通过政府财政行为转化为公共财产,其学理基础是公共财政理论;第二组是正当性界定,私人财产能够转化为公共财产的正当性基础在于其公共性特质,其学理基础是公共利益理论;第三组是法权性界定,私人财产转化为公共财产后,其法权属性需要进一步确认,即确认公权力机关通过公共财产权行使而将原置于私人财产权

---

① 李友梅、肖瑛、黄晓春:《当代中国社会建设的公共性困境及其超越》,载《中国社会科学》2012年第4期。

项下的私人财产转化为公共财产,其学理基础是基本权利理论(参见图8.2)。

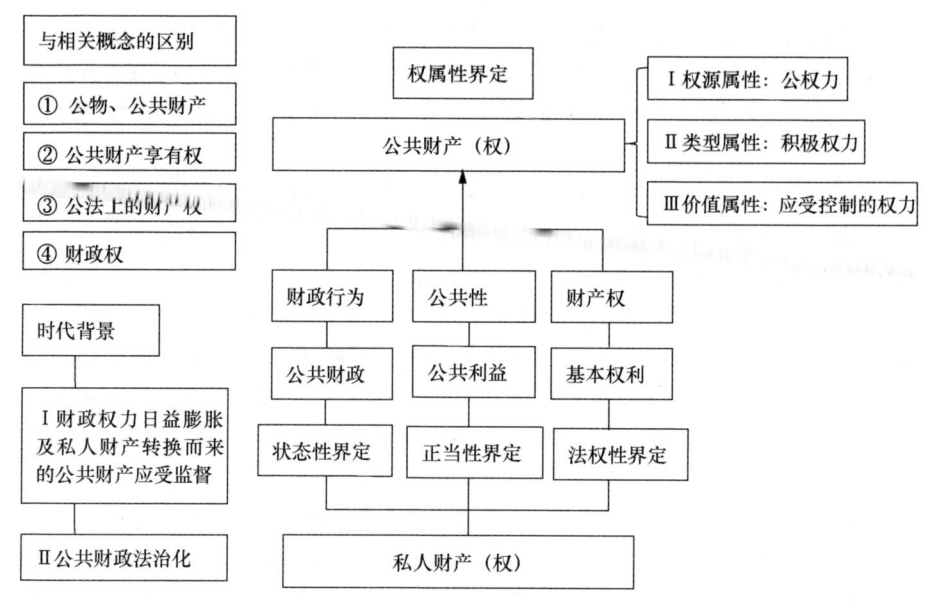

图 8.2 公共财产权的概念模型

在此基础上,对公共财产权的实质内涵可作如下归纳①:

其一,公共财产权在权属安排上是一种公权力。公共财产权是政府基于公共性而生的公权力,指向社会公共生活。公共财产权在脱胎于行政权的财政权的基础上产生,更关注财产的转化、支配及其动态过程。公共财产的取得、用益和处分大体对应于财政权概念之下的收入、管理和支出。公共财产的取得,是指政府对私人财产征税、处罚、国有化等非对价性给付,以及征收土地房屋、收费、发行政府债等对价性给付;公共财产的用益,是指按照符合正当性要求的民主程序将取得的公共财产妥善安排,比如对财政资金进行预算安排、进行一般性财政转移支付和专项财政转移支付;公共财产的处分,是指公共财产按照既定的预算安排进行支出,比如维持政府运转、建设和维持公共基础设施和公共服务体系、支付公务员工资、支付特定群体的相关补贴。

其二,公共财产权在权力类型上是一种积极的权力。通常意义上的私人财产权作为一种私权利,是不受侵犯的消极权利,但公共财产权作为公权力往往

---

① 如前文所述,由于本书系在同一意义上使用财税权力与公共财产权这两个概念,所以这里对公共财产权实质内涵进行的解读,实际即是对财税权力所做的内涵解析。

以积极行使的方式运行,通过合理规划和安排公共财产的用益和处分,以实现公共财产取得和支配的经济绩效和功能效用最大化,促进社会整体的公共福祉。一方面,政府需要积极守护私人财产权,防止公权力对私人财产权的不当干预和侵犯;另一方面,基于公共性的立场,"立法者需要在应当保护的财产利益和公共利益之间进行权衡,并且达到平衡"[1],应依照正当性原则取得公共财产,并积极发挥公共财产的功用,使其在完成财产属性转化后仍能有效促进公共利益,进而使私主体公平、普遍和公开地获得相应收益和收益机会,并为私主体行使积极财产权利提供物质基础。

其三,公共财产权在价值取向上是一种应受控制的权力。公共财产权在表现形式上是一种政府从事财政行为的权力,其行使会对私人财产权造成相当影响。这种影响可能是即时的或在同时代发生,也可能是延时的或在代际出现。以发行政府债为例,欲使财政收入最大化,一些地方政府把未来的潜在税额作为当期用途,这样会影响潜在纳税人私人财产权的价值和安全。[2] 所以,与私人财产权应受保护的立场相对,公共财产权是一种应受控制的权力,这种控制应以最终有利于社会国家的基本要求或社会公共福祉为基本取向。与此同时,这种面向社会公共福祉的规则安排,不应局限于当前财政用度或者赤字困境的现实需要,还应考虑为未来经济稳定发展创造合理预期。

三、公共财产权的法律规制

法律对公共财产权采取何种调整立场,与对公共财产权的定性有关。将公共财产权界定为一种积极的、应受控制的公权力,通过对其行使进行有效的法律调整,使得私人财产转化为公共财产的过程以及公共财产的分配过程符合合理性和正当性原则,是研究公共财产权控制的基本前提。对公共财产权进行规范的基本要义在于:公共财产的取得、用益和处分都应严格遵循法律规定,特别是政府在行使该项权力时不得侵犯公民的私人财产权;对于已经取得的公共财产,应妥善保护,不得肆意处分。通过对公共财产权的法律控制,可以实现"双重保护":控制政府在私人财产转化为公共财产过程中的权力,强调对私人财产的直接保护;控制政府在支配公共财产过程中的权力,强调对"公众之财"的间接保护。

---

[1] 〔德〕罗尔夫·斯托贝尔:《经济宪法与经济行政法》,谢立斌译,商务印书馆2008年版,第203页。

[2] 参见〔美〕杰佛瑞·布伦南、詹姆斯·M. 布坎南:《宪政经济学》,冯克利、秋风等译,中国社会科学出版社2004年版,第127—128页。

（一）实体环节：政府财政行为的正当性

公共财产权作为一种应受控制的公权力，应当具有高度的正当性。按照权利类型的不同，公共财产权的行使可分为三部分：一是公共财产的取得，即政府财政收入过程；二是公共财产的用益，即政府财政管理过程；三是公共财产的处分，即政府财政支出过程。由此，对公共财产权的控制应从三个环节进行。

其一，公共财产取得的控制。借由公共财产权使私人财产转化为公共财产时，应严加审查并研判其正当性与必要性。其中，对于非对价性给付的公共财产取得，虽然在宪法和行政法学理上具有正当性，但仍有限制的必要，比如征税行为应符合量能负担、法律保留等税法基本原则；国有化取得公共财产的行为，亦应具有宪法依据，并合理阐释其中的公共利益。对基于对价性给付取得公共财产的，应掌握必要界限和比例原则。在征收土地房屋时，应注意区分公共利益与商业利益，并进行公平公正补偿；在政府收费时，应遵循收费理性观念和受益负担原则，确定适格的收费主体和必要的收费范围，合理识别特定目的的收费和非特定目的的收费，并对后者进行有效管控和约束；在发行政府债时，应审核发债主体和对象的资格，合理控制债务规模和发行范围，在偿债能力限度进行发债，并贯彻代际公平的理念。

其二，公共财产用益的控制。公共财产的用益，即财政预算管理及公共财产的保值增值。政府对于已经依法取得的公共财产，应尽到善良管理人的勤勉义务。私人财产转化为公共财产后，其使用应按照公开透明、规范有序和平衡控制的要求进行，秉承量入为出和技术谦抑的基本原则。不同地区存在财力高度充裕或过于不足的差异，应注重公共财产用益的社会福利性，通过中央和地方财政关系的调整、财政收入划分、财政转移支付或特定财政政策来调整此种不平等性，达到公共财产分配正义的效果。公共财产用益控制的重点还在于预算管理，通过设置有利于公共财产有效使用和合理监督的预算制度，为公共财产权行使提供正当性依据。此外，公共财产的用益还应体现绩效原则，通过绩效预算激励政府在使用公共财产时提高效率，使其保值增值。

其三，公共财产处分的控制。公共财产的处分，主要指公共财产用于各项预算支出的具体过程，比如公共基础设施和基本公共服务的支出，公务员工资支出以及政府事务支出等，应遵循厉行节约和合理必要的基本原则，并对资产性财产特别是货币性财产建立规范、清晰、严格、有效的审计制度。在公共财产的处分环节，还有一种情形值得关注，即公共财产不正当地被转化为私人财产：一是直接、显性转化，包括部分机关事业单位存在的"小金库"和少数干部的权力寻租等；二是间接、隐性转化，包括中央"八项规定"出台前部分机关事业单位的铺张浪费、"三公"经费较高等。在后一种情形,公共财产并没有直接归属于责任人,但却通过形式上合法的途径流出国库、流入私人口袋,转化为"私人财产",这种情形在部门法上的可责性相对较弱,但在日积月累之中带给国家和全体纳税人极大损害,必须引起重视。

(二) 调整原则:严格的法定主义

依据调整原则,公共财产的取得、用益和处分应严格遵循法定主义。讨论公共财产的分配,需分析公共财产的取得,即征税权的正义性问题。尽管近现代以降,公共财产取得可通过公债等其他方式获得,但课税权仍是最重要的岁入方式。随着现代以来政府职能的不断扩张,行政的作用日趋复杂化与多样化,财政规模随之大幅扩大,控制公共财产取得、用益和处分的问题日益凸显。公共财产的取得应遵循严格的法定主义,对法律没有规定的事项,政府不得作出征税、征收、收费等涉及私人财产转化为公共财产的行为。公共财产的用益和处分,涉及财政预算体制及其配套制度的,通常在宪法性法律中应有明确的约束性规定[①],在执行上更应遵循法定主义。公共财产的取得和支配(用益和处分)过程中的法定主义,主要体现在实体法定和程序法定两个方面:在实体面上,公共财产权的行使应有法律的明确规定或明确授权;在程序面上,公共财产权的行使应遵循既定的民主原则,并有适当的问责制度和救济程序安排。

(三) 程序正义:协商民主、问责监督与法律救济

在现代财税法框架内,国家以财政方式汲取岁入需要正当性依据。这种正当性,在实体价值上表现为社会正义,在程序意义上体现为财政民主。在目前的法律体系中,就程序正义而言,通过行政程序、行政诉讼、国家赔偿等行政和司法方式可以获得具体的私人财产权的救济;就抽象的私人财产权保护而言,可通过民主监督和行政问责的方式得以实现。按照次序逻辑,权利的实现和救济可分为三个阶段:一是事前的协商参与程序;二是事中的预算监督程序;三是事后的行政和司法程序。

以征收土地为例,程序性失权是当前一些地方征地权滥用的重要原因。征地程序规则失范,突出表现为规范模糊和程序性权利无保障。[②] 为解决这个问题,非公益性的用地需求可以通过一对一的协商机制解决,在特殊情形下还可

---

① 我国《立法法》第 8 条规定:"下列事项只能制定法律:……(六) 税种的设立、税率的确定和税收征收管理等税收基本制度……(九) 基本经济制度以及财政、海关、金融和外贸的基本制度……"

② 参见陈洁:《土地征收征用中的程序失范与重构》,载《法学研究》2006 年第 1 期。

以通过民主表决的方式解决,以降低交易成本与交易风险。① 在征收审批中,其内部程序运作的技术性设置不能改变其具体行政行为的属性,且在实质上还具有对土地权利变动进行裁决的功能,所以征收审批的行为属性和功能属性均要求引入正当程序。②

(四) 价值归宿:公共财产权的民生品格

民生问题主要是一个财政问题和分配问题,也是一个权利问题和法治问题③,但在实质上更是公共财产权的取得和支配问题。政府基于公权力将私人财产转化为公共财产,并严格遵循法定原则和民主程序行使,服务于社会民生和公共福祉这一公共财产权的最终归宿。

2004 年《宪法修正案》将《宪法》第 10 条第 3 款"国家为了公共利益的需要,可以依照法律规定对土地实行征用",修改为"国家为了公共利益的需要,可以依照法律规定对土地实行征收或者征用并给予补偿"。此处所指的征收补偿,必须是体现被征收财产市场公平价值的公正补偿,且这项宪法要求必须在操作过程中获得立法和司法的制度保障。④ 按照公法基础性法理,征收须符合三项条件,一是基于社会公共利益;二是符合法定权限和程序;三是给予公正合理的对价。对于"公共利益"的理解,有学者认为,公益"最大特别之处,在于其

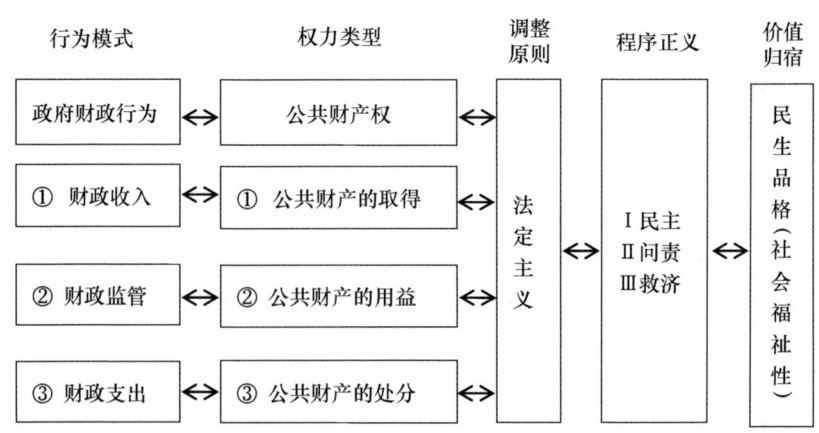

图 8.3 公共财产权的规范法理

---

① 参见吴光荣:《征收制度在我国的异化与回归》,载《法学研究》2011 年第 3 期。
② 参见刘国乾:《土地征收审批的正当程序改革》,载《法学研究》2012 年第 4 期。
③ 参见付子堂、常安:《民生法治论》,载《中国法学》2009 年第 6 期。
④ 参见张千帆:《公正补偿与征收权的宪法限制》,载《法学研究》2005 年第 2 期。

概念内容的不确定性",具体又可分类为"利益内容的不确定性"和"受益对象的不确定性"。① 法律的主要作用之一就是协调个人利益和社会利益,而"这在某种程度上必须通过颁布一些评价各种利益的重要性和提供调整这种种利益冲突标准的一般性规则方能实现"。②

在所有这些规则中,公共财产权规则最终提炼的主导性原则,一是基于公共性而产生,这使得公共财产权具有价值合理性;二是面向民生进行管理,这使得公共财产权具有社会福祉性;三是开展严格法律约束下的财产流转,这使得公共财产权具有程序正当性。

就我国现实情况而言,要实现对公共财产权完整、有效的法律控制,确实任重而道远。对此,既不能期望毕其功于一役,又不可一味消极拖延,而应当系统设计、协同推进、找准重点。我们认为,有效规制公共财产权的关键点应当在于做实全国人大这一最高立法机关和最高权力机关,使其在关键的财政领域更好地行使应有的决定权和监督权③,推动相应的财税权力从行政主导走向立法主导,并以此为突破口,最终实现财税权力整体的法治化。目前,最为可行的是在宪法和法律上落定全国人大及其常委会的三大权力:一是财政收入决定权。这以落实税收法定原则为中心,突破口是房产税改革立法。同时,也应加快《行政收费法》《政府性基金法》等非税收入法律的制定进程。二是预算监督权。应当强化人大在预算准备、审查、执行和绩效评估各阶段的作用,重点是明确人大的预算修正权,并推行预算分项审批制。④ 三是财政收支划分权。在本轮中央与地方财政体制改革中,不应再走行政主导的老路,而要通过制定《财政收支划分法》的方式推进,通过立法博弈来合理配置财政资源,实现"财事协调、权责统一"。⑤ 以上三点,也与中共十八届三中全会《决定》在财税体制改革领域提出的任务要求相互呼应。⑥ 因此,要特别注意形成立法和改革的良性互动,在改革中逐步建立健全财税法律体系。

---

① 陈新民:《德国公法学基础理论》(增订新版)(上卷),法律出版社 2010 年版,第 229—235 页。
② 〔美〕E. 博登海默:《法理学:法律哲学与法律方法》,邓正来译,中国政法大学出版社 2004 年版,第 414 页。
③ 参见蔡定剑:《中国人民代表大会制度》,法律出版社 2003 年版,第 364 页。
④ 朱大旗、李蕊:《论预算审批制度的完善——兼评我国〈预算法〉的修改》,载刘剑文主编:《财税法学前沿问题研究——法治视野下的预算法修改》,法律出版社 2014 年版,第 263 页。
⑤ 即"财权与事权相匹配,事权和支出责任相适应"。
⑥ 《决定》在"落实税收法定原则""改进预算管理制度""加强人大预算决算审查监督""建立事权和支出责任相适应的制度"等方面均提出了要求。

第二节 财税权利

纳税人的权利是财税法权利的核心。从终极意义上说,赋予某些国家机关以主体资格和权利,不过是为了保障财税法律关系的多中心互动,提升财政活动的合法性与合理性,最终目标仍然是为了纳税人权利服务的。因此,我们才将财税法定性为"纳税人权利保护法"(参见本书第一章第三节)。本节即以纳税人权利作为基本观照对象,对财税权利的规范结构、实现机制进行探讨;其后,对于现代财税法上财税权力与财税权利的新型互动关系,做一简要阐明。

一、财税权利的规范结构

现实生活中,财税权利的表现样态较为丰富,只有依循一定的逻辑脉络,才可以对之进行较为系统、全面地把握。根据不同的标准,当然可以对财税权利进行不同的分类,比如根据是否在实定法上载有明文,即可将之区分为应然权利和实然权利;但是,由于我国现行财税法律体系还不是十分健全,其中一个表现就是效力位阶较低的规范性文件占比较大,如若严格讲来,实然财税权利并不十分丰富,而且实然和应然之间的界限较为模糊。从"便于分析"和"指导实践"这两个层面出发,本书拟讨论两类财税权利的分层方式:一是从法域维度,区分为财税法权利和宪法权利;二是从权利形态所蕴含的纳税人与国家公权力间互动关系,区分为消极权利和积极权利。

(一)财税法权利——宪法权利

本书之所以不将"财税权利"等同于"财税法权利",一个重要原因在于后者具有鲜明的法域属性,意为"财税法上的权利";我们固然可以根据"作为综合性法律部门的财税法",将"财税法权利"的外延扩及宪法权利等更高层级,但总归是容易引起言说上的模糊和理解上的混淆。我们认为,根据法域的分野,财税权利主要包括财税法权利和宪法权利,前者是具体部门法意义上的权利,后者则是宪法权利在财税领域的具体化。

由于我国当前的财税立法总体上还存在较大的完善空间,导致财税法律制度中已经规定的权利类型比较有限。以税法为例,现行有效的四部狭义法律——《税收征收管理法》《企业所得税法》《个人所得税法》《车船税法》中,对纳税人权利的规定集中体现在《税收征收管理法》上,该法第8条等条文载有纳税人纳税人的知悉权,保密权,申请减、免、退税权,享有陈述权,申辩权,申请行政复议,提起行政诉讼,请求国家赔偿权,控告、检举权,尊重和保护权,申请回避权、申请延期申报权、申请延期缴纳税款权、委托代理权等各种具体权利。在其他几部税收立法上，部分条文规定其实也可视为是对征管法上对纳税人权利列举式规定的具体化。比如，针对纳税人申请减、免、退税权，《个人所得税法》第4、5条，《企业所得税法》第四章"税收优惠"，都属于这种情况。历史地看，2001年修订《税收征收管理法》时增加有关纳税人权利的规定，确实是一个很大的进步；但是用今日之眼光审视，则现行规定仍有完善之必要。目前正在对《税收征收管理法》进行修改，在2015年1月国务院法制办公布的、修改后的《税收征收管理法修正案（征求意见稿）》（本章以下简称征求意见稿）中，对现行征管法第8条的纳税人权利列举部分，增加了两款规定：一是原则性规定"纳税人、扣缴义务人以及其他当事人在税收征收管理活动中根据法律、行政法规享有权利、承担义务，其合法权益同等受法律保护"；二是增加了纳税人之于税收立法的参与权，"纳税人依法享有税收法律、行政法规和规章制定、修改的参与权"。但是即便如此，我们认为其还有进步空间：若干重要的纳税人权利尚未体现，如诚实推定权。在涉及纳税人权利的重要行政程序中缺乏对纳税人履行告知义务、允许纳税人提出异议以及在重要决定前举行听证会的规定。

总体上看，现行的《税收征收管理法》等财税法律虽然确认了纳税人享有的若干权利，但是这仅仅是纳税人在税法上的具体权利，并不是纳税人权利的全貌。应当看到，纳税人其实就是公民身份在税法领域的具体化，纳税人的基本权利在具体的税法领域中是无法体现的，只有将纳税人上升到公民的层次，才能将税收收入与税收支出之间的法律联系紧密地结合起来。换言之，纳税人权利首先表现为一种资格，是一种具有与征税权力相对等的资格。这既是道德资格又是法律资格，并且这种资格具有普适性。① 易言之，必须将财税权利的适用范围，由狭义之税收领域，扩至整个财政收入、支出及管理的全流域，"纳税人的权利保护不仅仅限于税收征收阶段，还应尽可能扩展到税收立法阶段和财政支出阶段，这样才能更好地保护私人财产权，实现公民的政治权利"②；相应地，这里所谓"纳税人"的身份，亦不仅仅是税法上的概念，而应当是整体财税法领域的基础性概念。根本上看，这其实已经超越狭义的财税法范畴，而进入宪法领域，也即必须从宪法权利的高度来审视和肯认纳税人权利。

在宪法上，纳税人权利至少包括以下几个方面：第一是财产权。这也是纳税人最重要的宪法权利。虽然税收对纳税人而言是一种直接的财产牺牲，但从辩证的角度看，税收又必须以财产权的存在为前提。从一方面看，无财产则无

---

① 黎江虹：《中国纳税人权利研究》，中国检察出版社2010年版，第103页。
② 熊伟：《财政法基本问题》，北京大学出版社2012年版，第35页。

税收，因为没有财产则不必纳税。从另一方面看，无税收也无财产，因为如果没有税法划定征税权边界，那么私人财产权也就无安全可言。从消极的方面说，财产权也就表现为依法纳税的权利，即税人只依据法律规定的范围、依据和程序纳税的权利。对于非依法律规定而对其征收的税收，纳税人有权拒绝并可请求保护。从广义上说，财产权还可以间接地延伸到被转化而成的公共财产上。也就是说，如果国家滥用财政权力，在税款的使用上随心所欲，甚至是贪污、腐败，那么实际上也就是对纳税人财产权的侵害。

第二是生存权。对纳税人而言，财产权的让渡应以保证其基本生存为前提的。生存权是纳税人的基本人权之一，是一项自然权利。不论纳税人是自然人还是法人，生存都是最基本的，征收过度势必影响到纳税人今后的生活或生产。从另一角度看，对纳税人生存权的保护也是获得长期稳定的财政收入的必然要求。在税收立法阶段，对涉及纳税人基本生存权的财产或收益应当免于征税或者视情况从轻课征，对纳税人的个人基本生活开支以及家庭必要抚养开支等，都应该从应税所得中予以扣除。在税收执法阶段，对纳税人生存权的保护也是贯穿始终的。税法中规定的缓征、减征、免征是在纳税人无力缴付税款的情况下，税务机关对纳税人实施的保护其生存权的种种措施。同时，税收强制执行不包括那些对维持纳税人基本生活所需的财产，税收保全措施也有相应的规定，这些都体现了对纳税人生存权的保护。

第三是平等权。平等权是宪法赋予公民的基本权利。在税收立法上，纳税人所享有的平等权体现为税收公平原则。一般而言，这要求税法尽量遵循量能课税的要求，税收应根据纳税人的负担能力来课征，负税能力高者多课税，负税能力低者少课税，无负税能力者不课税。在税收执法上，平等权则体现为非歧视对待，即纳税人之间平等适用税法，不允许存在税法特权，不因主体的不同而随意减免税或设置程序负担。在税收司法上，平等权主要表现为诉权平等。现行《税收征收管理法》第88条规定的纳税争议复议前置和纳税前置，实际上就剥夺了那些既无力缴纳税款又无法提供相应担保的纳税人的寻求救济的权利，造成贫富之人在权利上的不平等。因此，它也受到了学界的广泛批评。

第四是参与权。具体来说，这包括立法参与权和用税监督权。在税收立法中，立法机关要更多地回应民众诉求，在不同的利益群体中寻得平衡与协调。具言之，要强调立法全过程的公开透明，通过座谈、听证、评估、公布法律草案等方式，保障社会公众对于立法的广泛参与和有效监督，特别是要注重通过设立税收立法咨询委员会、聘请人大代表助理等方式,发挥好专家学者的积极作用。① 此外,在制定不同层级的税收法律规范时,也应当建立起不同程度的民意控制机制。例如,对于重要的税收行政法规,可准用立法程序。对于涉及纳税人实质性利益的规范性文件,也应将"正当程序"的要求引入制定过程中,建立信息公开、专家审议等制度。同时,对于税款的支用,纳税人也应当有权进行监督。需要强调的是,这不应当只是泛泛的权利宣示,而应当有纳税人诉讼等相应制度作为支撑。

(二) 消极权利——积极权利

权利类型,同公民在国家中地位的表现形态密切关联,被动地位(对国家权力的服从)、消极地位(排除国家的干预)、积极地位(对国家拥有请求权)、主动地位(参与行使国家权力)是公民在国家中地位的四种基本样态,而且这四种样态呈现阶梯性的上升。② 这里是用公民与国家权力的关系来指称其在国家中的地位,但如果从另一个视角观察,权力的另一面即为权利,前述区分大体也能表现出纳税人权利的不同样态。前述第一种"被动地位",公民国家权力完全服从,在此种情形下,公民并不具有独立的主体地位,而完全是公权力的对象和附庸,自然无甚"权利"可言。第二种"消极地位"中,公民可以排除国家的干预,财税法领域,即是纳税人的私人财产权不应受到国家公权力的侵犯,税收、非税收入等各种形式的财政收入,由于其系从纳税人私人财产中汲取而来,因而应能经受合法性和正当性检测,譬如纳税人享有减、免、退税权,其实也属此范畴;而且,对于此种形态的财税权利,理解不宜过窄,如纳税人的保密权、陈述权、申辩权等,因其系针对国家公权力、基本立场是免受侵害,都应纳入消极权利范畴。第三种"积极地位"中,公民可以凭"纳税人"的身份,要求国家提供公共产品和公共服务,这是一种公共财产请求权,即公众对具有公共属性的特定公共财产享有请求并使用的权利,其内容包括使用基础设施和享受公共服务的权利;现实生活中,各国都有公民以"纳税人"身份请求政府信息公开的事例,就是很典型的例子。第四种"主动地位"中,纳税人可以参与行使国家权力,在财税法场域比较典型的形式是参与财税立法和参与式预算。就前者而言,因为财税

---

① 发达国家的税收立法程序一般都很注重通过听证(Hearing)方式吸取公众意见,特别是专家意见。如美国税收立法程序开始于众议院筹款委员会(House Committee on Ways and Means)举办的议案听证会,立法提案人、经济顾问委员会主任等行政官员、社会公众代表(包括各种特殊利益群体的代表)都会出庭作证;日本税收立法程序中,首先需由税务委员会(Zeiseichosakai)向首相递交一份有关税法修正案的报告,而该委员会成员中就有非政府官员及税收专家。

② 参见〔德〕格奥格·耶利内克:《主观公法权利体系》,曾韬、赵天书译,中国政法大学出版社2012年版,第79页。

事项同纳税人的切身利益息息相关,纳税人适当的参与更有紧迫性,前述税收征管法的征求意见稿中,也拟明确"纳税人依法享有税收法律、行政法规和规章制定、修改的参与权";就后者而言,近年来的参与式预算实践如火如荼,而且形成浙江温岭、上海南汇、上海浦东等多种模式。①

所谓"权利",本即为"得要求他人为或不为一种行为的能力"。这其中,要求他人"不为"时,即是一种消极的防御性权利;而要求他人"为"时,即是一种积极的请求性权利。所以我们在这里用"消极权利——积极权利"的二分法来对财税权利进行归类:免于国家公权力侵害的权利,属于消极性的财税权利,法律制度的主要功能进路是保障性的;要求国家提供特定公共产品和公共服务的权利,以及参与到国家财税立法、预算过程中的权利,则属于积极性的财税权利,法律制度的主要功能进路是促进性的。

需要指出的是,对财税权利的"消极——积极"的二分法,同法理学上"第一代权利""第二代权利"的区分,在含义上有相似之处。而且,所谓"第一代""第二代"之分野,最直观的认识即系以出现时间之先后作为判别标准;与之类似,财税法领域,"权利"的发轫与生长,同样有一个与之类似的历史进程。早期财税法上,国家公权力"一统天下",财税法的基本定位亦为保障国家财政收入的制度规范,当此之时,很难有财税权利发端和生长的空间;延至近代,随着公私二分、及至公权力场域国家和社会的进一步分述,国家公共财政权同纳税人私人财产权的"两权分离",逐渐为社会各界所肯认,此时的"两权分离",主要内涵即是要求国家财政的"适度",相应的制度设计上更多关注诸如税收、非税收入的限度,以至财政收入的合法性与正当性等议题,简言之,此时消极面向的财税权利日益成长、丰富;而在近代以降,伴随着"福利国家"理念的兴起,特别是财税法层面如"公法之债"等一系列观念的崛起并照入社会实践,片面地将视野范围局限在财政收入层面已经滞后于形势发展,越来越要求将财政收入和财政支出打通起来进行一并考虑,这时候纳税人的权利谱系亦产生历史性的跨越,要求提供公共产品和公共服务的请求权"登堂入室";尤其是近年来,随着由管理到治理的范式转移,以及"以人为本"观念的确立和强化,在财税立法、预算过程等政治性场域,纳税人的参与范围不断扩展,本质上讲这既是纳税人参与权的体现、也是纳税人分享国家公权力的实践,正是在这个意义上,纳税人的财税权利同国家的财税权力形成"交集",不同时期政治哲学家期许的"共治"蓝图徐徐展开。

---

① 参见吴良健:《成就与困境:基层人大预算监督中的协商民主——从"合法性传送带"角度解读温岭"参与式预算"模式》,载《台州学院学报》2011年第4期。

以上分析实际上也可说明,我们所说的"财税权利"、或者说"纳税人权利",本质上是一种公法上的权利,是相对于作为公权力主体、即国家而言的权利。这也再次佐证,本书在将纳税人权利作为财税法中心范畴和基石范畴时所言,认为"公法财产权"同"纳税人权利"实为一体两面。

二、财税权利的实现障碍与化解

"在现实生活中,我国纳税人虽然名义上拥有不同种类的权利,但权利的实现却存在很大问题。法学研究中重视纳税人的权利设计当然是一种有益的尝试,但如果过分崇尚文字上的权利,而不去关注这些权利能否得到实现,如何才能得到实现,不能实现的原因是什么等问题,法学就失去了其发现问题的科学价值,容易沦为毫无意义的玄学。"①在纳税人权利问题上,这段作于十余年前的论述,在今日看来仍有其现实价值。法律的基本价值是保护和实现权利,前者指向消极的防御性权利,后者指向积极的请求性权利。某种意义上讲,当下中国财税法上,比财税权利制度供给不足相比,更形突出的还在于权利实现机制的不畅通。针对"纳税人权利的实现机制"这一论题,笔者曾在《税法基础理论》一书中,从纳税人在税收征管中的权利实现机制、纳税人在税收立法中的权利实现机制、纳税人宪法权利的实现机制三个角度,进行过阐述。② 在这里,我们不再复述之前已经论述过的内容,而拟选取两个阻碍纳税人财税权利实现的具体问题,展开分析,期能收"窥斑知豹"之效。

(一)"双重前置"

"无救济则无权利。"徒有纳税人权利的列举,却缺乏权利救济机制、或是权利救济渠道不畅,则蔚然大观的纳税人具体权利也难得真正实现。我国现行《税收征收管理法》第88条的规定涉及两种税收救济途径——税收行政复议和税收行政诉讼。在这两种程序的衔接上,采取的是复议前置和自由选择相结合的模式,而在复议前置之前,又规定了缴纳税款(或提供担保)前置,即纳税前置和复议前置的双重前置程序。这"双重前置"的存在,不少场合下即制约了缺乏相应资力水平者寻求救济的可能性。第一个前置性规定的初衷在于防止纳税人滥诉(复议),确保税款的征收和及时入库,维护国家的税收利益。但是从保护纳税人权利的现实来看,其合理性值得怀疑。在我国现行法律制度下,税务机关完全可以通过强制执行措施防止国家税收利益受到损害或者纳税人故意通过复议来获取非法的延迟缴纳利益。此项前置性规定实无必要。并且,在这

---

① 刘剑文、熊伟:《税法基础理论》,北京大学出版社2004年版,第95页。
② 参见同上书,第95—99页。

项规定下,一旦纳税人、扣缴义务人、纳税担保人无法缴纳或者解缴税款及滞纳金或者提供相应的担保,其将被剥夺启动行政复议的权利,并且因此被间接剥夺获得司法救济的权利。基于经济原因而完全剥夺纳税人获得救济的权利,不但违反了行政法上手段与目的相称的比例原则,也将造成富人与穷人法律对待的不平等。第二个前置性规定,即税收行政复议前置于税收行政诉讼,是考虑到税收案件数量大且专业性强的特点,确实有利于发挥行政复议经济、快速的优势,有利于司法资源效用最大化。在法国、德国、日本、韩国、加拿大、英国等国家也都规定有税收行政复议前置的制度。但是与我国做法完全不同的是,有关国家的税收行政复议机构是独立于税务机关,而我国税收行政复议机构则是税务机关的内设机构,税务行政复议委员会一般也是由局长或者分管局领导担任主任,各业务部门负责人担任委员,委员会办公室设在政策法规部门。这种由内部人组成的机构,难以保证其独立性,使税收行政复议的公正性大打折扣,甚至可能成为变相损害纳税人请求司法救济权利的途径。

较之现行制度,征求意见稿第126条的进步之处则体现在,对于涉及税款的争议,当事人申请复议时,无需先缴纳税款或者提供足额担保,也即取消了复议前的纳税前置门槛。这确是有权机关回应社会各界多年呼吁的进步之举,是可喜的;但客观言之,这迈出的步伐仍然不够大,其保留了现行制度中的两个"门槛":第一,仍然保留了诉讼前的纳税前置,"花钱买救济"或"花钱买诉权"的诟病仍未根除;第二,仍然保留了复议前置的要求。

本次修法中,在复议前置问题上应当朝着更加全面地保护纳税人权利、更加优质地为纳税人服务的方向转变,也即赋予纳税人以完整、真实和有效的救济权。具言之,四个方面的因素使我们更倾向于取消复议前置条款:第一,赋予纳税人更为全面、自主、可选择的救济权利,有助于形成对税务机关的约束;第二,本次修法中部分条款的变动可能会增强纳税人的义务,比如税收强制措施延展至个人,相应地加强纳税人权利及权利实现机制,更能形成稳态、对等和均衡的征纳关系;第三,我国当前的税务行政复议,在中立性、公正性方面有所欠缺,这也影响到其裁判的正当性供给,如果废除复议前置,实现复议和诉讼的"竞争",可倒逼税务行政复议机制的优化;第四,税收强制执行、法律责任等制度的存在,使得废除复议前置并不会对税款的足额征收带来较大损害。

就纳税前置而言,征求意见稿的改进仍难以避免"花钱买救济"的指摘,因此,改革的步伐还可更大一些。针对诉讼前的纳税前置,大体有存、改、废三种思路。前者即保留征求意见稿的规定,仍然要求提起诉讼前需要缴纳税款或提供纳税担保;中者即要求缴纳一定比例税款或提供相应担保后,即可提起诉讼,而在比例设定上,又可区分为50%、20%等多种具体方案;后者即主张根本废止纳税前置,通过计算利息等配套制度的设立,来引导"趋利避害"的理性纳税人作出合乎国家税款利益和纳税人自身利益的行为选择。我们比较倾向于第三种方案,因为该种方案既能更好地体现出税收征收管理法以纳税人权利为本位的精神气质,又不会损害国家税款利益,真正实现了征纳双方的共赢。

(二)纳税人诉讼

我国税收行政诉讼制度存在诸多不足,如法院缺乏专业人才、抽象行政行为未纳入审查范围、纳税人监督权和参与权等权利行使难以得到司法救济。

目前,我国税收行政诉讼案件较少,平均每年才1000件左右,以全国3000多个基层法院计算,几乎平均三个法院才有一起税收行政诉讼案件,对比德国年均受理9万余件之间存在巨大的差距。而且,我国税务行政诉讼案件的立案数占整个行政诉讼案件立案数的比例很小。因此,有的人认为在中国没有必要设立专门的税务法院或者税务法庭,只需在对行政庭的法官加强税法培训即可。

我们认为,从纳税人权利保护的发展趋势来看,在条件成熟时,可以考虑在我国逐步设立专门的税务法院或者税务法庭。这是因为:第一,与国外相比,我国的税法立法水平和制度完善程度相对较低,由此税法规定的模糊或者制度设计不良引发争议的可能性较大。第二,我国的纳税环境、纳税服务不如国外发达国家,我国纳税人对于税务机关的满意度有限,而我国税收行政复议的质量也并不高,因此导致税收行政诉讼案件的几率相应会增大。第三,我国社会正处于转型期,各种社会利益和社会矛盾都进入一个集中暴发期,导致各类行政诉讼案件数量的急剧上升。税收作为纳税人与国家之间所进行的财产分配活动,正是矛盾的焦点,应当正是税收行政诉讼案件数量快速增长的时期。第四,具体税收行政行为的数量以及其涉及主体数量和主体类型都是其他很多行政领域所无法比拟的,税收行政诉讼立案率不应当在各类行政诉讼案件中排在末尾。因而,我国目前税务行政诉讼案件过少、立案率极低的现状不符合正常逻辑推论,也正好说明了很可能是因为我国税收诉讼制度、税收诉讼环境、司法独立性、审判质量等方面存在问题,从而极大降低了税收司法救济手段的效用或者加大了纳税人权利救济的潜在成本,并导致纳税人怠于或者不愿通过司法救济手段来维护自己的合法权益。因此,应当改革我国税收诉讼机制,修改不合理的制度安排,降低诉讼门槛,建立更加独立、专业的税收审判机构(如税务法庭),真正实现通过司法救济手段来强作纳税人权利的保护。

保护纳税人权利,还应当建立我国纳税人诉讼制度。纳税人诉讼,通常是指一定公共区域内的居民以纳税人的身份,所提起的禁止公共资金违法支出的禁止令(injunction)请求诉讼。它起源于 19 世纪英国衡平法上的"相关人诉讼"(relator action)。深受英国法律影响的美国先后通过司法判例、成文法等形式承认了纳税人诉讼。第二次世界大战后,日本仿效当时美国的"纳税人诉讼"(taxpayers' suit)及"市民诉讼"(citizens' suit)模式,建立了与之类似的住民诉讼制度。

目前,我国三大诉讼法制度均不承认私人主体启动的公益诉讼。公益诉讼的成功事例仅局限于以检察机关作为起诉主体对造成环境损害主体的诉讼。如湖南省望城县以检察院为原告,起诉该县坪塘水泥厂对该水泥厂对望城县坪塘镇花扎街村的 49 户村民造成环境损害的赔偿。公民个体提起的公益诉讼往往被法院以主体不适格不予受理。而"蒋石林诉常宁市财政局"案被学界称为"中国纳税人诉讼第一案",以法院裁定不予受理而告终。但是应当看到,纳税人诉讼通过对财政支出的司法审查,体现了司法权对行政权的有效制约,彰显了以私权利制约公权力的理念。纳税人诉讼制度有助于提高公众财政参与的积极性和有效性,增强政府财政行为的合法性和可诉性,这对于我国财政民主与财政法治建设具有重要意义。我国可以参考国外经验,逐步建立纳税人诉讼制度,先允许纳税人就其所在的特定行政区划内的财政支出事项提起诉讼,再逐步扩大诉讼范围。

三、从对抗到合作:新型权力(利)关系

传统观念上,纳税人权利与国家财税权力是处于对立、紧张关系的二元。纳税人权利存在的目的,就是要对抗权力。不过,近年来学界提出了"公共财产法"理论,认为财税法的本质属性是公共财产法。这是中国财税法学人的一次重大理论创新,也为营造新型权力—权利关系提供了契机。

相比于传统的"公法之债"等学说,将税收定位为一种"公共财产",至少有以下两个方面的重要意义:其一,是范围上的延展。公共财产立论于"公共性"(public),与经济学界对财政研究的主流立论基础是公共物品(public goods)理论一脉相承。早在 1892 年,英国学者巴斯塔布尔(Bastable, C. F.)就在《公共财政学》(Public Finance)一书中提出,国家作为社会组织多种形式之一,反映的是个人的集中性或社会性需要的存在,而财政的职能主要就是满足这些需要。这就把"公共性"引入了对财政职能的界定中,也由此奠定了公共财政的基石。① 突出税收的公共性,主要就是在强调税收的征纳与支用必须符合公共利

---

① 毛程连主编:《西方财政思想史》,经济科学出版社 2003 年版,第 47 页以下。

益且经过公共决策程序。这就将关注面从传统的征税扩展到了用税,从传统的"消极控权"扩展到了"积极给付"。应当看到,随着权利的内涵从消极权利延伸至积极权利乃至所谓"第三种权利",只有同时注重征税层面上的消极保护和用税上的积极保护,才能真正地尊重、保障、满足和促进纳税人权利。在这一思路下,财税权力也得以摆脱纯粹基于国家强制力的冰冷、单向的对抗属性,而成为一种国家为促进公民权利的实现、在民众同意的前提下以确定的规则在全社会范围内筹集并合理监管、使用财政资金的权力。①

其二,是立场上的转型。也就是说,税收是政府运用公权力转化而来的私人财产集合,它并非政府的财产,而是政府基于公共性而代替纳税人持有的信托财产集合,是集合化的私人财产,是"公共之财",其支配仍应受到宪法法律的严格约束。"在现代法治国家中,税收是纳税人为获得政府提供的公共物品和服务而支付的'文明的对价',是公民在终极意义上利我的表现。纳税人不仅是被动的义务主体,也是积极的权利主体。"这就摆脱了传统的国库中心主义,从纳税人立场出发,将财税法作为控制公共财产权、保护私人财产权的法律。过去,社会上有一种观念认为,依法治税就是税务机关要按照法律来征税,税法是政府用来管理纳税人的法律。而在国家治理现代化的大背景下,"政府的一切权力来自人民、源自法授"②,财税法也就变成了用来授予、规范和监督政府征税权的法律。作为一种公共财产,税收来源于纳税人,最终服务于纳税人,也经由法律来体现纳税人的意志。因此,税收从"国家财产"转化为"公共财产",实质上体现了财税法从权力本位到权利本位、从"管理"到"法治"、从"治民之法"到"治权之法"的历史转型。

征税的权力是事关毁灭的权力③,用税的权力是事关生存和发展的权力,财税对于治国安邦和民生福祉的意义毋庸多言。置身于全面推进依法治国的大背景下,将税收定位为一种公共财产,无疑有利于消解纳税人的对抗情绪与税收焦虑,内在地提升其纳税遵从,引导权力与权利形成一种合作、互动的良性氛围,从而让财税法治成为征纳双方共同的内心信仰。而这种"纳税人看得见的法治",已经不仅是一种治国方略,更真正成为了一种生活方式。④

---

① 参见刘剑文主编:《民主视野下的财政法治》,北京大学出版社2006年版,第8页。
② 此系2014年10月24日中共中央政治局常委、国务院总理、党组书记李克强主持召开的国务院党组会议提出的论断。
③ 此系美国联邦法院首席大法官马歇尔在麦克洛诉马里兰州案(McCulloch v. Maryland, 17 U.S. 316,1819)判决书中的经典表述。
④ 王利明:《中国为什么要建设法治国家?》,载《中国人民大学学报》2011年第6期,第60页。

第九章 财税责任

法律责任是绝大多数财税法律都会用专章规定的内容,其重要性不言而喻。目前,学界对于财税责任的研究大部分是围绕预算责任、税收责任等某种具体财税法律责任展开的,专著、期刊和学位论文中都有不少专门成果。① 不过,对于从整个财税法层面上提炼的财税法责任,虽然一些教材或专著中已经涉及相关内容,但总体上看现有研究还是很不充分,缺乏系统、全面的解析。为此,本章拟对财税责任的概念、性质、类型、构成要件、追责机制等基础理论问题作一探析,并结合我国现行法规定梳理其主要表现形式,进而讨论现有财税责任体系的主要问题与改进方向。

第一节 财税责任的理论提炼

法律责任作为保障法律实施的机制,是法治所不可缺少的环节;作为一个基本概念,是法学范畴体系的要素。② 讨论财税责任,可以借鉴其他法学学科对法律责任的研究思路,由此探知需要研究的问题所在。我们认为,应当首先明确财税责任的内涵与性质,进而讨论其归责基础、构成要件与追责机制。

一、财税责任的概念及类型

"责任"一词的语义相当丰富。在现代汉语中,它既可以指分内应做的事,如"岗位责任";又可以指"特定的人对特定事项的发生、发展、变化及其成果负有积极的助长义务,如"担保责任";还可以指因没有做好分内之事或没有履行助长义务而应承担的不利后果或强制性义务,如"违约责任"。③ 在法学语境

---

① 关于税收责任的如刘剑文、熊伟:《税法基础理论》,北京大学出版社2004年版,第57—58页;施正文:《税收责任适用问题探研》,载《涉外税务》2005年第11期,第30页以下。关于预算责任的如朱大旗、何遐祥:《预算法律责任探析》,载《法学家》2008年第5期,第94页以下。关于政府采购责任的如张茂林、柳劲松:《论我国政府采购法的法律责任》,载《行政与法》2007年第8期,第70页以下。关于审计责任的如江伟钰:《论审计法律责任的确定与免除》,载《审计与经济研究》2001年第5期,第7页以下。

② 张文显:《法律责任论纲》,载《吉林大学社会科学学报》1991年第1期,第1页。

③ 参见张文显:《法哲学范畴研究》(修订版),中国政法大学出版社2001年版,第118页。

下,责任也有三种含义:一是"惩罚性后果",如侵权责任;二是"义务",如"连带责任";三是借用表达,如这里的"无限责任"。它并不是一种惩罚后果或者是法律义务,而仅仅是对一种实际状况的描述。至于"法律责任",目前法理学对此形成了大量的研究成果,存在处罚论、后果论、责任论、义务论、新义务论等不同理解,其中"新义务论"得到较多学者的支持。具体来说,法律责任被理解为"由于侵犯法定权利或者违反法定义务而引起的、由专门国家机关认定并归结于法律关系的有责主体的、带有强制性的义务,即由于违反第一性法定义务而招致的第二性义务"。① 这种界定比较好地区分了"义务"和"责任",能够反映法律责任的产生机理,我们认为是较为妥当的。

财税责任,即财税法律责任,是法律责任的一种,自然也要遵循法律责任的一般原理。它是一种因违反财税法规定的义务而产生的"第二性义务"。当然,这里的"违反义务"含义很广泛,既包括国家机关违法行使财税权力(同时也就是违背了暗含的依法行使权力的义务)或是使用财政性资金的主体违反法律规定的财经纪律,又包括相对人违反财税法规定的纳税等义务。由此,我们可以对财税责任下一个定义:"财税责任是指财税主体因违反财税法规定的义务而最终承担的强制性法律后果。"

在此,有必要区分一下财税责任与相近的几个概念:一个是"财税强制措施"②,比如税务机关为保全税款而采取的冻结、扣押、查封等税收保全措施。需要说明的是,其名为"税收保全措施",但其实质属于《行政强制法》规定的"行政强制措施",即"行政强制措施,是指行政机关在行政管理过程中,为制止违法行为、防止证据损毁、避免危害发生、控制危险扩大等情形,依法对公民的人身自由实施暂时性限制,或者对公民、法人或者其他组织的财物实施暂时性控制的行为"。③ 由此可见,它们虽然形式上也是因违反纳税义务而带来的"强制",但其在性质上只是一种暂时性的举措,而非最终的法律后果。因此,它们不属于财税责任。

二是"财税强制执行"。强制执行,是指"行政机关或者行政机关申请人民法院,对不履行行政决定的公民、法人或者其他组织,依法强制履行义务的行为"。④ 强制执行,其实是在强制实现法律责任,是责任实现的一种方式,而不

---

① 张文显:《法哲学范畴研究》(修订版),中国政法大学出版社2001年版,第122页。
② 需要说明的是,这是根据我国现行法作出的区分。英美国家并不采取我国这样的"行政处罚"与"行政强制措施"的划分,而是将所有对行政相对人不利的措施都定义为"行政制裁"(sanction)。
③ 此系我国《行政强制法》第2条第2款的定义。
④ 此系我国《行政强制法》第2条第3款的定义。

等于责任本身。当主体不履行法定义务时,法律责任这个第二性义务就产生了,而当主体不履行法律责任时,强制执行才会登场。举例来说,某甲拒不履行纳税义务,税务机关依法处以罚款,这就是法律责任。而某甲仍然不缴纳罚款,税务机关依法强制执行,这是法律责任的实现,而非法律责任本身。当然,如果某甲自觉缴纳,承担了法律责任,那也就无须强制执行了。

三是"税收滞纳金"。我国现行法上的"税收滞纳金"①性质比较模糊,在名称上与《行政强制法》接轨,似为一种行政强制执行方式,但其制度意图上又更类似税收利息,是一种法定孳息。2015 年公布的《税收征收管理法修订草案(征求意见稿)》则明确其性质,将现有的税收滞纳金分拆为税收利息和税收滞纳金两种。不过,税收利息乃法定孳息,是本金的法定增值,并非法律责任。而税收滞纳金,则属于执行罚,是行政强制执行,亦非法律责任。

另外,还有必要辨析一下财税法律责任与政治责任。在一些国家,官员因为财政决策失误而可能引咎辞职或遭到问责,这里的"责任"指的是政治责任。一般而言,政治责任往往不以过错或违法为要件,而是因为出现了负面结果,基于民众压力或政治伦理而产生的道义责任。法律责任,则是因为违反法律义务而产生的。当然,政治责任也可以法律化,从而成为法律责任,但是这种"结果责任"和一般意义上的法律责任在机理上是存在不同的。② 值得注意的是,十八届四中全会提出了"完善纠错问责机制,健全责令公开道歉、停职检查、引咎辞职、责令辞职、罢免等问责方式和程序"的要求,这或将预示着政治责任法律化的进程加快。

财税责任的分类,根据标准不同,可以有多种结果。以主体为标准,可以分为国家机关责任和相对人责任;以内容为标准,可以分为预算责任、税收责任、政府采购责任、审计责任等;以性质为标准,可以分为补救责任和惩罚责任,前者旨在恢复违法行为所致损害,后者则意在制裁违法者。③ 分类的标准众多,在此不赘。

二、财税责任的独立性问题

传统观点认为,法律责任体系由民事责任、刑事责任、行政责任(有学者还

---

① 根据我国《税收征收管理法》第 32 条规定,纳税人未按照规定期限缴纳税款的,扣缴义务人未按照规定期限解缴税款的,税务机关除责令限期缴纳外,从滞纳税款之日起,按日加收滞纳税款万分之五的滞纳金。

② 参见张贤明:《政治责任与法律责任的比较分析》,载《政治学研究》2000 年第 1 期,第 13—21 页。

③ 有学者认为,法律责任关系包括功利性关系和道义性关系,与此相适应,法律责任可分为补偿和惩罚两类。参见孙笑侠:《法的现象与观念》,群众出版社 1995 年版,第 202—213 页。

第九章 财税责任

加上"违宪责任")构成。① 而随着经济法、环境法等新兴部门法的崛起,一个理论上的难题也随之而生:这些新兴部门法上的责任是一种独立的责任类型吗?在这一问题上,学界早先的主流是"综合责任论",认为这种责任实际上只是由民事、刑事、行政责任组合而成。② 近年来,较多学者开始对此提出批驳意见,从多种角度力图证成新兴部门法中法律责任的独立地位。③ 财税责任同样面临着这一问题。对此,我们认为,应当从两个层面来进行考察:

一是从责任的来源层面。责任是违反法律义务而生的第二性义务,民事责任、刑事责任、行政责任都是违反相应的民事义务、刑事义务和行政义务而产生的。④ 反推之,若可证明一种责任产生所基于的义务性质不同于传统的三大责任,那么便可得出该种责任的独立属性。经济法学者也大多经由此进路,通过论证经济法、经济法义务的独立性来导出经济法责任的独立性。对于财税法来说,作为一门勃兴的交叉学科,我们应当看到,其中同时存在着多种性质的义务规范,既有财税法独有的义务,又有刑事、行政甚至民事义务。相应地,也就必然存在财税法独有的责任和刑事、行政与民事责任。

二是从责任的形式层面。财税法是否规定了独有的责任形式?刑事责任和民事责任可以排除,警告、罚款、没收违法所得和行政处分等典型的行政责任形式亦可排除。除此之外,财税法确实还存在少数独特的责任形式,比如"核减或者停止拨付工程投资"⑤"停止为其办理出口退税"⑥"责令改正"⑦等。不过,

---

① 参见沈宗灵:《论法律责任与法律制裁》,载《北京大学学报(哲学社会科学版)》1994年第1期,第40页。

② 代表性观点可参见党宪中:《经济责任质疑》,载《政治与法律》1990年第6期,第53页以下。

③ 其中论述较为充分的是经济法上的"责任的客观性"理论。根据该理论,在第一层面,认同经济法是一个独立部门法,就可导出经济法上的法律责任同样客观存在。在第二层面,经济法上的法律责任也有自己独立的责任形态。另有一些其他较有价值的观点,可参见薛克鹏:《经济法基本范畴研究》,北京大学出版社2013年版,第289—292页;翟继光:《论经济法责任的独立性》,载《当代法学》2004年第4期,第50页以下。

④ 参见张旭:《民事责任、行政责任和刑事责任——三者关系的梳理与探究》,载《吉林大学社会科学学报》2012年第2期,第60页。

⑤ 如根据《财政违法行为处罚处分条例》第9条规定,单位和个人违反国家有关投资建设项目规定的,责令改正,调整有关会计账目,追回被截留、挪用、骗取的国家建设资金,没收违法所得,核减或者停止拨付工程投资。对单位给予警告或者通报批评,其直接负责的主管人员和其他直接责任人员属于国家公务员的,给予记大过处分;情节较重的,给予降级或者撤职处分;情节严重的,给予开除处分。

⑥ 如根据我国《税收征收管理法》第66条规定,以假报出口或者其他欺骗手段,骗取国家出口退税款的,由税务机关追缴其骗取的退税款,并处骗取税款1倍以上5倍以下的罚款;构成犯罪的,依法追究刑事责任。对骗取国家出口退税款的,税务机关可以在规定期间内停止为其办理出口退税。

⑦ 如根据我国《预算法》第92条规定,各级政府及有关部门有下列行为之一的,责令改正,对负有直接责任的主管人员和其他直接责任人员追究行政责任:(一)未依照本法规定,编制、报送预算草案、预算调整方案、决算草案和部门预算、决算以及批复预算、决算的……

问题在于，我国《行政处罚法》第 8 条在规定行政处罚种类时，使用了开放式的兜底条款，将"法律、行政法规规定的其他行政处罚"都纳入行政处罚框架中。也就是说，如果我们认为以上列举的几种财税责任属于行政处罚的话，那么它们就将被吸收进行政处罚范围中，而不再成为一种特有的责任形式。这个问题在理论上尚有争议，不过，至少可以肯定，"责令改正"并不是行政处罚。① 因此，我们可以认为，财税法具有一些独特的责任形式。

基于此，我们主张，对综合责任论和独立责任论进行折中，承认财税责任的独立性至少在一定程度内是可以证成的，同时也不否认财税责任中含有其他责任。也就是说，财税责任中同时存在着财税法独有的责任，即本法责任，和行政、刑事等责任，即他法责任。直接违反财税法所规定的义务而产生的，是本法责任。而那些只是作间接引致规定、最终要依靠其他法律来确定的，则为他法责任。② 财税责任是本法责任和他法责任的结合。

三、财税责任的规范构造

法律责任的规范构造，就是要从理论上对责任进行解构，旨在回答"为什么要承担责任""何种情况下应承担责任""如何实现责任"等问题，从而形成"归责基础—构成要件—追责机制"的完整逻辑体系。对于财税责任的规范探究，亦可因循上开路径。

（一）归责基础

归责基础，就是要解释为什么责任可以归因于主体。关于此，法理学上有"道义责任论""社会责任论""规范责任论"等多种学说。③ 这看似只是一个哲学问题，但却直接影响到责任制度的设计。举例来说，传统的侵权责任着眼于修复被侵权行为破坏的社会关系，因而以"填平"为一般原则。而晚近以来，在食品药品等侵权行为上，补偿被其所侵犯的社会利益逐渐也成为一个归责基础，相应地，惩罚性赔偿等制度才应运而生。

就财税责任而言，其归责基础和行政责任等公法责任存在类似，都要诉诸

---

① 有学者详细论述了为什么责令纠正违法不是其他行政处罚。第一，行政处罚是对违法行为人的一种制裁，而责令纠正违法是对违法状态的一种处理。第二，行政处罚是对违法行为人的一种惩罚，而责令纠正违法是对违法现状的一种修复。第三，责令纠正违法是一种行政命令行为，不属于行政处罚行为。参见胡建淼：《其他行政处罚若干问题研究》，载《法学研究》2005 年第 1 期，第 76 页。

② 例如，财税法法条中常见的"构成犯罪的，依法追究刑事责任"，就是一种间接规定刑事责任的条款，属于他法责任。

③ 参见张文显：《法哲学范畴研究》（修订版），中国政法大学出版社 2001 年版，第 124 页。

对公共利益的损害或成本的补偿。不过,在财税法上,这种公共利益可以被更具体地界定为"公共财产"。因此,我们认为,财税责任的归责基础就在于违法行为积极或消极地侵害了公共财产,故而行为人必须承担补偿和受到惩戒。这与财税责任中的补偿责任与惩罚责任类型是相契合的。

(二) 构成要件

法律责任的构成要件,学界在个别问题上存有不同主张,但总体较为一致,关注的基本上都是行为、结果、因果关系、过错等要素。① 在现有的财税责任研究中,也有学者进行了相关探讨。② 在这方面,理论难度并不高,我们可借鉴刑法上相对发达的经验,将其分解成客观和主观两个层面:

在客观层面,涉及的主要是:(1) 违法行为。没有违法就没有责任,只有当主体违反财税法义务时,责任才可能登场。这种违法行为可以是作为,如违反法律规定进行政府采购,也可以是不作为,如拒绝缴纳税款。(2) 损害结果。即导致公共财产的损失。需要注意的是,这不仅包括现有财产的减损,而且也包括可得财产的未能实现。(3) 因果关系。损害结果应当与违法行为存在客观上的因果关系。例如,某市政府违反财政收支规定进行财政投资,后遇地震而致投资工程毁损,此时便不可将工程毁损的责任归于该市政府,而仅能追究其违反收支规定的责任。

在主观层面,涉及的主要是过错。需要说明的是,对于国家机关而言,违法即视为过错。既然可能引发责任的行为首先必然是违法行为,那么我们也就不必再探求其主观状态是否存在故意或过失。不过,对于国家机关工作人员来说,应当采取的是过错责任,只有其故意或是过失(未尽一般公职人员之注意义务)时,才应承担责任。而对于相对人来说,原则上实行的是过错责任,而且大部分情形下只有故意才能构成,例如骗取出口退税行为就暗含要求其主观上必须是故意。在法律另有规定的极个别情况下,也可能是无过错责任。

至于免责事由,法理上的归纳的时效免责、自首和立功免责、补救免责、人道主义免责等在财税责任上亦有适用空间。值得指出的是,对于相对人而言存在一种特殊的免责事由,即信赖免责。具体来说,如果相对人基于对国家机关的合理信赖而采取了违法行为,以至于其完全不具有违法性认识可能性,那么

---

① 较典型的如违法、损害、主观过错、责任能力的四要素说,主体、过错、违法行为、损害事实、因果关系的五要素说,等等。参见张越:《法律责任设计原理》,中国法制出版社2010年版,第29—30页。

② 如有学者从主体、过错、违法行为、损害结果和因果关系四个方面分析预算责任的构成要件。参见朱大旗、何遐祥:《预算法律责任探析》,载《法学家》2008年第5期,第96页。

便可免责。我国在探索建立的税收事先裁定制度就是一例。

不过,需要特别强调的是,以上只是一种学理归纳,只能作为制度设计的参考,而不可作为实践中判断的标准。从法理上说,法律责任作为一种否定性法律后果,应当由法律规范预先规定,包括在法律规范的逻辑结构之中。① 根据财税法定原则的要求,财税责任更应当由法律规定。因此,判断某一行为是否需要承担财税责任的唯一标准就只能是现行法律。

(二) 追责机制

追责机制就是财税责任实现的方式,包括追责主体和追责程序。这一部分和财政监管法具有较大幅度的重叠,因此这里仅作要点提示。对于相对人来说,追责主体一般比较清晰,就是与之相对应的财税机关。有时,该财税机关可能仅有建议、提请权,而必须由另一国家机关追责。例如,我国《税收征收管理法》第60条规定,纳税人不办理税务登记的,由税务机关责令限期改正;逾期不改正的,经税务机关提请,由工商行政管理机关吊销其营业执照。

至于国家机关,可能的追责主体则相当多元,包括:

(1) 人大及其常委会。如我国《预算法》第84条规定各级人民代表大会和县级以上各级人民代表大会常务委员会会有权就预算、决算中的重大事项或者特定问题组织调查。

(2) 财政部门。如我国《财政违法行为处罚处分条例》第2条规定县级以上人民政府财政部门在职权范围内,依法对财政违法行为作出处理、处罚决定。

(3) 行政监察机关。如我国《财政违法行为处罚处分条例》第2条规定有财政违法行为的国家公务员,由监察机关及其派出机构(以下统称监察机关)或者任免机关依照人事管理权限,依法给予行政处分。

(4) 上级机关。如我国《政府采购法》第83条规定阻挠和限制供应商进入本地区或者本行业政府采购市场,经责令而拒不改正的,由该单位、个人的上级行政主管部门或者有关机关给予单位责任人或者个人处分。

(5) 审计机关。不过,一般情况下,它享有的是建议、通报权而非决定权。如我国《审计法》第44条规定,审计机关认为对直接负责的主管人员和其他直接责任人员依法应当给予处分的,应当提出给予处分的建议,被审计单位或者其上级机关、监察机关应当依法及时作出决定,并将结果书面通知审计机关。

---

① 张文显:《法哲学范畴研究》(修订版),中国政法大学出版社2001年版,第137页。

第二节 财税责任的具体形式

我国现行财税法律体系中,对财税责任的规定是比较重视的。在法律层面,《预算法》《税收征收管理法》《政府采购法》《审计法》都设有专章规定"法律责任";在行政法规层面,主要有上述各法律的实施条例,以及专门性的单行法规如《财政违法行为处罚处分条例》《违反行政事业性收费和罚没收入收支两条线管理规定行政处分暂行规定》,此外在《国家重点建设项目管理办法》等法规中也有部分涉及;在部门规章层面,也有一些专门规定,如国家税务总局2005年发布的《税收执法过错责任追究办法》。从这些规定中,可以梳理出现行法上财税责任的具体形式。

一、国家机关的责任形式

国家机关承担的责任形式,首先可以界分为本法责任和他法责任两类。本法责任,是国家机关违反财税法律规定的义务而产生的责任。他法责任,则是因为违反其他法律规定的义务而产生的责任。例如,某税务机关工作人员故意少征税款,须依据《税收征收管理法》等规定追究其责任,此系本法责任。但如果其情节严重,构成犯罪的,则应依据《刑法》追究其责任,此系他法责任。

(一)本法责任

在本法责任上,还须适当区分单位责任和个人责任。单位承担的责任形式兼有声誉罚和财产罚两类,主要包括警告或通报批评、责令改正或补救、罚款、没收违法所得、停止拨付资金等。具体如下:

(1)警告或通报批评。如我国《审计法》第43条规定:"被审计单位违反本法规定,拒绝或者拖延提供与审计事项有关的资料的,或者提供的资料不真实、不完整的,或者拒绝、阻碍检查的,由审计机关责令改正,可以通报批评,给予警告。"

(2)责令改正或补救。具体又可以表现为补收应当收取的财政收入、限期退还、调整有关会计账目、追回有关款项、依法撤销擅自开立的账户等方式。如我国《预算法》第95条规定:"该条规定,各级政府有关部门、单位及其工作人员有违反法律、法规的规定,改变预算收入上缴方式等行为的,责令改正,追回骗取、使用的资金。"

(3)罚款。如我国《政府采购法》第71条规定:"采购人、采购代理机构违反规定的,责令限期改正,给予警告,可以并处罚款。"《财政违法行为处罚处分条例》第17条规定:"单位和个人违反财务管理的规定,私存私放财政资金或者其他公款的,对单位处3000元以上5万元以下的罚款;对直接负责的主管人员和其他直接责任人员处2000元以上2万元以下的罚款。"

(4)没收违法所得。如我国《政府采购法》第72条规定:"采购人、采购代理机构及其工作人员违反法律,尚不构成犯罪的,处以罚款,有违法所得的,并处没收违法所得。"

(5)停止拨付资金。如我国《财政违法行为处罚处分条例》第9条规定:"单位和个人有违反国家有关投资建设项目规定的行为的,责令改正,调整有关会计账目,追回被截留、挪用、骗取的国家建设资金,没收违法所得,核减或者停止拨付工程投资。"《政府采购法》第74条规定:"采购人对应当实行集中采购的政府采购项目,不委托集中采购机构实行集中采购的,由政府采购监督管理部门责令改正;拒不改正的,停止按预算向其支付资金。"

至于国家机关工作人员承担的责任形式,则有批评教育、责令作出书面检查、通报批评、责令待岗、取消执法资格等。这几种责任形式目前主要规定在我国《税收执法过错责任追究办法》第4条,针对进行具体税收征管的税务人员。需要注意的是,这并不属于《公务员法》规定的警告、记过、开除等行政处分,而是财税法规定的执法过错责任形式,因此属于本法责任而非他法责任。对于在财政支出等领域相关工作人员的失职或违法,目前主要对应着他法责任,而尚未见有财税法律法规专门规定的本法责任。

(二)他法责任

在他法责任上,主要的责任形式有刑事责任、民事责任和行政责任三类:

(1)刑事责任。如我国《刑法》第404条规定:"税务机关的工作人员徇私舞弊,不征或者少征应征税款,致使国家税收遭受重大损失的,处5年以下有期徒刑或者拘役;造成特别重大损失的,处5年以上有期徒刑。"第405条规定:"税务机关的工作人员违反法律、行政法规的规定,在办理发售发票、抵扣税款、出口退税工作中,徇私舞弊,致使国家利益遭受重大损失的,处5年以下有期徒刑或者拘役;致使国家利益遭受特别重大损失的,处5年以上有期徒刑。其他国家机关工作人员违反国家规定,在提供出口货物报关单、出口收汇核销单等出口退税凭证的工作中,徇私舞弊,致使国家利益遭受重大损失的,依照前款的规定处罚。"此外,还可能构成第397条规定的滥用职权罪、玩忽职守罪。这些都是刑法针对财税违法行为而规定的法律责任,故而当然属于他法责任。

(2)民事责任。如《国家重点建设项目管理办法》第22条规定:"未按照合同约定拨付国家重点建设项目资金的,应当承担相应的违约责任。"这就属于财税法中的规定间接引致适用违约责任,应该要依据《合同法》的相关规定来追究民事责任。

(3)行政责任。如《税收执法过错责任追究办法》第2条规定:"对过错责任人员应当给予行政处分的,依照其他法律、行政法规及规章的规定执行。"这同样属于引致适用,需要根据《公务员法》第九章"惩戒"的规定及相关法规、规章来决定如何给予行政处分。

二、相对人的责任形式

相对人承担的财税责任,与其他法律责任的情况类似,也包括财产罚、声誉罚、资格罚和人身罚等种类。同样地,其责任形式也可以界分为本法责任和他法责任两类。

(一)本法责任

在相对人的本法责任上,主要有责令改正、罚款、没收违法所得和作案工具、资格剥夺等形式。具体如下:

(1)责令改正。如我国《税收征收管理法》第61条规定:"扣缴义务人未按照规定设置、保管代扣代缴、代收代缴税款帐簿或者保管代扣代缴、代收代缴税款记帐凭证及有关资料的,由税务机关责令限期改正。"

(2)罚款。如我国《税收征收管理法》第61条规定:"纳税人未按照规定的期限办理纳税申报和报送纳税资料的,或者扣缴义务人未按照规定的期限向税务机关报送代扣代缴、代收代缴税款报告表和有关资料的,由税务机关责令限期改正,可以处2000元以下的罚款;情节严重的,可以处2000元以上1万元以下的罚款。"

(3)没收违法所得和作案工具。如我国《税收征收管理法》第71条规定:"非法印制发票的,由税务机关销毁非法印制的发票,没收违法所得和作案工具。"

(4)资格剥夺。如我国《政府采购法》第77条规定:"供应商有特定违法行为的,列入不良行为记录名单,在1至3年内禁止参加政府采购活动。"《税收征收管理法》第66条规定的"对骗取国家出口退税款的,税务机关可以在规定期间内停止为其办理出口退税"。第72条规定的"从事生产、经营的纳税人、扣缴义务人有本法规定的税收违法行为,拒不接受税务机关处理的,税务机关可以收缴其发票或者停止向其发售发票"。

(二)他法责任

在相对人的他法责任上,主要表现为税收犯罪导致的刑事责任,包括但不限于：

（1）走私普通货物、物品的刑事责任。我国《刑法》第153条规定："走私本法第151条、第152条、第347条规定以外的货物、物品的，根据情节轻重，分别依照下列规定处罚：（一）走私货物、物品偷逃应缴税额较大或者一年内曾因走私被给予二次行政处罚后又走私的，处三年以下有期徒刑或者拘役，并处偷逃应缴税额1倍以上5倍以下罚金。（二）走私货物、物品偷逃应缴税额巨大或者有其他严重情节的，处3年以上10年以下有期徒刑，并处偷逃应缴税额1倍以上5倍以下罚金。（三）走私货物、物品偷逃应缴税额特别巨大或者有其他特别严重情节的，处10年以上有期徒刑或者无期徒刑，并处偷逃应缴税额1倍以上5倍以下罚金或者没收财产。单位犯前款罪的，对单位判处罚金，并对其直接负责的主管人员和其他直接责任人员，处3年以下有期徒刑或者拘役；情节严重的，处3年以上10年以下有期徒刑；情节特别严重的，处10年以上有期徒刑。对多次走私未经处理的，按照累计走私货物、物品的偷逃应缴税额处罚。"

（2）逃税的刑事责任。如我国《刑法》第201条第1款规定："纳税人采取欺骗、隐瞒手段进行虚假纳税申报或者不申报，逃避缴纳税款数额较大并且占应纳税额10%以上的，处3年以下有期徒刑或者拘役，并处罚金；数额巨大并且占应纳税额30%以上的，处3年以上7年以下有期徒刑，并处罚金。"

（3）抗税的刑事责任。如我国《刑法》第202条规定："以暴力、威胁方法拒不缴纳税款的，处3年以下有期徒刑或者拘役，并处拒缴税款1倍以上5倍以下罚金；情节严重的，处3年以上7年以下有期徒刑，并处拒缴税款1倍以上5倍以下罚金。"

（4）其他税收犯罪的刑事责任。如逃避追缴欠税罪（第203条）；骗取出口退税罪、偷税罪（第204条）；虚开增值税专用发票、用于骗取出口退税、抵扣税款发票罪；虚开发票罪（第205条）；伪造、出售伪造的增值税专用发票罪（第206条）；非法出售增值税专用发票罪（第207条）；非法购买增值税专用发票、购买伪造的增值税专用发票罪；虚开增值税专用发票罪、出售伪造的增值税专用发票罪、非法出售增值税专用发票罪（第208条）；非法制造、出售非法制造的用于骗取出口退税、抵扣税款发票罪；非法制造、出售非法制造的发票罪；非法出售用于骗取出口退税、抵扣税款发票罪；非法出售发票罪（第209条）；持有伪造的发票罪（第210条）；等等。

三、现有责任形式的拓补

总体上看，我国现行法上针对相对人的财税责任形式是比较丰富的，而对国家机关及其工作人员的责任则规定尚不充分,责任形式还比较单一,大多数局限于追究工作人员的行政责任。然而,不同违法行为成因不一、程度不同,对此也应当有不同形式的责任相对应,才能做到过罚相当。① 特别是对于财税决策行为来说,现有责任形式的缺失就更加凸显。

财税法的运行,可以分为决策和执行两个阶段来看。其中,财税执行行为或者属于具体行政行为、具有可诉性(如征税行为),或者没有独立意义(如按决定划拨财政资金)。即使是一些发生在政府内部的行为(如预算执行行为),通常也有相应的管理规定,如我国的《财政违法行为处罚处分条例》《税收执法过错责任追究办法》等。因此,从整体上看,执行行为的责任追究比较容易,通过对违法工作人员的处分,也可以比较有效地起到教育、惩戒等作用。但是,财税决策行为则相当复杂。从现行法上看,通常只有对决策主体的职责规定,而罕见控制性的规定。例如,《消费税暂行条例》第 2 条第 2 款规定消费税税目、税率的调整由国务院决定。但是,对于国务院如何调整、进行何等程序的调整,法律则无从规定。法律通常只有明确调整权限,但没有规定如何进行个案调整。

不过,笔者认为,这并不是现行立法的疏漏,而恐怕确实是法律所不能及。税率调整等财税决策是一项政策性和技术性极强的工作,需要价值判断而无绝对是非,通常属于政治过程,故而难以由法律预先设定。但是,这种财税决策却有受到法律规范的必要。特别是我国现实中宏观调控的泛化现象,更突显了此等需要之迫切。近年来,宏观调控的空间被不合理地扩大。只要局部地区或局部行业出现了物价波动、供求失衡等状况,就动辄呼吁政府加强宏观调控。同时,宏观调控的作用时间也被不合理地延长,甚至长期被视为政府的首要工作。② 厉以宁先生将这种现象描述为"宏观调控依赖症"。③ 这表明,过去一段时间政府和社会对宏观调控的理解存在偏差,过分放大了财税法的调控功能。

值得注意的是,对于这种决策行为,法律责任的追究是相当困难的。由于其中往往并不存在个人的违法行为,也不存在明显的过错,所致的损害后果大多可以归因于决策天然存在的不可控风险,无论是采取传统的"过错责任"或"违法责任",都很难归咎于国家机关或其工作人员。但是,这种决策一旦不当,

---

① 参见蒋悟真、王莎莎:《预算违法行为的法律责任探讨》,载《江西财经大学学报》2009 年第 1 期,第 63 页。
② 参见黄伯平:《政府职能的重大转变:从宏观调控再到宏观管理》,载《北京行政学院学报》2013 年第 3 期,第 36—40 页。
③ 参见厉以宁:《宏观调控不能替代改革》,载《领导科学》2013 年第 20 期,第 20 页。

带来的危害往往是非常巨大且不可弥补的,民众会产生强大的问责呼声和政治压力。鉴于此,一种思路是以立法机关为中心,推行政治问责。这就要求将政治责任法律化,建立起跟踪倒查机制,明确规定当财税决策出现何种程度的损失结果时,哪些责任人员应承担何等政治责任。这种政治问题法律化的智慧是十分重要的,正如美国联邦最高法院首席大法官约翰·罗伯茨所言:"我们的政体之所以举世无双,在于它受到法治约束,拥有一部必须由法律人和法官解释的成文宪法。所以,你会发现,这个地方发生的事情,与白宫、国会大厦内有着些许的不同。你会意识到这些事情对于我们的政体运作来说,有多么的重要。"①总之,加快财税领域的政治责任法律化进程,应是未来的一大努力方向。

第三节 财税责任的现实问题

与"无权利则无救济"相类似地,从某种程度上说,无责任也就无义务。如果法律仅仅规定了"不得为之",但却没有对违法行为明确规定责任后果,那么往往就只能沦为柔弱无力的宣示,就像没有牙齿的老虎,无法发挥太大作用。从我国现行立法上看,法律责任几乎存在于所有的财税法律中,是不可缺少的内容之一,但就其内容与实际效力而言,确实还存在着一定程度的问题。

一、财税责任的现状剖析

我国财政法律规范缺失的现象较为严重,对各种财政违法行为并未规定相应的消极法律后果,这使得财政法律规范的义务性规范、强制性规范和禁止性规范徒有其表,而无法产生真正的拘束力。不仅如此,如何追究财政法律责任、其责任形式是否与一般法律责任形式有所差别、法律责任追究程序是否与行政责任、刑事责任的追究程序相同等问题,在财政法律规范中均未有所涉及。这也进一步降低了财政法律规范的刚性和强制性,不利于财政法律规范控权功能的发挥。客观地说,我国在财税责任方面普遍存在三大问题:

一是缺乏完整的财税责任体系。以《税收征收管理法》为例,一些行为没有明确规定是否需要追究责任,如该法第77条规定:"税务人员徇私舞弊,对依法应当移交司法机关追究刑事责任的不移交,情节严重的,依法追究刑事责任。"这里规定了"情节严重"的法律责任,但如果不严重,即不够追究刑事责任的,应当如何追究责任就没有规定,似乎就不需要追究责任。但实际上,现实生活中

---

① 〔美〕布莱恩·拉姆等:《谁来守护公正:美国最高法院大法官访谈录》,何帆译,北京大学出版社2013年版,第233页。

大量存在的是"不严重"的不移交情况,对此,应当对相应责任人追究相应的法律责任。更为常见的情况是规定了追究法律责任,但没有明确责任的具体形式,如该法第79条规定:"税务机关、税务人员查封、扣押纳税人个人及其所扶养家属维持生活必需的住房和用品的,责令退还,依法给予行政处分;构成犯罪的,依法追究刑事责任。"这里虽然规定了"行政处分",但至于是什么"行政处分"则没有明确规定。由于行政处分的种类很多,在现实生活中,很多违法责任机关或者行为人只受到了最轻的行政处分,如"警告"处分,这样可能难以对违法者起到惩戒和教育的作用。

二是往往重于规定相对人的责任,而疏于规定国家机关的责任。国家机关的一些违法行为,没有相应的责任作为惩戒,或是只有宽泛的原则性规定。典型的例子是在《税收征收管理法》中,对于纳税人的责任规定得较为详尽,比较有可操作性,但对于税务机关及其工作人员的责任绝大多数只有模糊的"给予行政处分"等。这种规定的责任是较为抽象的,操作的空间过大。同时,对于纳税人的责任有过重之嫌。比如,《税收征收管理法》对于纳税主体的税收违法行为基本上都规定了经济责任,但其存在的问题是罚款太严厉,一般为0.5到5倍的罚款,罚款幅度的裁量性也过大。从实际执行效果看,对税收违法行为很难予以过重的罚款处罚,况且还有追缴税款、加征滞纳金的规定。

三是财税责任的追责机制不够健全。对于纳税人的责任追究,有《行政处罚法》等作为依据,对于工作人员的责任追究,也有《公务员法》《行政监察法》和相关法规作为依据,程序都相对明朗。但是,对于国家机关的追责,法律通常没有规定具体的查处程序,可操作性相当不足。比如,对于违背预算法规定、改变预算收入上缴方式的国家机关,法律规定应"责令改正",但由谁责令、如何责令、责令无效如何处理等问题,都付诸阙如。从现实运行中看,无论是人大常委会、财政部门还是审计机关,也都罕见针对国家机关追究责任的实例。[①] 如在预算监督中,人民代表大会及其常务委员会很难启动特别调查程序,人大代表或常委会组成员的询问、质询权也没有起到应有的作用。政府每年两次向人民代表大会或其常务委员会报告预算执行情况虽然不难做到,但如果没有专业机构和人员的辅助,一旦信息笼统粗略,即便其中存在问题,在会期紧张、审查时间有限的情况下,也不太可能被发现。

四是不同法律规定的财税责任之间衔接不够。例如,《预算法》关于税收违法行为的规定,部分与《税收征收管理法》中的规定存在竞合,有些内容还规定

---

① 参见刘剑文主编:《财政法学》,北京大学出版社2009年版,第323页。

的不尽一致。举例来说,对于违法提前征税、延缓征税的,《税收征收管理法》第83条只规定了对直接负责的主管人员和其他直接责任人员"依法给予行政处分",而《预算法》则是明确限于"降级、撤职、开除"三类处分,排除了较轻微的警告、记过、记大过等处分类型。再比如,为了避免重复处罚,在行为人的同一个税收违法行为同时构成行违法和刑事犯罪的时候,即发生行政处罚与刑事处罚的竞合问题。对此,是合并处罚还是分别处罚,法律也没有给出明确答案。可见,财税责任之间的衔接和协调工作,是值得关注和研究的。

以上问题,使得财税责任处于被弱化、虚化的状态,进而导致财税法律中的许多规定沦为乏力的宣言,往往只停留于纸面,而执行状况不佳。例如,虽然《税收征收管理法》等法律明文规定了依法征税的要求,但由于其缺乏刚性的责任条款加以保障,故而很难发挥效力。为了服务于招商引资或稽征便利等目的,税法的一些规定往往在现实中被任意地打折扣、搞变通。并不罕见的情况是,地方政府突破税法的既有规定,自行设定税收优惠或降低法定税率,以进行"低税竞争",与其他地区争夺税源。被称为"共和国第一税案"的金华税案,其实很大程度就滋生于当地政府纵容甚至公然违法的土壤之上。① 又如,征收"过头税"现象屡禁不止。所谓过头税,就是指超过法定标准征税,或预征将来可能的税收。为了完成上级下达的税收任务,或者在追逐政绩的驱使下,这一明显违反税法的行为却仍然时不时在某些地方、某些领域出现。特别是在"唯GDP"政绩观、政治责任等的压力之下,税法的规定往往就只能停留于纸面,或是被选择性地执行。可见,强化财税责任,增强财税法的刚性约束,是财税法治中极为重要的一环。一旦缺失责任的保障,即使法律规定得再精致,也很可能成为空中楼阁。

二、财税责任的积极进展

法治作为一种治理方式,最基本的原理就在于对违反规则的行为施加不利的法律后果,以达到弥补损失和惩戒的目的。公共管理学者认为,"建立一个负责的政府——对公民负责的政府——是现代国家建设的最终目标"。② 这里的"负责"首先是财政上的负责。如果一个国家对人民在财政上不能负责,那么就

---

① "共和国第一税案"是一起发生在浙江省金华县的虚开增值税专用发票的犯罪案件。根据增值税相关法规的要求,只有被认定为一般纳税人的企业才能使用增值税专用发票。而金华县政府机关为了增加财政收入,以发展地方经济为由,推出了"以票引税"的政策,还通过降低增值税法定税率以"引进税源",与周边地区进行税收竞争。这种行为不仅与税收法定原则相左,而且也纵容和助长了税收犯罪行为。

② 马骏:《政治问责研究:新的进展》,载《公共行政评论》2009年第4期,第22页。

谈不上是一个负责的政府。而"负责"需要靠"问责"予以保障。如果政府行为不能被问责,那么也就谈不上要求政府负责。实际上,问责作为一种机制最早的表现就是财政问责(Financial Accountability)。① 可喜的是,在我国近年来的财税立法过程中,强化责任追究成为了一个普遍趋势。

以我国现行《预算法》为例,广受关注的一大修法亮点正在于大幅充实了第十章"法律责任"的内容,将其篇幅从200余字扩充到了近900字,在违法行为、责任形式等方面都作了更为全面、具体的规定。例如,该法第93条明确地列举了"未将所有政府收入和支出列入预算或者虚列收入和支出的""违反法律、行政法规的规定,多征、提前征收或者减征、免征、缓征应征预算收入的"和"截留、占用、挪用或者拖欠应当上缴国库的预算收入的行为"等税收收入中的违法行为,并且规定了相应的责任形式,即"责令改正,对负有直接责任的主管人员和其他直接责任人员依法给予降级、撤职、开除的处分"。这一规定相当具体,有可操作性,让预算法真正"长出了牙齿"。又如,在2015年公布的《税收征收管理法修订草案(征求意见稿)》中,法律责任一章也得到了扩充。特别是有意识地增加了大量的定义性条款,减少了不确定性。例如,该法第101条相比原第66条而言,就增加了一款,对"假报出口骗取国家出口退税款"中的"假报出口"界定了五种具体情形。

值得关注的是,在财税制度反腐的浪潮中,财税责任也得到了强化。自党的十八大以来,反腐倡廉成为全社会关注的焦点。在财税法的视野下,可以看到,中央出台的一系列反腐措施,实质上就是在通过强化财税责任来规范财政行为,从而管好公共财产。2014年1月14日,习近平总书记在中纪委十八届三次全会上的讲话严肃指出了部分领导干部存在的"四风"问题:"犯个组织纪律、财经纪律算什么?打个哈哈就过去了!一到节假日甚至不是节假日,有些人就到处跑,还带着一大家子,吃好的,住好的,玩好的,大江南北,长城内外,哪儿好就往哪儿去。不少是公款消费,财政成了他们家的钱包,财政局长成了他们家的管账先生。"② 从讲话中可以看出,关键的问题不光在于没有财经纪律,更在于违反纪律后没有相应后果,亦即责任缺位。在这个意义上说,十八大以来颁行的诸多党规政纪,其实都是在通过强化责任追究来控制公款的支用,是在以财税制度防治腐败。数据显示,2013年中央本级"三公"经费财政拨款预

---

① 参见马骏:《政治问责研究:新的进展》,载《公共行政评论》2009年第4期,第23页。
② 习近平:《严明党的组织纪律,增强组织纪律性》,载《十八大以来重要文献选编》(上册),中央文献出版社2014年版,第764页以下。

算执行数为71.54亿元,与当年预算相比,减少了8.15亿元,下降了10.2%。①实践证明,这些反腐举措效果立竿见影,"党风、政风和社会风气为之一新"②。

不过,之前的财税反腐措施通常是以党规政纪形式出现,有相当部分还只是临时性、专项性的《通知》,全局性、稳定性和长效性还有待提升。对此,十八届四中全会已经指出,全面推进依法治国,必须努力形成国家法律法规和党内法规制度相辅相成、相互促进、相互保障的格局。未来的财税反腐措施应当逐步从"工作要求"上升为"党内法规",条件成熟时再通过立法在国家层面施行。③应当看到,制度的最高和最好形式是法治,未来应更加注重法治的顶层设计,将现有问责制度的有益经验上升为法律,制定《财政监督法》,使财政权力在法治约束下规范、有序、高效地运行,让各类腐败行为无处藏匿。

三、财税责任的完善方向

中共十八届四中全会提出:"法律的生命力在于实施,法律的权威也在于实施。"按照"职能科学、权责法定、执法严明、公开公正、廉洁高效、守法诚信"的法治政府要求,对于财税机关而言,落实的关键和难点都在于推进机构、职能、权限、程序、责任法定化,而责任法定又是以上诸项的保障和依托。只有通过法律责任来对违法违规征税、用税的行为予以严肃处理,财税法治的权威才能真正树立。

针对我国当前财税法律规范中法律责任规范缺失的现状,应当按照系统化、精细化、严密化的方向,进一步健全财税责任制度。每一个法律设定的义务,都应有相应的法律责任作为保障。而对于责任条款,能够具体的一定要具体,要有可操作性。除在相关的财税法律法规中对违法行为设定相应的法律责任外,还应当统一规定财税违法行为的构成要件、法律责任的追究标准、法律责任的具体形式、各种类型的法律责任的追责机制等内容。从当前财政法律责任形式来看,对财政违法行为的法律责任追究以行政责任和刑事责任为主。财政违法行为与一般的违法行为存在较大的差别,则其在追究行政责任和刑事责任上,是否与其他一般违法行为具有不同的追究责任的标准,其程序设置应当作何修正等,均应当在财政法律规范中特别予以规范。为体现财政违法行为与其

---

① 数据来自财政部网站2014年4月18日发布的《中央本级2013年"三公"经费预算执行和2014年预算安排情况》。

② 习近平:《在党的群众路线教育实践活动总结大会上的讲话》,载《人民日报》2014年10月9日。

③ 参见王岐山:《坚持党的领导 依规管党治党 为全面推进依法治国提供根本保证》,载《人民日报》2014年11月3日。

第九章 财税责任

他一般违法行为的差别,是否可以引入政治责任、经济责任等新的责任形式,该新的责任形式的具体适用标准如何、适用主体、对象、范围、追究的程序等问题同样应当由财政法予以明确的规定。

在财税责任,加强预算责任是当务之急,也是关键所在。违反预算授权的财政开支,必须被追究法律责任,否则,预算的权威性将荡然无存,财政纪律也会被破坏殆尽。而要做到这一点,一是需要建立良好的监督追责机制,二是要明确违法行为的法律责任,二者缺一不可。为了保证预算的拘束力和执行力,必须明确预算法律责任,通过完善的预算法律责任体系来确保预算法的实效;通过加强"预算问责",构建全面的责任追究网络,强化《预算法》的权威性。具体而言,首先要完善责任主体制度,如明确规定预算案如果不能通过或者被否决,编制主体应当承担的责任。特别需要提及的是,十八届四中全会提出"建立重大决策终身责任追究制度及责任倒查机制",也应在财税法领域进行探索和推行。其次,还可引入人大对政府的政治问责、质询等责任形式,如对绕开预算过程进行重大投资决策造成损失的负有直接领导责任的责任人,由立法机关或人民(以公益诉讼)要求其引咎辞职,将政治责任与法律责任相结合,实现预算法律制度的规范性。最后,还应探索财税责任如何适应绩效预算下的新要求。财政部 2012 年发布的《预算绩效管理工作规划(2012—2015 年)》(财预[2012] 396 号)确立了"用钱必问效、无效必问责"的绩效管理理念。在这方面,应着重强调人大的财政支出监督权,提高财政支出预决算编制的完整性、科学性、透明性,并对违法违规和明显失误的财政支出进行问责。[①]

此外,还需要指出的是,要将强化责任和完善监督一体考虑、统筹推进。责任追究是事后监督的一种形式,只有建立起有效、全面的财税监督体制机制,财税责任才能落到实处。也只有实现了财税问责,财税监督才是真正看得见、有实效的。

[①] 参见宁立成、张兰兰:《论我国财政支出监督法律制度的改革》,载《江西社会科学》2014 年第 1 期,第 155 页以下。

第十章　财税法的体系结构

财税法不是一部法律,而是一个由约四十部法律构成的庞大法律体系。其在范围上涵盖财政体制、财政收入、财政支出和财政监管的全过程,在层级上则形成"宪法中的财税条款—宪法性财税法律—主干财税法律"的位阶结构(详见本书第一章第二节)。本章将依照这一体系,分别对财政基本法、财政收入法、财政支出法和财政监管法展开讨论,以求探明其法理基础与规范重点。

第一节　财政基本法

作为规范和调整财税关系的法则,财税法通过分配有限的社会整体资源和财富,协调公权力与私权利、私权利与私权利之间的关系,意在实现国家的发展和和谐治理。在财政法的谱系下,"三公"经费是多是少、"营改增"如何继续扩围、环境保护费是否改税、房产税改革何去何从等当前社会热点都能被涵盖于其中。这些具体的问题固然重要,但要想稳固地撑起财政和国家运行的整座大厦,财政基本体制无疑至为关键。只有准确地把握、扎实地构建财政基本体制法,才能维系一国之生存与发展,保障财政的筹集、使用等各项活动有序开展,并为上述微观问题的解决提供宏观的制度背景。那么,什么是财政的"基本体制法"?财政基本体制法包括哪些制度内容?各自秉持哪些价值和功能?它们在我国的实践情况又是怎样的?如此种种,将是本节试图回答的问题。

一、基本法的法律定位与意涵

财政基本法包括预算法、财政收支划分法、财政转移支付法[①]等三部法律,它们构成了财政动态运行的整体框架,统率着财政收入、支出和管理,而且契合于我国《宪法》中"基本法律"的特征。在将其制度化的进路中,应当将科学的治理目标和法治的治理程序相结合。

[①] 考虑到财政转移支付法与财政收支划分法往往不能分割而论,且其同为纵向的政府间财政关系的组成部分,故应将其置于财政基本法项下讨论。当然,它也可以被归入财政支出法(或下级政府的财政收入法)之中。

第十章　财税法的体系结构

（一）财政运作的整体框架

综观财政运作过程,无外乎财政资金在政府与市场、政府部门与政府部门间配置的横向维度,以及在中央和地方、地方上级与下级间配置的纵向维度。对于前者,借助预算的平台便可完全呈现;对于后者,则以财政收支划分为主要途径,并经财政转移支付加以补充。由此,财政的基本体制法自然就包括了预算法、财政收支划分法和财政转移支付法。

具体说,在横向维度,预算法将各项财政及其使用的全景和细节都纳入了规范视域,堪称"财政宪法"和"龙头法"。[1] 通过对一收一支的把关,预算法不仅能够监督国家从纳税人处汲取财政收入的限度,防止财政权力恣意侵扰财产权利,还能促使政府划清与市场的界限,妥善地运用公共资金、履行公共职能。尽管严格地说,预算法中也含有纵向的权力、资源分配的成分,但横向的财政管理更是预算法应当一体承担的任务。

在纵向维度,财政收支划分法确定了各级政府的财政收入权力和支出责任,奠定了多级政府的分工基调,有利于发挥中央政府和地方政府、地方上下级政府各自的优势,提高公共产品供应的效率。而在财政收支划分法的前提下,财政转移支付法填补了全国范围内统一的财政收支划分所造成的财政不均衡,使自有财力比较单薄的地方也有能力向本地居民提供基本公共服务。

（二）统摄财税领域的"基本法律"

在提出"基本体制法"这个新概念时,应当注意到我国《宪法》第 62 条和《立法法》第 7 条有一个相近的表述,即"基本法律"[2]。尽管《宪法》和《立法法》对"基本法律"的标准和范围未做规定,但质言之,基本法律与非基本法律的区别不仅仅在于制定主体是全国人大或者全国人大常委会,从法律体系的层次看,基本法律的地位在宪法之下、其他法律之上。而在法律的调整对象上,基本法律解决国家生活、社会生活和公民生活中具有重大意义的社会关系和问题;与之对应的其他法律解决除应当由基本法律调整和解决以外的国家生活、社会生活和公民生活中的某一方面的社会关系和问题,其调整对象的面较窄、内容较具体。[3]

从这个意义上说,财政基本体制法正是财税领域的基本法律,两者具有相

---

[1] 参见北京大学财经法研究中心编:《税醒了的法治——刘剑文教授访谈录》,北京大学出版社 2014 年版,第 130 页。

[2] 我国《宪法》第 62 条规定,"全国人民代表大会行使下列职权:……(三) 制定和修改刑事、民事、国家机构的和其他的基本法律……"《立法法》第 7 条第 2 款也进行了相同的规定,"全国人民代表大会制定和修改刑事、民事、国家机构的和其他的基本法律。"

[3] 周旺生:《立法学》(第二版),法律出版社 2009 年版,第 255 页。

同的内涵和外延,只不过"基本法律"是《宪法》已有的用语,而"基本体制法"更偏重于强调这些法律在财税法中的体制性角色。有学者认为,当前财税领域的基本法律有3件,分别是预算法、个人所得税法、企业所得税法。① 但我们持不同看法,个人所得税法、企业所得税法实际上仅是针对某一个税种,远远不足以覆盖全部财政收入,更遑论财税领域了。正如前文所说,只有预算法和我国尚未制定的财政收支划分法、财政转移支付法②才能称得上财税领域的基本法律,它们规范的是财政关系中全局、普遍、长远、重大的问题,彰显了分权制衡、权力监督、人权保障等宪法精神,高屋建瓴般地统率和指引着具体的财政收支活动,因而在效力等级上高于其他财税法律,是其制定的依据③,并成为整个财政法的支架。

（三）承接治理理念的制度体系

由于预算法、财政收支划分法和财政转移支付法的支柱性地位,加强其制度建设对建构财政法和优化国家治理的重要性不言而喻。特别是在当前我国改革已步入"深水区"的形势下,财税改革的推进不应仅取决于政府官员的道德自觉,而须依靠制度力量的保障,释放出制度的最大红利。所谓"制度",是指"稳定、有价值、重复的行为模式"。④ 其特征可以总结为两方面:一是制度的内容应当科学,有助于实现既定的制度目标和价值,发挥在制度体系中的应有功用;二是制度的形态应当稳定,有助于利益相关者形成可靠的预期,并得到有效的执行。政治学家福山曾将成功的现代自由民主制归结为三项要素,分别为国家(the state)、法治(the rule of law)和负责制政府(accountable government)。⑤其中,第一项要素可以说是对制度内容的要求,即制度本身能够促成特定国家目标的达致;后两项要素则从法治和民主的角度限定了制度程式,进而影响到制度的形成和实施。

同样的,不管是横向的预算法,还是纵向的财政收支划分法和财政转移支

---

① 李克杰:《我国基本法律的标准及范围扩张》,载《法制与社会发展》2012年第2期,第19页。

② 我国已制定的财税领域基本法律只有《预算法》,这既反映了我国的财税立法还很欠缺,也反映了不同领域的基本法律分布情况存在较严重的失衡。

③ 凡一领域的"基本法律"都具有该领域母法的特点,全国人大制定的"非基本法律"和全国人大常委会制定的法律都不得与之抵触。参见韩大元、刘松山:《宪法文本中'基本法律'的实证分析》,载《法学》2003年第4期,第13—15页。财政基本体制法之于财税领域也不例外。

④ Samuel P. Huntington, *Political Order in Changing Societies*, New Haven: Yale University Press, 2006, p.12.

⑤ 〔美〕弗朗西斯·福山:《政治秩序的起源:从前人类时代到法国大革命》,毛俊杰译,广西师范大学出版社2012年版,第16页。

付法,都应当将制度内容和制度程式这两个方面结合在平衡中。换句话说,我们既要关注它们各自肩负的功能,比如预算之于财政的合理使用、财政收支划分之于多级政府的职能分工、财政转移支付之于财政全局的均衡调适等,此即谓"基本体制";又要融贯法治民主的治理思维和方式,加快法律的制定、发挥法律的约束力,此即谓"基本体制法"。

二、预算法:横向的财政控权之法

预算是指"国家于一会计年度内以岁入岁出为中心所定立之财政计划,经议会决议而成立,授权并课政府以执行义务之制度"。① 在实行公共预算制度的"预算国家"中,无不经由代议制机关和社会公众的监督,将政府的财政支出集中于提供公共物品并力求提高其绩效。我国于2014年8月31日完成了《预算法》修改,自2015年1月1日起施行,修改后的《预算法》在公共预算、法治预算方面取得了诸多进步。

(一)财税视野下的预算国家

若论及国家能力,必须同时考虑国家财政的两个维度:汲取和使用财政资源。② 回顾国家发展和财政制度变迁的历程,可以发现人们的关注点发生了从财政资源汲取到使用的转移。概言之,第一个阶段往往是管住财政收入,防止国家随意开征税收,这便是税法产生的原因之一。③ 第二个阶段则应是用好财政资金,尽管其不像筹集资金那样具有直接侵益性,但却极大地关系到纳税人的切身利益,这正是从消极权利防御到积极权利保障、从保证人民生存到促进人民发展的过程。而在财政的视野下,预算制度便能把财政资源的汲取和使用统合起来,进而使国家得以掌握、引导经济社会走向。鉴此,预算能力(capacity to budget)是国家能力的最基本支撑,"如果没有预算能力,中央政府不可能发展到这么庞大,也不可能行使这么多权力。如果没有预算的约束和规范,积极的政府将是不可想象的"。④ 著名学者威尔达夫斯基更是提出了"治理就是预算"的观念,清醒地点明"如果你不能指定预算,你怎能治理"。⑤

---

① 蔡茂寅:《预算法之原理》,台湾元照出版公司2008年版,第3页。
② 参见马骏:《治国与理财:公共预算与国家建设》,生活·读书·新知三联书店2011年版,第59页。
③ 英国议会(时称"大会议")限制国王随意课税,主张"议会课税权"和"无代表则无税",并尝试用法律来固定双方的妥协成果,被认为是税收法律主义的最早渊源。参见李建人:《英国税收法律主义的历史源流》,法律出版社2012年版,第76页。
④ Allen Schick, *Capacity to Budget*, Washington D. C.: The Urban Institute Press, 1990, p.1.
⑤ [美]阿伦·威尔达夫斯基、[美]布莱登·斯瓦德洛:《预算与治理》,苟燕楠译,上海财经大学出版社2010年版,第302页。

从 19 世纪开始,现代国家已逐渐开始采用公共预算制度来治理财政资源的汲取和分配。解剖公共预算的组成,其实它在财政收入和支出部分的规范效力有所不同。对于支出部分,这是预算发挥作用的主要场合,"岁出预算之规范效力,主要表现在拘束政府支出之金额、目的及时期上,其授权性十分明确","此种'授权性法规'的性质,不论在实定法抑或理论上都无人可以否认","是赋予政府支出合法性根据的最重要因素"。① 而对于收入部分,虽然如蔡茂寅先生所言,岁入预算名为"一个会计年度内国民负担总额的估计"②,但在我们看来,它能够集中地监督包括税收法律在内的各类财政收入法律是否得到了严格的执行,并能为国家统筹考虑财政收支情况提供完整的资源信息和数据,所以,公共预算在收入层面同样意义重大。

(二) 财政支出的公共性和绩效性

作为市场经济体制条件下公共财政框架中的政府预算,公共预算在支出层面应着力于做市场和私人不愿意做或愿意做而做不了的事③,提供公共物品和服务,满足纳税人的公共需要。在实践中,由于财政资金的数量及支出范围往往直接影响行政机关的职权,政府往往有不自觉地扩张其预算支出的趋势,而"完全不顾及整个社会所付出之代价与成本"④,所以,考虑到政府与市场的界限以及财政资源的有限性,应当将财政支出限定在公共职能的履行上,保护经济市场的自由运行和纳税人的生产经营,建立一个有限且有效的政府。这种公共属性使其不同于用来满足当权者私利的家计财政,也不同于核心是生产建设投资的计划财政。

而在确保财政支出的公共性的前提下,面对形形色色的公共需求,仍然存在着支出项目的选择和财政资金的分配问题,这就要求公共预算实现由公共性向绩效性的飞跃。有学者指出,预算改革可以划分为不同的阶段,第一个阶段是预算的减额优化,严格控制支出总额;第二个阶段是注重绩效衡量,提高项目管理的效率和计划性。⑤ 如果说前一阶段体现了预算支出的公共性的话,那么后一阶段实则体现了绩效性,即通过当期配置稀缺财政资源、持续关注资金运作情况、后期评估政府活动效果的方法,改善预算的质量和财政的使用成效。

---

① 蔡茂寅:《预算法之原理》,台湾元照出版公司 2008 年版,第 82、12 页。
② 同上书,第 12 页。
③ 参见徐孟洲等:《财税法律制度改革与完善》,法律出版社 2009 年版,第 79—80 页。
④ 葛克昌:《国家学与国家法——社会国、租税国与法治国理念》,台湾月旦出版社股份有限公司 1996 年版,第 105 页。
⑤ See John R. Bartle, "Budgeting, Policy, and Administration: Patterns and Dynamics in the United States", *International Journal of Public Administration*, 2001, 24(1), pp. 21-30.

尽管在政府预算中使用成本—收益分析、系统分析等绩效方法尚存颇多难题①，但增加的绩效评定环节即便"仅仅是通过改变机构层次管理者思考的方式，以及改变其下命令分配资源的方式来影响机构层面的管理，也仍然有积极的效果"②，所以长远来看，从公共预算升级为绩效预算，将是现代预算制度的演进大势。

（三）预算的代议监督与民主参与

财政支出的公共性和绩效性是预算制度的目标，欲达成这一宗旨，需要加强代议机关的预算审批权和社会公众的预算参与权，方能监督政府妥善地处理财政事务。预算民主化意味着，政府官员"在支出公众资金前，都必须征得选民的同意，即使他们相信这项开支能给公众带来完全的最大的利益。一旦官员们不考虑纳税人的意见，他们就会陷入困境"。③ 而从纳税人的角度讲，因为"预算乃行政机构的生命之源"④，故借助间接民主或直接民主机制，控制住了政府预算的编制、审批、执行及决算等全过程，也就在很大程度上防范了行政权的滥用和不当扩张。

在预算的民主监督中，代议机关的预算审批权可以说是核心一环。⑤ 毕竟在现代社会，由民众直接决定政府庞大的支出规模是不可能的，所以现实条件下预算民主主要是经由间接民主的形式来实现，即由民众按自己的意愿推选出能够体现和表达自己利益的代表对政府应该提供什么样的公共产品、怎样提供公共产品等问题进行动议、审查并投票表决。⑥ 代议机关通过审查完整、准确、细致地反映政府及其各个部门全部活动的预算，使得政府变成一个"看得见的政府"、一个能被监督的政府。此种预算审查的重要性不亚于法案审查；预算审批权同立法权一起，构成了议会最重要的两项职权，实现了不同面向上对行政权的民主统制。

---

① 比如政治因素的介入、信息不完整等，这使得绝对的预算理性主义并不可行，而应导向渐进的预算有限理性主义。

② 〔美〕罗伊·T. 梅耶斯等：《公共预算经典——面向绩效的新发展》（第一卷），苟燕楠、董静译，上海财经大学出版社 2005 年版，第 520 页。

③ 〔美〕爱伦·鲁宾：《公共预算中的政治：收入与支出，借贷与平衡》（第四版），叶娟丽、马骏等译，中国人民大学出版社 2001 年版，第 193 页。

④ 〔美〕肯尼思·F. 沃伦：《政治体制中的行政法》（第三版），王丛虎、牛文展等译，中国人民大学出版社 2005 年版，第 172 页。

⑤ 实际上，议会的监督权须贯彻于预算的整个过程，但预算审批职能尤应成为其工作重点。参见刘剑文、耿颖：《新形势下人大财政监督职能之建构》，载《河南财经政法大学学报》2014 年第 1 期，第 22—31 页。

⑥ 参见华国庆：《预算民主原则与我国预算法完善》，载《江西财经大学学报》2011 年第 4 期，第 100 页。

当然,除了预算的代议制监督以外,广泛的公众参与在预算监督中的话语权也日渐兴起。随着纯粹的代议制显现弊端,"民主赤字"现象向权力运行的民主正当性提出了很大挑战。因此,对于涉及大量利益冲突的支出项目,允许更多公民或利益集团进入预算过程表达价值倾向,在多种信息的交涉后形成更大共识,无疑将是正当性的坚实基础。① 参与式的预算民主,不只体现为小范围内全体选民的直接决策,比如我国浙江温岭市新河镇、黑龙江哈尔滨市阿城区等地的预算实践,而且即便是在较大范围,将更多的民意吸纳进预算的编制和公开之中,给国民一个商谈、妥协和监督预算的机会,亦具有不可替代的地位。

(四)预算法定及我国《预算法》修改历程

民主和法治同为现代国家追求的主流价值,但它们并不是一回事;民主是关于国家权力的归属,而法治是关于掌握国家权力者应采取何种方式治理国家。民主可能依靠法治,也可能是依靠政策、道德教化或领袖魅力。② 所以,我们不仅应当强调预算民主,还应当落实预算法定,即用法律将公共预算的权力结构、基本原则、运作流程、具体程序、违法责任等确定下来。目前,世界上绝大多数国家都已经制定了《预算法》及配套法律。以美国为例,在 19 世纪末期财政支出膨胀、官员贪腐严重的背景下,纽约市 1908 年编制了美国历史上首份现代预算,随后各州都陆续制定了预算法,联邦也于 1921 年通过《预算与会计法》(Budget and Accounting Act),实现了预算的法定化。③

反观我国的预算法定状况,我国 1994 年制定了《预算法》,并启动了部门预算、国库集中收付体制、清理预算外资金、预算公开等一系列预算改革。伴随着预算改革的持续推进,自 2004 年起,《预算法》修改程序启动,历经 10 年、两度成立起草小组,在 2012 年 6 月备受争议的二审稿被"搁置"之后,于 2014 年 4 月被提请第十二届全国人大常委会第八次会议进行第三次审议,取得了较大幅度的进步;同年 8 月 31 日,第十二届全国人大常委会第十次会议表决通过了修改预算法的决定,这也意味着,这部"经济宪法"在经历漫长、曲折的修订历程之后,终以崭新的面目示人。回溯整个修法历程,尽管面临着传统观念束缚、现存制度惯性、既得利益阻碍等重重障碍,但是,对《预算法》的修改仍然取得了较大

---

① 参见王锡锌、章永乐:《专家、大众与知识的运用——行政规则制定过程的一个分析框架》,载《中国社会科学》2003 年第 3 期,第 117 页。

② 参见张春生、阿喜:《再谈法治与民主的关系——兼答李桂林、蒋伟先生》,载《河北法学》2001 年第 2 期,第 6 页。

③ 关于美国 20 世纪 20 年代的预算改革历程,具体参见〔美〕乔纳森·卡恩:《预算民主:美国的国民建设和公民权(1890—1928)》,叶娟丽等译,格致出版社、上海人民出版社 2008 年版,第 180 页以下。

的进步,在地方债、预算公开等多条"战线"上取得突破。从《预算法》修改可以欣喜地看到,在国家治理的整体背景下,对于预算本质的认识,已逐渐由过去注重强化政府预算管理权力的管理型预算转变为注重约束、控制和监督政府预算权力的治理型预算;对于政府主要职能的认识,也逐渐由宏观调控、发布行政指令转变为提供公共服务、尊重市场规律。当然,《预算法》修改的完成,也就意味着预算场域更高水平法治要求的提出和实践;法律的生命在于实施,所以,这不是终点,而只是我国预算法治进程中的一个新起点。

三、财政收支划分法:纵向的财政分权之法

从整体上说,中央与地方的关系问题事关国家的稳定与动乱、统一与分裂、兴盛与衰亡。在财税领域,要想充分"发挥中央和地方的两个积极性"[1],就应贯彻地方自治原则,在集权和分权间寻得平衡点,合理划分中央和地方的事权及支出责任,并据此确定各自的财权。同时,应当进行财政收支划分立法,以维护分权分税的成果。

(一)地方分权和财政联邦主义

财政分权是指给予地方政府一定的财政收入权力和支出责任范围,并允许其自主决定支出规模与结构,使处于基层的地方政府能自由选择其所需要的政策类型,并积极参与社会管理[2],又称为财政联邦制。从各主要发达国家的政府间财政关系实践看,无论国家政体是联邦制还是单一制,都普遍实行了财政联邦主义[3],即以分权基础上的制衡为指导原则,确定哪些财政职能适宜集权化、哪些应分配给各级地方政府。这正是由于资源配置方式是政府间财政关系的首要影响因素,政府间职责划分和税收权力分配都要遵循市场经济的内在逻辑、促进资源合理配置,政体差异的影响反而退居其次。[4] 因此,采行宪政单一制的我国同样应采取财政联邦制,保证地方拥有相对独立的事权及相应的足够财权。

---

[1] 语出自中共十八届三中全会审议通过的《关于全面深化改革若干重大问题的决定》。实际上,毛泽东1956年4月在政治局扩大会议上作的《论十大关系》报告中就已经将"中央和地方的关系"列为第五大关系,指出"要在巩固中央统一领导的前提下,扩大地方的权力,让地方办更多的事情,发挥中央和地方两个积极性",这一论断对处理今天的中国央地财政关系仍有指导意义。

[2] 参见许正中、苑广睿、孙国英:《财政分权:理论基础与实践》,社会科学文献出版社2002年版,第1页。

[3] 与政治科学学者使用的"联邦主义"概念相比,经济学意义上的联邦主义并不很看重宪法和政治架构。如果就这个定义而论,每一个财政制度事实上都是联邦的,或者说至少具有联邦的成分。参见[美]华莱士·E. 奥茨:《财政联邦主义》,陆符嘉译,译林出版社2012年版,第7页。

[4] 参见楼继伟:《中国政府间财政关系再思考》,中国财政经济出版社2013年版,第32页。

与财政集权相比,地方分权自治的优势主要包括:其一,抑制中央过度集权,实现权力多中心的国家治理。由于权力具有自我强化的倾向,缺乏约束的中央集权易造成政府专横和权力滥用①,所以,地方分权能防止地方政府被其上级政府不断侵蚀财源并科以支出义务。其二,促进居民参与当地财政决策,增进民主观念。诚如布坎南所说,"作为地方政府单位的一员,个人可能具有的财政意识,会随着集团中公民人数的增加而变得愈来愈弱。"②换言之,越低层级的地方政府提供的公共物品和公民支付的"权利的成本"③,越能够为公民所了解,也越能够激发公民关注财政事务的民主意识和纳税人意识。其三,促使地方政府对当地居民负责,因地制宜地提供公共品。因为具体事务决策需要关于某些特定的人或事物在某个时间和地点的信息,这些具有地方性的知识分散在每个人手里,故攸关局部利益的决策最好由地方来进行。④ 地方政府通过与地域实情和居民意思的密切联系,比中央政府更了解本辖区居民的公共需求,便能高效、及时、灵活地解决地域问题。

考虑到地方分权的上述优点,实行多级政府体制的现代国家均在不同程度上适用了地方分权。具言之,在事权层面,公共物品根据其受益范围,可以分为"全国性公共物品"和"地方性公共物品",而不同层次的公共物品应当分由不同层次的政府财政承担,即"受益范围是全国性的服务应当由国家提供,带有地方受益的服务则应以区域为基础来提供"。⑤ 在财权层面,事权的履行需要地方政府拥有与之相符的财政能力,这便可借助征收地方税、上级政府转移支付等途径实现。实际上,在财政联邦主义的语境下,地方政府和中央政府非对抗关系,而是在各自擅长的领域分工配合,"同时负有同质但不同量或不同领域的义务","具有同为国民谋福利的伙伴关系"。⑥

(二) 中国实践:分税制改革的得失检视

在分税制改革之前,我国曾多次经历"一放就乱、一收就死"的"周期循

---

① 周刚志:《财政分权的宪政原理——政府间财政关系之宪法比较研究》,法律出版社 2010 年版,第 200 页。
② 〔美〕詹姆斯·M. 布坎南:《民主财政论》,穆怀朋译,商务印书馆 2009 年版,第 124 页。
③ 所有的权利都有公共成本,需要公库(国库)的支持。参见〔美〕史蒂芬·霍尔姆斯、凯斯·R. 桑斯坦:《权利的成本——为什么自由依赖于税》,毕竞悦译,北京大学出版社 2011 年版,第 3 页。
④ 王建勋编:《自治二十讲》,天津人民出版社 2008 年版,第 3 页。
⑤ 〔美〕理查德·A. 马斯格雷夫、佩吉·B. 马斯格雷夫:《财政理论与实践》(第五版),邓子基、邓力平译,中国财政经济出版社 2003 年版,第 472 页。
⑥ 蔡茂寅:《论中央与地方权限划分问题》,载《月旦法学》,台湾元照出版公司 2003 年第 93 期,第 23 页。

环"。其中,1988年起实行的"财政包干"体制虽然调动了地方的积极性,但导致了"诸侯经济"的出现和"国家能力"的下降。① 因此,国务院在1993年底发布《国务院关于实行分税制财政管理体制的决定》(国发[1993]85号),分税制改革的主要内容是划分中央政府和地方政府的税收管理权限和税收收入。

应予肯定,分税制改革确实有效地提高了"两个比重",即财政收入占国内生产总值的比重和中央财政收入占财政总收入的比重,并定下了财政联邦制的基调。但这种财政收支划分的制度内容和制度形态均存在一系列不足,表现为:其一,在政府间事权上,一是划分不清晰。分税制改革将重点放在财政收入的划分上,对各级政府的事权范围未做明确界定,基本沿袭了1993年前中央与地方的支出划分格局,时至今日事权改革依然进展不大。二是划分不科学。我国地方政府(特别是基层政府)的事权较重,中央和地方政府的职责错位较严重,不仅应该由中央负责的事务交给了地方,使得地方没有积极性,比如跨地区污染防治等;而且应该由地方负责的事务被中央介入过多,使得地方的作用发挥不够,比如地区性重大基础设施建设等;此外中央和地方共同管理的事务较多,其结果通常是相互推诿,比如社会保障、公共卫生等领域相当多的事项。②

其二,在政府间财权上,一是地方财权不足所引发的"失衡"。地方政府虽然从分税制改革中分享了税收收入,但地方税体系仍很零散,更不用说其并不享有充分的税收立法权,只能在最高和最低税率间选择部分税种的税率,以及决定是否开征筵席税、屠宰税等部分小税种。日渐单薄的财权加上不断沉重的事权,造成了"中央财政蒸蒸日上,省级财政稳稳当当,市级财政摇摇晃晃,县级财政哭爹叫娘,乡级财政集体逃荒"的场景。二是地方财权滥用所引发的"失控"。由于地方政府"缺乏正式的收入自主权"却有"过多的非正规收入自主权"③,诱发其通过多种预算外或制度外的手段筹集财政资金,从20世纪末的"乱收费"到如今盛行的"土地财政",不一而足。这正如马寅初先生描述的那样,"中央拥'集权'之虚名,地方收'滥权'之实惠,而上下财政呈支离破碎之局面矣。"④

其三,在政府间事权、划分的形态上,既没有统一、稳定的宪法统领,也缺乏

---

① 关于分税制改革的背景,可参见王绍光、胡鞍钢:《中国国家能力报告》,辽宁人民出版社1993年版,第38—122页。
② 楼继伟:《中国政府间财政关系再思考》,中国财政经济出版社2013年版,第44页。
③ 黄佩华、迪帕克等:《中国:国家发展与地方财政》,吴素萍、王桂娟等译,中信出版社2003年版,第111页。
④ 马寅初:《财政学与中国财政——理论与现实》(上册),商务印书馆2001年版,第170页。

基本法和法律的规范。① 作为分税制改革依据的《决定》不属于行政法规,而只是一个行政规范性文件。这种缺乏宪法和法律高度的改革方式具有失范、易变②、中央单方决断的固有缺陷,使得政府间财政资源配置更多的是以中央利益优先,且依赖于各级政府频繁变动的内部文件甚至领导之间的"讨价还价"。

(三) 财权、事权、支出责任的合理分配

为了完善分税制,在财政收支划分的内容上,我们应促进各级政府的财权与事权相匹配,事权与支出责任相一致。其一,以公共物品的层次性为标准,合理划分政府间事权。事权的划分是财政收支划分的逻辑起点和基础,通常来说,中央政府是国家安全、经济稳定和收入再分配职责的主要承担者,提供全国性公共物品;地方政府则侧重于进行本地区资源优化配置并负责提供地方性公共物品。比如,社会安全网机制、基础教育和公共卫生具有溢出效应,因而应由中央政府和省级政府联合承担,而非省级以下政府③,这其实也是绝大多数国家的做法。

其二,配置与事权相适应的财权,建构地方税体系。一方面,中央应适度下放部分税收立法权,允许地方人大及其常委会根据本地的实际情况,开征一些地方税种,并拥有更大的税率调整权。另一方面,即便短期内赋予地方充分的税收立法权难度较大,仍应加强地方的税收收入权,将适宜由地方征收的税种划为地方税,建立以房产税等财产行为税为主体④的、科学合理的地方税制结构,增强地方的自给财源。

其三,以事权为限承担支出责任,避免"中央点菜、地方买单"的现象。正所谓中央与地方在划分职权之后,"职权既分,责任自明,非其分内之事,不得列入预算,越俎代庖。是其分内之事,亦不得推诿于人,自卸责任。如此则上级政府之事,不会委诸下级政府,而下级政府之事,亦不会呈请上级政府代办"。⑤

---

① 参见许多奇:《我国分税制改革之宪政反思与前瞻》,载《法商研究》2011 年第 5 期,第 76 页。

② 自 1994 年以来,我国中央与地方的财权分配一直处于变动之中。例如,从 2002 年 1 月 1 日开始,将个人所得税从地方税改为中央地方共享税,中央与地方五五分成,2003 年 1 月 1 日起又调整为六四分成。又如,从 1997 年 1 月 1 日起,证券交易印花税的中央与地方的分享比率先后变化了 5 次。

③ 黄佩华、迪帕克等主编:《中国:国家发展与地方财政》,吴素萍、王桂娟等译,中信出版社 2003 年版,第 3 页。

④ 地方税体系由主体税种和辅助税种组成,所谓"主体税种",是指在某一税制体系中,税源较稳定、税基较宽、征收较易且收入占一定比重的某一类或某几个税种的总称。以财产行为税为主体的地方税制是税收发达国家的通行做法。参见邓子基等:《地方税系研究》,经济科学出版社 2007 年版,第 127、263 页。

⑤ 马寅初:《财政学与中国财政——理论与现实》(上册),商务印书馆 2001 年版,第 177 页。

(四) 多级政府间财政权义的法律保障

由于我国 1994 年分税制改革及后续的财政收支划分改革均采取了行政机关主导下的"政策路径",使得决策的作出不是依靠公开、平等、民主的对话沟通,而是依靠中央与地方间频繁的一对一谈判,进而导致地方政府难以形成稳定的预期。因此,未来的财政收支划分调整须依循"法治路径",为政府间的财政权责利提供稳定、连续、权威、可靠的法律保障。

其一,将分税制和各级政府的财政收支权限写入《宪法》。民国时期法学家王世杰先生曾以"地方团体的事权是否有宪法的保障"作为"联邦制与单一制根本区别之所在"①,但这种观点已经不甚符合当今时代的宪法实践,显得有些绝对。比如,第二次世界大战结束后,"日本国《宪法》在第八章特设'地方自治'一章,将其作为宪法上的制度加以深切保障"②;同为传统单一制国家的法国亦然。类似的,我国《宪法》也可以考虑将政府层级设置、权限划分等重大事项规定进去,以使纵向分权提升到立宪主义的层次。

其二,制定一部专门的《财政收支划分法》。在我国现有法律体系中,只在《宪法》《地方组织法》以及《教育法》《义务教育法》等法律文件中对政府职责和政府间责任划分做了一般性、原则性的宽泛规定,缺乏一部集中分配中央与地方政府财政收支的法律③,这不得不说是财政的基本体制法的一大"漏洞"。尤其是对于我国这样的单一制国家来说,通过中央立法规范政府间财政关系更应成为通常举措。鉴此,迫切需要在明晰各级政府事权、财权的基础上制定《财政收支划分法》,也能为接下来的财政转移支付制度提供前提性条件。

四、财政转移支付法:纵向的财政均衡之法

财政转移支付通常仅指政府间财政转移支付,意为"各级政府之间财政资金的相互转移或其在各级政府之间的再分配,是在既定职责、支出责任和税收划分框架下财政资金的无偿性转移"。④ 作为财政收支划分的伴生制度,财政转移支付旨在实现地区间财政均衡、基本公共服务均等化,并以一般性转移支付和专项转移支付的合理搭配及规范化为追求。

---

① 王世杰、钱端升:《比较宪法》,商务印书馆 2010 年版,第 367 页。
② 〔日〕芦部信喜:《宪法》(第三版),林来梵、凌维慈等译,北京大学出版社 2006 年版,第 320 页。
③ 参见梁红梅、吕翠苹:《完善我国政府间责任划分与支出分配的法律思考》,载《甘肃政法学院学报》2006 年第 89 期,第 120 页。
④ 陈共编著:《财政学》(第四版),中国人民大学出版社 2004 年版,第 6 页。

（一）财政平衡和基本服务均等化

财政转移支付法与财政收支划分法（财政分权立法的核心）是天生的组合。① 两者的关系体现为：一方面，财政收支划分是财政转移支付的基础，只有先建构起科学的财政收支划分制度，才能继而设计科学的财政转移支付制度；另一方面，财政转移支付是财政收支划分后的平衡协调，即经由上级政府的财政转移支付，弥补统一的财政收支划分所形成的地区间巨大财政差距，保证每一级政府都有充足的收入用于公共支出。② 可见，如果说财政收支划分的贡献在于地方提供公共服务的效率和便利性，那么财政转移支付的贡献便是使各地方的居民都公平地获得基本公共服务，它们同为纵向财政体制不可或缺的组成部分。

我国《预算法》第16条第1款就对财政转移支付的目标和原则进行了明确界定，即"财政转移支付应当规范、公平、公开，以推进地区间基本公共服务均等化为主要目标"。财政转移支付的本旨在于各级、各地区政府财政能力的均衡化，以维护社会公平正义。应当注意，一者，这里的"财政平衡"应当包括基本公共服务的提供。由地方政府提供均等化的基本公共服务，即"覆盖全体公民、满足公民对公共资源最低需求的公共服务"，是现代市场经济国家政府的基本职责，也是实现公民基本权利的重要保障③，故国家负有建立财政调整制度的宪法义务。二者，这里的"财政平衡"仅应限于基本公共服务的提供。财政转移支付并非为了"透过财政调整的方法完全满足地方政府的每项财政需求，而在于满足其基本财政需求"④，使经济欠发达地区享有大致均衡的发展机会。也就是说，财政平衡只是调和意义下的，而非平均主义意义下的，否则将可能助长地方不劳而获、"吃大锅饭"的念头。

（二）中国实践：财政转移支付运行情况评介

在1994年分税制改革后，财政转移支付制度就已经成为我国财政体制的组成部分，包括一般性转移支付和专项转移支付。其中，一般性转移支付是上级政府根据不同层次政府在组织财政收入能力、必要支出需求和各地经济社会

---

① 徐阳光：《财政转移支付制度的法学解析》，北京大学出版社2009年版，第139页。

② 正是在这个意义上，我们认为，只要财政转移支付受法律保障，其所带来的财政转移支付收入也应定性为下级政府的"财权"，从而构成财政分权的一部分，与税收收入权具有类似的充实地方财力的效果。有学者主张的"充分的财权并不意味着充分的财力……没有充分的财权也不意味着政府就会失去事权的财力保障"，参见刘全顺、魏俊、张献勇：《地方财政体制的法律问题研究》，知识产权出版社2011年版，第69页。对此，我们持保留意见。

③ 参见徐孟洲、叶姗：《论政府间财政转移支付的制度安排》，载《社会科学》2010年第7期，第70页。

④ 黄茂荣：《法学方法与现代税法》，北京大学出版社2011年版，第36页。

条件的差异等因素,向下级政府提供财政补助;专项转移支付则指上级政府为实现特定的宏观政策及事业发展战略目标,以及对委托地方政府代理的一些事务进行补偿而设立的补助资金。① 经过二十余年的发展,我国的财政转移支付已有较大规模②,并初步形成一定的体系,但是,由于制度结构较不科学、制度运行较不规范,转移支付尚未有效地起到财政平衡的作用,"地区间的财力差距呈现出逐渐拉大的趋势"③。

细究之,其一,在财政转移支付的制度基础上,受财政收支划分不够明晰的牵连性影响,我国财政转移支付的底基不够扎实,也缺乏衡量各地区财政能力的统一标准。其二,在财政转移支付的制度内容上,一般性转移支付规模偏小、计算方式不尽科学,且"一般性转移支付专项化的特征日益明显"④,导致无法有力地平衡全国财政格局。专项转移支付长期以来一直占据主导地位,尽管近年来有所限缩,但比重依然偏大,且数量繁多、种类庞杂、资金分散,不利于发挥转移支付资金的规模效益。更甚者,因为专项转移支付通常要求地方政府辅以数目不小的配套资金,反而易加重较贫困地方的负担。其三,在财政转移支付的制度规范上,在 2014 年《预算法》修改之前,如此庞大数量的财政转移支付资金一直处于无法可依的状态,往往是依据一些部门规章乃至行政系统内部文件,法律层次较低。对于一般性转移支付,由财政部每年发布《一般性转移支付办法》;对于专项转移支付,主要是《革命老区专项转移支付资金管理办法》《边境地区专项转移支付资金管理办法》等。法治化程度低下使得行政机关及相关主管部门基本上控制了转移支付的决策权和执行权,地方政府通过设"驻京办""跑部钱进"⑤也就应运而生。尽管 2014 年修改后的《预算法》第 16 条首次以法律形式对财政转移支付作出规定,诚可谓我国财政转移支付立法的一次"从无到有"的飞跃,但是,该条款难免较为笼统和原则化,而且一部专门的财政转

---

① 参见徐孟洲、叶姗:《论政府间财政转移支付的制度安排》,载《社会科学》2010 年第 7 期,第 77 页。

② 根据《关于 2014 年中央和地方预算执行情况与 2015 年中央和地方预算草案的报告》,2014 年中央对地方税收返还和转移支付 51604.45 亿元,完成预算的 99.5%,增长 7.5%。其中,一般性转移支付 27567.39 亿元,专项转移支付 18940.72 亿元。一般性转移支付占全部转移支付的 59.3%,比 2013 年提高 2.2 个百分点。

③ 周飞舟:《分税制十年:制度及其影响》,载《中国社会科学》2006 年第 6 期,第 100—115 页。在该文中,周飞舟教授通过数据分析,指出中部地区从中央得到的税收返还和转移支付补助严重落后于东部和西部地区。

④ 楼继伟:《中国政府间财政关系再思考》,中国财政经济出版社 2013 年版,第 45 页。

⑤ 有学者明言,"地方政府驻京办成为地方参与中央决策尤其是影响中央转移支付决策的有效途径之一,亦成为中央与地方关系非法治化的表征之一。"参见朱孔武:《地方参与中央决策的法治建构——以整顿地方政府驻京办为例》,载《法学论坛》2009 年第 2 期,第 50 页。

移支付法目前仍然阙如。其四,在财政转移支付的制度体系上,我们过去很长一段时间只重视中央对地方的财政转移支付,忽略了省及省以下财政转移支付①,造成财政转移支付体系不健全的状况。

(三) 财政转移支付的内部结构改进

财政转移支付在国际上形成了多种模式②,鉴于我国已有的实践经验和地区间贫富差距较大的现状,亟须科学合理地调整一般性转移支付和专项转移支付的设置,确立以一般性转移支付为主、专项转移支付为辅的财政转移支付结构。正如我国《预算法》第16条第2款所规定的,"以均衡地区间基本财力、由下级政府统筹安排使用的一般性转移支付为主体。"

首先,合并归类现存的转移支付项目,废止分税制改革过渡期曾采用的体制补助、体制上解、税收返还等,按其性质并入一般性转移支付或者专项转移支付。唯有这样,才能恢复各地区的财政原始实貌,进而对因其取消而产生的部分地区的财力不足问题,由中央政府通过一般性转移支付来解决。其次,适当扩大一般性转移支付的规模和力度,并增强测算、分配的科学和公正性,即基于标准的支出和收入测算体系,测算出各地的正常财政资金缺口,接着根据相关的客观要素,设计统一公式分配一般性转移支付资金,使财政越困难的地区得到越多的补助。一般性转移支付资金可由下级政府根据实际支出需要自主支配,下级政府不得指定具体的用途或使用范围,也不得附加使用条件。再次,逐步减少经常性专项转移支付的类别,严格控制新增的专项转移支付项目,将其补助范围相对集中到义务教育、社会保障、扶贫救灾、环境保护、医疗卫生等民生建设方面③,"市场竞争机制能够有效调节的事项不得设立专项转移支付"④。并且顺应外部环境的变化,清理整顿现行的专项转移支付项目。最后,对每一项专项转移支付资金的设立、批准、分配、审核和绩效评价,要做到有明确依据及管理规程,加强实时监督和支付责任制,"建立健全专项转移支付定期评估和

---

① 针对省以下财政管理体制,国务院于 2002 年 12 月 26 日印发了《关于完善省以下财政管理体制有关问题意见的通知》(国发[2002]6 号),但其规定较为笼统概括,法律效力层级也不高。

② 主要可分为四类:一是典型的均等化财政转移支付模式,如加拿大;二是以补助金(拨款)为主要特征的转移支付模式,如美国;三是"纵横均衡"的财政转移支付模式,如德国;四是地方交付税为主的财政转移支付模式,如日本。参见徐阳光:《财政转移支付制度的法学解析》,北京大学出版社 2009 年版,第 47 页。

③ 值得关注的是,我国《预算法》第 16 条第 4 款规定,"上级政府在安排专项转移支付时,不得要求下级政府承担配套资金。"这一条款有别于以往的法律条文和专项转移支付实践,将更利于特定政策目标的顺畅实现。

④ 引自《预算法》第 16 条第 3 款。

第十章 财税法的体系结构

退出机制"①,坚持公开、公正、透明、效率的原则。

（四）财政转移支付的明确及规范化

因财政转移支付之于财政的纵向分配和横向均等的重要性,各国日益重视转移支付的法定化,不仅受财政立宪思想的影响,在宪法中确定了财政转移支付制度,而且财政转移支付的专门立法也陆续出现,比如德国《联邦与各州之间的财政转移支付法》、日本《地方交付税法》等。与此相较,在2014年8月《预算法》修改完成之前,我国的财政转移支付立法长期处于空白状态。退一步说,尽管2014年修改的《预算法》以法律的形式确定了财政转移支付制度,但专门的《财政转移支付法》尚未出台,2003年十届全国人大虽曾将《财政转移支付法》列入立法规划,后来却不了了之。加强财政转移支付的法律体系建设,无疑对促进转移支付的规范、透明和明确化,防止这一过程中财政的腐败、浪费和无序颇有裨益,便于地方政府稳定预见其财权范围并理性规划本区域发展战略。

其一,完善《宪法》中的有关内容,作为财政转移支付制度的宪法依据。有必要在宪法中增加财政平等、财政平衡的规定,明确中央政府有义务均衡各地区经济社会的发展,全国范围内的公民有权利享受大致均等的基本公共服务②,以引导财政转移支付的始终。其二,制定一部专门的单行法,即《财政转移支付法》。《财政转移支付法》统筹安排、管理一般性转移支付与专项转移支付,确保它们在整体目标统一、政策功能不相冲突的前提下,互有分工和偏重,遵照各自的标准和理念运行。同时,这部法须提供一套行之有效的法定运作程序③,规定财政转移支付的决策、审批、支付、监督、法律救济、责任追究等各环节。其三,协调好《财政转移支付法》与《预算法》中财政转移支付条款间的关系。出于《预算法》在整个财政法中的核心地位以及我国尚不存在《财政转移支付法》的现实,我国现行《预算法》中设有几条对财政转移支付进行了总括式规定。我们认为,即便是在《财政转移支付法》出台后,《预算法》中的相应条款仍有存在的必要,但应当与《财政转移支付法》的原则相契合、与其具体规定不矛盾。

我国当前正处于汹涌澎湃、革故鼎新的改革阶段,整个社会的财富和权力（利）格局面临着新一轮变迁,既潜藏着风险,更蕴含着机遇。借用小说家狄更

---

① 引自我国《预算法》第16条第3款。
② 参阅张富强、周莹：《论我国财政转移支付立法的缺陷及其完善》,载《现代财经》2010年第30卷第10期,第7页。
③ 完备的程序要件是法制建设的一项基本目标,它一方面可以限制行政官员的裁量权、维持法的稳定性和自我完结性,另一方面也容许选择的自由,使法律系统具有更大的可塑性和适应能力。参见季卫东：《法律程序的意义——对中国法制的另一种思考》,载《中国社会科学》1993年第1期,第3页。

斯在《双城记》中的开头语:"那是最好的年月,那是最坏的年月;那是智慧的时代,那是愚蠢的时代;那是信仰的新纪元,那是怀疑的新纪元。"①在国家治理转型的路径中,财政法的基石性地位自不待言,而预算法、财政收支划分法和财政转移法作为财政的基本体制之法,广泛地牵动着公共部门和私人部门的方方面面,深刻地改变着经济社会的发展走向,密切地关系着政府职能转型、市场活力缺乏、人大行权薄弱、公共支出的不合理和低效益、地方政府的财力单薄和任意敛财、地区间及城乡间贫富差距扩大等共时性问题的妥善解决。因此,如何从横向与纵向两个维度构筑财政之基本体制,并推进其法治化、规范化,从而为财税法以及国家治理的具体内容提供立足的基桩和对话的平台,将是一个值得细化探讨的话题。

第二节 财政收入法

一、把握财政收入法律属性的二元进路

只有置于整体性语境之下,才能准确理解、把握财政收入的法律属性;而只有在明晰财政收入法律属性的基础之上,后续的一系列研究始得展开。财税法的产生和发展,建立在国家财政权和公民私人财产权分离的基础上,经济史上一直有所谓"诺斯悖论"的命题,国家的存在既是经济增长的关键,又往往成为经济衰退的根源。追根溯源,出现这种现象的制度动因之一即在于缺乏对国家财政权和公民私人财产权的有效界分。由此,国家财政权与公民私人财产权的分野便成为确立财税法保护目标和制度运行的前提,同时也是我们提炼财税法学基本范畴和基本原则、研究财税法体系的逻辑起点。具体到本文研究主旨,便是我们可以从"公民"和"国家"两个维度切入,理解财政收入的法律属性。

(一)私人财产的社会义务:财产权限制,抑或财产的征收

无论是讨论私人财产权,还是公共财产权,都绕不开一个元问题:财产权的属性。在这个问题上比较有代表性的两种观点是自然权利说和制度性保障权利说。前者的代表人物以洛克等最为典型,主要从自然法理论出发,认为上帝创造人类,自然也赋予人类生存的物品,人的身体所从事的劳动改变了自然物品的结构、功能和属性,劳动所得即财产,是人与生俱来的自然权利②;一种理论进路是将私人财产权和"自由"价值联系起来,古典的自由定义是指免受干预,

---

① 〔英〕狄更斯:《双城记》,赵文娟、石永礼译,人民文学出版社2004年版,第1页。
② 汪进元:《基本权利的保护范围:构成、限制及其合宪性》,法律出版社2013年版,第229页。

而与之相对的、所谓"积极自由"的观念则指获得资源、工作、保健等事物,也即积极地索要资源,其基本的论据是没有资源就不可能行使自由、哪怕是古典意义上的消极自由,穷人和失业者并不自由。① 然而,这种自然权利的观点在现代社会并不是主流,以施米特、哈耶克等学者为代表,主张制度性保障权利说,认为真正意义上的基本权利是先于国家和宪法的,而制度性保障权利则是由法律创设的权利,是一种相对意义的基本权利,既由法律创设,当然亦可由法律限制,其属于相对意义上的基本权利。②

建基于财产权的制度性保障权利说之上,财产的社会义务理论对于限制财产权,提供了更具体、从而也更具解释力的分析框架。财产的社会义务是国家为了公共利益的需要而对私人财产施加的义务,是私人财产为了公共福祉应承受的正常负担,其社会经济背景是个人的基本生存状态从主要依赖私有财产到主要依赖社会关联转变。③ 从类型化的思路出发,财产的社会义务可以区分为两端:财产权的限制与财产的征收。基本判别标准是有无"超过一定的限度",意即是否违反平等原则和比例原则,进而是否构成"特别牺牲"④;横向看,财产权的限制系对公民全体而言,财产的征收则特别对公民之一部而论,纵向看,财产权的限制无须由国家为一定补偿,财产的征收则须为补偿。具体来看财政收入,不能一概而论,税收收入系对全体公民之私人财产普遍施加之负担,不存在补偿的问题,现在学界主流观点之"税收债务关系说"认为政府提供的公共产品和公共服务系属公民缴纳税收的"对价",这是在抽象的法律关系层面而言的,是相对此处所言之"补偿"在另一个维度上展开的问题;因此,税收可以被理解为对于私人财产以法律高权所施加的限制。至于非税收入,情况愈益复杂:公债、彩票之属的非税收入,在国家和纳税人之间存在意思自治,既不属于财产权限制,也不属于财产征收;费用可区分为行政性收费、政府性基金等,从普遍性的角度看主要建立在受益负担理论的基础上,需要以现实的和潜在的对待给付作为要件,提供的是准公共产品、而非纯公共产品,因此,其具有一定程度的财产征收性质,但是和严格意义上财产征收不同之处在于,后者要求国家提供财产的补偿,而前者却是由国家提供的服务;至于国有资产收益,虽然形式上是全体公民所有,但如何将之真正和"全民"联系起来,还有待制度上的深化。

---

① 〔德〕柯武刚、史漫飞:《制度经济学:社会秩序与公共政策》,韩朝华译,商务印书馆2000年版,第91页。
② 〔德〕施米特:《宪法学说》,刘锋译,上海人民出版社2005年版,第177页。
③ 张翔:《财产权的社会义务》,载《中国社会科学》2012年第9期,第100页。
④ 参见翁岳生:《行政法》(下册),中国政法大学出版社2009年版,第1808—1809页。

(二) 国家公权力行为的物质基础

从国家视角切入,财政收入是整个财政流程的起点,国家公权力机关的运转、公共产品和公共服务的提供、社会职能的发挥,都建立在财政收入的基础上。但是必须要注意,我们不能简单地把"国家"理解为政府,或者是与公民相对立的概念。可以将其理解为三个元素的合并:一定幅员的领土、人民、人群得以组织起来的典章制度。所以说,"我们有理由拒绝没有人民的国家概念,不能轻易接受与民对立的国家概念"。①

所以,我们在将财政收入理解为国家公权力行为的物质基础时,是不能孤立、片面地去理解的,必须将财政收入与支出打通研究。否则,理论上会陷入"一叶障目不见泰山"的窘境,实践中则割裂有机联系的制度体系。传统财税法学认为收入主要是税法问题(因为税收占国家财政收入的绝大部分)、支出则是预算问题;传统行政法学也认为前者属于财政权力作用法问题,后者则是财政管理作用法问题。② 但是,只有将二者有机结合起来、导入"纳税人"作为整个收入、支出、管理的元概念、逻辑起点,才能使我们对体系的把握更加周延、融贯。

二、财政收入的类型化分析

从静态角度看,税收、政府性基金、国有企业及其利润等都是财产,只不过它们不像私人财产那样具有排他性、独占性,而是一种公共财产;从动态角度看,征税、收费、分享资产收益,属于公共财产的取得,也就是我们所说的公共财产的收入。财政资金的预算、国库集中支付、国有资产经营、政府会计,属于公共财产的管理。财政投资、拨款、贷款和采购,属于公共财产的处分。一般意义上的财政收入包括税收收入和非税收入两大类,其中,非税收入又包括了行政收费收入、政府性基金收入、国有资产收入、公债收入和彩票收入等。税收收入包括了商品税收入、财产税收入、所得税收入三大类。其中,财产税收入又包括了资源税收入、房产税收入、土地税收入、契税收入、车船税收入和印花税收入;商品税收入包括了增值税收入、消费税收入、营业税收入、关税收入等四大类;所得税收入包括了企业所得税收入和个人所得税收入两大类。行政收费收入又称政府性收费,是指国家行政机关、执法机关、事业单位和社会团体在向特定服务对象实施特定行政管理或提供特殊服务时,按照非营利原则收取的费用;

---

① 周其仁:《改革的逻辑》,中信出版社2013年版,第262页。
② 〔日〕北野弘久:《日本税法学原论》(第五版),郭美松、陈刚等译,中国检察出版社2008年版,第81页。

它分为行政性收费和事业性收费。行政性收费则是指国家行政机关依法行使行政管理职能的其他单位,为实施社会、经济等方面的特定管理,按照国家法律、法规、规章的规定实施的收费。其特征表现为国家强制性、社会管理性、稳定性、补偿性、财政预算管理性。从管理内容或管理手段对其进行分类,包括管理性收费、证照性收费和资源性收费三大类;而在我国的收费实践中,行政性收费和事业性收费,不应在字面意义上与理论上的规费——相对应,而应就收费的具体性质和特点进行实质判断。从规费的概念的基本内涵出发,可以发现,我国大部分基于对待给付的政府收费都可以纳入规费的范畴中来。政府性基金,是指各级人民政府及其所属部门根据法律、国家行政法规和中共中央、国务院有关文件的规定,为支持某项事业发展,按照国家规定程序批准,向公民、法人和其他组织征收的具有专项用途的资金;其包括各种基金、资金、附加和专项收费。政府性基金与特定目的税的界限尽管不是非常明显,但是还是具有一些可供辨别的线索,在外部特征上,特定目的税仍然是一种税,必须遵守税收法定主义,由立法机关以法律形式加以规定。而政府性基金仅仅需要履行行政程序,无需制定法律。彩票是政府或者政府批准的发行机关为了某种特殊筹资目的发行的,印有号码、图形或文字并设定规则由公众自愿购买,依照随机或公认的公平方式决定中彩范围,不还本不计息的有价证券。公债,是政府以其信用为基础,按照债的一般原则,通过向社会筹集资金所形成的债权债务关系。

三、财政收入的法律规制:类型化分析

从动态角度理解,财税法律关系主要即是财产(主要表现为货币形式)在国家和纳税人之间的双向流动,财政收入环节其实就是财产由纳税人流向国家的过程,而财政支出环节则是财产的反向流动。而如果从静态角度理解,财政收入其实有两类:一者,是公权力机构从私主体处获得的、主要表现为货币形式的财产收入,税收、行政性收费、彩票、公债、政府性基金等;二者,相对较为特殊的一类,即国有资产,从来源看,其是国家凭借其行政权力在原初分配中即掌握的一部分资财,而从形态看,其不仅仅表现为货币形式的财产收入。通过前文对财政收入的属性分析及类型化梳理,给我们对财政收入的法律规制研究,打下了坚实基础。财政收入,根据其种类之不同,在法律属性等方面多有歧异,设若探究其规制之道,必循"分析——综合"路径,先分别对不同种类的财政收入进行考察,基本思路是"属性—法律规制现状—不足—改进路径"的逻辑理路。限于篇幅,本书不欲对整个六类财政收入分别研究,重点考察如下四类,如此选择的基本考量是:政府性基金与行政性收费,同属"费用"范畴,在法律性质上相通

之处颇多,而彩票的性质则更为独特一些,另文分析更为合适。

(一) 税法

税收是国家财政收入的最主要来源,税法也是财税法体系中最为重要的组成部分。税法可以区分为税法通则、实体税法和程序税法三大块。如果从比较法的视野看,一般有三种税法体系结构:一是以美国、巴西、法国为典型代表的综合法典模式,其内容包括适用于所有税收活动中的一些共同性问题的总则规范、税收实体法和税收程序法的规范;二是以德国、荷兰、日本等国家为代表的、为较多工业国家所采纳的,税法通则加单行税收法律、法规的模式,此时通则的作用即是将有关适用于各种单行税收法律中的共同规则集中规范,起到对整个税法体系的统领、协调作用;三是分散模式,所有税收法律都采用单行立法模式,没有就税收的共同问题制定统一适用的法律,我国当下显然采纳的是此种模式。① 单纯地谈论孰优孰劣,意义有限,对于不同模式也有不同学者从各自角度进行过讨论。我们认为,有两点因素是尤其应当提炼出来加以把握的。

第一,财税法律制度的规范构成问题,易言之,包括税法在内的整个财税法律制度,既包括稳定的核心规范,又包括相对灵活、易变的边缘规范。产生这种现象其实是两对矛盾发生作用的结果:一方面,财税制度的现实导向性、社会适应性很强,经常需要随着客观情势的变化而有所变易,但与此同时,以法律形式存在的制度规范又必须具备一定的稳定性,否则就会破坏生活在这个系统中的社会主体的合理预期;另一方面,财税法在功能上具有多元性,其本质属性是规范财政收入、支出、管理的过程,这一面是和传统法律部门结合比较紧密的,因而有一些固有的、相对稳定的制度规范,但同时,现代财税法又是回应型法,需要通过其制度的设计和变迁,解决若干社会问题,人们通常所认识到的财税法的收入分配、宏观调控,就是在这个层面上而言的,而财税法在这个层面的功能实现则要求其保持灵活性,比如,宏观调控功能的发挥需要根据"反周期原则"进行调整,收入分配功能的实现则要及时地根据当前收入分配格局,作出损益调整。财税法、尤其是税法在规范构成上的这一特征,表现在立法层面就是多层次性:在同一部法律规范中,有些核心要素必须通过立法明确界定,同时对于边缘要素则应赋予一定的灵活性;在整个税法体系中,要有一部基本的法律规范,相对稳定、统摄全局,在这部规范中,概括性、授权性条款相对要少一些,而在其之下,则是大量的单行法律、行政法规。

第二,社会实践的客观需要。随着税法制度重要性的不断上升,我国有关

---

① 施正文、徐孟洲:《税法通则立法基本问题探讨》,载《税务研究》2005年第4期,第57页。

税收立法的数量必将不断上升,这是客观存在的现实。2013年10月30日,十二届全国人大常委会公布了立法规划,多项财税领域的立法被纳入规划。其中,增值税法等单行税种法、资产评估法的制定,以及《税收征收管理法》的修改,纳入第一类项目的范畴,也就是条件比较成熟、任期内拟提请审议的立法项目。同时,针对社会上越来越强烈的、要求全国人大收回税收立法授权的呼声,在十八届三中全会形成的决定中,也明确重申税收法定主义;在"社会主义法律体系已经形成"的今时今日,税收立法的粗疏显得格外扎眼,可以想见,下一阶段人大立法的一个重心便是税收立法。而一旦税收立法数量大增,如何形成体系,就是立法者必须考虑的,否则,规范之间相互矛盾、冲突情事的存在,必会削弱法律的权威。

因此,在税法部分,应当包括税法通则(也有学者称其为税收基本法)、实体税法、程序税法。实体税法应当包括18个税种的单行税法,比如增值税法、消费税法、个人所得税法等;程序税法则包括税收征管法和税收救济法两个大的方面。税收收入是整个财政收入中最为核心的部分,因此,这部分的法律规范数量也是最为庞大的,内部的体系化要求更高。对于现有的制度规范,要及时清理,终止不合时宜或是相互矛盾的制度规范的适用,适时将经受住实践检验的规范提高效力位阶、上升为法律。

(二)行政性收费法

理论上讲,现代国家的基本形态应当是"税收国家",但是在现实当中,我国各级政府、尤其是地方政府的财政收入中,相当一部分来自于行政性收费。而这部分收费缺乏基本的法律依据,大量行政性收费依据的是效力层级较低的政府规章甚至更低位阶的规范性文件,这种现象存在两个方面的突出危害:对于公民来说,体量庞大、依据模糊的行政性收费,较容易侵害其私人财产权;对于公权力机关而言,这部分收入的不规范,给部门的"私立小金库"、相关国家工作人员的贪污腐败,都提供了温床。所以,在这个领域强化法律规范的作用,很有必要。

首先就是要制定一部《行政性收费法》,对于行政性收费的原则、范围、收费设定权的配置、收费主体与对象、适用程序与法律责任等基本事项作出明确规定,从体系论的角度来讲,这部法律应当扮演的是行政性收费这样一个"小领域"中的"基本法"。其次,在条件成熟的时候,要分别对于行政性收费的各重要方面制定法律或者是行政法规,作出细化规定,比如行政性收费适用程序方面,除了在前述《行政性收费法》中做一般规定以外,还要细化规定是否、何时以及如何采用听证会、纳税人的权利如何得到保障、相关期限等具体问题,再比对于不同的行政性收费可以根据功能分类，比如教育类、卫生类、交通类等，分别设规立范，这里主要强调的是可操作性。最后，要形成公开并定期清理行政性收费规范依据的机制，当下有些行政性收费依据的是内部规定、纳税人可能并不知晓，有些规范依据甚至已经被废止，在实践中却还在执行，欲破解这种困局，两个基本思路就是公开与定期清理，这也是在构造权利对权力的制约机制。

但是也有问题需要注意，行政性收费虽然与税收一道属于财政收入的范畴，但是两者还是存有不同之处。最突出之处在于，税是基于纯公共产品而出现，由此便决定了其一强制性和无偿性的实践伴奏早现给世人；而行政性收费则基于准公共产品而出现，这就决定了意思自治在其中具有一定的生长空间。这种性质上的差异也直接影响到对两者分别进行的规制。可以从两方面来加以理解。从形式上讲，税收由于排除了具体层面的合意空间，所以对其必须施加严格的法律控制，易言之，税收法定主义在法治国家须被奉为圭臬，而行政性收费则由于其具备理性生长之空间，所以对其的法律控制理论上由法律、行政法规进行皆有其合理性，然则现实生态呈现给我们的图景却常常出现偏差，行政机关往往基于其在现实中的优位，而课加给相对人以过重的负担，使得"意思自治"之适用空间被压缩殆尽，所以，法律还是需要在原则性事项上作出上位规定，必得使行政自由裁量权于一定范围内有序行使，前文对于行政性收费的规制思路，其实就是在这个层面上展开的。从实质上讲，行政性收费除遵循公开、法定等一般程序性限制之外，还必须坚持受益者负担和合理补偿两项原则，这也是由其法律性质所决定的，前文已述及，行政性收费对于相对人而言，本质上系属"特别牺牲"，故此，合理补偿不得缺位。

（三）国有资产法

国有资产是指国家以各种形式投资及收益、接受馈赠形成的，或者凭借国家权力取得的，或者依据法律认定的各类财产和财产权利。国有资产管理法是调整国有资产的占有、使用、收益、处分过程中因对国有资产的监督管理而产生的社会关系的法律规范的总称。我国国有资产管理法律制度大致包括国有资产核资制度、产权界定制度、产权登记制度、评估制度等，相关的法律法规主要有《中华人民共和国企业国有资产法》《企业国有资产监督管理暂行条例》《企业国有资产产权登记业务办理规则》《国有资产评估管理办法》等。如果说我们将税收、行政性收费称为"公共财产"，尚有几丝"理论架设"之意味，那么，将国有资产称为"公共财产"，则无疑是现实自然演进、生发的当然结果，在《宪法》文本中也已得到肯认。对于现行国有资产法存在的问题，仍然可以从形式和实质两个层面来加以分析。

就形式层面而论,我国目前存在的问题是相关的法律制度尚未形成科学体系,法律制度建设仍处在比较落后的水平。这主要表现为:(1)有关国有资产或国有财产的法律规范散见于宪法、物权法、预算法、公司法、证券法、刑法等法律中。这些法律效力等级虽高,但并非国有资产的专门法律,且在国有资产规范上视角各异,调整范围也各不相同,无法实现对国有资产的科学高效管理。(2)作为国有资产管理的核心法律《国有资产法》历经15年,终于在2008年10月28日经第十一届全国人大常委会第五次会议通过,但其名称却在几经反复之后最终确定为《企业国有资产法》,这与理论界和实务界所期盼的对国有资产进行集中统一立法的愿望相距甚远。尽管该法将金融性国有资产纳入统一立法之中实为一大进步,但并未明确现行国有资监督管理委员会的性质,且未厘清其既是"出资人代表"又是"监督者"的关系。(3)以国务院颁行的《企业国有资产监督管理条例》为代表的国有资产监督管理法律规范更是分散在国务院及其各部门的行政法规、规章,以及地方省市出台的各种地方性规章甚至于政策中。而这仅是对现有经营性国有资产的规定,有关非经营性国有资产的法律规定更是少而弱,即使有也多为效力等级较低、内容混杂的规章、政策等。

针对我国国有资产管理法律制度存在的上述缺陷,有必要出台国有资产的专门法律,并丰富现有的法律法规,同时有必要对散乱的各种行政法规、规章及地方性规章进行清理,试着整合各种法规、规章,此外还要明确对冲突条款的解决办法等,从而强化对国有资产的监督,尽早将国有资产管理纳入科学的法律体系之中。

就实质层面而论,就是国有资产管理制度方面存在的问题。大体呈现为如下几端:(1)国有资产的产权管理仍未厘清。这一点主要表现为产权管理机构及其职责权限的混乱。具体表现为经营性国有资产管理机构与非经营性国有资产管理机构的交叉,以及经营性国有资产机构的多头性。(2)国资委的定位问题。在我国,国资委履行的是人格化的出资人的职责,其法律地位被定位为出资人,而出资人是一个专司国有资本运营的具有营利性质的事业化特设社会机构,既不应具有政府及其部门的属性,也不应具有完全的企业属性。但在现实中,国资委的设立以及其权能的取得与实现,都来源于政府及其行政授权,其是否不具有政府属性、是否能真正履行好出资人的角色仍值得探讨。(3)监督体系尚不健全且效率不高。具言之,一是国有资产缺乏系统有效的法律监督,二是国有资产初始委托人的监督积极性和监督能力较弱。

针对目前存在的问题,完善国有资产管理制度还是应该强化其"公共财产"的基本属性,通过制度建设清晰呈现出国有资产管理的整个逻辑链条,并且对之分别加以规整。概言之，大体可从以下几个方面入手：第一，完善国有资产的公共管理，统一产权管理机构，明确产权管理机构的职责权限，建立国家所有权委托代理关系；第二，国资委的功能重新定位，合理构建国有资产经营公司；第三，建立健全的内外部监督体系，完善相应的国有资产法律制度，加强信息披露制度。

（四）公债法

公债，又称国家公债、国债，是指国家为满足公共欲望和实现其职能而负有的债务。公债法是调整在公债的发行、使用、偿还和管理的过程中所发生的社会关系的法律规范的总称。公债法律制度主要包括公债发行制度、公债管理制度、公债使用制度、公债偿还制度等。

我国的公债市场起步较晚，相关法律制度很不完善。我国曾多次颁布《国库券条例》(1982—1992) 和《特种公债条例》等，但尚未出台专门的公债法。目前公债立法中存在的问题有：(1) 现行公债制度法律地位和效力层次较低，过于依赖行政规章且没有权威的法律的指引，会导致实践中问题重重，最终不利于公债的良好运作。(2) 现行公债制度不系统、不规范，影响执行和适用。(3) 现行公债制度尚有大量空白。(4) 现行国债制度之间存在着不协调之处，各部门立法缺乏协商，"各自为政"导致各部门制定的一些规章存在着重叠、冲突的问题。(5) 现行公债制度重监管、轻调控。由于上述存在的法律问题带来了公债在实际运行过程中也表现出诸多问题，比如发行主体及其权限不明晰、缺乏一个高效统一的公债流通市场、市场监督管理方面存在漏洞等。

因此，为了更好地解决上述问题，必须要建立和完善我国的公债法律制度，强化公债立法的独立性、尽快出台一部公债法，明确公债发行主体、考虑赋予地方政府发债权力的可能性，建立一系列诸如公债发行审批制度、公债发行及流通制度、公债监督管理制度等从而不断完善公债法律体系，为公债的良好运行提供权威的法律规范和保障。

四、财政收入的法律规制：范式提炼

分析是为了更好地综合，类型化的探讨之后，需要提炼出更具共通性、抽象性的一般规制法理。通过前文对四种财政收入的规制现状及改进路径的探讨，我们认为，可以提炼出权力控制、实体规则和程序保障三大具有一般性的规制思路。

权力控制，也即对于取得财政收入的权力加以控制，其基本出发点是权利本位。有学者讨论财税法的基本范式问题，认为大体有权力本位和权利本位两

第十章 财税法的体系结构

大进路,而且发展趋势是由前者向后者移转。① 控制取得财政收入的权力,本质上还是为了避免私权利被不当侵害,或是侵害过甚。权力控制的手段主要是三种:第一是法定原则的限制,比如税收事项、费用中重要、基础的事项等,都需要由法律加以规定,以限缩裁量权的适用空间;第二是权力制衡,主要表现形式即为对于最有可能侵害纳税人财产权利(主要是私人财产权,但也有可能是公有财产权,比如在国有资产管理的场域)的机关,不使权力为其垄断性占有,而须受到其他机关的制约、监督,在国有资产法律领域,这种思路在讨论应然制度设计时,体现得尤为明显;第三是公开手段,阳光是最好的防腐剂,阳光同样是最好的消毒剂,当公权力机关面向私人财产伸出"掠夺之手"时,在必要时候将其公诸社会大众,由公众臧否得失,同样可收控权之功效,在行政性收费领域,运用听证会方式,即是此种思路的体现。稍展开论之,如前文所述,费用征收最重"合意",可"公权力—私权利"的现实对比往往使"意思自治"之空间荡然无存,更关键者在于"合意"也好、"意思自治"也罢,本质上讲均属主观范畴,正当、"合理"与否,殊难判断;当此之时,通过公开手段,由公众评之,并非一定要求得"正解",本质上是一种对权力的制约、对权力使用者心灵上的震慑。

实体规则,乃是对于财政收入的种类、范围、标准、比率等核心要素作出的制度性规定。从法理角度言之,其属于权利、义务的识别、确认过程。这种法律识别和确认,本身即是明确的"定分止争",使得公共财产法律关系的双方当事人均能明晰自身的权利所行、义务所止。由此不难理解,为何税收法定原则的基本构成要件中包括"课税要素明确"的要求,这是因为只有明确的实体规则界定,法律规制本身才得以进行,或者换个角度说,法律规制才得以"不必进行"——因为当事人均知晓自己所"当为"和"不当为"。

程序控制,是通过所设定的程序规范的实践,来将权力运作的过程纳入一定的框架内,建立相对人合理的预期,并使权力运作者遵循一定的标准。对财政收入的程序控制,主要表现在财税程序法律制度规范。以税收为例,便是税收征管法律制度扮演这方面的制度功用。与之相关,还涉及一个法律认识或曰法律观念的转变:税收征收程序并不仅仅是征税权力作用的场域,税收征管法不仅仅是为了便利税务机关而制定的程序法;其还肩负着保护纳税人权利的功能,比如,征纳期限制度即使得纳税人具有了相应的、受法律保护的"期限利益",要求税务机关不得为侵害行为。

这三方面的范式,内中或有重合之处,比如权力控制项下,程序即为一种控

---

① 参见翟继光:《税法学原理——税法理论的反思与重构》,立信会计出版社2011年版,第48—51页。

制方式;但是,这并不妨碍其从各自的角度共同发挥规制财政收入的作用;而且,也只有将这三方面结合起来,才能真正收到预期功效。

第三节 财政支出法

在财政法谱系中,财政支出法①是几未开发的"蓝海"领域。相比而言,财政收入(特别是税收)因涉及剥夺私人财产而最早进入法学的研究视野,支出领域却由于其给付性而非侵益性的性情,在相当长的时间里都不受法学关注,而多委诸行政裁量。② 在经济学理论占据主导的状况下,虽然法学也逐渐开始重视财政支出,但基本上都是围绕着预算展开,而甚少涉足支出法本身。因此,要想构建财政支出法,就必须面对三个问题:第一,为什么财政支出需要由法律规范? 第二,在预算之外,财政支出法有何独立价值? 第三,财政支出法又如何实现这种价值?

一、从"国家"到"社会":财政支出法的理论基础

在近现代政治文明发展史上,法律对政府行为的控制,最早一般是经由控制收入来实现的。③ 直到从夜警国家到社会国家的历史转型过程中,才逐渐从"税收法定"扩展到"预算法定",财政支出始得进入法律的视野。这一变化,不单缘于法治认识的进步,更是根植于现代财政的核心特征——"公共性"之中。④

(一)公共性与支出法定

"公共性"(public)的语源为拉丁语词汇"pūblicus",是公共领域(koine)相对于私人领域(idia)而言的。⑤ 在晚近的政治哲学发展中,公共性不再是简单的"公"与"私"的分野,而主要关注"国家"与"社会"之间,指向"既规范国家公

---

① 财政法包括财政基本法(由预算法和财政收支划分法组成)、财政收入法、财政支出法和财政监管法。因此,财政支出法仅指专门性的主干财政支出法律,而非对所有涉及财政支出的法律之统称。例如,预算法当然与财政支出有关,但其属于财政基本法,故不在所论范围之中。
② 参见蔡茂寅:《财政作用之权力性与公共性——兼论建立财政法学之必要性》,载《台大法学论丛》第25卷第4期,第3页以下。
③ 〔德〕哈耶克:《法律、立法与自由》(第2、3卷),邓正来等译,中国大百科全书出版社2000年版,第426页。
④ 参见石亚军、施正文:《建立现代财政制度与推进现代政府治理》,载《中国行政管理》2014年第4期,第11—16页。
⑤ 这一方面首推哈贝马斯的研究。参见〔德〕哈贝马斯:《公共领域的结构转型》,曹卫东等译,学林出版社1999年版,第3—4页。

第十章　财税法的体系结构

共权力,又保证公民权利不受侵害,更使国家与社会之间的张力关联性地得以呈现的特殊领域"。① 对于财政支出来说,它在历史演进中越来越广泛且深刻地进入社会生活,因此带有明显的公共性特质。

从世界范围内看,在自由资本主义时期,最小的政府被认为是最好的政府,财政支出基本被局限在维持国家机构运行的狭小范围内。② 此时,财政支出基本上依附于行政行为而存在,极少触及社会公共领域。19世纪70年代以后,随着向垄断资本主义的过渡,特别是市场失灵的日益凸显,财政支出的扩张逐渐成为了主流共识。③ 在现代市场经济中,财政活动早已牵涉到社会生活的方方面面,表现出"提供公共需要的满足""调整收入分配"以及"稳定与增长"等职能。④ 就我国而言,财政的变迁路径虽然大相径庭,但基本取向与之相同,都是从满足国家需求转向提供公共产品。⑤ 申言之,现代社会生活对财政的依存度日高,社会福利已经从恩惠(favor)变成授权(entitlement),最后成为权利(right)。⑥ 在这个意义上,财政支出已经超出纯粹的"国家"范围而进入"社会"领域,并因此呈现出公共性。

进一步看,财政支出的公共性又使其带有强烈的权力性。财政支出领域存在广泛的选择和裁量空间,而这些选择直接关系到民众福祉。一方面,不同主体对于稀缺的财政资源存在竞争关系,对甲之给付就是对乙之不给付,因而支出本身即为选择。⑦ 另一方面,财政支出增加必然带来财政收入增加或预算赤字,因而还关涉对财政规模的选择。不夸张地说,如果"征税的权力是事关毁灭

---

① 在公共性问题上,自由主义偏重于国家权力的限定,共和主义关注公民德性生活,新左翼理论强调公共舆论构建。看似旨趣各异,但三者其实只是在国家与社会的不同端点上讨论公共性定位。参见任剑涛:《公共与公共性:一个概念辨析》,载《马克思主义与现实》2011年第6期,第58—65页。
② 古典经济学认为,政府的职能应限于军事费、司法经费、公共机构及设施费用等。参见〔英〕亚当·斯密:《国民财富的性质和原因的研究》(下),郭大力、王亚南译,商务印书馆1981年版,第260页以下。
③ 例如,以施泰因(Lorenz von Stein)为代表的德国财政学派,以维克赛尔(Johan Wicksell)为代表的瑞典学派及凯恩斯(John Keynes)主义等,都主张在不同程度上扩张政府职能。参见〔日〕坂入长太郎:《欧美财政思想史》,张淳译,中国财政经济出版社1987年版,第301页以下;毛程连、庄序莹编著:《西方财政思想史》,复旦大学出版社2010年版,第75页以下。
④ 这是公共财政学大师马斯格雷夫对财政三大基本职能的表述。参见〔美〕理查德·马斯格雷夫:《比较财政分析》,董勤发译,上海人民出版社、上海三联书店1996年版,第47页。
⑤ 参见张馨:《公共财政与国家财政关系析辨》,载《财政研究》1997年第11期,第24—28页。
⑥ See Theodore J. Lowi, The Welfare State: Ethical Foundations and Constitutional Remedies, Political Science Quarterly, Vol.101, No.2, 1986, p.216.
⑦ 参见刘剑文主编:《民主视野下的财政法治》,北京大学出版社2006年版,第22页。

的权力"①，那么用税的权力就是事关生存和发展的权力。因此，这就反过来要求财政支出受到公共性的约束。它至少表现为两点：一是在理念上的公共性，即财政支出应以公共利益和公共价值为目标追求；二是过程上的公共性，即在财政支出这种公共活动中存在有效的公共决策参与通道和选择机制。② 简言之，就是要让财政支出成为一种由公众决定且服务于公共利益的公共决策过程。在法治国家中，这一政治过程通常又会法律化，通过代议机构制定法律性文件来实现，亦即表现为"支出法定"。

（二）类型化与体系梳理

统观各国，财政支出都是法律的重要规范对象，并且通常涉及多个层面、不同领域的法律。除了专门的财政支出法之外，一般还包括宪法、预算法和财政监管法，在经济法、社会法等其他法律中往往也有相关条款。其中，宪法一般规定原则性事项③，预算法主要关注财政的决策，而支出法则重在规范财政支出的实施。

在财政支出法内部，可以通过财政支出行为的类型化④来细分出体系结构（见图10.1）。具体来说，财政支出法由五大主要部分构成⑤：

一是财政采购法。它主要规范政府有对价的资金拨付行为，如采购物资、工程和劳务等，其目的在于提高财政资金的使用效率，保证政府采购过程的廉洁透明，同时贯彻国家的宏观经济政策。财政采购法主要规定采购原则、采购主体、采购范围、采购方式、采购程序、采购的监督与投诉等问题，它主要是一个程序法，具体的采购标准和资金来源都必须以财政预算作为基础，不能超出预算核准的范围。

---

① 此系美国联邦法院首席大法官马歇尔在麦克洛诉马里兰州案（McCulloch v. Maryland, 17 U.S. 316,1819）判决书中的经典表述。
② 孙柏瑛：《公共性：政府财政活动的价值基础》，载《中国行政管理》2001年第1期，第23—26页。
③ 各国宪法中的财政支出条款主要可概括为四类。一是财政支出法定条款，如美国《宪法》第1条第9款规定："除根据法律规定拨款外不得从国库支款。"二是支出用途条款，如《西班牙宪法》第31条第2款规定："公共开支应平等分配公共资源，其计划和实施应符合效率和经济的原则。"第三类为财政支出责任划分条款，如《德国基本法》第91、104a、104b条。第四类为具体财政支出制度条款，如南非《宪法》第217条专门规定政府采购事项。
④ 类型化的标准不同，结果自然各异。例如，按照财政部《政府收支分类科目》规定，财政支出可以按照功能分为一般公共服务、外交、国防等30类，或按照经济分为工资福利支出、商品和服务支出等12类。但是，按照财政支出行为来类型化，便于法律的规范，是较为科学的。
⑤ 需要说明的是，这并不是一种绝对性的划分，不同法律之间可能互有交叉。例如，对于财政投资而言，要建设某一工程项目，必然离不开政府采购的相关制度。在进行财政采购时，最终还是需要通过财政拨款来支付。

第十章　财税法的体系结构

二是财政投资法。它主要规范政府对公用企业、基础设施、高科技企业等的投资行为,通过选题、立项、评估、审批、监督等环节的制度控制,达到降低成本、提高效率、防治腐败等目的。由于财政投资大多以设立国有企业的形式进行,因此财政投资法与国有企业法的关系十分密切。一般而言,财政投资法主要规定投资行为的立项、投资形式的选择、投资范围的确定、投资项目的管理、投资利益的回收等内容。这些内容确定后,企业的设立、管理等完全可以由国有企业法甚至普通的公司法进行规范。

三是财政贷款法。它主要规范中央对地方政府、上级地方政府对下级地方政府的借款行为,以及政府或政策性银行对企业或重大工程项目的贷款行为。财政对国有企业的贷款行为在我国早就以"周转金"的形式存在,政府之间的借款现象大多则是近十年以来分税制的产物。由于地方政府财力不足,又不能发行公债,因此,当遇到重大困难时,向上级政府借款成为迫不得已的选择。随着政府间财政关系的理顺,虽然这种现象将会明显减少,但上级政府也可以有意识地将其作为一种宏观调控措施加以保留。至于政策性银行向企业的贷款,从表面上看是金融行为,但实际上还是一种财政行为,因为政策性银行的全部注册资金来自于财政拨款,其行为必须满足财政政策的需要。

四是财政拨款法。它主要规范政府无对价的资金拨付行为,如行政事业单位经费的拨付、社会保障资金的支付、政府对企业的补贴或对公民的救济,等等。除了财政拨款的指导思想和原则外,我国财政拨款法目前亟待需要解决的问题是拨款的标准和程序问题。对于法定的财政拨款,应通过切实有力的方式保障相对人的受领权。对于行政机关可以自由裁量的财政拨款,也应该通过一定的标准和程序加以规范。从这方面看,财政拨款法必须与社会保障法、行政标准法、产业政策法等相结合,才能真正达到目的。

五是财政转移支付法,规范的是公共机关为财政平衡等目的而将财政资金向下级机关或向个人无偿拨付的行为。不过,财政转移支付法有时也被看作是财政基本法的组成部分,成为财政收支划分法的补充制度。

当然,这只是一种应然的体系构造。在实在法层面上,具体的法律形式和名称都未必如是,甚至可能没有相应的法律,而且不同法律的发达程度差距也相当明显。从国际经验上看,财政采购法是相对最为成熟的,几乎所有国家都有立法,有的国家还有若干部专门法律[①];财政转移支付法通常也较为完备[②];

---

　　① 例如,美国除了作为普遍规则的《联邦政府采购法》,还有《联邦财产与行政事务服务法》《合同竞争法案》《购买美国产品法》《联邦采购流水线法令》《克灵格—科恩法令》《武装部队采购法案》等一系列专门法律。
　　② 如德国《联邦与各州之间的财政转移支付法》、日本《地方交付税法》、澳大利亚《中央、州财政关系改革原则的政府间协议》等。

至于财政投资法和财政贷款法,则大部分表现为一事一议的议会法案,或是散见于各个领域的单行立法之中,较少形成专门性立法。①

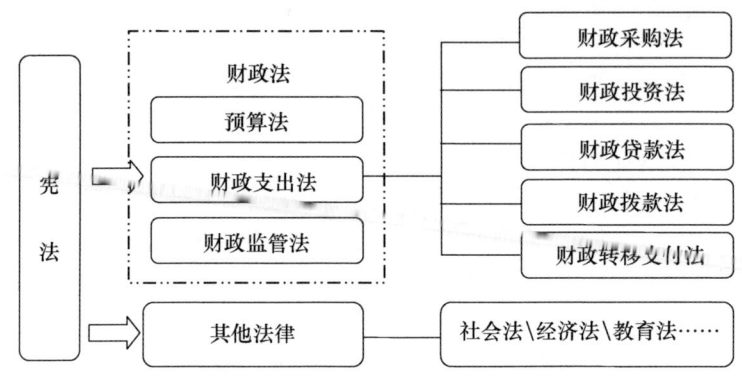

图 10.1　财政支出相关法律体系示意图

二、从"手续"到"过程":财政支出法的价值定位

财政支出最为主要的实质约束来自预算。从广义上看,财政支出法属于预算执行的范围。它不能独立成为财政支出的依据,而必须在预算决定支出的事项和数额等实质问题之后,再承担将其具体付诸实施的任务。因此,财政支出法在内容上多是程序性规定。② 这也就使其往往被视作支出的"手续",因而面临着独立性与必要性的诘问。

(一) 行政手续的边缘处境

所谓手续,是指技术性的手段、方法和步骤。它以实现结果为唯一目标,仅具有工具价值。客观地说,财政支出法就有着较为明显的被手续化的倾向。具体来说,绝大多数的学理分析都是从经济学(财政学)视角展开的,如财政支出结构优化、财政投资绩效分析、财政贷款对行业的政策冲击等。而法学学者的研究,也基本上集中于预算法方面,且多围绕着预算编制展开,在预算执行方面仅涉及预算调整等个别问题。③ 属于财政支出法方面的研究,除了政府采购法

---

① 如美国的《地区再开发法》《加速公共工程法》《人力训练与发展法》,日本的《道路法》《城市计划法》《国土综合开发法》,都有关于财政投资的条款。当然,也有国家专门立法,如韩国的《政府投资机关法》。
② 作为对比的是,税法本身就是征税的唯一依据,因此其内容也主要是课税基本要素等实质规定。
③ 当然,围绕预算的法学研究是十分重要的,而且也产生了不少佳作,如郭维真所著之《中国财政支出制度的法学解析——以合宪性为视角》(法律出版社 2012 年版),刘洲所著之《财政支出的法律控制研究——基于公共预算的视角》(法律出版社 2012 年版)等。

上较为充分之外,其他领域都几乎是一片空白。极而言之,现有研究仍然聚焦于对"支出多少"的静态结果控制,而极少关注"支出如何完成"的动态过程规范。① 在这种思路下,财政支出法很大程度上也就沦为一种行政机关执行预算的技术性的、内部的、无足轻重的"手续"。

然而,预算的实质控制不可能是完美而详尽的。在预算执行(也就是财政支出)的过程中,裁量几乎不可避免。② 举例来说,预算可限定购买价值若干的办公设备,但不可能具体规定从何处购买。又如,预算可规定为中小企业提供贴息贷款,但无法判断个案中某一企业是否适格及具体的分配数额。更为重要的是,这些裁量并非只有行政内部影响,而往往同样会涉及私权利的保护与实现。将支出法手续化,实质上是将这种选择权拱手让与行政机关,是与公共性不相符合的。申言之,公共性系财政支出之整体约束,而不单局限于支出之决定。在支出实施之中,亦不能由行政机关单方面主导,而必须构建起"不同利益主体之间的交往和协商制度"。③ 相应地,这就要求我们突破"行政手续"的思维,从"财政过程"的角度对财政支出法作一番新的理解。

(二) 财政过程的范式创新

过程与手续的区别在于,前者不单单强调实现结果的工具价值,还重视所经历的动态时空过程的内在价值,亦即程序理性。④ 从源流上考察,对程序理性的追求最早可以追溯到英国法上的自然正义(Nature Justice)。⑤ 在美国法上的"正当法律程序"(due process of law)中,它又得到了进一步的阐发,要求在公权力剥夺私人的生命、自由或财产时必须遵循正当法律程序。⑥ 将财政支出的实施看作一种财政过程而非行政手续,就是试图把程序理性引入财政法中,强调"过程的正义"。需要特别说明的是,强调"财政过程",并不是指支出法是程序法,而是说明它的任务是调整支出实施过程中的法律关系。支出法当然是程序规范和实体规范交融的,但即使是实体规范,目的也在于规范支出的实施过程,

---

① 许多学者都论及要提高财政支出或预算执行的制度化、规范化水平,或指出根本之道是完善法制,但基本上也就是以此作为结论,而甚少进一步展开法理探讨。

② 参见王晓阳:《预算执行过程中的自由裁量权及其法律规范》,载《江西财经大学学报》2009年第1期,第66—70页。

③ 李友梅、肖瑛、黄晓春:《当代中国社会建设的公共性困境及其超越》,载《中国社会科学》2012年第4期,第125页以下。

④ 参见陈瑞华:《法律人的思维方式》,法律出版社2011年版,第150页。

⑤ 参见周佑勇:《行政法的正当程序原则》,载《中国社会科学》2004年第4期,第115—124页。

⑥ 见美国《宪法》修正案第5条、第14条。这已经为文明国家所普遍采纳,如日本《宪法》第31、32条就作了相似规定。

而非决定支出的实质内容。① 在这个意义上,虽然不同支出法的实体问题各异,但程序理性却可成为共性范式。也就是说,财政支出法不仅具有实施支出的外在价值,而且具有程序理性的内在价值。

之所以要追求程序理性,最直接的目标在于通过一系列的程序机制来限制支出实施中的裁量空间。从本质上看,裁量是一种选择,而程序为选择提供了一种规范化的模式。② 举例来说,如果行政机关可以自由选择政府采购的供应商,那么人情和恣意就难以避免。但是若法律限定了招投标这一采购程序,裁量空间无疑就被大大压缩了。经由对裁量的控制,程序还可以实现两大功能:一是促进实质正义。科学的程序有利于形成合理的支出结果,这是工具价值的体现。当然,在财政支出这种不完全程序正义场合③,这并不是绝对成立的;二是体现人格尊严。程序理性的核心是让当事人受到公正对待,保障其有尊严地参与涉及自身利益的实施过程。④ 这种对人的道德主体地位的尊重,也大大增强了最终结果的可接受度。

进一步看,以程序理性为中心来构建财政支出法,最终能够增强公共开支整体的正当性(legitimacy)。财政支出由行政机关实施,未经过直接的民主过程产生,并不具有天然的正当性。而理性的法律程序能够不仅是实施法律的必要工具,而且能够有效地限制恣意,保障理性选择,并具有"反思性整合"之功效。⑤ 如此一来,便可增强支出实施行为的伦理基础,补齐预算控制之外的"短板"。在这一模式下,财政支出在决策阶段由预算提供实质理性,在实施阶段由支出法赋予程序理性,从而得以形成完整的规范链条,使其兼具合法性与正当性(见图10.2)。

---

① 例如,政府采购法中关于采购主体、政府采购合同等的规定属于实体规定,但它们都是为了调整在采购过程中发生的法律关系,进而将支出付诸实施,而不是为了形成支出结果的决策。与之类似的是,诉讼法中也有实体规定,但它们旨在调整诉讼法律关系,而不是直接决定案件审判结果,后者是民法、刑法等实体法的任务。另外,财政转移支付法具有一定的特殊性,其中相当多的条款是起实质决定作用的。不过,这是由于其兼跨体制法与支出法所致。在作为支出法的部分中,它仍然是符合上述规律的。

② 参见王锡锌:《行政程序理性原则论要》,载《法商研究》2000年第4期,第18—24页。

③ 罗尔斯区分了三种程序正义场合。一是纯粹程序正义场合,此时一切取决于程序要件的满足,不存在关于结果正义与否的任何标准,其典型事例为赌博;二是完全程序正义场合,此时虽然存在关于结果正义与否的独立标准,但程序总是导致正义的结果;三是不完全程序正义场合,此时程序未必每一次都能够导致实质正义的结果。See John Rawls, *A Theory of Justice*, The Belknap Press of Harvard University Press, 1971, p.362.

④ 参见陈瑞华:《走向综合性程序价值理论——贝勒斯程序正义理论述评》,载《中国社会科学》1999年第6期,第120—131页。

⑤ 参见季卫东:《法律程序的意义——对中国法制建设的另一种思考》,载《中国社会科学》1993年第1期,第83—103页。

第十章　财税法的体系结构

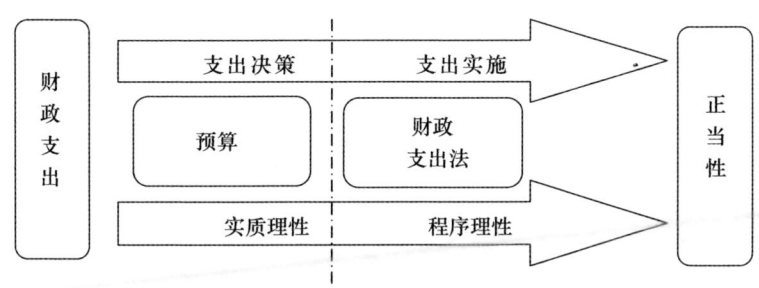

图 10.2　财政支出的正当性来源示意图

三、从"恣意"到"理性":财政支出法的制度实现

程序的实质是管理和决定的非人情化,其一切布置都是为了限制恣意、专横和裁量。① 对于财政支出法而言,其制度建构的关键也在于通过理性的程序设计来尽可能地减少支出实施过程中的裁量空间。这既需要借鉴程序正义的一般理论,又应当尊重财政支出的本身规律,还必须考虑我国的现实问题。

(一) 程序理性的要素设计

在宪法、行政法、刑事诉讼法及政治学的相关研究中,程序理性是一个经久不衰的中心议题,其内涵表述也因学科和语境不同而有所差异。例如,美国程序法大师萨默斯认为程序价值包括十项基本内容②;日本行政法学者主张程序正义是指必须保障被剥夺利益者的被告知(notice)、陈述意见和得到倾听(hearing)的权利③;我国有学者从公共行政学角度提出公民参与并决定决策、程序过程中公民地位平等、决策过程的价值中立性和决策程序的自治四项标准④;等等。从财政支出实施过程的实际出发,我们可以尝试提炼出三个最为关键的程序要素:

首先是参与性,这是程序理性的核心。它是指利害关系人能够充分、有效、平等地参加到支出实施过程中。所谓充分,即要求开放参与渠道,非基于正当理由不得先行排斥申请资格。例如,政府采购中应规定以招标等面向不特定对

---

① 蔡定剑:《中国人民代表大会制度》,法律出版社 2003 年版,第 233 页。
② 分别是参与性统治、程序正统性、程序和平性、人道性及尊重个人的尊严、个人隐私、协议性、程序公平性、程序法治、程序理性、及时性和终结性。See Robert S. Summers, Evaluating and Improving Legal Procedure—A Plea For "Process Values", in *Cornell Law Review*, vol. 60 (1974).
③ 参见〔日〕谷口安平:《程序的争议与诉讼》(增补版),王亚新、刘荣军译,中国政法大学出版社 2002 年版,第 4 页。
④ 参见李建华:《公共政策程序正义及其价值》,载《中国社会科学》2009 年第 1 期,第 64—69 页。

象的采购方式为主,而对于针对特定对象的单一来源采购则要严格限制其适用范围;所谓有效,即要求保障当事人的诉求及时得到公共机关的回应。例如,对于财政贷款担保的申请,应当规定限期答复,如果拒绝还应要求说明理由;所谓平等,即要求相对人与公共机关在人格平等的基础上形成互动。例如,在财政转移支付中,有必要改变决策主体单方面的绝对权力主导态势,确立接受主体的申请权。从根本上说,参与性强调的是行政过程从权力本位转向权利本位,这也是由"管理"到"治理"的应有之义。①

其次是公开性,这是程序理性的前提。公开是参与和监督的必要条件,正所谓"没有公开则无所谓正义。"②在二战后政府信息公开的大趋势之中,"财政透明度"(fiscal transparency)③的重要性日益凸显。具体来说,这不仅要求财政支出信息的公开,还要求财政支出过程的公开和财政支出结果的公开。④ 就我国而言,虽然《政府信息公开条例》已经出台,但在实际运行中仍然障碍重重。举例来说,虽然政府采购信息被列入《条例》重点公开范围,但在根深蒂固的保密传统下,公众本该享有的知情权往往被一个个"国家秘密"拒之门外。⑤ 而对于其他方面的公开申请,公共机关还时常援引"关联性证明"作为挡箭牌。⑥ 因此,有必要在支出法中专门规定信息主动公开条款,明确列示应公开信息的类型、方式及时限,避免因法律界定上的模糊而导致执行力减损。

最后是救济性,这是程序理性的保障。救济和问责是一体两面的,对私人权利的救济就是对公共权力的追责。对此,一方面应当完善支出实施中的行政内部救济途径,强化审查机构的中立性与专业性。以政府采购为例,WTO《政府采购协定》第18条就要求保证投诉受理机构的独立性和公正性,这也是发达国

---

① 参见王锡锌、章永乐:《我国行政决策模式之转型——从管理主义模式到参与式治理模式》,载《法商研究》2010年第5期,第3—12页。
② 〔美〕哈罗德·J.伯尔曼:《法律与宗教》,梁治平译,三联书店1991年版,第48页。
③ 这一概念最早是两位 IMF 学者在1998年提出的,含义是向公众详尽地公开政府结构与职能、财政政策意向、公共部门账户和财政预测。See Kopits George, Jon Craig, Transparency in Government Operations, IMF Occasional Paper No. 158, Washington: IMF, 1998, p. 1.
④ 参见肖国平:《论财政支出公开》,载《行政法学研究》2012年第2期,第82页以下。
⑤ 参见湛中乐:《浅谈政府采购中的反商业贿赂问题》,载《中国政府采购》2007年第2期,第12—13页。
⑥ 我国《政府信息公开条例》第13条规定:"公民、法人或者其他组织还可以根据自身生产、生活、科研等特殊需要,向国务院部门、地方各级人民政府及县级以上地方人民政府部门申请获取相关政府信息。"这一条文在实践中被行政机关广泛运用,以不具有关联性为由拒绝信息公开。例如,2009年10月12日,任星辉以公民身份向财政部申请公开三峡工程建设资金信息,但11月16日财政部传真的《政府信息公开告知书》就以"与本人的生产、生活、科研等特殊需要并无直接关联"为由拒绝提供。参见《公民诉财政部要求公开三峡建设资金》,载《民主与法制》2010年第9期,第60页。

第十章 财税法的体系结构

家的普遍做法,如丹麦的竞争管理局和政府采购投诉委员会①;另一方面,应当提高责任条款的可操作性,还可考虑结合支出法的特点来设置新的责任类型。例如,在财政投资之中,为了破解集体不负责状态,可以参考刑法中"单位犯罪"的规定,强化"一把手"的法律责任。② 又如,对于违反支出法程序性规定的行为,可以考虑引入程序性责任,以"宣告无效"作为制裁方式。③ 此外,由于财政支出很多情况下表现为侵犯社会利益,也有必要考虑探索建立纳税人诉讼制度。④

(二)本土问题的路径探索

客观地说,我国的财政支出法发展水平还比较落后。除了《政府采购法》之外,其他几个组成部分都尚无法律加以规范。在财政投资方面,只有《财政投资评审管理暂行规定》《财政性基本建设资金效益分析报告制度》《中央企业投资监督管理暂行办法》等少数部门规章;在财政贷款方面,一些零散的法律规范有所涉及,还有《下岗失业人员小额担保贷款管理办法》《小额担保贷款财政贴息资金管理办法》等规章;在财政转移支付方面,除了财政部每年发布的《一般性转移支付办法》之外,还有《边境地区专项转移支付资金管理办法》《革命老区专项转移支付资金管理办法》《农村税费改革中央对地方转移支付办法》等文件;在财政拨款方面,主要依据是《中央单位财政国库管理制度改革试点资金支付管理办法》。总体来看,我国在财政支出的实施方面,法律和行政法规都相当少,部门规章内容也并不健全,仅仅是涉及其中的部分事项。

而从法律演进的动力因素来看,支出法的发展前景也并不乐观。从立法角度上看,支出法并未列入全国人大立法规划,尚不属于需要优先考虑的对象。在财政支出领域,预算法仍然是重点;从执法角度上看,法治政府正在稳步推进,但观念阻力仍然强大,程序法治还缺少充分的社会认识基础;从司法角度上看,近年来典型案例频频引起人们关注,不过其象征意义大于实际作用⑤;从学

---

① 参见于安:《加入〈政府采购协定〉对我国国内制度的影响》,载《法学》2005 年第 6 期,第 29—35 页。
② 参见陈平:《政府财政投资的法律规制》,载《国家行政学院学报》2006 年第 6 期,第 58—61 页。
③ 参见陈瑞华:《程序性制裁制度的法理学分析》,载《中国法学》2005 年第 6 期,第 153 页以下。
④ 纳税人诉讼是一种公益诉讼,即纳税人针对不符合宪法和法律的不公平税制、不公平征税行为特别是政府的违法使用税款等侵犯国家和社会公共利益的行为向法院提起的诉讼。参见施正文:《我国建立纳税人诉讼的几个问题》,载《中国法学》2006 年第 5 期,第 146—154 页。
⑤ 如被称作"政府采购第一案"的北京现代沃尔经贸有限责任公司诉财政部案、被称作"纳税人诉讼第一案"的蒋石林诉常宁市财政局案等。不过,这些案件相当孤立、分散,它们并未能通过司法发展出新的规则,也没有为当事人讨回公道,起到的主要是唤醒意识、吸引关注的作用。

理研究上看,支出法亦非学者关注热点,难以发挥理论的引领作用。可见,我国财政支出法的建构,着实是任重道远。

在现有条件下,要推动支出法的发展,关键在于重点突破。从立法成本和执法成本来看,财政支出具体制度专门立法本身并没有太大的必要性和紧迫性。① 较为现实的做法是求同存异,先集中力量对各种支出类型中都普遍存在的拨款、监督等程序问题制定一部行政法规。另一种可能的路径是借助或将启动的《行政程序法》,在其中设立财政专章,规范财政支出的基本程序。② 在此基础上,待条件成熟,再择机制定统一的《财政支出法》。

财政法之公共性,不单在于其实然上的规范对象为公共资金,更在于其应然上的公共利益理念和公共决策过程。在这一点上,它与程序的过程性与交涉性形成了深刻契合。③ 申言之,程序并不决定结果,而只是为结果的产生或实施搭建理性的运行过程与对话平台。它并不是要给出答案,而只是指引通往答案的理性道路。在现代社会的利益多元化背景下,这种程序理性可以使我们回避复杂的实质价值论争,转而从公共过程本身中获取公共决策的正当性来源。也因如此,"规则之治"④ 得以成为现代法治的核心。

实际上,在财政法中,程序理性已经占有极其重要的地位。无论是"落实税收法定原则",还是"财政分权法治化",这些话语的实质意蕴都是将政治过程纳入法治轨道,通过规范的法律程序来进行民主控制与利益博弈,由此形成实质层面的公共决策。不过,程序理性本身并不是财政法的终极目的,而仅仅是其逻辑起点。好的法律不止要提供程序正义,还应该有助于界定公共利益并致力于达到实质正义。⑤ 在程序理性形成的"财政法制"基础上,还必须有实质理性的引领,才能上升为"法治财政"。而两种理性的协调与融合,正是未来财政支出法研究的一大核心命题。

---

① 参见郭维真:《中国财政支出制度的法学解析——以合宪性为视角》,法律出版社 2012 年版,第 227 页。

② 可以借鉴的例子是德国行政程序法典。该法典就采取三分制,分为普通行政、财税行政及社会行政三编。

③ 参见李建华:《公共政策程序正义及其价值》,载《中国社会科学》2009 年第 1 期,第 64—69 页。

④ 参见汪丁丁、吴国盛、苏力:《学问中国》,江西教育出版社 1998 年版,第 67 页。

⑤ 参见〔美〕诺内特、塞尔兹尼克:《转变中的法律与社会:迈向回应型法》,张志铭译,中国政法大学出版社 1994 年版,第 82 页。

第四节 财政监管法

财政监管法主要包括财政监督法、国库管理法和财政审计法,其专门规范和保障财政监管机关依法行使财政监督管理权,内容涉及财政监管机关的设立、财政监管机关的职权、财政监管的途径与程序等,在财税法体系中具有特别重要的意义。本节将对财政监管法的基本法理及相关重点问题进行论述。

一、财政监管法概说

无救济则无权利,无监督则无法治。财政监管法是财税法治体系中必不可少的环节。正如艾伦·鲁宾指出的那样:"公共预算的主要特征之一就是支付费用的人不是那些决定怎么花钱的人,因为民选官员有可能把钱花在与纳税人愿望不同的地方。"[1]在国家与纳税人形成的信托或委托关系下,公共财产的所有者与代理人相分离,因此直接支配资金的官员可能由于理性之局限或自利之动机而滥用财政权力,导致公共财产的流失与无效率。建立起完备的财政监管法律制度,能够有效缓解这一问题,使公共财政权力在整体上趋于理性化与民主化。在法治视野下,财政监管的实质就是控制和规范政府财政权的,进而保障和实现纳税人权利。[2]

(一)财政监管法的体系构造

根据口径的不同,财政监管可以有多种层次的含义。从狭义来讲,是指国家财政机关对于其他国家机关及其他国有企事业单位等社会组织的监管。从广义上讲,则是指国家权力机关、司法机关、审计机关、行政监察机关、财政机关等具有监管职能的部门[3]对于进行财政活动的单位所进行的监管。

具体来说,在财政监管主体方面,权力机关、财政机关和审计机关是三大最基本的财政监管机关。新闻媒体和社会公众对财政活动的监督其实也是通过向上述三个机关进行检举,并由其进行审查以决定是否启动监督程序。此外,

---

[1] 〔美〕艾伦·鲁宾:《公共预算中的政治:收入与支出,借贷与平衡》,叶娟丽等译,中国人民大学出版社2001年版,第17页。

[2] 参见张馨:《论财政监督的公共化变革》,载《财政研究》2004年第12期,第2页以下。

[3] 有学者系统梳理了财政监管的八类主体及其类型,分别是:人民代表大会对政府财政预算的监督,审计部门对财政资金的监督,财政部门对财政资金管理过程中的监督,税务机关对财政性资金管理活动的监督,资金使用部门对财政资金使用情况的监督,会计师事务所及其注册会计师的社会监督,纪检监察机关的监督,司法机关的监督。参见蒋敏元:《论我国公共财政框架中的财政监督体系建设》,载《学习与探索》2003年第5期,第73页。

行政单位与事业单位等公共部门的会计机构与会计人员也负有一定的财政监管职能,但是这主要是一种内部监管,还不能纳入法律意义上的监管;在财政监管客体方面,主要是指向行政机关、事业单位等带有公共性的部门管理、使用财政性资金的行为;在监管内容方面,则包括财政收入监管、财政支出监管、会计监管、金融监管、资产监管、财政内部监管和财政绩效监管等。①

在应然的理论构造上,财政监管法律制度可以分为三大部分:第一部分是宪法及宪法性财政法律中的监管条款,这是财政监管制度的最高法律规范;第二部分是财政监督法、国库管理法、审计法、政府会计法等,这是专门的财政监管法律;第三部分是散见在其他法律中的财政监督条款和财政管理制度方面的技术规范。需要说明的是,预算法从广义上说当然属于财政监管法,但由于其地位重要而被列入财税基本法中,故而为体系自洽,就不再涵盖在财政监管法之中。整个财政监管法律体系如图10.3 所示:

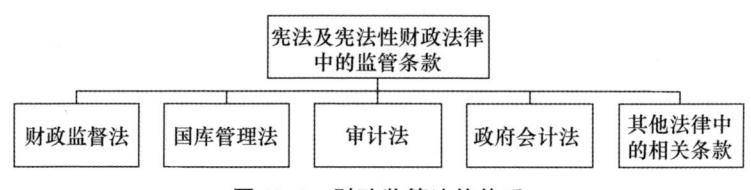

图 10.3 财政监管法律体系

(二)财政监管法的本土问题

从我国的实然角度看,财政监管法的体系虽然近年来取得了诸多进展,但总体上看还不甚完善,绝大多数的规定是围绕预算展开的。在宪法层面,《宪法》第 62、67、89、99 条分别规定了全国人大及其常委会、国务院和县级以上的各级地方人大的预算职权;在法律层面,《审计法》规定了国家审计制度,《各级人民代表大会常务委员会监督法》专设第三章规定"审查和批准决算,听取和审议国民经济和社会发展计划、预算的执行情况报告,听取和审议审计工作报告",《会计法》第 7、8 条规定了国家统一的会计制度,此外《税收征收管理法》《政府采购法》等法律中也有针对某一领域的监管规定;在行政法规层面,主要是 2005 年施行的《财政违法行为处罚处分条例》。但它主要规定的只是财政违法违规行为的处罚问题,对如何进行财政监督则没有提及;在部门规章层面,财政部 2012 年制定的《财政部门监督办法》,对规范财政部门监督行为具有积极作用;在地方法规规章层面,湖南、吉林、甘肃、福建、辽宁等省份已陆续由省人

---

① 参见贺靖邦主编:《中国财政监督》,经济科学出版社 2008 年版,第 3—4 页。

大制定财政监管的地方性法规,一些地方政府还制定了地方政府规章。此外,财政部还先后颁布过《关于加强地方财政监督工作的若干意见》(2008年)、《关于加强财政监督基础工作和基层建设的若干意见》(2010年)等规范性文件,但这些意见均属于探索性和建议性的"指导意见",实际约束力不强。总体上看,我国的财政监管法律制度整体层级还不高,体系性还不够强,仍然处于较为"粗放"的阶段。

除了财政监管法律供给不足之外,现有的法律框架也并不完善。最为突出的问题是,对各个监督主体的职能和权限的规定不清,时常出现不同主体监督职责重合的现象,由此导致部门冲突或是互相推诿。财政监管法律体系规定反复且有重叠,表面上是齐抓共管,却会导致无人去管,最终造成财政监管的"盲区"。① 同时,现行的财政监督政策文件大多缺乏"刚性",多使用道德性、宣传性的表述,而缺乏可操作的程序规范与责任条款。例如,财政部《关于财政监察工作的几项规定》第6条规定财政监察人员要"认真学习国家的财政经济政策、法令、制度,熟悉财政、会计业务、热爱本职工作""紧密依靠广大群众,加强与有关部门的协作配合,把专业监察和群众监督结合起来""要坚持原则,遵纪守法,不畏权势,不徇私情,敢于同违反财政纪律的行为作斗争"等。这些对监督人员中立性和公正性的"期盼",更多地只是道德上的引导,而不具有法律应有的义务、责任规范。

还应看到,财政监督法律制度的实际运行效果并不充分。一方面,财政监督绝大部分由政府自行进行,而在经济增长这个压力面前,任何监督都在终极意义上处于弱势地位。② 另一方面,当代中国社会秩序的维系和调整实际上更依赖于各种实践性规则、地方性知识以及其他"本土资源"。③ 因此,在具体的社会生活中,民众对法治的诉求与信任是明显不足的。这就使得财政监督很难由实践创新来推动变革,长期存在监督手段落后、组织形式不科学、专职监督机构与业务处室衔接沟通不到位等问题。④

(三)财政监管法的反腐实践

中共十八届三中全会《决定》中提出:"财政是国家治理的基础和重要支

---

① 参见李袁婕:《论我国公共财政监督制度的完善》,载《审计研究》2011年第2期,第60页以下。

② See Oliver E. Williamson, *The Mechanisms of Governance*, New York : Oxford University Press, 1996, p.75.

③ 参见苏力:《法治及其本土资源》,中国政法大学出版社1996年版,第24页。

④ 参见王铁栓等:《财政监督存在的问题分析与思考》,载《财政监督》2014年第17期,第44页以下。

柱,科学的财税体制是优化资源配置、维护市场统一、促进社会公平、实现国家长治久安的制度保障。"《决定》提出了"建立现代财政制度"的目标,第十章专门对权力监督制约体系与机制提出了要求。2014年6月30日,中共中央政治局审议通过的《深化财税体制改革总体方案》进一步强调"财税体制在治国安邦中始终发挥着基础性、制度性、保障性作用",并明确提出了财税体制改革的总体目标是"建立统一完整、法治规范、公开透明、运行高效,有利于优化资源配置、维护市场统一、促进社会公平、实现国家长治久安的可持续的现代财政制度"。值得注意的是,《方案》中也多次强调了"实现有效监督""法治规范"等表述。可见,加强财税监管虽然没有被明文列入《决定》或《方案》中,但其精神实质是贯穿在各方面财税体制改革始终的。

事实上,自党的十八大以来,财税监管一直是中央紧抓不懈的重点工作。从2012年的"八项规定"开始,中央出台了一系列改进作风与厉行节约的政策文件,对党员干部提出了严肃要求(见表10.1)。这些文件,虽然规范的具体行为不一,但共同点在于都着眼于"厉行节约",而所谓"节约",正是指管好、用好公共财产,加强财政监管。数据显示,2013年中央本级"三公"经费财政拨款预算执行数为71.54亿元,与当年预算相比,减少了8.15亿元,下降了10.2%。① 可见,实践证明,这些财税反腐举措效果立竿见影,"党风、政风和社会风气为之一新"。②

表10.1 党的十八大以来财税反腐举措列表

时间	文件名称	制定机关
2012年12月	《关于改进工作作风、密切联系群众的八项规定》	中央政治局
2013年3月	《关于严禁中央和国家机关使用"特供""专供"等标识的通知》	国管局等五部门
2013年7月	《违规发放津贴补贴行为处分规定》	监察部
2013年7月	《关于党政机关停止新建楼堂馆所和清理办公用房的通知》	中办、国办
2013年8月	《关于制止豪华铺张、提倡节俭办晚会的通知》	中宣部等五部门
2013年9月	《关于落实中央八项规定精神坚决刹住中秋国庆期间公款送礼等不正之风的通知》	中纪委、群众路线领导小组*

---

① 数据来自财政部网站2014年4月18日发布的《中央本级2013年"三公"经费预算执行和2014年预算安排情况》。

② 习近平:《在党的群众路线教育实践活动总结大会上的讲话》,载《人民日报》2014年10月9日,第2版。

第十章 财税法的体系结构

(续表)

时间	文件名称	制定机关
2013年9月	《中央和国家机关会议费管理办法》	财政部等三部门
2013年10月	《关于开展"四风"突出问题专项整治和加强制度建设的通知》	群众路线领导小组
2013年10月	《关于严禁公款购买印制寄送贺年卡等物品的通知》	中纪委
2013年11月	《党政机关厉行节约反对浪费条例》	党中央
2013年11月	《关于严禁元旦春节期间公款购买赠送烟花爆竹等年货节礼的通知》	中纪委
2013年12月	《党政机关国内公务接待管理规定》	中办、国办
2013年12月	《关于在党的群众路线教育实践活动中严肃整治"会所中的歪风"的通知》	中纪委、群众路线领导小组
2013年12月	《关于务实节俭做好元旦春节期间有关工作的通知》	中办、国办
2013年12月	《建立健全惩治和预防腐败体系2013—2017年工作规划》	党中央
2014年1月	《中央和国家机关培训费管理办法》	财政部等三部门
2014年1月	《中央和国家机关差旅费管理办法》	财政部
2014年3月	《关于厉行节约反对食品浪费的意见》	中办、国办
2014年7月	《关于全面推进公务用车制度改革的指导意见》《中央和国家机关公务用车制度改革方案》	中办、国办
2014年9月	《关于严禁党政机关到风景名胜区开会的通知》	中办、国办
2014年11月	《关于深化"四风"整治、巩固和拓展党的群众路线教育实践活动成果的指导意见》	中办

* 说明:"群众路线领导小组"即"中央党的群众路线教育实践活动领导小组",限于篇幅故简称。

不过,之前的财税反腐措施通常是以党规政纪形式出现,有相当部分还只是临时性、专项性的《通知》,全局性、稳定性和长效性还有待提升。对此,中共十八届四中全会已经指出,全面推进依法治国,必须努力形成国家法律法规和党内法规制度相辅相成、相互促进、相互保障的格局。未来的财税反腐措施应当逐步从"工作要求"上升为"党内法规",条件成熟时再通过立法在国家层面施行。① 应当看到,制度的最高和最好形式是法治,未来应更加注重法治的顶层设计,建构起稳定、有效、权威的财政监管法律体系,使财政权力在法治约束下

---

① 王岐山:《坚持党的领导 依规管党治党 为全面推进依法治国提供根本保证》,载《人民日报》2014年11月3日,第3版。

规范、有序、高效地运行,让各类腐败行为无处藏匿。

(四)财政监管法的改革方向

从国际经验看,财政监管存在一些普遍性的规则与特征,如:财政监管法治化程度较高、不同财政监管机构间合理分工协调、严格规定监管人员的选任资格与退出机制、以高透明度作为财政监管的起点和基础;等等。如果从历史演进的角度出发,可以看到,主要国家的财政监管制度大致都经历了监管范围由窄到宽、监管过程由事后到事前事中事后全覆盖、监管主体由行政主导到法治主导、监管目的由保护国家利益到维护公共利益的转变历程。①

我国财政监管法律体系,也需要经历一次深刻的、理念与制度的双重变革。具体来说,应当在重点推进预算管理制度改革的同时,有计划、分步骤地开展财政监督的体制机制创新,推动财政监督模式的六大转型,即从行政监督为主转变为立法监督为主的多元化监督,从事后监督处罚为主转变为事前预防、事中管控和事后追究相结合的全流程监督,从财政收入监管为主转变为财政收入与支出监督并重的全口径监督,从突击检查审计为主转变为制度性监督审计的常态化监督,从外部监督为主转变为内外并重的全范围监督,从合法性监督为主转变为合法性与合理性并重的绩效型监督。②

还应看到,财政监管法的完善,必须站在财税法治乃至整个法治国家的大局,才能完整地把握。要言之:一方面,要健全财政监管法律制度,离不开其他方面财政制度的法治化,需要在建立现代财政制度的全局中系统设计、协同推进。例如,只有完善全口径预决算制度和打造透明预算,才可能实现对政府全部收支行为的监控。另一方面,以加强财政监督为抓手,也可以有效地以点带面,引导、促进和保障财政权力的合法、合理行使,以"财政监管有规、有序、有责"来带动实现"财政收入合理、合法、合宪"和"财政支出公开、公平和公正"。

更进一步,财政监管在内在构造上是一个国家权力分配的问题,因此必然涉及不同国家机关之间的关系。③ 只有理顺立法机关与行政机关的关系,更好地发挥全国人大在国家治理中的应有作用,才能使立法监督具有约束力;只有正确定位审计机关在国家机关设置中的位置,才能保障其独立开展审计监督。

---

① 参见贺邦靖主编:《国外财政监督借鉴》,经济科学出版社2008年版,第38页以下;刘晓凤、吴胜泽:《美、日、法财政监督制度变迁及启示》,载《财会研究》2008年11期,第68—71页;李小珍:《发达国家财政监督评述及借鉴》,载《财政监督》2013年第22期,第38—41页。

② 参见贾康:《关于财政监督问题的探讨》,载《经济纵横》2007年2月刊创新版,第2—5页;耿虹:《我国财政监督的现状与改革》,载《财政监督》2006年第9期,第5—6页。

③ 参见文炳勋:《公共财政的宪政基础:人大财政监督制度的改进与完善》,载《财政研究》2006年第4期,第34—36页。

极而言之,将国家权力分配纳入宪法和法律的框架中,实现权力的法治分配与规范运行,是财政监管的制度基础。也只有将监管的目标定位在维护公共财产进而保障纳税人权利,才能准确把握财政监管的精神内核,并进而形成科学的制度设计。

二、财政监督法

中共十八届三中全会《决定》第十章专门强调"强化权力运行制约和监督体系",指出:"坚持用制度管权管事管人,让人民监督权力,让权力在阳光下运行,是把权力关进制度笼子的根本之策。"要从法律上构建"以权力制约权力、权利制约权力、道德制约权力"的科学有效的权力制约监督体系与机制,财政监督是其中必不可少的重要一环,因为财政控权乃是权力制约之本,财政权力法治化是整体权力法治化的核心和关键。① 在我国,目前主要承担财政监督职能的是立法机关、财政机关和审计机关。其中,各级人民代表大会及其常务委员会主要是对预算进行监督,包括对预算编制过程进行审查等事先监督,审批预算调整、动用预备金或周转金及经费流用等事中监督和追究责任的事后监督。由于立法监督与预算法的高度重叠性,本节就不再赘述。审计监督因为其相对独立性,将在后文专门讨论。因此,本部分将主要围绕财政部门及其他机关的监督展开。

(一)财政部门的监督

财政部门作为国家的财政管理机关,其职能既包括财政业务管理,也包括专门的财政监督。基于"一级政府一级财政"体制,我国的财政监督机构也按照这个原则设置,可以分为中央财政监督专职机构与地方财政监督专职机构。中央财政监督专职机构主要包括财政部监督检查局和财政部驻各地监察专员办事机构。地方财政监督专职机构主要是指省、市、县等各级财政部门设立的财政监督专职机构。② 我们认为,财政部门监督需要从以下三个方面着手改进:

一是监督职责的科学划定。财政部门监督的职责和范围,应当与审计监督、立法监督之间进行分工协调。对此,有学者提出,立法机关侧重于宏观监督,财政部门侧重于日常监督,审计部门侧重于事后监督。③ 这一观点有一定价值,但可能未必完全准确,比如审计监督绝不仅仅事后的核算与问责,而也应当是全过程覆盖的。我们认为,监督是管理的一部分,但监督的本质是对其他管

---

① 参见周刚志:《论公共财政与宪政国家》,北京大学出版社2005年版,第158页。
② 参见贺靖邦主编:《中国财政监督》,经济科学出版社2008年版,第11页。
③ 参见贺靖邦主编:《财政监督文集》,中国财政经济出版社2007年版,第8页。

理活动进行"再管理",故而适当切分财政监督机关与其他财政管理机关是有必要的。有学者提出将财政管理体系分为分配管理与监督管理二者,两者在组织机制上适当分离,又有机配合。① 这种思路有其可取之处,未来或可考虑将财政机关的职能限定在分配管理上,而由审计机关专司监督管理。

二是监督对象的全面覆盖。财政监督应当覆盖整个财政活动运行的全过程,但是目前我国的财政监督还多表现为统一部署下的专项监督,日常监督比较薄弱。在具体财政事项上,发生违法行为之后的事后监督多,而事前监督和事中监督较少。同时,监督对象也未能有效覆盖所有使用财政资金的主体,对于政府采购、转移支付等事项往往监督不力,对于国有企业和事业单位的财政性资金的管理和使用也缺乏稳定的监督机制。为此,应当强调事前监督和事中监督,推进监督的常态化、制度化,加强监督的主动性。② 同时,应当扩展监督的覆盖对象,在非税收入管理、政府采购等以往问题高发领域着力加强监督,构建科学合理、系统全面、权责明确、运作规范的监督工作格局。

三是监督能力的有效提升。目前,不少地方的财政监督专职机构的人员配备存在较大空缺,机构设置不够规范,财政监督与监察机关的职责分工也不够明确,存在多头监督、重复监督和监督空白的现象,并且在监督计划上不能相互衔接、信息无法共享,检查结论上不能相互验证,造成了整个监督效率的低下。未来,应当完善财政监督管理体制,强化财政监督执法机制,在组织机构、人员配置、技术装备等方面提供充分保障,建立上下协调、高效一致的财政监督组织系统,在财政部门内部优化财政监督专职机构设置,提高财政部门的监督能力和执法权威。③

(二) 司法机关及纳税人的监督

一般而言,司法机关本身并不适合对财政问题进行监督审查,因为其并非民选机构,故而应谨慎挑战政府在公共政策问题上的选择。不过,基于纳税人监督权的实现和救济,法院也承担起了财政监督的职能。

纳税人的监督权包括对税款征收的监督权和对税款使用的监督权。纳税人在宪法上的监督权是比较抽象的,但其实现的方式则应是具体的、丰富的。19世纪末期,维护社会公共利益成为司法的一项任务,一种"围绕在公共利益

---

① 参见欧阳卫红:《财政监督顶层设计应关注的几个理论问题》,载《财政研究》2012年第8期,第9—12页。

② 参见明秀云、张宽增:《实施全覆盖财政监督的探索》,载《中国财政》2006年第7期,第68页。

③ 参见陈莉莉:《借鉴国际经验 建立协调运转的财政监督体系》,载《财政监督》2007年第15期,第62—63页。

产生的纠纷基础上形成的诉讼"在西方国家应运而生。①以美国为例,1923 年的弗洛辛海姆诉梅隆案②中,最高法院认为原告不是质疑联邦财政支出合宪性的适格主体。但在 1968 年的弗拉斯特诉科恩案③中,最高法院态度发生重大转变,有条件地承认了纳税人针对财政支出的请求救济权。

目前,我国法院总体上不承担财政监督的职能,只能够在税收个案中对具体行政行为作出评判(这还要受到"两个前置"的限制)。由于《行政诉讼法》受案范围的限制,纳税人诉讼无法存在。不过,应当看到,我国正在逐步放开公益诉讼,如《民事诉讼法》已经允许环境保护和消费权益保护公益诉讼的存在。特别值得注意的是,十八届四中全会提出"探索建立检察机关提起公益诉讼制度",在环境诉讼、消费者保护诉讼已经逐步开展的背景下,待时机成熟时,纳税人诉讼或有望试水。

不过,我们认为,从国家权力配置整体情况来看,法院在短时间内恐怕还较难全面地承担起财政监督的任务,法院系统对财政问题的介入在短时期内仍应保持高度审慎的态度。因此,更为稳妥的做法是保障纳税人在法治框架内拥有畅通的申诉渠道。例如,新《预算法》就专门增加第 91 条:"公民、法人或者其他组织发现有违反本法的行为,可以依法向有关国家机关进行检举、控告。接受检举、控告的国家机关应当依法进行处理,并为检举人、控告人保密。任何单位或者个人不得压制和打击报复检举人、控告人。"相比于过去泛泛的检举、控告权而言,此处的规定明确要求"应当依法进行处理",往前推进了一步。但是,这仍然是不够充分的,例如没有明确"有关国家机关",也没有规定其不进行处理的救济机制,如能否要求复核、申请行政复议或提起诉讼等。

三、国库管理法

国库的职责是负责办理国家预算资金的收入和支出,具体说就是办理国家预算收入的收纳、划分和留解,以及办理国家预算支出的拨付。我国实行的是委托国库制而非独立国库制④,现行的规范依据是国务院 1985 年颁布的《国家金库条例》。在国库管理方面,有两个问题值得探讨:

---

① 左卫民、周长军:《变迁与改革——法院制度现代化研究》,法律出版社 2000 年版,第 100 页。
② 262. U. S. 447(1923).
③ 392. U. S. 83(1968).
④ 独立国库制是指国家专门设立相应的机构办理国家财政预算收支的保管、出纳工作。委托国库制是指国家不单独设立机构,而是委托中央银行代理国库业务。

（一）国库经理制问题

央行"经理"国库还是"代理"国库,这个问题自央行设立起就一直存在。1950 年的《中央金库条例》最初规定央行代理国库,但其已经被 1985 年的《国家金库条例》所取代。根据《国家金库条例》规定,中国人民银行具体经理国库,各级库款的支配权分别属于同级财政机关。也就是说,这初步形成了国家预算资金收支办理和国家国库库款支配权相分离的国家预算资金管理体制。1994 年的《预算法》作了与之类似的规定。1995 年的《中国人民银行法》也明确了央行的国库经理地位,将其列为一项主要职责。2003 年《中国人民银行法》修改后,还进一步规定央行有权对金融机构"代理中国人民银行经理国库行为"和"执行有关资金清算管理规定行为"进行检查监督。

不过,2001 年财政部发布的《财政国库管理制度改革试点方案》,将央行职能表述为"代理"国库,开启了新一轮的争鸣与博弈。特别是 2011 年《预算法》修改启动以来,国库经理制就成为一大争议焦点。在发布的《预算法》修正案草案二审稿、三审稿中,央行的经理地位条款甚至被一度删除。[①] 不过,在 2014 年最终通过的《预算法》中,央行经理国库地位最终得以保留。

我们认为,保留央行的国库经理地位体现现代国库管理体制的要求,能够形成央行与财政部门的相互制约、相互监督。由央行对国库资金进行监督和管理,而非财政部门同时掌握资金支配权与库款管理权,更符合分权制衡和内部控制的基本原则。[②] 这有利于发挥国库的"防火墙"功能,能够保障财政资金的安全使用和妥善管理,防范腐败和权力滥用。

（二）国库集中支付问题

国库集中支付,就是将政府所有财政性资金集中在国库或国库指定的代理行开设的账户,所有财政支出均通过这一账户进行拨付。2001 年,财政部发布《财政国库管理制度改革试点方案》,随后又下发了一系列国库改革文件,而其中的一项重要内容就是建立国库集中支付制度。推行国库集中支付制度具有重要的现实意义。它不仅有利于库款统一调度,降低财政资金运行成本,提高财政资金使用效益,而且有助于强化财政预算执行,有效地防止单位挤占、挪用和截留财政资金,能够从源头上有效预防和遏制腐败。[③]

[①] 参见刘贵生:《继续明确中国人民银行经理国库的法律表述》,载《中国金融》2012 年第 6 期,第 33 页。

[②] 参见王雍君:《法理和国情观照下的国库经理与代理》,载《中国金融》2012 年第 17 期,第 26—28 页。

[③] 参见王俊峰、王晓峰:《实施国库集中支付制度的原则及意义》,载《山西财经大学学报》2001 年第 5 期,第 91—93 页。

目前,我国仍然存在大量的财政专户,国库集中支付的难度不小。虽然从广义上可以说,财政专户已经纳入国库集中支付体系,但是,这种纳入只是就净额而言的,国库并不能实施监控财政专户每笔资金的往来,而只是周期性地接受财政专户的结果性信息。令人欣喜的是,2014年修改后的《预算法》取消了之前"国库单一账户体系"的表述,对财政专户作了严格规定,这为完善国库集中收付制度、实现"国库收支一本账"奠定了制度基础。

不过,国库集中支付制度在推行过程中必然会遇到相当的阻力。① 例如,一些部门和单位可能会由于原先既得利益受损而对改革产生抵触情绪;作为国库集中支付基础的部门预算,其编制和管理还不够规范;信息化建设尚不能完全满足国库集中支付的要求;预算外资金管理还不够健全到位等。尽管如此,从财政规范化的角度看,实行国库集中支付,能够有效遏制政府财力分散以及各种可能的财政浪费,提高财政资金的使用效益,因此,它是我国财政法治化的一道"必答题"。未来,应将所有的财政资金纳入国库集中支付系统。即便政府部门或机构有必要设置过渡账户,也必须实行每日零余额管理,保证国库对财政专户的实时监控权。同时,也要加强财政国库管理信息系统建设,完善国库支付动态监控体系和国库监督制约机制,提高国库管理的技术治理能力。②

四、财政审计法

"审计"(audit)从词义上说包含审核、稽查和计算,在财务管理领域是指由会计人员以外的第三者对会计账目进行审查,以确定其真实性和合法性。可见,在审计的概念内涵里本身就包含了"监督"之义。从广义上说,审计包括国家审计和社会审计,而财税法关心的只是前者。我国《审计法》第2条规定:"国家实行审计监督制度。国务院和县级以上地方人民政府设立审计机关。国务院各部门和地方各级人民政府及其各部门的财政收支,国有的金融机构和企业事业组织财务收支,依照本法的规定接受审计监督。"可见,这里所说的审计监督即为财政审计监督,其所包括的范围除了政府财政收支以外,还包括国有事业单位、金融机构等企业的财务收支。本书也是在这一意义上来使用审计这一概念的。

---

① 参见赵霞、朱永亮:《对中国国库集中支付制度改革的思考》,载《河北学刊》2007年第3期,第194—196页。
② 参见林永居:《财政国库集中支付制度的国际借鉴与改革探索》,载《福建论坛》2009年第3期,第100—102页。

(一) 我国的现行审计制度

新中国成立之后到 1983 年,我国一直没有独立的政府审计机关,国家的财政收支监督工作,主要由财政部门内部的监察机关负责。1982 年《宪法》规定了县级以上各级人民政府设立审计机关。地方各级审计机关依照法律规定独立行使审计监督权,对本级人民政府和上一级审计机关负责。1983 年 6 月正式成立国家审计署。至此,在国家财政监督体系中确定了内设于政府体系的国家审计监督制度。[①]

我国审计机关目前隶属于同级政府,属于政府内部监督的模式。我国《宪法》第 86 条规定,审计长属于国务院的组成成员。而根据《审计法》的相关规定,审计署在国务院总理领导下,对中央预算执行情况进行审计监督,向国务院总理提出审计结果报告,地方各级审计机关分别在省长、自治区主席、市长、州长、县长、区长和上一级审计机关的领导下,对本级预算执行情况进行审计监督,向本级人民政府和上一级审计机关提出审计结果报告。

(二) 审计机关的独立性问题

马寅初先生曾指出:"财政之监督,在他国有行政之监督、立法监督与司法监督之分……但在此三种监督之外,尚有审计监督,而审计监督是一种独立行使之职权,不受任何机关或任何系统之干涉。不过行使起来,往往渗透立法、行政、司法三种职权之内层。"[②]这精辟地揭示了审计监督的独立地位。目前,关于审计监督最为集中的讨论,也正是关于审计机关的独立性问题。许多学者呼吁将我国目前的"行政型审计"改革为"立法型审计",并提出了一整套制度建议。[③]

---

① 参见胡智强、王艳丽、胡贵安编著:《审计法学》,中国财政经济出版社 2012 年版,第 55—57 页。

② 马寅初:《财政学与中国财政》,商务印书馆 2001 年版,第 120 页。

③ 具体的修改意见是:(1) 在《宪法》第 3 章第 1 节第 62 条第 10 项增加一目作为第 2 目:"国家费用的一切收支计划都必须纳入财政预算,并根据人民代表大会的决议执行。"(2) 废止《宪法》第 3 章第 3 节第 86 条中有关"审计长"的款项。(3) 废止《宪法》第 3 章第 3 节第 91 条:"国务院设立审计机关,对国务院各部门和地方各级政府的财政收支,对国家的财政金融机构和企业事业组织的财务收支,进行审计监督。审计机关在国务院总理领导下,依照法律规定独立行使审计监督权,不受其他行政机关、社会团体和个人的干涉。"(4) 在《宪法》第 3 章第 1 节第 71 条之后增加一条作为第 72 条:"全国人民代表大会设立审计机关,对国务院、国务院各部门和地方各级政府的财政收支,对国家的财政金融机构和企业事业组织的财务收支,进行审计监督。审计机关在审计长的领导下,依照法律规定独立行使审计监督权,不受其他行政机关、社会团体和个人的干涉。审计机关应该在全国人民代表大会每次开会时或者在全国人民代表大会闭会期间应全国人大常委会的要求,向全国人民代表大会或全国人大常委会提交审计报告。"参见周刚志:《论公共财政与宪政国家——作为财政宪法学的一种理论前言》,北京大学出版社 2005 年版,第 210—211 页。

1977 年,由最高审计机关国际组织大会通过的《利马宣言——关于财政监督的指导方针》也明确提出了审计监督的独立性问题。《宣言》指出,审计独立包含三种含义:一是审计组织的独立性,二是审计组织成员的独立性,三是审计组织财政上的独立性。《宣言》还要求审计覆盖财政收支全体,提出"国家对整个财政行为,无论其是否反映以及以何种方式反映在总的国家财政预算中,均受最高审计机关的监督。部分项目未列入国家财政预算,不应该导致这些部分可以免受最高审计机关的监督。"[①]

从比较法视野看,审计机关从行政机关中独立是一个普遍趋势。例如,美国的《预算和会计法》设立了总审计署,主计长由总统提名并经参议院同意,任期十五年,除参众两院联合决议外不能免职。总审计署代表国会审核全部政府机构的财政收支账目,并向国会提出审核报告[②];德国《联邦审计院法》规定联邦审计院与联邦议院、联邦参议院、联邦政府处于同等地位,联邦审计院的院长与副院长根据政府提名,由联邦议院和联邦参议院选举产生。[③]

就我国而言,我们认为,推动审计机关独立履行监督职责具有重要意义。根据我国《宪法》第 91 条、《审计法》第 2 条的规定,审计机关的职能定位是对政府机关和国有企事业单位实施经济监督。而要能够对政府机关进行有效监督,避免"自我监督"带来的束缚与困难,确实应当保证审计机关地位独立、权限明确、手段有效。未来,可考虑将审计署从国务院中独立,直接向全国人大负责和报告工作。各级审计机关应实行全国垂直领导,减少当地政府的干预与影响。同时,应改进审计方法,从单一的合法性审计扩展到绩效审计,综合运用账目审计与就地审计等方法,并完善审计信息披露和报告制度,使审计结果能够有效影响到决策层。

---

① 参见任剑涛:《财政监督与政府执行力——对〈利马宣言〉的扩展性解读》,载《中国行政管理》2011 年第 6 期,第 37—41 页。
② 参见王名扬:《美国行政法》,中国法制出版社 1995 年版,第 932 页以下。
③ 参见〔德〕海因茨·君特·扎维尔伯格主编:《国家财政监督——历史与现状(1714—1989)》,刘京城、李玲等译,中国审计出版社 1992 年版,第 33—52 页。

第十一章 财税法的实践理性

财税法"上达天缘,下接地气",是一个有着极其强烈实践面向的部门法:一方面,财税事项、财税法是国家治理中的重要节点,尤其是在强调国家治理体系和治理能力现代化的今日中国,对财税法的重视程度,较之过去有质的飞跃;另一方面,财税法又是纳税人权利保护之法,制度的合理设计与良性运行,同每一个纳税人的切身利益息息相关。正因为如此,我们研究财税法时不能仅仅停留在纸面,还要关注它的实践理性与现实使命,探寻财税法何以、如何作用于鲜活的社会实践。本章拟分三节:首先,我们提炼出"理财治国观",这是从整体意义上揭示财税法在国家治理中的基本定位,"法治视野下理财即治国"实际上昭示出财税法的历史担当和现实使命;然后,我们拟阐述治理语境下,财税法在实践层面的范式转移和跃迁,尤其是揭示由"财税法制"到"财税法治"再到"法治财税"的两次飞跃;最后,结合现代财政制度的构建这一重大现实问题,进一步观察现代意义上的财税法是如何为国家治理添砖加瓦的。本章内部三节之间的逻辑关系大体上是:第一节为"总论",第二节为"分论",第三节为"各论"。

第一节 "理财治国"观

当前,我国的改革在政治、经济等多个领域并举展开。虽然已经取得了较大进步并展现出改革的积极成果,但不可否认的是,改革的进路中仍然存在着诸多的观念羁绊和制度障碍,包括人民代表大会的权力行使重视不够、预算权配置失衡、中央与地方之间的关系尚未完全实现法治化、经济发展方式仍然较为粗放、社会贫富差距较大、社会基本公共服务分配不均衡、公民的基本权利实现不足等。在这一背景下,财税法治作为构建法治社会的突破口,其作用尤为凸显。通过"理财治国"理念的宣扬和落实,对政府财政权和经济活动进行有效的约束,促进政府依法理财、民主理财、高效理财,进而为我国探索国家治理方式转型的进程疏通瓶颈,这可以说是一种新思路和新视野。

在法治视域下,"理财治国"的提法具有相当的新颖性。作为一种新的理念提出,首先需要澄清一些基础性的问题,包括:"理财治国"理念的内涵如何界定?该理念和法治思想是否相切合?如何实现经由"理财"达致"治国"的制度预设？提倡该理念对经济发展、社会进步和国家建设又有什么积极意义？对这些问题，本节尝试作出分析。

一、我国历史上的治国模式与"理财"思想

"一个国家的财政史是惊心动魄的。如果你读它，会从中看到不仅是经济的发展，而且是社会的结构和公平正义。"①如果以历史的维度观察治国模式和"理财"思想的发展进路，可以给我们思考当前的国家治理方式提供诸多参照和借鉴。

（一）治国模式中的理财治国

在治国模式这一问题上，最宏观的是人治模式和法治模式的对立。人治作为一种依靠领导人或者统治者的意志来管理国家和社会，处理社会公共事务的治国方略或者说理念，一直与法治并存。古希腊柏拉图所主张的"贤人政治"和我国儒家所主张的"为政在人"。②而与此相对应，法治作为一种治国方略或者说社会调控方式，其特质是以民主为前提和目标，以严格依法办事为核心和以制约权力为关键。③在人治和法治项下，分别有很多具体的治国模式，理财治国便是法治之下的一种具体模式。这种意义上的理解，更能准确地把握该概念之内涵，强调的是法治视野下的理财治国，即民主理财、法治理财。在法治框架下，除了这种具体的治国模式外，历史上也曾先后出现其他若干种具体的治国模式，例如曾作为中华法系重要特征的"重刑"治国模式，这种模式可以认为是发端于战国时期的法家，在不同的历史时期，一度成为传统社会里帝国统治者主要的治国模式。秦始皇、朱元璋等人秉政时期，便推崇"重刑治国"。该模式虽然在形式上具备"有法必依"和"违法必究"的色彩，但其弊端却是显而易见的。它强调用刑法的手段来调整大量的民事、行政法律关系，直接压制了中国历代私法的发展。④ 而且，该模式在很多时候也并不能完全纳入"法治"项下，其在实施过程中往往蕴含了"人治"因素。朱元璋的"乱世用重典""重刑治国"，便带有很强的统治者自身的主观色彩，洪武年间出现"胡惟庸案""蓝田案"这样的大量殃及无辜的案件，使人人自危，某种程度上便是由于朱元璋本人性格的多疑；而这种以统治者意志为转移的"法治"，显然并非真正意义上的

---

① 时任国务院总理温家宝在2008年3月18日十一届全国人大一次会议记者招待会上的讲话。
② 张文显主编：《法理学》，高等教育出版社、北京大学出版社2007年版，第397页。
③ 姚建宗：《法理学——一般法律科学》，中国政法大学出版社2006年版，第384—385页。
④ 马作武：《法律史思辨录》，法律出版社2011年版，第163—168页。

法治。

体现浓郁中华法系文化精神的还有"情理"治国的模式,在这种模式下,治国者上求天道天理、下体民情民心,力图引导被治理者向善和向上进而使治国政策得到社会上下广泛尊重和真实信仰。① 但是此种治国模式中刚性不足,高度情理化的道德信仰尚不足以成为国家治理运行的坚强基石。

值得注意的是,上述各种治国模式都不是单一和片面的,在我国历史进程的每一个断面,都杂糅了各种模式,但是每种模式的地位、影响幅度与治理绩效是不同的。理财治国模式之所以有着强劲的生命力,就在于其抓住了国家运作的根本物质基础——一国的财富,通过对财富分配、流向的依法规制,相应地,便也控制住了以"财"为基础的"人"和"事"。

(二) 我国古代的理财思想流变

我国财政活动的历史,大约产生于公元前 21 世纪的虞夏时,继而自彼时起,中华民族便出现了对理财问题的理性思考,迄今已经有四千余年。在这四千年多的历史中,国家理财活动日益频繁,国家理财范畴逐步扩大,国家理财制度逐步完善,国家理财思想也逐渐丰富。

王安石语云:"一部周礼,半部理财。"②作为夏商周三代时期理财思想集大成者的《周礼》,就从财政收入与财政支出两方面,记录了当时的国家理财制度,其背后折射出当时制度形成的思想渊源。如财政收入制度中体现出的赋役有常与赋役并重的思想,也即在正常情况下,贡、赋、役的种类、时间、数量相对固定,不随意变更。而国家理财者既重视赋税,也重视徭役,因为赋和役不仅是天子(国家)赖以生存的经济源泉,也是控制诸侯的重要手段。③ 又如财政支出制度中体现的节约支出与专税专用思想,也即规定统治者支出范围,限制其挥霍浪费,某种收入专供某种支出,专款专用,不得串项。④ 此时的理财观念与思想尽管较为朴素,但是奠定了我国国家理财思想基础,此后数朝历经流变,其精神内核依旧。

而作为我国历史上对内对外影响深远的改革之一的"王安石变法",尤以经济领域的改革最为成功。其背后则蕴含着新的较为丰富的理财新思想。其思想体系可以有三个维度的表达:第一,理财观层面的"为天下理财,不为征利"的

---

① 邓勇:《试论中华法系的核心文化精神及其历史运行——兼析古人法律生活中的"情理"模式》,法律出版社 2010 年版,第 406—409 页。
② (宋)王安石:《临川文集》卷七十"答曾公立书"。
③ 孙文学主编:《中国财政思想史(上)》,上海交通大学出版社 2008 年版,第 11 页。
④ 如《周礼》中的记载:"官府之六职辩邦治:一曰治职,以平邦国,以均万民,以节财用。"参见《周礼·天官冢宰·小宰之职》。

思想。① 这一维度的阐释回答了为什么要理财、理财与义的关系、理财的途径和方法等问题。第二，在基本方略的维度上的"因天下之力以生天下之财，取天下之财以供天下之费"的思想。也即生财、聚财和用财。王安石认为，仅仅在流通领域打圈子，不能创造财富，个人财富的增长，不等于社会财富的增加；社会财富的分配只能改变个人的分配境况，此多彼少，而不能增加社会财富总量。想要国家富裕，只有且必须开发利用各种资源，大力发展生产，才能创造更多的财富，才能增加社会财富的总量，百姓才可能富裕起来，国家才可能从百姓手中聚集财富，从而也富裕起来。他这种以生财为主，融生财、聚财、用财为一体，发展生产，增加税收的思想，开一代理财之新风。② 第三，具体执行维度上的建立理财机构，以主管天下之财的思想。王安石"制置三司条例司"以"掌经画邦计，议变旧法以通天下之利"。即筹措国家收支，以保证国家用度，且不使百姓贫困。

至朱元璋时期，则已经形成了较为成熟的"生财、裕国、阜民"的理财思想，其思想中已经蕴含了相当的法制意识和法律因素。其核心关注点在于在征收正常赋税的前提下，如何避免苛敛百姓，如何"纾民困"，如何养民。朱元璋认为，一个国家不能不征税，但是征税就要在节约财用的同时有相对稳定的制度，如果没有健全的制度保证，势必会苛剥于民，最终结果是民力困乏、国力困窘、民心丧失。此时的国家理财者视野中已经出现了可能影响政权更迭和朝代兴衰的法律制度原因，可以说是依法理财治国思想的最初萌芽。③

（三）我国理财模式的探索

随着新中国的建立，我国的政治、经济、文化等各方面都发生了翻天覆地的变化，而在理财方式上，呈现出不断地探索和调整的样态。

在1994年分税制财政管理体制实施以前，我国曾广泛实行财政承包制，其目的在于适当增加地方政府的财力，激发地方财政的增收愿望，这与我国改革初期放权让利的思想相吻合。财政承包的具体做法是，由地方政府将其税收中的特定份额上解给中央政府，或者中央政府给予地方政府特定数额的资金补助；而且，一旦承包方案确定下来，若干年内保持不变。这种"权力下放"的过程虽然有效地增强了地方的财政实力，但暗含着中央的财力被削弱、地方的收入汲取能力缺乏约束的危险，进而导致经济宏观调控难以实现，甚至影响国家财

---

① 自先秦以来，在中国历史上就存在着两种"理财观"或者说"义利观"，一种是流传较为广泛的孔孟"义利观"，另一种是讲究财利的"义利观"。
② 齐海鹏、孙文学：《中国财政思想史略》，东北财经大学出版社2010年版，第158页。
③ 同上书，第187—188页。

政的统一和稳定。因此,人们日益认识到,财政分权必须要有底线,否则,将可能引起纵向财力分配的失衡,并危及整个国家的有序治理。

为了解决上述问题,1993年12月国务院发布了《关于实行分税制财政管理体制的决定》(国发[1993]85号),决定从1994年1月1日起,改革地方财政承包体制,对各省、自治区、直辖市及计划单列市实行分税制。如果将财政承包制视为一个"放开"的过程的话,那么,分税制就实现了"收回"的效果,使得中央政府拥有了巨大的财权和财力。具体地说,分税制改革的主要内容包括,将税种统一划分为中央税、地方税和中央地方共享税,并建立中央税收和地方税收体系,分设中央与地方两条税务机构分别征管。通过实行分税制,我国中央与地方的财政分配关系发生了根本性的改变,中央的财政收入实现了快速而稳定的增长,财政权力和宏观调控能力也得到很大的提升,可以说,这种理财方式较好地缓解了财政承包制所带来的危机,促进了国家有序而统一的治理。但与此同时,我们也应当清醒地认识到,已有的分税制实践仍然带有强烈的集权色彩,财权、财力层层向上集中,即中央政府掌握了强大的财权,省级和县市级政府的财权却非常薄弱。这种事权与财力不匹配的状况导致地方政府没有充足的财力能力来履行自身的政府职能,并提供基本的公共服务。此外,就规范的层级和效力而言,国务院作为中央与地方财政关系的一方,行使着财政收支划分的决定权,本身也存在角色方面的冲突和不当,这使得当前的分税制实际上是中央对地方的一种授权,而非严格意义上的财政分权。鉴于此,我国应当真正地做实分税制①,理顺并规范中央与地方的分配关系,以财政分权和地方自治的理念为指引,实现宪政视角下理财和治国模式的转变。

综观新中国成立后的理财和治国模式,尤其是改革开放以来,在我国经济体制改革取得巨大成就的同时,社会矛盾和社会问题却日益突显,公共服务和公共产品的提供水平仍显不足,收入分配不公、社会诚信缺失和官员贪腐是影响中国社会发展与和谐的三大症结。根源何在?政治体制改革滞后,应当从财税体制改革和财税法治寻找突破口。因此,我国要转变治国理念,树立"法治视野下的理财就是治国"的新理念。② 理财治国是化解我国现阶段突出社会矛盾和社会问题的"良药"。我国以前浪费了很多时间,不重视财税法治,已经付出了代价。诚如有学者所认识到的,在当今的中国,理财治国理念之树立,不但要

---

① 参见李炜光:《做实分税制》,载《新理财(政府理财)》2011年第11期,第28—29页。
② 这一提法是和市场经济体制相适应的,正如李克强同志所指出的,"市场经济本质是法治经济,体制改革与法治建设相辅相成"。参见《李克强在全国综合配套改革试点工作座谈会上强调:以改革为动力促进经济持续健康发展》,载《人民日报》2012年11月23日,第1版。

"上课",同时还要"补课";"上课"是为了国家的现在和未来,"补课"则是为了弥补国家失去的过去。以此而论,我国当前对理财和治国模式的探索之路仍可谓任重而道远。

值得注意的是,党和国家的领导集体已经站在全局的高度,高屋建瓴,体认到财税体制改革的重要性。在2012年11月召开的中国共产党第十八次代表大会上,胡锦涛向大会所作报告中提出,要"加快改革财税体制,健全中央和地方财力与事权相匹配的体制,完善促进基本公共服务均等化和主体功能区建设的公共财政体系,构建地方税体系,形成有利于结构优化、社会公平的税收制度";同时,在"在改善民生和创新社会管理中加强社会建设"部分,大会报告也指出"完善劳动、资本、技术、管理等要素按贡献参与分配的初次分配机制,加快健全以税收、社会保障、转移支付为主要手段的再分配调节机制"。① 易言之,党和国家的领导集体已经意识到"依法理财"之于推动政治改革、民生建设、经济发展和实现公平正义的重要性。这种"顶层设计"式的改革进路,结合已日渐凝聚起来的社会对财税体制改革的共识,形成多向度的改革动力,有望获致各方期望的财税改革效果,实现"理财治国"的愿景。

二、"理财"与"治国"的意涵解析

通过对历史维度下理财模式的进程梳理中可以看出,财政体制在国家治理中的地位至关重要。在探讨"理财治国"的理念价值之前,有必要对"理财"的多层次意涵进行解读,并思考"理财"与"治国"间的内在关联。

(一)"理财"的多维度意蕴

"理财"本身是一个具有多重意蕴的概念。首先是指个人对自身及家庭财产的经营,但是,我们在很多时候也可以在宏观的国家财政层面使用这一概念,例如,倡行"两税法"的唐代著名的财政改革家杨炎,便被称为"理财能手"。② 不过,现代意义上的国家理财,已经和古代的"理财"存在明显区别:古代的"理财",更多是从封建帝王的"家计财政"为出发点,经常有"蠹天下而富一人"的情况。例如,唐玄宗时期的权相李林甫,便因为能聚敛民间财富而受到赏识,而不顾民间已出现"朱门酒肉臭,路有冻死骨"的现象。这是和现代"理财"目标相背离的。在现代语境下,国家层面的"理财",可以从内涵和外延两个层面加以把握。

---

① 参见胡锦涛:《坚定不移沿着中国特色社会主义道路前进 为全面建成小康社会而奋斗》,载《人民日报》2012年11月9日,第1—3版。
② 《旧唐书·杨炎传》。

1. "理财"内涵之廓清

这里的"内涵"主要是对"理财"的内在机理进行梳理,探寻其应涵摄的内容。从体系完整的角度言之,本节所讨论之"理财",包括但不限于以下几方面的内容:

(1)财富在国家与国民之间的分配。现代国家在进行"理财"活动时,首先应该解决的是财富在国家与其国民之间分配的问题。国家在这个层次的分配上占主导地位,其具有选择采用"与民争利"还是"藏富于民"基本分配方针的(一定范围内的)自由。具体到国家的财税活动中,其可以通过"多取少予"的办法,实现"与民争利"的制度目标,提高税率、开征新税等,都是这种办法的具体表现形式;与之相对的,则是可以采取"多予少取"的方式(例如扩大减免税范围、实行结构性减税、增加专项补助等财税手段),实现"藏富于民"的制度预设。

从历史的角度进行考察,我国在这个层次的"理财观",经历了一个由"与民争利"逐步过渡到"藏富于民"的历史进程。我们认为,我国古代"与民争利"之"理财观"的产生,有其必然性:税收体系在传统社会未能有效建立,导致国家需要通过与民争利的方式,来确保国库收入。传统社会的税收立法落后,基本没有考虑到税收在社会经济中的作用;而且国家获取财政收入主要也不是通过税收的形式来达致目的的;税务管理体系则基本没有建立起来,只能和各级地方政府挂钩,这也使得税收的低效率性和可替代性非常明显。以传统社会发展到最成熟阶段的清朝晚期为例,与同时期的日本相比,清末的税收结构完全是按照不同地方的特点而变化、区别的非正式规则,没有因应因国民经济发展而增加收入的系统方法。有数据显示,中国政府在1908年得到的全部税收收入仅占国家净产值的2.4%,而日本在1880年即达到12%或更高。① 这便不难理解,传统中国为何要通过官商囤积、重课关税、政府专卖、严格限制私商活动等形式②,尽量避免将过多财富配置给国民。而在现代社会,虽然中国的税收体制仍存在诸多问题,但其确实已初具"税收国家"雏形;在这种情形下,国家应更加妥善、合理地将财富分别配置给国家与国民。这也正是国家"理财"首先需要解决好的一个问题。

(2)财富在政府间的分配。在财富在作为整体的国家和作为整体的国民

---

① 陈锦江:《清末现代企业与官商关系》,王笛、张箭译,中国社会科学出版社2007年版,第5—6页。

② 刘泽华、汪茂和、王兰仲:《专制权力与中国社会》,吉林文史出版社1988年版,第173—174页。

第十一章 财税法的实践理性

之间进行分配之后,一个重要的"理财"任务便是分别在政府间和国民间合理分配各自的财富。就前者而言,财富在政府间的分配,主要是通过"财权分配"的形式表现出来,其分配效率如何,关系到政府能否有效履行职责、管理好社会生活以及促进经济发展。

目前对"财权分配"的研究,主要是在纵向意义上展开,即考察中央与地方、以及地方不同层级政府间财权分配的问题。这个意义上的国家"理财"基本原则可以表述为"财力与事权相匹配"原则,现阶段存在的"财权上收、事权下放"而导致的地方政府负债严重等现象,就是因为违反了这一基本"理财"原则。

不过,我们同样应该对横向的政府间财权分配问题(而非仅仅对政府间横向财力不均)进行研究。具体地说,我国地域广袤,由于各地区具体情况的不同,可能会采用不同的制度,财权的配置也可能出现"同级政府、不同财权"的情况;尤其是在改革开放过程中,为了促使一部分地区"先富起来",对这些地方给予了大量的"政策性扶持"①,表现之一便是赋予其相对其他同级政府更多的"财权"。例如,在20世纪80、90年代,计划单列市便享有相对其他城市更多的财权,而在财税体制改革过程中,在某些地区进行"试点",也在一定程度上导致财权的横向分配不均。当然,这在很大程度上是由于我国地域广阔、不同地区情况各异,但是否应当关注以及如何将这种横向的"财权不均衡"控制在合理范围内?毕竟,横向财权分配均衡与否,是影响"基本公共服务均等化"的重要因素,必须加以重视。

(3) 财富在国民间的分配和再分配。财富在国民间的初始分配态势,取决于很多方面的因素,例如个人的努力程度、对机遇的把握能力等;但是我们不应忽视国家"理财"带来的影响:国家将不同数量的资源配置于不同的行业、区域,导致资源相对较少的行业、区域的国民"天然"地具有较少汲取更多财富的机会。这里的"资源"所包含的意蕴甚为丰富,如教育、产业、医疗、基本服务等都可以纳入其范畴,而从本质上说,这些"资源"都需要一定的财富才能提供。因此,"资源"的配置,同样可以转化为"财富"的配置。可见,国民间财富的初次分配,虽然主要不是由国家"理财"活动所决定,但确是在很大程度上受其影响。

与对财富初次分配的影响相比,财富在国民之间的再分配,则直接属于国家"理财"活动的基本内容。家庭内部成员之间,如果财富相差太过悬殊,可能

---

① "给钱"和"给政策"是中央政府扶持地方发展的两种基本手段,近年来,"给政策"的手段被更多地加以运用;某种意义上,在"跑部向钱"现象未见明显减少的情况下,"跑部向政策"的情形越来越普遍。

会引发家庭氛围的不和谐①;同样的,国家内部不同国民之间的财富分配如果失衡,则是社会动荡和社会风险的诱因。因此,国家需要通过"理财"活动进行"损有余而补不足"的工作。例如,国家通过个人所得税累进税制的设计,达致"富人多缴税、中等收入者少缴税、穷人不缴税"进而缩小贫富间差距的目的。

李克强同志指出,现阶段改革"很大程度上要触动利益……调整利益格局,要善于在利益增量上做文章,在利益预期上作调整,同时稳妥推进存量利益的优化"。②从法治的视角看,增量利益的调整主要指向的是今后时期新增财富的分配,而存量利益的优化则主要指向财富的再分配。这两个方面无疑都属于"理财"的涵摄范围,由此也可见财税体制改革之于新时期改革的重要意义。

(4)财政收入。财政收入是国家从国民处汲取一定财富的过程,是财富从国民流向国家的动态过程。税收、费用、公债、国有资产收益等,是最主要的财政收入形式。财政收入规模、范围、频次等基本问题,关系到社会经济的有序发展和国民基本权利的保护,意义重大;对这些事项的决定,应当格外慎重。具体说,应当由人民代表组成的权力机关最终决定,而政府则必须公布财政信息、提高透明度,以便利人民行使决定权、监督权。本质上,这均为国家"理财"的具体体现。

(5)财政支出。财政支出是政府为履行公共服务职能而进行的资金支付行为,是一种将财富用于社会的行为。财政支出包括财政采购、财政投资、财政拨款和财政贷款等多种形式;但不管是何种具体形式,本质上都是在为社会提供公共产品和公共服务。如果认识到这里的"公共服务""公共产品"都属于"财富"的范畴,便不难得出结论:财政支出,是一个财富由国家流向社会、国民的过程。在这个过程中,需要国家决定一系列的基本问题,例如:使多少财富流向社会?具体流向哪个方向?优先流向社会生活的哪个方面?这便是政府"理财"的过程。与财政收入环节相类似,财政支出环节上述重要事项的决定权,也应当掌握在人民代表组成的权力机关手中,并受公众的有效监督。

完整的国家"理财"活动,应该包括静态的"财富分配",以及动态的"财富流动"这两个环节。上述"理财"之前三个方面的内涵,是在"财富分配"的维度上加以讨论;后两个方面的内涵,则是在讨论财富的动态"流动"(财政收入是

---

① 在社会现实中,就夫妻二人组成的"小家庭"而言:如果男方的资产远多于女方,女方可能会怀疑其在家庭之外的生活"不检点";而如果女方资产远多于男方,则可能让男方因终日面对外界"吃软饭"的质疑,而感到自卑。有人认为"门当户对"观念在一定程度上具有合理性,便有这方面的考虑。

② 参见《李克强在全国综合配套改革试点工作座谈会上强调:以改革为动力促进经济持续健康发展》,载《人民日报》2012年11月23日,第1版。

第十一章 财税法的实践理性

财富从国民向国家流动;财政支出则是财富由国家流向社会、国民)。这两个环节相互间的关系紧密,最直接的联系表现为财富在国家、国民间的流动,直接影响两者的财富配置对比,同时因为具体流动方向的影响,间接致使政府内部、国民内部的财富分配状况发生改变。[1] 而且也并非可以截然区分开的,例如,政府间的转移支付,既可以理解为是财富在不同层级政府间的"分配",也可以理解为是财富的"流动"。两者均是国家"理财"的重要组成部分。

2. "理财"外延之界定

我国乃至世界历史上产生过多种多样的"理财"模式,其中的不少模式与其称之为"理财",倒不如直接称为"敛财"。这些建立在家计财政基础上的"理财"与本节所讨论的公共财政视野下的"理财",系属不同范畴。故有必要作一总括性的外延界定。

以时间为纵轴,人类社会大体出现过三种代表性的理财模式。最早出现的是以"王权财政"基础上的理财观,其作为一种权力支配型的理财模式,主要职能是替君王筹集行政管理、领土扩张以及皇室开支的费用,因此这种理财模式具有鲜明的"化国为家"的特征,规范性程度和法治化水平极低。到了封建社会后期,随着市场力量的萌芽、生长与壮大,王权财政对经济发展的阻碍日益凸显。[2] 近代西欧和北美各国的资产阶级革命也多与国内财政问题相关,因而也被许多学者称为"财政革命"。而在资产阶级革命胜利之后,上述西欧、北美各国逐渐建立与王权财政相对应的公共财政体系,将理财的重心放在弥补市场缺陷、保障纳税人权利上,并与市场经济、民主政治和法治社会相衔接。[3] 而在由王权财政向公共财政转型的过程中,包括我国在内的一些国家曾存在过,甚至在少数国家目前仍然存在着的一种具有特色的理财模式,即"国家财政"。该种理财模式过分强调财政活动的阶级性,将之仅仅理解为一种国家行为。该模式突出表现形式为完全摈弃市场作用和价值规律,将一切经济资源纳入经济计划,使之直接成为财政的活动对象。这种理财模式忽视了理财活动的公共性,同时在规范性上也有所欠缺,即便有财政规范性文件,也仅仅将之作为国家推行财政政策的一种工具,并非以之来规范财政行为。以我国为例,新中国建立之后,曾经在相当长一段历史时期采用该种理财模式,而其在曾经发挥了重要

---

[1] 比如,由某一级次的政府承担提供特定公共服务的职责,便会导致该级政府相对其他政府而言,财力下降;而向某一特定地区提供的专项补助,则可能使该区域的国民财富水平相对其他区域的国民来说,有所上升。

[2] 熊伟:《财政法基本问题》,北京大学出版社 2012 年版,第 1 页。

[3] 有关公共财政与民主政治、法治国家关系的论述,参见同上书,第 3—7 页。

的作用,国民经济得到了较快的恢复和发展。但是随着时间的推移,这种理财模式所内含的弊端也表现得越来越明显,比如,国民经济结构不合理、百姓生活水平提高速度较慢等。且在这种理财模式下,财政权力的分配和行使缺少约束,无法可依、有法不依的现象严重。在 20 世纪 80 年代改革开放之初,这种粗放型的模式也许尚能奏效,甚至还可以节约许多斡旋谈判的成本,但是随着各方面体制改革的深入,不同利益间的博弈需要在规范化、法治化的公共平台上进行,这就愈加要求其向公共财政转型。因此,2003 年党的十六届三中全会决议中,便明确要求"必须健全公共财政体制,推进财政收入、财政支出和财政管理制度的改革"。这也标志着我国的国家理财观念和模式已经发生且正在进行一场历史性的变迁。

诚然,公共财政语境下的国家"理财",是一种法治理财观。从过程的角度来讲,强调理财过程中的合理、合法、合宪;从目的的角度来讲,强调理财目的是为公、为民、为国;而从本质的角度来讲,则是强调理财的法治性、现代性、公开性和公共性。这种理财观如果得到很好的实践,将能实现"民富国强"和建立美丽的制度目标。

(二)"理财"与"治国"关系的解读

我们已经全方位地阐述了"理财"的内涵和外延,那么,"理财"与"治国"二者之间是什么样的关系呢?

第一,从语义学和逻辑学的角度进行分析,"理财"和"治国"可以作为并列的两个主谓结构(类似"修身齐家治国平天下"的结构),但是从本质上看,这两者间并非"平行"关系,前者是后者的基础。意即只有很好地完成"理财"这个层次的任务,才能进一步追求"治国"目的之达致。从这个意义上理解,两者间的逻辑关系确实和"修身齐家治国平天下"相似。①

第二,从功能论的角度而言,可以将"理财"视为一种"治国"的手段。人、财、事这三者难以绝对分开,"财"是中心,控制住了"财"这个环节,便控制住了"人"和"事",从而实现"天下大治"的追求。由于我国当前的官员选拔、监督机制并不健全,可能存在某些官员能力不足的现象,或者为了个人升迁而大搞"政绩工程""面子工程",甚至因为担任公职后放松了对自己的严格要求,而腐化、堕落。现阶段,要想改革官员选拔机制和考核制度,可能涉及政治体制中深层次的问题,且牵扯的利益关系盘根错节,非一朝一夕之事。可是,如果我们控制

---

① 其实,如果将"理财"和"治国"视为平行的主谓结构,也无不可;此时,"理财治国"可以被理解为:理财活动,本身就是治理国家的过程。这种对"理财治国"表述的多重解读,是正常现象,也表现出这一理念本身蕴含了丰富的内容。

各级政府的财权,使其财政活动在权力机关的控制下,且遵循客观确定之规范,即便有关官员不称职、甚至"有贪腐的主观意图",他也不得不严格规范自身的行为。控制资金的来源,各级官员的"敛money冲动"将会大为降低;而控制资金的流向,则让希望搞"面子工程"的官员无法筹得足够资金来给自己的脸上"贴金"。① 因此,搞好"理财"确实是实现国家治理的一种有效,且阻力相对较小的手段。

第三,从两者蕴含的精神内核看,"理财"和"治国"二者是相通的。"理财"强调"理",治国强调"治",两者都是对客观对象的一种规范化的、有序的处理过程。因此,前者强调"依法理财",后者强调"依法治国",本质上是贯通的,都是"法治"的题中应有之义。也正是因为二者的精神内核相一致,将此二者并列在一起,才显得合理、自然。

三、"理财治国"理念与法治目标

"理财治国"并未规定在任何一部法律规范之中,而是指一种试图为法治建设提供支撑的宏观理念。那么,我们就必须考察,该理念是否和作为其生存土壤的法治目标相切合,或者说是否能"兼容"? 只有在这个问题上获得肯定答案,将该理念运用于法治研究以及社会法治实践,才是有意义的。

正如前文所言,财税法治是建设法治社会的突破口。一般认为,基于现代社会的发展需要和中国的具体情况,财税法治建设应当坚持公共财政、民主政治、法治社会和宪政国家的基本立场和目标指向。② 在对"理财治国"的内涵作了分析之后,便能发现,其与财税法治的基本立场、观点和内涵,是相一致的。

第一,公共财政是指财政存在的目的是为了服务公众,而非为了追求自身的私益。需要说明的是,对公共财政的理解应当是全方位的,其本身即包含了宪政、民主、法治等方面的内涵,我们在此仅从市场角度观察公共财政。"公共财政"的核心在于"公共",即财政活动应当以公共需要为导向。前文已谈到,"理财"的概念随着时间的推移,已经发生了变化,传统社会那种单纯以"皇家收入"作为财政目的的"家计财政"模式,已经被改变。现代社会中,国家的理财活动需要综合考虑财富在国家与国民间的分配,不可偏废。偏重前者,会导致国民生活水平停滞不前甚至下降,进而增加社会不稳定风险;偏重后者,则易使国家无法筹集履行国家职能所必需的资财。无论哪种情况的出现,无疑都离"治国"的目标相去甚远。此外,"理财治国"理念强调财富在政府间的合理配

---

① 参见侯卓:《财税体制改革:新时期改革的优选路径》,载《新产经》2012年第4期,第59页。
② 刘剑文:《重塑半壁财产法:财税法的新思维》,法律出版社2009年版,第12—15页。

置,最终目的还是为了更好地提供公共物品,同时实现基本公共服务均等化。易言之,也是基于"公共性"的要求。由此可见,"理财治国"理念的内涵,包括了公共财政的基本要求。

第二,民主政治作为现代财税法的基础,要求财税活动的重大事项由人民决定。"理财治国"理念亦强调,对于财政收入的规模、范围、频次等基本事项,以及财政支出的力度和方向等重要问题,控制权都应当掌握在体现人民意志的权力机关手中。这和民主政治的要求是相一致的。

第三,法治社会强调依据一定的规则进行治理,而"理财治国"同样强调对"财"依据一定的规则、标准进行"理",两者在路径和思维上是统一的。意图达致"国治"目标的理财活动,只能是"依法理财"的过程。反之,无序、随意的理财活动,很可能会导致社会财富的浪费、国家运行效率的低下,很难实现"国治"的目标。

第四,宪政国家强调对政府权力运行过程的制约,以及对公众权利的保护,而"理财治国"与这两个方面的基本要求都是相一致的。一方面,"理财治国"理念强调通过对"财"的控制,实现对"人"和"事"的控制。例如,理想的预算法律制度中,权力机关通过对财政支出方向的严密控制,能够使各级政府仅能在预算规定范围内进行活动;在"财"被限定的情况下,任何"人"想做任何逾越权力机关同意范围的"事",都会遇到很大困难。这样便实现了对政府权力的制约。另一方面,"理财治国"理念还要求关注财富在国家与国民间、以及国民相互间的合理分配,这对于社会公众(尤其是经济上处于弱势地位的人)而言,是有利于保护人权的目的之实现的。这里涉及对"人权"概念的理解。根据国家履行保障人权义务的不同形式,人权可以区分为"消极人权"和"积极人权"。前者主要是指不需要国家采取积极措施,仅需要其不干预即可实现的人权,如言论自由等;而后者则是需要国家采取一定积极行为,方能实现的人权,最典型者如经济、社会、文化权利。① "理财治国"理念和"积极人权"的要求相吻合,强调通过国家"理财"活动,合理配置社会财富,使社会公众在实质上具备经济权利和经济自由,并实现自我发展。

综上所述,"理财治国"理念的基本内涵与法治建设的基本立场、目标都是

---

① 从国际范围内看,英、美等发达国家传统上更侧重对消极人权的保护,甚至认为强调国家干预的"积极人权"是"伪人权",从而对中国等发展中国家从自身所处历史阶段和基本国情出发所采取的同时发展积极人权、消极人权的做法横加指责。我们认为,这是不合理的。尤其是在现代社会,在机会不均等的现实条件下,如果不强调国家一定程度的干预,仅仅要求其保持克制之态度,根本不可能实现公民"实质上"的权利;如果没有国家积极发挥作用,单纯强调街头的流浪汉和豪宅中的亿万富翁在经济等权利上是"平等的",有何意义?

相符合的,其可以很好地指引法治建设。同时,法治建设过程中的这些基本立场,对于我们更准确地把握"理财治国",也起到重要的作用。

四、"理财治国"的要素标准

"理财治国"是一种治国理念,但其并非纯粹是理论上的自说自话,而是能对国家治理实践产生影响的重要理论。其对实践能产生积极作用的原因在于:该理念的内涵和基本要求,给现实生活中国家通过"理财"实现"治国",指明了道路和方向。需要说明的是,这里是从功能意义上理解"理财"与"治国"二者的关系,即将"理财"视为实现国家治理的一种有效手段。

宏观上说,为达致通过"理财"实现"治国"的目的,至少需要具备以下几方面的核心要素。

(一)"理财"的规范化运作

无论是个人、组织,还是国家,在进行理财活动时都需要遵循一定的规范,使理财活动规范、有序地进行。这既能够通过常规化的运作,降低"理财"活动的边际成本,减少因理财方式不断变异带来的"摩擦成本",从而使社会效益最大化。同时,能够使理财活动受到一定规范的制约,从而尽量避免在理财过程中受到外界因素的不当干预,导致不公平现象的出现。就国家"理财"活动而言,便是要求其应该遵循财税法律制度,规范、有序地进行。

欲达致国家"理财"的规范运行,根据所处历史发展阶段的不同,需要经历从财税法制到财税法治两个步骤。

法制和法治是两个既有区别、又有联系的概念。两者的区别主要在于:法制既指一国的法律制度,也可以指严格依法办事的一种方式,主要指向的是具有实体性的法律制度,属于制度的范畴。而法治则是主张执政者应该严格守法、依法办事,是一种治国的理念、原则和方法。[1] 简单说,可以认为法制是强调要"有法可依""有法必依",而法治则作为与"人治"相对应的概念,强调法律对国家机关及其工作人员的约束。[2] 而两者的主要联系则是:法治的实现,需要以健全法制为前提条件,没有健全的法律制度,不可能产生真正的法治。因此,从发展的观点看,可以将法治理解为相对于法制而言更高的阶段。

具体到财税法领域,财税法制强调的是应当健全基本财税事项的立法,使得财税方面的社会现象都能受到法律的规制,也就是要求政府的"理财"活动能

---

[1] 参见周旺生:《法理学》,北京大学出版社2007年版,第520—521页。
[2] 当然,两个概念之间还存在诸多其他区别,例如:法治蕴含了法调整社会生活的正当性,而法制并不必然地具有正当性,它更为强调"秩序"的价值。

够而且应当遵守一定的法律规范。例如,预算法定、税收法定、费用法定、公债法定等就分别要求预算、税收、费用征收、公债等领域都需要制定法律规范。财税法治则更侧重于强调各级政府应当在财税法律规范的框架内进行活动,本质上体现的是对政府财政权力的制约。在这里尤其需要强调的是,无论是"财税法制"抑或"财税法治",均可从形式和实质两个维度进行解读。简言之,从形式维度讲,是指财税领域的"有法可依""有法必依";而从实质维度进行考量,这还不够,尚须实现"良法之治""良法善治",这就要求财税领域不仅要重视立法的数量,还要关注其质量的提升。稍详述之,实现"良法之治"包括两个要素,一是提高立法的技术水平;二是在立法中体现一定的价值追求,例如财税立法要关注纳税人权利保护,并体现"财税控权"的思路。

就我国现阶段的情形而言,无论是财政法制的要求,还是财政法治的要求,我国都没有达到。就财政法制的要求而论,我国现阶段关于财政、税收事项的立法数量极少,税收方面目前仅有《个人所得税法》《企业所得税法》《税收征收管理法》和《车船税法》四部法律,财政方面有《预算法》《企业国有资产法》和《政府采购法》,对国债、转移支付等基本问题,相关的法律规范都尚付阙如。而且,这当中若干法律规范条文数量偏少、法律漏洞较多(如《个人所得税法》仅有15条);还有些法律规范则是年代久远,如《税收征收管理法》自2001年修订通过以来①,不管是在纳税人权益保护、现代税收治理等理念层面,还是在更为具体的自然人税收征管、涉税信息获取等制度层面,均日渐显现出一定的不足和"陈旧"。毋庸讳言的是,我国离财税法制的基本要求,尚有一定距离。

而如果以财税法治的要求来衡量,我国当前的政府"理财"活动,其需要改进之处就更加明显了。当前,各级政府机关自觉遵守财税法律规范的意识比较淡薄,且未将已有财税法律规范置于应有之重要地位。在现实生活中,随意突破法律规范的现象经常发生,比如,部分地区置税收法律于不顾,错误地通过随意减、免税来"引进税源",甚至鼓励违反税法以虚开发票引进外地税源的所谓"以票引税"。

因此,我国要实现国家"理财"的规范化运行,加快推进财税立法,并对现存的大量位阶较低的规范性文件进行系统整理,废除不合时宜的内容,同时将部分经过实践检验有必要上升为法律规范的内容,适时地通过法律形式加以规定。在达到财税法制的基本要求之后,则应该以财税法治为目标,进一步强调

---

① 我国现行《税收征管法》制定于1992年,分别于1995年、2001年、2013年、2015年进行过四次修订,其中2001年修订涉及内容甚广,而1995年、2013年、2015年修订则仅是对个别条款的技术性处理,因而学界一般仍习惯以2001年作为现行法律的修订时点。

第十一章　财税法的实践理性

财税法律规范的权威性,尽量减少或避免有损法律权威的行为,并要求各级政府严格依据法律规范进行财政收、支活动。这样,通过依次实现财税法制、财税法治的要求,能使政府的"理财"行为更加规范、有序,从而达到"治国"的远景预期。这也和现代财税法学内含的"法治社会"之基本精神相吻合。

(二) 发挥预算制度的控权作用

如果说,无论是个人、家庭、还是国家,进行理财活动都需要一个账本,那么,国家的"账本"便是预算。预算对各级政府财政收入、支出的范围进行界定,是一种典型的国家"理财"行为。

在政府"理财治国"的过程中,预算扮演着极为关键的角色。这是因为:"理财治国"主要是通过政府的行为而得以实现的。虽然政府本身并不像某些启蒙思想家所认为的那样,是"利维坦"[①],但其本质上作为社会中的一个特殊主体,在主要承担社会公益的同时,其也具有自己的"私利益"。与此同时,国家、政府本身没有行为能力,需要通过公职人员的活动,来实现自身的目的。而这些公职人员本身的道德操守不见得就比普通公众要高尚,可能存在通过所掌握的(为完成公务而必需的)权力来进行"寻租"、以攫取个人利益的可能性。而在社会生活中,政府掌握的行政权力相对而言最为强大,行政权力天生又具有扩张的本能。在这些因素综合作用之下,很容易导致"私利"对"公益"的冲击,使政府"理财治国"的目的不能有效达致。而预算本质上是控制政府权力的制度,是对政府"理财"过程的规制,对于"理财治国"目的之达致有着十分重要的作用。

一般认为,对政府行为的财政控制,主要有三种制度化模式[②]:一是以"问责"为主要表现形式的政府内部行政控制模式;二是强调人大预算权力以及审计机关"看门人"职责的横向控制模式;三是强调公民广泛参与的社会控制模式。完善的预算制度可以同时实现上述第二、三种对政府"理财"的控制。在理想的预算制度体系中,权力机关(在西方国家是代议机关)应当握有核心预算权力,其通过行使对预算的审批权、监督权等直接控制政府的财政运行。进而言之,体现的还是社会公众对政府行为的控制;而在新阶段,通过预算公开和"参与式预算"改革的尝试,社会公众也能以预算作为平台,对政府"理财"活动实行社会控制。目前,在浙江省温岭市出现的"预算民主恳谈"、黑龙江省哈尔滨

---

① "利维坦"在《圣经》中是象征邪恶的一种海怪,英国启蒙思想家霍布斯在其著作《利维坦》中以此来形容国家、政府。

② 参见马骏:《治国与理财:公共预算与国家建设》,生活·读书·新知三联书店2011年版,第166—173页。

市及江苏省无锡市出现的"参与式预算"等地方政府的预算编制改革,都能直接体现普通百姓通过参与预算,对政府行为的民主控制。这是和现代财税法之"民主政治"的要求相切合的。

阳光是最好的防腐剂,通过预算的公开和透明,可以起到规范预算权力的行使,进而规范政府财政活动的功效。预算公开,不仅要求预算文件和活动向权力机关公开,更要求预算文件和活动向社会公众公开①,从而使各级政府的"理财"行为置于公众监督之下。如果能从上述诸方面实现对预算制度的完善,无疑能使政府的"理财"行为更加规范、有效,同时也很好地体现了民主政治的基本要求,能逐步构建宪政视野下的公共财政体制。

尤应强调的是,从宏观上看,欲达致"预算控制政府权力运作"之功效,核心应是强化各级人大及常委会作为权力机关的地位。《预算法》对全国人大的预算审批权和监督权作出了规定。但在现实的预算活动中,预算编制、审批、执行、监督等环节存在的制度不完善问题,使全国人大及常委会的决策权和监督权往往流于形式,财政民主的要求难以落到实处。鉴于此,应当保障立法机关核心预算权力的真正实现。党的"十八大"报告中指出,要"支持人大及其常委会充分发挥国家权力机关作用,依法行使立法、监督、决定、任免等职权,加强立法工作组织协调,加强对'一府两院'的监督,加强对政府全口径预算决算的审查和监督"。② 在我国的政治谱系中,各级人大及常委会并非仅仅作为狭义的"立法机关"而存在,配置给其的权力是包括立法、监督、决定、任免等一系列权力在内的"最高权力"。这需要我们优化传统观念,不宜将人大及常委会与单纯的"立法机关"画上等号,尤其是在"社会主义法律体系初步建成"的当下中国,在大规模立法任务已然完成的情况下,应当有意识地推动人大工作重心的转移,新时期应当推动全国人大及其常委会在预决算审批、监督和决定等方面有更大的作为。③

因此,我们认为,新阶段在大规模立法任务初步完成的时代背景下,法治国

---

① 向社会"公开",并非一定要求普通人能完全"看得懂":公开本身即是一种将权力运作置于社会公众面前、接受监督的姿态;而预算本身具有的技术性特征,恐怕未必能让那些不具备充分财政知识的人全部看明白。

② 参见胡锦涛:《坚定不移沿着中国特色社会主义道路前进 为全面建成小康社会而奋斗》,载《人民日报》2012年11月9日,第1—3版。

③ 事实上,纵观古今各法治国家,其议会最重要的两项职能便是审批预算和制定法律;而议会与政府间围绕财政收入、支出范围所进行的"预算斗争"已然成为现代民主政治一道别样的"风景线"。例如,1995年发生在美国民主党政府和共和党国会之间的"预算斗争",便是一个典型案例。关于1995年美国"预算斗争"的详细情况,参见蒋劲松:《论1995年美国预算大战》,载《美国研究》1996年第4期。

家之建设非但不应"裹足不前",反而更应该"两翼齐飞"。一翼乃是在法治实践中"用法""释法"以及(必要时的)"修法",另一翼则是强化各级人大及常委会在预算权配置中的核心地位,进而有效监督、制约政府的权力运作。只有在这"一体两翼"的综合作用之下,社会主义法治国家之建设,愈益可期矣!

(三) 促进税制的不断优化

如前文所述,财富在国家与国民之间、以及国民相互之间的分配,是国家"理财"的重要内容。而税收作为"财富分割的利器",其在财富分配和再分配上的重要作用,是不言而喻的。因此,为了更好地实现"理财治国"的追求,就需要一国对其税制进行不断优化。

从"理财治国"的角度而论,良好的税制首先应当合理确定国家与国民之间的财富配置,既要避免财富过分集中于国家,也要防止政府出现严重的"财政危机"。正是在这个意义上,我们说,税制设计是一门"平衡的艺术"。就我国的情况而言,近年来,随着改革开放带来的经济高速增长,政府的财富积累也有了大幅度的增长;虽然有部分地方政府负债严重、财政能力不足,仅能维持"吃饭财政"甚至是"讨饭财政",但这主要是政府间财权配置失衡所致,应通过合理财政分权、完善转移支付等手段加以解决。因此,国家在现阶段的"理财"活动中,应格外注意"藏富于民",切忌"与民争利"。具体到税制设计而言,就是可以考虑"结构性减税",同时尽量克服目前在部分行业存在的"重复征税"问题。例如,2011年10月,国务院决定在上海地区先行试点增值税扩围改革,以增值税来代替建筑业、第三产业中的营业税,便降低了这些行业的税收负担,使其创造的社会财富得以更多地留在自己手中,这即为典型的"藏富于民"的思路。

国家的"理财"也要求财富在国民内部的配置是合理的,应满足"税收公平"的要求。例如,全国人大常委会于2011年将个人所得税的工薪所得扣除标准由2000元大幅提高至3500元,便减少了很大一部分工薪群体的税收负担,同时也有利于缩小贫富差距,实现社会公平。

当然,从国家"理财"的维度来说,我国仍有进一步优化税制的必要性。有学者便指出,目前的增值税转型改革未能彻底解决重复征税问题,例如,目前只允许企业抵扣生产用的机器设备,不包括非生产用的机器设备和不动产;同时,企业大量资金实际上用于不动产的基本建设,而现行税制对不动产无相关的可以抵扣进项税额的规定,不动产的价值只能以折旧的方式渐次进入产品生产直至销售,其所包含的价值量在销售环节因不能抵扣购进环节的进项税而导致重复征税。① 因此,税收不仅仅是国家获取财政收入最主要的途径,其通过对社会财富进行分配和再分配,而深刻影响到社会生活的各个领域。国家欲通过"理财"达致"治国"之目的,便需要尤为关注税收制度的影响,并不断地适时对税制进行优化。

需要指出的是,以上三个方面是国家"理财治国"的核心要素;但这不意味着仅仅完成这三方面的制度建设,便能达致"理财治国"的目的,诸如政府间财权合理配置、税收征管改革等财税事项,也是国家"理财"过程中需要格外注意的。

五、"理财治国"理念的现实路径

前文对"理财治国"内涵、核心等内容的分析,可以揭示出提倡该理念所具有的积极意义。正如前文已提到的,"理财治国"首先是一种理念,具有理论上的创新意义;但更重要的,它又能对社会实践产生积极的指导作用。要想发挥"理念治国"理念的社会价值,应当针对当前实践中出现的问题和存在的不足,通过对具体路径的探索,将"理财治国"理念落到实处。

(一)"理财治国"理念的现实意义

"理财治国"新理念通过其对财税实践的指引,至少能在以下五个层次上产生积极的社会效应。

(1)有利于完善财税法制建设,提升财税法治水平。

如前所述,"理财治国"理念强调规范、有序地进行国家"理财"活动,而财税法制强调的则是政府的"理财"活动应当遵守相关的法律规范、规整地运行。可见,"理财治国"本质上就是在强调"依法理财",财税法制是真正实现"理财治国"的必由之路和基本保证。因此,这便要求我国加快财税立法进程,完善财税法律体系,使重要的、基础性的财税事项,都做到"有法可依"。具体地说,财税法治建设不仅应当构建完备的财税法律制度,健全财税法律体系,还应当着力实现财税法律制度形式的协调发展。从而形成一个以财政基本法为统领的,以财税实体法和财税程序法为骨干的,包括财政收入法、财政支出法、财政管理法、财政监督法等内容的,各组成部分层次分明、结构完整、有机联系、相互协调的统一整体。②

财税法治是建立在完备的财税法律体系基础上的。在落实财税法制的前

---

① 汤贡亮主编:《中国税收发展报告——经济与社会转型中的税收改革》,中国税务出版社 2010 年版,第 325 页。
② 刘剑文:《公共财政与财税法律制度的构建》,载《政法论丛》2012 年第 1 期,第 23—29 页。

提下,"理财治国"还要求上升至财税法治的层次,提高财税法治水平,以期在制度深处的意识范畴内,实现法律对公权力的切实约束,完成法治社会的理念搭建。一方面,强调"理财治国",要求各级国家机关规范自身进行的财政收支活动,真正树立财税法律在财政活动中的权威地位;另一方面,也可以提升社会公众的纳税人意识。应当注意到,宪法规范强调"公民意识",财税法规范则强调"纳税人意识",二者本质上都属于"主体意识"的范畴,而且都是"民主政治""宪政国家"等时代要求的体现。由于二者在强调"民主宪政"法律精神方面的内在一致性,使得我们可以将财税法视为"小宪法"。从法律规范所规定内容的层面看,财税法作为"小宪法"也是当之无愧的。宪法主要规定国家机关之间的权力配置,以及公民的权利;而财税法同样规定了各级国家机关之间的财政权力配置,同时通过对纳税人权利的广泛规定,体现"保护纳税人"的现代财税法精神。两者在规定内容上是有相通之处的,在某种意义上,宪法的很多规定正是通过财税法规范得以细化。

(2) 有利于促进社会资源配置的优化和高效,推动社会整体发展。

"理财治国"不仅要求在财税法治上有所作为,而且还能对整个社会的资源配置起到辅助性的推动作用,从而促进整体发展水平的提高,将"蛋糕"做大。

其原理就在于,财政作为政府调控经济社会运行的主要杠杆,是政府配置社会资源的主体。所谓财政资源配置,就是政府为满足社会需要而将一部分社会资源集中起来形成财政收入,再通过财政支出分配活动提供公共物品和服务,引导社会资源实现最优化配置的经济活动。[①] 可以说,财政资源配置不仅是政府的一项重要职能,也是"理财治国"所欲实现的目标和可以期待的结果。

国家通过合理"理财",向不同的行业、区域按照科学的比例配置不同的资源,实现财富在国家与国民间、国民与国民相互间的初始分配的效益最大化,达到人尽其才、物尽其用的效果。在社会主义市场经济体制下,市场对资源的配置起基础性作用,但仅仅依靠市场机制并不能实现资源配置的最优化,还需要政府在市场失灵领域发挥资源配置作用,而这就需要政府动用财政力量进行"理财治国",提供天然垄断行业的产品、公共产品、准公共产品等,通过将各类公共资源在全社会中高效率地分配,让公共资源在其所处位置上对相关的行业或领域发挥最大的效能,最终带动和推进经济和社会的发展。因此,"理财治国"的理念迫切要求政府科学、合理、有序地安排财政收入和支出,尤其是根据不同阶段中社会经济发展的需求和走向,通过提供基础设施和基础项目等公共

[①] 段国旭、王云峰、赵钊:《谈财政资源配置及制度层次问题》,载《财政研究》2005年第8期,第14—16页。

资源,主动运用财政支出来为国民经济的稳定发展和整体提高而服务,并关注地区经济的均衡发展,以期实现财政配置资源的规范化、有序化和高效化。在这个意义层面上,"理财治国"不仅与我国的市场经济体制改革相协调,有助于完善政府与市场之间的关系,而且有利于政府职能的积极履行和财政效用的最优发挥,将社会经济发展水平这个"蛋糕"做大。

(3) 有利于实现国家基本公共服务体系的均衡化,加强民生建设。

基本公共服务均等化是我国当前的一项重要公共政策。所谓公共服务,是指在政府主导下,公共机构利用公共权力或公共资源,运用公共政策,通过分担居民消费风险来防范和化解公共风险而进行的一系列公共行为。[①] 在这里,政府是主导,更是最终的责任承担者。而在国务院 2012 年 7 月颁布的《国家基本公共服务体系"十二五"规划》(国发[2012]29 号)中也明确提到,基本公共服务是建立在一定社会共识基础上,由政府主导提供的,与经济社会发展水平和阶段相适应,旨在保障全体公民生存和发展基本需求的公共服务,包含了基本公共教育、劳动就业服务、社会保险、基本社会服务、基本医疗卫生、基本住房保障、文化体育教育等多个方面的内容。享有基本公共服务属于公民的权利,提供基本公共服务是政府的职责。

当前,我国基本公共服务供给不足、发展不平衡的矛盾仍然十分突出,地区之间的基本公共服务提供水平、不同社会群体之间的基本公共服务的享有数量和质量差距较大,这不仅难以保障发展成果惠及全民,也不利于社会和谐稳定,而且还会制约经济社会健康、协调、可持续发展。在这种背景下,政府应当发挥主导作用和主体责任,通过"理财治国"理念的贯彻和落实,运用财政资源达致基本公共服务均等化的目标,这也是"理财治国"的应有之义。

具体而言,"理财治国"对公共服务体系的健全和均衡化的促进作用主要体现在以下几个方面:其一,在供应阶段,应通过财政手段完成公共资金的合理配置和科学投入。政府经由预算安排来确定的投入规模、投向、项目之间的分配基本上决定了基本公共服务的产出格局,例如在城乡之间、区域之间和不同群体之间的分布。合理的"理财"旨在安排财政供应的总规模和结构配置,从而奠定前提性基础。其二,在后续的动态过程中,还应做好监督、反馈和测评。"理财治国"并不只是进行最初的静态规划,更为系统、全面的理财方式是通过后续过程中对满意程度、受益范围、受益人群、实际效果等内容的统计和调查,为进一步探索基本公共服务均等化提供可操作的建议。其三,在财力保障和责任承

[①] 刘尚希:《基本公共服务均等化与政府财政责任》,载《中国党政干部论坛》2008 年第 11 期,第 28—31 页。

第十一章 财税法的实践理性

担方面,应当科学划分和明确规定不同级次、不同辖区、不同阶段的政府的基本公共服务事权和支出责任。通过完善转移支付制度、加大对部分地区的财政扶持力度等举措,进而健全财力保障机制、增强公共财政的保障能力。同时,还应实现政府财政责任的均等化和可追究性,从而形成强有力的监督和威慑。

通过"理财治国"理念的贯彻,进行事前的合理规划、事中的严格执行和事后的密切反馈,并将各级政府的支出责任和财政职能落到实处,这样才能实现国家基本公共服务体系的健全和均衡,让更广泛的社会民众能够享受社会发展和改革的成果。要想构建一个更为公平和民主的基本公共服务体系,就需要在基本公共服务范围和标准、资源配置、管理运行、供给方式以及绩效评价等多个维度形成系统性、整体性的制度安排,而"理财治国"正能够实现这一宏观目标,也是达致这一目标的最佳途径和不二选择。

从实质上说,基本公共服务均等化的意涵在于使得全体公民都能公平可及地获得大致均等的基本公共服务,这对于推进以保障和改善民生为重点的社会建设具有重大的意义,顺应了维护社会公平正义的需要,有利于保障国家内部不同国民间财富的分配均衡,防止社会风险和社会动荡的出现。如果说促进社会资源配置的优化是为了将"蛋糕"做大的话,那么,基本公共服务均等化更为着重的是将这个做大了的"蛋糕"尽量均衡地在全体社会成员之间进行分配。如果说促进社会资源配置的优化是以初次财富分配过程中的高效率为准则的话,那么,基本公共服务均等化则更为强调财富再分配过程中的公平、平等和基本民生保障。因此,"理财治国"的理念贴切地顺承了构建国家基本公共服务体系的要求,对实现基本公共服务均等化和加强民生建设具有关键的作用,也有利于公共财政和民主财政的达成。

(4) 有利于提高人权意识,保障公民权利的实现。

"理财治国"促进了社会的稳健和均衡发展,而说到底,还是为了更好地保障和实现公民的权利。2012 年 6 月,国务院颁布了《国家人权行动计划(2012—2015 年)》,这是我国第二个以人权为主题的国家规划,对今后四年中国人权发展的目标、任务和具体措施作出了规划,有利于持续全面推进我国人权事业发展。在这个"行动计划"中提到,我国公民的人权意识明显增强,经济、社会和文化权利保障得到全面加强,公民权利与政治权利保障更加有效,少数民族、妇女、儿童、老年人和残疾人的权利得到进一步保障,各领域的人权保障在制度化、法治化的轨道上不断推进,我国人权事业的发展进入了一个新的阶段。但同时,受自然、历史、文化、经济社会发展水平的影响和制约,我国人权事业的发展还面临诸多挑战,实现充分享有人权的崇高目标任重道远。

在保障公民权利的进程中,"理财治国"的作用同样不可小觑。一方面,"理财治国"是一种民主的理财方式,一种法治的理财方式,落实公民权利是实现"理财治国"的关键性前提和必备性保障。"理财治国"理念要求,在"理财"的过程中应保证社会公众的民主、有序参与,在安排财政收支和组织预算的合适时机中广泛听取和采纳人民的意见,并且更加关注教育、公共卫生、社会保障等关涉民生、但当前公共服务提供水平较为薄弱的领域,向社会弱势群体提供更多的财政扶持。而这一理念所内含的即为,公民的政治权利必须得到切实的实现,公民的经济、社会和文化权利必须受到应有的重视,少数社会群体的权利必须得到特殊的关照。只有充分落实公民的选举权利、知情权、参与权、言论自由权和结社权,才能保证公众参与和理财的民主化,进而保证理财的科学性和规范性。只有广泛重视公民的工作权利、基本生活水准权利、受教育权利、健康权利、文化权利和环境权利,才能保证理财的整体绩效和对民生建设的促进作用。只有特别关注少数民族、妇女、儿童、老年人、残疾人的权利,才能维护社会的实质公平正义。而从另一个方面说,"理财治国"理念的宣扬和实践也有利于实现对公民权利的具体保护,从而将保护公民权利的宪政理念演化为切实可行的制度、方法和行动。

因此,"理财治国"与保障公民权利是互为表里、相互促进的,两者在宪政事业下的目标也是本质一致的,即在国家的精细化和民主化的财政管理中融入对公民权利的保护,最终实现约束公权力、保障公民权利的宪政价值。

(5) 有利于社会主义法律体系及和谐社会的建设,完成国家治理方式的转型。

诚如熊彼特所言,财政体系是理解社会和政治变化的关键,是社会变化的重要指标和源泉,它将塑造一种特定的现代经济,一种特定的文化与价值,一种特定的国家与社会关系。为了实现国家建设的根本目标——建立一个强有力同时又对公民负责的国家,就应当实现国家治理方式的相应转型,而转变国家的活动方式即可以以调整国家取钱、分钱和用钱的行为作为突破口。可以说,财政转型是国家转型的关键,有效的财政改革可以实质性地推动国家治理转型,在这个层面上,"理财治国"理念的重要性可见一斑。

一方面,"理财治国"理念对"依法理财"的强调,促使国家加紧相关立法,显然有利于社会主义法律体系的完善。另一方面,"理财治国"理念强调财富的合理配置,以及对政府财政活动的控制。这在很大程度上能提升社会公平程度,并减少政府行为侵害公民利益的可能性,从而化解社会矛盾、防范社会风险,可望使财税领域成为社会主义和谐社会建设的突破口。因此,应当以"理财治国"为指引思路和核心理念,探索"理财治国"的具体实现制度和机制,多方协力,相互统筹,以期完成国家治理方式的转型和国家建设的突破性进展。

(二)"理财治国"理念的实现路径

有学者提出,现代社会存在着三种改革进路,其一为自上而下的顶层设计,其二为自下而上的倒逼机制,其三为由体制外到体制内的扩展形态。在改革开放初期,无论是联产承包制、乡镇企业改革还是股份制,都是由基层发起、"自下而上"式的改革。然而如今,各方面、各层次的利益相互交织、盘根错节,因此,当前的改革更需要"自上而下"的"顶层设计",这逐渐成为一种共识。① 同样的,在"理财治国"理念的实现过程中,应当重视上层的法律规范以及配套制度的制定与实施,从而带动国家治理方式的转型。

第一,加强立法,以促进财税领域以及相关领域法律规范的完整性和体系化。加强立法是建设法治国家的必然要求,是规范国家财政权的运行提供根本依据,是实现公民基本权利的法律保障。在一个结构良好的法律体系中,法律规范性文件应尽可能全面、完整,而且应相互配合、相互协调,这样才能共同发挥法律体系的规制作用。落实到"理财治国"理念的实现过程中,一是应当增补相关法律的规范内容,充实并理顺法律体系的内部结构。因此,在我国目前尚未制定相应法律规范的财政领域,尤其是关涉到国家财政运作的重要领域,应当尽快立法,以填补法律规范的空白和缺漏,如制定《财政收支划分法》《财政转移支付法》《财政监督法》等法律,从而实现财政活动的有序化和财政运作的规范化。二是应当结合社会发展的新形势,对已有立法进行修订。比如,当前备受关注的《税收征收管理法》修改,正体现了立法对社会发展现状以及现实需要的回应和跟进。三是应当对当前存在着的诸多行政法规、部门规章和规范性文件进行整理和清理,即废弃一些已经过时、不再具有调整作用的法律规范,整合一些零散存在的、在同一事项上共同发挥规制作用的法律规范,修改一些相互之间或者与上位法之间存在着矛盾和冲突的法律规范。通过推动立法,从而建立一个组成部门齐备、层次清晰、结构良好、相互协调的法律体系,为实现"理财治国"提供基本的框架支撑和规则约束。

第二,提升财税领域法律规范的效力位阶,贯彻财政法定主义原则。我国当前财税法律体系的效力层级低下,诸多领域仍然仅由国务院制定的行政法规、财政部门或者税务部门制定的部门规章甚至税收通告进行规制,这是一个不容回避也不应被忽视的事实。比如,消费税、营业税等关键税种的立法停留

---

① 朱佩娴:《"顶层设计"呼唤政府改革》,载《人民日报》2012年4月9日。

在《消费税暂行条例》《营业税暂行条例》的阶段,不符合税收法定主义的精神;又如,财政收支和财政管理领域存在着《国库券条例》《国家金库条例》等行政法规,不利于对政府的财政活动施以良好的监管;再如,实行分税制财政管理体制的规范依据仅为国务院的一纸"决定",这违背了立法的中立性和公正性,使得地方的财政权力得不到有效保护,并成为"土地财政"等后续问题的诱发因素。因此,应当依据财政法定主义和法治社会的要求,将财政领域的法律制定权由立法机关严格保留。具体而言,不仅应将现有的且仍然具有规范效力的非法律文件上升为法律,而且对于那些存在立法空白的领域,也应在条件成熟的情况下促进直接立法。只有通过提升法律规范的效力位阶,才能实现法律的权威性和固定性,以此为"理财治国"的达致提供稳定而可靠的规范架构。

第三,加强法律实施过程中的监督,促进社会公众更广泛的参与。正如常言所道,"徒法不足以自行"。在建构起基本完整而规范的法律体系之后,应当关注法律的具体实施,保证"纸面上的法律"切实地转化为"行动中的法律",使得"理财治国"的目标能够真正地从理念照进现实。在这一过程中,应当保障公民基本权利的充分落实,促进政府行为的公开、透明化,为公民行使知情权、言论自由权、监督权等宪法权利提供具体的实现机制,鼓励"协商式民主"和"参与式民主"的发展。经由如此,方能使得"理财治国"一步一步地走出抽象的号召,具象化为社会政治生活中的一次听证、一回表决、一个举报或一条建议,成为每个公民都可以参与其中并切实推进的治国方式,而这正体现了一种开放民主而良性互动的国家治理机制。

第二节 "法治财税"论

财政社会学者认为,社会由经济系统、政治系统和社会系统三个子系统组成,三大系统以财政为媒介塑造社会,"政治体系从经济体系取得财政资源,以维护社会秩序,转而要为经济体系服务,保护产权和交易行为,以换取经济系统为其永久性地提供资源;同时,政府要为社会提供公共服务,以获得社会成员对它的支持。没有这种政治上的赞同和支持,政府就无合法性可言"。[①] 财税制度不是纯粹意义的经济现象,蕴含着复杂的社会和政治因素。中共十八届三中全会形成的《关于全面深化改革若干重大问题的决定》中,明确肯认"财政是国家治理的基础和重要支柱",将财政的重要性提到前所未有的历史高度。

---

① 李炜光、任晓兰:《财政社会学源流与我国当代财政学的发展》,载《财政研究》2013年第7期,第36页。

第十一章　财税法的实践理性

党的全会通过的纲领性文件,系属"执政党的政策",就性质而论,其属于正式法的渊源。但是,法的渊源和法的形式不同,其还只是法律规范的"预备库和半成品",欲使之上升为具有普遍约束力的法律,仍需国家立法机关经一定程序予以制定或认可,于此之前仍有诸多理论问题有待澄清:财税制度的基础地位,具有普遍性,这至多只能说明财税制度体系建构,之于国家治理的成败得失,干系甚大;就此自然要追问,何种财税制度能与现代治理语境相匹配,易言之,可以作为现代国家治理的坚固基石?改革要将顶层设计和"摸着石头过河"结合,制度建构同样如此,既需要微观上作出良善的制度安排,具有统摄性和指引性的宏观理念亦不可缺位。本节认为,发轫于、却又不同于传统提法的"法治财税"理念,契合现代性语境,应着意贯彻于财税制度实践之中。

一、从管理到治理:"法治财税"的时代语境

首先需要明确,财税作为国家治理的基础,是在何种意义上言之?进一步,作为"现代"国家治理基础的法治财税,又于何种语境下产生?两问题是一般与特殊的关系。

(一)为什么是财税?

无论是传统的、单向度的管理型社会控制体系,还是现代的、双向度、多中心的治理型社会控制体系,财税制度都在整个社会管理(治理)网格中占据极为重要的地位,这种普适性的基础地位由三方面因素决定。

1. 管治三要素的内在统一

物质是上层建筑的基础。政府作为国家管理(治理)的主体,在履行管理(治理)国家的职能时,必须以财政作为其条件和保障。没有合法、正当理由的财政筹措和拨付,很多政府行为难以实现,若政府不能履行其职能,何谈国家管治。尽管一国政府履行职能种类繁多,但择其大端,不外乎"财""人""事"三维。前者主要指财政事务,后两者则是行政管理和行政事务。国家管理(治理)的实现则有两个方面:"事"与"财"的静态配置与动态调整。而控制住"财",便控制住"人"和"事"。只有各级政府和各个政府职能部门的支出责任和财力配置和谐,政府职能才得以充分施展,国家管治才能如行云流水一般,节奏匀称,步伐流畅。现代治理语境下,这种逻辑关系尤为突出:任何政策、法律的实施都有赖于一定的物质基础,"法律权力的实践往往要借助政府治理权力的渠道达致其目的"[①],而政府治理权力本质上表现为两造:组织权力与财政权力;

---

① 强世功:《法制与治理——国家转型中的法律》,中国政法大学出版社2003年版,第238页。

现实当中,上级政府对下级政府的控制也多是通过这两方面作用的发挥得以实现。

2. 财税问题的系统性

财税问题最具系统性,覆盖全部、牵动大部。诚如熊彼特所言,"税收不仅有助于国家的诞生,也有助于它的发展",握住财税这个"把手","可以改变这个国家的社会结构"①;易言之,"等于抓住了政府职能履行、国家管理(治理)实现以及整个经济社会运转的全部内容"。②中国深化改革所遇险阻,莫不与财税问题息息相关。比如,中央和地方在根本利益上具有统一性,却经常在具体政策上存在立场差异,中央虽在制度生成、变迁层面掌握主导权,但地方的博弈行为,很大程度上消解着中央的权威和政策的有效性。比如,在淘汰落后产能问题上,中央推进的决心很大,但是地方保护主义往往形成阻碍,中央强调"全国一盘棋",地方却打着自己的"小算盘"。再如,房地产价格调控,中央先后出台建设保障房、增加居住用地供应、差别化住房信贷、房屋限购、减少对房地产开发商融资等政策,但是由于房地产行业往往是地方财政的主要支柱,俨然成就一方财政来源的砥柱之势,单是房地产开发所需的土地供应,就是地方财政的支撑点,所以地方对中央决策的博弈、乃至抵制的缘由。有人戏称"中央调控"应该改为"中央空调",其根本原因在于地方政府有财政收入扩张的利益驱动和财政支出刚性需求的巨大压力,故其利益出发点与中央相异。

追根溯源,前述问题系由政府间财政分权不合理、不科学所致。对于地方而言,因为支出压力较大,所以会出现民生投入不足、依赖土地收入、保护当地企业(即便是落后产能)等弊病。若只是一味头痛医头、脚痛医脚,永远不能根治"病灶",只有从根上改革财税体制,方可贯通经脉、药到病除。

3. 作为宪治性问题的财税制度

英文单词"constitution"意指"宪法",同时又有"构造"之意,引申到国家层面意谓"国家的构造"。应当区分文本性宪法和现实生活中的宪政制度,就后者而论,文字、语言这类文化制度都是凝聚起一国、进而使其有序运转的宪治性制度。③ 形式层面论之,不同意识形态之各国宪法文本中,多有财政制度的规定;而在实质层面,财政制度事关国家和纳税人、中央和地方、立法和行政、政府与

---

① 李炜光:《财政何以成为国家治理的基础和支柱》,载《法学评论》2014 年第 2 期,第 55 页。
② 高培勇:《筑牢国家治理的财政基础和财政支柱》,载《光明日报》2013 年 11 月 15 日,第 11 版。
③ 苏力:《文化制度与国家构成——以"书同文"和"官话"为视角》,载《中国社会科学》2013 年第 12 期,第 78—79 页。

社会(市场)等多对关系。政治学者福山将政治过程的要素归纳为强大的政府、法治和负责制三维,前者关涉公权力的高效运作(而非权力的肆意扩张),后二者系对之的制约。福山之论,可借以对复杂的财税制度应然范本与实然概貌进行解构,抑或作为一个观察的视角。"强大的政府"于财税领域至少呈现出如下几幅图景:税收的程序效率与经济效率兼顾、刚性的预算约束、财政支出能卓有成效地投入于最有需要的场域(如真正意义上的民生支出)并能经受绩效原则的检验。"负责制"则事涉国家机关间的权力制衡,如行政机关内部审计机构、立法机关对政府财政活动的监督;兴起于西方国家的绩效预算制度,亦有使行政机关为自己的财政支出负责的意蕴。由是观之,上述诸端,事涉权力与权利的相生与制约、利益主体的持续博弈与互动、国家意志的合理选择与表达,这些均为国家治理的根本性、宪治性问题。

(二) 为什么是"法治财税"?

"治理"成为社会科学的强势话语,源于20世纪90年代。1989年世界银行首次使用"治理危机"(crisis in governance)一词来概括非洲的政治、经济情况,1992年又以"治理与发展"作为年度报告主题;1996年经济合作与发展组织(OECD)发布了一份名为"促进参与式发展和善治的项目评估"的报告;1996年联合国开发署年度报告题为"人类可持续发展的治理、管理的发展和治理的分工"。[①]

从体系论的视角看,由"管理到治理"的变迁,既非开始,更非结束。先于这一变迁的,是社会结构由利益"板结"向"多元"的转变,因为多元利益主体的形成,带来了多中心治理模式的勃兴;而由社会利益结构多元化及"管理到治理"的演进所直接引发的,则是社会制度的结构性变迁,也即法律、法治重要性地位的不断上升。无论是政策,还是法律,乃至各种有约束力的习惯,本质上都属于社会规则、制度。将法律与政策等其他制度相比,肯定有不少优点,也一定少不了诸多缺点,比如适应新形势新问题的灵活性较为欠缺;没有谁是生来优越的,法治也不例外,只不过是,现代社会条件下,需要其扮演更重要的角色,易言之,"历史选择了法治"。现代社会利益高度多元,就反映这些多元利益主体的诉求而言,法律相对政策的开放性、包容性更形突出,而且由于法律制定过程的(虽然有时仅仅是形式上的)民主性供给更充分,也相对容易凝聚起共识。此外,虽然较之于政策等制度形式,法律的灵活性稍欠,但在现代条件下,这反而可能变成了"优点",因为随着自然科学领域对未知世界的探索日益深入,以及社会领

---

① 参见王锡锌:《公众参与和行政过程——一个理念与制度分析的框架》,中国民主法制出版社2007年版,第88页。

域多利益主体、多中心的涌现,很多问题不再是"不言自明"的,尤其是在出现"新形势、新问题"时,政策的"灵活"反而可能成为"盲动",如近年来针对高房价的"越调越高",法律的疑似"笨拙",实为"稳重",历史地看,出台较快的法律规范,受到的诟病往往更多。"往往正是那种试图将社会变成人间天堂的努力,使得社会最终成为人间地狱。"①更何况,现代治理模式下,很多事项并无对错之分,只有是否合理、是否能为社会接受之别。法律,相对于其他制度规则而言,在权威性供给方面,"天然"具有优势,尤其是当政策的制定主体往往无法超脱于利益博弈、社会习惯更加让人难以捉摸时。同时,相对追求"止于至善"的政策等制度模式,面对纷繁复杂的利益博弈,良善的法律可以选择另一种规制模式:并不规定最终结果,而是对于行为、过程等要素加以规范,这种调整方式看似间接,实则更具可接受性。

具体到财税领域,国家治理各个层面的问题,都有财税制度的影子;传统"非法治模式"带来的弊端,在财税法领域益形突出。比如,潜藏于地方债危机、土地财政、"跑部钱进"等社会现象背后的财政分权问题,便涉及中央和各级地方政府等多个利益主体,细分之下,不同地区(如东部、中部、西部)的不同级次地方政府,其利益诉求往往也不尽相同。目前,我国主要采用政策手段来规制这一问题,引致诸多问题,比如财权和事权划分标准模糊、变易频繁,主导权掌握在中央政府,而各级政府都有"自利动机",中央政府也不例外。于是,"财权上收、事权下沉"格局的形成便不意外,进而诱发地方财力紧张、不规范博弈及"土地财政""跑部钱进"等弊政。反之,若将上述事项纳入法治框架,设定明确之分权标准、规范之博弈平台,各级政府自可形成合理预期,进而在法律框架内合理、合法、合宪地行为。

二、理念意蕴:"法治财税"的两次飞跃与基本立场

其实,问题尚未完全回答,前面只是讲到财税制度要纳入法治框架;那么,为什么不是"财税法制",不是"财税法治",而是"法治财税"?

(一)"法治财税"的阐发:从"财税法制"到"法治财税"的两次飞跃

财税制度有不同层级,如财政政策、财政规范性文件等,财税法是财税制度体系中的最高层次。在此基础上,"财税法制"系指由财税法律构成的体系,从动态演进的角度看,财税领域的基本事项如果都能做到"法定",那么形成健全的"财税法制"则是"一定会来的春天"。与之相应,由"财税法制"上升到"财税

---

① 〔美〕哈耶克:《通往奴役之路》,王明毅、冯兴元等译,中国社会科学出版社1997年版,第29页。

第十一章　财税法的实践理性

法治",却并不容易,其间需经历从观念、制度到行为方式的一次飞跃。作为两个概念的关键点,"法制"指一国的法律制度,但主要属于制度范畴;而"法治"则要求执政者应该严格守法、依法办事,是一种治国的理念、原则和方法。① 因此,财税法制强调健全基本财税事项的立法,使财税方面的事项有法可依,例如,预算法定、税收法定、费用法定、公债法定等就分别要求预算、税收、费用征收、公债等领域都要制定法律规范;财税法治则还强调各级政府应当在财税法律规范的框架内进行活动,体现对政府财政权力的制约。

然而,仅仅做到"财税法制"或是"财税法治"仍然不够。前者仅对"有法可依"提出要求,而对所依之法是否系"良法美治"在所不问,再则仅限文本规范的范畴,而纵是完美的财税法制体系,如果不能作用于现实生活,则同白纸无异。比如,在税收征纳实践中,税收征管法被束之高阁的现象屡见不鲜,我们在中部某地调研时询问税务局官员,核定应纳税额时,是否真按法律规定,采用同行业类比、成本加成,甚至"按照耗用的原材料、燃料、动力等推算或者测算核定"?对方回答,"哪有,直接根据税收任务定"。而后者虽对立法的质量有要求,但并不直接;且更多着眼于对公权力的限制,而忽略财税领域复杂的"权力—权力""权力—权利""权利—权利"关系,在权利论者眼中,权力呈现出"恶棍""管家""父爱"等多种形态,现代治理语境下,权力对于权利的作用应强化"助推"作用,并非运用纵向权力直接驾驭秩序,而是通过"柔性且有节制的控制力以管理共同事务,引导和调整秩序"②,单向度的"限制"思路跟现代治理语境不甚相合。此外,传统思路回避了一个问题:如果财税法规范中并无对有关事项的规定,如之奈何?这在当下中国颇具普遍性。按照"财税法治"概念本身的语词结构,"财税"前置以饰"法治",实则限缩适用法律时得以选择之空间。而从本质上讲,无论是"财税法制"还是"财税法治",均未脱离"法律工具主义"的窠臼。财税事项有内在规律,其反映在相关制度的构建上,比如累进税制还是比例税制何者为优?就需要发掘内含之经济学规律。然而,如果仅仅只是揭示出财税事项在经济层面的规律,继而制定法律,这当然也可称作"财税法""财税法制",但从实质层面而言,其同作为一般意义上的财税制度,有何区别?

因此,我们提出"法治财税",其目前尚作为理念而存在于意识形态,但对物质世界的实践有强大的作用。它有四层核心范畴。首先,一切财税行为,都必须纳入法治轨道,易言之,涉及公共财产的收入、支出、管理等全过程的一切事项,都须缘法而治。其次,"法治"作为定语修饰"财税",这里的"法"是整全性

---

① 参见周旺生:《法理学》,北京大学出版社2007年版,第520—521页。
② 郭春镇:《权力的"助推"与权利的实现》,载《法学研究》2014年第1期,第16页。

概念,不限缩在狭义"财税法"视域,法律适用情事下,存在具体财税法律规范时自然直接适用该规范,相反情形下可借鉴相关法律部门的制度规范,如其他法律部门也无相关规定,则依循一般法理或基本法律原则,并据以推进相关规则建构;可举一例,审计署公布的审计公告中,地方政府性债务被严格限制在本级政府范围内,未考虑政府间、尤其是上级政府对下级政府可能需要承担的救助责任,此时如果发生地方债违约且本级政府已无适格财产可资偿债,上级政府是否承担偿还责任,实定法依据尚付阙如,但是,因为我国政府间财政划分呈现非法治化样态,地方政府并非独立财政主体,类似分支机构,故而政府应作为整体对外承担偿债责任,然则为明晰法律关系,此种责任应定位为补充责任、而非连带责任。① 为解决这个问题,我们借鉴了相邻法律部门的制度(民法上的补充责任规则),同时参酌运用了一般法律原则(总分机构的"刺穿"规则)。再次,"法治财税"突出财税的基础地位,意即任何与财税相关的事项,都纳入考量范畴,不限于传统观念中的狭义财税活动,诸如国家机关的三公经费、高等院校的科研经费,广义上皆属财税事项,应从法治财税视角理念出发进行规制;最后,这里使用"法治"而非"法制",全面涵盖静态的法律制度和动态的法律实践,而且,要求财税领域的规范生成、运作、变迁,必须既在形式上符合法治要求,又在实质上体现法治的价值理念,比如,揖别财税领域"政策王国"的旧貌、强调要制定财税法律,是从形式上进行要求,而只有相关财税立法体现公平、正义之一般法价值,且公权力机关在现实的财税活动中能自觉遵守、依循既有之财税法律,尤其是在相关法律规范缺位时仍得遵循法治精神和法治方式行事,才可算作是满足了实质层面的要求。这同"法治中国"一脉相承,较之过去的提法,"法治中国"更全面地包括了法治经济、法治政治、法治文化、法治社会、法治生态文明这"五位一体"的构成要素②;概念上的扬弃与超越,其理同。

　　法治财税,对于财税事项的法律化,提出更高要求,不仅要求财税基本事项的有法可依或有法必依,还要求在运用法治思维和法治方式治国理政的过程中、全面地将法治化的财税制度作为根本性的立足点,进而要求在作为根本法的宪法中明确、直接地规定重大财税事项,比如财税法定(不仅是传统的税收法定,应当是包括公共财产收入、支出、管理全过程的法定要求)。由此检视之,我国《宪法》第 56 条规定,并不能间接推导出"税收法定"之意蕴,理由有二:其一,

---

　　① 熊伟:《地方债与国家治理:基于法治财政的分析径路》,载《法学评论》2014 年第 2 期,第 67 页。
　　② 姜明安:《以"五位一体"的总体布局推进法治中国建设》,载《法制与社会发展》2013 年第 5 期,第 24 页。

运用历史解释方法,"八二宪法"相关条文因袭"五四宪法"而来,中国共产党中央委员会提出的1954年宪法草案中,曾在"中华人民共和国公民有依法纳税的义务"之后,规定有"各级人民政府非依照法律不得纳税",宪法正式通过时,此一直接肯认税收法定的表述被删去,由此可见制宪者原意不欲规定税收法定;其二,语义解释角度看,宪法文本中"法律"字样多次出现,意蕴不尽相同,而第56条的"法律",一般不被认为是指称狭义法律,而"是从立法体系的实质意义上来使用的",包括宪法、法律、行政法规、地方性法规等多位阶制度规范。①

（二）"法治财税"的基本立场:公共财产治理与社会利益平衡

法律旨在创设一种正义的社会秩序。② 利益、秩序、正义被认为是法律最基本的三大价值。具体到财税领域,公共财产治理是最根本的立场,社会利益平衡则是其引申功能,两者都是国家治理当中最为重要的面向。

1. 公共财产治理

习惯上,人们往往就"财产"等同于私人财产,从而将财产权等同于对抗国家的私人财产权,但这带来一系列理论上不能自洽的问题;"在这种'针对国家'的结构中,财产权处于'防御国家的不当侵犯'与'国家可予正当侵犯'的二律背反之中"③。而"公共财产"概念的提出,将实践中早已存在的现象加以理论阐释,或能消解前述现代性矛盾。国家的财税活动,本质上即是大量公共财产的收入、管理、支出过程。谓之"财政",系从公权力层面言之;谓之"公共财产",则是从与"私人财产"相对的层面生发,更能反映出其作为一种"财产"的本质属性,从而也暗藏有从纳税人角度出发的价值取向。国家治理中一个至关重要的任务,便是对公共财产进行妥适治理。其包括实体和程序两个层面,而程序和实体两方面无法分开,只有做到程序上的公开透明,才能做到实体上的公平公正;只有做到程序上的有规有序,才能做到实体上的权责相当。党中央的"反腐新规"、立法机关通过预算对政府财政支出的控制、结构性减税等都属于公共财产治理的范畴。

2. 社会利益平衡

现代社会结构发生根本性变迁,法律体系相应由一元结构向二元结构、再向三元结构演进。一元法律结构是公法上的权力渗透到社会一切领域的法律

---

① 韩大元、王贵松:《中国宪法文本中的"法律"的涵义》,载《法学》2005年第2期,第45页。
② 〔美〕E.博登海默:《法理学:法律哲学与法律方法》,邓正来译,中国政法大学出版社2004年版,第330页。
③ 林来梵:《针对国家享有的财产权——从比较法角度的一个考察》,载《法商研究》2003年第1期,第54页。

结构,有强烈的国家本位、公权本位色彩,我国传统社会"有刑无民"、计划经济时期盛行的"经济领域的一切都属于公法范围",俱是此种国家本位的体现;具体到财税法制度,便是"国库中心主义"盛行于制度生成和运作各环节。二元法律结构是以公、私划分为特征的法律结构,市民社会的充分发展和行政法由"管理法"向"控权法"的转变,是促成这一法律结构产生的重要诱因;与之相对应的财税法强调公共财政权与私人财产权的划分,侧重纳税人权利保护。应该说,由"国库中心"向"公私兼顾"转变,是非常大的进步。但是,现代社会利益高度分化,"纳税人"作为概念上的集合体,在现实当中往往是分散的、且具有不同的利益诉求。比如遗产税开征议题,在设定遗产税收入为地方主要财源、地方财源主要用于民生支出这两个条件的情况下,很难想象所有的纳税人立场一致,更可能出现的是每个人都期望自己或利益相关者的财产"恰好不到起征点"。已经有社会法学者研究"劳动者分层的基本思路"①,作为相关立法论研究的基础,财税法的研究也有此必要。此外,作为公权力机关的国家和作为私权利主体的纳税人,也非判然对立,前者针对后者的财政支出,促进纳税人权利的积极实现,而通过"参与式预算",纳税人亦可就财政支出的投向,发挥作用。因此,不宜仅认识到利益的对立,同样要看到利益的共存和相互促进。

面对繁复的利益诉求,财税法当持社会本位的基本立场,在追求社会利益最大化的前提下,尽量寻求不同利益的妥适平衡。比如,之所以强调财税立法应当有健全的民意吸纳机制,是为了让不同利益诉求有规范的博弈平台;之所以提出建立"事权与支出责任相适应",则是为了兼顾纵向不同级次政府的利益;房产税制度改革,需要对地方政府、开发商、普通纳税人利益的通盘考虑;等等。

三、制度重塑:"法治财税"理想照进现实的可能路径

如何证明,理念的超越不仅仅是概念的变换?何以解忧,唯有实践。需要研究,"法治财税"理念指引下的制度实践,应当如何?尤其是,与过去有何不同?

(一)"法治财税"的实体制度构建②

根据前文的理念阐述,"法治财税"应强化公共财产保护与规制的基本立场,于此过程中强化对多元利益的平衡;其对于整全性、基础性和实质正义的强

---

① 董保华:《劳动合同立法的争鸣与思考》,上海人民出版社2011年版,第43页。
② 制度构建问题甚复杂,欲全面涵据非本节力所能及,这部分侧重分析的是,"法治财税"要求下的实体制度,与过去差异何在?下文论述程序性控制机制亦然。

第十一章 财税法的实践理性

调,要求从公共财产收入、支出、监管的维度建构与认识财税制度。

1. 公共财产收入法律制度

依一般理解,公共财产收入涵摄税收、费用、公债国有资产收益和彩票收入等诸端。"法治财税"理念对其制度建设提出了更高的要求,举二例试述之:

第一,税收法定入宪。"法治财税"不再将"法"仅作为一种规制手段,其本身即具有内在价值、最高价值,形式上看,最能体现这一价值取向的莫过于将财税领域最根本的事项以宪法形式加以规定。"征税的权力事关毁灭的权力",税收划定国家的公共财政权与纳税人的私人财产权之间的界限,因此,税收事项之于现代国家而言,是为至要,为避免对私人财产的任意褫夺,对于征税权力的控制力度,应当将其他各种形式的收入更为严格。现代法治昌明国度,往往在宪法中确立税收法定原则,将最关键最基本的税收事项设置为法律保留甚至宪法保留事项,具体范围则端视各国立法的民主意志、国家公共治理的实际需要等要素而定:有的国家笼统规定为征收税款,如《巴基斯坦伊斯兰共和国宪法》第77条;有的国家规定为税收的种类、税率和税收优惠措施,如《韩国宪法》第59条;有的国家规定为开征新税、修改和取消旧税,如《黎巴嫩共和国宪法》第81、82条;还有的国家同时将其他金钱给付性质的负担与税收负担一起规定为法律保留事项,如《爱沙尼亚宪法》第113条。① 在宪法指引下,再于具体税收立法中分别设规立范,规制税收事项。对于因立法较为原则、税收执行机关在税务实践中事实上掌握的"税收剩余立法权",同样加以严格管控。②

第二,对非税收入进行多向度的法律规制。一般市场经济国家,非税收入占政府财政收入之比不超过20%,但在中国,以规费、政府性基金等形式呈现的非税收入,种类庞杂、数量膨胀、规制缺位,甚至成为部分地方政府主要的财源。不能指望非税收入立法即可一劳永逸地解决问题,而必须从"法治财税"的整全性要求出发,多维并举。试以政府性基金为例略作探讨,根据财政部2013年公布的《2012年全国政府性基金目录》,我国目前有30项政府性基金,但仅有财政部颁布的《政府性基金管理暂行办法》等为数不多、效力位阶较低的规范性文件作为依据。制度规范层面哪怕是"毫厘"之疏漏,投射到实践中往往是"千里"之差。现实中的政府性基金运作,较为混乱,比如三峡工程建设基金,初时规定三峡工程竣工时停收,却于2009年12月由财政部、发改委、水利部联合发布经国务院同意的《国家重大水利工程建设基金征收使用管理暂行办法》,使原

---

① 秦前红:《宪法原则论》,武汉大学出版社2012年版,第280页。
② 参见叶姗:《税收剩余立法权的界限——以成品油消费课税规则的演进为样本》,载《北京大学学报(哲学社会科学版)》2013年第6期,第129—130页。

基金摇身一变,继续"合规"存在。细考该基金征收办法,欠缺特定公共政策目的考量("重大水利工程"指向含糊)、征税对象不具特定性(除西藏自治区外全国范围内筹集),甚至存在重复征收之嫌(既存政府性基金尚有南水北调工程基金、大中型水库库区基金),至于设立与终止的随意性、设立程序不透明且行政色彩浓厚,则饱受诟病。① 如何根治弊病?首先,要在法治层面对整个公共财产收入体系进行整全性考量,不难发现,前述基金根本上存在的问题在于其与税收几无差异,从征收范围、对象等要素观之,莫不如此,就此而论,制度设计时的差异对待,极为必要;其次,政府性基金等非税收入,虽然对纳税人财产权益的影响,从广度上言之不如税收,但对所涉特定范围内的公民来讲影响力度分亳不差,就法律性质来说,其与相对人属公法上金钱给付义务关系,国家居于上位,应受宪法、法治国家原则(公民基本权保障、平等原则等)约束,尤其在非税收入"税收化"的当下,法定要求的现实意义更为明显;复次,制度建构,比如立法明定课征对象、课征标准、审查期限、责任要素等实体事项,尚属"财税法治"的惯常思路,并非已足,政府性基金直接影响特定当事人利益,依据法治一般原则,应将当事人作为一方主体纳入程序机制,也即在设立基金环节型构政府主导、指向特定社会群体、专家参与的三方机制,这种程序性控制在狭义财税立法中可能难以尽显,端赖相关法律部门乃至一般法律原则,可见"法治财税"对法体系融贯的追求;最后,不能割裂地看问题,非税收入成为部分地方政府的主要财源,有财政分权制度不合理等因素,须予整体纠偏。

2. 公共财产支出法律制度

学理上习惯分别考量不同形式的财政支出,如政府采购、财政投资、财政贷款等,相关制度设计一般也是分门别类立法,如《政府采购法》。现实当中更常出现的是综合性情形,或是不属于以上任何一类的财政支出行为,这便需要我们提炼"公共财产支出"的整全性概念并予以法律规制,这便极大地完善和延展了财税法的视域范围,也是"法治财税"的基本要求。

一个可能的适例是对行政部门公款、公费的规制,行政部门的所有经费都来自于纳税人,均属公共财产无疑;除了已被纳入财税法治既有涵摄范围的政府采购、政府投资等之外,维持部门运转的行政经费、发给公务人员的薪酬福利、"三公经费"同样属于公共财产的支出。现下对这些问题的解决主要寄希望于组织监督、行政管控,有时依赖"运动式执法",虽能收一时之效,但可持续性存疑。莫如导入法治财税理念,通过制度建设扼住行政浪费的咽喉。于此仍须

---

① 胡兰玲、曹玉雯:《我国政府性基金设立制度研究——以国家重大水利工程建设基金为视角》,载《河北法学》2014年第2期,第61页。

循系统治理的思路,建构多层次、多维度的治理体系:既有狭义财税法有关政府采购、财政贷款方面的规范,又要融入行政法(尤其是公务员法)、刑法、诉讼法等部门法的相关制度;既要重视狭义法律的制定、实施,也不能忽视在"规则之治"语境下行政规范性文件乃至党内法规的重要性,这种体现"法治"一般精神的规制进路是"法治财税"的应有之义,2013年11月,党中央和国务院出台《党政机关厉行节约反对浪费条例》,即为典型适例。

3. 公共财产监管法律制度

预算和审计是公共财产监管的两大基石,现行制度虽然正不断地朝着"法治财税"的方向迈进,但仍然存在很大的改进空间。以预算方面的宗旨、制度和机制为例,可主要从以下三方面予以实施和改进:

第一,应由政府管理向管理政府转变。在《预算法》修改之前,受计划经济体制的影响,"强化预算的分配和监督职能,健全国家对预算的管理"被设置为立法宗旨,受其统摄,预算制度被设计为"政府管理的工具"。而2014年修改后的《预算法》第1条将立法宗旨规定为"规范政府收支行为,强化预算约束,加强对预算的管理和监督,建立健全全面规范、公开透明的预算制度,保障经济社会的健康发展",无疑实现了实质性的观念跃升,体现了控权和治理的现代预算精神。具言之,在强调民主法治的国家里,国家的一切权力属于人民,预算权作为一种重要的权力,当然应由人民及其代议机关所掌握,用以制衡作为"必要的恶"的政府。此外,预算制度本质上是立法权制约行政权的合适场域,在法治发达国家,议会里经常因为对预算中的支出事项安排不满而争执不下,甚而因为预算僵局导致政府停摆、不得不削减开支度日。故而,应当在接下来的预算制度建设和具体实践中,真正贯彻现行《预算法》第1条中监督和规范政府的基本价值面向,使得预算活动更加有序、有效、符合公益。

第二,应由平衡预算向支出预算转变。预算虽然包括收入和支出两个层面,但是,收入预算的民主统制功能较弱,财政收入的依据只能是法律、行政法规的规定①,也即控制政府公共财产收入权的是财税法定,而非预算,收入预算其实只是对未来年度财政收入的估算。从预算本质看,它是议会和行政部门各自行使制衡作用的产物,虽然涵盖财政收入与支出的全部,但效力主要集中在支出部分;法定预算经过立法机关批准成立后,固然产生授权政府进行支出的效果,却不因此授权政府依据预算取得收入,故此收入预算不能取代法律,单独

---

① 我国《预算法》第55条规定:"预算收入征收部门和单位,必须依照法律、行政法规的规定,及时、足额征收应征的预算收入。"

赋予国家强制性收入之权。① 由于未意识到收入预算和支出预算的不同性质，现在的预算审查往往形式上同时覆盖两个方面（虽然审查可能都仅仅停留在形式层面），从而审查重点是收支平衡。这带来预算执行的"顺周期"，经济下行时，财税部门为了完成税收任务大收"过头税"，造成经济"雪上加霜"；经济过热时，财政部门该收不收，造成经济"热上加热"。如前所述，应将审查重点放在支出环节，就支出的方向、数额进行讨论，关注并评估支出的绩效；而对于预算平衡问题，则要顺应经济规律，建立跨年度预算平衡机制，以作为底线控制。

第三，应由形式预算法定向实质预算法定转变。匈牙利科学家科尔奈提出"预算软约束"的概念，本是长期亏损却不被市场淘汰的国有企业②，后被延伸运用于政府及其部门的场域。在中国，预算软约束现象明显，导致经济繁荣期，"地方政府将不可避免地成为经济不稳定的加速器"。③ 造成这种现象固然有地方政府竞争等外因作用，但根本上还是要向制度本身要答案。预算法律文本的不足确是一方面，但更重要的原因还在于形式意义的预算法定常常对支出失去约束力，现实中，由于"给付行政""福利国家"等观念的影响，行政权在实践中常常膨胀，带来预算支出的大幅增加，预算的制定未能控制政府支出，反而成为"推动政府扩张并使之理性化和合法化的工具"。④ 形式预算法定失灵的典型表现是绕开预算而由行政机关径自决定支出，比如我国 2008 年为应对国际金融危机而启动的 4 万亿公共投资计划，即未经立法机关预先审批的环节，中央政府直接确定资金来源、使用领域。再如应急性支出虽有筹划，比如我国《预算法》规定预算编制时按照预算支出数额一定比例提取预备费，但实践中常不敷用，事后的资金调度行为往往依行政命令决定。⑤ "法治财税"要求实质意义上体现法的价值，而且不仅静态文本、在动态实践中也应一体贯彻法治原则。在此指引下，可考虑舍事实上不断被突破、且很难真正严格执行的形式预算法定，而就实质预算法定的制度选择，扩大预算的事先授权、确保预算变更机制的多元且可控、建立绩效预算的框架并制定宏观总额控制规则。⑥ 这其实并非减损预算的法律效力，而恰是在对预算法律属性与效力准确把握基础上作出的优

---

① 蔡茂寅：《预算法之原理》，台湾元照出版有限公司 2008 年版，第 9—10 页。
② 谭志武：《政府预算软约束的制度分析》，载《审计研究》2006 年第 1 期，第 35 页。
③ 方红生、张军：《中国地方政府竞争、预算软约束与扩张偏向的财政行为》，载《经济研究》2009 年第 12 期，第 15 页。
④ 〔美〕卡恩：《预算民主：美国的国家建设和公民权》，叶娟丽译，上海人民出版社 2008 年版，第 93 页。
⑤ 陈治：《迈向实质意义的预算法定》，载《政法论坛》2014 年第 2 期，第 144 页。
⑥ 同上书，第 146—147 页。

选规制。

4. 综合治理中的法治财税实践

不仅是分割开的公共财产收入、支出、管理各环节，在综合治理场域，"法治财税"有更广阔的运用空间。

以收入分配改革为例，孤立地从某个层面去尝试解决问题的雄心总会在现实筑起的高墙面前消弭无形，而那种"就分配论分配"、将其置于纯粹经济学语境的研究进路，往往呈现出"效率达人"破解"公平难题"的吊诡景象。而纵然是从法学层面展开的研究，也往往裹足于具体制度革新，未及深入。柯亨说，不是"放弃你对公正分配的迷恋"，而是要"致力于你对根本层面上的适当分配的关心"。① 当然，其所谓"根本层面"，主要系指"生产"，"消费资料的任何一种分配，都不过是生产条件本身分配的结果"②，此说有助于扩展认识分配正义的视域。超越传统的财税制度之于分配正义功用认识的窠臼，或收新知，这正是"法治财税"所倡导的。其所关注的制度建构，较之传统视域，尚有如下拓补：

其一，初次分配环节，不仅仅是根据生产要素进行分配这一个维度，还应研究国家和纳税人在初次分配中各自所占比重，具言之，国家通过税收和其他公课收入从纳税人处拿走的，同纳税人到手的财富之比，所谓"藏富于民"抑或"与民争利"，即可于此维度陈论；课税对象的选择、税率的设定、税收优惠的存废，俱生影响；尤应强调，"纳税人"系集合概念，若做类型化处理，能挖掘出更多，如国企利润的上缴与留存，其实也是这个维度的问题，由此亦见整全性研究之必要。其二，单一制度存废必须置于整体语境考虑，否则出发点美好的"变法"可能功败垂成，甚至适得其反，让分配更形不公；例如废除农业税，本是给农民减负，却由于政府间财力配置失衡，废除农业税断掉一些基层地方政府主要财源后，其不得不以"修桥费""修路费"等形式搞乱收费，反而让农民的税负加重；不能仅在静态的制度文本上做文章，而应体现法治过程治理和社会控制的功用。其三，理解财税制度之于再分配的作用要从两个层面理解：一方面，税收调节功能，收入差距在再分配环节不降反增的重要原因即是税收调节作用不彰，甚至存在"累退效应"，如一般观点以为提高个人所得税工薪扣除额乃为纳税人减负之举，可如果从分配视角审视，因适用最高档税率不同，高收入群体因

---

① 〔英〕G. A. 柯亨：《自由、正义与资本主义》，张春颖译，载吕增奎编：《马克思与诺齐克之间：G. A. 柯亨文选》，江苏人民出版社 2007 年版，第 49 页。

② 《马克思恩格斯文集》第 3 卷，人民出版社 2009 年版，第 436 页。

起征点上调,获利反较低收入群体为多,助长收入分配不公①;另一方面,从整体理解财税制度,财政支出和收入应通盘考量,混合的法律构造相较于单一、直接的管控手段,"更能实现意图良好但维度多元的法律目标"。② 财政支出亦可矫正分配失序,比如面向弱势群体的转移支付,再如政府性基金等非税收入,应体现受益者付费原则,换言之即为付费者受益,意蕴有三,一者不能付费却无相应对待给付,二者应接受准公共服务或准公共产品,三者所谓"受益"既包括短线利益,也包括期待利益、发展利益。

(二)"法治财税"的程序控制机制:以财税制度生成为视角③

现代国家治理需要不断调和复杂的利益关系,社会冲突由此成为常态;财税制度的生成、演进须不断地在多元利益中进行取舍,而价值分歧的常态化使得援引外部价值系统(或外部权力系统)的做法趋于无效,从而只有通过内置于法律系统的人为共识的机制来获得"正确性",即以程序要素为核心的法律商谈。申言之,"法治财税"在程序方面最低限度的要求是通过程序化的商谈树立正确的法律规则系统并加以实施的整全性实践。④

首先,制度生成过程的民意吸纳机制不健全。以代议制民主为基础的公法体系已经很难为属性、功能、外部环境变迁后的行政活动提供充足的民主正当性,"民主赤字"现象愈益凸显⑤,作为具体行政行为之一种的财政行为也不例外,这就需要参与机制的引入来补正民主性瑕疵。然而,在现实中,一方面,部分财税立法仍然存在"关门立法"的现象,立法者和社会生活脱节,使得产出的制度不为公众接受;另一方面,在"开门立法"的情形下,虽然有民意的表达,但输入和输出机制不畅,比如,在我国《预算法》《个人所得税法》和《税收征收管理法》等多部法律的修改过程中,虽然通过多种渠道吸纳民意,但并未引导民众富有理性地表达自己的诉求,容易陷入所谓"集体行动困境"。同时,也并未对民众意见进行合理分类,容易出现"以偏概全"的弊病。此外,未将对所收集民意的处理情况反馈给社会,使得双向渠道呈现单边特征,反过来也不利于社会对立法机关进行监督。为构建畅通而有效的民意吸纳机制,应有意识地引导民

---

① 张怡等:《衡平税法研究》,中国人民大学出版社2012年版,第153页。
② 〔法〕马克·范·胡克:《比较法的认识论与方法论》,魏磊杰、朱志昊译,法律出版社2012年版,第255页。
③ 程序控制机制有不同维度的理解,本节着意于讨论财税制度之生成。然就"制度"而论,同样有不同层次的规范,如财税政策之属亦忝列其中;为使行文所论更集中,本节主要讨论对象系狭义财税法律制度,于此特为说明。
④ 雷磊:《法律程序为什么重要:反思现代社会中程序与法治的关系》,载《中外法学》2014年第2期,第338页。
⑤ 王锡锌:《当代行政的"民主赤字"及其克服》,载《法商研究》2009年第1期,第51页。

众理性表达自己的利益诉求、建立民意征集回应制度,同时构建多元的利益表达渠道,格外注意考虑弱势群体、边缘群体的利益表达和权利诉求。

其次,制度生成过程应突破部门利益的藩篱。财税事项具有一定专业性,结合我国现行的立法体制,财税部门在相关立法中易占主导地位。客观讲,这有其合理性。但是,这有可能带来部门利益的"登堂入室",在利益高度多元、而资源相对稀缺的现代社会,这样制定的法律规范可能不为其他利益主体认可,甚至带来法律的遵从度下降。比如,围绕国库代理制与国库经理制之争,我国《预算法修正案(草案)》二审稿曾经拟删除现行预算法中"中央国库业务由中国人民银行经理"的规定,便引发中国人民银行和财政部的论争,好在修改后的《预算法》最终回归央行国库经理体制;再如我国《税收征收管理法修正案(征求意见稿)》中,规定由注册税务师从事税务代理,即被诟病为国家税务总局基于部门利益作出的制度选择。为破解财税立法时部门利益的藩篱,应强化全国人大在整个制度生成过程中的主导权,即便法律草案的形成,也应当由全国人大及其常委会牵头进行。针对有质疑认为立法机关可能不具备专业知识和技能,其实不必担忧,因为这里只是强调其主导地位,在必要时仍可征询专家及实务部门意见。此外,前述纳税人意见吸纳机制的构建,通过政府与民众的沟通协商,提高制度的科学性和公众性①;而"公众"这一超脱相关部门之存在的引入,亦可制约其私利的扩张进而制度化。故此,纳税人意见吸纳机制之构建,在突破部门利益藩篱层面,与有"功"焉。

最后,财税立法要破除试点依赖。中国当前的财税立法似乎患上一种"试点依赖",任何一个税种制度的制度或变迁,都要先进行"长时间、多轮次"的试点工作,"营改增"如此,房产税改革也是如此。从实践来看,试点可能有其必要性,但若是太过依赖试点,则反为不美。正如有人评论改革,"是摸着石头过河,不是光摸石头不过河"。以房产税改革试点为例,试点本身存在合法性瑕疵(授权立法与转授权问题)、正当性困境(试点决定的民主性供给不足、方案导致不同纳税人的横向不公)和有效性难题(财政收入有限、房地产调控目标难以达到),在这种情况下,启动立法程序,即便周期长一些,但能凝聚民智、形成共识,其最终的成效或将更为凸显。②

---

① 汤啸天:《政府重大决策事先征集公民建议的制度构建》,载《法学》2014 年第 3 期,第 28 页。
② 陈立诚:《由管理到治理:房产税试点困境的法学救赎》,载《学术探索》2014 年第 9 期,第 40—41 页。

第三节 现代财政制度的法学解析

一、问题的提出

当前,我国面临前所未有的发展机遇、也面临前所未有的风险挑战,比如,在经济领域,转变发展方式进展缓慢,重复建设和产能过剩矛盾突出;在社会领域,收入分配差距拉大,公共服务滞后,食品药品安全问题突出;在司法领域,司法机关独立性不彰,司法权威不足;在环保领域,资源浪费、环境污染现象严重。从机制上看,这些问题本质上都和现行财政体制存在的不足相关。中共十八届三中全会将财税改革和法治建设提到一个新的历史高度。中共中央《关于全面深化改革若干重大问题的决定》提出要"建立现代财政制度",并提出"完善立法、明确事权、改革税制、稳定税负、透明预算、提高效率"的二十四字方针。"现代财政制度"是一个新提法,给财税体制改革指明了方向,是重大的理论创新和制度创新,是完善社会主义市场经济体制、加快转变政府职能的迫切需要,是转变经济发展方式、促进经济社会持续稳定发展的必然要求,更是建立健全现代国家治理机制、实现长治久安的制度保障。

"现代财政制度"的逻辑起点在于现代性,其内涵于资本的逻辑、处于历史的流变且行进在社会的矛盾裂变中。① 只有将其与传统财政制度相对比,才能更好地理解其精神品格与法律构造。统观传统财政制度,其具有三方面的突出特征。

第一,国家本位而非人民本位。

在中国传统文化里,有"修身、齐家、治国、平天下"的训言,同时经典儒家理论在政治方面强调"民本"思想、而非现代意义的"人民本位",直接导致政治体制以及相应的财政制度多为单边主导,即政策生成上的国家中心主义,继而带来改革专断的惯性。传统社会的财政理念里,很少强调公众参与,在政治理念中推崇人民,仅仅是强调了人民的客体作用。"民为贵,社稷次之,君为轻"描述的仅仅是价值的选择而非主体的选择,进行价值选择的主体,仍是与人民相对的统治者。我国没有分权的传统,传统社会呈现鲜明的"大共同体本位"色彩,内聚性小共同体发育不足。② 这在很大程度上助长了"大共同体亢进",也就是

---

① 丰子义:《马克思现代性思想的当代解读》,载《中国社会科学》2005年第4期,第54—59页。

② 秦晖:《"大共同体本位"与传统中国社会(上)》,载《社会学研究》1998年第5期,第12页。

第十一章 财税法的实践理性

"国家本位""行政主导"的观念意识、路径依赖。因此,财政制度在传统语境下服务于政治目标和理念,欠缺独有的理念与价值。

第二,管理模式而非治理模式。

与国家本位直接相关联的,是依附于集权之上的、将财政作为一种管理手段、而非治理方式的技术化倾向。管理是一种单向度的,将人民作为管理的对象,具体到财税领域,管理纳税人的目的,从根本上是为了确保皇权的经济基础稳固长久。而"治理"模式所依赖的权威除政治权威外,还包括来自沟通合作的非政治权力;在权力运行的向度上,是同时包括水平、上下方向互动的管理过程,主要通过合作、协商、伙伴关系、确立认同和共同目标等方式管理公共事务。① 容易看到,这种治理模式的核心,是权威的多中心化,强调政府应扮演"掌舵而不是划桨的角色"②,这无疑和中国传统的管理模式存在较大区别。比如,从制度史的角度看,无论是先秦时期的"封建制",还是嬴政称帝后的"海内为郡县",及至帝制时期许多朝代采取的"封而不建"体制,这些涉及纵向政府关系的根本性制度,统治者均是从中央集权、方便控制的考虑出发,根本不存在现代意义上"财政联邦主义"适用的空间。如果用现代视角审视之,政府纵向分权,本质上应以如何更好地提供公共服务为依归。

第三,结果导向而非过程导向。

传统社会的财政制度在目标和主体上对政治目标的依附性,很大程度上决定了其以结果为导向的典型特征。一方面,以政治方法统领多领域改革,财政制度作为"整体配套性改革"的一环,有其独特的政治使命;另一方面,由于财政是结果导向的治理因素,一定程度上导致了制度目标的单一化,很容易在制度实施或变迁过程中出现新的社会问题,之后新一轮的制度变迁又以解决这些问题为目标,浪费政治成本的同时,也给人以"治乱循环"的观感。传统社会财政制度所欲达致的主要目标,是国库充盈、统治稳固;而给纳税人减负,只是次要目标,统治者在特定历史时期减税,主要也是基于休养生息、稳固统治之考虑。易言之,传统社会财政制度的主要目标系为国敛财,而老百姓的税负轻重,端赖于统治者是否"下体民情",而一俟国家财政汲取能力减弱,便与传统社会财政体制的基本追求相悖,重又增加税费便可预见。这种不确定性能在一定程度上解释"黄宗羲定律",帝制时期的财税改革,虽在短期内可以使"向来丛弊为之

---

① 王锡锌:《公众参与和行政过程——一个理念与制度分析的框架》,中国民主法制出版社2007年版,第90页。
② 〔印度〕因德拉吉·罗伊:《公民社会与善治之关系的再思考》,载何增科、包雅钧主编:《公民社会与治理》,社会科学文献出版社2011年版,第358页。

一清",中长期效果却无例外地与初衷相反。①

在人类社会的制度演进史中,将演化想象为指向完美的恒定趋势是错误的。这一过程无疑涉及有机体在适应新条件过程中的不断重塑;它要取决于那些条件的性质,即那些变化的方向是趋于上升的,还是趋于没落的。② 实践中,虽然已拉开现代财政制度建设的大幕,但其中仍有诸多理论问题有待澄清:为何当前提出要建立现代财政制度?何谓现代财政制度?现代财政制度具有怎样的品格?其法律构造如何?依循何种路径可实现现代财政制度的理想图景?本节尝试对此进行分析。

二、现代财政制度的品格

现代财政制度的品格,既是其与传统财政制度的根本不同所在,又是制度建构时的逻辑起点。现代财政制度的法律构造和法治化路径,都要受到这些现代性品格的指引。

(一) 法治性

现代财政制度的根本特征在于其是法治财政,强调法治思维和法治方式的运用。三中全会决定将财政制度和法治紧密结合起来,堪称"一体两翼"。决定不仅在"深化财税体制改革"部分直接提出以"完善立法"为首的二十四字改革方针,也在房产税、税收优惠、国有资本经营预算、国有企业财务预算、加强人大预决算审查监督、改进作风常态化、做好社会保障预算以及军队预算等具体财政事项领域分别强调法治的重要性。特别值得一提的是,将落实税收法定原则以及人大预决算监督放到了社会主义民主政治制度建设部分而非经济部分,体现出中央对财政制度法治化的高度共识。

事实上,法治性是现代财政制度的必然精神内核,放在当前的语境下讲,法治性其实就是要求政府在财税制度中扮演合适角色,有所为有所不为;财政制度建构、变迁的主体,应当是人大以及其所代表的广大纳税人。一方面,"国家"与"政府"形同实异,法律代表的是国家意志而非仅仅是政府意志,背后有作为财政关系主体之国民的内在授权作为正当性基础;无论是我国的宪法还是西方盛行的宪法学理论,都始终把人民的意志放在国家建构的首位,并强调政府的权力是由人民的意志授予的。霍布斯在《利维坦》中仅强调主权者意志的至高无上,并把表达主权者意志的机会授予立法者,无论是在三权分立的国家,还是我国的人民代表大会体制下,政府的地位永远都是低于国家和人民的,政治的

---

① 秦晖:《税费改革:历史的经验与现实的选择》,载《中国改革》2001年第10期,第28页。
② 〔英〕赫胥黎:《进化论与伦理学》,宋启林等译,北京大学出版社2010年版,第75页。

道德原则是人民、主权、公意三位一体的人民主权原则,政府是实际的政治建构中新的、关键的个别性要素,其存在依据是为了达到一个平衡"主权者-政府-臣(人)民"的政治结构,(由于主权者和人民的二位一体)①。在我国现阶段,全国人大对国务院进行了授权,但是授权并不等于转让权力,更何况宪法上的权力是否可以转让也存在法理上论证的困难性。现实当中,政府主导的财政建制、改制,已呈现出诸多弊端,以财政支出为例,无论是提供公共产品的领域、调整收入分配的领域,还是通过财税手段进行景气调整的领域,如果仍然依靠政府主导和政策拉动,不仅难以为继,而且还会产生新的矛盾和风险,例如投资效率低、政府债务风险加大等。也就是说,仅仅停留在以政策调整为主的治标层面,不仅难以适应新形势,还会让政府自身感到力不从心,更会延误经济转型,丧失改革发展的主动权。② 另一方面,法治性的内涵在于公民参与,也就是将单方面的政府主导转化为多点主导,即多决策点和作用点,在公共财产的收入、支出和管理层面,由于公共财产的根源在于公民的私有财产,政府得到私有财产需要一定的合法性依据,公民以"纳税人"身份广泛参与财税建制过程,是赋予财政制度以正当性的过程;同时,现代社会利益高度多元化的现实,也要求财政建制过程中关注、回应纳税人的需求,并在规范的平台上让多元利益进行博弈,这里指称之"规范的平台",其实就是"法治的平台",这一过程本身,其实也是逐步形成共识的过程。

(二) 回应性

现代财政制度的回应性,也可称为适应性,表现在两个方面:内在层面,强调财政制度对现实需要的回应;外在层面,强调尊重本土特色与同国际接轨相结合。

要把握现代财政制度的回应性,仍然要在对比中实现。财政制度与司法制度不同,后者追求相对稳定的正义观念,因此在建构司法制度时,有一套相对稳定的理念和机制发挥作用,对于外在的社会环境考虑相对较少;而财政制度虽然也有其内在追求,但其始终和经济发展、社会变革的浪潮密切相关,特别是我国正处于深化改革的关键期,社会制度、产业结构各方面都在进行着剧烈的调整,作为多项改革"牛鼻子"的财政制度为了更好地承担起"国家治理的基础"这一职责,必须及时地适应经济基础的每一步转变。比如,要掌控好财政立法的进度,做好近期、中期、远期的长远规划,将"顶层设计"和"摸着石头过河"有机结合在一起,做到既不超越时代立法,又不落后于时代立法。"营改增"试点

---

① 陈端洪:《政治法的平衡结构》,载《政法论坛》2006 年第 5 期,第 145 页。
② 迟福林:《防止以"小修小补"取代深层次的改革》,载《理论学习》2013 年第 8 期,第 29 页。

如何逐步推广、房产税立法何时启动,都是牵一发而动全身的重要问题,时机的选择、程度的掌控,都十分关键。尤应指出的是,这里的适应性绝不是指政策调整的随意性,财政科学化是建立在财政法治化基础之上的,否则一定会在改革过程中产生新的社会问题,工业化进程中"先污染后治理"的困境、房地产领域"越调控房价越高"的怪圈,都是典型适例。

现代财政制度,还应当在"中国语境"同"国际经验"之间找到合适的"黄金分割点"。世界上法治昌明国家的财政制度,体现了人类文明的先进智识和制度成果,往往是能为我们所借鉴的。中国作为后发国家,其"后发优势"不应仅表现在因经济体量小、增长空间大而带来的持续高增长;更应该是对"制度红利"的有效运用,被实践证明行之有效的财政制度,可以充分调动各方积极性、促进生产力的极大解放。一般来说,财政法治发达国家的一般经验包括但不限于三个方面:其一,财税重要事项,有完备立法,比如《美国税法典》蔚为大观,完全掌握几不可能;其二,预算权配置中,立法机关居于主导地位,行政机关颇受掣肘,比如 2013 年 10 月,美国政府便因预算问题"关门";其三,政府间妥适财政分权,而且财政分权本质上不是为了"激发中央和地方两个积极性",而是为了"更好地提供公共服务"。

但是,也要认识到,"现代性的历史,最好看作是现代性的多元文化方案、独特的现代制度模式以及现代社会的不同自我构想不断发展、形成、构造和重构"①。因此,我们生活的世界,既非同质化的"历史终结",亦非亨廷顿所担忧的"文明冲突",而是多元现代性。② 财政制度也不例外,本土语境和国际经验应当兼顾,中国建构现代财政制度的历史进程,在引进制度的同时,也要注意制度自身的适配性。仍然是和司法制度比较,在当今社会,世界各国对于"何谓正义"问题基本能在一个平台上展开对话,即便如此,对于司法本土资源的坚守都仍然有其适用空间;在随各国迥异之具体国情而变化不居的财政领域,不同系统之间的差异,就更不应该被忽视了。对于本国具体国情的适应,当然也是"回应性"的题中应有之义。

(三)均衡性

现代财政制度之所以应该保持高度的回应性,不仅是因为财政制度要与经济、政治发展与社会进步高度合拍、达到共振,也是因为现代社会本身的利益多

---

① 〔以〕艾森斯塔特:《反思现代性》,旷新年、王爱松译,生活·读书·新知三联书店 2006 年版,第 14 页。
② 冯平、汪行福等:《"复杂现代性"框架下的核心价值建构》,载《中国社会科学》2013 年第 7 期,第 26 页。

元化特质,而财政制度即是不同利益博弈的场域和结果,这便引出现代财政制度的均衡性品格。

整体来说,现代财政制度主要是在四对关系中寻找均衡:立法与行政、国家与纳税人、国家机关之间以及纳税人之间。就立法与行政的关系而言,既要处理好财政权力在两大机关间的配置,又要处理好制度变迁过程中两大机关间的合理分工与合作;就国家与纳税人的关系而言,要处理好公共财产与私人财产之间的界限,以及公共财产与私人财产之间的互动与相互转化;就国家机关之间的关系而言,既包括横向的国家机关之间的财权配置,又包括纵向的国家机关之间的财政分权,做到财力与事权匹配、事权与支出责任相适应;就纳税人之间的关系而言,则是要通过财税手段的综合运用,在收入分配中贯彻公平原则,进而实现社会财富的合理配置。

现代财政制度之所以能有效平衡不同的利益,是因为它往往从并不处在改革风口浪尖的着力点入手,尝试平衡相关的利益关系;并且较多采用公众参与的方式,不仅在结果上寻求最大公约数,在过程中也让各方利益代表理性而充分地交流,从而缓和利益冲突;同时,现代财政制度立足于厘清公共财产与私人财产的边界,并不带有偏在的价值取向,有利于达到协商与合作的目标,使公有财产与私人财产各尽其用、和睦共存。

(四) 公共性

现代财政制度是与市场经济相适应的财政制度,而市场经济的出发点在于对私有财产权和产权进行划分,进而涉及私人财产权与公共财产权的界限确定。在历史上,财产法是私领域的法,经过发展,私有财产权逐渐被认为具有一定的社会义务。公法理论发展后,财产法的核心目的被确立为"社会国"的概念和人的尊严,财产权既是社会权利,又是宪法权利,具有对抗公权力和私权利的双重属性[1],也就是说,对私有财产权的保护已经远远不局限于私法的领域内,为了实现更多的目的,对私有财产权的利用者也不能封闭在财产所有人为止,"在超过财产权自由之宪法上界限时,亦即滥用私法自治时,则可不拘泥于私法约定,依常规课予相同公法负担,而为调整"。[2] 与此同时,又形成了"公共财产"的概念,"每个公民所付出的自己财产的一部分,以确保他所余财产的安全或快乐地享用"。[3] 现代财政制度,本质上即是对公共财产的收入、支出和管理

---

[1] 参见王桦宇:《公共财产权及其规制研究——以宪法语境下的分配正义为中心》,载《上海政法学院学报(法治论丛)》2013 年第 5 期,第 2 页。
[2] 葛克昌:《税法基本问题(财政宪法篇)》,北京大学出版社 2004 年版,第 164 页。
[3] 〔英〕洛克:《政府论》(下篇),叶启芳、瞿菊农等译,商务印书馆 1982 年版,第 88 页。

进行规范的制度,经济学界所说的"公共财政",其实也是在这个维度上展开的。

从法学的视角理解现代财政制度的公共性,关键要把握两个方面的问题:第一,财政制度的设计,要注意社会利益导向,禁止公共财产为私人所用、以及对公共财产的无度使用,我们说新近出台的《党政机关厉行节约反对浪费条例》属于财政制度、财税法范畴,就是在这个层面而言的;第二,由于财产的公共性构成了私有财产的例外,因此在公共化的私有财产(公共财产)的获得、管理和处分过程中必须有严格的实体正当性和程序正当性保护,否则就是对私有财产权的肆意侵犯,这里无论财产权是自然法意义上的权利还是法律形式主义意义上的授予权利。① 具言之,在实体层面,需要确保对私人财产权的限制或剥离能通过合理性检测,并符合比例原则;在程序层面,公共财产的获得、使用和管理过程中需要作为主体的纳税人没有缺位。

将现代财政制度的这"四性"结合起来,可以发现贯穿其中的"财产"属性,而这里"财产性",和传统财政制度中的"财产性",名同而实异;易言之,这"四性"共有的价值取向是通过对公共财产权的规制,来实现对公共财产、私人财产的保护。法治性强调要设规立范,规避公权力的恣意,从而使纳税人形成合理预期;回应性所"回应"的社会现实中就包括了纳税人权利保护不力、国家财政权力运用无序的状况;均衡性处理的基本关系中就包括国家与纳税人之间的关系,国家权力非依法律规范不得越界、逾矩;公共性更是直接涉及公私财产权界限的合理划分与保护。而这正和现代社会结构、治理模式的根本性变迁,遥相呼应。

三、现代财政制度的法律构造

宏观上看,现代财政制度应当包括四个方面的法律构造,只有完整地把握这四个维度,才能准确认识现代财政制度,不致以偏概全,进而也才能更好地推动制度完善。

（一）宪法规范

从字面上看,"财政"二字既有"财"又有"政",在学科的历史上,财税法也一度被先后归入行政法、经济法,这在一定程度上反映出财政制度既有政治制度、又有经济制度的属性。但是从本质上看,现代财政制度无论是在政治领域还是经济领域进行调整,其往往涉及国家政治权力的分配和公私财产权的界分,而这都属于一国最根本的、宪法性的规范。因此,现代财政制度中包含有大

---

① 参见王士如:《宪政视野下的公共权力与公民财产权》,法律出版社 2009 年版,第 47 页。

量的宪法规范。中共十八届三中全会的决定指出"财政是国家治理的基础和重要支柱",并同时认为"科学的财税体制是优化资源配置、维护市场统一、促进社会公平、实现国家长治久安的制度保障",将财政制度提到历史性高度,可印证我们的论断。

作为宪法规范的现代财政制度,主要是在设定权力与权力、权力与权利之间的边界。

一方面,在国家机关之间进行财政权力配置,这里的权力配置,包括静态和动态两个维度、横向与纵向两个方面。静态指权力的原始配置,动态侧重权力配置后基于均衡性、公共性等要求,对现状进行的衡平、调处;横向主要是在同级国家机关之间进行,而纵向则在不同级次国家机关间展开。财政权力在国家机关间妥为配置,能使公共服务和公共产品的提供更加高效,也能使不同区域纳税人享受到基本均等化的公共服务。从我国现状看,这方面存在的问题比较多,除了人们认识比较充分的,如人大在预算权配置中的弱势地位、地方政府承担了超出财力水平的支出责任之外,还有若干宪法问题,也非常重要,引起的关注度却相对较少。比如,人们更多关注到财税立法权过度向行政机关倾斜,却较少关注到立法机关内部的权力配置也存在失衡,仅有的几部财税立法,重要如《税收征收管理法》者,也只是由全国人大常委会制定,而在宪法文本表征出来的人大与人大常委会的关系上,两者相似一体,实则不同,从逻辑上两者是相互独立的,大会相对于常委会具有最高地位,民主性基础也超过后者①;在预算权配置当中也有类似问题,大会的审议和批准权是虚化的,实质性权力除了由政府掌握外,常委会也完成基础性工作。再比如,研究权力配置时,对党的机关关注较少。而现实当中,大量公共财产就是由党的机关掌握并使用,大量的财政权力事实上是由党的机关所运用,不将之纳入理论考察、制度规范的范畴,实乃"掩耳盗铃",也和现代财政制度应当具备的、对当前中国现实回应性的精神气质,不甚相合。

另一方面,设定权力与权利的边界,限制公权力、保护私权利,核心问题是实现国家财政权与公民财产权的和谐统一。实质上看,公共财政权力对于私人财产权利的限制、剥离要适度,也即财政规模要适度,不能无限扩张;而这种适度很大程度上要通过形式上的保障来得以实现。也即,要确定税收法定原则,强化"非经同意不得征税"的观念。从世界各国的法治实践看,许多国家在宪法中规定了税收法定原则,我们认为,作为与罪刑法定并立的现代法治两项原则

---

① 韩大元:《论全国人民代表大会之宪法地位》,载《法学评论》2013年第6期,第2页。

之一,税收法定是关乎公私财产权边界的根本性制度,应当考虑将其入宪。

(二) 公共财产规范

近年来,有学者提出"财税法本质上是公共财产法"的命题,并对之加以论证。应当说,这对于澄清财税法的本质、强化对现代社会公共财产的保护,是大有裨益的。需要认识到,现代财税法和公共财产法是相互交叉的概念,两者有很大一部分重合,但也不能完全将二者等同起来,因为"公共财产"本身是一个集合的概念,包括自然资源在内都属于公共财产的范畴,因此应当对其进行类型化分析,通过税收、非税收入等集合起来的这部分公共财产,才属于财税法语境下的"公共财产"范畴。

就这个意义而言,现代财政制度中最主要的规范内容属于公共财产规范,也就是对公共财产收入、支出和管理的规范。这里的"规范",应当包括实体和程序两个维度。从这个进路去审视,大量的制度规范都属于现代财政制度的有机组成,例如对于三公经费的管理、对于官员贪腐的制度性"高压态势",都是如此。公共财产法的程序和实体两方面无法分开,只有做到程序上的公开透明,才能做到实体上的公平公正;只有做到程序上的有规有序,才能做到实体上的权责相当。比如在中共十八届三中全会前后中共中央陆续颁布的《厉行节约反对浪费条例》《中央和国家机关会议费管理办法》《关于党政机关停止新建楼堂馆所和清理办公用房的通知》《党政机关国内公务接待管理规定》等一系列反腐新规和李克强总理在答记者问时承诺的三个"只减不增"遥相呼应,表现了党中央对严厉管制"三公经费"的坚决态度,以及进一步改"案件反腐"为"制度反腐"的总体思路。而制度反腐,正是现代财政制度的突出表现,对公共财产的支出环节进行制度性约束、对收入和管理环节加以规制都是现代财政制度的重要方面。

现代财政制度的主体部分是公共财产规范,两者虽有不重合之处,但在大多数情况下呈现水乳交融之势。从公共财产规范的角度去理解现代财政制度,可以依循两条逻辑主线:一是本部分重点展开的、公共财产的收入、管理、支出全流程;二是公共财产与私人财产静态层面的界分与动态层面的互相转化,尤其是在动态层面的互相转化,一定要在规范层面加以控制。私人财产过度地转化为公共财产,涉及国家权力对私权利的过度干预,可能表现为征收"过头税""滥收费"等现象;公共财产不正当地转化为私人财产,则可能涉及贪污腐败。

(三) 分配规范

收入分配不公,是当前中国社会一个突出的问题,而具有均衡性特质的现代财政制度中,有相当一部分制度规范是在调节分配,属于"分配法"的范畴。

党的十八大报告提出,"实现发展成果由人民共享,必须深化收入分配制度改革";在中共十八届三中全会的决定中,将"改革收入分配制度"放在了第2条改革目标"紧紧围绕更好保障和改善民生、促进社会公平正义深化社会体制改革"的第一位,并在第44条就社会分配制度进行了详细的规划,在这当中财政制度起到了重要作用。比如,决定指出"完善以税收、社会保障、转移支付为主要手段的再分配调节机制,加大税收调节力度"。明确了财政手段在二次分配中应当承担的地位,具体体现在税收优惠、社会保障事业支出以及转移支付等多个方面;广义上看,民生支出优先的确立①,也是现代财政制度在二次分配环节对收入分配进行矫正的体现。

事实上,财政制度除了在二次分配中产生作用之外,在初次分配和三次分配中都有作用空间,而这较易为人们所忽视。在初次分配环节,首先要解决国家、企业、个人三者的利益分配问题,改革开放初期,针对国有企业进行的改革,实质上就是试图从可持续的角度,解决企业和国家的分配关系,有效解决二者在初次分配中的地位;新的历史形势下,提出要提高国有企业上缴利润比例,实际上也是通过财政制度的变迁来影响企业和国家在收入初次分配中的关系。此外,当前我国的税收制度中,税率偏高、间接税比例过高等一系列因素的作用,使得财政收入的增速远超 GDP 增速,社会财富快速向政府集中,这其实是与民争利,未能处理好国家与个人在初次分配中的关系。在三次分配中,财政制度也有作用之空间,公民社会、非营利组织的充分发育,对于社会进步、治理水平的提升,都很有益,因此,现代的财政制度应当体现出其适应性和公共性的特质,通过税收减免、优惠等手段,促进公民社会、非营利组织的健康生长。

(四) 宏观调控规范

在过去,财政制度的宏观调控属性被强调过多,甚至影响到对其本来面目的正确认识。宏观调控法作为经济法的重要组成,是为了解决政府失灵和市场失灵这"两个失灵"而生,具有突出的现代性。就此而论,现代财政制度中,也有一部分内容属于宏观调控规范,比如税收优惠、减免等。但是,这些规范只是现代财政制度中的边缘性规范,而且往往与现代财政制度其他几个维度的规范交织在一起。比如,公共财产的收入、管理、支出等各环节,都可能直接或间接对国民经济的运行状况起到一定的宏观调控作用。在中共十八届三中全会提出"市场起决定性作用"的大背景下,财政制度的宏观调控功能,似宜采谦抑态度;正如有学者认识到的,经济法在实施环节对执法机构的过度倚重,对来源于社

---

① 参见华国庆:《试论民生支出优先的财政法保障》,载《法学论坛》2013年第5期,第36页。

会和市场的法律实施路径较为轻视①,是需要加以解决的问题。

现代财政制度法律构造的这四个维度,并不是在一个层面上而言的,严格来讲其相互间具有"异面性"。宏观上看,宪法规范无疑居于现代财政制度法律构造"金字塔"的最顶端;而公共财产规范、分配规范和宏观调控规范三者间应该是并列关系,相互之间有一定交叉。比如说,决定并开征一个税种(比如遗产税),本质上是汲取公共财产的过程,相应的制度生成、运行过程当然受公共财产规范的规制;同时,其又是在不同纳税人之间分配税收负担、进而间接影响收入分配格局,应属于分配规范范畴;此外,税种开征的目标取向,还可能带有宏观调控的色彩,税收负担的变化对于宏观经济的"逆周期调整"功用,不应被忽视,某种意义上讲,公共财产的汲取或是运用,如果达到一定规模,"宏观调控"便具有了生存空间。当然,整体言之,现代财政制度更应凸显出其公共财产规范的一面,这是其基本面向。

四、现代财政制度的法治化路径

在对宏观的面向问题进行讨论以后,需要从微观的建制角度切入,讨论现代财政制度的法治化路径。诚如前文所述,这是一个宏大的工程,显难一蹴而就,应当找准突破口,集中力量攻坚克难。纵观中共十八届三中全会的决议,在现代财政制度的具体制度建设方面,于三个方面着墨甚多,可作为下阶段破财税体制改革之局、立现代财政制度之势的三大支点。

(一) 改进预算管理制度,优化预算权配置

公共预算是现代财政运作的基本框架,堪称整个财政活动的核心,完善、健全的预算制度,能根本性地控制、规范政府的财政行为,消极层面能保护纳税人权利免受侵害,积极层面能通过财政支出的合理设定,促成纳税人权利的实现。党的十八大报告提出:"支持人大及其常委会充分发挥国家权力机关作用,依法行使立法、监督、决定、任免等职权,加强立法工作组织协调,加强对'一府两院'的监督,加强对政府全口径预算决算的审查和监督。"中共十八届三中全会更明确地提出要改进预算管理制度,实现全面规范、公开透明的预算制度。整体上看,就是要在预算权配置中处理好三对关系。其一,预算权在行政机关和立法机关之间的配置,现阶段,从预算的编制、审批,到执行、决算,行政机关占据绝对主导地位,立法机关很难通过预算对政府的财政收支行为加以制约、监督,下阶段应考虑加强各级人大在预算权配置中的地位;其二,政府和社会之间的关

---

① 应飞虎:《中国经济法实施若干问题》,载《现代法学》2013年第5期,第62页。

系,预算活动不应仅是立法机关监督行政机关的重要场域,同时也应该是社会公众由此监督政府活动的有力武器,法治昌明的国度,预算向全社会公开,任何个体、组织均可获取,并以此监督政府财政行为;其三,税收法律与预算在控制政府财政活动中的关系,预算是控制政府财政行为的手段,传统财政制度中,首要追求"平衡预算",但是,《预算法》中明确规定政府必须按照法律、行政法规的规定,及时、足额征收应征的预算收入,就此而论,立法机关审议收入预算的意义有限①,支出行为应当成为预算审议的重心,将预算的定位由"政府管理的工具"转为"管理政府的工具",具体说,预算重点控制财政支出,强调"支出预算"定位,而税收法律侧重财政收入控制。

尤应强调的是,现阶段应实现全国人大工作重点由大规模立法向预算监督、审批的转移。2011年1月中国特色社会主义法律体系初步形成,大规模立法任务初步完成,但是法治建设非但不能裹足不前,反而应实现"两翼齐飞",一是在实践中用法、释法,二是强化各级人大及其常委会在预算权配置中的核心地位,通过预算编制、审批等具体制度的优化,预算分项审批权、预算修正权的赋予,来保障权力的实现。

(二)完善税收立法

税收是对公民财产权的分割,只有取得法律依据,才能使其征收具有正当性,才能发挥税收作为国家治理手段的重要作用。② 法治昌明国度,税收法定与罪刑法定并立,分别保障公民的财产权与生命权。但是在中国,税收法定仍然停留在理论层面,《宪法》第56条之规定难当为税收法定张目之重任。实践当中,十八个税种当中仅有三个税种制定了法律,而且制定得较为原则、粗疏,税收实践中主要发挥作用的是大量的低位阶规范性文件。政策的易变性导致纳税人难以形成合理预期,现实当中经常出现某领导在任时"筑巢引凤",搞低税引资,可领导一换,马上变为"腾笼换鸟",强调"优化产业结构",导致纳税主体损失惨重。这是和现代财政制度的法治性特征相悖的。

长远来看,税收领域的重要事项都应当通过全国人大及其常委会立法加以规范,税收领域当中最重要的事项还必须由全国人大制定基本法律。针对当前大量存在的税收授权立法,有必要加以规制:第一,由全国人大择机废止1985年授权决定,同时将经过实践检验、条件成熟的行政法规上升为法律;第二,不反对一切形式的授权立法,但必须按照一事一授权原则重新授权,并明确授权

---

① 熊伟、王宗涛:《收入还是支出:预算法的规制重心解析》,载《安徽大学法律评论》2010年第2期,第2—3页。
② 施正文:《落实法定原则完善税收制度》,载《中国税务报》2013年12月6日,第1版。

目的、条件、适用范围和期限,禁止空白授权;第三,完善授权立法程序,保证其民主性和规范性,同时加强对授权立法的监督机制,建立备案制度、撤销制度。

就现阶段而言,由于立法资源的有限性,税收领域如此庞杂的事项难以一次性立法完毕。因此,应当注意循序渐进。具体来讲,对个人自住房开征房产税,加重了纳税人的负担,相关改革的一举一动都可能直接让公民产生税痛感。由于利益分化,在实体上无法达成让所有人满意的结果,只有从做足形式正当性入手,真正通过立法过程中的交锋与利益博弈,通过法律的公意性和权威性完成制度变迁。因此,房产税事项,再通过修改暂行条例的方式,已经不敷需要了,应当开启立法程序。应该看到,中共十八届三中全会在各税种中,仅仅在房产税问题上明言"加快立法"。而"营改增"改革,总体上是在给纳税人减负,在立法资源有限时,可于房产税立法工作结束、"营改增"试点成效显著后,再纳入立法程序。此外,当前各地税收优惠混乱的现状已经严重损害纳税人的利益,而税收优惠涉及税收要素的变更,应当遵守税收法定原则;中共十八届三中全会提出"税收优惠政策统一由专门税收法律法规规定",适时制定统一的《税收优惠法》,强调行业税收优惠、规范并限制区域税收优惠,很有必要。

(三)事权与支出责任相适应

事权与支出责任相适应,是现代财政制度实现路径的一个重要方面。强调事权与支出责任相适应,一方面是为了调整好政府间的财政分权,特别是在财政支出方面的关系;另一方面是为了提高公共服务提供的质量,促进福利国家的建设。中国的中央政府在意识形态、立法、人事任命上享有极高权威,但是在经济发展上主要还是靠地方拉动,显现出典型的"政治上集权,经济上分权"现象,前后两者相互作用的结果可能是良性的互动,也可能是恶性的结果,比如地方债、唯GDP任人等。现代财政制度要求政府间财政关系科学、合理地分配。1994年分税制以来,财权上收、事权下沉,中央财政收入不断提高,而地方支出责任逐渐增多,"中央请客,地方买单"的情况愈演愈烈,地方财政每况愈下。明确事权、保障事权与支出责任相适应是充实地方财政的重要抓手。过去强调"事权与财权(力)匹配",现在将突破口放在了"事权"的配置上,将"事权"前置,一方面强调"事"和"财"的统一,要干什么事就配套多少资金,凸显对公共财产的治理;另一方面,强调权责相适应、有权必有责的思想。现代财政制度的建设,必须有合理的政府间财政分权,而这又建立在事权在不同级次政府间明确、合理划分的基础上。部分事权上收到中央政府、或是由不同级次政府共同承担,既有利于更好提供公共产品,彰显现代财政制度公共性的气质;又能综合考虑不同级次政府的利益,避免部分地方政府陷入"财政危机",体现了现代财政制度均衡性的特征。

五、构建现代财政制度的动力

现代财政制度的发轫与生成,离不开相应的内、外部环境,这也是其进一步优化的动力。

从内因看,中国的社会结构发生根本性变化,是现代财政制度形成的前提条件。首先,由传统的由国家主导的、"国家—公民"二元结构,渐进演化为"国家—社会—公民"的三元结构。公民社会的兴起、纳税人权利意识的觉醒,以及现代财税法的基本原则、理念,如税收法定、税收公平等,深入人心,都使得国家不再"高高在上",而必须在国家的公共财政权与公民的私人财产权之间,寻求合理、妥适的平衡点。网络的发达、大量社会组织的兴起,也在一定程度上改变了公民在权利(力)谱系中相对于公权力的弱势地位。其次,现代社会的利益高度多元化,因之社会成员在资源占有上的不平等、以及身份认同、价值认同等主观方面的差异,使得社会阶层结构出现水平面向上的"分化",以及垂直面向上的"分层"。[1] 不同的利益主体在财政制度建构、变迁过程中有着不同的诉求,因此,这就给财政制度提出了更高的要求,其本身应当具有相当程度的开放性和回应性,能关注并积极回应多元利益诉求。最后,由传统的自产国家到税收国家、再到预算国家的历史进程,也要求从制度上对于财政资金的汲取和使用进行规范的制度设计。[2] 这些方面的结构性变化所带来的挑战,都不是通过对传统财政制度小修小补就能解决的,面对"五千年未有之大变局",唯有制度的整体优化才是上选。

从外因看,社会各界在财税改革领域凝聚的共识,是推动现代财政制度建立的重要动力。这里的共识包括两个方面:其一,认识到财税改革是新时期改革的优选路径,可收庖丁解牛、四两拨千斤之功效,中共十八届三中全会形成的决议中,大量篇幅立足于财税改革,而司法改革、生态文明建设等相关领域,也须臾不能离开财政的支持;其二,认识到法治思维应当成为治国理政的应然向度,过去过于强调的政治思维、大局思维、为民思维,本质上是传统财政制度的基石,而法治思维乃是兴民权、抑公权、保民生之思维模式[3],现代财政制度,本质上是法治财政,法治既制度性地吸纳民智、凝聚共识,为现代财政张目,又通过护权、定权、限权等多种手段的综合运用,为现代财政固本。

---

[1] 参见李培林等:《中国社会分层》,社会科学文献出版社 2004 年版,第 7 页。
[2] 参见叶姗:《财政赤字的法律控制》,北京大学出版社 2013 年版,第 37—38 页。
[3] 江必新:《法治思维——社会转型时期治国理政的应然向度》,载《法学评论》2013 年第 5 期,第 1 页。

第十二章 财税法的研究方法

"法学之成为科学,在于其能发展及应用其固有之方法。"① 任何一门学科的研究,都需要依循一定的进路和方法。在个体意义上,这可以降低研究者在探寻未知世界时的"搜寻成本";在整体意义上,其能够使得不同研究者基本遵循一定的范式展开研究,从而使相互间的沟通成为可能,从总体上推动研究的深入。然而,方法本身既不先在、也不外在于研究过程;因此,对"研究方法"本身进行研究,则具备理论和实践两个方面的必要性。

在我国的汉语词典中,对"方法"的解释众说纷纭,而按照中文的办法,是将方法拆分为"方"与"法"分别解释,进而合起来说明为"测定方形之法"。当然,如果不依循此种强调"本土资源"的路径,不难发现希腊文中"方法"一词是由"沿"和"途"两个单词合成的,意思可理解为"论述正确行动的途径"。② 在社会科学研究中,方法可以从多个维度、多个层次去把握,形成有机的体系。本章写作的基本思路是,首先研究传统法学方法在财税法领域的具体运用,进而在此基础上探讨财税法学科研究方法中相对较为独特的范式,最后基于社会科学研究的整体视角,简要阐述财税法学研究方法的理性整合。

第一节 传统法学方法的运用

研究传统法学方法在财税法学层面的具体运用,首先需要厘清一般意义上法学方法论中的两个基础性、前置性问题,于此基础上始得进而论述传统法学方法如何具体运用于财税法学研究之中。

一、提炼财税法研究方法时应当注意的问题

总体上讲,财税法学是法学学科体系中的组成部分,同样遵循法学共通性的准则和规律。所以,法学研究方法和财税法学研究方法之间应当是"一般与特殊"的关系。本节和下一节的内容合并起来看,其实就是在研究和阐发这二

---

① 梁慧星:《民法解释学》,中国政法大学出版社1995年版,第80页。
② 葛洪义:《法律方法讲义》,中国人民大学出版社2009年版,第4页。

者间的关系问题。我们认为,法学研究中形成的若干具有共性的方法,在财税法场域仍是适用的,当然,这其中还需要结合财税法本学科的特征进行一定程度的适配性改造;与此同时,法理学上对于方法论层面两大基础性命题的研究,有必要在这里首先进行阐明,以为后文分析之展开铺平道路。

通常所谓"法学方法论",核心语词不外乎两大要素:"法学"与"方法论"。相关问题也分别就此二者展开。简言之,即是要研究两对关系:是"法学",还是"法律"?是"方法",抑或"方法论"?法理学上对此已有相当之研究,对财税法学方法问题的研究,有较强的指导意义。

(一)"法学"方法,还是"法律"方法

"法学方法",与"法律方法",是两个并不相同的概念,但是在我国法学界却存在一定程度的混淆使用现象。有学者注意到法学方法论概念存在多种表述,诸如"法律方法""法律解释""裁判方法""法律推理""法律学方法""法律论证方法""法律解释学方法"等,进而指出"术语学混乱"在一定程度上阻碍了法学方法论的发展。[1] 从该著述的内容看,其后研究了司法三段论、法律解释学、价值判断与利益衡量、法律论证与法律思维等内容,基本上可归为对法律运用方法的研究;换言之,该学者自身也是将研究方法与运用方法,进行一体使用的。

其实,国内学界这种将法学方法与法律方法等同起来的思路,可能是受到德国学者拉伦茨的影响,其名著《法学方法论》中,虽然也在字里行间不乏对认识法律方法的阐发,亦有如"每种法学方法论其实都取决于其对法的理解"[2]这般论述;但如果不去咬文嚼字,整体上讲,该书主要探讨的还是三段论之类法律运用的问题,严格意义上讲应该归为"法律方法论"之范畴。在德语上,法学方法论与法律方法论有不同的德语表述,前者表述为 Methodenlehre der Rechtswissenschaft,而对应后者的德语词汇是 Juristische Methodenlehre 或 Juristische Methoden。近代法律方法论的奠基人萨维尼即采用 Juristische Methodenlehre 的词汇来称谓其有关法律解释的理论。[3] 当然,概念本身只是一个"名称",并不能理论自洽地去表征出区分二者的逻辑必然性;能够实现这一点的只能是内容上的区隔。从学者们在研究过程中自觉运用的方法中,可以鲜明地梳理出两条主线。

第一类是研究和预设法律的方法,"更经常是指人们对一门学科的概念、理

---

[1] 王利明:《法学方法论》,中国人民大学出版社2012年版,第4页。
[2] 〔德〕卡尔·拉伦茨:《法学方法论》,陈爱娥译,商务印书馆2003年版,第3页。
[3] 郑永流:《法律方法阶梯》(第二版),北京大学出版社2012年版,第26页。

论以及基本推理原则的研究"①,其本质上就是指法学的研究方法,譬如价值分析、规范分析、实证分析之类的表述就是在这个维度上而言的。这即是狭义上的"法学方法",有学者进而指出,"法学方法论就是由多种法学研究方法所组成的方法体系以及对这一方法体系的理论说明"。② 第二类是对如何正确和公正地作出法律判断的研究,其关注的主要是动态司法过程,即对一般性的法律如何转变为"具体法律"的过程研究。③ 当然,这部分研究也要关注法律文本,但是其目的在于"理解法律规则的解释、获得论证的构建、分析和批判的技能,辨识文本间和文本内的关联,运用这些知识解决实践性与理论性法律问题、辅助法律推理"。④ 我们将此类研究"名实相副"地称为"法律方法"研究,一般来讲,其具体包括审判依据的寻找、法律规范冲突的解决、法律解释、法律漏洞的填补等内容,有学者就此建议改称其为"法律技术"以体现其司法应用的技术特征,或可更好地避免概念混淆。⑤ 也正是在这个意义上,有著述强调,"办理任何案件均需要法律方法,而疑难案件尤其需要"。⑥ 极言其同司法过程联系之密切。

  从本质上论说,法学方法的核心问题是解决理论与实践之间不一致的问题并且提出理论假说的过程,法律方法则是解决规范与事实之间不一致的问题并且提出规范假说的过程。⑦ 进一步言之,前者是理论面向的,解决的是理论自洽的问题,以生产学术为目标;而后者则是实践面向的,解决的是法律运用的问题,以生产判决为依归。当然,两种方法之间也并非全无联系;这就如同法理学、乃至法学内部进行的结构性区分相类似,奥斯丁曾经运用过"一般法理学"或"实证法哲学"的概念,但是庞德则主张进行"哲学法理学"(philosophical jurisprudence)与"法律哲学"(philosophy of law)的界分,认为前者是法律科学的一种形式或一个方面,其以哲学的研究方法为统率,主要研究法律的理想构成要素,同时对法律制度、法律原理及法律概念进行批判。庞德同时注意到对此处"法律科学"的另一种理解,也即认为"只承认存在一种案件判决的艺术,或者给诉讼当事人以建议或对司法以及行政行为的过程予以预测的艺术"的观

---

① 〔英〕马克·布劳:《经济学方法论》,石士均译,商务印书馆1992年版,第1页。
② 张文显:《法哲学范畴研究》,中国政法大学出版社2001年版,第15页。
③ 陈金钊主编:《法律方法论》,北京大学出版社2013年版,第38页。
④ 〔英〕沙龙·汉森:《法律方法与法律推理》,李桂林译,武汉大学出版社2010年版,第1页。
⑤ 参见李其瑞:《法学研究与方法论》,山东人民出版社2005年版,第29页。
⑥ 孔祥俊:《法律方法论(第一卷)》,人民法院出版社2006年版,第11页。
⑦ 李可:《法学方法论原理》,法律出版社2011年版,第116页。

点。① 两者的联系决定了,要对其从根本上进行截然二分,是难以达致的。

但是,为了后文研究的顺利展开、尤其是为避免逻辑上的混乱,我们拟采通说,将"法学方法—法律方法"理解为"研究中的方法—应用中的方法"的二元划分。具体到财税法场域,对于财税法律制度如何运用到司法裁判之中,尤其是我国现行财税法律制度较为疏漏的现实制约之下,法院在进行裁判的过程中不可避免地需要进行法律解释、法律漏洞补充,而且在纷繁复杂的财税规范性文件之中如何取舍,也是法院常常需要面对的实践性难题。这是财税法律方法层面需要解决的问题,也可作为财税法运行论要研究的内容。而本章则主要是讨论人们在进行财税法学研究过程中,所运用或应当运用的一般与特殊方法,严格意义上讲,系属"财税法学方法"范畴。

(二) 法学"方法",抑或法学"方法论"

明确本章所讨论者是"财税法学方法"、而非财税"法律方法"之后,便进而生发另一个理论问题:本章关注的,是财税法学方法,这当然殆无疑义;那么,可否称其进行的是方法论研究呢?这里的关键即在于方法与方法论有无区别,以及,这种区别是否是实质性的。

通常意义上,很多学科的学者是将方法论直接理解为方法,法学学科也不例外。通说认为,法学方法论即是"在一定的哲学世界观和方法的指导下在法律科学中所形成的方法论原则和专门的技术手段……系综合对于法之'体'、'用'所研究之成果,借以确立法学研究之合理方法。"②但是近来也有学者指出,法学方法与方法论的关系,不是同类关系,而是方法工具与方法工具体系总观念的关系;不是同一层次上的关系,而是决定与被决定的关系,即法学方法论决定具体的法学方法。③ 与之相对应的,也有学者注意到"法律方法"与"法律方法论"的区别:"法律方法不是法律方法论。法律方法论是一个完整的体系,而法律方法则是围绕法律人的实际工作而形成的由一些零散、缺乏内在关联而实际有益的知识构成的集合体,贯穿始终的就是有关法律人工作方式方法的经验、原理和理论。"④虽然如前文所述,法律方法与法学方法有区别,但是二者间的内在联系也使得前揭论述对于我们理解法学方法与法学方法论的关系,仍然是有益的。简言之,如果仅仅从字面含义去理解,将法学方法论理解为"有关法学方法的理论",则看起来二者的差异并不明显。但深究之下,如果简单地将方

---

① 〔美〕罗斯科·庞德:《法理学(第一卷)》,余履雪译,法律出版社2007年版,第7—8页。
② 杨仁寿:《法学方法论》,台湾三民书局1999年版,第116页。
③ 刘瑞复:《法学方法与法学方法论》,法律出版社2013年版,第6页。
④ 葛洪义:《法律方法讲义》,中国人民大学出版社2009年版,"导言"第7页。

法上升到方法论的高度,则对于理论的架构、甚而制度的生成,都无裨益。比如注释方法是法学研究中的重要方法,但如果上升到"注释主义方法论",则容易诱致法学理论滑向"注释法学"的泥淖;而后者是早已为现在的法学界所批判过的。① 再如实证分析的方法也是法学研究中的一种重要方法,而且近年来其重要性更加凸显,目前逐渐被接受的观念是"如果你认为你编制的理论是特别的,那你最好先说出新发现的事实——这种新的事实应该是规范的研究程序运作的结果,并得到规范的描述和展示"。② 但同样地,实证方法若是上升为实证主义而成为法学方法论,以经验事实为对象,孤立地进行一时一地的个别事实的实证研究并得出结论,则失去了对法律的整体性把握,本质上是用自己证明自己的逻辑循环。由此也可以说,目前学界部分对"实证分析"的批判,其实不少是将"靶子"选取错误了,不少批评所针对的对象是孔德创建的实证主义哲学,具体到法学场域,即为以凯尔森的"纯粹法学说"为代表的、试图将法的中心要素(价值实现)从法律概念中排除出去③的方法论。

基于以上论述,我们认为,方法与方法论确实不可等量观之。即便不似前引观点那样认为二者具有"质"的不同,也不可否认其在内容组成方面至少有"量"的差别。"法学方法论的内容可分为两个基本层次或方面。第一个层次是法学方法论的原则,它构成了法学方法体系的理论基础,并对各种方法的适用发挥着整体性的导向功能。第二个层次是各种法学方法,它构成了法学方法体系的主干部分。"④ 而本章所关注者,严格来讲是财税法学的研究方法,尚未上升到方法论的高度。因此,为严谨起见,本章的题目我们使用的后缀是"方法",而未直接使用听起来更加高端、大气、上档次的"方法论"一语。

二、财税法学研究中的一般法学方法

(一) 一般意义上的法学研究方法概述

1. 研究方法的法理提炼

法理学上,对法学研究方法的讨论,是比较充分的。比较有代表性的观点将社会调查、历史调查、词义分析、社会效益和经济效益的分析方法作为"日常

---

① 对"注释法学"的相关分析,可以参见苏力:《也许正在发生——中国当代法学发展的一个概览》,载《比较法研究》2001年第3期;苏力:"中国法学研究格局的流变",载《法商研究》2014年第5期。
② 白建军:《法律实证研究方法》(第二版),北京大学出版社2014年版,第2页。
③ 〔德〕伯恩·魏德士:《法理学》,丁小春、吴越译,法律出版社2003年版,第224页。
④ 张文显主编:《法理学》(第四版),高等教育出版社、北京大学出版社2011年版,第8页。

使用的法学方法"。① 但是这种阐述似乎将不同维度、不同层次的研究方法都"熔于一炉",不便揭示其背后的体系性。所以,也有一种观点将阶级分析、价值分析和实证分析作为法学研究方法体系的三大支撑,其中的实证分析方法又包括社会调查、历史研究、比较分析、逻辑分析和语义分析等诸项。② 另外,也有研究试图回应法学领域其他学科的方法可以随意驰骋的局面,认为这是"同多年来中国法学只注重哲学指导方法而未能重视属于法学自己的专业方法直接相关",其将规范分析作为法学专业研究方法中最核心的部分,法的注释、法的解释、法的推理也被认为是法学专业研究方法的组成部分;而社会调查、历史考察、比较分析、经济分析和价值分析则被认为是法学从其他学科所摄取的研究方法;哲学的指导方法则是更高位阶的存在。③

应该说,将规范分析作为法学研究方法的主体,是比较具有合理性的。其他研究方法,都只有在规范分析项下、受其指引,始得发挥各自之功能。例如,实证分析与规范分析普遍被认为是哲学上"实然"与"应然"对立在方法层面的对立,进而成为法学方法论二元多层次结构中一对基本的方法范畴。④ 实证分析的方法在多个学科都有运用,社会科学领域,社会学的实证研究传统是由来已久⑤;我国法学界引入该方法某种程度上有借鉴社会学等其他学科成熟经验的因素。但是,只要是在法学研究中运用实证方法,其就必须是受到法学规范分析的统领、并且为后者服务。"如果择其要者而论,则价值实证在规范分析方法中肩负着对法律之合法与非法性的探究,因此,是规范分析方法的价值之维;社会实证在规范分析方法中肩负着法律的调整及其效果关系的探究,是规范分析方法的事实之维;而规范实证则在规范分析方法中肩负着法律之权利和义务关系之分析,属于规范分析方法的技术之维。"⑥简单言之,实证分析的方法是可以纳入规范分析项下的。对此,晚近的学术成果可以作为佐证:"过去学术界对孔德实证主义原则存在'误解'现象。究其实,实证原则倡导的实证研究是有别于经验研究的。……实证研究并不与理论研究相对,它是指在一定理论的指导下,通过系统地收集、整理、分析、解释有关经验资料来对某些问题进行

---

① 参见沈宗灵主编:《法理学》(第三版),北京大学出版社2009年版,第16—18页。
② 参见张文显主编:《法理学》(第四版),高等教育出版社、北京大学出版社2011年版,第8—10页。
③ 参见周旺生主编:《法理学》,北京大学出版社2007年版,第25—33页。
④ 刘水林:《法学方法论研究》,载《法学研究》2001年第3期,第42页。
⑤ 对实证研究方法在社会学中的运用,以及相关认识误区的澄清,可以参见蔡禾、赵巍:《社会学的实证研究辨析》,载《社会学研究》1994年第3期。
⑥ 谢晖:《法律哲学》,湖南人民出版社2009年版,第14页。

理论化程度较高的研究,且研究的目的在于检验理论、发展理论、创立理论。"① 这段表述中所指称的"理论",是一种广义的概念,是一种与"经验"相对应的存在,在本节语境下可以置换为"规范";既如此,规范意义上的实证分析是规范分析项下的有机组成,则将规范分析作为法学研究中最为基础、最为根本的方法,愈见其合理性。事实上,不仅在法学方法面向上、而且在法律方法论的维度上,规范分析都是至为重要的,司法实践中,由法律原则与法律规则的关系导出前者适用情形,即是一种规范性方法论发生作用的典型适例。②

2. 部门法学在研究方法选取上的两条进路

前述诸法学研究方法,不仅在法理学,而且在各部门法层面上都具有指导意义。稍加考察,则不难得见各部门法学的研究方法,表现出两条不同的进路:

第一条进路,是将规范分析等传统法学方法作为"正统",即便结合本学科的特征有所提炼,深入分析也会发现本学科的"特别方法"其实也可以由具有共性的"一般方法"推演而来。比如,刑法学的知识结构和研究范式,自上世纪末以来实现转型,并且逐步剔除学术研究中的政治话语、而使刑法教义学的研究蔚然成风。在方法进路上,刑法教义学反对过分注重立法论分析的研究方法,指出"法律的制定者是人不是神,法律不可能没有缺陷。因此,发现法律的缺陷并不是什么成就,将有缺陷的法条解释得没有缺陷才是智慧"。③ 此种刑法解释学的观念,被认为是刑法教义学的应有之义。④ 而所谓"刑法教义学",其实就是规范刑法学的别称,"刑法学可以分为不同的理论层次,既包括形而上的刑法哲学研究,又包括形而下的规范法学研究。在规范性法学研究中,刑法教义学方法论之倡导十分必要。以往我们往往把规范性法学等同于注释刑法学。实际上,规范刑法学在某种意义更应当是刑法教义学"。⑤ 如果说刑法是传统部门法学科的代表,因而强调传统法学方法的运用不足为奇,那么作为新兴部门法学科、同时建立在多学科知识背景基础上的环境法学科,在研究方法问题上,虽然也指出"由于环境法学是介于法学和环境科学的交叉学科,因此对环境法的学习和研究必须注意学会运用生态学、环境经济学、环境伦理学的理论与方法";但与此同时,还是更加强调,"环境法学既是一门研究法规范——程序法结合实体法的学问,也是一门法学方法论的学问。尽管环境法学有很多新的研

---

① 张世明:《经济法学理论演变研究》,中国民主法制出版社2009年版,第5页。
② 参见林来梵、张卓明:《论法律原则的司法适用——从规范性法学方法论角度的一个分析》,载《中国法学》2006年第2期,第122—132页。
③ 张明楷:《刑法格言的展开》,法律出版社2003年版,第6—7页。
④ 陈兴良:《刑法的知识转型》,中国人民大学出版社2012年版,第20页。
⑤ 陈兴良:《刑法教义学方法论》,载《法学研究》2005年第2期,第41页。

究和解释方法,但它主要还需运用传统法原理和方法,要在传统法制度和手段的基础上不断创新。"① 也就是说,环境法学研究中法学方法与其他学科方法之间的关系是主次关系。值得注意的是,环境法学者还指出一个研究方法上的现象,"环境法学研究的主要方法还局限于阐释的方法,并且这种阐释方法不是像传统的注释法学派那样严密地从理论的角度客观分析、推导和评价现行环境法律制度,而是拘泥于部门长官意志和部门行政解释"。② 这对于考察财税法研究中规范分析方法的运用情况,同样具有说服力。

第二条进路,则更强调本学科在方法上的特殊性,或是更多从其他社会科学学科中吸取方法"营养"。比如,经济法学的方法论资源主要来源于法学方法论和非法学方法论,有学者认为法学方法论的总体研究非常不足,具有突出的"非自足性","因而在经济法学方法论的创立上,有必要对'一般方法论'给予更多的关注"。③ 经济法学的研究方法体系中,比较具有代表性的是构建"哲学方法——一般科学方法—专门科学方法"的三个层次。④ 应该认识到,经济法的产生,本即是对传统法学研究的更新,传统法学方法之于经济法的研究,固然也有一定助益,但是在敷用程度上是有限的;正因为如此,经济法学研究必须更多地强调其"独特性",在方法进路上与传统法学学科形成差异。与之相比,财税法学在我国虽然也是晚近兴起,但如果将视域范围延展至全球,则"无论是在美国、英国等西方法治发达国家,还是在俄罗斯、东欧等转型国家,财税法(特别是税法)并不是新兴学科,而是一个较发达的法学二级学科、优势学科和特色学科"。⑤ 所以,两者在研究方法上的体系结构、内容组成,恐不宜简单类推。

(二) 一般法学方法在财税法学科的应用

财税法学在我国是一个新兴的交叉性学科,在法学的学科体系内部,它同经济法学、行政法学、民商法学联系密切,形式意义的财税法律制度规范中包含有不少这些相关部门法的内容;与此同时,财税法学与财税经济学、财税社会学、财税社会学的研究成果密不可分。所以,在研究方法问题上,如何在前文所述两条进路中合理选取,至关重要。受制于起步较晚,又面临"经济学帝国主义"的虎视眈眈,中国的法学学科不乏被人诟病"幼稚"。但是仍然要看到的是,经过过去几十年学术研究的发展,尤其是学界同仁们的不懈努力,法学学科

---

① 汪劲:《环境法学》(第二版),北京大学出版社 2011 年版,第 16—17 页。
② 汪劲:《环境法律的解释:问题与方法》,人民法院出版社 2006 年版,第 17 页。
③ 张守文:《经济法理论的重构》,人民出版社 2004 年版,第 4—6 页。
④ 参见张守文:《经济法原理》,北京大学出版社 2013 年版,第 6—7 页。
⑤ 刘剑文:《域外财税法学发展及其对中国的启示》,载《科技与法律》2014 年第 5 期,第 800 页。

的成熟度，较之过去已经有质的飞跃；而且，法学之于其他社会科学、不同的部门法学科间，已初步形成"专业槽"。① 财税法学科固然在社会科学体系中具有"外跨内包"的特征，但是其首先是一个法学学科，如果不将法学的一般研究方法作为其方法进路的起点和基础，很容易让财税法成为财税政策简单地法律化，进而导致财税法学不过是对财税法律、政策的机械阐释和背书。所以，还是应该强调法学方法在财税法学研究中的基础性地位；在此基础上，作为新兴交叉性学科，可保持学科方法上的开放性，借鉴相关学科的方法，实现"协同创新"。

我们认为，规范分析、价值分析、历史分析和比较分析是财税法学研究方法中比较基础的四种。其中，规范分析是法学最核心的研究方法，财税法学作为法学"大家庭"中的一员，亦概莫能外；后三者虽然理论上讲是自其他学科继受而来，但法学研究中对其加以运用，由来已久，在实然意义上讲也可以作为"一般法学方法"。整体意义上的社会科学研究方法，具有客观性、经验性、概念化和模型化的特征，"最高境界就是在经验事实的基础上发现既有的权威理论无法解释的现象，提出概念化和模型化的理论，经过严格的证伪过程对新理论的适用边界予以科学地界定，最后形成新的理论"。② 在财税法学，通过规范分析等四项法学一般方法的运用，结合下一节将要阐述的独特之学术视域，始有可能逼近这一理想境域。以下试就此四项一般法学方法在财税法领域的具体适用，略作分析。③

1. 规范分析方法

如前所述，规范分析是法学研究的基本方法，分析法学派对规范分析强调最多，但是规范分析方法的运用和对其基础地位的肯认，又不仅限于分析法学单一学派。法律是一个相对独立的体系，法律的概念分析和结构分析不同于社会学、历史学研究，也不同于价值评价，理解规则的概念以及规则之间的联系是认识和理解法律的关键。④ 台湾学者认为税法学的研究，应该"以概念法学理论建构税法的概念、类型及外部体系，并取向于税捐法律关系之得丧变更以及课税要件之解析，作为其分析构造，以提高税法规定的明确性、预测可能性以及

---

① 对"专业槽"的一个实例解读，参见马荣春：《"专业槽"：刑法学知识转型中的一个原本、扭曲与回归》，载《中国政法大学学报》2014年第3期。
② 陈瑞华：《论法学研究方法》，北京大学出版社2009年版，第6—7页。
③ 由于规范分析在法学研究方法中的重要性，所以此处着墨较多，而对价值分析、历史分析和比较分析的阐述，则相对较为简略。特此说明。
④ 徐爱国、李桂林：《西方法律思想史》，北京大学出版社2014年版，第270页。

法律秩序之安定性"。① 以体系的方法为例,"具有树状结构之类型的应用构成体系之应用的一环。其次法律原则将散置的法律规定连结起来,使之成为有意义的一个整体"。② 于此可见其方法运用的重要和自洽。

前引论说系针对税法而发,但于整体财税法研究,助益甚大。大陆学界进行的是财税一体化研究,其实是以公共财产的取得、使用与管理作为设规立范的核心和主轴,整个公共财产的收支流程、以及公共财产权力的运用,都同无数纳税人的财产权利息息相关。因此,财税法学研究的起点应该是建立在对财税法律的规范研究基础之上,尤其是界定财税法律概念的内涵与外延、解析财税法律规范的逻辑结构、审查财税法律规范的效力层级、对财税制度进行法律解释、进行财税法律类推适用或财税法律漏洞填补,都是在财税法学科运用规范分析方法,需要重点去研究的内容。也由此可见,财税法学科的"法学"特征还是很浓厚的,而引致这种现象之关键,诚如本书多次所述,即在于"财产权"这一权源基础。

这里有两个问题需要澄清。第一,目前财税法体系中,狭义法律层级的制度规范并不多见,现实中主要发挥作用的是大量位阶比较低的规范性文件。这是财税法较之于其他部门法的一个"特色",长远看,应该适时将大量规范性文件的位阶提升,尤其是贯彻中共十八届三中全会"落实税收法定原则"的要求。但是在现阶段,我们还是要尊重现实,"俯下身去",更多地关注税收规范性文件,从中发掘并提炼出"问题意识",这也是规范分析的题中之意。③ 更何况,由于财税领域的复杂性和技术性,即便在财税法律蔚为大观的远景蓝图实现之时,仍然会有不在少数、甚至只会更多的部颁财税规则存在。第二,不能将规范分析等同于语义分析,严格来讲,语义分析方法来源于语言学哲学,也即语义分析哲学,是通过分析语言的要素、结构、语源、语境,而澄清语义混乱,求得真知的一种实证研究方法。④ 况且,规范分析也不是简单地对制度文本进行诠释,"概念—体系—功能"的思维进路是其基本分析结构,实证分析方法等也是其有机组成部分。

2. 价值分析方法

价值分析是对作为客体的现象或事物与作为主体的人的价值关系,即对特

---

① 陈清秀:《税法总论》,台湾元照出版公司 2012 年版,第 14 页。
② 黄茂荣:《法学方法与现代税法》,北京大学出版社 2011 年版,第 116 页。
③ 目前,有意识地进行这方面研究、并且形成一定研究风格的可以参见叶姗:《税收剩余立法权的界限——以成品油消费课税规则的演进为样本》,载《北京大学学报(哲学社会科学版)》2013 年第 6 期;叶姗:《征收价格调节基金的合法性质证》,载《法学论坛》2013 年第 2 期;
④ 张文显:《法学的理论与方法》,法律出版社 2011 年版,第 351 页。

定客体内含的、应有的价值因素的认知和评价。① 价值分析方法在法学研究中的引入,始于自然法学派。通常意义上,其和规范分析是一种对立关系,规范分析关注法律的实然,而价值分析则侧重法律的应然。在财税法学,需要从宪法及财税法的基本价值判断、探讨财税法规定之内在伦理性原则及其解释适用结果之合理性与正当性,并适度容许制定法内的法律漏洞补充,以实现财税法体系内的正义以及实质的法治国家原则。② 就现下的共识而言,纳税人权利保护、税收公平应当是财税法领域头顶面向上的基本价值,在研究具体制度时应当有意识地加以体现和运用。

3. 历史分析方法

法律不仅是一种社会现象,其也是一种历史现象,有其产生和发展的历史根据和历史表现。正是在这个意义上讲,法律某种程度上即是一定历史的制度性反映。③ "法律随着民族的发展而发展,随着民族力量的加强而加强,最后也同一个民族失去它的民族性一样而消亡。"④ 且不论历史法学将法律的"民族精神"推到极致的做法是否可取,历史分析作为一种研究方法,是殆无疑义的。比如在财税法领域,在研究政府间财政关系问题时,就不得不回溯二十年,去研究1994年"分税制"的背景、制度设计及其后的制度调整;不得不回溯三十年,研究改革开放以来数次变易的央地财政关系;不得不回溯六十年,可以检视新中国成立以来,数度"分权"又几度"集权"的整体脉络;推而广之,"分权—集权"的矛盾又何止在新中国成立后方才呈现,而是数千年来历代统治者皆"无法言说的忧伤"。制度不是天外来物,知道从哪里来,才晓得该往哪里去。

4. 比较分析方法

比较分析可以分为横向比较和纵向比较。横向比较纵向比较也即将现在的制度同历史上的制度进行比较,也就是历史分析的代名词。所以,我们这里所指称的比较分析,主要指的是横向比较。既可以是比较不同国家的法、法的现象、法的学说,也可以是比较一国之内不同地区的法、法的现象、法的学说。在财税法领域,我国的财税立法还很粗疏,这在"社会主义法律体系已经建成"的今时今刻,更显刺眼;而美国、德国、日本等国的财税法制相对完备,我们应该有意识地去进行比较研究。当然,在这个过程中,也不能忽视中国自身的独特性,这倒不是坚持"语境论",而是指要关注单一立法和法体系整体的适配性问

---

① 张文显:《法学的理论与方法》,法律出版社2011年版,第358页。
② 陈清秀:《税法总论》,台湾元照出版公司2012年版,第14页。
③ 周旺生主编:《法理学》,北京大学出版社2007年版,第28页。
④ 〔德〕萨维尼:《论立法与法学的当代使命》,许章润译,中国法制出版社2001年版,第9页。

题,单兵突击式的制度移植,只会造就不伦不类的"怪胎"。另外,比较分析不仅仅是指法律制度的比较,也可以是法律文化的比较,比如美国、日本等国的纳税人权利意识,就是很值得我们去进行研究的文化现象。值得注意的是,一国国内不同地区的比较分析,在财税法领域很有必要。尤其是在中国现阶段上位法律、法规供给不足的条件下,很多地方制定了自己的财税政策,也以规范性文件形式存在;这些规范性文件的效力如何?实效如何?都是很值得去研究的。比如,2014 年 7 月,《深化财税体制改革总体方案》出台以后,紧接着在同年 8 月,江苏省委十二届七次全会审议了《关于深化财税体制改革加快建立现代财政制度的实施意见》,广东省财政厅则是召开专家座谈会,就《广东省深化财税体制改革 率先建立现代财政制度总体实施方案(稿)》听取专家学者的意见。而且,两地的侧重点并不相同,江苏尝试从预算制度寻求突破,广东则希望在省以下事权与支出责任划分方面取得突破。① 两地分别是基于何种考虑选择了各自的侧重点?前述地方制度运行实效如何?在地方政策的制定程序上有何特色?都是可进一步比较分析的问题。

第二节 财税法学独特的研究路径

学术研究中,方法的运用是为了迫近结论命题;另一视角说,方法的运用又是形成何种结论的前在性约束条件。任何一门学科都需要从方法上进行学术反思,以确保学科的学术自主性、理论自足性和逻辑自洽性。对于财税法学这一新兴学科而言,学术自主性是指财税法学能在方法进路上独立形成逻辑判断,涉及知识产出自主的问题;理论自足性是指财税法学能在一般社会科学研究的方法和基础上能够成为内在化思维的结构和取向,涉及学术价值中立的问题;逻辑自洽性是指财税法学作为一门法学学科,能在学科理论上具有真正的法学内涵和研究价值,从而区别于一般财税常识,涉及学术常识证伪的问题。本节首先在三个层面上进行理论反思,目的在于对财税法学研究的独特方法进路进行自省解构和深层思辨;然后直接回应财税法学作为"领域法学"的本质面貌,提炼出问题导向和综合研究的独特研究范式。

本书认为,基于严肃的学术传统和厚重的法理氛围,理论研究应当在合理和正当的基础而深入地进行学术上的分析与探寻,而不应在学术研究上进行粗制滥造和低水平的重复。财税法学也将在这个不断的自我证伪和"试错"进程

---

① 徐阳光:《论建立事权与支出责任相适应的法律制度——理论基础与立法路径》,载《清华法学》2014 年第 5 期,第 89 页。

中进行方法上的自我完善和内在补足,也从而使得新兴的财税法学从其发端起就进入社会科学正常的学术轨道和价值理性中来。

一、财税法学研究的学术自主

从事财税法学学术研究,首先需要明确社会科学的自主性问题,并以此为基础来认识单一政策视角对法学理论分析的误导作用。根据法国社会学家皮埃尔·布迪厄(Pierre Bourdieu)的观点及相关理论,认为真正的社会科学,要根据它的科学研究是否能够独立于各种世俗权力、独立于经济和社会权威的干预来加以判定。[1] 所谓学术自主性或学术自治,主要是指本学科内部专业化的建构。法学首先是一个专门化的学科,按照托克维尔的说法,它甚至是一个不容易普及的知识领域,它具有自家的历史传统、知识体系以及研究方法。法学之所以能够对社会事务进行不同于其他学科的解释,法律之治之所以不同于政治之治或道德之治,正是因为法学传统、知识以及方法的这种独特。[2] 而法学研究的学术性或者说法学研究的学术自主性,则是指"法学研究者与现实法律、与政治权威自觉地保持一定的距离,以一种外在的、学术的观点来对法律及其权威进行客观的描述,并在此基础上进行客观的评价的研究姿态或学术自觉"[3]。也即,法学学者应不受干扰地按照既有的学术规范和科学的评价标准,基于自身的内心确认和事物发展本质规律来进行学术研究。

从严格的学术层面上谈,中国财税法学理论的发展进路似乎还是处于一种启蒙性质的普法进程中,无论是市场经济论和公共财政论发微和膨胀的上个世纪七八十年代,还是讲求和张扬以人为本和建设法治国家的政治话语的当下,均能找到财政学说和法学理论上似乎自然而然的回应和宣导。[4] 但这里存在的一个明显的问题是,财税政策变迁与财税法理论演进具有高度的同质性,财税法理论并未成为指导财税政策制定的依据,反而为财税政策的实行寻求法理上的正当性基础。而从学术自主的角度来看,作为实然的财税政策应与应然的财税法理论具有相当的异质性,并用财税法理论来推动和辅助财税政策的出台,并在实施中验证其妥适性和合理性。应当指出的是,财税法学研究的维度,不

---

[1] 参见邓正来:《关于中国社会科学的思考》,上海三联书店 2002 年版,第 2 页。
[2] 参见夏勇、贺卫方等:《二十一世纪的中国社会科学》,载《中国社会科学》2000 年第 1 期,第 17 页。
[3] 周永坤:《学术自主是中国法学发展的条件》,载《现代法学》2007 年第 3 期,第 62 页。
[4] 比如 20 世纪 70 年代末 80 年代初期的社会主义市场经济观念提出后学界相应地出现了公共财政论,而在 20 世纪 90 年代末 21 世纪初社会主义法治国家和人权保障观念提出后学界又相应出现了税收国家论和财政立宪论等。

应仅仅只是在政策指引的方面作出理论判断,更为重要的是财税法学应当从面向外部的单一问策向度研究方式进行调整①,要"从外部性的角度转向内部性的视角"②,同时着力构建财税法学的法理基础和内在架构,并作为推动财税政策具有正当性的主体性依据。

　　从"大历史"的视角看来,中国的财税体制改革和财税法治建设,都发蒙未久,需要研究的问题不胜枚举。方法论层面的学术自主,是首先需要强调的,如果运用"跳出来看"的方法,我们或许能发现更多值得研究的课题。比如,大规模的财税立法,如果没有正确的价值指引,会不会导致萨托利所担心的、"一种真正的立法狂、一种可怕的法律膨胀"?若萨氏所言,"立法机关一般不太关心、甚至无视法律结构的基本形式和稳定性……用特殊的法规寻求局部利益,从而破坏了法律本身的品质。"③财税法的技术性色彩使其可能存在更严重的"局部立法",或是通常所谓之"部门立法"的情形;而研究者如果仅仅是亦步亦趋地做一些"合理性证成"的工作,既可能使财税法堕入"财税政策法律化"的"黑洞",也可能使财税立法本身无助于社会进步、法治昌明。

二、财税法学研究的价值中立

　　从事财税法学学术研究,需要知晓的是在一个什么样的学术视角下去把握人文底蕴与学术研究之间的关系,脱离了政府干预和影响的社会科学是否应当建基于人文关怀的道德基础中。④ 有学者从科学与人文的角度,提出近代科学与人文一方面随着专业化和学科分化而相互隔离,另一方面又共同构成"现代性"基础,而得出科学精神本质上是具有人文性的,亦即自由精神的结论。⑤ "社会理论家探讨方法问题所用的方式以及我们继续应付这一问题的方式在很大程度上是由适用于现代西方思想的、非常有限的基本解释系统的储备所决定的……所有这些解释都是两种纯粹类型的变种:逻辑分析和因果解释。它们之中的每一种既在说明它像什么的意义上,即描述,又在表明它为什么必须紧随别的事的意义上,即严格意义上的解释,提供一种关于解释某物意味着什么的

---

① 近些年来,我国财税法学者参与和影响国家财税立法越来越多。比如,《企业所得税法》的修订,《个人所得税法》的改革,《税收基本法》的起草,《税收征收管理法》的修改;等等。
② 邓正来:《关于中国社会科学的思考》,上海三联书店 2002 年版,第 6 页。
③ 〔美〕乔万尼·萨托利:《民主新论》,冯克利、阎克文译,世纪出版集团、上海人民出版社 2009 年版,第 355 页。
④ 有学者认为,人文底蕴未必能推进和有益于社会科学研究。参见苏力:《也许正在发生:转型中国的法学》,法律出版社 2004 年版,第 159 页以下。
⑤ 参见吴国盛:《科学与人文》,载《中国社会科学》2011 年第 4 期,第 4 页。

诠释。"① 这里提出了一个财税法学研究者所奉行的价值观念究竟是什么的问题。这个问题就是,是不是以维护人的尊严和自由为核心价值,还是说应当走出人文关怀,基于"专家没有灵魂"的说法②,只是在法理正义和严谨学术的前提下,对事物本身的规律性作出客观的探究和提炼。法学中的法律理论研究在思维方式上的中立性或者"纯价值立场"实质在于,一方面要求学者在研究中不能采用实用主义和功利主义进行价值立场的随意转变,另一方面也要求学者们尽可能祛除感性情绪与激情因素而进行理性思考。③

一般认为,人权保障或曰说纳税人权利保障是建构财税法学的逻辑前提,也是财税法治的基本取向。如果赞同人文科学和社会科学首先是科学,那么作为一个基本的判断,社会科学本身就是一个需要从人文科学中汲取营养的科学属别。但是社会科学和人文科学的重要不同点在于,社会科学是对外探求社会发展的规律并加以改造,人文科学则是对内追寻人类本身特性和规律并加以挖掘。在这一要素特征上,社会科学和人文科学的界限得以突显。财税法学研究,应当注重规律性和自由性的统一,即在政府政策征询和人民权利保障方面做到适度的统一,作为法学学者而保持一定的价值中立。尽管人权或曰纳税人基本权立场是法治理论的核心基础,但政府财政权与私人财产权的冲突与协调也逐渐进入法理学界的视野,以基本权保护作为财税法学者的基本立场也应辨识和厘清利益衡平的边界。财税法学理论的发端肇始于基本权的宪法保障,但学术观点的发展也有逐渐进化和条分缕析的趋势。从学术研究的观点立场上看,价值中立也许会成为基本权保障的递进之义。

三、效果评估中的比较判断与宪政判断

法学研究是对社会科学知识的累积创造,是对权利义务分析的价值关怀,是一个在不断反思中自我批判过程。拉伦茨也认为,要"理解"法规范就必须发掘其中所包含的评价及该评价的作用范围。法学主要关切的不是"逻辑上必然"的推论,而是"价值导向的"思考方式。④ 所以,在财税法学研究中,效果评

---

① 〔美〕R.M.昂格尔:《现代社会中的法律》,吴玉章、周汉华译,凤凰出版传媒集团、译林出版社2008年版,第7页。
② 〔德〕马克斯·韦伯:《新教伦理与资本主义精神》,于晓等译,生活·读书·新知三联书店1987年版,第143页。
③ 有学者认为以研究直趋与思维方式为标准,法学研究可分为法律理论研究和法律工程研究。而在法律理论研究中,纯化价值立场是其思维方式的典型特点之一。参见姚建宗:《法学研究及其思维方式的思想变革》,载《中国社会科学》2012年第1期,第119页。
④ 参见〔德〕卡尔·拉伦茨:《法学方法论》,陈爱娥译,商务印书馆2004年版,第94页以下。

估或曰价值判断成为检验学术理论合规律性的重要工具和措施手段。从法学研究的效果目标来看,"功能是一切比较法的出发点和基础",同时"在比较中考察和判断所调查的每一种解决方法时,必须以所调查的其他一切的解决办法为背景"。① 也即在比较分析中,立法制度和法学研究应当体现法律现象和法学思想的本质要求,这对财税法学的研究也尤为重要。在德国法和日本法中,财政法往往作为行政法研究之特别考量,这是由其长期的公法传统影响和决定的。而在英美法中,财产法的普通程序约束和宪政民主理念则是财政法的规制基础。在目前中国法治传统缺失和法学理论薄弱的现状下,合理借鉴发达国家财税法理论的实质内涵和规制取向尤为必要。

无论是在强调"行政法乃具体化之宪法"的大陆法系国家②,还是在宣称私人财产不受非法侵犯的英美法系国家,宪政精神无不贯彻法律思想的始终。从法实践的角度来看,西方法治国家均已实现税收立宪和财政立宪。概括而言,财税法的基石和焦点在于财政民主和法治国原则。财政民主是指"政府按照民众意愿,通过民主程序,运用民主方式来理政府之财"③,法治国原则是指"防御国家权力集权化扩张和行使不受任何限制的重要工具"。④ 财税法学研究,不能脱离财政民主原则和法治国原则,否则相关学术观念和理论就会偏离其基本的宪政要义。尽管法治对于当下中国而言,可能更多的是追求国家富强时的一个工具⑤,但这并不影响财税法学研究中秉承的最基本的宪政法治立场。财税法学研究,一方面需要注重在横向的国家、地区和法系中寻求比较研究,立足本土法治环境批判性地探索财税法律技术规则的同一性;但另一方面,也应当自我约束在宪政精神和法治观念的基础上展开,突显财税法学研究基于对政府权力的有效控制和对公民权利的正当保障的基本立场。

四、问题定位与综合研究

财税法学是典型的:领域法学学科,问题定位是其最为基本的研究方法;在此基础上,财税法学强调多学科视角的综合运用,通过综合性研究,不断迫近事实的真相,并且为实践提供更具说服力的理论阐释和方向指引。

不可否认的是,近代大学体制不仅打造了一个"以学术为生"、专事学问研

---

① 〔德〕K. 茨威格特,H. 克茨:《比较法总论》,潘汉典等译,法律出版社 2003 年版,第 63 页。
② 陈新民:《公法学札记》,中国政法大学 2001 年版,第 20 页。
③ 刘剑文:《走向财税法治:信念与追求》,法律出版社 2009 年版,第 43 页。
④ 〔德〕齐佩利乌斯:《德国国家学》,赵宏译,法律出版社 2011 版,第 353 页。
⑤ 参见王人博:《宪政的中国语境》,载《法学研究》2001 年第 2 期,第 133 页。

究的知识群体,而且也锻造了一种追求逻辑形式注意的科学精神,但是,"经院派"以及以后的"公理方法派"法学家们的做法,实际上遮蔽了古老的法学作为一门法的实践知识的性格。① 法学研究不能仅仅关注其价值上的功能性和逻辑上的自洽性成为分析法学,也不能只是在法律规范的文本解释和国家政策的正当性推演成为注释法学,而应当更多地解决经济发展和社会生活存在的各种现实问题而成为具有强烈应用品格的实践法学。当下中国正值经济体制改革和政治体制改革的关键阶段,而财税法治则正是此两项改革的重要突破口。在财税法学理论中,政府间财政关系与中央和地方的事权财权划分问题紧密相关,财税法制推进又关乎中国经济体制变迁的重要杠杆,而以预算公开和预算民主为要义的预算法治则是政治体制改革的重要一环,等等。基于此,整个财税法学研究在中国本土问题解决和法治实践中具有相当的指引、规范和保障功能,通过学理到政策的递进传导,实现政府财政税收行为的规范化并遵循渐进民主和终极法治的基本路向。

正如有的学者所言,"体系后研究由立法引导型转为中国问题引导型,就需要把握体现时代特征和社会根本的法治需求,提供能够适应或满足法制建设需要的学术产品。作为法学研究对象的现实问题具有多因多解的特征,不同法律学科因制度特性与研究理念的不同,对同一现实问题提供的解决方案亦有不同,其间甚至有功能相互抵牾或效果相互消解之处。因此,为有效解决现实法治问题,需要法学研究能够提供综合性的解决方案"。② 法学学科存在的意义,一方面是分类梳理和探寻具体现实社会经济本身的规律性并抽象成为价值理论,另一方面则是通过类属化地学理推导产生解决和处理现实社会经济的具体问题。财税法学作为新兴的法学学科,除了本身具有私人财产权公权保障的法理特质外,还有鲜明的应用法学功能。通过财税法来调整和规制现实经济社会中的财政税收事项,既需要解决公财政权领域的财政控权与监督问题,又需要解决私财产权领域中的量能及实质征税问题。从解决实际问题并在理论指导实践过程中进一步完善和发展财税法学理论本身,就变得非常重要。③

在现代社会中,综合性法律部门和综合性法律学科的出现是一个必然的趋势。也正因为如此,"法学家必须博才多学,能够并且善于运用相关学科的知

---

① 参见舒国滢:《走进论题学法学》,载《现代法学》2011 年第 4 期,第 3 页。
② 陈甦:《体系前研究到体系后研究的范式转型》,载《法学研究》2011 年第 5 期,第 17 页。
③ 收入分配问题是经济社会发展中的重大问题,从财税法的视角来研究和探讨分配正义,具有重要的理论和实践意义。参见刘剑文:《收入分配改革与财税法制创新》,载《中国法学》2011 年第 5 期。

识,丰富研究的领域和内容,扩大研究的视野"。① 作为现代学科的财税法学,也应在综合视野、交叉学科和多元方法的大框架内进行体现系统性、开放性和现代性的多层次、宽领域和高水平探索和研究。申言之,从研究框架来看,综合视野是指财税法学研究要立基不同领域和不同面相的分析角度;交叉学科是指财税法学研究要充分整合关联学科的相关理论资源和学术储备;而多元方法是指通过不同门类领域和学科的研究方法和分析工具来进行技术路线上的优化配置。从研究特征来看,系统性是指财税法学研究可以着眼于宏观的民主宪政、中观的财政法治和微观的税收法定;开放性是指财税法学研究注重研究人员的开放性、研究对象的开放性和合作研究的开放性;而现代性则是指财税法学研究不再拘泥于传统的以调整对象划分研究领域而是以问题导向来主导研究的选题取向。从研究技术来看,多层次是指财税法学研究应尽可能覆盖政府、社会和纳税人涉及财税事项的全部存在空间;宽领域是指财税法学研究不仅关注财税事项本身,还可拓展至与财税经济有关的其他事项;高水平则是指财税法学研究应告别初期的注释法学和对策法学研究而转向关注公平正义价值本身的规范研究和法理研究。

  从事任何一门学术研究或者是解决实际问题,均需要理论资源、分析工具和研究方法。法学学科作为社会科学的一种,自然也不例外。在信息大爆炸和物质产品高度丰富的现代多元社会,各种主体之间的法律关系变得更为抽象和复杂。研究某一具体理论和实践问题,往往需要整合各个不同学科和领域的理论、观念、制度、范畴、工具和方法。如果延续传统部门法划分的研究思路,财政税收方面的诸多问题则难以得到相对全面的法理阐释和价值研讨。比如,对于财政预算事项的分析,往往涉及宪政、分权和民主等传统宪法学领域的工具和方法;又如,对于税收课征正当性的探讨,则往往会涉及行政权力分配与约束等行政法领域的工具和方法;再如,对于税款征缴中纳税人权利保护的分析,又会涉及民法中对债的相关权利义务配置;还如,对于"营改增"政策以及税收优惠政策的评估②,还会涉及经济法中促进经济持续、协调和稳定发展的目标论证。另外,财税法学研究还会借鉴财政学、社会学、经济学和管理学中的诸多理论、

---

① 尹伊君:《法学研究与法学家的文化品位》,载《法学》1993年第11期,第7页。
② 2011年11月16日,财政部和国家税务总局发布经国务院同意的《营业税改征增值税试点方案》,同时印发了《交通运输业和部分现代服务业营业税改征增值税试点实施办法》《交通运输业和部分现代服务业营业税改征增值税试点有关事项的规定》和《交通运输业和部分现代服务业营业税改征增值税试点过渡政策的规定》,明确从2012年1月1日起,在上海市交通运输业和部分现代服务业开展营业税改征增值税试点。

工具和方法。① 但只有通过系统性、开放性和现代性的综合研究,财税法学方得以其现代的理念、现代的研究方法和现代的研究内容而作为现代法学学科呈现迥异于传统法学学科的特质属性。

在本节的最后,我们需要强调两个问题。第一,问题定位与综合研究,严格说来不独为财税法学一家所具,在其他新兴学科,如环境法学等,都有所体现。但是,我们在本节特别提炼并强调财税法研究在方法进路上的此一特征,主要是考虑到过往之财税法研究,有过分偏重财税法某一方面属性之嫌,而在视域范围的延展方面做得还很不够,因此有必要特别强调其问题定位与综合研究的研究方法。第二,强调财税法的综合研究方法,并不是单纯地将不同学科的方法进行"简单加成",而是要在财税法的价值自主与学术中立中为之;易言之,需要对各种方法进行"适配性调试",方法的综合不是"物理综合",而要形成"化学反应"。举例来说,税收公法之债的研究范式,既借用私法上"债"的形式,却又独具公法上"权力关系"的特征;任何单一学科的研究方法和分析框架,都不足以解释相关税法问题,如针对具体实践中出现的税款征收争议,若直接将税款征收事项划入行政法范畴而不考虑税法的特殊性,难以解释复议前置的合理性。这一点在某种意义上也揭示出本节结构安排的内在逻辑:只有首先明晰财税法学研究的学术自主与价值中立,才可以进一步研究其方法进路上的问题定位与综合研究。

第三节 财税法学研究方法的整合

任何一种学问都需要运用一定的方法,或遵循特定的方式来答复自己提出的问题。恩格斯曾在《德法年鉴》中指出:"方法就是新的观点体系的灵魂。"② 财税法学是一门交叉科学,相对应地,财税法学的研究方法则具有开放性和发散性的特征。③ 一方面,财税法学研究从财政学起步,必然会使用到财政学的研究方法,另一方面,却又属于法学的基本范畴,所以财政学和法学关联分析方法成为必要。尽管我们通常所称法学方法论与此处所提到的法学研究方法论并

---

① 综合性的学术研究,可以博采众家之专长,充分借鉴相关部门法已有的研究成果和研究方法,使财税法学的体系和内容更加完整和丰富。参见刘剑文、熊伟:《税法基础理论》,北京大学出版社2004年版,第1页以下。

② 〔苏联〕普列汉诺夫:《马克思主义的基本问题》,张仲实译,人民出版社1957年版,第222页。

③ 刘剑文:《中国大陆财税法学研究视野之拓展》,载台湾《月旦财经法杂志》2005年第1期,第80页。

非是一个层面上的命题①,然而由于法学方法论独特的导向功能,依然"为法学理论的形成提供了坚实的基础,为法学理论的发展指引着前进方向,促成法学学科新分支和新理论的萌生、成长和结果"。② 其中实证分析和规范(价值)分析路向为法学理论研究起到了积极的启发和指引作用。另外,财税法学的财政内涵的泛同化与财税法的宪政品格,则使比较判断和宪政判断在效果评估的准据上也显得尤为必要。

一、交叉科学中的财政方法与法学方法

学科交叉是"学科际"或"跨学科"研究活动,其结果导致的知识体系构成了交叉科学;学科交叉是学术思想的交融,实质上,是交叉思维方式的综合、系统辩证思维的体现。③ 从法学方法论的角度来讲,科际方法的法学统合,尤其是经济学价值方法在法学层面的转化运用,是方法论层面的基础性问题。"成本—效益"分析,被视为经济分析的基本方法,这在某种意义上也是一种"价值分析",其所赖以建基的"价值"便是"效率",但也有研究指出,"主流西方经济学用使用价值替代并否定价值,其价值分析随后归结为使用价值分析,致使法学上的价值分析亦归结为法的使用价值分析",进而提出"即使我们摒弃经济学的使用价值方法而采用其价值分析方法,引入法学时也必须经过转变"。④ 此论对于我们准确认识交叉科学中的经济方法与法学方法之联系和区别,颇有助益。

落实到财税法学研究方法的层面,财税法学的存在基础即是财税事项在社会经济生活的具体行为、结构和现象,对财税事项进行法学分析,需要综合运用财税研究方法和法学研究方法。这一方面是由于财税事项的特定经济规律性导致理解财税现象必须通过财税理论进行前置性的定量分析,财政学中有各种学派,它们运用各种分析方法来致力于对财税事项的本质、作用、机能及效果等方面的研究,以税收为例,"近年来,在税是实现各种经济政策目标的有力武器这一认识下,财政学各学派运用现代经济学的手法来对税的经济效果进行分析研究,而且这种研究正处在方兴未艾的热潮中。而构成作为一门学问的、税法

---

① 拉伦茨和杨仁寿都对法学方法论进行过专门的研究和阐述,其基本观点和逻辑前提在于从法诠释学的角度来对法律适用进行解读。参见〔德〕卡尔·拉伦茨:《法学方法论》,陈爱娥译,商务印书馆 2004 年版;杨仁寿:《法学方法论》,中国政法大学出版社 1999 年版。
② 刘水林:《法学方法论研究》,载《法学研究》2001 年第 3 期,第 53 页。
③ 参见路甬祥:《学科交叉与交叉科学的意义》,载《中国科学院院刊》2005 年第 1 期,第 59 页。
④ 刘瑞复:《法学方法与法学方法论》,法律出版社 2013 年版,第 390 页。

素材的实定税法的诸规定往往正是以财政学的理论、成果为基础并因此而得以证实。所以要准确理解实定税法,财政学的知识是不可缺少的。"① 另一方面,则是由于财税法学归根结底是一种建基于公平正义和权利保护的定性分析的社会科学。"在财政理论中,一般正像在政治学中一样,学者们需要更多地注意制定产生最终结果的规则和制度,而较少注意这些结果本身的形式,尽管这些结果当然同评价制度有关。只有通过改进产生结果的制度,才能够改进配置和结果,而只有意识到了并理解了制度在整个民主过程中的适当作用,才能改革制度。"② 财政民主原则、正当程序原则以及权利本位保护原则是法学研究方法最重要的价值追求和人文关怀,也是财税法学研究成其为法学研究的重要体现。

但是,财政理论的这种对规则制度的理解却会"因其观察角度与思维模式的差异,在着眼于效率性的追求,往往对过高密度的宪法内涵,基本上持反对的态度,显现出与法学二者间的歧异"。③ 也即,财政理论的价值追求往往与法学理论的基础取向存在方向上的非同向性。法学研究者往往会坚持正义价值并作出如下评价:"两个相反的要求存在于这种关系中:其中之一要求法律尊重经济的内在规律;另一个则要求,法律不应(仅仅)受经济学理论的领导。"④ 基于此立场,财税事项仍应纳入公平正义的基本法学价值之中。但正是这种冲突和矛盾之中的交叉视角,却使财政学的技术分析和法学的价值判断相结合,不仅使财经理论得到了制度层面上的延展,而且同时也使得财税法学研究具有客观建构的前提和基础。所以,财税法学研究中应该大量借助现有的财经理论,充分运用财政学理论与法学理论关联分析的方法,来对财税法学的概念、原则和理论作出科学提炼和综合抽象,以及对财政实践中的运行过程进行两个面向上的合理解读和有效调整。

二、关联研究中的法学视角与相关视角

基于财税法学的综合性特点,财税法学研究也因此需要在复合的视角中展开和深入。此处涉及两重层次结构。第一层次结构是法学门类中财税法学与其他法学门类中的法学领域的关联研究。财税法是一个涉及众多法律部门的

---

① 〔日〕金子宏:《日本税法》,战宪斌、郑林根等译,法律出版社 2004 年版,第 25 页。
② 〔美〕詹姆斯·M. 布坎南:《民主财政论》,穆怀朋译,商务印书馆 1993 年版,第 313 页。
③ 蔡茂寅:《迈向永续发展的国家财政》,台湾"行政院国家科学委员会专题研究计画成果报告",1999 年 10 月 30 日。
④ 〔德〕N. 霍恩:《法律科学与法哲学导论》,罗莉译,法律出版社 2005 年版,第 90 页。

第十二章 财税法的研究方法

综合法律领域,它是宪法、行政法、民法、刑法、经济法、诉讼法、国际法等法律部门中涉及财税问题的法律规范的综合体。就这一综合体仅仅涉及与财税相关的法律规范来讲,它也是一个相对独立的法律领域,它不隶属于任何现有的部门法,在某种意义上与现有部门法相并列的相对独立法律领域。[①] 而在这些所涉及的其他法学门类中,联系特别紧密的主要是私法与公法,也正因为如此,财税法学的关联研究主要结合公法学和私法学。就财税法学本身的体系组成来看,一般可以分解为财政法学和税法学两个部分。其中,财政法学在宪政和公法学上的特征尤为明显,而税法学则在公法学基础上兼具有一定的私法性。[②] 即便是财政法学研究,也不可避免地需要从社会契约论的角度论述;而税法学本身具有的私法品格,也使得税法更多地具有民法的特征。

财税法学研究的第二层次结构则是法学门类与相关门类之间的关联分析。就我国的学科传统来讲,"法学隶属社会科学之一种"的判断深入人心,然而,如果对其进行考证,则其似乎并非不言自明的事情。西方的学科传统习惯于区分人文科学与社会科学,而法学在传统上属于人文科学、而非社会科学。这主要是因为"传统意义上的法学是以诠释学的方法研究与阐释古罗马法及本国制定法的学科,强调解释者的主观认识与法律文本之间的一致与融合乃是传统法学的显著特征之一",而仅仅是在19世纪以来,由于社会变迁的速度加剧,传统的法学理论"在研究方法上囿于对法律文本的理解与注释,无法对这些复杂的问题作出及时、有效的回应,因而也无法解决制度变革的重大时代课题。于是,法学借助社会学、经济学、统计学等社会科学的方法进行研究,成为法学研究领域内的一种潮流和趋势"。[③] 所以,法学研究同其他人文、社会科学学科的关系,无论是在智识成果还是在方法进路上,都可谓过从甚密,作为部门法学科的财税法,在开展学术研究的过程中,必须有意识地借鉴和运用其他人文、社会科学的方法和知识。

以社会科学为例,在社会科学体系中,除了经济学、财政学、税收学等经济类学科与财税法学紧密相关外,政治学、社会学、历史学等学科门类也与财税法学有着非常重要的关联性。就经济类学科而言,经济学中关于消费、投资与财政政策的相互关系对于掌握政府财政行为的正当性具有重要参考价值;财政学

[①] 参见刘剑文:《走向财税法治:信念与追求》,法律出版社2009年版,第7页。
[②] 关于税法的私法性及更广义的税收法律关系性质研究,参见刘剑文主编:《财税法学》,高等教育出版社2004年版,342页以下。
[③] 周刚志:《论公共财政与宪政国家——作为财政宪法学的一种理论前言》,北京大学出版社2005年版,第13—14页。

中的财政收支及财政管理理论便于对预算和税收展开更为深入妥当的辨识性研究;税收学中的不同税收理论对于税收与费用的界限厘清具有相当的支持功能;等等。就非经济类学科而言,不同的学科研究方法应对财税法学研究具有基础性或辅助性的参考作用和指导功能。首先,政治学中关于政治行为和政治体制的研究与财税法学关于财税行为及财税体制的分析具有指导作用,特别是作为当代政治学经典研究进路的后行为主义,"认识到事实和价值是联系在一起的……同时使用传统主义者的定性资料和行为主义者的定量资料"①,该种方法在本书对财税行为展开的研究中,得到了运用。其次,社会学中关于社会分层和社会流动的探讨则对财税法学中的转移支付研究和人权保障具有相当的借鉴作用,另外也可以从治理的角度切入,通过分析作为连接社会子系统媒介的财政,来为财税制度建设,提供理论支撑②;事实上,已经有学者认识到社会学视角和方法在财税法研究中缺位所引致的弊端,"19 世纪的财政学文献表明,重商主义时期的财政学具有鲜明的学科综合化特色,它包含有今天的法学、经济学、公共管理学、政治学、社会学以及历史学、政策学等内容……只是到了 20 世纪以后,随着学科分化的发展,财政学才变成一门技术性的学科……忽视了财政与社会经济结构之间的有机联系"③。最后,历史学强调建立在史料基础上的史学研究对财税法学实证研究亦具有关键的示范意义④;尤其是,历史学的研究风格和研究方法强调在考证基础上展开论述,既非单纯地罗列史实,亦非"一分材料作出三分文章"的泛泛而论,在民国时期,运用这种方法进行的研究即不鲜见,如吴贯因所撰《划田赋为地方税私议》即被后世学人赞为"以举例法证明主张,而且还对历史事实进行考证和辨识,从而澄清史实,揭示疑点,证实自己的思想主张"。⑤ 本书第二章专设一章讨论财税法的历史发展,某种程度上也可视为我们在历史学方法的运用方面作出的粗浅尝试。

  此外,还不能忽视横断学科方法的运用,也即财税法学研究可以直接应用那些具有方法论功能的学科的方法。从目前社会科学研究的成果看,系统论、控制论和信息论曾经被称作"新三论",广泛应用于 20 世纪 50、60 年代;而在耗

---

  ① 〔美〕迈克尔·罗斯金:《政治科学》(第九版),林震等译,中国人民大学出版社 2009 年版,第 31 页。
  ② 参见李炜光:《财政何以为国家治理的基础和支柱》,载《法学评论》2014 年第 2 期,第 54—60 页。
  ③ 刘志广:《财政社会学研究述评》,载《经济学动态》2005 年第 5 期,第 99 页。
  ④ 很多历史学家特别关注财税史的梳理与研究,并有相关论著出版。比较典型的有〔美〕黄仁宇:《十六世纪明代中国之财政与税收》,阿风等译,生活·读书·新知三联书店 2007 年版。
  ⑤ 杨大春:《中国近代财税法学史研究》,北京大学出版社 2010 年版,第 303 页。

散结构论、协同论和突变论发展起来后,前者成为"老三论",后者取代其成为"新三论"。另外,混沌论、分形论和孤波论等新的方法,还未成为主流。① 这些横断学科方法在财税法研究中,有其独特存在价值,往往可以从某一个侧面,"偶有所得"。比如,税收立法中的民意吸纳机制,就可以从信息输入和信息输出两个维度,去考虑如何构建、完善。

三、技术路线中的价值分析与实证分析

法学不同于自然科学,可能还在于它研究的是一种价值性事实,即具有其"价值相关性"的文化事实。② 也即,法学研究的技术路线遵循寻求法律对于人的特定功用和具象意义。当然,在价值分析之外,法学研究还会采用实证分析的方法。"在法学领域,价值判断是指关于法律及法是什么的判断及内心确信;实证分析是指法律及法实际上而非想象中是什么的判断及分析模式。"③实证分析侧重于用科学分析和逻辑推理的方法研究现实中的法律、法律规范和法律制度,而价值分析则比较注重法是否合乎客观规律,是否符合社会理想以及法的社会效益。两者分别代表着西方理性主义法学和实证主义法学各自所采取得不同研究方法和思维模式。这也是西方法学史上曾经出现的最尖锐的分歧之一。但是,随着现代西方法学派别的相互靠拢及统一法学的兴起,一般认为,两者之间并不是完全对立的,而应当是统一的、互补的。"价值判断不断为实证判断创造新的经验事实,开辟新的经验领域;而实证判断则为价值判断奠定了正确认识的基础。"④

对财税法学进行理论研究也应当从实证和价值两个方面来判断。特别是财税理论与现实经济环境紧密相关,无论是从当前财政体制改革的角度,还是从现实税费制度厘清与重构的角度,实证研究和经验分析的方法都能为财税法理论研究提供数据支持和实践基础。在价值分析方面,财税法学研究的基本立场体现为政府财政权和纳税人财产权之间的冲突和协调,并在权力与权利平衡中实现公平、正义和平等的基本价值取向;在实证分析方面,中国财税实践中的具体表现和相关数据为财税法学研究提供了可借比对和研讨的基础性素材,通过实证层面的技术分析可以为财税法理论创新和财税法制度设计提供新的思

---

① 参见刘瑞复:《法学方法与法学方法论》,法律出版社2013年版,第295页。
② 参见[德]阿图尔·考夫曼:《古斯塔夫·拉德布鲁赫传——法律思想家、哲学家和社会民主主义者》,舒国滢译,法律出版社2004年版,第123页。
③ 葛洪义:《法理学导论》,法律出版社1996年版,第69页。
④ 同上书,第87页。

维支持。"作为一门社会科学,我们很难想象公法学的成长与发展可以通过绕开实证研究的方式来实现。"①但与此同时,在另一方面,"所有关于法律的思考都是由一个问题引发的,即我们是否能够以限于法律存在并独立于所有立法(实证)的正义准则为准绳。"②这一论点也使对财税法学的价值判断和规范分析服从更为抽象的法理原则,即财税法学应该在价值分析和实证分析的关联研究中,体现观念、理论和制度在追求正义准则上的一致性。

　　本节尝试基于整体性的社会科学研究方法,对财税法学研究方法进行理性整合。马克思在《〈黑格尔法哲学批判〉导言》中曾经指出:"批判的武器当然不能代替武器的批判。"对于研究方法的提炼、概括和整合,终究只是在学理层面上进行的,"纸上得来终觉浅,绝知此事要躬行。"这些提炼出来的研究方法,还需要我们自觉地运用到财税法学研究之中,其存在的必要性,才能真正得以凸显。

---

① 袁曙宏、宋功德:《统一公法学原论——公法学总论的一种模式(上卷)》,中国人民大学出版社2005年版,第185页。
② 〔德〕N.霍恩:《法律科学与法哲学导论》,罗莉译,法律出版社2005年版,第262页。

附录　财税法的学科建设

财税法学是以财税法律制度及其发展规律为研究对象的"领域法学",它是一门新型的交叉性应用法学学科,强调以问题为中心的综合性研究进路。在域外法治发达的国家,税法和财政法是历史悠久、发展成熟的"显学",与之相比,中国财税法学虽属新兴,但颇具后发优势,从一开始就确立了广阔视野,为后续发展奠定了良好基础。经过二十年的演进,我国财税法学建设蔚为大观,财税法学人以"公共财产法"为主线、以"理财治国观"为理念,构建起了具有中国特色的财税法学科,这是社会的客观需要,也是历史的必然。中国共产党十八届四中全会《公报》提出"推进法治专门队伍正规化、专业化、职业化",其中,财税法作为一门既攸关宏观的国家治理、又紧密联系具体的财税实务的专业性很强的学科,尤应重视加强财税法教育,以培养更多的财税专门人才。财税法学科的发展壮大和财税法教育的兴盛,不仅有利于法学学科的整体发展,也有利于推进法治中国建设的进程。

第一节　财税法学科认识的基本命题

伴随中国法治进程的渐进加快和法学理论研究的现代复兴,财税法学越来越成为法学界的一门显学。财税法学是一门什么性质的学科,在中国法学界并非是一个不言自明的问题,事实上,学者们的理解也一直存在分歧,特别是纠结于财税法学是否能作为一门独立学科。[1] 概言之,学科地位的独立、研究方法的创新和研究视野的拓展是当下财税法学研究面临的三大问题。作为中国法学体系中重要组成但却而发展相对后进的财税法学而言,在这些问题上遇到的困惑更为明显。无论是对财税法的广义还是狭义的理解,对财税法学学科、学理与学术的领会和把握都是发展财税法学的基本命题和前提认识。简而言之,相对独立的学科地位是财税法学研究赖以生存的前提基础,综合兼容的学理方法是财税法学研究得以进行的主要途径,宽广开阔的学术视域则是财税法学研究

---

[1] 参见刘剑文:《中国大陆财税法学研究视野之拓展》,载台湾《月旦财经法杂志》2005年第1期,第79页。

永续发展的纵深空间。这三个方面是认识财税法学的基础命题,也是从事财税法学研究不能回避的前提设问。

一、学科地位上的相对独立性[①]

有学者认为,"唯学科化"已经成为中国法学甚至是中国社会科学发展的两大瓶颈之一。[②] 但无论如何,学科作为社会科学研究的基础性组成要素,在当前和今后一段时间仍将引导和促进相关法学领域的持续发展和理论创新。目前关于法学学科的分类,主要还是以传统的调整对象作为划分部门法或学科体系的直接依据,并因此而形成一级学科和二级学科的学科体系。在传统学科分类中,财税法学往往作为一级学科法学下的二级学科经济法学的组成部分。但在如今的财税法学研究中,相当多的研究方法和研究工具已经超过了经济法学的价值范畴,并日渐呈现相对独立性的趋势。

主张财税法学学科的独立性,并非要求另设单独的财税法学,而是指理论研究本身应当围绕财税法学核心命题和解决财税法实际问题而展开。学科的独立性首先是反映在学者们的先行认识中,当学者们自觉逐步形成相对集中的法学研究成果后,这样就自然地产生了学科归类的必要性。大凡新学科或交叉学科的产生,往往并不以人们主观意志为存在基础,而是以在学术资源上的集中以及理论研究上的归并为客观支撑。财税法学在法学理论上与宪法学、行政法学等相互交叉,在财税理论上与财政学、管理学等互为融合,似乎没有完全独立的研究范围和理论方法,此种性质是否意味着财税法学无法成为一门独立的学科呢? 应当认为,财税法学学科的独特性即在于其开放而综合的研究范围和理论视角。从实质层面上讲,法学学科的独立性不在于研究对象和探讨范围的泾渭分明,而在于理论方法和研究空间的相对集中和内在特质。[③] 当然,探讨财税法学学科的独立性并非是基于狭隘的学科利益,而是基于财税法学学科本身的研究前景和客观需要。

---

① 民国时期财税法学者吴崇毅在上世纪30年代曾大胆预言:"财税法学应当成为独立之学问也",学术界"有将财政法为特殊之法学之趋势",而且"在法律观点上,则各种学问皆为相等地位"。参见杨大春:《中国近代财税法学史研究》,北京大学出版社2010年版,第125页以下。

② 参见邓正来:《中国社会科学的当下使命》,载《社会科学》2008年第7期,第4页。

③ 在德日等国,税法学的兴起正是与税法的独立性相伴而生的。德国早期的税法学是作为行政法的组成部分出现的,著名行政学家Otto Mayer构建的行政法体系就包含税法的内容。随着德国1918年设立帝国税务法院,特别是1919年颁布《帝国税收通则》明确了税收债务关系说,德国的税法学开始从行政法中独立出来。在接受夏普建议之前,日本学界也不承认税法学是一个独立的法学学科,而是将其作为行政法学的一个分支。后随着经济社会发展,特别是纳税人权利保护观念的提出以及税收事项特质的提炼逐渐得到认可,日本税法学已成为一门独立的法学学科。参见刘剑文:《走向财税法治:信念与追求》,法律出版社2009年版,第6页以下。

二、学理基础上的综合包容性

尽管各学科在客观上存在分立,但法学研究者应具有融合法学和相关学科的知识以及法学内部各学科知识的基本观念,并尽量辅助法学实践,即从学科分立到知识融合。① 法学研究可以呈现为两个面相的研究分野,一是基于理论法学的基础法学研究,二是基于部门法学或实践法学的应用法学研究。对于前者,需要了解哲学和相关社会科学的逻辑思维和演绎方法,而充实法学理论研究的价值基础和研究工具;对于后者,则需要借鉴和参考各种自然科学和其他社会科学的学理体系和逻辑结构,而对作为实践形态体现的应用法学进行特质掌握和准确评估。财税法学作为法学研究领域中的组成部分,既包括抽象的财税法基础理论的提炼,又包括具体的财税法实践价值的展开。而分析和探讨这些理论和现实问题,需要建基于经济学、社会学、管理学和其他部门法学的研究方法和研究工具,并且需要将这些不同学科和领域的基础学理进行有机融合并有序展开,结合经济学、政治学、社会学和法学上的不同价值追求对财税法事项进行多维评估和综合研究。

财税法学在学理上的特点首先表现为其显著的综合包容性,也即财税法学的研究思路和学术方法是借鉴并包容各种不同学科的理论成果和经验总结。其实,不妨将财税法学定位为综合性法律学科,而不应拘泥于是否属于其他传统法律学科的分支。② 财税法学在学理上的这种综合兼容性,可以从三个不同的角度来理解。其一,从理论渊源的角度来讲,财税法学是以宪政研究、人权与法治理论为其基本理论渊源的,并在亦穿插和包含了公共财政学和政府管理学的理论渊源因子;其二,从学术脉络的角度来讲,财税法学一般是从政府和公共机构的权力运作和行为规范来对财政公秩序作出合法性和正当性考量的,但也同时也对国家干预和预算平衡等经济学说和理论进行内化和整合;其三,从政策指引的角度来讲,财税法学研究对于现行财税制度的学理批判会使得立法机

---

① 参见王利明、常鹏翱:《从学科分立到知识融合——我国法学学科 30 年之回顾与展望》,载《法学》2008 年第 12 期,第 58—67 页。

② 从逻辑上讲,基于财税法是综合法律部门,亦可提炼出财税法学是相对独立的学科。在现代社会中,综合性法律部门和综合性法律学科的出现是一个必然的趋势。社会问题越复杂,就越需要多管齐下,综合治理。以调整对象为标准的传统法律部门适应了简单社会条件下解决社会问题的需要,但对复杂社会条件下的某些问题未必能够产生较好的效果。而以问题为中心的综合性法律部门,恰恰适应了这种发展趋势,可以汇集多种法律手段解决问题。环境法、知识产权法如此,财税法、金融法何尝不是如此? 在此基础上产生的综合性法律学科,或者称之为现代法律学科,以其现代的理念、现代的研究方法和现代的研究内容,突显其强有力的生命力和广阔的发展前景。参见刘剑文:《走向财税法治:信念与追求》,法律出版社 2009 年版,第 1 页。

关得以郑重因应并作出政策调校,而国家财政经济政策的即时变动性则又使财税法学回转到本土化认同的基本立场上来。财税法学学理的综合包容性一方面是由其研究对象涵盖面的广阔性决定的,另一方面也是财税法学系统化和理论化的内在需要决定的。

三、学术视域上的纵横延展性

关于社会科学的研究方法,学术界素有"定量"(quantitative)和"定性"(qualitative)之争。很长一段时间以来,中国社会科学界来对自己的研究方法进行反思时大多只看到定量研究比中国传统的"定性研究"更为"客观"的一面,而没有认识到它的弊端。20世纪70年代以来,社会科学家们越来越意识到定量方法的局限性,开始重新对定性的方法进行发掘和充实,在对以实证主义为理论基础的定量研究提出质疑的同时,定性研究自身逐渐也发展壮大起来。①在学术视野和学理方法上,中国法学开始从相对简单的注释法学、对策法学向更为注重内在特质的价值法学和规范法学逐步转型和渐次嬗变,也即由定量的法规范解读角度过渡到定性的法价值研究层面。在此大背景下,财税法学研究也正从传统的财税规模结构定量研究和具体财税事项研究转换到提炼财税法基本原则和理论的定性研究基本框架上来。财税法学的此种学术研究路径,也就具有了工具定量和理论定性的双重特征,并相应体现出一种研究学理基础上纵横统一性和研究方法上的复合延展性。

财税法学在学术视域上的纵横延展性,可以从两个方面进行理解:一是基于财税法学的学科新兴性而生的学术前瞻性,即财税法学的学术资源和理论范畴与一般学科相比更具有前沿性和现代性的特征,这也使得财税法学在纵向的层面与法治理论关系紧密,同时在横向的层面与法制实践结合深入。二是基于财税法学的学理包容性而生的综合性和拓展性,也即财税法学的研究范围和理论方法是站在社会科学的整体高度来展开和深化,并在现代宪政国家的具体实践进程中同步变迁与发展。财税法学的学术延展性的主要表现在两个方面:一是在理论资源上在各领域均有相应的学科支持,无论是在社会科学上讲求的知识创造,还是在人文科学上探寻的人文关怀,财税法学的促进永续发展和保障基本人权取向与这些价值追求高度契合;二是在研究范式上在各学科上均有相应的价值判断,无论是经济学上的效率目标,还是法学上的公平目标,无论是政治学上的制衡目标,还是社会学上的和谐目标,均在财税法学的内在取向上互为援引和印证。

---

① 参见陈向明:《社会科学中的定性研究方法》,载《中国社会科学》1996年第6期,第93—102页。

第二节　财税法学科演进的境内外梳理

在市场经济和法治较为发达的国家,财税法往往相对完善,这不仅表现在财税立法、执法和司法上,也表现在财税法的教育和研究上。质言之,财税活动自国家产生之日就已存在,并在现代受到民主、法治等理念的深刻影响,在理财治国中发挥着系统性的作用。域外财税法学一直遵循独立的发展轨迹,尤其以税法为核心建构起了成熟的法律框架和教学体系。而财税法学在中国作为一门交叉学科、新兴学科,亟需厘清自身的性质和定位,围绕公共财产的收入、支出、监管展开制度构建,才能有效地推动财税改革和法治建设。同时,与欧美、日本等国相比,中国财税法学人提出了"财税一体"的广阔视野,从而为财税立法和财税法学的后续发展奠定了良好基础。

一、以税法为核心:域外财税立法、教育和研究的成熟

和我国的情况一样,税法也是域外财税法的核心。综观世界各国,无论是发达国家、发展中国家还是转型国家,均坚持税收法定原则[1],税收立法发达、完善,且数量庞大。同时,税法的重要性也映射到了科研领域,发达国家的税法教育和研究均达到相当高的水平和规模。

税法之所以成为各国关注的中心,是因为征税直接涉及纳税人的私有财产权保护和社会稳定问题。而且,考虑到税收在绝大多数国家财政收入中的至尊地位,现代国家成为名副其实的"税收国家"[2],在这一大环境下,税法和税收问题极易触动广大纳税人的敏感神经,与国计民生的方方面面都息息相关。因此,立法机关必须妥为平衡协调,用完善的规则体系约束征纳双方。可以说,市场经济水平越高,法治越健全,对财产权的保护就越充分,税法规则也就越复杂。例如,美国《联邦税法典》(Internal Revenue Code)共有9834条,整部法典有24兆字节,包括340多万个英语单词,如果每页纸打印60行,把整部法典打印

---

[1] 税收法定原则是指国家征税必须有法律依据,税法主体的权利义务、各类基本税收要素等必须由法律规定。对于税收法定原则及由其发展而来的财政法定原则(或称财税法定原则),在本书第六章第一节已有专门阐述。

[2] "税收国家"是根据国家财政收入的最主要来源所进行的分类,有别于自产国家、公债国家等。但税收国家的特殊性不仅体现在财政收入的内部比例上,其建置需要国家确立和张扬法治理念,即财政税收制度必须由国家立法机关确立,所有财政税收行为必须依法而行。唯此,才能保障征税的现实正当性和税收国家的稳健运行。参见丛中笑:"税收国家及其法治构造",载《法学家》2009年第5期,第90—99页。

下来超过 7500 页,达 600 万字,仅目录就将近 80 页打印纸,译成中文有近 4 万字;澳大利亚 2006 年开始清理立法之前,税法全部文本竟达到 1.3 万页,950 万字;加拿大《所得税法》(Income Tax Act)第 8 条也长达 1 万多字。除了立法,不少国家,如美国、加拿大、德国、菲律宾,还设立了专门的税务法院,用于解决纳税人与税务机关之间的争议。① 即便在没有设立税务法院的普通法国家,法院在税法领域发挥的作用也无可替代,众多重要的判例不仅影响立法,而且决定着税法的解释和适用,立法机关和税务机关都不得不考虑和尊重法院的立场。

　　由于国际贸易和投资的发达,国际税收争议以及国际避税的问题也越来越普遍。从 20 世纪 60 年代开始,各国或地区通过双边、多边税收协定的谈判和签署,解决重复征税和反避税问题。目前,全世界范围内的双边税收协定达两千多个。其中,联合国、OECD、欧盟在国际税收协调方面发挥重要的作用。特别是 2008 年之后,为应对国际金融危机、防止财政收入流失,20 国集团开始全力关注"国际税基的侵蚀和利润转移"(Base Erosion and Profit Shifting,BEPS),通过各种措施打击国际逃避税,以瑞士为代表国家的银行保密法被不断突破,税法对国家主权、纳税人个人与商业信息的渗透日趋深入。借助于 OECD 税收全球同行评议机制,有国家甚至提出建立"国际税收组织"(World Tax Organization, WTO),进一步提升国际税收合作水平。

　　在高等教育方面,完整的税法教育体系早就建立,从本科、硕士到博士,一应俱全。不仅如此,在培养应用型税务人才方面,相较于税收经济学和管理学教育,国外的法学院实际上成为主角,大部分税务官员、注册税务师、甚至注册会计师,都接受过系统的税法训练,更不用说税务律师和税务法官。欧美国家许多著名大学都设置了税法硕士(Tax Law LL. M)项目或国际税法硕士(International Tax Law LL. M)项目,包括美国的哈佛大学、纽约大学、密歇根大学、佛罗里达大学、波士顿大学、加州大学洛杉矶分校、弗吉尼亚大学、圣地亚哥大学,英国的剑桥大学、牛津大学、伦敦大学玛丽皇后学院,加拿大不列颠哥伦比亚大学,澳大利亚的昆士兰大学,荷兰的莱顿大学、格罗宁根大学,比利时的布鲁塞尔自由大学、列日大学、安特卫普大学,智利大学,等等。

　　这些大学基于专门的税法硕士项目,开设非常详尽的税法课程,可以说包

---

① 与域外发达的税收司法相比,我国在这方面一直比较薄弱,且重视不足。目前已有越来越多的学者主张借鉴其他国家的经验,在我国设立专门的税务法院或税务法庭。虽然这一建议的可行性仍需检视,其落实需要下系统性的功夫,但出发点无外乎更好地保护纳税人权利、保证税收司法独立。关于建议设立税务法院的观点,具体参见朱大旗、何遐祥:《论我国税务法院的设立》,载《当代法学》2007 年第 3 期,第 17—22 页。

揽了税法的各个环节。由于财税法在这些市场经济和法治发达国家是一门成熟学科,所以财税法也成为其法学专业普遍开设的核心或必修课程。特别是在美国,公司税法、个人所得税法是法律博士(JD)学生的必修课程;在全美排名前50的法学院中,普遍开设5门以上的财税法课程,包括联邦所得税、公司税、合伙企业课税、税收政策等,而税法硕士项目开设的税法课程就更为丰富翔实。例如,代表全世界顶尖税法教育水平的纽约大学①开设的税法课程有50门之多,网络税法的各个方面,也是纽约大学的各个项目中课程设置最为完备的。②此外,美国的哈佛大学开设了11门、佛罗里达大学开设了24门、波士顿大学开设了42门、洛约拉玛利蒙特大学开设了38门、圣地亚哥大学开设了26门,密歇根大学开设了17门、弗吉尼亚大学开设了11门,比利时的布鲁塞尔自由大学开设了13门、列日大学开设了24门、安特卫普大学开设了15门。即便是没有设置专门税法硕士的大学,通常也将税法作为主干课程,有专门的税法教授,开设税法课程至少5门以上,如日本的东京大学、早稻田大学,韩国的首尔大学,瑞士的伯尔尼大学,德国的波恩大学等。

再看专职的教学和研究人员,美国纽约大学有19位税法教授,波士顿大学有31位税法教授,哈佛大学有10位税法教授,加州大学伯克利分校有5位税法教授,密歇根大学有4位税法教授,洛约拉玛利蒙特大学有6位税法教授,圣地亚哥大学有10位税法教授。欧洲的大学还成立了"欧洲税法教授协会",每年定期举办活动。就专业出版物而言,《纽约大学税法评论》《佛罗里达大学税法评论》《弗吉尼亚税法评论》《加拿大税法评论》《澳大利亚税法论坛》等,都是世界顶尖的税法学术刊物。除了大学之外,一些国际知名的会计师事务所、律师事务所、国际组织也积极参与研究活动,在税法领域发挥了重要的作用。如普华永道、毕马威、安永、德勤等,都有专门的研究机构和研究人员。国际财政协会(International Fiscal Association, IFA)每年组织年会,与会人员近三千人,囊括了产、学、官的各色税法菁英。OECD有专门的税务行政与政策部,其研究成果影响着20国集团的决策。联合国也有税法研究机构,甚至还制订了专门的税收协定范本,为包括中国在内的发展中国家所遵从。

至于税法学科的归类,西方国家从来不认为是一个问题,只要社会有需要,学校又有足够的教学能力和研究水平,税法本科、硕士、博士专业就可以设置。

---

① 纽约大学60年来税法项目校友超过1万人。自1992年以来,其被 News & World 评为排名第一的税法硕士项目,在60年中持续不断地为全美乃至全世界培养优秀的税法学家、执业者和政府领导者。

② See NYU Law! Home Page, http://www.law.nyu.edu (last visited Sep. 17, 2014).

税法教育和研究需要汲取其他相关学科的知识,税收立法也会涉及刑事、复议、诉讼、财产,但是,这并不影响税法学本身的独立性。

二、依托公法学的狭义财政法学:日本学界的异军突起

相较于税法学的成熟和系统,狭义的财政法学在域外相对单薄一些,更多是借助于传统公法学的力量,充实和发展对具体问题的研究。作为独立学科的财政法学只是在个别国家存在,而且是和税法学相对分立,二者的研究对象各有侧重。

在英美的大学中,通常没有名为"财政法"的课程,但设有"预算法"之类的课程,宪法、行政法教授一直在关注财政法,并将其作为自己的研究对象。毕竟,财政法律问题是一个关乎国家纵向及横向体制的宏观性问题,针对其的探讨往往需要上升到宪法的高度。人民对财政的控制主要通过议会决策、财政立法、政府预算、财政公开和监督追责,而这些本身就是长期的宪政建设和民主法治的必然结果,传统公法已经给予了足够的关注,并且形成了相对稳定的制度和惯例,无需过于强调财政法的独立性。在欧洲的大学中,财政法也主要是从宪政角度研究,没有形成独立的财政法学。例如,德国《基本法》专设"第十章财政制度",内容涉及政府收入、财政支出、公共预算、审计、政府间财政平衡、贷款和担保,等等。德国学者对预算、特别公课、公债的研究也非常深入,对日本和我国台湾地区都有深刻的影响,但同样基于公法学的立场。至于对财政规律本身的探索,仍然寄托于财政学或公共管理学,法学涉及不多。

和德国一样,日本财政立法也很发达,宪法中就设有财政专章,确立了财政的基本原则、租税法律主义、地方自治以及预算的基本要求等。① 同时,日本还制定了专门的《财政法》和《地方财政法》,专题性的财政立法也很多,如《会计法》《国有财产法》《物品管理法》《国家债权管理法》《补助金法》,等等。不过,法学过去对财政议题关注不多,相对于20世纪50年代即已开始的税法研究,日本财政法学也属于落后者。1977年9月,有志于财政法学研究的、来自宪法学、行政法学、财政学、社会保障学、税法学等领域的学者,共同创立了现代财政法研究会,在日本文部省的资助下,围绕财政制度法进行实证研究。同时在日本法社会学会的支持下,开始进行财政过程的法学研究,之后有关比较法研究、国家财政与地方财政的研究等议题逐一展开,研究体系日趋丰满。1983年3月,日本财政法学会成立,致力对财政法进行综合研究,日本财政法学研究进入

---

① 参见〔日〕芦部信喜:《宪法》(第三版),林来梵、凌维慈等译,北京大学出版社2006年版,第314—326页。

高潮,并逐渐形成了相对稳定的学科体系。

日本比较知名的财政法学者有田中二郎、山村章三郎、金子宏、吉田善明、手岛孝、槙重博、小沢隆一、北野弘久。立足于不同的标准,日本财政法学的体系可以做不同的分类。以财政作用是否与人民权利义务产生直接关系,可以分为财政权力作用法和财政管理作用法;以财政活动的过程,可以分为财政收入法(包括公课法和其他非强制性收入法)、财政运营管理法(包括财政预算法、会计法、国有财产法、财政投融资法等财政管理法,会计检察院法、决算法等财政监督法,以及公债法、补助金法、中央地方财政调整法等财政调整法),以及财政支出法(包括预算执行和各种行政作用法)。尽管财政法学者中也有部分是税法学者,如金子宏、北野弘久等,但是,在日本财政法学的体系中,税法之所以被提及,更多的是为了体系的完整,而不是基于实际的研究需要。税法主要是税法学者在研究,财政法学者则主要关注预算、财政支出以及地方财政问题。

日本是存在经济法研究的国家之一,也是中国在进入市场经济改革之后,经济法学重点引介和学习的对象之一。日本经济法源于第一次世界大战时期的战时经济统制法。第二次世界大战之后,日本经济法的重点转向禁止垄断法,旨在恢复市场竞争结构和秩序,一直持续到今天,仅在研究方法和思路上有所调整。① 日本学者金泽良雄所著的《经济法》曾被翻译成中文出版,对中国经济法学者产生过一定的影响。值得注意的是,该书也并没有将财政法纳入其中。

三、财税一体:中国财税法学的特色和贡献

综合以上内容可以看出,相比国外财税法学的成熟,中国财税法学还有很大的发展空间。除了财税立法本身的简陋,财税法学教育和研究水平也有待提高。例如,到目前为止,我国只有北京大学和厦门大学设有单独的财税法硕士点,只有厦门大学设有单独的财税法博士点,在法律硕士中分设财税法方向的学校也只有北京大学、中国政法大学、华东政法大学等。中国财税法学研究会有250名理事(会员),其中有170多名来自法学院的理事,都具有教授或副教授职称。但是,理事中能够招收财税法专业或方向的硕士研究生的,不到三分之一;能够招收财税法专业或方向的博士研究生的,不足20人。此外,迄今为止,我国没有一份专门的财税法学术期刊,只有几份以书代刊的出版物,如《财税法论丛》《财税法学前沿问题研究》《税法解释与判例评注》《中国税法评论》

---

① 参见齐虹丽:《日本经济法理论的形成与发展——从统制经济法到以竞争为核心的经济法》,载《法学杂志》2004年第3期,第87—88页。

《东方财税法研究》等。虽然近年来在中国财税法学研究会的推动下,财税法学教育和研究水平有了质的提升,跟国际同行的联系也越来越紧密,但平心而论,我们还需要不断努力,才能逐渐缩小差距。

例如,需要以公共财产法为主体推动法治发展和财税法学研究,在给予与宏观调控有关的财税政策应有的适当关注的同时,也应强化财税法的其他功能的发挥。需要推动大学法学教育改革,将财税法学列入大学本科教育核心课程或必修课程,抑或分别开设财政法、税法和国际税法三门课程①,以夯实本科生的财税法基础,同时,将财税法作为独立的二级学科,鼓励符合条件的大学设立独立的硕士点和博士点,培养更多的财税法律高级人才。需要创建专业的财税法期刊,发表高水平学术论文,规范和引导财税法研究,提升财税法学研究水平。需要加大引进留学归国人才的力度,提升外文教学和研究水平,甚至可以考虑创建英文税法出版物,密切与国际同行的实质性交流,促进中国财税法的国际化、现代化。需要从"学科分立"走向"知识融合"②,加强与宪法学、行政法学、民商法学、诉讼法学的合作,并更多地汲取财政学、税收学、政治学和史学的研究成果,让财税法学更有广度和深度。需要创造公平高效的学术竞争环境,让年轻有实力的学者脱颖而出,壮大财税法学的人才队伍。在积极关注和回应财税实务需求的同时,也需要重视财税法基础理论研究,集中力量攻克难关,夯实学科的立身之本。一以概之,中国财税法学任重道远。

尽管如此,中国财税法学也颇具后发优势。相比英美和欧洲国家税法学一枝独秀,相比日本财政法学和税法学的相对分立,中国财税法学在发展之初选择了财税一体的模式,这完全是基于当时中国法学研究现状的结果。二十余年前,中国财税法学刚刚兴起的时候,宪法行政法学尚处于发展初期,学科本身的理论基础还比较薄弱,无暇顾及财政税收领域的法律问题。面对预算、公债、审计、政府会计、行政收费、财政支出等问题,宪法、行政法学难以提供令人信服的研究成果。财税法学如果想建立自己的体系、回应各种现实议题,就必须身体力行,主动出击,自己去学习和研究。这种薄弱状态不仅仅体现在税收方面,更体现在财政上。因此,从一开始,财税法学就将财税作为一体,运用公法学的知识独立展开研究。在财税法学者的带动下,宪法学者后来才开始关注财税问题,并提出了财政宪法的概念,宪法学和财税法学的合作渐入佳境。

---

① 参见施正文:《论中国财税法学教育现代化》,载《山西财经大学学报(高等教育版)》2005年第8卷第4期,第54—57页。
② 参见王利明、常鹏翱:《从学科分立到知识融合——我国法学学科30年之回顾与展望》,载《法学》2008年第12期,第58—67页。

当然,这种结果不仅仅是顺应时势之作,也是源自当时财税法学人的匠心慧眼和锐意创新。早在1995年,司法部组织的全国成人高等教育统编教材时,就将财政法与税法独立成篇,但又整合成一体,在同一本教材中予以呈现,并以《财税法教程》①命名,"财税法"一词由此进入公众视野。1996年,张守文教授主编司法部全国中专统编教材时,也将其内容涵盖财政法和税法两篇,并同样将书名称为《财税法教程》。此后,这种教材编辑模式得以确立,并延伸影响到课程设置、研究机构的名称,甚至包括全国性研究会的命名。例如,中国财税法学研究会最早的前身是"中国税法学研究会",成立于1998年,其活动范围仅限于税法。2001年,受财税一体的理念影响,中国税法学研究会转制为"中国法学会财税法学研究会",财政法的内容被囊括其中。近年来,中国财政法学发展迅速,不能说没有受到这种机制转变的影响。

财税一体不仅关系到学科命名,更代表着一种学术理念或追求,有利于整个法治和法学学科的发展。"财税法"的概念作为一门科学的名称,恰当地表现出了该学科的整体性概貌,既能涵盖学科的全部内容,又能突出学科的性质。②这种整体主义的学科认识和方法论有效地防止了"税法"与"财政法"的分立,防止了"收入法""支出法"和"管理法"的隔离,以系统性的视角观瞻财税全局。质言之,只有将税置于公共财政的大背景下,才能真正理解税法总论的内容,让税收法定、量能课税与宪政法治联系起来;也只有将税与财政相联结,同时做到财政收入的合理、合法、合宪,以及财政支出的公开、公平、公正,取之于民用之于民,满足人民的公共需求,才能真正理解税收公平、分配正义。另一方面,现代国家大都是税收国家,税收占财政收入的比重超过90%,绝大多数财政行为都与税收有关。日本学者北野弘久提出的"税财政学"③,也是从这个角度来说的。因此,在学习和研究财政法时,需要时时贯彻广义"税"的概念。坚持法治化背景下财税一体的研究路径,这是中国财税法学界的理论创见,也是中国财税法学的后发优势,可以更好地植根中国的土地,解决中国的问题,促进财税法学教育和研究水平的不断提升,也推动我国财税法治建设和财税改革事业卓有成效地开展。

---

① 刘剑文主编:《财税法教程》,法律出版社1995年版。
② 参见李大庆:《整体主义观念下的中国财税法学——从概念到体系》,载刘剑文主编:《财税法论丛》(第13卷),法律出版社2013年版,第156页。
③ 北野弘久教授所著《宪法与财税政》一书,与《税法学原论》《现代税法的构造》共同构成"北野税法学"思想的三部力作。参见《宪法化的税法学与纳税者基本权(代译者序)》,载[日]北野弘久:《税法学原论》(第四版),陈刚、杨建广等译,中国检察出版社2001年版,第1页。

附表1　世界主要国家著名大学财税法课程开设情况

大洲	国别	开设财税法课程的著名大学法学院
美洲	美国	耶鲁大学、哈佛大学、斯坦福大学、哥伦比亚大学、芝加哥大学、纽约大学、宾夕法尼亚大学、波士顿大学、弗吉尼亚大学、加州大学伯克利分校、杜克大学、密歇根大学、西北大学、康奈尔大学、乔治敦大学、德克萨斯大学奥斯丁分校、加州大学洛杉矶分校、范德堡大学、华盛顿大学圣路易斯分校、乔治华盛顿大学、明尼苏达大学、南加州大学、阿拉巴马大学、华盛顿大学、诺特丹大学、爱荷华大学、印第安纳大学、佐治亚大学、佛罗里达大学、圣地亚哥大学、南卫理公会大学、丹佛大学、波士顿学院、维拉诺瓦大学、查普曼大学、休斯敦大学
美洲	加拿大	多伦多大学、约克大学、英属哥伦比亚大学、麦吉尔大学、戴尔豪西大学、维多利亚大学、阿尔伯塔大学、西安大略大学、萨省大学、卡尔加里大学、渥太华大学、马尼托巴大学、纽布伦斯维克大学、温莎大学、滑铁卢大学
欧洲	英国	伦敦大学学院、牛津大学、伦敦政治经济学院、剑桥大学、伦敦大学玛丽皇后学院、伦敦国王学院、华威大学、波恩茅斯大学
欧洲	德国	汉堡大学、曼海姆大学、鲁尔波鸿大学、格拉夫瓦尔德大学、帕骚大学、海德堡大学、波恩大学、弗莱堡大学、奥斯纳布吕克大学、明斯特大学
欧洲	法国	马赛大学、巴黎一大、巴黎二大、巴黎九大、蒙贝利埃一大
欧洲	荷兰	莱顿大学、格罗宁根大学、马斯特里赫特大学、鹿特丹伊拉斯莫大学、阿姆斯特丹大学、蒂尔堡大学
欧洲	比利时	布鲁塞尔自由大学、烈日大学、安特卫普大学
大洋洲	澳大利亚	昆士兰大学、墨尔本大学、悉尼大学、新南威尔士大学、堪培拉大学、邦德大学
大洋洲	新西兰	奥塔哥大学、坎特伯雷大学、奥克兰大学、惠灵顿维多利亚大学、怀卡托大学、梅西大学、林肯大学
亚洲	日本	东京大学、京都大学、一桥大学、早稻田大学、大阪大学、九州大学、名古屋大学、中央大学、筑波大学、冈山大学
亚洲	韩国	首尔大学、高丽大学、延世大学、梨花女子大学、成均馆大学中央大学、弘益大学

第三节 财税法学科的创新发展思路

财税法以财政收入、支出、监管过程中的法律关系为研究对象,是一门新型的、交叉性、应用法学学科①,亦称"领域法学"。随着经济社会的变革、财政税收活动的扩张和法治建设的深化,"公共财产法""理财治国"理念引起广泛共鸣,财税法治作为现代国家治国理政的必由之路,其重要地位日渐受到中央决策层和社会各界的肯认。中国共产党十八届三中全会《公报》指出:"财政是国家治理的基础和重要支柱,科学的财税体制是优化资源配置、维护市场统一、促进社会公平、实现国家长治久安的制度保障。"中共中央、国务院印发的《党政机关厉行节约反对浪费条例》则从公共财产(通常所说的"公款")监督的角度对公务活动、公款行为进行约束,再次使财税法学科受到全社会的高度瞩目。

借助这股强劲、持续的"东风",财税法被置于关键的地位,财税法学科的教学工作也随之受到越来越多的关注,形成了具有独特的价值、内容和目标的教育体系,并不断探索更加专业化的人才培养方案、创新型的教学研究方法与兼容并包的综合学科视野,从而经世致用地因应对财税法人才及成果的日益增长的时代需要。要回答财税法学科"往哪里走",首先应解决的就是这个学科的定位问题,这也决定了"用怎样的步调走"以及"能走多远"。如前所述,环视世界主要国家财税法教学的情况可以发现,从封闭的法学科"牢笼"的拘囿中"解放"出来的财税法学②得以建构自身的内容体系、挖掘自身的理论纵深,成为很多国家的一门"显学"。

而在全国各地的高校及其他教学机构中,北京大学财税法学科居于较为领先的地位,堪称"北京大学法学院的优势学科、特色学科和品牌学科"。③ 通过回顾和总结北京大学财税法学学科的演进经验,反思其不足,可以在相当程度上为我国整个财税法学科的长远变革提供路径上的借鉴和启发。

---

① 民国时期财税法学者吴崇毅在上世纪30年代曾大胆预言:"财税法学应当成为独立之学问也",学术界"有将财政法为特殊之法学之趋势",而且"在法律观点上,则各种学问皆为相等地位"。参见杨大春:《中国近代财税法学史研究》,北京大学出版社2010年版,第125页以下。
② 参见葛克昌:《税法基本问题(财政宪法篇)》,北京大学出版社2004年版,第6页。
③ 2012年6月21日,由施天涛、时建中、汤贡亮、郭锋、甘功仁、陈少英、熊伟、朱大旗等8位校外教授和张守文、潘剑锋、陈兴良、沈岿、汪劲、王磊、甘培忠、徐爱国等8位校内教授组成了学科论证专家组。16位与会专家一致认为:"财税法学科是北京大学法学院的优势学科、特色学科和品牌学科。"

一、成就与经验：体系化的学科建设

经过十余年的探索和改革,北京大学财税法学科在招生层次、师资建设、课程设置、教材编纂等方面均积累了丰富的经验。以招生为主线、师资为依靠、课程为本体、教材为纲要,体系化的教学范式已现雏形。

(一) 招生层次全面

在专业研究生培养上,财税法学科既包含偏重学术型的法学硕士、法学博士,又包含偏重实务型的法律硕士(法学)和法律硕士(非法学),教育规模的扩大化与内部结构的有序化并举。可以说,多层次的人才体系不仅能够满足有志于从事财税法相关职业的学生的不同要求,亦有助于实现有所差异的培养理念和目标,完成学科各梯度教育间的衔接与整体构建。

(二) 师资队伍强大

财税法学是一门兼具理论性与实践性的现代法学学科,对授课教师的法理功底和职业技能都提出了颇高要求。北京大学财税法学科的相关课程由7名拥有高级职称的教员主讲,其中教授、博士生导师5名,副教授(副研)、硕士生导师2名。另外,还从全国人大常委会、最高人民法院、最高人民检察院、财政部、国家税务总局等中央国家机关,以及著名律师事务所、"四大"国际会计师事务所等聘请数十位法律实务人员担任兼职导师,对实务经验的补充起到了促进作用。

(三) 课程设置规范、合理、多样化

课堂学习构成了学生群体获取知识和讯息的主要渠道,内容充实、搭配科学的课程设置方案对财税法学人的进步无疑至关重要。通过不懈创新,本科生专业选修课《财税法学》成为"北京大学精品课程",该课程以讲授财税法学基础知识为主,辅之以适当的理论拔高和热点事件分析。《税法专题研究》和《财税法案例研究》这2门课程被列入"北京大学研究生课程立项建设计划",此外还开设《财政法专题研究》、《金融税法实务专题》、《税收筹划与法律》、《财税法原著选读》、《国际税法专题》、《外国税法专题》、《财政宪法专题》、《行政法学专题》、《民法总则专题》等前沿性课程。这些课程从专题讨论、案例解析的角度,大大提高了研究生活学活用的能力。

(四) 教材编纂特色鲜明、实用性强

教材编纂是学科发展的奠基性工作,财税法学科提出的优先教材体系建设的战略已见成效,共出版专业教材和教辅性读物16部,良好地体现了"先进性"与"适用性",基本涵盖了财税法学的主要领域。其中,国家级规划教材3部;教

育部精品教材 2 部;教育部推荐全国研究生教材 1 部;北京市高等教育精品教材 3 部;21 世纪法学规划教材 2 部;司法部部级教材 2 部。近年来,教材以外的其他财税法学读物和资料也大量涌现,形成了以若干财税法研究文库为核心、以各学者成名专著为辅助的财税法专著体系,为财税法学教育提供了充盈的精神食粮。在目前较有代表性的财税法研究文库中,包括刘剑文教授主编的"税法学研究文库"以及"财税法学研究文丛",截至 2015 年 8 月,前者已由北京大学出版社出版了 31 本专著,后者由法律出版社出版了 15 本专著。

二、问题与反思:财税法学科教学现状检视

尽管当前的财税法学已取得累累硕果,但由于重视程度不够、学科资源有限等主客观原因,我国的财税法教育仍处于起步和创设阶段,离成熟还有很长路程,显现出了较多的问题。

其一,在入学考核上,财税法法学硕士和法学博士侧重于理论涵养的考察,已形成较为稳定的招生模式。但对于法律硕士的招收,大部分学校均采用全国联考的方式,包括笔试和面试;在面试环节,采取类似于法学硕士的选拔方法,即让学生抽取事先准备好的问题进行解答论述。这种入学考试方式较为单一、僵硬,未能充分考察学生对法律关系的判断能力、法律思维能力、口头表达能力和文字表达能力,也没有关注其对财税法的现有了解程度和兴趣方向,不甚符合财税法法律硕士的培养目标和选材标准。

其二,在课程设计上,财税法课程的刚性和独立性仍较不足,更遑论建立一套涵盖面广、专业性强、层次突出的课程体系了。一方面,对于本科阶段的教学,1999 年以前财税法是经济法专业的必修课,教育部本科专业目录调整后,仅成为法学专业的选修课,甚至部分院校取消财税法的单独设课,只在其他专业课中进行基础知识的简述。另一方面,对于研究生阶段的教学,财税法方向与经济法专业其他方向相比仅有一两门专业课程的差异。即便北京大学法学院单独招收财税法法学硕士,且在法学硕士、法律硕士的课程建设上已经下了很大工夫,但无论是已有课程体系的深度还是广度,都落后于其他一些发达国家的财税法学科教育水平。

其三,在培养方式上,法学硕士、法律硕士(法学)与法律硕士(非法学)之间存在着一定程度的混同,模糊不清的人才培养路径导致上述财税法研习者失去了各自专有的特色和应有的竞争力。此外,从具体的教学手段看,与美国、德国等财税法教育先进的国家相比,中国当前的财税法课堂上依然沿袭了以讲授式为主、照本宣科的授课方式,案例教学、自由讨论等互动式的新型教学方式并

不常见,更很少引进"研讨会"(seminar)或"法律诊所"(legal clinic)教学方式。① 这使得学生只能被动地接受授课教师的"填鸭式"灌输,不能调动自身的积极性和参与热情,教学效率较低,从而导致学生的学习能力缺乏锻炼、分析解决问题的能力欠缺、思考和创新意识单薄,这与法律实务职业或者法律研究工作对财税法学生的内在要求都是相背离的。

其四,在师资力量上,一部分财税法教员的知识结构不太合理,不能满足财税法课程多样化设置的要求,也难以实现学生提高自身专业技能的期望。应当认识到,一位优秀的财税法任课教师须具备深厚的财税法理论能力,能从公法和私法、实体法和程序法等多个角度对财税问题进行研究;还须具备敏锐的问题意识,能把最新的财税立法、执法和司法实践融入教学之中,运用基础理论解决财税改革中遇到的问题。反观我国财税法的实际教学,教师教授的内容陈旧、理论严重脱离实际等问题时常可见。而从财税法实务部门聘请的导师不免会面临时间、精力上的限制,使得校外导师制度的成效实难孤立地发挥。

三、创新路径:更趋专业、复合和应用性的朝阳学科

我国正处于财税改革和法治建设的关键时期,对相关领域研究型人才、应用型人才的需求量均持续增加,再加上传统法学长期以来对财税法学科的"历史欠账",种种因缘际会将新时期的财税法学打造为一门"朝阳学科"②。

环顾其他国家的财税法教育情况,澳大利亚、新西兰等大洋洲国家非常重视财税法教育,例如新南威尔士大学税法中心的税法教育就从本科到博士一应俱全,并各有侧重。本科教育目的是"使学生具备成为一流税务或商业专门人才所需要的技能、知识基础和关键能力";税法硕士(Master of Taxation)目的是通过传授高级税收知识基础以及高级税收专业技能,使学生了解该学科中更为复杂的方面,并深入了解澳大利亚税收制度,从而培养税收方面的专家型人才;应用税法硕士(Mater of Applied Tax)目的是提供符合在澳洲乃至整个亚太地区企业和政府部门工作的注册会计师要求的税法教学,为他们从事税务和商业工作提供深入的学习和研究机会。美国不仅是世界法学教育的中心,也是世界财税法教育的中心,比如哈佛大学、纽约大学等均是世界闻名的税法教育机构,提

---

① 参见张小军、赵海兰:《后危机时代中国法本法硕培养路径选择——以比较法为视角》,载《中国法学教育研究》2010年第4期,第52页。

② 参见北京大学财经法研究中心:《追寻财税法的真谛——刘剑文教授访谈录》,法律出版社2009年版,第295页。

供诸如 J. D.、LL. M. 和 S. J. D. 等多种税法学位,开设的课程达 60 多门。① 因此,我国的财税法教育应站在法学本科、法学硕士、法律硕士、法学博士的落脚点上,不同层次的财税法教育担负着不同的使命、目标和责任,并共同致力于一个高度专业化和应用性的现代法律学科的壮大。

(一) 着眼于通识教育的财税法本科教育

本科教育应该按照以通识教育为主的原则实施,这在财税法领域也不例外。大学不仅是知识中心,更是人类社会的精神殿堂,一般的综合性大学除了法学以外,还广泛地开设诸如社会学、历史学、文学、心理学、美学等选修课程。"学生从大学所获得的,不是零碎知识的供给,不是职业技术的贩售;而是心灵的刺激与拓展、见识的广博与洞明……如此,学生就会发展和珍视伦理的价值、科学的类化、审美的态度,以及各种政治、经济和社会制度所以存在的意义。"② 具体到财税法教育来说,本科阶段的财税法教育既在很大程度上构成了法科学生通识教育的组成部分,其本身又应当着力于财税法基本、主干知识的传输,由此在初学者的头脑中搭建起财税法的整体框架,并潜移默化地熏陶财税法定、民主、公平等理念。

同时,从综合研究的视角审视,财税法中的很多内容不仅与宪法、行政法、民法、刑法、诉讼法等其他法律领域有着紧密的联系,还广泛地借鉴了经济学、政治学、社会学、人类学等学科的研究经验、思路和方法。所以,踏实地掌握各相关部门法的基础知识,涉猎人文科学、其他社会科学的优秀成果,这种"学而不同"的开放心态有利于拓宽初学者的视野,"先放后收"、厚积薄发的研习路径保证了财税法律人的后续发展,对其今后步入实务或学术岗位都颇有裨益。

(二) 为学术研究做准备的财税法法学硕士教学

法学硕士教育制度设置的初衷是为法律教育和科研机构培养学术型人才,它所预期的毕业生是学术法律人(Academic lawyers),而非实务法律人(Practicing lawyers)。③ 财税法法学硕士的目标是通过对本专业专而精、全面而细致的学习和研究,使研究生掌握基本原理、原则、理论和思维,强调学术性和理论教育指向。作为学术型教育的过渡环节,2 至 3 年的法学硕士一般还不能满足理论研究的需要,因此,财税法法学硕士教育的一个重要目标是为博士教育发现人才、培养人才。

---

① 参见闫海:《财税法教育改革的思考与构想》,载《黑龙江教育》2006 年第 3 期,第 42 页。
② 黄坤锦:《美国大学的通识教育》,北京大学出版社 2006 年版,第 1 页。
③ 参见戴莹:《法学硕士和法律硕士培养方式之比较》,载《华东政法学院学报》2005 年第 3 期,第 20 页。

出于上述培养宗旨,一方面,财税法法学硕士的教学方法不能等同于本科阶段,不能简单地灌输和重复财税法基本概念、基本规定,而应注重讲授法、案例法和讨论法的结合,以专题研究为脉络对财税法的主要方面进行梳理和提炼。另一方面,考虑到法学硕士的理论水准和问题意识尚未达到博士生的高度,授课教师高屋建瓴的指导无疑富有启发意义,并可以在必要时穿插以适当的教师讲授,强调理论知识与实务知识并重,以此培养学生自主发现问题、独立分析问题和综合解决问题的能力。

(三) 培养复合型专业人才的财税法法律硕士教学

相对于本科阶段的通才式教育和法学硕士阶段的学术式教育,财税法法律硕士教育更具实务教育的性质,重视培养学生的灵活运用法律知识、熟练掌握职业技能和思维、驾驭法律信息资源、联系实际解决财税法问题等"关键能力",并不单纯以研究法律理论为最终导向。2009 年教育部下发《做好 2010 年招收攻读硕士学位研究生工作的通知》(教学[2009]12 号),指出要积极稳妥地推动中国硕士研究生教育从以培养学术型人才为主,向以培养应用型人才为主的战略性转变。因此,我国财税法法律硕士的培养应定位为"掌握法学学科坚实的基础理论和系统的专业知识,具有创新精神和较强解决实际问题的能力、能够承担某一特定领域法学专业相关工作、具有良好职业素养的高层次应用型专门人才"。

财税法法律硕士的实践型人才导向落实到培养方案上,首先,培养计划逐步实现"以学生自主制定为主导,导师辅助分析培养计划可行性"。例如,英国大学的课程型法律硕士①在入学时必须提交学习计划,由学生自己制定②;澳大利亚课程型法律硕士培养计划则从方向选择、课程选择、学分、学年设置的灵活性上满足了学生的不同需求。③ 个性化培养在满足学生对攻读法律硕士的知识需求的基础上,不仅能够激发研究生学习的积极性,增强其自主学习的意识,也保证了每个学生的优势得到最大化的发挥,即所谓"因材施教"。其次,研究方向和课程可以依托各高校具有特色的基础性法律学科,乃至人文社会科学、自然科学而设立,无需千篇一律、整齐划一。易言之,或复杂或边缘、或精细或高深的财税法领域,诸如金融税法、财政投融资法、房地产税法、国际税法、电子贸

---

① "课程型法律硕士"简称 LL. M,类似于中国的法律硕士(法学)研究生。
② 参见傅晶晶:《英国法学硕士教育制度以及对我国的启示》,载《西南石油大学学报(社会科学版)》2010 年第 3 卷第 2 期,第 77 页。
③ 参见王彬:《澳大利亚法学研究生教育的灵活性及其对中国的启示》,载《学位与研究生教育》2009 年第 7 期,第 75 页。

易税法等,均是可以开辟的财税法法律硕士方向。这便能够充分整合和利用该高等学校和科学研究机构的教育资源,提供一个更加开放的教育资源平台,供学生选择和探索最适合自己的发展方向。再次,在教育条件丰沛的前提下,法律硕士可采用开展模拟法庭、参加法律诊所、写作法律文书、代理民商事案件等多种教学方式,并协调设置核心课、选修课、集中强化课等课程类型,以回应欲从事法律职业的法律硕士知识结构要求的特殊性。比如,尝试引入澳大利亚设置"集中强化课"的做法,从教学实践中划出特定的时间段,邀请法学专家、法律实务人士等以讲座的方式进行讲学,保证法律硕士研究生对特定领域的研究现状、最新成果、热点前沿问题的了解和把握。[①] 最后,在培养高素质、专业型、实践型法律精英的大目标下,考虑到法律硕士(法学)接受过法学专业本科教育的学习经历,法律硕士(法学)与法律硕士(非法学)的培养方式应有所区别。其中,法律硕士(法学)教育偏重于法官、检察官、律师、财税行政机关等"典型"法律职业,法律硕士(非法学)教育则涉及与法律有关的其他行业的复合型人才,但这种区别同样不宜固化。

(四) 基础理论与实践能力并重财税法法学博士教育

博士研究生教育一般被认为是高等教育金字塔的顶点,总目标是为人类社会贡献更多的智慧。[②] 财税法博士阶段的"教育"更准确地说是引导、启发学生进行研究,使其对财税法学科有所产出和回馈,而不是一般意义上的传授知识、技艺的"教育"。经过本科阶段的基础夯实、硕士阶段的专题提升,财税法法学博士生已经具备了足够扎实的理论知识和从实践中发现问题的能力,对经济、政治、社会、文化等各种社会科学领域现象的认识更加深入和科学。因此,财税法法学博士应站在研究的制高点,既要高度重视对基础理论的挖掘,又不能空谈理论、脱离实际,而是应将经典理论与鲜活实践相结合,关注不断变化着的前沿问题,力求以理论指导实践、以实践锤炼理论,从而为我国的财税法治建设贡献出更多的智慧成果。

四、我国财税法教育改革前瞻

财税法教育改革的前提是法学教育者、管理者正确认识财税法在学科体系中的作用和地位。在我国市场经济深化、法治进程加快的推动下,"理财治国"、

[①] 参见王彬:"澳大利亚法学研究生教育的灵活性及其对中国的启示",载《学位与研究生教育》2009年第7期,第76页。

[②] 参见冀祥德、王崇华:"规范与特色:中国法本法硕培养反思",载《西部法学评论》2010年第4期,第3页。

财税法治的观念日渐深入人心,对公共财产的筹集、使用和管理处于上承国计、下接民生的重要地位。在这种形势下,不单单法院、检察院、财税行政机关需要更多的财税法人才,审计部门、纪检监察部门以及税务律师、注册税务师、注册会计师、企业税务总裁、税务警察等行业对财税法学高级人才的客观需求也呈现出不断增加的态势,由此足以看出,财税法学科建设方兴未艾、前景向好。在当前的财税法教育格局中,北京大学财税法学科可以说是北大法学院的特色和亮点之一,在全国和国际上都有良好的影响力;国内各个大学和研究机构也都在大力发展财税法,并形成了若干区域性学术中心。

展望未来,作为"治国安邦之道"和"纳税人权利保护之法",中国财税法的发展关乎国家长治久安和人民安定幸福;作为融贯古今中外、包罗世事大观的"朝阳学科",中国财税法教育的创新具有超越本学科的实践意义和引领作用。随着财税法教育客观资源的积累和重视程度的提高,以学术型人才和应用型人才并重为发展导向,进一步优化培养环节、课程设置、师资力量和教材编撰,强调理论与实践互动、教与学结合、知识与能力统一,从而打造高质量、综合性、多层次、立体化的人才培养体系,应当成为我国财税法教育的创新方向。

后　记

　　2013年11月12日,中国共产党第十八届三中全会形成的《关于全面深化改革若干重大问题的决定》中,将财政的重要性提到"国家治理的基础和重要支柱"的新的历史高度,并且提出了"建立现代财政制度"的战略方针。2014年6月6日,中央全面深化改革领导小组第三次会议审议通过的《深化财税体制改革总体方案》,为推进财税体制改革、建立现代财政制度指明了道路和方向。2014年10月23日,中国共产党十八届四中全会形成的《关于全面推进依法治国若干重大问题的决定》中,明确要求"加强市场法律制度建设",推进财政税收等"重点领域立法"工作。2015年10月13日,中央全面深化改革领导小组第十七次会议审议通过的《深化国税、地税征管体制改革方案》中,又提出"建立税收司法保障体制""强化税法普及教育"。2015年10月29日,中国共产党十八届五中全会通过的《关于制定国民经济和社会发展第十三个五年规划建议》中,进一步强调"建立健全有利于转变经济发展方式、形成全国统一市场、促进社会公平正义的现代财政制度""建立税种科学、结构优化、法律健全、规范公平、征管高效的税收制度"。在新的历史形势下,财税改革在全面深化改革中的枢纽地位、财税法治在全面依法治国中的重要意义,得到中央高层和社会各界的肯认和重视。在这一历史进程中,财税法学研究的重要性不断凸显,财税法学人的社会责任和历史使命,亦彰显无疑。财税体制改革和财税法治建设要向纵深发展,需要财税法学提供充分的智识支撑和理论供给,这就离不开财税法学人扎实地耕耘,不断地推进财税法的学术创新、理论创新和制度创新。

　　客观地讲,我国的财税法学研究,在近年来取得长足的发展,其表现包括但不限于以下几个方面:第一,研究队伍有所扩大、研究力量有所加强,学术产出的数量和质量也不断提升,财税法学逐渐成为法学研究中的"显学";第二,"重税法轻财政法"的研究状况有所改观,伴随着《预算法》的修改等社会热点,对财政收支划分法、预算法等狭义财政法领域的研究有所加强;第三,学术产出对财税改革和财税立法形成推动力,诸如《预算法》《立法法》《税收征收管理法》的修改,以及"营改增"、房地产税改革的过程中,财税法学界都作出了较大的贡献。然而,如果以更高的标准加以检视,则不难发现目前的财税法学研究尚不能同国家、社会对财税法学的期许和需要相适应,仍然有不小的拓补空间。首先,财政法学与税法学的研究总体上仍呈现"脱节"面貌,亟待打通研究;其次,"对策法学"痕迹较浓,特别是围绕具体制度的改革、立法研究较多,而对基础理论的挖掘还很不够,这也导致重复研究较多;最后,财税法理论和财税法制度之间还存在"两张皮"现象,导致基础理论研究的"空洞"和具体制度研究的"浅显"。

基于上述认识,我在多个场合提出"加强财税法基础理论研究"的呼吁,试图引导财税法学界关注、重视并且积极开展对财税法基础理论的深入研究。比如,2013年,我担任会长的中国财税法学研究会发表了"强化财税法学基础理论研究,繁荣现代财税法学"的"南昌倡议";2014年,又形成了"坚持公共财产法定位,推动财税法基础理论大发展大繁荣"的"杭州共识"。在此基础上,我认为,系统性地开展对财税法总论的研究,很有必要。第一,有利于提升财税法学研究的成熟度,推动学术研究上的理论自洽,使财税法学逐渐成长为一门成熟的部门法学科;第二,有利于形成系统、完整的财税法学理论体系,既打通财政法与税法间的联系,又弥合基础理论同具体制度间的缝隙;第三,能更有理论深度地阐释和解决现实问题,指引财税体制改革和财税法治建设。

2004年,我和武汉大学法学院熊伟教授合作出版了《税法基础理论》一书,对税法学的若干基础理论问题,进行了初步研究。这也是我国较早进行的专门研究税法基础理论的学术创作。该书分为总则、实体和程序三篇,每篇选取八个主题作为章目,以问题为中心展开。该书的部分章节,特别是其中"上篇:税法总则"部分的一些内容,与本书研究对象有一定交叉。但是,该书并非集中、系统地对财税法总论展开的研究,主要集中在税法领域,而且相当大的篇幅是在讨论税收债法和税收程序法,这与本书的研究对象还是有很大的不同;同时,该书出版至今已逾十年,在这段时间,我国的财税法治建设日新月异,财税法学研究也取得长足进步,即便是研究对象交叉部分的内容,也有较多更新的思考体现在本书当中。因此可以认为,这两本书之间存在着互补与发展的关系。

经过两年多时间的讨论、写作和修改,我和我所指导的三位学生侯卓、耿颖、陈立诚合作完成了这部《财税法总论》,奉献给学界同仁。本着"敝帚自珍"的心态,我认为本书可能在以下五个方面存在些许创新之处:首先,研究对象上,系国内首部针对财税法总论的专门系统性研究;其次,打通财政法和税法,进行一体化研究;再次,研究思路上,坚持财税法作为公共财产法的本质属性,将其定位为理财治国之法、公平分配之法、纳税人权利保护之法;复次,研究范式上,提出"领域法学"的概念,强调注意问题导向,坚持以中心问题为导引、以基石范畴为主线;最后,研究方法上,坚持理论与实践相结合,既注重理论创新,也强调面向实践、回应实践,避免"空对空"的理论铺陈或是纯粹"形而下"的对策法学。

我一直认为,财税法学的大繁荣、大发展,不可能仅凭个人的力量完成,必须通过强大的研究团队持续耕耘、集体攻关才能实现。在教学、科研过程中,我一向主张教师和学生之间在学术上是平等的,平等的交流对话,平等的思维碰撞,能够催生出更高质量的研究成果,能够更好地实现"学术报国"的理想。这本书就是我和我的三位学生集体研究的成果,创作过程中我多次感受到年轻人的学术敏锐度和逻辑思维能力,也为我国的财税法学研究后继有人而感到欣慰。本书的大纲由我们四人平等讨论确定,在此基础上,共同完成了本书的写作。

本书的写作过程中,得到武汉大学熊伟教授、北京大学魏建国副研究员、中国政法大学翟继光副教授、中国人民大学徐阳光副教授、西北政法大学席晓娟副教授、中国青年政治学院汤洁茵副教授、中央财经大学郭维真副教授、山西财经大学白晓峰副教授等学者的帮助,他(她)们提出的诸多建设性意见体现在本书成稿之中。本书的出版得益于北京市社会科学理论著作出版基金的资助,在此表示感谢;也要感谢北京大学出版社王晶编辑为本书的出版所付出的诸多努力。

诚望借由本书的出版,能够吸引更多学者关注财税法总论的研究,并推动中国财税法学研究的进一步发展。从更长远的视角来看,这本书的准确定位应当是我们集中关注财税法总论所形成的阶段性成果,由于本研究可供参考的成果相对较少、更由于我们的研究能力有限,书中不可避免地会存在一些疏漏甚至是错误,欢迎学界同仁批评指正,我们将在接下来的研究中不断地予以完善。

谨以本书献给中国的财税法学研究事业,愿中国的财税法学研究蒸蒸日上、欣欣向荣!

刘剑文
2015 年初冬于北大陈明楼

税法学研究文库(北大版)

1. 税收程序法论——监控征税权运行的法律与立法研究　　施正文
2. WTO 体制下的中国税收法治　　刘剑文主编
3. 税法基础理论　　刘剑文、熊伟
4. 转让定价法律问题研究　　刘永伟
5. 税务诉讼的举证责任　　黄士洲
6. 税捐正义　　黄俊杰
7. 出口退税制度研究　　刘剑文主编
8. 税法基本问题·财政宪法篇　　葛克昌
9. 所得税与宪法　　葛克昌
10. 纳税人权利之保护　　黄俊杰
11. 行政程序与纳税人基本权　　葛克昌
12. 论公共财政与宪政国家——作为财政宪法学的一种理论前言　　周刚志
13. 税务代理与纳税人权利　　葛克昌、陈清秀
14. 扣缴义务问题研析　　钟典晏
15. 电子商务课征加值型营业税之法律探析　　邱祥荣
16. 国际税收基础　　〔美〕罗伊·罗哈吉著　林海宁、范文祥译
17. 民主视野下的财政法治　　刘剑文主编
18. 比较税法　　〔美〕维克多·瑟仁伊著　丁一译
19. 美国联邦税收程序　　熊伟
20. 国际技术转让所得课税法律问题　　许秀芳
21. 财政转移支付制度的法学解析　　徐阳光
22. 《企业所得税法》实施问题研究
　　——以北京为基础的实证分析　　刘剑文等
23. 法学方法与现代税法　　黄茂荣
24. 解密美国公司税法　　〔美〕丹尼尔·沙维尔著　许多奇译

25. 财政法基本问题　　　　　　　　　　　　　　　熊　伟
26. 比较所得税法　〔美〕休·奥尔特、布赖恩·阿诺德等著　丁一、崔威译
27. 两岸税法比较研究　　　　　　　　　　　　　刘剑文、王桦宇
28. 财税法总论　　　　　　　　　　　刘剑文、侯卓、耿颖、陈立诚

2016年3月更新

相关书目

* 税醒了的法治　　　　　　　　　　　　　　　　刘剑文
* 中央与地方关系法治化研究——财政维度　　　　魏建国
* 财税法专题研究（第三版）　　　　　　　　　　刘剑文